U0530728

本书为
·教育部中外人文交流中心委托项目
·北京外国语大学一流学科建设科研项目成果

本书受
·北京外国语大学比较文明与人文交流高等研究院、中国文化走出去协同创新中心和北京中外文化交流研究基地资助出版

中外人文交流年鉴

2017-2018

The 2017-2018 Yearbook of Chinese-Foreign
People-to-People Exchange

主　编：张西平　张朝意
副主编：薛维华　李　明　管永前

中国社会科学出版社

图书在版编目（CIP）数据

中外人文交流年鉴.2017—2018／张西平，张朝意主编.—北京：中国社会科学出版社，2020.5

ISBN 978-7-5203-5636-7

Ⅰ.①中⋯　Ⅱ.①张⋯②张⋯　Ⅲ.①中外关系—文化交流—2017-2018—年鉴　Ⅳ.①G125-54

中国版本图书馆 CIP 数据核字（2019）第 247887 号

出 版 人	赵剑英
责任编辑	赵　丽
责任校对	李　剑
责任印制	王　超

出　　版	中国社会科学出版社
社　　址	北京鼓楼西大街甲 158 号
邮　　编	100720
网　　址	http://www.csspw.cn
发 行 部	010-84083685
门 市 部	010-84029450
经　　销	新华书店及其他书店
印　　刷	北京明恒达印务有限公司
装　　订	廊坊市广阳区广增装订厂
版　　次	2020 年 5 月第 1 版
印　　次	2020 年 5 月第 1 次印刷
开　　本	787×1092　1/16
印　　张	31.5
插　　页	2
字　　数	656 千字
定　　价	168.00 元

凡购买中国社会科学出版社图书，如有质量问题请与本社营销中心联系调换
电话：010-84083683
版权所有　侵权必究

《中外人文交流年鉴（2017—2018）》编委会

主　　任：王定华　杜柯伟
副主任：杨晓春　夏　娟　孙有中

主　　编：张西平　张朝意
副主编：薛维华　李　明　管永前
编　　委：（按姓氏拼音排序）

陈崛斌	陈滔伟	戴冬梅	戴桂菊	丁连普	龚　婧
管永前	胡　丹	霍　然	李　明	李婷婷	李　冶
李亚兰	刘玉萍	李英桃	马　赛	马秀杰	潘　玥
邱袁炜	施　超	施润茜	唐　云	田小惠	王　鲲
王士宇	王文丽	王　星	王展鹏	薛维华	叶　飞
闫洪波	岳　恒	鄢　云	张朝意	张涵爽	张忞煜
张权华	朱新梅	张西平	张学仁	钟　咏	

《中外人文交流年鉴（2017—2018）》写作名单

中俄人文交流：戴桂菊　李园园　蒲玉琢　王　佳　周言艳　明志豪　舒　晗
中美人文交流：陈崛斌　付美榕　贾　宁　李今朝　刘　杨　马丽媛　王镇平
　　　　　　　闫循华　张春波
中英人文交流：王展鹏　徐瑞珂　张　茜　吕大永　于艾岑　周婧怡　王柳萌
中欧人文交流：田小惠　王艺融
中法人文交流：戴冬梅　侯　楠　张　敏　孙家悦　傅　荣　苏　越　萨日娜
　　　　　　　丁翔宇　王　鲲　徐佳欣　谈　佳　刘逸涵　李书红　潘晨茗
　　　　　　　全　慧　沈逸舟　李洪峰　王祎慈　涂淑花　葛如超　黄兴兴
中印尼人文交流：潘　玥
中南非人文交流：马秀杰
中德人文交流：李文红　邱袁炜　王建斌　徐丽莉　徐四季　于　芳　张　凯
中印人文交流：李亚兰　朱郗文
上合组织人文交流：闫洪波
金砖国家人文交流：张忞煜
中非合作论坛人文交流：马秀杰
中国—东盟人文交流：霍　然
中国—中东欧人文交流：马　赛
中—南太人文交流：王文丽
中澳人文交流：胡　丹　黄永芳
教育人文交流：李　明　龚　婧
文化人文交流：叶　飞　宋佳烜
体育人文交流：王士宇　齐小美　兰世伟
广电人文交流：朱新梅
妇女人文交流：李英桃　杨　倩
智库学术人文交流：薛维华
附录：管永前　耿瑞敏

序

大风泱泱，大潮滂滂。在中华民族伟大复兴的新时代，在人类社会经历大发展大变革大调整的当今世界，以习近平新时代中国特色社会主义思想为指引，增进中外人文交流，推动构建人类命运共同体，是顺应和平、发展、合作、共赢的时代潮流，也是我们共同面临的时代课题。

党和国家高度重视中外人文交流工作。党的十九大报告明确要求加强中外人文交流，以我为主、兼收并蓄。2017年10月，中办国办印发了《关于加强和改进中外人文交流工作的若干意见》，对于进一步做好新时代中外人文交流工作提出具体要求、做出全面部署，形成了高层引领、多措并举、多方参与的良好格局。我国与世界各国、国际组织、学术机构等积极开展教育、科技、文化、媒体、医疗、卫生、青年、妇女、旅游、体育、民间交往等诸多领域的交流与合作，丰富交流内容，拓展交流形式，在促进不同文明互学互鉴的同时，加强相互了解，人文交流的广泛性、包容性、长远性、务实性不断增强。中外人文交流现已成为夯实中外关系社会民意基础、提高我国对外开放水平的重要途径，是中国特色大国外交的重要支柱，是国家关系的稳定器、务实合作的推进器、人民友谊的催化器，在党和国家的对外工作中发挥着越来越重要的作用。

几年来的工作成绩、经验与思考，亟待梳理和总结；回望来处、开创新途，为我们进一步做好新时代中外人文交流工作打下更为坚实的基础，是我们编撰《中外人文交流年鉴（2017—2018）》的初衷。

人文化成，言为先声。此次《中外人文交流年鉴（2017—2018）》编写工作由教育部中外人文交流中心牵头立项，北京外国语大学组织国内各界专家团队完成，上下求索、历时经年。《中外人文交流年鉴（2017—2018）》通过高级别人文交流机制、双边与多边人文交流平台、领域人文交流三大板块，首次汇集和全面编目展现了我国在世界范围内开展国别、区域、行业领域人文交流情况。这一成果既充分显现了教育工作在中外人文交流中实际发挥的先导力量，也展示了其他各领域以及外国语高校和智库力量在人文交流工作中的重要作用和使命担当。

"大厦之成，非一木之材；大海之阔，非一流之归"。我们深知，做好这项工作，绝非凭一己之力、一时之势可以成就和完美。我们希望在这次尝试的基础上，能够汇聚和协同更多海内外力量，久久为功、勉力而行，为中外人文交流事业谱写更为浓重生动的篇章。与此同时，我们也深切地感受到，当前国际形势更加复杂多变，

序

国家与区域间相互联系依存，全球命运与共、休戚相关，世界多极化、社会信息化、文化多样化还将持续推进。人类的前程，在于多彩的描绘和多声部的交响，绝不能妄自尊大、自说自话；我们的人文交流工作，也还存在着方方面面的问题，需要讲求方式方法，不断改进和完善。讲好中国故事、传播好中国声音、展示好中国形象绝非易事，唯有深入研究、加强实践，科学有效地做好人文交流工作，方能真正深化了解、消除偏见、拉近人心，促进合作共赢。

无尽花开，蝴蝶自来。我们相信，在人文交流理念指导下，平等交流、互相尊重，互惠互信、守望相助，各美其美、美美与共，文明互鉴与对话必能展开真善美的愿景，结出丰硕的成果！我们也将继续深入与社会各界密切合作，不忘初心、牢记使命、砥砺前行，服务好中外人文交流事业发展，服务好教育对外开放；立足本来、吸收外来、面向未来，全力贯彻落实好全国教育大会精神，写好"奋进之笔"，迎接更加美好的新时代！

《中外人文交流年鉴》编委会
2019 年 10 月

目　录

第一编　高级别人文交流机制

中俄人文交流 ……………………………………………………（3）
中美人文交流 ……………………………………………………（53）
中英人文交流 ……………………………………………………（110）
中欧人文交流 ……………………………………………………（136）
中法人文交流 ……………………………………………………（165）
中印尼人文交流 …………………………………………………（198）
中南非人文交流 …………………………………………………（206）
中德人文交流 ……………………………………………………（218）
中印人文交流 ……………………………………………………（233）

第二编　双边与多边人文交流平台

上合组织人文交流 ………………………………………………（253）
金砖国家人文交流 ………………………………………………（270）
中非合作论坛人文交流 …………………………………………（280）
中国—东盟人文交流 ……………………………………………（301）
中国—中东欧人文交流 …………………………………………（330）
中—南太人文交流 ………………………………………………（353）
中澳人文交流 ……………………………………………………（373）

目 录

第三编 领域人文交流

教育人文交流 …………………………………………………………（387）
文化人文交流 …………………………………………………………（405）
体育人文交流 …………………………………………………………（428）
广电人文交流 …………………………………………………………（442）
妇女人文交流 …………………………………………………………（453）
智库学术人文交流 ……………………………………………………（469）

附 录 ……………………………………………………………………（483）

第一编

高级别人文交流机制

中俄人文交流

一 中俄人文交流综述

【中俄关系】 中国与俄罗斯互为最大邻国。自中华人民共和国成立至今，两国关系的发展经历了中苏（1949—1991）和中俄（自1991年至今）两个阶段。中华人民共和国成立后第二天（1949年10月2日），苏联首先宣布承认中华人民共和国，成为世界上第一个承认中华人民共和国的国家。10月3日，中苏正式建立了外交关系。

20世纪50年代上半叶，中苏关系友好，两国人文交流与合作频繁。《中苏友好同盟互助条约》签署（1950年2月）以后，中国掀起了全面学习苏联的热潮。列宁和斯大林的著作在中国纷纷被翻译出版，苏联的各类教材和最新科研成果被引进中国，苏联的学科体系和课程设置也在中国高校中得到效仿。此外，中国政府还派遣一大批党、政、军行政干部和专业技术人员以及高校学生到苏联学习，以便回国后更好地为祖国的社会主义建设服务。不仅如此，中国还大规模地聘请苏联顾问和专家来华。苏联专家工作的领域涉及中国政府和军队各级管理层、全国各大企业、重点大专院校以及卫生和体育系统。在中国派往苏联的留学生和苏联来华专家中，有相当一部分人成为中苏人文交流与合作的使者。

1989年5月，在苏联总书记米·戈尔巴乔夫访华期间，中苏发表了联合公报。至此，中断了近三十年的中苏关系恢复正常化。中国领导人邓小平同志以"结束过去，开辟未来"的精辟论述总结中苏关系的历史并为新时期两国关系的发展指明了方向。此后，双方在政治、经济、文化、教育、科技、体育以及军事等领域的交往全面展开。1991年12月25日，苏联解体。27日，中华人民共和国正式宣布承认俄罗斯联邦为苏联国际权利和义务的合法继承人。中苏关系向中俄关系平稳过渡。

中俄两国关系由相互视为友好国家（1992年）到建设性的伙伴关系（1994年），再到战略协作伙伴关系（1996年），直至建立睦邻、友好与合作关系（2001年），不断向前推进。2014年5月20日，在俄罗斯总统普京访华期间，中俄两国领导人发表了关于两国全面战略协作伙伴新阶段的联合声明，对当前以及今后一个时期中俄外交的重要方向和战略目标做了明确规定。中俄政治互信的不断加强为两国展开全方位和多层

第一编 高级别人文交流机制

次的交往与合作打下了坚实基础。

【机制回顾】 政治互信、经贸往来、人文交流构成中俄关系的三大重要支柱。1996年，中俄元首宣布建立两国总理一年一度的会晤机制。为推动中俄战略协作伙伴关系的全面发展，2000年11月两国政府就在中俄总理定期会晤机制下设立中俄教文卫体合作委员会达成共识。2000年12月5日，双方在莫斯科俄罗斯政府大厦召开中俄教文卫体委员会第一次会议。随着机制框架下领域的不断扩大，2007年7月双方将中俄教文卫体委员会更名为中俄人文合作委员会，机制领域涵盖教育、文化、卫生、体育、旅游、媒体、电影、档案以及青年等领域。在中俄总理定期会晤机制之下设立了总理定期会晤委员会、人文合作委员会、能源合作委员会、投资合作委员会、中国东北地区和俄罗斯远东及贝加尔地区政府间合作委员会5个副总理级委员会，以及合作分委会和工作组。各层级富有成效的工作保障了中俄关系全面健康发展。

为促进中俄战略协作伙伴关系的发展，2005年7月，中俄两国元首决定在2006年和2007年互办"国家年"活动。2006年的中国"俄罗斯年"共举办了300多项活动，2007年的俄罗斯"中国年"举办了近200项活动。这些活动包括国家展、中俄文化节、国际经济论坛和中俄投资促进会等，内容涉及政治、经贸、文化、科技、军事、传媒和地方交往等诸多领域。其中，人文领域里的活动都是由中俄人文合作委员会来确定的。

2009年和2010年中俄互办的"语言年"是继中俄成功举办"国家年"之后推出的又一重大举措。在2009年中国举办"俄语年"和2010年俄罗斯举办"汉语年"期间，中国有22个省、自治区、直辖市，俄罗斯有23个联邦主体参加了活动。两年间共举办活动500余项，参与者达上亿人。文化节、电影周、配音大赛、汉语比赛和俄语比赛等都是"语言年"期间中俄人文交流的标志性项目。这些活动巩固和加深了中俄两国人民的相互理解和友谊，对于两国关系的发展起到了积极的促进作用。

为了加强中俄两国民众的心灵沟通，两国领导人确定在2012年和2013年互办"旅游年"活动。2012年，"俄罗斯旅游年"首先在中国启动。中俄双方在"俄罗斯旅游年"合作框架下共成功举办各类活动200余项。2013，俄罗斯举办了"中国旅游年"，双方共举办活动近400项，包括中俄名胜专线游、中国农家乐游，俄罗斯腹地深度游以及参观中俄各地风情展等。旅游和参观活动极大提高了中俄两国人民了解对方的兴趣。2014年末，中国已经发展为俄罗斯最大的旅游客源国，俄罗斯成为中国第三大旅游客源国。

2013年，习近平主席在访问俄罗斯时明确指出，要发展好中俄关系，就要面向未来，培养青年一代的友谊。让青年人了解对方国家的历史与现状，掌握对方国家的语言与文化。基于此，中俄元首又推出全新的国家级主题年项目——"中俄青年友好交流年"。该活动为期两年，2014年春天在俄罗斯拉开帷幕，2015年底在北京闭幕。"中俄青年友好交流年"共包含100多项具体活动，涉及艺术、科学、教育和青年交流等多个领域。

2016年和2017年，中俄成功地举办了"媒体交流年"系列活动，为两国人文领域交流合作增添新的活力。两年间，中俄媒体开展了形式多样、内容丰富的交流与合作，取得了积极成果和巨大社会反响，得到中俄两国从高层到民间的高度肯定。目前，中俄双方都在积极落实两国领导人确定的"中俄地方合作交流年（2018—2019年）"活动。举办中俄地方合作交流年延续了双方近年来互办国家级主题年活动的良好传统，体现了中俄关系的高水平和特殊性，有助于调动地方开展合作的积极性，深入挖掘合作潜力，是中俄全面战略协作伙伴关系的重要组成部分。该框架下的中俄人文合作正在如火如荼地展开。

【进展情况】 2017年和2018年，中俄人文交流在教育、文化、卫生、体育、媒体、旅游、电影和青年等领域全面展开，成果丰硕。

在教育交流方面，两国积极推进合作办学、共同组建两国同类高校联盟，搭建更加多元的人才培养合作平台，推动实施2020年10万人留学交流计划，联合培养两国各领域务实合作急需的高水平专业人才；稳步拓展语言教学合作，为两国民众加强沟通搭建桥梁，开辟窗口；在举办教育论坛以及组织各类研修班等方面进行了卓有成效的合作。

在文化交流方面，两国相互举办音乐会、美术和文物展、图书博览会、文化节、传统曲艺巡回表演、感知对方文化以及为文化名人授勋等活动。

在卫生交流方面，2017年和2018年两次中俄人文合作委员会均将两国的卫生交流作为重点议题进行了讨论。双方在医学院校联盟、医生职业培训、医学战略研讨、攻克疑难疾病以及中医走向俄罗斯等领域付出了实际行动。

在体育交流方面，中俄体育交流主要体现在双方开展中俄青少年运动会、体育项目交流以及冬季项目和冬奥会合作。双方于2006年创办中俄青少年运动会，由中俄两国轮流举办，为中俄青少年搭建起技术交流和体育文化交流的平台。双方还携手举办诸如中俄体育交流周、中俄体育大会、冰雪嘉年华、青少年冰球比赛、手球项目交流活动、中俄边境地区马拉松比赛和丝绸之路国际汽车拉力赛等颇具吸引力的体育活动，民间体育交流也十分活跃。

在媒体交流方面，双方就相互报道、合作制作、出版发行、互译互播、媒体产业、新兴媒体、教育培训、少儿媒体等领域开展了合作与交流，推出了中俄合拍大型系列纪录片《这里是中国》，开通了"中俄头条"双语客户端，举办了"镜头下的中国和俄罗斯"网络摄影竞赛，多次举办中俄媒体论坛等活动，为两国关系赋予了新时代的内涵。

在旅游交流方面，中俄两国联合举办了不同规模和范围的国际旅游论坛，探讨旅游资源的开发与利用问题，在中俄名胜区举办观光旅游活动、红色旅游活动，加强多边框架下的旅游合作。旅游是两国人民增进了解和民心相通的良好途径，也是中俄两国民间外交的重要手段。

在档案交流方面，两国档案部门多次举办档案研讨会，互办档案展，共同出版档案资料等活动，这些活动不仅有助于双方加强档案合作，而且对于两国人民更好地了解双方交流史均具有指导意义。

在电影交流方面，两国通过联合举办电影节以及合拍纪录片和动画系列片等形式将各自的电影艺术成果展示给对方。另外，中俄电视艺术合作建立了联盟机制，这对于双方电影艺术的相互切磋与加强发挥了积极作用。

在青年交流方面，中俄青年交流主要体现在双方互办青年论坛、组织青年交流团、邀请青年艺术团访问和巡演、设立中俄青年创业孵化器项目等方面。青年交流为中俄两国的人文合作增添了生机与活力。

在地方交流方面，两国注重机制建设，多次举办中俄地方交流论坛，从战略上探讨双方地方合作的模式和渠道，努力提升合作层次。两年来，双方在接壤地区、中俄友好城市和省份以及被对方所关注的地区进行了广泛和多层面的合作，取得了显著成效。整体来看，目前中俄关系在诸多领域均呈现良好的发展势头。在可预见的未来，国际和双方国内形势将会促使两国继续沿着互信的道路向前迈进。中俄在人文领域里的交流机制完备，人文合作具有明显的互补性和互利共赢特点。

二　中俄教育交流

【中俄教育合作发展论坛召开】 2017年3月16日，中俄教育合作发展论坛在俄罗斯莫斯科市召开。中国驻俄罗斯使馆公使衔参赞赵国成和俄罗斯联邦教育科学监督局副局长尤利娅·利亚赫出席了此次论坛。论坛期间，中国高校代表同俄罗斯中学和中资企业代表就人才需求和合作进行了研讨，俄罗斯中学与中国高校签署了教育交流合作协议，由34所中国高校联合组成的"留学中国"海外预科教育联盟俄罗斯办事处举行启动仪式。"留学中国"海外预科教育联盟成立于2016年，旨在形成赴华留学行业联盟，并提升中国大学在海外的品牌形象。中俄双方对其在教育领域内合作取得的丰硕成果表示满意，对未来的教育合作充满期待。

【喀山大学孔子学院建院10周年庆典举行】 2017年4月21日，中国驻俄罗斯大使李辉、使馆教育处公使衔参赞赵国成、中国驻喀山总领事吴颖钦、鞑靼斯坦共和国国务委员会教科文事务主席瓦列耶夫、喀山联邦大学校长卡夫洛夫以及湖南师范大学副校长匡乐满莅临活动现场。孔院师生、中国留学生以及社会各界人士千余人参加了本次活动。卡夫洛夫和李辉充分肯定了喀山孔子学院10年来为密切中国与俄罗斯教育合作所做出的贡献，对孔子学院的未来发展充满期待。

【布拉戈维申斯克国立师范大学孔子学院建院10周年庆典】 2017年5月，中俄双方高校及教育等部门举办多项活动，共同庆祝布拉戈维申斯克国立师范大学孔子学院成立10周年。在布拉戈维申斯克市友谊广场，黑河学院、布拉戈维申斯克国立师范大学负责人，以及中俄两国多所高校师生代表共同为以"孔子"命名的凉亭揭幕，并种植中俄友谊树。在黑河学院与布拉戈维申斯克国立师范大学两所学校共同建设下，孔子学院已成为俄远东地区传播汉语和中国优秀文化的重要平台，10年来共培养汉语学员10240人，在增进中俄边境人民友谊方面发挥了不可替代的作用。

【第十二届中国东北地区与俄罗斯远东及西伯利亚地区大学校长论坛召开】　2017年6月17日，第十二届中国东北地区与俄罗斯远东及西伯利亚地区大学校长论坛在哈尔滨市开幕。该论坛由黑龙江省教育厅、中国东北地区和俄罗斯远东及西伯利亚地区大学联盟主办，东北农业大学和俄罗斯太平洋国立大学承办。来自中俄两国教育部门相关负责人，以及中国49所高校和俄罗斯20所高校师生代表500余人参会。东北农业大学、哈尔滨工业大学与俄方太平洋国立大学、俄罗斯人民友谊大学等11所中俄双方高校领导围绕"在'一带一路'和'欧亚经济联盟'战略下的中俄高校国际合作与交流"作主题发言，并就提高中俄高校合作水平，提高中俄合作办学项目教师和学生的语言培训质量等议题进行了讨论交流。大会最后选举了中国东北地区和俄罗斯远东及西伯利亚地区大学联盟新一届联盟主席和执委会。

此届校长论坛得到了中俄两国政府及区域内教育界的高度重视和大力支持。近30所中俄高校在合作办学项目、学分互认、学生和教师交流、科研合作以及文体交流等方面达成合作意愿，16所中俄高校现场签署了13个合作协议。此次论坛在如何进一步加大中俄人文交流合作，提高人才培养质量，以服务于"一带一路"和"欧亚经济联盟"对接战略；如何提高科研合作，促进中俄校企合作，提高中俄大学生的创新能力等方面进行了全面总结；奠定了中国东北地区与俄远东及西伯利亚地区高等教育深入合作的基础，进一步彰显了中俄各类高校联盟做好"一带一路"和"欧亚经济联盟"战略中民心相通的重要纽带和桥梁。

【中俄教育合作分委会第十七次会议召开】　2017年6月27日，中俄教育合作分委会第十七次会议在俄罗斯莫斯科市召开。中国教育部部长陈宝生与俄罗斯教科部部长瓦西里耶娃共同主持了会议。双方回顾了一年来中俄教育合作取得的丰硕成果，对未来一个时期的合作重点进行了规划。会议重点讨论了2017年9月中俄人文合作委员会第十八次会议的筹备和组织工作，商定将全力以赴共同办好委员会第十八次会议，在人文领域为服务"一带一路"与"欧亚经济联盟"对接贡献更多实实在在的成果。会后，双方草签了分委会《会议纪要》。

【中俄大学生创业孵化器交流项目总结会】　2017年9月12日，中俄大学生创业孵化器交流项目总结会在广州市举行。中国国务院副总理刘延东与俄罗斯副总理戈洛杰茨代表两国出席总结会。来自中俄两国8个城市的100余名创业青年、创业导师和创业孵化机构代表参加总结会。中俄大学生创业孵化器交流项目由中华全国青年联合会、俄罗斯教育与科学部支持，由中国国际青年交流中心、中国青年创业就业基金会与俄罗斯青年联盟共同主办，两国相关青年机构和大学具体承办。该项目以创业教育和经贸合作为主题，采用互派创业青年到对方国家创业孵化器交流实践的形式，旨在提升中俄两国青年创客和大学生的创业知识、创新能力和合作经验，促进两国青年在创新创业领域的合作，培养中俄经贸合作的未来人才，进一步丰富中俄人文交流的内涵。

【中俄教育战略对话举行】 2017年9月12—13日，由中国教育科学研究院、俄罗斯国立研究高等经济大学联合主办，广州市荔湾区人民政府承办的中俄教育战略对话在广州市举行。来自俄罗斯国立研究高等经济大学、俄罗斯教育科学院、俄罗斯远东联邦大学以及中国部分高校、研究机构、中小学、非政府组织等方面的专家学者和一线教育工作者等100多位代表出席会议。此次对话以"面向2030的教育现代化"为主题，涉及儿童早期发展、学前教育、小学和中学教育、职业教育等多个议题。会议期间，中俄教育研究团队进行了深度对话，为下一步两国共同推进面向2030年的教育现代化比较研究和深化教育交流合作达成了系列共识。中国教育科学研究院《教育研究》总编高宝立与俄罗斯国立研究高等经济大学教育学院院长伊萨克·弗鲁明在会上发布了《面向2030年的教育现代化比较研究背景报告》，该报告开启了中俄两国教育比较研究的新篇章。

【中俄综合性大学联盟正式成立】 2017年9月13日，由中国教育部支持、北京大学和莫斯科国立大学联合主办、广东省教育厅和深圳市教育局合办的中俄综合性大学联盟成立大会暨中俄大学校长论坛在深圳市举行。中国国务院副总理刘延东和俄罗斯副总理戈洛杰茨共同出席成立大会。中俄两国外交部、教育部、财政部以及广东省等相关负责人以及近100所中俄大学校长代表和教育领域嘉宾参与大会。成立大会后，与会校长们以"人才培养与科研合作""中俄高等教育与'一带一路'倡议"为题展开交流讨论。截至2017年9月13日，共计有40所中国高校和20所俄罗斯高校加入了联盟，双方将在现代教学方法、科学研究、文化教育和社会活动等领域联合开展交流，并协调、组织活动，从而进一步在两国战略指导下开展系统性合作，深化中俄高校间实质性交流。

【深圳北理莫斯科大学开学典礼举行】 2017年9月13日，中国国务院副总理、中俄人文合作委员会中方主席刘延东在深圳与俄罗斯副总理、委员会俄方主席戈洛杰茨共同出席深圳北理莫斯科大学开学典礼。深圳北理莫斯科大学是由深圳市人民政府、莫斯科国立罗蒙诺索夫大学和北京理工大学三方在深圳合作举办的一所具有法人资格的非营利高等教育机构，是中俄关系史上两国合办的第一所大学。刘延东宣读国家主席习近平对该校开学典礼的贺词。习近平在贺词中指出，教育是国家发展进步的重要推动力，也是促进各国人民交流合作的重要纽带。中俄联合创办这所大学是两国领导人达成的重要共识，也是两国人文合作深入发展的重要成果，具有重要示范意义。俄罗斯副总理戈洛杰茨宣读俄罗斯总统普京的贺词。普京在贺词中表示，教育合作一直是俄中战略伙伴关系的重要组成部分。两国高校交流逐年扩大，互换留学生交流实践日趋完善，两国中学生在对方国家疗养营地度假已成为常态。他相信在两所知名大学基础上创办的俄中大学将进一步增进两国人民的友谊和相互理解。

【第四届中俄交通类大学校长论坛召开】 2017年12月15日，由中国人民对外友好协会主办，长安大学承办的第四届中俄交通大学暨"一带一路"沿线国家及金砖国家交通类大学校长论坛在西安市召开。俄罗斯联邦26所院校代表，巴西、印度、南非、马来西亚、巴基斯坦、埃及、乌克兰、乌兹别克斯坦等国11所高校代表，中国65所院校代表、13家企业代表出席了论坛开幕式。本次论坛以"互联互通，合作共赢"为主题，旨在深化中俄及"一带一路"沿线国家和金砖国家高等教育合作，为增进民间友好交往做出新贡献。

【中俄中学联盟成立】 2018年1月12日，由哈尔滨市教育局主办、哈尔滨市第六中学承办的中俄中学联盟成立大会在哈尔滨国际会展中心举行。中俄教育领域代表约100人参加了成立大会，大会仪式包括领导致辞、中俄方联盟学校代表发言、宣读联盟宣言、联盟成员签字、摸球仪式以及哈工大预科基地授牌仪式等内容。该联盟旨在推进中俄中学间教育交流与合作，培养具有中俄双文化背景的高素质人才。截至2018年1月12日，联盟成员包括12所中方学校与18所俄方学校，中方学校基本囊括了中国教育部批准具有保送资格且开设俄语课程的外国语学校，俄方学校包括莫斯科、圣彼得堡等9个城市的优质学校。

【国际科技政策与科普人才研修班启动】 2018年5月17日，由北京科学技术开发交流中心主办、中国科普研究所为支持单位联合组织的国际科技政策和科普人才研修班在北京市启动。本次研修班旨在深化"一带一路"沿线国家科技文化交流合作。5位俄罗斯专家参加此次研修班，他们分别来自俄罗斯联邦科学院、莫斯科大学媒体信息中心、斯科尔科沃科技园、圣彼得堡国立信息技术机械与光学大学和俄罗斯联邦总统科学院。授课内容围绕"一带一路"沿线国际科技合作、中国的科技战略与政策、中国科普的发展历程与科普国际化、科普政策法规及其制定与实施、中国科普场馆的建设与科普作品的赏析、科普特色活动与市场化运行经验等九大方面展开。

【中俄高校（部分）教育合作与特色发展论坛召开】 2018年9月27日，中俄高校（部分）教育合作与特色发展论坛在黑河市黑河学院召开。俄罗斯远东国立农业大学、阿穆尔国立大学、阿穆尔国立人文师范大学、哈巴罗夫斯克国立文化学院、布拉戈维申斯克国立师范大学、南乌拉尔国立大学，以及中国厦门大学、上海师范大学、东北农业大学、齐齐哈尔大学、哈尔滨学院、绥化学院、贺州学院、大庆师范学院及黑河学院15所中俄高校代表围绕"深化中俄高等教育合作，厚植本科特色发展新内涵""搭建中俄人文交流，民心相通之桥""构建教育的大目标大体系""携手开创中俄高校文化艺术交流新篇章""基于人才培养模式渊源的中俄高等教育理念的回顾与反思"和"俄罗斯高校与中国合作的经验与前景"等方面展开讨论。中俄两国校长在交流中进一步挖掘了两国高等教育的互补优势,共同勾勒了两国教育文化交流合作的美好未来。

【中俄两国师范大学交流数字化教育经验】 2018年10月10日,中俄"数字化社会:教育发展问题与前景"论坛在莫斯科国立师范大学开幕。中俄教育高校联盟成立协议于2014年4月在北京签署,该联盟由两国各6所师范高校组成。参加此次论坛的俄方师范大学代表团来自莫斯科、圣彼得堡、下诺夫哥罗德、新西伯利亚、车里雅宾斯克、雅罗斯拉夫尔、托木斯克、布拉戈维申斯克等城市,中方代表团来自北京、上海、西安、长春、重庆、徐州和武汉。与会者讨论了教学过程中数字技术的运用问题以及中俄两国在该领域的合作前景,探讨内容涉及大数据、人工智能、虚拟现实技术在培养青年教师方面发挥的作用。

【俄罗斯担任第19届中国国际教育年会主宾国】 2018年10月18—21日,第19届中国国际教育年会在北京国家会议中心举办,年会的主题是"教育现代化——实践与探索",由中国国际教育研讨会、中外院校项目合作洽谈会、中国国际教育展三大部分组成,深入探讨新形势下如何推动全球教育现代化进程。俄罗斯担任此次教育年会的主宾国,携40余所顶尖院校组成的国家展团亮相教育展。中国国际教育年会自2000年起每年举办一届。俄罗斯担任第19届年会主宾国,得到了中、俄两国政府的高度重视,对于进一步推进中俄人文合作交流有着重要意义。

【中俄教育合作分委会第十八次会议召开】 2018年10月20日,中俄教育合作分委会第十八次会议召开。中国教育部副部长田学军与俄罗斯联邦科学和高等教育部副部长博罗弗斯卡娅共同主持。双方就扩大互派留学交流人员规模、深化高校与大学联盟合作、大力推进语言互通、落实机制化项目、在多边框架内巩固教育合作以及筹备中俄人文合作委员会第十九次会议等议题进行了磋商,达成了广泛共识。

【"一带一路"中俄教师教育高端论坛召开】 2018年10月22—24日,"一带一路"中俄教师教育高端论坛在西安市陕西师范大学召开。此次论坛由莫斯科国立大学和陕西师范大学首倡,由陕西师范大学、莫斯科国立大学和中国社会科学院大学共同主办,来自俄罗斯和国内各高校的120余名专家学者参会。论坛以"共享丝绸之路文明,共促教师教育发展"为主题,中俄教育界代表互相交流教育经验,探讨"一带一路"倡议框架下教育领域的合作,讨论两国在俄语教学、教育模式方面的传统和创新。该论坛的举办有利于进一步发挥"丝绸之路教师教育联盟"搭建的丝绸之路沿线国家和地区教师教育合作平台作用,提高中俄两国基础教育教师培养质量,改善教师教育研究水平。

【黑龙江省首个高级翻译学院揭牌成立】 2018年11月22日,黑龙江大学—俄罗斯莫斯科国立大学高级翻译学院揭牌仪式在黑龙江大学举行。这是黑龙江省首个高级翻译学院，也是全国首个与俄罗斯莫斯科国立大学共建的高级翻译学院。两所高校将建立符合联合国翻译标准的人才培养模式，建设世界一流的高级翻译学院。高级翻译学院按订单方式培养高水平翻译人才，毕业生能胜任外交、外经贸、国际文化科技交流等方面的高层次口译、同声传译、笔译等工作。高级翻译学院学制两年，中国学习1年，俄罗斯学习1年，毕业后可以拿到黑龙江大学和莫斯科国立大学两所学校的毕业证和学位证。该学院的建立有利于适应全球化发展对高层次国际化人才的迫切需求，为中俄经济文化交流合作提供人才保障和智力支持。

【"阿斯图相聚广州"活动举行】2018年11月22—25日，中国广州华南理工大学举行"阿斯图相聚广州"活动。本次活动由中俄工科大学联盟主办，哈尔滨工业大学、莫斯科国立鲍曼技术大学、华南理工大学联合承办，共吸引联盟内外49所中俄高校200余名代表参加，开展了2018阿斯图中俄先进材料与材料加工新技术学术研讨会、材料领域科技成果展、阿斯图联盟院校工作例会、阿斯图成员院校开放日——走进华南理工大学等一系列丰富多彩的活动。中俄工科大学联盟，中文简称"阿斯图"，由哈尔滨工业大学和莫斯科国立鲍曼技术大学共同发起，是中俄两国精英工科大学在自愿基础上结成的非营利性组织。"阿斯图"是"中俄人文合作委员会"框架下高等教育领域的有效交流平台，开创了中俄同类大学联盟的先河，为中俄两国同类高校开展合作树立了典范。

【俄罗斯自然科学院聘任王生滋为外籍院士】2018年12月12日，俄罗斯自然科学院举行了向该院新外籍院士颁发证书的仪式。中国石油天然气集团公司俄罗斯代表处首席代表王生滋博士成为又一位获得该荣誉的中国籍外籍院士。王生滋作为中国石油天然气集团公司驻俄罗斯代表，长期致力于中俄经济发展，特别为中俄能源领域内的合作做出了重要贡献。随着中俄两国经济合作的蓬勃发展，两国科技、贸易空间互补性大，特别需要两国有识之士积极推动双方经济技术交流合作。鉴于此，俄罗斯自然科学院通过选举，决定聘任王生滋为该院外籍院士。目前中国有多位两院院士、长江学者当选为俄罗斯自然科学院外籍院士，他们大多来自高等院校和科研院所。王生滋是中国唯一来自商业企业领域的俄罗斯自然科学院外籍院士。

三　中俄文化交流

【俄罗斯圣彼得堡交响乐团在中国举办巡回演出】2017年4—5月，俄罗斯圣彼得堡交响乐团在北京、大连、哈尔滨、沈阳、青岛、上海等地进行巡回演出。首席指挥官亚·德米特里耶夫和弗·阿尔特舒勒为中国观众带来了柴可夫斯基的《F小调第四交响曲》、斯特拉文斯基的《火鸟》组曲、穆索尔斯基的《荒山之夜》交响曲等经典曲目。俄罗斯圣彼得堡交响乐团始建于1931年，从1953年开始，成为列宁格勒爱乐大厅（现圣彼得堡爱乐大厅）的常驻乐团。近年来，圣彼得堡交响乐团常在各大国际音乐节上亮相，并在欧洲、亚洲和美洲进行巡演。

【中国美术馆藏俄罗斯油画精品展专场活动举行】 2017年4月13日至5月7日，由中国美术馆与俄罗斯驻华大使馆共同主办的"中国美术馆之夜：伏尔加河之声——中国美术馆藏俄罗斯油画精品展专场活动"在中国美术馆举办。俄罗斯驻华大使安德烈·杰尼索夫、上合组织秘书长拉希德·阿利莫夫、中国文联副主席夏潮、中国文化部外联局局长谢金英、中国美术家协会主席刘大为、中国美术馆馆长吴为山、俄中友好协会秘书长崔姗、独联体国家驻华使节等中外嘉宾出席了活动开幕仪式。本次展览从馆藏俄罗斯油画中精选100件，清晰呈现出20世纪以来俄罗斯老、中、青三代艺术家的不同风格面貌和创作特点，使观众能够更加直观地把握俄罗斯油画发展的历史轨迹，了解俄罗斯绘画艺术的辉煌成就。

【俄罗斯精品图书亮相第24届北京国际图书博览会】 2017年8月23日，第24届北京国际图书博览会在中国国际展览中心新馆开幕。本次展会吸引了大批俄罗斯精品图书前来参展，其中包括在中俄文学互译出版项目下展出的《论语》《老残游记》，巴金的长篇小说《家》等中国经典文学著作的俄语译本。关于普希金的系列图书同样是此次俄罗斯参展图书的重要板块，《普希金与莫斯科》《与瓦西里·普希金漫步莫斯科》《普希金从莫斯科到埃尔祖鲁姆》《普希金与他的主人公共进晚餐》等图书都引起了中国读者的浓厚兴趣。展会期间，俄罗斯展台还举办了一系列丰富多彩的活动，包括中俄经典与现当代文学作品互译出版项目圆桌会议、"《易经》和《道德经》——中国传统思想的根基"圆桌会议等。

【中国驻俄罗斯大使馆公使衔文化参赞张中华被授予"荣誉院士"称号】 2017年8月29日，俄罗斯艺术科学院授予中国驻俄罗斯大使馆公使衔文化参赞、莫斯科中国文化中心主任、中共六大会址常设展览馆馆长张中华"荣誉院士"称号，以表彰其在中共六大会址修复及推动中俄文化交流中做出的贡献。俄罗斯艺术科学院"荣誉院士"称号是俄罗斯艺术领域的权威荣誉，奖励给在艺术领域做出突出成就和卓越贡献的艺术家。中共六大是中国共产党历史上唯一一次在中国境外召开的代表大会，其会址位于莫斯科南郊，曾严重损毁，于2016年修葺一新。中共六大会址修复项目得到中俄两国政府的高度评价，也为莫斯科文物修复事业做出了重大贡献。目前，中共六大会址已成为中共六大常设展览馆，被视为中俄友谊的象征。

【俄罗斯文化节举行】 2017年9月12日，俄罗斯文化节在广州市拉开序幕。在广州大剧院举行的文化节开幕音乐会上，上百位中俄艺术家同台献艺，将气势恢宏的西方交响乐和婉转悠扬的中国民乐相融合，为现场数千名观众带来了异彩纷呈的经典演出。中俄两国从20世纪90年代开始定期互办文化节。近年来，随着文化节活动的机制化，文化节的规模、层次及水平不断提升，辐射面和影响力进一步拓展，为两国的高水平艺术团体和优秀剧目提供了更高的展演平台和更多的交流契机。目前，文化节已成为两国间的品牌性文化交流活动，为中俄两国民众搭建了重要的沟通平台。

【俄罗斯国家历史博物馆藏十月革命文物展开幕】 2017年11月7日，由中国国家博物馆与俄罗斯国家历史博物馆联合推出的"纪念十月革命100周年——俄罗斯国家历史博物馆藏十月革命文物展"在中国国家博物馆开幕。展览为期3个月，共展出俄罗斯国家历史博物馆文物238件，分为"伟大的革命""人民的纪念"和"中苏友谊"三部分。其中，第一部分"伟大的革命"展示了"阿芙乐尔"号巡洋舰舷窗和"十月革命万岁"旗帜等珍贵文物，以及20余张描绘十月革命重大事件的油画作品；第二部分"人民的纪念"展出了十月革命后到20世纪80年代末反映苏联社会发展和生活场景的宣传海报和纪念性文物；第三部分"中苏友谊"反映了中苏、中俄之间的友好交往，包括孙中山为列宁逝世一周年书写的哀悼词、毛泽东访苏时送给斯大林的70岁生日礼物等展品。

【"欢乐春节——行走的年夜饭"活动举行】 2018年2月17日，由文化部和中国驻俄罗斯大使馆主办的2018俄罗斯"欢乐春节——行走的年夜饭"活动在莫斯科举办。中国驻俄罗斯大使李辉和俄罗斯国家杜马第一副主席梅利尼科夫出席活动并致辞。俄罗斯政府官员、企业界人士、文化机构代表和中国驻俄罗斯大使馆外交官共约30人参加了活动。活动中，来宾们品尝了由中国顶级烹饪大师精心烹制的北京烤鸭等中华美食，并欣赏了精美菜肴的烹饪技艺展示。"年夜饭"期间，中央音乐学院民乐表演团还为来宾们带来了《花好月圆》《茉莉花》《春江花月夜》等中国传统名曲与《卡林卡》《红莓花儿开》等俄罗斯经典曲目。"行走的年夜饭"是由文化部主办、世界中餐业联合会承办的"欢乐春节"品牌项目。2018年活动首次走进俄罗斯，增进了俄罗斯民众对中国传统春节文化的了解。

【中国杂技团荣获俄罗斯国际马戏节金奖】 2018年3月7—11日，俄罗斯国际马戏节在俄罗斯乌德穆尔特自治共和国首府伊热夫斯克举行。此次活动共邀请了俄罗斯、中国、朝鲜、美国等10个国家的百余名马戏、杂技演员参赛。最终，中国济南市杂技团表现出色，其表演的《勇者无惧——蹬人》节目在18个参赛节目中脱颖而出，斩获马戏节金奖"金熊奖"。中国济南市杂技团成立于1958年，曾多次代表国家赴日本、美国、德国、匈牙利、墨西哥等50多个国家和地区进行访问和演出，并多次在国内外各项比赛中获奖。

【中国儿童艺术剧院人偶剧《西游记》亮相俄罗斯】 2018年5月29日至6月2日，受中国文化和旅游部委派，中国儿童艺术剧院人偶剧《西游记》剧组应俄罗斯圣彼得堡布良采夫青年剧院邀请，赴圣彼得堡参加第19届彩虹国际戏剧节开幕式及演出交流活动。活动期间，人偶剧《西游记》在圣彼得堡丰坦卡青年剧院举办两场演出，吸引大批俄罗斯观众前来观看。圣彼得堡布良采夫青年剧院院长、俄罗斯"彩虹国际戏剧节"艺术总监拉列措娃、国际儿童青少年戏剧协会执委塔蒂安娜和中国驻圣彼得堡总领馆文化领事庄建平等嘉宾观看了演出。人偶剧《西游记》以中国古典名著《西游记》为题材，力求用丰富的艺术表达方式重新演绎《西游记》的经典故事，将中国优秀传统文化推向国际舞台。此次赴俄演出交流期间，为了增强作品的感染力，剧组在演出前增加了俄语导赏环节，并在剧目演出中播放俄语字幕，让"西游"故事更加贴近俄罗斯观众，受到了现场观众的普遍好评。

【莫斯科举办"北京日"系列活动】 2018年7月27日，由北京市政府和莫斯科市政府主办的"北京日"系列活动在俄罗斯首都莫斯科市中心特维尔广场开幕。北京市副市长杨斌、莫斯科市杜马副主席安德烈·梅捷利斯基、中华人民共和国驻俄罗斯联邦大使馆公使范先荣出席活动。本次"北京日"活动期间，主办方举办了"中华老字号"展卖、北京旅游推介会、"北京之夜"民乐音乐会等多项活动。在为期5天的时间里，莫斯科、圣彼得堡两地的民众得以深入了解中国文化的独特魅力，中俄两国的政府官员和企业界人士通过经贸洽谈、旅游推介和专题论坛等活动进一步深化了双边合作。

【中国爱乐乐团举办俄罗斯巡演】 2018年7月29日和31日，中国爱乐乐团俄罗斯巡演先后在莫斯科国际音乐中心和圣彼得堡马林斯基剧院音乐厅举行。本次巡演充分展示了西方交响乐与中国传统文化艺术的融合魅力，为俄罗斯观众献上了兼具艺术性与欣赏价值的作品，其中包括改编自同名京剧的管弦乐作品《贵妃醉酒》、西方古典名作门德尔松《E小调小提琴协奏曲》、俄罗斯音乐瑰宝肖斯塔科维奇《第五交响曲》以及全新配器改编的原苏联卫国战争歌曲《神圣的战争》等经典曲目。中国驻俄罗斯联邦大使馆特命全权大使李辉，中国驻圣彼得堡总领馆总领事郭敏、文化领事庄建平以及近4000名俄罗斯观众共享了此次视听盛宴。

【中国国家大剧院原创歌剧《这里的黎明静悄悄》首登俄罗斯顶级艺术殿堂】 2018年9月11日，中国国家大剧院原创歌剧《这里的黎明静悄悄》亮相俄罗斯马林斯基剧院。这是由中国作曲家创作的俄罗斯题材中文歌剧首次登台俄罗斯顶级艺术殿堂。此次演出由中国国家大剧院和俄罗斯马林斯基剧院的艺术家共同完成，其国际化制作水准和浓郁的俄罗斯风格成为演出的一大亮点。俄罗斯马林斯基剧院在世界表演艺术圈地位斐然，为世界贡献了一大批举世闻名的音乐家和舞蹈家。中国国家大剧院此次赴俄罗斯交流演出，正是受马林斯基剧院邀请作为其2018/2019演出季的重要外邀演出之一。此次演出通过中俄艺术家同台演绎的形式，促进了两国艺术机构的交流与合作，加深了俄罗斯观众对中国文化的了解。

【中国艺术家作品赴俄罗斯参加第20届东北亚地区美术作品展】 2018

年10月29日至11月1日，第20届东北亚地区美术作品展在俄罗斯滨海边疆区举办。中国共选送15幅参展作品参加本届美术作品展，其中包括油画2幅、国画8幅（含1幅工笔作品）及书法4幅、水彩1幅，以不同视角展示了中国的自然景观和风土人情，体现了中国艺术家的精湛技艺和深邃思想。作为东北亚地区地方政府首脑会议框架下的一项文化活动，东北亚地区美术作品展始于1994年，分别由中国吉林省、日本鸟取县、韩国江原道、蒙古国中央省及俄罗斯滨海边疆区政府轮流主办。活动通过展示东北亚各国灿烂的文化和浓郁的民族特色，促进了不同地区间的文化交流和民心相通，对于加强和巩固东北亚地区传统友谊发挥了重要作用。

【中国导演孟京辉获颁俄罗斯普希金奖章】 2018年10月30日，中国著名戏剧导演孟京辉在俄罗斯联邦驻华大使馆被授予普希金奖章。正在中国访问的俄罗斯联邦政府副总理、中俄人文合作委员会俄方主席塔季扬娜·戈利科娃出席颁奖仪式，并亲自向孟京辉颁发普希金奖章，以表彰其在促进俄罗斯文化推广及中俄两国导演和青年演员交流方面做出的突出贡献。戈利科娃表示，孟京辉在俄罗斯文化的传播和推广方面扮演了非常积极的角色。通过他的努力，中国观众得以更加深入地了解俄罗斯戏剧作品。多年来，孟京辉还积极邀请俄罗斯演员参加乌镇戏剧节，为中俄戏剧界艺术交流做出了卓越贡献。普希金奖章为俄罗斯国家级奖章，专门颁发给在文化、艺术、教育、人文科学及文学领域取得突出成就，为研究及保存俄罗斯语言与文化遗产做出重大贡献的俄罗斯或外国公民。

【京剧《齐天大圣》在俄罗斯上演】 2018年11月12—14日，由北京京剧院排演的京剧《齐天大圣》先后在俄罗斯圣彼得堡音乐厅剧院和大诺夫哥罗德陀思妥耶夫斯基模范剧院上演，吸引了数千名俄罗斯民众到场观看。中国驻圣彼得堡总领事郭敏与现场观众一同观看了演出。此次京剧交流活动由中国文化和旅游部及俄罗斯文化部共同主办。京剧艺术作为最能体现中国优秀传统文化魅力的艺术形式之一，近年来已多次走进俄罗斯，在俄罗斯民众中掀起京剧热潮。此次上演的京剧《齐天大圣》蕴含丰富的中国文化知识，通过优秀京剧演员充满激情的演绎，展现了京剧艺术的传统魅力，加深了俄罗斯观众对中国历史和文化的了解。

【中俄文化和舞台艺术对话举行】 2018年11月15日，中国和俄罗斯文化界人士在俄罗斯圣彼得堡举行中俄文化和舞台艺术对话，就演出市场、歌剧、芭蕾、杂技等领域进行交流探讨。此次中俄文化和舞台艺术对话在俄罗斯中国文化节和圣彼得堡国际文化论坛框架内举行。活动由俄罗斯文化部、中国文化和旅游部、中国对外文化集团公司等共同举办。负责国际文化合作的俄罗斯总统特别代表什维特科伊出席了对话活动。来自圣彼得堡艾夫曼芭蕾舞团、莫斯科大马戏团、中国演出行业协会、北京京剧院、中央芭蕾舞团、北京当代芭蕾舞团、中国杂技家协会等艺术团体的代表分别介绍了各自资源和业已开展的合作项目，并表达了对未来合作的展望。

【"感知中国——中国西部文化行"走进俄罗斯】 2018年11月23—25日，"感知中国——中国西部文化行"交流活动在俄罗斯莫斯科拉开序幕。此次文化交流活动通过中国西部歌舞、电影展映、图片展览等丰富多彩的形式，展示了中国西部的自然风光、民族文化、社会经济和人民生活。活动展出了俄罗斯画家创作的敦煌主题油画，以俄罗斯艺术家的视角展现了中国西部文化的魅力。此外，由甘肃省歌舞剧院和拉萨市歌舞团共同承演的"魅力西部"敦煌乐舞和民族歌舞于11月23—24日在莫斯科音乐剧院亮相，引起了俄罗斯民众的广泛兴趣。此次"中国西部文化行"走进俄罗斯，加深了俄罗斯民众对中国西部文化的了解，为"一带一路"倡议与欧亚经济联盟的对接合作夯实了舆论基础。

【《丝路映像》中国时装艺术精品展亮相莫斯科】 2018年12月5日，《丝路映像》中国时装艺术精品展在俄罗斯莫斯科中国文化中心举行。中国驻俄大使馆文化参赞龚佳佳和俄中友好协会主席梅津采夫出席活动。在本次时装艺术精品展上，俄罗斯模特和中国模特一起身着中式服装登台走秀。走秀中展示的服装包含了剪纸、刺绣、编织等独具民族特色的中国文化元素，体现出中国设计师在文化、艺术、审美等方面的独特追求。除走秀外，本次活动还设置了静态展览环节。观众可以欣赏到明清的刺绣丝绸服装和近年来中国优秀设计师设计的丝绸服装，品味中国设计师对传统文化的继承和创新。

【《习近平讲故事》俄文版出版发行】 2018年12月14日，《习近平讲故事》俄文版发布会在莫斯科市中心阿尔巴特大街上的尚斯博库书店举行。《习近平讲故事》俄文版由著名汉学家、俄罗斯外交部外交学院教授亚历山大·谢苗诺夫及其夫人塔季扬娜·谢苗诺娃共同完成，由专业从事中文图书俄文译制的尚斯国际出版社负责出版发行。为保证《习近平讲故事》俄文版的完成质量，出版社投入了近百人的专业编辑团队。俄文版《习近平讲故事》的高质量翻译得到了俄国内专家学者的认可，书中关于治国理政的中国智慧也成为俄罗斯学界的热门话题，并引起了俄罗斯读者的浓厚兴趣。在发布会现场，不少俄罗斯读者专程前来选购此书，希望通过阅读本书加深对中国的了解。

【莫斯科新年集市走进北京】 2018年12月21—23日，在中俄地方合作交流年框架下，莫斯科市携手北京市在朝阳公园为两国民众带来了莫斯科新年集市。集市上搭建有俄罗斯传统新年风格的小商店，摆放有10米高的圣诞树，商店里展出了各类俄罗斯商品和美食。集市上还设置了创意工作坊，供中国民众亲自体验俄罗斯传统文化。同时，俄罗斯艺术家们还带来了《喀秋莎》《卡林卡》《莫斯科郊外的晚上》等中国人耳熟能详的俄罗斯经典民歌及新年歌曲表演，使中国民众感受到俄罗斯的新年气氛。此次新年集市活动通过品尝俄罗斯传统美食和体验民族歌舞的方式，发挥了文化交流的作用，促进了中俄两国人民的友好交往，为两国关系的进一步发展注入了动力。

四　中俄卫生交流

【中俄医科大学联盟理事会暨学术交流会议召开】 2017年1月14—16日，由中俄医科大学联盟主办的中俄医科大学联盟理事会暨学术交流会议在北京市召开。国家卫计委副主任崔丽，俄罗斯联邦卫生部第一副部长伊戈尔·尼古拉耶维奇·卡格拉曼扬及中俄医学专家、国内外先进科研企业和国内知名媒体等逾百人出席了会议。会议总结了中俄医科大学联盟2016年度的工作成果，制订了下一年度的工作计划，进一步促进联盟中两国医学院校间的密切沟通。同时，中俄专家围绕"药物研究启示与思考""高等医学教育模式""中西医并重保健""生殖健康领域热点聚焦"等热点课题进行了学术交流。相关专家还就工业大麻的医用价值及其在医药领域的作用及应用等前沿课题进行了深入探讨。此次会议主办方为"中俄医科大学联盟"。它是由中俄两国106所高水平医科院校组成，是中俄两国大学间成立的规模最大、参与院校最为广泛的合作联盟。它成功建立了中俄医科大学交流与合作的信息与技术平台，为中俄医药卫生领域交流与合作架起了新的桥梁。此次会议的召开将推进中俄医疗事业在技术研发、人才培养、理论研究等方面共同进步，助力两国在未来医疗上的合作。

【中俄健康合作高峰论坛召开】 2017年5月16日，中俄健康合作高峰论坛在北京饭店召开。中俄双方委员会主席、双方政府有关部门领导、知名企业界高层管理者、中俄体育健将和体育明星、医疗健康专家、权威媒体单位、国际体育单项联合会以及体育管理部门等200余人出席了会议。此次高峰论坛由中俄友好、和平与发展委员会健康生活方式理事会主办，为配合中国"一带一路"国际合作高峰论坛而举行。此次论坛主题是"中俄体育交流、大众体育与健康合作"，旨在推动中俄体育与健康合作、实现双方优势互补，得到俄罗斯总统普京的关心和重视。

【中俄医疗战略研讨会召开】 2017年5月22日，2017中俄医疗战略研讨会在海口召开。研讨会以"儿童康复"为主题，旨在探讨两国在儿童疾病的治疗和康复领域的互补性及未来共同打造国际儿童康复中心的可行性。自2009年海南建设国际旅游岛上升为国家战略以来，海南发展医疗旅游的优势得到进一步彰显。中方专家在会上表示，俄罗斯大部分地区处于寒带和亚寒带地区，由于生活习惯、地理环境等因素，导致一些寒带病高发，如儿童神经及精神系统、呼吸系统、运动系统疾病。虽然俄罗斯在现代儿科医学领域拥有先进技术和丰富经验，但治疗上述疾病疗效不显著。实践证明，中医在治疗儿童慢性疾病方面有显著疗效。海南省与俄罗斯有着互补的地理位置、气候和生态环境。依据中医"冬病夏治，寒病热治"理论，结合大量临床检验，在海南开展中西医结合寒带病症康复治疗拥有广阔前景。

【俄罗斯中医药从业者招待会举行】 2017年6月7日，中国驻俄罗斯大使馆召开俄罗斯中医药从业者招待会。中国驻俄罗斯大使李辉、中国国家中医药管理局国际合作司司长王笑频以及两国中医药从业者、医学院教师与学员等500余人参加了招待会。招待会上，两国中医药从业者观看了中医文化宣传片，并围绕中医药在俄罗斯的发展等话题进行了交流。俄中两国在医疗卫生领域的合作已经有十多年的历史，双方成立了中俄医科大学联盟，为促进两国医学交流、人才培养等方面做出了贡献。近年来，中医药在俄罗斯也得到了长足发展，针灸和推拿两种中医疗法获得合法地位，目前俄境内有上百家从事中医药经营活动的机构。

【首届"一带一路"中俄医科大学联盟内分泌代谢病论坛项目研究准备会召开】 2017年7月1日，第一届"一带一路"中俄医科大学联盟内分泌代谢病论坛项目研究准备会在哈尔滨医科大学召开。中俄医学专家参与会议讨论，就分泌代谢病等医学问题深度地交换了意见。此次会议旨在与俄方共同探索以糖尿病为主的慢性病发病机制，建立防控一体化体系，搭建慢性病国际项目申报平台，筹备设立中俄慢性病专项基金，提高中俄两国慢性病防控能力。会上双方专家针对糖尿病等慢性病的防治情况与中国专家学者进行了经验交流，就共同申报科研课题、加强医生交流、互遣留学生等问题交换了意见。会议提出在中国工程院、中华医学会、中华医学会糖尿病学分会设立中俄慢病研究基金，鼓励两国学者申报国际合作课题，拓展两国在糖尿病等慢性病领域上合作的广度和深度。

【中俄人文合作委员会卫生合作分委会第十七次会议召开】 2017年9月11日，中俄人文合作委员会卫生合作分委会第十七次会议在广州举行。分委会中方主席、国家卫生计生委副主任崔丽与俄方主席、俄联邦卫生部第一副部长卡格拉曼杨共同主持会议。双方回顾了一年来中俄卫生领域开展双、多边合作的成果和进展，并就传染病防控、边境地区卫生防疫合作、灾害卫生应急合作、中俄医科大学联盟框架下合作、传统医学领域合作、中俄医学机构间合作、药品流通监督管理合作，以及在金砖国家、上海合作组织、世界卫生组织、亚太经合组织等国际和地区组织中的合作等议题展开了讨论并达成共识。双方一致同意，将在互信互利的基础上，全力推动两国卫生和医学领域合作。双方将扩大和深化边境传染病防控，进一步开展边境地区跨境及局部紧急情况联合卫生应急合作，加大双方医学人才的交流，推动两国卫生和医学教育机构的科研和医疗技术合作，支持两国医学机构建立对口联系及合作机制，并进一步推进在传统医药领域的合作以及加强在药品和医疗器械产品监督领域的合作。

【中俄两国科学家将联手研制艾滋病疫苗】 2017年11月11—16日，第二届中俄生物医药合作国际论坛在圣彼得堡彼得大帝理工大学举行。论坛关注焦点为肿瘤疾病、艾滋病和流行性感冒的研究。中俄两国科学家在论坛上签署了联手研制艾滋病疫苗的相关协议。根据协议，俄中两国将联手研制人类获得性免疫缺陷病毒疫苗，其目的是研制组合疫苗，其中包括俄罗斯的DNA组分（DNA疫苗）和中国的加速蛋白（增强蛋白）组分。双方就共享医学成果、实现艾滋病免费医疗、HIV疫苗研发等问题交换了意见。

【俄罗斯中医药学会正式运营】
2017年12月5日，俄罗斯中医药学会在莫斯科举办正式运营发布会。俄罗斯中医药学会于2015年5月开始筹划建立，是目前唯一一家在俄司法部注册并在中国驻俄使馆登记的华人中医药组织。该学会目前在俄司法部注册为非营利性组织，并在中国驻俄罗斯使馆登记备案，由此正式开始运营。作为俄境内中医药界自发成立的非营利性组织，俄罗斯中医药学会将通过治疗、办学、学术讲座和交流传播中医知识及文化。

【中俄医科大学联盟医院揭牌】
2018年1月30日，中俄医科大学联盟医院在三亚揭牌，确立三亚哈尔滨医科大学鸿森医院为永久办公地址。随后，双方召开了中俄医科大学联盟医学与健康学术会议，嘉宾们介绍了中俄医科大学联盟三亚医院的总体概况，分享了健康产业布局和未来发展的构想。中俄医科大学联盟是由中国工程院院士、哈尔滨医科大学校长杨宝峰提出，哈尔滨医科大学与俄联邦伊·米·谢切诺夫莫斯科第一国立医科大学共同发起筹建的。自2014年成立以来，两国互派交流人员5000余人，签署合作协议37项，目前中俄双方正在推进中俄医学研究中心建设、哈尔滨医科大学与圣彼得堡国立大学生物医学中心建设，推进中俄研究生培养项目的实施，建立中俄现代医学与传统医疗相结合的机制和模式。

【第九届中俄药理学会议召开】
2018年7月14日，第九届中俄药理学会议在中国黑龙江省召开。本次会议由中国工程院医药卫生学部、黑龙江省教育厅、中俄医科大学联盟、中国药理学会等8家单位联合主办，哈尔滨医科大学承办。共有来自中国、俄罗斯、美国、加拿大等多个国家和地区的上百位专家、学者参加了这次盛会。本次药理学会议与第七届寒地心脏病学会、第二届中俄青年学者心脏病学会议共同召开。药理学会议由两场学术报告会组成。在报告会上，中外专家就药理学领域的最新研究进展和发展方向进行了阐述和探讨。此次会议的成功召开为基础、临床和转化医学的国际学术交流与合作搭建了重要平台，有效推进了中俄两国医药学的成果创新与转化，加快药理学新理论和新技术在疾病预防和治疗中的应用，并为未来双方在药理学领域的深入交流和密切合作创造了良好的机会。

【"一带一路"中俄中医药国际论坛召开】 2018年8月25日，由俄罗斯中医药专家学会主办的"一带一路"中俄中医药国际论坛在俄罗斯首都莫斯科市召开。本次大会共邀请中俄两国200多位专家和学者出席，旨在增进世界各国中医药团体间的了解与合作，促进中医药学与世界各种医药学的交流与合作。俄罗斯中医药专家学会是唯一一家经俄罗斯司法部批准注册，并在中国驻俄罗斯使馆登记备案的中医药非营利组织。学会的工作重心是为中医药在俄罗斯传播发展创造条件、提供便利，传播中医药知识及文化。中俄专家在会上表示，中俄两国中医药组织将继续按照"一带一路"倡议的总体部署，立足沿线各国不同发展现状，统筹推进中医药医疗、保健、教育、科研、文化和产业的对外交流与合作，实现中医药与沿线各国传统医学和现代医学的融合发展。

【中俄人文合作委员会卫生合作分委会第十八次会议召开】 2018年10月29日，中俄人文合作委员会卫生合作分委会第十八次会议在北京市召开。分委会中方主席、中国国家卫生健康委副主任崔丽与俄方主席、卫生部副部长雅科夫列娃共同主持会议。中国国家卫生健康委各司局及相关部门和俄联邦卫生部有关部门单位负责人及代表参加会议，并向分委会汇报了2018年中俄合作工作进展及合作计划。本次会议就加强中俄医学科研合作、联合培养医护和专业技术人员、进一步扩大两国卫生和医学教育机构的合作、充分通过所有可行渠道开展人员的互换与交流等问题进行探讨。会议决定，将中俄医科大学联盟工作的评价和要求写入中俄人文合作委员会卫生合作分委会第十八次会议的会议纪要。

【中俄加强在干细胞领域的合作】 2018年10月30日，中国人类干细胞国家工程研究中心和俄罗斯科学院西伯利亚分院、中科院湖南技术转移中心正式进行合作。中俄双方签订了战略框架协议，拟定在"分子遗传学和医疗检测"等领域开展科技合作，以实现优势互补、协同共赢。俄罗斯科学院西伯利亚分院专家团曾于2018年9月首次访问中国人类干细胞国家工程研究中心。经过一个多月的深入了解和磋商，双方建立了实质性的合作关系，旨在充分发挥各自优势，尝试在干细胞、生殖、遗传、人工智能等多方面深度合作，构建国际化的人才培养、成果推广体系。

五　中俄体育交流

【中俄体育交流、大众体育与健康合作论坛召开】 2017年5月16日，中俄体育交流、大众体育与健康合作论坛在北京市召开。中俄友好、和平与发展委员会俄方主席季托夫，中俄友好、和平与发展委员会健康生活方式理事会中方主席梁玉师，中俄两国体育、医疗、健康等领域的专家和代表出席了论坛。本次论坛旨在加强两国在体育产业、大众体育与健康方面的合作。俄罗斯联邦副总理穆特科为本次活动发来了贺信。论坛期间，中俄双方就开展体育领域的交流与合作交换了意见，进一步加深在传统领域，比如冰球、国际象棋等方面的合作，还将在大众体育交流活动方面进行友好交流。北京冬奥组委会、首钢总公司等70余家相关单位参与了此次论坛。

【中俄人文合作委员会体育合作分委会第17次会议召开】 2017年6月18日，中俄人文合作委员会体育合作分委会第17次会议在广州市召开。国家体育总局副局长杨树安与俄罗斯体育部副部长科西洛夫，国家体育总局和俄罗斯体育部有关部门负责人、俄驻华使馆及驻广州总领馆的代表参加了会议。双方就两国体育交流、科研合作、冬季项目和冬奥会合作、2017年第七届中俄夏季青少年运动会筹备等议题进行了磋商，并签署了《中俄人文合作委员会体育合作分委会第17次会议纪要》。

【中俄元首在克里姆林宫就体育人文领域合作举行会谈】 2017年7月4日，中国国家主席习近平在俄罗斯克里姆林宫同俄罗斯总统普京举行会谈，两国元首积极评价中俄传统友谊和双边关系发展成就，针对双方在中俄冬季和夏季青少年运动会、"丝绸之路"国际汽车拉力赛等体育人文领域的合作交换了看法。双方商定以筹办2022年北京冬奥会为契机，推动冬季运动项目、人才培养和运动科学等方面的交流合作，深入开展一系列体育文化旅游合作，互学互鉴，传承中俄世代友好理念。

【横渡中俄界江——黑龙江活动举行】 2017年7月16日，由黑龙江省体育局、黑河市人民政府、俄罗斯阿穆尔州政府主办，黑龙江省水上运动管理中心、黑河市体育局、俄罗斯阿穆尔州体育部承办的2017年"7·16全民游泳健身周"系列活动（黑河站）暨黑龙江省第五届、黑河市第十五届横渡中俄界江——黑龙江活动在黑河市和俄罗斯布拉戈维申斯克市隆重举行。该项活动是黑龙江省2017年夏季精品体育赛事之一，也是第八届中俄文化大集的收官活动。横渡黑龙江活动自2001年举办以来，已成功举办了15届，吸引了来自全国各省市区和俄罗斯的游泳爱好者3500余人参与。经过多年的探索、完善与发展，横渡黑龙江活动已成为中俄两国之间独具特色的体育文化交流品牌。

【第二届中俄跨境"1+1"马拉松赛举行】 2017年8月6日，第二届中俄跨境"1+1"马拉松在俄罗斯比罗比詹市举行，中俄两国选手"背靠背"体验了中俄不同风情的马拉松赛。比罗比詹赛区起终点安排在犹太自治州政府门前广场，赛道穿越城市和乡村。中俄双方运动员积极参赛，来自中国冷极马拉松队的杨博文获得男子全程冠军，俄罗斯选手苏佐娃·塔基杨娜获得女子全程冠军。中俄跨境"1+1"马拉松赛由黑龙江省体育局、佳木斯市体育局、同江市人民政府、俄罗斯犹太州政府和北京金英熊体育文化产业有限公司联合主办。未来，同江市和俄罗斯犹太自治州政府将与北京金英熊体育产业有限公司签署关于全面体育合作协议，将共同永久性主办中俄跨境"1+1"马拉松赛。

【第七届中俄青少年运动会开幕】 2017年11月4日，第七届中俄青少年运动会在广州市开幕。国家体育总局副局长蔡振华、广东省副省长黄宁生、广东省体育局局长王禹平出席了开幕式。本届运动会为期6天，中国和俄罗斯将分别派出160人参与摔跤、柔道、拳击、水球（女子）、艺术体操、篮球（男子）、排球（女子）、乒乓球、武术等9个项目的角逐。中俄青少年运动会是中俄人文交流机制框架内的亮点活动。该运动会创办于2006年，由中俄两国轮流举办，至今已举办了六届。运动会的宗旨是通过比赛相互学习，培养体育后备人才，促进两国体育交流与合作，增进两国人民尤其是青少年间的了解和友谊。

【第三届中俄区域间体育交流合作

【会议召开】 2017年11月27—30日，第三届中俄区域间体育交流合作会议在哈尔滨市召开。中俄双方共签署了25项合作协议和1个备忘录。签署26项合作协议也创下了历届中俄区域间体育交流会议的签署协议数量的新高。黑龙江省体育局相关负责人介绍，此次中俄两国签署的协议中，涵盖了冰球、越野滑雪、冰壶、速度滑冰4个冬季项目；同时，为了进一步提升中国北疆体育运动发展的综合水平，还与俄方签署了田径、游泳、篮球、射箭和帆板等11个夏季项目合作协议。中俄两国区域间体育合作会议和政府与民间的体育交流活动，极大地促进了两地竞技体育水平提高，加深了双方的人文交流，促进了经贸合作与发展，尤其是探索出了一条在两国区域间体育交流合作的有效途径，建立了区域间体育交流合作共识的基本理念。

【第二届中俄大学生冰雪嘉年华开幕】 2017年12月12日，第二届中俄大学生冰雪嘉年华在哈尔滨体育学院滑冰馆开幕。来自中国、俄罗斯的大学生运动员将进行班迪球项目的友谊赛、文化交流、专题研讨等活动。2016年7月，中国大学生体育协会与俄罗斯大学生体育联合会共同签署了《关于举办中俄大学生冰雪嘉年华的执行协议》，为促进国家间体育文化的交流、学习与合作，实现互利共赢，为推进中国与俄罗斯的校际体育共同发展打下了坚实的基础。本届冰雪嘉年华的举办具有开创性意义，为大力发展中国大学生冰雪运动、增进中俄青少年友谊起到积极作用，架起了两国体育文化交流的桥梁，为2022年冬奥会助力。作为中俄人文合作委员会会议的重要成果之一，本届嘉年华由教育部国际合作与交流司与中国大学生体育协会主办，哈尔滨体育学院承办。嘉年华于12月12日和14日在哈尔滨体育学院举行班迪球项目的比赛。活动期间，俄罗斯大学生运动员们还参观了哈尔滨城市规划馆、雪博会等，体验中国特色的人文历史和冰雪风情。

【中俄国际冰球友谊赛"中俄双子城"举行】 2018年1月14日，跨越两国国界的冰球赛——2018中俄界江黑龙江（阿穆尔河）国际冰球友谊赛在"中俄双子城"黑河市和布拉戈维申斯克市之间的界江黑龙江江面上开赛。本次比赛由中俄的两省州政府主办、两省州体育部门和黑河市人民政府承办。300多名观众共同见证了中俄双方在江面上以冰球传承友谊。早在1958年，黑龙江省冰球队就与俄罗斯阿穆尔州冰球队正式交锋，拉开两省州体育交流的序幕。2017年1月，两省州在界江上举办了首届中俄界江黑龙江国际冰球友谊赛。本届比赛是黑龙江两岸冰球队的又一次交锋。在中俄界江成功举办冰球比赛活动，不仅为中俄两国体育交流注入了新动力，更进一步增进了两国人民友谊，对深化边境旅游发展，打造中俄"一城两国"全新形象具有积极而深远的影响。

【中俄棋王棋后对抗赛举行】 2018年2月6日，"一带一路"2018哈尔滨中俄国际象棋棋王棋后对抗赛在呼兰河口湿地公园进行了第五和第六轮的争夺。最终，侯逸凡1负1胜，从而以2.5比3.5分的总比分不敌卡尔波夫。

这样，卡尔波夫获得本次对抗赛的优胜。本次比赛由国家体育总局棋牌中心、中国国际象棋协会、黑龙江省体育局、哈尔滨市人民政府联合主办。中俄棋王棋后对抗赛的举办有利于中俄国际象棋领域的发展，对于促进中俄人文交流合作具有重要意义。

【中俄元首观看中俄青少年冰球友谊赛】 2018年6月8日，中华人民共和国国家主席习近平同俄罗斯联邦总统弗拉基米尔·普京在天津共同观看中俄青少年冰球友谊赛。参赛双方队员、教练员和不少冰球界人士备受鼓舞并表示愿意进一步推动中俄体育交流，为冰球运动发展和北京冬奥会成功举办贡献力量。在北京携手张家口获得2022年冬奥会举办权之后，中国冰球的发展步入快车道。2015年，中国冰球协会注册的青少年不到2000人。2017年底，已经突破12000人。另外，截至2017年底，全国冰球场地数量已从2015年的不到50块增加到200余块。

【中俄体育交流活动周启动】 2018年6月14日，中俄地方合作交流论坛暨中俄体育交流活动周在哈尔滨启动。在为期5天的时间里，共进行冰球、乒乓球、武术、讲座、参观交流等活动。冰球作为首场活动，在哈尔滨体育学院冰球馆拉开战幕。当天，黑龙江省冰上训练中心还举办了青少年体育创伤知识讲座，俄罗斯阿穆尔州武术联合会副会长列多科尔·马克西姆·谢尔盖耶维奇和黑龙江体育运动创伤康复医院副院长臧克成，分别就肌肉损伤与预防和运动中正确的呼吸模式进行讲解剖析。中俄体育交流周将进一步促进中俄民间体育交流，加强两国人民的友谊，推动中俄地方间的务实合作，为进一步增强中俄全面战略协作伙伴关系起到积极的推动作用。

【第五届中俄民间体育交流大会开幕】 2018年7月15日，第五届中俄民间体育交流大会在黑龙江省绥芬河市拉开帷幕。2014年，黑龙江省与滨海边疆区体育厅磋商，在绥芬河市成功举办了"第一届中俄民间体育交流大会"。此项赛事被评为2014年中俄体育旅游精品项目。自2014年以来，绥芬河已成功举办四届中俄民间体育交流大会，不仅有群众喜闻乐见的足球、篮球、排球、乒乓球、羽毛球等大众传统球类运动，还涵盖了体育舞蹈、武术、射箭、山地自行车等热门新兴体育项目。2018年绥芬河中俄民间体育交流大会在保留部分传统项目的基础上，又扩大了赛事规模，并拓展到新的领域。中俄民间体育交流大会有利于深化与俄罗斯内陆各城市间的体育合作，加强"一带一路"沿线地区的体育互动交流，提升中俄两国的人文合作水平。

【中俄国际帆船挑战赛举行】 2018年7月22日，中俄国际帆船挑战赛在黑龙江省抚远市黑瞎子岛举行。本次比赛由黑龙江省人民政府黑瞎子岛建设和管理委员会、抚远市人民政府、黑龙江省水上运动管理中心、俄罗斯哈巴罗夫斯克市政府主办。本次比赛有8名中国队员、63名俄罗斯队员参赛，共14艘船。22日先在抚远比两场，比赛距离25公里。25日在哈巴罗夫斯克市举行两场，距离同为25公里。根据船的大小分成3组比赛。黑瞎子岛三面环水，水域辽阔，适合开展各种水上运动。此前，黑瞎子岛曾连续三年举办漂流中国系列活动。2017年，抚远市和哈巴罗夫斯克市联手举办了中俄帆船友好邀请赛，未来还将有更多水上赛事落户此间。

【中俄两国体育负责人举行会晤】 2018年9月11日，在符拉迪沃斯托克东方经济论坛举行期间，俄罗斯联邦体育部部长帕维尔·科洛布科夫与中国国家体育总局局长苟仲文举行了会晤。帕维尔·科洛布科夫表示，俄罗斯和中国在体育产业方面有着长期紧密的联系，双方多年来一直在开展系列项目，在青年一代普及体育文化。举办中俄青少年运动会、亚洲儿童国际运动会以及亚太地区国家青少年运动会目的正在于此。会上，中俄两国体育负责人就2018年丝绸之路国际汽车拉力赛的系列问题进行了探讨。帕维尔·科洛布科夫还指出，中国是俄罗斯在体育产业中可靠的合作伙伴，俄罗斯体育部准备与中方实施促进体育文化发展的全新联合项目，其中包括协助中国筹备2022年北京冬奥会。

【丝绸之路国际汽车拉力赛暨中国越野拉力赛开赛】 2018年9月23—28日，丝绸之路国际汽车拉力赛暨中国越野拉力赛在内蒙古阿拉善左旗举行。本次赛事由中华人民共和国国家体育总局和俄罗斯联邦政府体育部主办。9月23日，比赛在西安市沣东新城的中俄创新产业园举行开幕发车仪式，中俄两国高级官员及参加本届比赛的中外车手出席仪式，共包括中俄51个车组参加本站比赛。比赛为期4天，总里程约1600公里。陕西云翔汽摩运动有限公司的刘昆、潘宏宇凭借稳定发挥勇夺冠军。此次赛事不仅有利于中俄运动员的友好交流，也是中俄两国人文合作的友好典范。

【第二届中俄青少年冬季运动会举行】 2018年12月14—19日，第二届中俄青少年冬季运动会在俄罗斯乌法举行，中国代表团共有5个项目125人出征。其中，短道速滑项目派出24名运动员，参加7个小项的角逐，最终获得7金6银5铜的好成绩。本次参赛的运动员年龄在13岁到15岁，由黑龙江、吉林两省共同选拔。本届运动会是冬奥会正式进入"北京时间"后冰雪项目的首个综合性运动会。它的举办有助于两国备战北京冬奥会，进一步推动中俄体育交流与合作，为推进两国全面战略协作伙伴关系注入了新的活力和能量。

六 中俄媒体交流

【中俄合拍大型系列纪录片开播】 2017年4月4日，莫斯科中俄合拍大型系列纪录片《这里是中国》首播仪式在中国驻俄罗斯大使馆举行。中国驻俄罗斯大使李辉、俄罗斯外交部新闻发言人扎哈罗娃、中国国务院新闻办公室副巡视员田哲一、俄罗斯政府新闻局副局长卡明斯卡娅出席活动并致辞，俄罗斯总统新闻局、政府新闻局、外交部新闻局及中俄媒体代表约150人出席了活动。大型系列纪录片《这里是中国》是中共中央宣传部、国务院新闻办公室

"记录中国"传播工程的重点项目,由北京中视雅韵文化传播中心、中国国际广播电台、俄罗斯RT电视台联合制作而成。《这里是中国》第一季于2017年3月使用俄语、英语、西班牙语和阿拉伯语共4种语言在俄罗斯RT电视台及其新媒体平台首播,短短几天,单集收视破亿,引起中俄两国政府和民众的高度关注。中央电视台《新闻联播》《午间新闻》,《人民日报》国际版,俄罗斯政府机关报《俄罗斯报》,《共青团真理报》等40多家中俄主流媒体对开播仪式进行了新闻报道,影响巨大。

【《在华俄文新闻传播活动史(1898—1956)》新书发布会举行】
2017年4月17日,由中国人民大学新闻学院教授赵永华著作的《在华俄文新闻传播活动史(1898—1956)》(俄文版)新书发布会在莫斯科大学新闻系举行。在当天的新闻发布会上,中国著名新闻史学家、中国人民大学新闻学院教授方汉奇,中国人民大学副校长伊志宏发来祝贺,莫斯科大学新闻系主任、莫斯科大学师生参加了发布会。《在华俄文新闻传播活动史(1898—1956)》不仅是中国国内第一本,也是俄罗斯第一本关于在华俄文新闻传播历史的专著。本书的出版,对中国新闻史、俄罗斯新闻史的科研具有重要意义,并对中国近代史、中俄(中苏)文化交流史、中俄(中苏)关系史、在华俄侨史和跨文化传播史的研究工作,也有一定的参考价值。此次在莫斯科大学新闻系召开的《在华俄文新闻传播活动史(1898—1956)》俄文版新书发布会是"中俄新闻教育高校联盟"框架下的重要合作成果。受"中俄媒体交流年"中方组委会的委托,经教育部批准,中国人民大学新闻学院发起成立了由中俄多所知名高校组成的"中俄新闻教育高校联盟",这是中国新闻传播学科领域内第一个国际高校联盟。

【俄罗斯卫星通讯社与中国环球网启动合作】 2017年4月19日,俄罗斯卫星通讯社与中国环球网签署了合作协议。签约仪式在北京市举行,由《环球时报》副总编辑孟宇红和俄罗斯卫星通讯社副总编辑叶连娜·切普尔内赫执笔签署。根据协议,双方将交换中英文的信息和分析资料,向读者提供有关俄中两国国内和国际议程的更加全面的信息。这将是俄罗斯卫星通讯社在中国市场上签署的第8份协议。《环球时报》及环球网与俄罗斯卫星通讯社达成新闻信息互换合作,对于加深两国人民的相互了解、拓展中俄两国主流媒体的全球视野都具有积极意义。未来,《环球时报》及环球网将携手俄罗斯卫星通讯社向中俄两国读者更及时、更精准地传递多元化的国际资讯,帮助两国读者更全面地了解世界,同时向国际社会展示中俄各自的发展情况及双方在一些重大国际问题上的关切与立场。

【中国新闻代表团访问俄罗斯媒体】
2017年6月4—11日,应俄罗斯新闻工作者联盟邀请,由中华全国新闻工作者协会组派的以人民网副总编辑罗华为团长,由人民网、新华网、吉林日报社、新疆电视台组成的中国新闻代表团一行5人对俄罗斯进行了访问。此次代表团出访的主题是"俄罗斯媒体国际传播能力建设做法及与合作潜力",代表团访问了俄罗斯新闻工作者联盟总部、斯维尔德洛夫斯克州新闻工作者联盟、圣彼得堡大学、RT电视台、塔斯社、Yandex公司、Mail.Ru Group公司、斯维尔德洛夫斯克州OTB电视台、斯维尔德洛夫斯克州州报、Ura.ru公司。本次访问单位从俄罗斯新闻人才培养高校到地方、全联邦工作者联盟，从传统纸媒到电视台、大众传媒，包括了多层次交流，有助于中国媒体了解俄罗斯媒体人才培养、不同类型俄罗斯媒体的工作情况，为中俄两国媒体开展合作打下了基础。

【"中俄头条"双语客户端开通】 2017年7月3日，由中国国际广播电台和"今日俄罗斯"国际通讯社联手打造的移动应用——"中俄头条"双语客户端在莫斯科中国文化中心宣布开通。中宣部常务副部长黄坤明，中俄友好、和平与发展委员会俄方主席、俄罗斯总统企业家权益全权代表鲍里斯·季托夫等中俄两国政府、文化机构代表参加了相关活动。"中俄头条"是中俄两国主流媒体合作开发的首家中俄双语移动端新媒体平台，也是双方落实2016年在习近平主席和普京总统共同见证下，中国国际广播电台与"今日俄罗斯"国际新闻通讯社签署《共建移动融媒体平台的合作协议》的具体成果。"中俄头条"客户端不仅是两国媒体顺应时代发展、持续合作结出的硕果之一，同时也是中俄友好、和平与发展委员会媒体理事会的重要工作成果。

【第三届中俄媒体论坛召开】 2017年7月3—5日，在中国国家主席习近平对俄罗斯进行国事访问之际，第三届中俄媒体论坛在莫斯科市召开。论坛以"中俄合作新未来与媒体使命"为主题，两国相关部门负责人，全俄国家广播电视公司、"今日俄罗斯"电视台、俄罗斯塔斯社和人民日报社、新华社、中央电视台等两国75家媒体代表120余人出席论坛。双方在论坛上签署了17项新闻领域合作协议。得益于两国媒体的共同努力，中俄签署了在中国开办"喀秋莎"电视频道的媒体合作协议。

【中俄友好、和平与发展委员会媒体理事会第四次圆桌会议召开】 2017年7月3日，中俄友好、和平与发展委员会媒体理事会第四次圆桌会议在莫斯科市召开。会议以"移动新媒体的发展趋势及挑战"为主题。与会双方对各自的工作进行了总结，并就新的历史时期和技术条件下进一步加强中俄媒体在移动新媒体领域的合作进行了深入交流并达成广泛共识。中国国际广播电台、人民画报社、中央电视台、甘肃省广播电影电视总台、中华网等中方媒体以及"今日俄罗斯"国际新闻通讯社、"俄罗斯24"电视频道、俄罗斯电视台"历史"频道、《科学世界》杂志社等俄方媒体代表出席了此次圆桌会议。近年来，中俄两国媒体在已有合作成果的基础上，在联合策划实施大型媒体活动、合作传播以及对象国媒体市场研究等方面取得了新的突破。两国媒体坚持客观公正的新闻价值观，力求在新媒体领域实现突破，坚持合作传播，打造开放包容的"中俄媒体共同体"。

【"2016—2017中俄媒体交流年"成果展举行】 2017年7月4日，由中国国家新闻出版广电总局与俄罗斯联邦

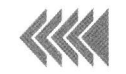

通讯与大众传媒部共同举办的"2016—2017中俄媒体交流年"成果展在莫斯科市举行。中宣部常务副部长黄坤明、俄联邦总统办公厅第一副主任格洛莫夫、中国国家新闻出版广电总局副局长童刚、俄联邦通讯与大众传媒部副部长沃林及中俄双方120多位媒体界代表共同观看了成果展。此次成果展以视频、图片和出版物的形式,集中展示了中俄媒体交流年期间双方围绕政策交流、相互报道、大型活动、合作制作、出版发行、互译互播、媒体产业、新兴媒体、教育培训、少儿媒体等10个主题开展的交流合作成果,为"中俄媒体交流年"的成果进行了总结与展示。

【第三届中俄媒体论坛召开】 2017年7月4日,在国家主席习近平对俄罗斯进行国事访问之际,以"中俄合作新未来与媒体使命"为主题的第三届中俄媒体论坛在俄罗斯首都莫斯科市召开。两国相关部门负责人、全俄国家广播电视公司、"今日俄罗斯"电视台、俄罗斯塔斯社和人民日报社、新华社、中央电视台等两国75家媒体代表120余人出席论坛。与前两届论坛相比,本次参会媒体的数量有显著增长。中俄媒体机构在论坛期间签署了17项新闻领域的合作协议,内容涉及共办电视频道、共同出版专刊、扩大两国新闻报道内容、进行多语种国际信息资源交流合作等,其中大部分协议属长期合作,且具有战略性。《环球时报》与《俄罗斯报》交换协议,双方未来将合作出版《透视俄罗斯》中文专刊协议。

【人民日报社和俄罗斯塔斯社全面合作协议签署】 2017年7月5日,在中国国家主席习近平和俄罗斯联邦总统普京的见证下,人民日报社社长杨振武和俄罗斯国家通讯社塔斯社社长米哈伊洛夫签署全面合作协议。根据协议,人民日报社和塔斯社将在平等互利的基础上,在相互报道、联合采访、媒体融合发展、代表团互访、人员交流和培训等方面开展广泛合作,共同增进两国人民的相知互信,为中俄全面战略协作伙伴关系发展营造良好舆论氛围。此次全面合作协议的签署,将有助于进一步拓宽人民日报社和俄罗斯塔斯社的交流与合作领域。

【中俄媒体合创的《新对话·中国经济特刊》首发】 2017年7月5日,由中国经济日报社与俄罗斯消息报社合作创办的《新对话·中国经济特刊》首发式活动在莫斯科和平会议中心举行。中国国务院新闻办副主任郭卫民、俄罗斯联邦总统办公厅公共关系和传媒局局长斯米尔诺夫、俄罗斯联邦委员会国际事务委员会主席莫罗佐夫、俄罗斯消息报总编辑阿格尼项及多位中俄新闻界、经济界嘉宾莅临现场。在本次活动框架下还举行了"大美中国"图片展及中国茶文化展,精彩的展览向与会嘉宾展示了中国的秀美山河及文化底蕴。《新对话·中国经济特刊》为双月刊,从经贸、时政、文化、时尚等角度,系统地向俄罗斯读者介绍中国的经济、金融和文化发展状况,讲述中俄交流中的故事,为中俄人民交流搭建新桥梁。特刊的发行是中俄媒体深化务实合作,客观报道两国经济形势,促进中俄经贸合作发展的体现和助推器,将有利于更多俄罗斯企业了解中国经济新动态,帮助双方建立合作关系。

【"镜头下的中国和俄罗斯"网络摄影竞赛举行】 2017年7月11日,"中俄媒体交流年"框架下的"镜头下的中国和俄罗斯"网络摄影竞赛颁奖典礼在莫斯科举行,中俄媒体代表、政府官员、参赛选手等近百人参加。本次跨国网络摄影竞赛由人民网和俄罗斯卫星通讯社联合举办,旨在通过民间优秀摄影作品集中展示两国形象,介绍中俄两国的社会文化风貌,增进人民友谊。网络摄影竞赛于2017年3月启动,共吸引近400名摄影爱好者参加,参赛作品超过450张。经过近4个月的网络投票和专家评选,共有16名优秀俄罗斯选手脱颖而出,获得奖项。此次摄影竞赛中的优秀作品不仅展现出家庭融洽、人民安康的场景,也使俄罗斯民众了解到真正崛起的中华民族和伟大复兴的中国。

【第二届中俄媒体对话会举行】 2017年9月13日,第二届中俄媒体对话会在俄罗斯布拉戈维申斯克举行。这次媒体交流活动由环球时报社和塔斯社联合举办。塔斯社副社长亚历山大·科普诺夫、《环球时报》总编辑胡锡进出席会议并致辞。来自中俄两国近20家媒体机构和科研院所的30多名新闻工作者和专家学者参会,俄罗斯阿穆尔州政府代表也出席了会议。与会人员围绕中俄关系特别是地区合作、中俄美三角关系等重大的全球热点问题、如何通过媒体合作增进两国人民相互了解和友谊进行了讨论。本次对话会提高了中俄媒体人士对于对方国家的了解,为两国媒体报道内容提出了许多重要方向,为媒体如何服务于两国关系的进一步发展提供了思路。

【人民日报社国际问题研究中心聘请俄罗斯专家】 2017年9月19日,人民日报社国际问题研究中心成立仪式在甘肃敦煌国际会展中心举行。来自俄罗斯科学院远东研究所、法国国际关系与战略研究院等知名国际智库、国际媒体的300多名专家学者与媒体代表出席了成立仪式。人民日报社"一带一路"新闻合作中心暨跨境联合采访启动仪式同日举行。在成立仪式上,人民日报社社长杨振武向洛马诺夫、席睿德等人民日报社国际问题研究中心外国专家委员会委员颁发了聘书。来自英国、美国、俄罗斯、日本、澳大利亚等12个国家的14位国际知名专家成为首批外国专家委员会委员。俄罗斯专家洛马诺夫受邀成为人民日报社成立的智库——人民日报社国际问题研究中心的外籍专家之一,反映了中国将俄罗斯列入当代世界观点的交流与碰撞中重要的对话伙伴。

【第二届中俄青年记者论坛召开】 2017年9月24—25日,第二届中俄青年记者论坛在俄罗斯顿河畔罗斯托夫召开。论坛由俄罗斯联邦通信和大众传播部、罗斯托夫州政府、顿河国家技术大学、《南方地区媒体工厂》封闭制股份公司主办。中俄政府、学者、学生、传媒界高层等约500人参加论坛。俄罗斯联邦通讯与大众传媒部副部长阿列克谢·沃林、中国日报社总编辑周树春、俄罗斯青年联盟主席克拉斯诺卢斯基等参加了开幕式并发言。在为期5天的会议中,两国媒体代表就中俄青年媒体人合作发展机遇、现代信息环境下建立城市信息通道、中俄影视合作、提高新闻时效性等议题进行深入的探讨和交流。本次青年记者论坛将青年媒体界人士作为主要关注对象，为中俄两国在教育领域的合作起到支柱性作用。两国的青年记者在论坛中互相分享知识，寻找合作项目，展示已有经验，共创媒体领域重要成果。

【2017年中俄网络媒体年会暨中俄青年媒体创新营举行】 2017年9月24—27日，2016—2017年中俄媒体交流年的重点项目，即2017年中俄网络媒体年会暨中俄青年媒体创新营在俄罗斯顿河畔罗斯托夫举行。年会由中国日报网、俄罗斯联邦通信和大众传播部、罗斯托夫州政府、顿河国家技术大学、《南方地区媒体工厂》封闭制股份公司主办。来自中俄有关部门、中俄主流新闻网站、主要商业网站、互联网企业负责人和研究机构的专家学者共约150人齐聚一堂，围绕互联网在现代世界的作用、高科技对媒体行业的影响、媒介教育与青年创业创新等主题，共同探讨中俄网络媒体的交流与合作、新形势下的创新与突破。本次年会上展示了中俄学生在中俄青年媒体创新营期间合拍的成果短片《顿河之路》。通过这次媒体采风，中俄青年深入交流、分享文化与媒体工作经验。年会期间还对媒体中的教育和新技术问题、新的在线媒体、娱乐内容的在线分发和电子竞技发展进行了讨论，举办了一系列专业性的中俄电子竞技比赛，赛后签署了一项关于在罗斯托夫地区发展电子竞技的协议。

【俄罗斯总理梅德韦杰夫做客人民网】 2017年10月31日，俄罗斯总理梅德韦杰夫在对中国进行国事访问期间前往参观人民网，并以"推动中俄关系发展 夯实世代友好根基"为题与中国网友进行在线交流。此次访谈通过人民网强国论坛、人民网俄语频道、人民网微博、人民日报客户端、环球网、海外网等多个平台进行直播。同时，"今日俄罗斯"通讯社等多家俄罗斯媒体也对活动进行了直播。通过此次活动，人民网公开征集到9200条网友问题，内容涵盖了中俄合作的方方面面。

【喀秋莎俄语电视频道在中国播出】 2017年11月1日，喀秋莎俄语电视频道在中国正式播出。喀秋莎俄语电视频道是2016年6月中国国家主席习近平访俄后签署的成果文件之一，是俄罗斯第一频道和中国中央电视台的合作项目。作为第一个面向中国电视观众的俄罗斯电视频道，喀秋莎俄语电视频道将以俄语原声、中文字幕的方式，向中国观众播放俄罗斯第一频道制作的文化普及节目和苏联、俄罗斯经典电影。喀秋莎俄语电视频道的播出受到俄方的高度重视。作为传播俄罗斯历史文化的媒体载体，喀秋莎俄语电视频道在中国的播出对中俄媒体合作具有重要意义。

【中俄总理出席中俄媒体交流年闭幕式】 2017年11月1日，国务院总理李克强在人民大会堂与俄罗斯总理梅德韦杰夫共同出席中俄媒体交流年闭幕式并致辞。国务院副总理刘延东、俄罗斯副总理戈洛杰茨出席闭幕式活动。两国总理同600余名中俄媒体界和青年代表一起观看了回顾中俄媒体交流年两年来活动历程的视频，高度评价了媒体交流年取得的积极成果和社会反响。中俄媒体交流年期间，双方共举办250多场丰富多彩的活动，取得了令人赞叹的成果，为两国关系赋予了新内涵，带来了新机遇。

【中俄合拍纪录片《这里是中国》举行展映】 2018年1月14日,由中俄两国联合拍摄的大型外宣纪录片《这里是中国》(第一季)在广州图书馆报告厅展映。《这里是中国》以讲故事的方式将传统中国和现代中国传递给海内外观众,引发了观影热潮和热烈反响。截至2018年1月,据俄罗斯RT电视台的统计数据,《这里是中国》(第一季)累计收看总人次超过8亿,取得了良好的对外传播效果。展映现场,北京中视雅韵文化传播中心董事长何渊、中国国际广播电台俄语部兼乌克兰语部主任刘岩、中国国际广播电台俄语部外籍专家安娜,分别就纪录片《这里是中国》的制作情况和外宣片的国际传播策略与现场观众做了充分交流。

【中国驻俄罗斯使馆举行庆祝"中俄媒体交流年"圆满闭幕暨迎新春媒体联谊活动】 2018年1月25日,300多名中俄传媒相关人士齐聚中国驻俄罗斯大使馆,参加庆祝"中俄媒体交流年"圆满闭幕暨迎新春媒体联谊活动。俄总统办公厅公关局局长斯米尔诺夫,俄通讯与大众传媒部副部长沃林,俄新闻出版与大众传媒署署长谢斯拉温斯基,俄电信、信息技术与大众传媒监管局局长扎罗夫,俄外交部一亚局局长库利克,俄外交部新闻局局长、发言人扎哈罗娃,俄联邦安全总局信息合作局局长德沃尔尼科夫,俄总理新闻局副局长卡明斯卡娅,俄安全会议、国防部、工贸部、财政部、教科部、文化部等代表以及中俄媒体代表约300人出席活动。活动期间还举行了"中俄媒体交流年"成果展、图书展和茶艺展,全面展示了中国文化。

【"中俄媒体话元宵"活动举行】 2018年3月1日,"中俄媒体话元宵"活动在莫斯科市举行。活动由俄罗斯记者协会、莫斯科记者协会和莫斯科中国记者俱乐部共同举办。中国驻俄罗斯大使李辉、俄记协主席托卡尔斯基以及中俄媒体代表等80余人出席。李辉、托卡尔斯基在活动上致辞。活动期间,与会者还共同观看了中国艺术团体民俗乐器演奏、民族歌曲合唱和俄罗斯调酒师花式调酒等表演。俄中媒体代表共庆元宵节体现了两国人民的深厚友谊,也为中俄媒体的交流沟通创造了机会。

【中方高校师生组织开展"一带一路"调研】 2018年8月26日至9月2日,中俄新闻教育高校联盟联合中国人民大学新闻学院,组织师生调研团赴俄罗斯进行调研活动。本次调研主题为"'一带一路'沿线的新闻教育、媒体和企业",调研团参访了3所重点高校:莫斯科大学、圣彼得堡国立大学、俄罗斯人民友谊大学,与各校新闻系的学者、师生展开座谈,听取对方在新闻教育领域的创新和探索经验,思考两国高校在"一带一路"倡议的背景下,如何促进新闻教育领域的深度合作。本次活动中,调研团还参观了新华社欧亚总分社、RT电视台、今日俄罗斯通讯社等媒体机构,对上述机构人员展开深度访谈,考察两国媒体对"中俄媒体合作"的认知、实践成果、困境及展望。此外,调研团还向俄罗斯受众发放了调查问卷,考察俄罗斯受众对"中俄媒体合作""中国国家形象及媒介使用"等问题的认知、态度和行为。调研团还对华为（俄罗斯）公司、上海海外联合投资股份有限公司的"波罗的海明珠"项目进行了参访，考察了中资企业在"一带一路"背景下的发展机遇和困境。

【中俄人文合作委员会媒体合作分委会第十一次会议召开】 2018年8月29日，中俄人文合作委员会媒体合作分委会第十一次会议在俄罗斯顿河畔罗斯托夫召开。分委会中方主席范卫平和俄方主席俄罗斯数字发展与通讯传媒部副部长沃林共同主持会议，签署会议纪要和2018—2019年度分委会工作计划。中俄两国政府机构、主流媒体代表60余人与会。会议重点围绕2018—2019年"中俄地方合作交流年"进行了深入讨论并达成共识，确定双方将于合作交流年期间在媒体政策沟通、开展主题报道、联合举办大型活动、共同拍摄影视剧、互译出版精品图书、新媒体发展等方面进行合作。中俄人文合作委员会媒体合作分委会多年来始终为两国媒体的交流合作引领方向、搭建平台。此次列入中俄媒体合作分委会2018—2019年工作计划的项目达54项，涵盖面广、内容丰富，顺应两国关系发展新形势，聚焦"一带一路"和"欧亚经济联盟"建设对接，契合"中俄地方合作交流年"、中俄建交70周年等大事件。

【中央广播电视总台与今日俄罗斯通讯社签署合作协议】 2018年9月11日，在中国国家主席习近平和俄罗斯总统普京的共同见证下，中央广播电视总台台长慎海雄与今日俄罗斯国际通讯社社长基谢廖夫在俄罗斯符拉迪沃斯托克市签署了《中央广播电视总台与今日俄罗斯国际通讯社国际战略合作协议》。根据该协议，双方将在新闻交换、联合报道以及合作传播等方面开展务实合作，促进双方在人文、经济、体育等领域展开报道，增加新闻信息数量，增进两国人民的感情。协议指出，中央广播电视总台与今日俄罗斯国际通讯社将在新闻客户端、社交媒体以及互联网等新媒体领域继续加强合作，进一步深化落实共建中俄移动融媒体平台"中俄头条"客户端，共同组建国际评论员工作小组，并在"中俄头条"建立品牌评论栏目。此外，双方还将在中俄友好、和平与发展委员会媒体理事会框架下继续加强合作。中央广播电视总台自2018年4月成立以来，已同今日俄罗斯国际通讯社、全俄电视广播总公司、俄罗斯报社、RT电视台、塔斯社、俄罗斯西伯利亚媒体集团等俄中央及地方媒体展开了多层次的合作。

【中俄媒体高层论坛及中俄媒体跨境联合采访举行】 2018年9月19—21日，第一届中俄媒体高层论坛在俄罗斯符拉迪沃斯托克市举行。该活动由吉林省人民政府宣传部发起。吉林省新闻出版广电局领导、滨海边疆区国际合作厅厅长、吉林省新闻人士、俄罗斯报等媒体人士参加活动。本次活动中，双方互相介绍了吉林与滨海边疆区在文化交流、媒体合作等方面务实而高效的合作，共同表示两地媒体要进一步探讨未来增进彼此互信理解、深化交流合作的新意向、新思路、新举措，推动成立中俄地方媒体联盟，建立中俄地方媒体合作的长效机制，推进两地在新闻媒体领域的合作迈上新台阶，为两地全面深入的合作发展发挥积极作用。

【中俄影视交流会和影视节目推介会举行】 2018年9月19—23日，国家广播电视总局工作组访问俄罗斯布里亚特共和国，举办了中俄影视交流会和影视节目推介会，拜访了布里亚特国家广播电视台、布里亚特和平电视台。国家广播电视总局国际司副司长周继红、中国内蒙古广播电视台台长助理乌哈思、俄罗斯布里亚特共和国文化部部长达加叶娃·索·芭（Dagaeva S. B）、布里亚特共和国首脑与政府信息政策与公共关系局副主任多勒日叶娃·伊·妮（Dorzhieva I. N）、布里亚特和平电视台台长卢布萨诺夫·林·巴（Lubsanov R. B）等出席有关活动并致辞。中国国际电视总公司、柠檬影业、陕文投、东阳新媒诚品、华策集团5家中国影视企业推介了各自优秀影视作品，并与俄罗斯影视公司代表交互发言，寻求中俄影视合作新机会，探讨中俄影视合作新未来。此次出访，国家广播电视总局工作组了解了中国电视节目在布里亚特播出情况，对拓展未来中俄影视合作有着重要的推动意义。

【2018"一带一路"媒体合作论坛召开】 2018年10月30日，2018"一带一路"媒体合作论坛在海南省博鳌召开。本届论坛以"共建共享、合作共赢"为主题。全国人大常委会副委员长吉炳轩、中宣部副部长蒋建国、人民日报社社长李宝善、海南省委书记刘赐贵等出席开幕式并致辞。来自90个国家和国际组织、205家媒体和机构的256位嘉宾出席开幕式，其中俄罗斯主流媒体如塔斯社、俄罗斯卫星通讯社、俄罗斯《真理报》等受邀出席。在主论坛之外，2018"一带一路"区域合作论坛、人工智能与智慧媒体对话会、2018丝路文化发展论坛3个分论坛同时举行。论坛闭幕后，国内嘉宾和国外媒体嘉宾在博鳌乐城国际医疗旅游先行区，博鳌镇南强村、大园村、沙美村、嘉积中学等地参访，了解了海南医疗旅游产业、美丽乡村建设、教育事业发展等情况。本次论坛取得了六大成果：发表了《"一带一路"媒体合作》蓝皮书；成立了人民日报社国际问题研究中心；启动人民日报社"一带一路"新闻合作中心及"一带一路"跨境联合采访；成立"一带一路"区域合作联盟；成立"一带一路"文化中心；出版中英文版《丝路华章——"一带一路"建设成交报告》丛书。

【第四届中俄媒体论坛召开】 2018年11月4日，第四届中俄媒体论坛在上海市召开。中共中央政治局委员、中宣部部长黄坤明和俄罗斯联邦政府副总理阿基莫夫出席开幕式并作主旨演讲。与会代表围绕"与时俱进——数字时代的新媒体发展与信息共享""寻找新的受众：当今时代主流媒体的合作""拓展合作领域——探讨电影、动画领域合作"议题进行了3场平行分论坛讨论。此次论坛上，中俄双方达成协议，中央广播电视总台的3个电视频道将在俄罗斯落地。中俄媒体论坛已成为两国新闻领域深化合作、增进友谊的重要机制化平台，对中俄广播电视媒体深化合作发挥了积极的推动作用。

【《2018中俄关系民意调查报告》发布】 2018年12月17日，《2018中俄关系民意调查报告》在中俄友好、和平与发展委员会2018年中方全会期间正式发布。2018中俄关系民意调查是在中俄友好、和平与发展委员会的指导下，由委员会媒体理事会发起，中央广播电视总台国广中俄头条客户端、北京益派市场咨询有限公司和俄罗斯iPanel公司于2018年11月底正式推出，对两国民众的彼此认知、双边关系、经贸合作、文化认知、渠道接触等多个方面进行了真实深入的调研。本次调查样本在北京、上海、广州、深圳、莫斯科、圣彼得堡、叶卡捷琳堡、符拉迪沃斯托克和新西伯利亚共9个城市采集，回收有效样本3772份，其中中国回收样本1936份，俄罗斯回收样本1836份，是近年来首次在中俄两国同步推出的大规模、多层次的双向民意调查。

七 中俄旅游交流

【第五届中俄旅游合作论坛召开】
2017年3月10日，第五届中俄旅游合作论坛在莫斯科市召开。中国驻俄使馆临时代办张宵、俄联邦旅游署署长萨弗诺夫等嘉宾，以及来自中俄两国旅游部门、旅游企业、航空公司和新闻媒体代表700多人参加了活动。本届论坛是在中国国家旅游局和俄联邦旅游署支持下，由俄罗斯"世界无国界"旅游协会承办，中国国家旅游局驻莫斯科办事处协办。论坛共开设"中俄旅游战略发展方向"等6个分论坛，来自中俄旅游业界的50多位知名人士在论坛上进行了发言。除当日的论坛活动外，在现场还举办了"美丽中国——丝绸之路"图片展，吸引了在场嘉宾驻足欣赏和拍照留念。始办于2012年的中俄旅游合作论坛已成为两国旅游业界探讨中俄旅游合作的重要平台和两国旅游专家学者发表新观点的重要讲坛，源源不断地为两国旅游合作提供动力支持。

【第一届中俄亚太国际旅游论坛召开】 2017年5月16日，在中国抚远市委市政府、抚远市旅游局与俄罗斯亚太国际旅游协会的共同主办下，第一届中俄亚太国际旅游论坛在俄罗斯哈巴罗夫斯克市召开。中国驻哈巴罗夫斯克总领馆副总领事刘明彻、黑龙江省抚远市副市长衣志辉、哈巴罗夫斯克市副市长克拉夫丘克以及两市旅游产业主管部门、机构代表近百人参加活动。在此次论坛上成立了"亚太国家国际旅游业协会"，俄罗斯旅游业联盟副主席奥萨乌连科、中国抚远市旅游局局长祝司军、俄罗斯旅游业联盟远东分部会长斯捷帕什科和大乌苏里岛旅游管理部门负责人签署了协会章程。除此之外，在论坛框架内俄方为中国旅游公司举行了推介会，介绍了该边疆区能够为中国游客提供的旅游线路。中国拥有巨大的旅游客源市场，跨境旅游产业合作前景广阔，俄罗斯远东地区在深入开展双边旅游合作中占有重要地位。本届亚太国际旅游论坛将进一步推动中俄双方在该领域合作取得新成果。

【2017中俄全域旅游推介会举行】
2017年5月20日，由黑河市委、市政府与俄罗斯阿穆尔州政府共同举办，黑河市旅游发展委员会与俄阿穆尔州对外经济联络、旅游与商业部共同承办的

2017中俄全域旅游推介会于黑河市举行。来自中国黑河市、腾冲市、成都市，俄罗斯阿穆尔州、萨哈（雅库特）共和国、犹太自治州等地的政府领导、旅游相关部门负责人、旅行社代表以及新闻媒体记者近180人参会。会上，黑河市、爱辉区、五大连池风景区以及俄阿穆尔州、萨哈（雅库特）共和国等分别推介了当地旅游资源及产品。会上还发布了"五大连池风景区—黑河市—俄罗斯阿穆尔州—俄罗斯萨哈（雅库特）共和国"中俄跨境生态旅游精品线路。活动期间，与会嘉宾还参观了中俄生态旅游展、俄罗斯商品展、黑河特色旅游景点等。

【第二届中俄蒙三国旅游部长会议召开】 2017年6月21日，第二届中俄蒙三国旅游部长会议在俄罗斯布里亚特共和国首府乌兰乌德市召开。中国国家旅游局局长李金早、俄罗斯联邦旅游署署长萨福诺夫、蒙古国环境保护与旅游部国务秘书青克勒出席会议并讲话。三方围绕深化旅游务实合作、提升旅游交流规模、改善旅游服务品质、助力"一带一路"等三国发展战略对接等共同关心的问题进行了深入讨论，达成诸多共识。会上，三国地方代表、企业代表做了经验交流。中俄蒙三国旅游代表团、媒体记者等近200人出席了会议。会后，三方共同签署《第二届中俄蒙三国旅游部长会议纪要》。中俄蒙三国旅游部长会议于2016年首次召开，并决定建立中俄蒙三国旅游部长会议机制，每年召开一次会议，由三国轮流举办。会议的召开为共同开发旅游市场，推进三国旅游务实合作具有重大意义。

【2017中俄红色大型旅游交流活动启动】 2017年7月1日，由国家旅游局发起主办，北京市旅游发展委支持，北京九州风行旅游股份公司、北京万众国际旅行社有限公司等企业协办的2017中俄红色大型旅游交流活动暨千人自驾赴俄游在奥体中心举行盛大的发车仪式。中国国家旅游局相关领导、俄罗斯驻华大使馆官员、北京市人民政府领导、北京市旅发委领导、全国红色旅游工作协调小组成员单位代表，以及北京、湖南、陕西等赴俄自驾车队代表出席了本次活动。

【中俄人文合作委员会旅游合作分委会第十四次会议召开】 2017年8月23日，中俄人文合作委员会旅游合作分委会第十四次会议在俄罗斯加里宁格勒市召开，中国国家旅游局副局长杜江和俄罗斯联邦旅游署副署长科罗廖夫率双方代表团参会。双方回顾了旅游合作分委会第十三次会议以来中俄旅游合作情况，就进一步提升旅游服务质量、深化地方和边境旅游合作、相互支持宣传推广工作、加强多边框架下合作等议题深入交换了意见。双方还就加强北极地区旅游合作、建立上合组织旅游部门合作机制等共同关心的议题进行了交流。杜江对近年中俄旅游领域合作所取得的丰硕成果表示满意，并建议双方认真总结经验，落实已有成果，为两国民众互访创造更加便利友好的环境。科罗廖夫认为，中俄旅游部门的合作高效务实，成果丰硕，并表示俄方愿进一步加强与中方的政策对接，促进双方人员往来增长和两国旅游业繁荣发展。

【中俄红色旅游合作交流活动举行】 2017年9月18—21日，中俄红色旅游合作交流系列活动暨首届湘赣边红色旅游节在湖南省举行。此次活动旨在深入推进中俄红色旅游合作交流,纪念中国人民解放军建军90周年和秋收起义90周年以及俄国十月革命100周年。活动期间,中俄双方相互推介了红色旅游资源,举行了中俄红色旅游合作交流论坛等。中国红色景点、山水美景、历史遗迹深深吸引了俄罗斯代表,中国游客对俄罗斯的红色历史也心生向往。中俄红色旅游合作交流活动不仅符合中俄"两河流域"地方合作框架,又响应了国家旅游局"515"战略部署。其成功举办对增进中俄两国人民的相互了解、发展两国公共外交发挥了积极的促进作用。

【中俄旅游圆桌会议落幕】 2017年11月1日,上海合作组织秘书处在北京市举办了主题为"赴俄旅游中国游客的接待及服务质量"的中俄旅游圆桌会议。中国国家旅游局监督管理司副司长刘建明、莫斯科市体育与旅游部副部长季赫年科等中外嘉宾,以及北京市各大旅行社代表出席了会议。会上,中俄双方代表讨论了如何提高接待中国赴俄游客的服务质量。季赫年科表示,莫斯科市政府将努力发展旅游基础设施,希望能够不断提升游客的满意度。同时,俄罗斯世界无国界旅游协会以及中俄旅游促进协会也在积极推动为中国游客提高舒适、安全、宾至如归的旅游环境。2017年9月,中俄双方签署了《关于在提升服务质量方面进一步扩大合作的谅解备忘录》。此次中俄旅游圆桌会议正是对该备忘录的落实,为提升接待中国赴俄游客的服务质量指明了方向,具有十分重要的作用。

【中俄旅游学院在莫斯科成立】 2017年11月2日,中俄旅游学院在莫斯科市揭牌成立。俄罗斯联邦旅游署副署长科罗廖夫、中国驻俄罗斯大使馆教育处公使衔参赞等中俄领导和嘉宾出席了揭牌仪式。中俄旅游学院是中俄两国首个在旅游职业教育领域设立的合作办学机构。机构由俄罗斯国立旅游与服务大学提供场地、浙江旅游职业学院选派师资并面向俄罗斯高校招生,同时也为俄罗斯旅游从业人员和中国文化爱好者提供汉语教学与旅游专业领域的教育与培训服务。中俄旅游学院的成立具有重要意义,它不仅是培养两国旅游事业发展人才的重要基地和服务推动两国旅游经济合作发展的重要智库,还将成为增进中俄两国友谊的桥梁、"一带一路"倡议的合作典范。

【俄罗斯16个地区加入"友好中国"项目】 截至2017年,俄罗斯共有16个地区、100多家单位加入了"友好中国"项目。"友好中国"项目由"世界无国界"旅游协会于2014年在俄罗斯旅游署"好客俄罗斯"计划框架内制订推出。项目旨在发展俄罗斯宾馆、贸易公司、旅行社等旅游业设施,为赴俄旅游的中国游客创造舒适环境。俄罗斯启动"友好中国"项目以来,积极引导全俄旅游服务设施适应中国游客需求,鼓励宾馆、餐厅、博物馆、购物中心、旅游和导游服务公司等相关企业参与"友好中国"认证,发展面向中国游客的定制化服务,为中国游客创造舒适的旅游环境。俄方旅游机构加入该项目前要经历严格的认证过程,首先需提交申请，经过层层筛选，符合标准者才能获此认证。因此，凡是加入"友好中国"项目的旅行社、酒店、博物馆、购物中心等相关旅游单位都能为中国游客提供高质量服务。这一项目在吸引中国游客、推动中俄旅游合作方面发挥了重要作用。

【"全域旅游年"亮相莫斯科国际旅游交易会】 2018年3月10日，第13届俄罗斯莫斯科国际旅游交易会在莫斯科洛库斯国际展览中心拉开帷幕。此交易会是在俄罗斯联邦政府、俄联邦文化部、俄联邦旅游署等部门支持下举办的大型国际综合旅游展。本届展览吸引了140多个国家和地区的1450多家单位参展。其中，来自中国天津、上海、内蒙古、辽宁、山东、湖南、广东、广西、海南等9个省区市的60余家单位参展。本次中国展台面积240平方米，整体设计以"美丽中国·全域旅游年"为统领，融合了岭南风光、万里茶道、世界遗产、魅力长江、海岛休闲、丝绸之路等旅游元素。展览期间，中国展团举办了"美丽中国"主题图片展、"美丽中国·全域旅游年"旅游推介会以及"美丽中国——岭南风光"旅游推介活动等，向参展商、旅游业界以及俄罗斯民众，全方位宣传中国旅游资源、中国文化，推介中国旅游品牌，推动中国旅游业更好地"走出去"。

【第六届中俄旅游论坛召开】 2018年3月11—12日，第六届中俄旅游论坛在莫斯科市召开。论坛是在俄罗斯联邦旅游署及中国国家旅游局的大力支持下，由世界无国界旅游协会主办。在为期两天的峰会中，双方围绕中俄旅游发展的热门话题展开了讨论，比如旅游业人员培训、投资项目支持机制、市场营销问题和市场特点、2018年世界杯期间接待游客的条件、发展免签证旅游的前景、区域间及专题路线的推进等相关议题。中俄旅游论坛自2012年举办以来，是探讨俄中两国在旅游和人文交流领域合作前景的主要平台，是旅游业界代表、政府机构和社会团体代表聚会的场所，也是各国间专业机构签署重要协议的平台，为两国旅游业合作发展发挥了重要作用。

【首届中俄天柱山文化旅游交流节开幕】 2018年4月26日，首届中俄天柱山文化旅游交流节在中国安徽省天柱山风景区拉开帷幕。此次中俄文化旅游交流节的主题为"健身、休闲、养生、度假"。活动以文化强旅、以旅兴文为目标，包含文化交流、文艺演出、观光体验、运动休闲、健身养生等内容，旨在促进文化与旅游深度融合，展示中俄文化交相辉映的魅力。天柱山位于中国安徽省安庆市潜山县西部，生态优良，气候温和，物种丰富，森林覆盖率高，被誉为"绿色博物馆""天然大氧吧"，为休闲、度假、养生的绝佳胜地。近年，潜山县利用独特条件着力开发国际度假养生旅游产品，许多俄罗斯政要如基里延科、特鲁涅夫等来此习武养生。目前，天柱山下"俄罗斯村"品牌和天柱山生态养生游产品已走向世界。

【中俄旅游摄影纪实展举办】 2018年5月21日，"中俄旅游友好往来30年摄影纪实展"活动在大黑河岛举办。该展览由黑河市文化广电和旅游局、档案局、摄影家协会主办，目的是庆祝中俄边境旅游开通30周年，纪念中俄旅游友好交流往来，发挥黑河市文化旅游生态资源优势，加强黑河与俄罗斯间旅游交流合作，提高中俄双子城（中国黑河市和俄罗斯布拉戈维申斯克市）的知名度和影响力。此次活动主题为"中俄旅游三十载，砥砺前行筑辉煌"，共展出48幅反映中俄旅游30年发展的图片。展览包含"1988—1997勇创新峰的中俄旅游""1998—2007蓬勃发展的中俄旅游""2008—2018砥砺前行的中俄旅游"3个主题，吸引了大量的市民、俄友人、游客驻足观看，使市民、中外游客通过摄影作品更加了解黑河、了解俄罗斯，提升中俄旅游文化的美誉度。

【俄旅游运营商参加2018北京国际旅游博览会】 2018年6月15—17日，俄旅游运营商参加了2018北京国际旅游博览会，并在会上向游客推介贝加尔湖及俄西北地区的旅游项目。俄伊尔库茨克"卫星"国际旅行社介绍了贝加尔湖游船、游艇旅游、直升机观光以及冬季旅游项目；俄列宁格勒州旅游信息中心将与该州旅游委员会一起推介"俄罗斯银项链"项目，该项目包括参观俄西北部地区各大城市以及被列入联合国教科文组织世界遗产名录的历史古迹。此外，莫斯科伊斯梅洛沃酒店综合体的代表表示，今年该酒店综合体除接待传统中国旅行团以外，还将接待前来观看2018世界杯足球赛的中国球迷。此次参会使中国旅游运营商及中国游客有机会近距离接触俄罗斯的旅游项目，为两国在旅游业进一步加强合作提供了契机。

【中俄地方旅游合作交流活动举行】 2018年6月16日，"中国·俄罗斯欢乐畅快游"中俄地方旅游合作交流活动在哈尔滨市举行。此次活动由黑龙江省旅游发展委员会、俄罗斯"世界无国界"旅游协会联合主办。作为中俄地方合作交流论坛暨中俄友城合作论坛框架下的系列交流活动之一，本次活动旨在为进一步加强中俄两国相关地区旅游合作搭建交流平台。会上，来自中俄两国的旅游业界代表分别对本地区特色旅游资源、旅游产品和项目进行了推介，努力扩大相互了解，充分释放旅游潜力，为进一步加强两国相关地区间旅游合作奠定了基础，提供了平台。

【中俄人文合作委员会旅游合作分委会第十五次会议召开】 2018年7月25日，中俄人文合作委员会旅游合作分委会第十五次会议在海南省三亚市召开。中国文化和旅游部党组成员杜江和俄罗斯联邦旅游署副署长科罗廖夫分别率领双方代表团参会。双方回顾了旅游合作分委会第十四次会议以来中俄旅游领域的合作情况，就完善中俄互免团体旅游签证机制、深化中俄地方旅游合作、加强在多边框架下的协调、拓展合作新领域、探索建立旅游市场联合监管机制等议题进行了深入交流，达成广泛共识。中俄有关地方旅游部门、行业协会、俄驻华使馆代表及三亚市有关负责人也参加了会议。内蒙古、吉林、黑龙江、海南及俄罗斯滨海边疆区旅游部门代表介绍了本地区利用地缘优势、人才优势等与对方国家开展旅游合作的情况，并就下一步合作计划进行了沟通。一年一次的中俄人文合作委员会旅游合作分委会会议为未来两国旅游合作指明了方向，促进中俄旅游合作取得更多成果。

【"友好俄罗斯"项目在海南岛落地实施】 2018年9月11日，海南省旅游发展委员会副主任周平和俄罗斯"世界无国界"旅游协会执行经理阿卡莫夫共同签署关于推广"友好俄罗斯"项目标准的合作协议。这标志着"友好俄罗斯"项目在海南岛落地实施。至此，海南省成为第一个为赴中国旅游的俄罗斯游客开展服务适应性工作的地区。"友好俄罗斯"项目由俄罗斯"世界无国界"旅游协会与中国国家旅游局合作推出并于2015年在中国启动。该项目是"友好中国"项目（在俄罗斯国内从2013年开始实施的针对中国游客的项目）的同类项目，旨在提高对俄罗斯游客的服务质量。想要加入这一项目的中国旅行社、酒店等旅游运营商需要满足提供俄语标识、俄语电话接线员等一系列要求并通过官方认证。在海南省实施该项目有助于增加俄罗斯赴中国海南的出境游客数量，同时也将有助于推广海南接待及旅游服务的统一标准。

【俄罗斯媒体看中国全域旅游活动启动】 2018年9月17日，由中国文化和旅游部驻莫斯科办事处、浙江省旅游局、中华全国新闻工作者协会和人民网俄罗斯代表处共同举办的首届俄罗斯媒体看中国全域旅游活动在莫斯科市启动。此次活动的主题为"美丽中国——全域旅游"诗画浙江篇。在为期10天的活动中，包括电视、网媒、纸媒以及新媒体等在内的10家俄罗斯主流媒体的13名记者代表直飞杭州，开启了"俄罗斯媒体看中国全域旅游"之旅。俄罗斯媒体团以外媒的独特视角发掘了杭州、绍兴、横店、义乌、宁波、雁荡山和西塘等中国著名风景胜地及知名旅游城市的独特魅力。本次活动从旅游的角度展示了中国改革开放四十年来取得的巨大成绩，有助于加强文化和旅游领域对外交流合作，展现"美丽中国"的独特魅力和中华文化的影响力。

【中俄红色旅游合作交流系列活动举行】 2018年11月19—24日，中俄红色旅游合作交流系列活动在临沂市举行，中俄两国的旅游专家学者、各大旅行商、境内外媒体等200多人参与活动。该系列活动由文化和旅游部资源开发司指导，山东省文化和旅游厅、临沂市人民政府主办，临沂市旅游发展委员会承办，以"推动中俄旅游合作交流，加快红色旅游国际化发展"为主题，包括红色旅游发展论坛、中国红色文化研学旅行联盟成立、俄罗斯文化艺术周暨俄罗斯风情街开街仪式、中俄红色旅游油画展、中俄红色旅游图片展等13项大型主题活动。此次活动与2016年、2017年中俄红色旅游合作交流系列活动一脉相承，推陈出新，宣传了中俄两国红色旅游资源，交流了两国红色旅游发展成果，进一步提升了中俄两国旅游合作交流水平，增进了两国传统友谊。

八 中俄档案合作交流

【中俄档案合作分委会第一次会议召开】 2017年5月22日，中俄人文合作委员会框架下中俄档案合作分委会第一次会议在苏州市召开，国家档案局局长李明华、中央军委办公厅保密和档案局局长吴洪东、俄罗斯联邦档案署署长阿尔基佐夫、俄罗斯联邦武装力量档案局局长帕杰林等出席会议。分委会讨论了中俄档案合作工作小组第十三次会议纪要的完成情况，以及2016年至2020年中俄档案合作工作小组（分委会）工作大纲的实施近况。双方讨论了会议纪要中达成的协议，并商定继续筹备《中苏文化关系文献汇编（1949—1960）》，启动"中俄建立和发展关系（1618—1727）"展览的筹备工作，双方表示将继续支持中俄地方档案部门之间的合作。会议期间，"中俄'丝路'历史档案展"在苏州市档案馆展出。李明华、阿尔基佐夫和苏州市委副书记、代市长李亚平出席开幕式并致辞。这是中俄档案合作工作小组自2016年11月提升为中俄档案合作分委会机制后召开的首次会议，标志着中俄档案合作更加成熟，机制更加完善。

【俄档案代表团参访扬州市档案局】
2017年5月24日，俄罗斯联邦档案署署长阿尔基佐夫在中国国家档案局局长李明华的陪同下考察了扬州市档案局并会见市委书记谢正义。双方就强化档案事业发展交换了意见。江苏省档案局局长谢波，扬州市委常委、秘书长陈锴竑等参加会见。在扬期间，俄联邦档案代表团参观了市档案局展览大厅、查档大厅、特藏室和档案库房，听取了市档案局近年来的工作情况介绍，双方就档案管理、资源开发利用等问题交换了意见。此次活动对了解双方档案事业发展情况、促进档案领域交流合作起到了推动作用。

【黑龙江档案团访问哈巴罗夫斯克档案部门】 2017年6月1—5日，根据哈巴罗夫斯克边疆区与黑龙江省达成的协定及中俄档案工作者签署的《档案合作与交流意向议定书》，黑龙江省档案代表团访问了哈巴罗夫斯克档案部门。哈巴罗夫斯克边疆区政府档案民事登记办公室主任扎维亚洛娃同黑龙江省档案局副局长那耀文举行会谈。访问期间，双方审议了各行业档案机构的管理问题，举办了"档案文件安全保障工作"专题圆桌会议并签署了会议议定书，确定了黑龙江省档案局与哈巴罗夫斯克边疆区政府2019年档案合作计划。中方代表团还参观了哈巴罗夫斯克边疆区档案馆和哈巴罗夫斯克市中心，以及摄影展"阿穆尔和黑龙江：相互关系和睦邻的历史"。

【中俄"丝绸之路"历史档案展开幕】 2017年9月13日，作为中俄人文合作委员会第十八次会议的配套活动，由中国国家档案局、俄罗斯联邦档案署主办的《锦瑟万里，虹贯东西——中俄"丝绸之路"历史档案展》在深圳市档案中心开幕，中国国务院副总理刘延东和俄罗斯联邦政府副总理戈洛杰茨共同出席了展览开幕式。本次展览以"丝绸之路"为主线，从数百年来中国与俄罗斯交往的珍贵历史档案中挑选了140件（组）历史档案精品，分为18世纪初以前的东西方交往及中俄关系、18—19世纪中俄交往以及1840—1911年中俄关系等三部分，制作成100余件展板和复制件，内容涉及面广，包括1699年俄关于派遣商队至北京贸易的来函、1769年恰克图贸易双方货物价值清单、嘉庆年间吏部考试俄罗斯学生的试题等，生动展现了"丝绸之路"纽带两端的中俄交往历史。展览中观众还可看到清廷开办俄文学校——俄罗斯文馆的历史档案，同时也可见到俄罗斯定期派人来华在俄罗斯馆学习中国文化、语言的档案记录。该活动对于推动中俄两国人民进一步了解中俄交往历史、增进两国友谊起到了十分重要的作用。

【北京市委党史研究中心访问俄海军档案馆】 2017年11月20日，北京市委中国共产党历史研究中心代表团访问俄罗斯国家海军档案馆，中心副巡视员范登生为团长。此访主要目的是了解俄海军档案馆并建立长期合作机制，并了解有关中苏关系的档案文件。俄海军档案馆主任斯米尔诺夫和档案工作人员向中国代表团介绍了档案馆历史，包括与中国档案馆的联合项目和档案馆档案存档模式。随后，双方共同参观了档案储存库和阅览室，重点考察了1921—1945年有关中苏关系的文件和革命话题的文献集，以及俄罗斯海军上将议员的活动。此次访问对推动中俄两国档案部门建立长期合作机制、丰富两国档案合作的内涵起到了重要作用。

【黑龙江代表团出访俄罗斯地方档案部门】 2018年5月下旬，黑龙江省档案局代表团应邀访问斯维尔德洛夫斯克州（以下简称"斯州"）叶卡捷琳堡市，参加双边档案领域合作交流会晤，出席"俄罗斯档案事业百年"相关庆祝活动，以及黑龙江省档案馆与斯州档案部门首次合办展览的开幕式。访问期间，双方举行了档案利用工作经验交流会议和"档案领域信息化"圆桌会，交换了相关档案及照片复制件，并签署了2019年度交流合作计划。此行是黑龙江省档案局继2016年双方建立友好合作关系后，再度访问斯州档案部门。通过会晤，双方对建立黑龙江省档案局、斯州档案局双边合作机制进行了深入研究，力求通过联合出版档案史料汇编、共同拍摄档案文献纪录片等促进中俄档案领域深层次、多维度、全方位合作，探索解决档案工作共性问题的路径方法，共同推动档案事业繁荣。

【中俄档案馆专家会议召开】 2018年9月4—5日，中国和俄罗斯档案馆专家会议在哈巴罗夫斯克召开。这是哈巴罗夫斯克边疆区首次举办此类档案领域活动。活动恰逢俄罗斯国家档案馆建馆100周年和哈巴边区档案馆成立95周年。会议期间，俄远东联邦区档案机构科学方法委员会第50届会议开启系列活动，并举行中俄档案合作分委会第二次会议。俄罗斯联邦档案署署长，中国国家档案局局长李明华及中国和俄罗斯联邦档案馆的专家出席了会议。9月5日，"档案文献应用领域的现代技术"圆桌会议召开。

【"中俄建立和发展关系（1618—1727）"档案展举办】 2018年9月5日，由俄罗斯联邦档案署、哈巴罗夫斯克边疆区政府、中国国家档案局联合举办的"中俄建立和发展关系（1618—1727）"历史档案展在哈巴罗夫斯克格洛捷科夫地方志博物馆举办。该展览旨在展现中俄关系形成的初始阶段的有关情况，其历史可以追溯到400年前。展览收集了俄罗斯国家古代档案馆的114份独特文件和中华人民共和国第一历史档案馆的19份文件。展览共分为1618—1644中俄初步接触、1644—1727中俄关系进一步发展两大部分。此次活动是深化中俄两国档案领域合作的重要一步，通过展示档案、追溯历史，有利于培养新一代中俄友好的支持者，进一步夯实中俄友好基础。

【俄档案署长会见中国档案局副局长】 2018年11月8日，为深入推进在"一带一路"框架下中俄两国人文领域尤其是档案领域的合作、丰富两国关系和务实合作内涵，中国国家档案局副局长范绍忠率领档案代表团赴俄罗斯进行交流访问，俄罗斯联邦档案署署长阿尔基佐夫和副署长尤拉索夫同范一行举行会见。双方就中俄档案工作者开展专业合作深入交换了意见。中俄在人文合作领域已经形成了完善的人文交流机制。作为人文合作的重要组成部分，中俄人文委员会档案合作工作小组于2016年提升为档案合作分委会。在此框架内中俄两国档案相关部门举行了多次档案互展、档案出版等活动，取得了丰硕成果。

九 中俄电影交流

【中俄合拍二战纪录片《共同的胜利》举行首映】 2017年1月22日，中俄两国合拍的二战纪录片《共同的胜利——纪念莫斯科、长沙保卫战》在哈尔滨市举行首映式。该纪录片是2016年"中俄媒体交流年"框架下的一项活动，由香港卫视和欧亚广播电视协会合拍。纪录片中展现的大部分史料镜头来自从德军手中缴获、苏联战地记者亲自拍摄以及俄方馆藏资料三方面，均为首次公开使用。该纪录片以发生在1941年的两场重大战役——莫斯科保卫战和长沙会战为主线，通过史实和对中俄两国历史学家的访谈，再现了中苏军民在二战关键阶段相互支持、英勇顽强抵抗日本军国主义和德国法西斯侵略者，从而共同赢得胜利的伟大历史画卷。

【中国电影《塬上》获莫斯科国际电影节最高奖】 2017年6月29日，在第39届莫斯科国际电影节上，电影故事片《塬上》斩获最高奖——圣乔治金奖最佳影片。作为唯一入围本届主竞赛单元的华语电影，《塬上》从2000多部各国报送的影片中脱颖而出。这也是中国电影迄今在莫斯科国际电影节上取得的最好成绩。2017年6月27日，莫斯科国际电影节在红十月电影宫举办电影《塬上》首场官方新闻发布会，30多家国际媒体联合采访了剧组主创。6月28日，电影节组委会专门安排电影宫最大的放映厅为电影《塬上》举行全球首映礼，1500人的位置座无虚席。《塬上》由中共陕西省委宣传部、中共铜川市委宣传部、陕西华原文化产业投资发展公司、北京电影学院青年电影制片厂、陕西一路阳光文化传播有限公司联合摄制，由一路阳光电影公司承制。

【中俄首部合拍动画系列片《熊猫和开心球》发布】 2017年9月12日，在中俄人文合作委员会第十八次会议期间，中俄合拍动画系列片《熊猫和开心球》发布仪式在广州市举行，中国国务院副总理刘延东和俄罗斯联邦副总理戈洛杰茨出席发布仪式。2017年是中俄全面战略协作伙伴关系继续深入发展的重要一年，也是"中俄媒体交流年"的收官之年。作为中俄双方在儿童动画领域的重要合作项目之一，由央视动画有限公司和俄罗斯瑞奇集团、放优有限公司联合制作的大型儿童动画系列片《熊猫和开心球》，以具有中国传统文化特色的中国动画明星"熊猫和和"与俄罗斯家喻户晓的动画角色"兔小跳"为主角，通过讲述妙趣横生的玩具店故事，充分融合中华文化与俄罗斯文化精粹，体现两国独特的文化魅力和民族风俗，赞扬了两国人民善良、勇敢、包容的良好品德。《熊猫和开心球》是中俄合拍的首部动画片，作为两国少儿媒体领域人文交流的新亮点，旨在继承并弘扬双方文化的深厚底蕴与内涵，进一步增强中俄双方在文化和教育领域的沟通与合作，增进两国人民尤其是青少年儿童的友谊。在过去两年的"中俄媒体交流年"中，中俄双方在合拍电影、电视剧、动画片、纪录片、译配影视节目、深化媒体合作等方面取得了丰硕成果，搭建起了心灵沟通、民心相亲的坚实桥梁。

【2017俄罗斯中国电影节开幕】

2017年9月22日，俄罗斯中国电影节在莫斯科开幕。开幕式在"梦幻"电影院隆重举行。中国国家新闻出版广电总局电影局副局长周建东、《解救吾先生》的导演丁晟及主演吴若甫出席开幕式。《解救吾先生》于电影节开幕式上放映。周建东表示，中国政府特别愿意跟俄罗斯合作，中国观众特别喜欢俄罗斯的电影，希望今后中俄之间能够在电影领域更加增进合作。莫斯科中国文化中心新闻处称，该电影节将上映7部不同类型的电影，包括《王朝的女人·杨贵妃》《山河故人》《三城记》《老炮儿》《解救吾先生》《第三种爱情》和《刺客聂隐娘》。

【2018中国俄罗斯电影节开幕】

2018年7月13日，由中国国家电影局和俄罗斯联邦文化部共同主办，中国电影资料馆和俄罗斯电影节公司联合承办的2018中国俄罗斯电影节武汉站开幕式在武汉百丽宫影城拉开帷幕。本届电影节将放映俄罗斯7部优秀影片，分别为《太空救援》《大剧院》《决斗者》《死亡之舞》《暗夜守护者》《大片》和《活鲤鱼》。这些影片都是俄罗斯近两年的优秀作品。中国观众可以通过影片展映更加深入地了解俄罗斯电影及其传统文化。《太空救援》的作曲布尔里亚耶夫·伊万、《太空救援》和《暗夜守护者》的作曲诺斯科夫·德米特里、《活鲤鱼》的编剧塔拉图西恩·安德烈、《活鲤鱼》的选角导演格拉诺夫斯卡娅·叶莲娜代表俄方亲临活动现场，集体登台亮相，大家用简短的一句话送出对本届电影节的祝福。电影作为文化载体，为推动两国文化交流与合作做出重要贡献。电影《活鲤鱼》在青岛举行的上海合作组织峰会电影节上获得"最佳编剧"奖。

【2018俄罗斯中国电影节举行】

2018年9月19—25日、10月1—7日，由中国国家电影局和俄罗斯联邦文化部共同主办，中国驻俄罗斯大使馆和鄂木斯克州文化部门承担的俄罗斯中国电影节在鄂木斯克市举行。该项目作为俄罗斯和中国国际文化合作框架内实施的重点项目，旨在加强双方在电影领域的合作，帮助俄罗斯观众了解中国多元的文化。本次电影节分为开幕式、中国当代电影展映、电影演员及导演与观众对话等活动。电影节期间，鄂木斯克市电影院将放映14部中国于2015—2017年拍摄的各种风格的影片，其中包括《左耳》《盛先生的花儿》《杜拉拉升职记》《冰河追凶》《记忆大师》和《闪光少女》等。

【中俄合拍片《永远的记忆》签约】 2018年10月10日，中俄合拍电影《永远的记忆》在西安市举行签约仪式，陕西省新闻出版广电局副局长陆柯仑、黑龙江省新闻出版广电局副局长朱凯杰、陕西省委宣传部文艺处副处长郅惠、西安沣镐嘉艺影视文化传播有限公司董事长董勇民、黑河市委宣传部副部长赵明、影片编剧乙福海以及俄方签约代表俄罗斯阿穆尔州文化与民族部部长尤尔科娃伊、德方代表约瑟夫等领导及嘉宾出席活动。《永远的记忆》的创作灵感来源于一张苏联老兵的照片，影片从这样一位经历战争岁月的老人的记忆视角，追寻中国军人冒死营救苏联情报员的动人往事，在艺术塑造一群可歌可泣英雄人物的同时，全景式回顾二战时期的历史画卷。影片作为中华人民共和国成立70周年献礼影片在2019年10月11日上映。

【中俄电视艺术合作联盟成立暨中俄影视作品互播启动仪式举行】 2018年10月30日，中俄电视艺术合作联盟成立暨中俄影视作品互播启动仪式在北京举行，中国国务院副总理、中俄人文合作委员会中方主席孙春兰和俄罗斯副总理、俄中人文合作委员会俄方主席戈利科娃出席了仪式。中国电视艺术委员会副秘书长易凯为活动致辞，中国电视艺术委员会研究部主任陈超英宣读了中俄电视艺术合作联盟倡议书。多位广播影视行业代表参会并获颁中俄电视艺术合作联盟发起机构和个人纪念证书。仪式上，中俄电视剧合作项目代表对包括《天之骄女》《亲爱的外交官》和《第八十八国际旅》在内的多部优秀剧作进行了推介并签署了合作意向。

十　中俄青年交流

【中国百名青年代表团对俄罗斯进行友好访问】 2017年5月18—26日，应俄罗斯联邦教育科学部邀请，中华全国青年联合会派遣的中国青年代表团对俄罗斯进行了为期8天的友好访问。代表团成员来自全国16个省区市，涵盖公务员、青年工作者、企业家、大学生、医务工作者、媒体工作者等各界青年代表。2017年是十月革命胜利100周年。访问期间，代表团成员在莫斯科瞻仰了十月革命领导人列宁同志的墓地，并来到列宁故乡乌里扬诺夫斯克，拜访列宁纪念馆、列宁出生地，向列宁纪念碑敬献花圈。在乌里扬诺夫斯克，代表团成员还出席了中俄青年企业家代表大会，与俄方就推进青年创新创业、加强中俄经贸合作进行了深入交流。代表团成员表示,此次访俄充分感受到俄罗斯文化的博大精深,进一步增进了两国青年间的相互了解和友谊。随着"一带一路"建设与欧亚经济联盟不断深化对接,中俄两国青年间的人文交流与经贸合作将有更加广阔的空间和舞台。

【第四届中俄"长江—伏尔加河"流域青年论坛召开】 2017年6月6—17日,第四届中俄"长江—伏尔加河"流域青年论坛在安徽省召开。本次论坛为期12天,参加人员共计400名左右,其中俄方14州144名,中方6省(市)180人,工作人员、俄语志愿者、学校志愿者约60名,主要在合肥市和黄山市两地开展活动。安徽省有6所高校参与论坛,其中中国科学技术大学、合肥工业大学、安徽大学、安徽农业大学、合肥学院5所高校作为活动承接单位,安徽中医药大学作为活动参与单位。2013年5月,中俄"长江—伏尔加河"合作机制正式启动,主要合作范围包括中方长江中上游四川、重庆、湖北、湖南、江西、安徽6省(市)及俄罗斯伏尔加河沿岸联邦区14个联邦主体,重点是促进两大区域的经贸和人文交流合作。2016年7月,经双方协商同意,中俄"长江—伏尔加河"地方领导人会议正式升格为中俄"长江—伏尔加河"合作理事会。中俄"长江—伏尔加河"流域青年论坛是中俄"长江—伏尔加河"合作理事会的配套活动。

【"中俄大学生创业孵化器"交流项目总结会举行】 2017年9月12日,"中俄大学生创业孵化器"交流项目总结会在广州市举行,此次总结会是中俄人文合作委员会第十八次会议的配套活动之一,由全国青联、俄罗斯教育与科学部发起,中国国际青年交流中心、中国青年创业就业基金会、俄罗斯青年联盟主办,广东省青联具体承办。中国国务院副总理刘延东与俄罗斯副总理戈洛杰茨代表两国出席总结会,积极肯定了青年交流在中俄人文交流中的重要作用,并对继续推动两国在创新人才培养方面的合作提出殷切希望。会议由团中央书记处书记、全国青联副主席汪鸿雁主持,省长马兴瑞、教育部部长陈宝生及中俄两国教育文化、外交、青年工作等有关部委领导出席了会议。来自中俄两国8个城市的100余名创业青年、创业导师和创业孵化机构代表参加了总结会。会上,4名中俄创业青年、创业导师代表,活动组织者代表分别汇报孵化器交流项目的成果和体会。活动期间,中俄大学生创业孵化器团队还先后到羊城创意产业园、南沙自贸区参观南沙明珠湾展览中心、粤港澳(国际)青年创新工场、中国青创板综合金融服务平台、广州陶庄互联网生态家园等进行参观交流,了解羊城创意产业园整体情况及进驻企业情况、南沙新区发展进程、青年创新创业项目、互联网创业情况等。

【第二届中俄青年记者论坛开幕】 2017年9月24日,第二届中俄青年记者论坛在俄罗斯顿河畔罗斯托夫市开幕。俄罗斯联邦通讯与大众传媒部副部长阿列克谢·沃林、中国日报社总编周树春、国家互联网信息办公室移动网络管理局副局长卢岚、中华全国新闻工作者协会书记处书记王冬梅等出席开幕式并致辞。沃林表示，新媒体时代，中俄两国媒体面临着众多共同的课题，两国媒体应在提高媒体传播力、保护和开发媒介传播高新技术、加强媒体间信息互通等方面加强合作。周树春表示，中俄媒体交流年的成功举办为中俄两国媒体合作提供了前所未有的机遇，中俄两国媒体应加强合作，讲好两国故事，共同提高两国媒体的全球影响力和话语权。第二届中俄青年记者论坛吸引了来自中俄两国的500多名记者、学者、学生等代表参加。在为期5天的会议中，两国媒体代表就中俄青年媒体人合作发展机遇、现代信息环境下建立城市信息通道、中俄影视合作、提高新闻时效性等议题进行深入的探讨和交流。

【俄罗斯百名青年代表团访问中国】
2017年11月16—23日，在俄罗斯联邦教育和科学部、联邦青年事务局、俄罗斯青年联盟和中华全国青年联合会的组织下，由100人组成的俄罗斯青年领袖代表团访问中国。代表团成员主要由经济、商业、教育、文化、媒体以及社会和政治领域的年轻领袖组成。俄罗斯青年联盟区域组织的负责人也作为成员参加了代表团的活动。访问期间，代表团成员到访了北京和武汉两市进行商业和文化项目的体验，其中包括俄中青年创新与创业论坛、东风集团、新农村、长城和历史博物馆等。

【中俄青少年艺术团举办交流演出】
2018年4月15日，受中国国际青年交流中心委派，北京新时代"寄语未来"文化交流中心艺术团来到中国驻俄罗斯大使馆，与莫斯科青少年文化艺术中心、圣彼得堡儿童合唱团等同台交流演出，拉开了寄语未来·和谐世界——"一带一路"中俄青少年国际文化艺术交流展演活动的序幕。中国驻俄罗斯大使李辉、使馆阳光学校师生、部分馆员及家属、媒体记者共约250人出席了活动。此次演出旨在促进中俄两国青少年文化艺术交流。演出节目丰富多彩，形式多样，亮点纷呈，包括独唱、合唱、舞蹈、乐器演奏和杂技等。其中，青花瓷乐坊的民乐表演、拉风组合杂技表演《球技》、铁路文工团独唱演员刘美汝与俄方小演员联唱的歌曲《寄语》、李钰芳女声独唱《念》、俄罗斯民歌《喀秋莎》、俄罗斯舞蹈等博得了现场观众阵阵掌声。

【中俄青年创业孵化器交流项目基地（莫斯科）举行启动仪式】 2018年5月17日，中俄青年创业孵化器交流项目基地（莫斯科）启动仪式在莫斯科格林伍德国际贸易中心举行。中俄青年创业孵化器交流项目由中华全国青年联合会、俄罗斯教育与科学部支持，中国国际青年交流中心、俄罗斯青年联盟主办，两国相关青年机构和大学具体承办，是中俄人文交流机制框架下的创新型青年人文交流项目，将在中俄两国20个城市的大学和孵化器举办，有利于促进两国在创业领域的经验交流和务实合作，并得到两国领导人的关注和支持。格林伍德国际贸易中心是目前中国在境外最大的商贸类投资项目，在中俄两国之间开展了大量的文化、教育、商业交流合作，具有开展两国青年交流和创新创业的多功能平台优势。中俄有关各方将依托该基地，在共同做好中俄青年创业孵化器交流项目的基础上，为中俄青年创客和青年企业家开展常态化交流提供服务，帮助中俄青年搭建交流合作、就业、创新和创业的平台。

【第五届中俄"长江—伏尔加河"青年论坛召开】 2018年7月27日至8月3日，第五届中俄"长江—伏尔加河"青年论坛在俄罗斯萨马拉州召开。此次论坛为期12天，来自中国长江中上游五省一市和俄罗斯伏尔加河沿岸联邦区14个联邦主体的300名青年代表共同参加论坛。中俄青年们分为文化语言、企业经营、科学创新、旅游文化和艺术、大众传播与媒体等5个主题营开展项目合作和交流。第五届中俄"长江—伏尔加河"青年论坛发挥了论坛育人的作用。两国青年交流思想与文化、设想未来的合作方案，在萨马拉郊外营地，美丽的伏尔加河畔结下特别的情谊。青年代表们参加了团队训练、专题展示、圆桌会议、文艺演出、中国馆布置与中国文化大师班教学等一系列具有重要意义的活动。这些活动不仅增进了彼此的友谊，而且令青年们领略了对方的优势，令双方深刻体会到合作共赢的重要性。

【俄罗斯百名青年代表团访问辽宁】 2018年8月19—26日，应全国青联邀请，俄罗斯青年联盟的百名青年代表赴辽宁进行为期一周的访问交流。此次到访辽宁的俄罗斯青年代表团是第五批访华团队，代表团由俄罗斯教育和科学部委托俄罗斯青年联盟选派，成员由俄罗斯政府、政党、经贸、社会组织、媒体和学术等领域的优秀青年代表组成，旨在全面了解中国政治经济社会和青年发展情况，进一步推进中俄各界青年之间的交流与合作。此次访问期间，俄百人代表团还于沈阳、大连两地参观具有中国特色及象征中俄双方友谊的景区、体现国家和地区发展战略的展馆、青年创业基地以及部分具有代表性的企业和院校，主要包括沈阳故宫、沈阳工业博物馆、1905文创园、沈抚新城、大连现代博物馆、大连机车车辆有限公司等，围绕经济发展、创新创业、社会文化等方面进行了深入交流与探讨。

【"中俄青年创业孵化器"交流项目基地（南京）成立】 2018年8月24日，中俄青年创业孵化器交流项目基地（南京）在南京建邺人才服务大厦揭牌成立，这也是中俄青年创业孵化器交流项目的成果之一，未来将为两国青年跨国创业提供更多资源和政策扶持。中俄青年创业孵化器交流项目是由中国国际青年交流中心、俄罗斯教育与科学部等发起主办的创新型青年人文交流项目。2018年交流的学员都来自南京的兄弟城市乌法，10名学员在南京进行了为期14天的创业孵化培训与实践活动。南京浓厚的创新创业氛围给俄罗斯团员们留下了深刻的印象。截至2018年8月，俄方已有生物科学等3个项目正式落地，中俄孵化器基地所在的建邺人才大厦还为他们提供了多项优惠。

【中国百名青年代表团访问俄罗斯】 2018年10月27日至11月2日，在俄罗斯青年联盟和中华全国青年联合会的组织下中国百名青年代表团对俄罗斯进行了访问。本次访问的主题是纪念苏联列宁共产主义青年团（苏联共青团）成立100周年，代表团成员到访了莫斯科、喀山和顿河畔罗斯托夫3个城市，参加了在克里姆林宫剧院举行的"共青团100周年"音乐会；在喀山举行了向列宁纪念像庄严献花仪式，参观了列宁曾学习过的喀山联邦大学，并参加了"社会组织在发展俄中青年公共外交中的作用""中俄青年旅游作为人文合作的重要一环"两项圆桌会议；在顿河畔罗斯托夫参加了1968年埋入的"致下一代"时间胶囊启封仪式，参与了与高校领导、企业负责人及社会组织领导人的会面。俄青年联盟副主席塔季扬娜·谢利韦尔斯托娃表示，俄中青年合作达到了前所未有的发展水平，其中一个亮点项目是自2014年起中俄两国实施的百名青年领袖互访。每次此类访问后双方都开始在商务和人文合作领域实施新项目。通过百人访问，双方扩大了两国大学和企业之间的合作。目前，俄青年联盟与中华全国青年联合会正在金砖国家和上合组织空间内实施更多的双边与多边计划和项目。

十一 中俄地方交流

【《华夏文明之光》中国艺术展在俄罗斯举办】 2017年1月20日，《华夏文明之光》中国艺术展在俄罗斯圣彼得堡马涅什中央展览大厅开展。中国和俄罗斯文化界、艺术界人士近千人出席了展览开幕式。圣彼得堡市市长波尔塔夫琴科、中国驻圣彼得堡总领事郭敏等发表了致辞。展览由中国五洲传播中心、中国人民解放军艺术学院、俄罗斯列宾美术学院联合主办，汇集了一批代表中国当代艺术水准、生动展示中国人民和军队精神风貌的优秀作品，包括油画、国画、版画、水彩、雕塑、装置艺术等共104幅（件）。展览中的许多作品是历次中国艺术大展和全军美术作品展的获奖作品或名家名作，生动展示了中国人民和中国军队的精神风貌。

【2017俄罗斯举办河北文化周】 2017年5月2日，由中共河北省委宣传部、河北省文化厅、河北省作家协会、河北出版传媒集团与莫斯科中国文化中心共同主办的2017俄罗斯—河北文化周在莫斯科中国中心开幕。中共河北省委常委、宣传部部长田向利，河北省文化厅党组书记王离湘，中国驻俄使馆公使衔文化参赞、莫斯科中国文化中心主任张中华，俄罗斯文化机构和媒体代表，以及俄罗斯民众等近两百人出席了活动。本次文化周重点展出了河北省被列入"人类非物质文化遗产代表作名录"的蔚县剪纸、丰宁满族剪纸、唐山皮影戏和冀南皮影戏等文化品牌，使俄罗斯民众增进了对河北省历史、文化和旅游资源的了解。

【"帝国夏宫——俄罗斯彼得霍夫国家博物馆藏文物特展"举办】 2017年6月11日至8月27日，"帝国夏宫——俄罗斯彼得霍夫国家博物馆藏文物特展"在成都博物馆举办。本次展览共分为彼得大帝与夏宫、罗曼诺夫王朝、皇宫建筑与皇室生活3个单元，展出了来自俄罗斯彼得霍夫国家博物馆的文物共计243件（套）。文物包括生活用品、油画、瓷器、雕塑、衣物等，其中俄罗斯国玺、油画《彼得一世审讯皇储阿列克谢》、油画《镜子前的叶卡捷琳娜二世》、俄罗斯皇家宴饮瓷器、叶卡捷琳娜二世宝座等均属馆藏珍品。此次成都博物馆与俄罗斯彼得霍夫国家博物馆开展馆际合作，通过展出反映俄罗斯历史文化的文物珍品，增进了公众对俄罗斯文化的了解，进一步促进了中俄两国的民心相通。

【第八届中俄文化大集举办】 2017年6月22—26日，由中国文化部、黑龙江省政府和俄罗斯文化部、俄罗斯阿穆尔州政府主办的第八届中俄文化大集在黑龙江省黑河市举办。本届文化大集以"文化交流、文化旅游、文化贸易、繁荣发展"为主题，涵盖高端交流、论坛推介、文化贸易、文艺演出、民众文化、体育文化和文化旅游等七大板块，组织举办共计32项活动。中俄文化大集始于2010年，由中俄两国文化部共同发起。在双方共同努力下，文化大集的活动内容日益丰富，覆盖领域不断增多，辐射范围逐步扩展，已成为中俄两国文化交流的品牌，为中俄边境地区树立了全方位合作的典范，对于增进两国人民相互了解，巩固和发展中俄全面战略协作伙伴关系，打造和传承中俄世代友好理念发挥了积极作用。

【俄罗斯2017中国黑龙江电视周开幕】 2017年7月3日，俄罗斯2017中国黑龙江电视周在莫斯科市开幕。此次电视周由中共黑龙江省委宣传部、莫斯科中国文化中心、黑龙江广播电视台以及俄罗斯欧亚广播电视学会共同主办，吸引了众多俄罗斯政界、新闻界及文艺界代表参加活动。开幕式上，黑龙江广播电视台与俄罗斯电视机构就节目交流、合拍纪录片、产业合作等进行了磋商，并与俄罗斯欧亚广播电视学会、俄罗斯教育频道和金砖五国电视频道签署了合作备忘录。电视周活动期间，俄罗斯教育频道和金砖五国电视频道连续5天、每天播出1集由黑龙江广播电视台制作的专题片，展现了中国黑龙江省与俄罗斯在电商、文化、旅游等多领域的交流合作。作为第三届中俄媒体论坛的配套项目，中国黑龙江电视周在俄罗斯的举办进一步深化了中俄媒体合作，为中俄全方位交流搭建了更加高效务实的平台。

【"地坛庙会全球行"活动走进莫斯科】 2017年7月17日，"地坛庙会全球行·2017莫斯科之旅暨北京东城区—莫斯科中央区国际友好城区系列交流活动"庆祝仪式在莫斯科市举办。中国驻俄罗斯联邦特命全权大使李辉、北京市东城区委宣传部部长周家雷、莫斯科市对外经济与国际关系局局长切烈敏、莫斯科市贸易服务局局长涅美留克、中国驻俄罗斯大使馆文化参赞张中华等嘉宾出席了活动。本次活动由莫斯科市中央区政府和北京市东城区人民政府主办，为莫斯科民众带来了中华老字号、非物质文化遗产、传统民俗手工艺、当代文创新品、民族特色文艺演出、大师课堂、魅力东城图片展、北京旅游推介等八大活动内容。活动期间，40位中国非遗和民俗手工艺大师也亲临现场，使莫斯科民众近距离地感受了北京传统文化的艺术魅力。

【第二届哈尔滨中俄文化艺术交流周开幕】 2017年8月5日，第二届哈尔滨中俄文化艺术交流周拉开帷幕。此次文化艺术交流周的主题是"传播中俄文化艺术，共谱中俄友谊新篇"。交流周期间，哈尔滨市与俄罗斯斯维尔德洛夫斯克州共同邀请了来自12个友好城市的800名中俄艺术家，为民众带来数十场经典演出，其中包括9场交响乐和6场俄罗斯芭蕾舞。此外，交流周期间还举办了第二届中俄合唱节、首届中俄民间广场舞大赛、俄罗斯萨哈（雅库特）电影展、中俄少儿绘画展等丰富多彩的活动。活动期间，哈尔滨市处处洋溢着浓郁的俄罗斯风情。来自俄罗斯的艺术家们通过交响乐、舞蹈、杂技、影视等各类演出形式，使中国民众深切感受到俄罗斯的文化之美。作为中俄两国文化交流的盛会，"哈尔滨中俄文化艺术交流周"的成功举办，为两国文化艺术交流搭建了新的平台，对深化中俄全面战略协作伙伴关系、推动多领域交流合作、增进两国人民传统友谊发挥了重要作用。

【俄罗斯戏剧《叶普盖尼·奥涅金》亮相第五届乌镇戏剧节】 在2017年10月19—29日举办的第五届乌镇戏剧节上，多部俄罗斯戏剧受邀参演。其中，由俄罗斯瓦赫坦戈夫剧院演出的《叶普盖尼·奥涅金》获邀担任本届乌镇戏剧节的开幕大戏。瓦赫坦戈夫剧院在俄罗斯赫赫有名，被当地观众誉为"戏剧文化纪念碑"。此次戏剧节上演的《叶普盖尼·奥涅金》根据俄国著名诗人普希金同名诗体小说改编，由瓦赫坦戈夫剧院艺术总监、俄罗斯联邦国家奖获得者里马斯·图米纳斯执导，通过流畅的舞台时空变化和新颖的戏剧表现形式，从不同的艺术视角为观众呈现出一幅"19世纪俄国众生相"。

【俄罗斯大型民族舞蹈秀《科斯特洛玛》上演】 2017年11月24日，俄罗斯大型民族舞蹈秀《科斯特洛玛》在北京天桥艺术中心上演。这是《科斯特洛玛》首次登陆中国，它以俄罗斯卡斯特罗马地区的历史和民族风情为主题，讲述了俄罗斯各民族精彩纷呈的生活。舞蹈秀通过对俄罗斯多民族的重大历史时刻及传统习俗的表演，展现出俄罗斯悠久的文化遗产和独特的民族精神。《科斯特洛玛》自1991年首演以来，每年夏天在莫斯科驻演，是莫斯科广受外国游客欢迎的俄罗斯民族舞蹈秀。该节目曾多次受俄罗斯文化部、外交部指定赴海外演出，先后曾在27个国家上演。

【俄罗斯马林斯基剧院到访上海】 2017年11月26—27日，俄罗斯圣彼得堡马林斯基剧院在上海大剧院举行演出。近200名艺术家在指挥大师瓦莱里·捷杰耶夫的率领下，为观众带来3场芭蕾舞与1场"斯特拉文斯基之夜"音乐会。此次演出的重头戏是当代编舞大师阿列克谢·罗曼斯基根据俄罗斯作曲家普罗科菲耶夫作品改编的芭蕾舞剧《灰姑娘》。此次马林斯基剧院芭蕾舞团指导编排的全新版《灰姑娘》，完全颠覆了传统版本中灰姑娘纯真浪漫的固有形象，将现代精神植入古典芭蕾作品，为观众带来了全新的艺术体验。圣彼得堡马林斯基剧院有着250余年的悠久历史，代表了俄罗斯古典艺术的顶尖水准，在中国观众心中享有超高的知名度和美誉度。

【中俄地方合作交流年开幕】 2018年2月7日，中俄地方合作交流年在黑龙江省哈尔滨市开幕，开启了中俄两国新一轮国家级主题年活动。中共中央政治局常委、国务院副总理汪洋与俄罗斯副总理兼总统驻远东联邦区全权代表特鲁特涅夫出席了开幕式，分别宣读了习近平主席和普京总统的贺词并分别致辞。中俄双方代表相信，地方是中俄开展全方位互利合作的重要力量，以此项活动为契机必将进一步促进中俄地方交流合作。

【中俄地方合作园（青岛）启动仪式举行】 2018年4月21日，"中俄地方合作园（青岛）启动仪式暨2018青岛中俄地方合作交流活动"在青岛西海岸新区国际经济合作区举行。启动仪式上，俄罗斯远东贸易发展局、商协会和企业等，与青岛国际经济合作区及合作单位签署了11项合作协议和谅解备忘录，内容涉及航空航天、科研技术服务、文化和艺术等多个领域，均与创新密切相关。这是首个在"中俄地方合作交流年"启动的中俄地方合作园区，不仅承担着中俄地方创新合作的使命，更将为中俄双边合作集聚新动能，打造中俄地方经贸合作、人文交流的国际化示范平台。

【2018"一带一路"中俄城市合作论坛召开】 2018年5月29日，2018"一带一路"中俄城市合作论坛在北京国际会议中心召开。论坛旨在进一步贯彻落实"一带一路"国际合作高峰论坛精神，务实推动"一带一路"中俄沿线友好城市多方位合作。俄罗斯多个地区的政府官员、驻华使节，中国十多个城市的相关领导、有关国家的专家学者以及中外商协会代表、中外企业代表共200余人出席了论坛。俄罗斯代表团带来了医疗、有色金属领域的合作项目十余个。中俄城市代表就中俄城市间经贸与文化合作项目进行了现场推介，双方签订9项意向合同，意向签约金额约30亿元人民币。

【中俄友好、和平与发展委员会地方合作理事会双方成员会议召开】 2018年6月16日，中俄友好、和平与发展委员会地方合作理事会双方成员会议在哈尔滨市召开。中俄友好、和平与发展委员会地方合作理事会中方主席，黑龙江省委书记、省人大常委会主任张庆伟主持会议并作总结发言，俄方主席单位雅罗斯拉夫尔州政府副主席阿夫杰耶夫代表米罗诺夫主席作总结发言。会议讨论并通过了理事会章程、会徽，同意吸纳天津市、河北省、浙江省、安徽省、江西省、湖南省、广东省、四川省、新疆维吾尔自治区成为中俄地方合作理事会成员单位。会议围绕"深化中俄地方合作交流，助力中俄关系发展"进行了深入讨论。中俄双方代表对本届理事会在完善机制、丰富合作模式和渠道、提升合作层次等方面取得的显著成果进行了积极评价，希望理事会为增进中俄两国人民友谊、促进地方交往和务实合作、巩固两国关系的社会基础做出新贡献。

【首届中俄地方合作论坛召开】 2018年7月10日，首届中俄地方合作论坛在俄罗斯叶卡捷琳堡市召开。该论坛是在第五届中俄博览会框架下举行的，旨在加深中俄地方间相互了解、扩大互利合作。中俄地方政府代表及高校代表参加了此次论坛，其中包括俄罗斯

20多个联邦主体的代表。在论坛上，中俄相关机构签署了有关成立中俄科技合作联盟的文件，以及中俄工科院校联盟合作协议。论坛期间，中俄两国政界人士表示，地方合作是中俄关系发展的重要基石，两国地区发展合作意愿强烈。

【俄罗斯"北京日"系列活动举行】2018年7月26日，俄罗斯"北京日"系列活动在俄罗斯首都莫斯科市和其第二大城市圣彼得堡市举行。该活动由北京市政府、莫斯科市政府和圣彼得堡市政府共同举办。活动包括经贸洽谈、体育交流、旅游推介、都市轨道交通论坛、城市建设论坛、图片展、书画展、文艺演出和"老字号"展卖等多项内容。此次"北京日"活动继2017年于北京举办的"莫斯科日"后，成为又一项丰富中俄地方合作交流年内涵的文化交流活动。

【俄罗斯远东及贝加尔地区与中国东北地区政府间合作委员会第二次会议召开】2018年8月21日，俄罗斯远东及贝加尔地区与中国东北地区政府间合作委员会第二次会议在大连市召开。会议由国务院副总理胡春华与俄罗斯副总理兼总统驻远东联邦区全权代表特鲁特涅夫共同主持召开。双方讨论了"滨海1号"和"滨海2号"国际运输走廊项目的发展问题，以及项目进入实施阶段后的实际操作问题，还审议了在哈巴罗夫斯克边疆区建设纸浆造纸厂的项目。俄罗斯远东边境地区和中国东北部省份的领导阐述了地区间合作的具体情况。会议结束后，胡春华与特鲁特涅夫签署了会议纪要。

【中俄地方领导人对话会举行】2018年9月11日，由中俄两国外交部主办、中国人民对外友好协会与俄中友好、和平与发展委员会地方合作理事会共同承办的中俄地方领导人对话会在俄罗斯符拉迪沃斯托克市举行，中国国家主席习近平和俄罗斯总统普京共同出席并发表重要讲话。来自中国9个省区和俄罗斯13个联邦主体的负责人参加了对话会，共同探讨新时代的中俄地方合作。此次对话会是习近平主席赴符拉迪沃斯托克市出席第四届东方经济论坛期间举行的重要双边活动之一，也是中俄地方交流史上出席级别最高、规模最大的一次会议，充分体现了两国中央政府对地方合作的高度重视以及两国地方合作的巨大活力和热情。

【吉林文化旅游周在俄罗斯举办】2018年9月18日，"感知中国"——中国吉林省文化旅游周在俄罗斯滨海边疆区首府符拉迪沃斯托克市拉开帷幕，这是继2011年、2016年和2017年后，该活动再一次登陆俄罗斯。在此次文化旅游周期间，还举办了中俄媒体高层论坛、中俄青年学生诗歌朗诵会、俄罗斯远东旅游推介、非物质文化遗产展览及非遗传承人现场展示等活动。滨海边疆区与吉林省在1990年就正式缔结了友好关系。吉林省地处中国东北地区，近年来随着"一带一路"建设深入推进，该省积极对接俄罗斯远东地区，对俄经贸合作规模不断扩大，质量不断提升。截至2018年9月，滨海边疆区已成为吉林省在俄罗斯的第一大贸易伙伴。除了繁荣的经贸合作外，双方在文化领域交流上也十分密切。

【福建省文化产业金砖国家（俄罗

【**斯）展览会暨福建文化日举办**】 2018年9月27日，福建省文化产业金砖国家（俄罗斯）展览会暨福建文化日在莫斯科市举行。此次活动由福建省贸促会、福建省文化改革发展工作领导小组办公室、福建省商务厅共同主办。俄国家旅游总署署长斯科雷，俄联邦委员会委员巴甫洛娃，俄国家杜马委员、莫斯科工商会委员沃尔金，俄文化部博物馆主任科诺诺夫，以及中国驻俄使馆、中国贸促会驻俄代表处和俄文化界、工商界代表等近百人出席了活动。来自福建省的近百家企业和机构在此次展览会上展出了具有福建特色的文化产品，包括陶瓷、香业、油画、木偶、剪纸、茶艺产品等。"福建—俄罗斯经贸合作对接会"也在同日举行，近70家俄罗斯企业与近百家福建企业进行了一对一对口洽谈。本次系列活动旨在促进俄罗斯各界对福建的了解，以展会和对接会为契机，拓展福建与俄罗斯的文化交流和经贸合作。

【**海南深化与俄罗斯在旅游、文化等多领域交往**】 2018年9月28日，海南省文化交流代表团访问俄罗斯，先后与俄罗斯塔斯社签署《宣传文化合作谅解备忘录》，与圣彼得堡市政府签订两地结好意向书。此举是海南省积极融入中俄地方合作交流年（2018—2019）活动的重要举措，以此加强双方在旅游、文化等多个领域的合作，推动两地交流的进一步深化。海南省将与塔斯社开展信息合作，未来双方将组织包括专题圆桌论坛、会议、海南形象展示等推广交流活动，同时建立海南—塔斯社媒体工作人员互访机制以促进两地文化的进一步交流。此前，海南省文化交流代表团派出由海南省图片社、海南省民族歌舞团等单位的代表成员组成的先遣团队，于2018年9月17日在莫斯科中国文化中心举办"海南文化走进俄罗斯"活动，吸引了来自中国驻俄罗斯大使馆、莫斯科中国文化中心、新华社亚欧总分社、"世界无国界"旅游协会等部门和机构的相关负责人及当地民众150余人参加活动，精彩的图片展及民族歌舞展示引起俄罗斯观众的热烈反响。

（撰稿人：戴桂菊、李园园、蒲玉琢、王佳、周言艳、明志豪、舒晗）

中美人文交流

一 中美人文交流综述

【中美关系】 中美关系是世界上最重要的双边关系之一。人文交流是两国关系的地基。中美关系正常化以来,两国在社会和人文领域的交流有效地增进了双方互信,消除了误解,拉近了两国人民的距离。中美社会和人文对话的建立为两国开展积极坦诚的沟通对话,增进两国人民的相互理解和友谊提供了重要的交流平台。本轮对话期间,双方围绕"中美关系未来50年——相互理解、共生共享"的主题,共同探讨如何为两国人民交流拓宽渠道,提供便利,进一步加强人文交流,扩大两国人民友好往来,夯实两国关系民意基础,为中美关系长期健康发展提供更多正能量。

【机制回顾】 中美人文交流高层磋商机制是在中美两国元首共同关心和支持下建立起来的中美两国政府在人文交流领域开展合作的最高级别对话机制。从建立至今经历了中美人文交流高层磋商机制(2010—2016)和中美社会和人文对话机制(2017—)两个阶段。

2009年4月,时任国务委员刘延东在访美期间与美国国务卿希拉里·克林顿就开辟中美关系新领域、深化两国人文交流达成一致。同年11月,美国总统奥巴马访华期间,两国元首就建立一个新的双边机制,以促进两国人文交流达成高度共识,并写入《中美联合声明》。2010年4月,国家主席胡锦涛与美国总统奥巴马出席华盛顿核安全峰会期间会晤时,提出发展中美关系的五点主张,其中第三条是"保持各级别交往,尽快建立中美人文交流机制"。

2010年5月25日,中美人文交流高层磋商机制在北京正式启动。机制双方主席、国务委员刘延东与美国国务卿希拉里·克林顿分别代表两国政府签署了有关谅解备忘录,并主持了首轮磋商。2011年4月12日,第二轮中美人文交流高层磋商在美国华盛顿市举行。2012年5月4日,第三轮中美人文交流高层磋商在北京举行。2013年11月22日,第四轮中美人文交流高层磋商在美国华盛顿市举行。中国国家主席习近平和美国总统奥巴马分别发来贺信,在此次磋商期间续签了《机制谅解备忘录》。2014年7月11日,第五轮中美人文交流高层磋商在北京举行,首次与中美战略与经济对话联合开幕。2015年6月25日,第六轮中美人文交流高层磋商在美国华盛顿市举行。第六轮磋商是人文交

第一编　高级别人文交流机制

流高层磋商和战略与经济对话首次在美同期举行。2016年6月6—7日，第七轮中美人文交流高层磋商在北京与第八轮中美战略与经济对话同期举行。

从2010年至2016年，中美人文交流高层磋商机制汇聚各方力量，着力推动中美双方在教育、科技、文化、卫生、体育、妇女和青年7个领域取得一系列重要成果，实现了从无到有、从小到大的发展，呈现出良好的态势，一批重要合作项目的实施为增进两国人民的相互了解和友谊发挥了重要作用。

2017年4月6日，国家主席习近平和美国总统特朗普在海湖庄园会晤期间共同确定建立外交安全对话、全面经济对话、执法及网络安全对话、社会和人文对话四个高级别对话机制。2017年9月28日，国务院副总理刘延东和美国国务卿雷克斯·蒂勒森在华盛顿市共同主持了首轮中美社会和人文对话。本轮对话包含教育、科技、环保、文化、卫生、社会发展（涵盖体育、妇女、青年、社会组织）、地方人文合作七大合作领域，旨在促进双方在两国全面对话机制框架内进一步推动社会和人文交流。本轮对话期间，双方围绕"中美关系未来50年——相互理解、共生共享"的主题，共同探讨如何为两国人民交流拓宽渠道，提供便利，进一步加强人文交流，扩大两国人民友好往来，夯实两国关系民意基础，为中美关系长期健康发展提供更多正能量。首轮中美社会和人文对话发表了《联合声明》，并将通过《首轮中美社会和人文对话行动计划》，落实130多项具体成果。

【开展情况】　2017—2018年，中美双方按照推动首轮中美社会和人文对话计划，全力推动双边人文交流，基本落实130多项具体成果，并创建了一系列品牌项目，包括但不限于：

在教育交流方面，双方保持高层次政策对话，成功举办中美省州教育厅长对话、中美青年创客大赛、中美大学校长论坛等一系列计划活动。两国进一步推动大学智库开展机制性合作、青少年在创新创业方面的交流合作，以及中美高校间的务实合作。中美人文交流在2017年和2018年取得了巨大成就，体现出两国人文交流的深度和广度。

在科技交流方面，2017年和2018年两年中，中美科技交流热络，行动计划中大多数事项均有推进。这体现在高层重视，交流层次广泛，创新驱动成为新的合作增长领域，高科技、农林渔等领域稳步推进，中美各联合研究中心开展的相关活动基本正常运行。

在环保交流方面，中美开展两国环保部门间的政策交流与对话，并通过分享双方环境管理法律、制度、技术经验，促进双方环保技术和产业交流，召开"中美环境合作联委会会议"。实施"绿色港口和船舶计划"，召开"中美区域空气质量管理国际研讨会""中美机动车污染防治国际研讨会""中美水污染防治国际研讨会""中美环境立法交流会"等。

在文化交流方面，中美文化领域进行了多层次、多领域的交流和访问。在艺术领域，中美两国就戏剧、音乐、书画、影视等多个领域展开了丰富多彩的交流活动；在传统文化领域，春节、端午节等传统节日以及二十四节气和南京传统手工艺等文化遗产也在美国广受欢迎；在旅游领域，中美旅游高层就两国旅游文化的议题进行了广泛交流。

在卫生交流方面，中美两国在卫生交流领域深化卫生政策与卫生体制改革交流，开展慢性病合作，加强卫生人才培养，并在艾滋病、新发传染病、结核病、慢性病等领域开展联合研究，并涌现了一批以惠民为目标的专项疾病的防治合作行动，而且开展了多项医学学术领域内高端专业人才的对话和交流，而更引人关注的是双方在医疗科技和设备上的互通有无。

在体育交流方面，中美双方在篮球、乒乓球等奥运项目，气功、武术等传统体育项目方面开展多层次广泛交流。政府与非政府渠道双管齐下推动体育双边交流，两国体育交流不仅致力于提高竞技水平，并致力于提高体育相关研究的发展以及全民体育的开展，为双方未来在体育方面的交流发展奠定了坚实基础。

在妇女交流方面，中美双方举办女企业家精神研讨会，开展清洁炉灶合作和反家庭暴力领域的技术合作。但是在合作的层次、广度以及内容上有所缩减。

在青年交流方面，中美双方深入开展中美青年政治家、学生领袖、青年创业和青年职业发展等方面的交流。政府驻外机构、国家间互访项目等是主要的推动力量与机制，孔子学院、中美创客大赛等机制也成为推动中美两国青年交流的主要推手。

在地方合作交流方面，中美两国地方合作交流在广度和深度两个方面有所推进。机制作用越发明显，实施"中美城市治理项目"，举办"中美省州教育厅长对话""中美省州立法机关合作论坛""中美友好城市对话会"等。

二　中美教育交流

【概况】　1978年中美关系改善是双方开展教育交流与合作的历史转折点，中美两国在这一时期逐渐恢复了中断近30年的教育交流与合作。改革开放为中国现代化教育指明了国际交流与合作的发展方向，中美教育领域的合作因此走向了一个更高水平的全新发展时期。中美双方在这一时期积极开展留学生互换，合作办学和教育代表团互访等项目。

2017年，中美两国召开中美社会和人文对话，并通过了《首轮中美社会和人文对话行动计划》。该计划表明，双方将继续实施中美双向留学"双十万计划"和富布莱特项目，中方还将设立"优秀美国学生短期留学中国计划"，以此增进两国学生学者对彼此国家的了解和感情。此外，两国将进一步推动大学智库开展机制性合作、青少年在创新创业方面的交流合作，以及中美高校间的务实合作。2018年，中美继续贯彻实施教育领域的合作交流工作，开展了美国校友访华之旅、孔子学院校友行以及美国非洲裔大学校长访华等一系列活动。双方的教育交流与合作进一步得到了深化。在支持大学智库合作方面，中美双方举办了各种形式的智库对话,包括"2018中美青年学者对话会"、中美知识产权学者对话、"中美大学校长和智库论坛",其宗旨是促进中美两国精英的沟通、了解与互信。在推动孔子学院和孔子课堂发展方面,中美两国相关机构互动积极。国家汉办与美国大学理事会共同主办了"汉语桥——美国校长访华之旅"等活动,旨在增进美国教育界对中国教育与中国文化的全面了解。在美国的孔子学院开展了以宣传中国文化为主题的丰富多彩的活动,以推动美国汉语教学发展。在推动中美职业教育交流方面,中美两国专家学者多视角、多层面地分享了职业教育实践经验,并探讨了拓展中美地方合作的有效途径。

人文交流和教育合作是面向人人、面向未来的事业,具有聚同化异的独特作用。中美人文交流在2017年和2018年取得了巨大成就,两国人文交流的深度和广度取得新发展。中美双方在未来将进一步推动建立扩大人文交流的平台和渠道,提升人文交流的影响力。

【中美高校在线教育联盟成立】 2017年4月21日,2017高校在线教育国际论坛在深圳大学举办。此次论坛由全国地方高校UOOC(优课)联盟携手深圳市优课在线教育有限公司、中关村互联网教育创新中心、美国CMS Global公司共同举办,深圳市政协副主席、深圳大学副校长黎军主持论坛。论坛现场成立了中美高校在线教育联盟,同时深圳大学与3所美国大学签署了框架合作协议。根据该协议,今后中国本科毕业生将可通过在线学习获得美国高校的硕士学位。

【中美青年创客大赛举行】 2017年8月7—11日,第四届"共创未来——中美青年创客大赛"总决赛与系列活动在北京市中华世纪坛举行。大赛由中国教育部主办,中国(教育部)留学服务中心、清华大学、英特尔公司、北京歌华文化发展集团承办,大赛决赛由北京市人民政府提供特别支持。2018年8月13—17日,第五届"共创未来——中美青年创客大赛"在北京市中华世纪坛举办。大赛由中国教育部主办,中国(教育部)留学服务中心、清华大学、北京歌华文化发展集团和谷歌信息技术(中国)有限公司承办,大赛决赛由北京市文化资产监督管理办公室提供特别支持。中美青年创客大赛是中美人文交流系列活动的亮点之一,中美青年创客通过大赛平台在创新领域深度分享,进而促进两国在青年层面的人文交流。

【全国学校体育教师赴美留学项目启动】 2017年9月15日,全国学校体育教师赴美留学项目行前集训开班仪式在北京体育大学举行。来自全国20余个省、市、自治区,159所大学的166名学校体育教师分别前往美国亚利桑那州立大学和犹他大学进行为期3个月的学习。全国学校体育教师赴美留学项目是中美高级别人文交流机制的重要成果之一。

【孔子学院美国中心年会举行】 2017年9月24日,孔子学院美国中心在华盛顿里根大厦举办年会。与会嘉宾高度评价了孔子学院在与美国社会各界加强合作、共同提升在美汉语教学质量和汉语推广水平、广泛深入推进中美人文交流等方面做出的成绩。在本次年会上，孔子学院美国中心对来自全美7所大学孔子学院的10位优秀学员进行了表彰。

【中美青年创客中心启动】 2017年9月25日，中美创客峰会暨中美青年创客中心启动仪式在美国纽约大学举办，中国国务院副总理刘延东出席并讲话。中美青年创客中心的成立将为中美青年提供创新创业培训，开展科技文化体验交流互动，帮助更多青年孵化创新梦想。

【中美大学校长和智库论坛召开】 2017年9月26日，中美大学校长和智库论坛在美国哥伦比亚大学召开。本次论坛主题为"中美关系未来50年"，由中国人民大学和美国哥伦比亚大学主办，中国人民大学重阳金融研究院和美国亚洲协会政策研究院承办，中国国家留学基金管理委员会支持。来自中美两国约40所大学校长、智库与企业界代表共计超过200人与会。来自中美两国大学的校长、智库界的学者以及企业界的代表在会议上分享了各自对于未来50年中美关系的理解和思考。

【《中美合作推进"一带一路"项目调研》谅解备忘录签署】 2017年9月27日，中国人民大学重阳金融研究院与美国亚洲协会政策研究院签署了《中美合作推进"一带一路"项目调研》的谅解备忘录。双方将通过宣讲会、研讨会、论坛、报告发布会等形式，在美国50个州和联邦直辖区推广对"一带一路"倡议的正确认识，也将对"一带一路"具体合作项目进行跟踪调研，并形成研究报告。此外，双方将在共建"一带一路"合作框架下，开展长期和短期专家及研究人员交流活动，并向双方交流人员委派调研及学术研究任务。

【中美应用技术教育"双百计划"升级】 从2017年10月起，教育部学校规划建设发展中心中美应用技术教育"双百计划"升级为"中美产教融合+高水平应用型高校建设项目"，并实行申报工作常态化。经过首批试点院校的积极探索，"双百计划"形成了相对完整的人才培养体系与合作机制，受到合作各方的高度认可。

【中美"高端技能型、应用型人才联合培养百千万交流计划"工作研讨会召开】 2017年10月18日，中美"高端技能型、应用型人才联合培养百千万交流计划"工作研讨会在北京市召开。会议首先回顾了"百千万计划"自实施以来所取得的成就并对未来发展进行了展望；之后，围绕院校国际化建设、国际化课程开发等议题开展了专题讲座、中美院校长专题研讨和对话。来自20余所"百千万计划"的中方项目院校代表，美国南达科塔大学、奥克兰社区学院等7所美国高校的校级领导参会。此次会议为推进中美双方在"百千万计划"框架下开展合作奠定了良好基础。

【第四届中美物流教育论坛召开】 2017年10月19日，第四届中美物流教育论坛暨第八届中美物流会议——丝绸之路国际运输与物流发展论坛在北京物资学院举办，由北京物资学院、美国运输与物流协会联合主办。该论坛围绕多式联运、无车承运、跨境电商、人才培养等议题展开了讨论，从全球维度看丝路物流发展，用国际视角论中国物流业转型。中美两国业界、学术界100名代表参加了论坛。

【第三届中美大学体育教育峰会举行】 2017年11月10日,由中国教育部、中国大学生体育协会和美国帕克十二联盟(PAC-12)共同主办,上海交通大学承办的第三届中美大学体育教育峰会在上海交通大学举行。与会的中美教育界专家、体育及企业界领袖围绕"分享、激发、创新"这一主题,就两国如何促进学校体育运动发展分享了各自观点,着重探讨了精英教育与竞技体育在大学校园中的和谐共存,大学体育运动对于个人未来发展的重要作用以及明星学生运动员的培养等议题。此外,PAC-12与中国大学生体育协会在峰会期间表示,将进一步深化双方合作交流。中美大学体育教育峰会旨在通过体育交流激发和促进文化交流和教育发展,打造属于中美学校体育交流的黄金时代。

【第四届中美青年创客交流中心建设研讨会召开】 2017年11月12日,第四届中美青年创客交流中心建设研讨会在苏州市召开。本次会议由教育部国际司主办,教育部留学服务中心、苏州独墅湖科教创新区、英特尔公司共同承办。中美青年创客交流中心建设研讨会是《中美社会和人文对话行动计划》的内容之一。本次研讨会的召开,对指导中美青年创客大赛、中美青年创客交流中心建设和发展以及促进中美社会和人文交流机制有着重要意义。

【美国乔治·华盛顿大学孔子学院举办汉语辩论赛】 2017年11月18日,美国乔治·华盛顿大学中国学生学者联合会和该校孔子学院联合主办了第一届"华语擂台"汉语辩论赛。来自宾夕法尼亚州、犹他州、佛罗里达州等美国多地的参赛者,展示了各自的汉语知识、语言和思辨能力及个人风采。此次"华语擂台"旨在提高参赛者的语言能力和逻辑思维能力,同时增进他们对中国及世界的了解与认知,也为不同文化的交流搭建了桥梁。

【美国非洲裔大学校长代表团访问北京外国语大学】 2017年12月4日,美国非洲裔大学校长代表团访问北京外国语大学。北京外国语大学党委书记韩震会见了代表团一行。美国传统非洲裔学院与大学和中方院校在机制会议上签署了合作备忘录,正式设立中美人文交流专项奖学金项目,鼓励美国非裔大学学生和教师来华交流学习。这次会议加强了美国传统非洲裔大学的对华交流,也促进了中美友好交流合作。

【中美基础教育创新联盟成立】 2017年12月21—22日,中美基础教育创新发展论坛暨中美基础教育创新联盟成立仪式在山东省济南市举行。此次论坛由美中科学教育基金会、山东省现代科技教育研究院、山东省学校文化研究院联合主办。论坛以"加强国际教育交流与合作,助推基础教育创新与发展"为主题。论坛开幕式上举行了中美基础教育创新联盟成立仪式,中美友好学校签订了合作共建协议。

【中美未来职业之星联合研习营冬令营开营】 中美未来职业之星联合研习营是中美社会与文化对话机制框架下的学生交流活动,由中国教育国际交流协会组织实施。2018年1月8日,中美未来职业之星联合研习营冬令营在北京开营。本届研习营以"艺术与设计"为主题,由广东轻工职业技术学院和四川建筑职业技术学院承办,在北京、广州和成都3地举行,旨在加强中美师生彼此间的交流与对话,增进相互理解,提升职业素养,深化中美职业教育领域的交流与合作。

【哈佛大学与北京大学举行中美关系圆桌讨论会】 2018年1月11日,哈佛大学费正清中国研究中心与北京大学国际关系学院在北京大学举办了"新时代的中美关系:新机遇与新挑战"圆桌讨论会。与会的美方学者包括哈佛大学费正清中国研究中心主任宋怡明(Michael Szonyi)、波士顿学院政治学教授、哈佛大学费正清中国研究中心研究员陆伯彬(Robert Ross)等,中方学者包括北京大学国际关系学院贾庆国院长、查道炯教授,广东外语外贸大学国际治理创新研究院院长赵龙跃等。圆桌会议围绕台湾问题、中美经贸关系、国内政治对中美关系的影响等方面展开了深入探讨。

【NBA中国与教育部共同宣布将通过NBA平台举办全国校园篮球冠军赛暨Jr. NBA世界冠军赛中国区选拔赛】 2018年1月31日,NBA中国与教育部共同宣布,教育部将通过NBA平台举办全国校园篮球冠军赛暨Jr. NBA世界冠军赛中国区选拔赛,选出男女各10名球员组成中国校园篮球战队,于8月前往美国奥兰多参加NBA举办的首届Jr. NBA世界冠军赛。该赛事是首个全球青少年篮球赛事。NBA中国和教育部于2014年10月建立了合作伙伴关系,这也是教育部首次与美国职业体育联盟合作。2016年6月,NBA中国和教育部在北京举行的第七轮中美人文交流高层磋商期间完成了签约,双方将延长已有的战略合作伙伴关系,并进一步在校园篮球方面拓展战略合作。

【"千校携手"项目交流团访问纽约总领馆】 2018年2月1日,中美"千校携手"项目学校交流活动团一行50人来到驻纽约总领馆访问座谈。中美"千校携手"项目是第五轮中美人文交流高层磋商重要成果之一,于2014年7月由中国国务院副总理刘延东和美国国务卿克里正式宣布启动。该项目以"千校携手、热爱自然、绿色生活"为主题,双方共遴选1000所具有一定交流基础的中小学,通过网络交流平台和实体交流活动,分享经验,开展交流。

【第十届全美中文大会召开】 2018年2月16日,由中国孔子学院总部/国家汉办和美国大学理事会、亚洲协会联合主办的第十届全美中文大会在美国休斯敦市召开。来自美国各州及英国、加拿大等国的教育官员、大中小学校长、汉语教学专家及教师等1300多名代表参加了这次为期3天的会议。中国国务院副总理、孔子学院总部理事会主席刘延东,美国第41任总统乔治·布什和美国第43任总统乔治·沃克·布什都致信祝贺大会的召开。全美中文大会自2008年开始,每年举办一次,是美国教育界全面认可、规模最大的汉语教学研讨会,推动中美教育界共同学习,共同成长,共生共处。

【第三届中美智慧教育大会召开】 2018年3月18日,第三届中美智慧教育大会在北京国际会议中心召开。中

第一编　高级别人文交流机制

美两国教育科技界的知名专家在此次会议上围绕人工智能2.0和教育信息化2.0的前沿话题展开了深入研讨。本次会议由北京师范大学、美国北得克萨斯大学、互联网教育智能技术及应用国家工程实验室联合主办，北京师范大学智慧学习研究院、美国教育传播与技术协会、中国教育与社会发展研究院承办。本届大会期间还举办了智慧学习环境国际会议和智慧教育展览，并发布了《2018中国职业教育技术展望：地平线项目报告》。

【2018中美青年学者对话会举行】 2018年3月19—20日，由中国国际问题研究院、华侨大学和太平洋国际交流基金会联合主办的2018中美青年学者对话会在华侨大学厦门校区举行。此次对话会以"携手构建互利共赢的中美经贸合作"为主题，旨在促进中美各界精英的沟通和了解，围绕共同关心的问题搭建对话平台，促进相互沟通和交流，为推动双方关系健康稳定发展贡献智慧。

【"管理全球失序：中美合作的前景研讨会"召开】 2018年3月19—20日，"管理全球失序：中美合作的前景"学术研讨会在北京大学召开。此次会议由北京大学国际关系学院和美国外交关系协会（Council on Foreign Relations）联合主办。参加研讨会的美方学者来自美国外交关系协会、卡内基国际和平基金会、悉尼大学美国研究中心等机构，中方学者来自北京大学、国防大学、中国现代国际关系研究院、中国改革开放论坛等机构。中美双方专家学者围绕国际秩序、全球治理、"一带一路"、国际贸易、安全挑战、地区问题等6个专题展开了深入交流，力图凝聚共识、增进互信，充分发挥智库在中美关系中的桥梁作用。

【孔子学院美国西部片区大会召开】 2018年4月14日，孔子学院美国西部片区大会在加利福尼亚州圣地亚哥州立大学召开，主题为"新丝路上的新思路"。大会由圣地亚哥州立大学孔子学院主办，来自17所孔子学院的24名中外方院长应邀参会，圣地亚哥政界、学界、侨界代表也出席了会议。孔子"六艺"是本次大会主题新思路的重点。与会者的经验交流互动有利于共同发展语言文化教育。

【第十七届世界大学生"汉语桥"中文比赛美东区预赛举行】 2018年4月21日，由孔子学院总部和中国驻纽约总领事馆共同主办、纽约留学服务中心和麻州大学孔子学院共同承办的第十七届世界大学生"汉语桥"中文比赛美东区预赛暨第八届新英格兰地区大学生"汉语桥"中文演讲比赛在麻州大学波士顿校区举行，来自哈佛大学、麻省理工学院、波士顿大学等美国东部8个州的大学生选手积极参赛。中国驻纽约总领馆教育参赞徐永吉致辞。"汉语桥"演讲比赛已经成为全球汉语学习者的奥林匹克中文竞赛，对推动汉语和中国文化在全球传播发挥了积极作用，每年一度的美东区大学生"汉语桥"中文演讲预赛已经成为美东区大学生汉语学习的品牌文化活动。

【中美职业教育国际化人才培养研讨会召开】 2018年5月14日，中美职业教育国际化人才培养研讨会在武汉市召开。中美两国职业教育专家学者汇聚一堂，共话"全球公民培养"议题。本次研讨会由美国高等教育国际化联盟与武汉职业技术学院共同主办，来自美国托来多大学、奥克兰社区学院的美国学者与武汉职业技术学院师生代表共30余人参会。此次会议有助于双方院校从全球视角审视学校发展布局，促进职业教育全面升级，并推动中国高职院校与美国社区学院的联系与合作。

【中美知识产权学者对话举行】 2018年5月31日至6月1日，中美知识产权学者对话在美国旧金山市加州大学伯克利分校举行。中美学者就中国政府机构重组与改革对知识产权的影响、商业秘密保护、专利法修改、著作权法修改、知识产权司法改革等方面进行了深入探讨。与会的美方代表包括美国专利商标局局长大卫·卡波斯，联邦巡回上诉法院前院长、大法官雷德，加州大学伯克利分校法学院教授科恒等；中方专家包括中国人民大学知识产权学院院长刘春田、国家知识产权局前局长高卢麟等。此次对话有助于中美双方在知识产权相关领域的互利合作。

【第十五届中美青年学者对话会举行】 2018年6月25—26日，第十五届中美青年学者对话会在长沙市举行，主题为"新形势下的中美关系和地区安全走向"。对话会由中国国际问题研究院与太平洋国际交流基金会主办，湖南师范大学承办。中方代表来自中国国际问题研究院、中国人民和平与裁军协会、中央电视台、中国社科院亚太与全球战略研究院、中国社科院美国研究所、中国人民大学、北京外国语大学、上海国际问题研究院等单位。美方代表来自美国对外关系全国委员会、战略与国际问题研究中心、太平洋论坛、史汀生中心、威尔逊国际学者中心、芝加哥全球事务研究所、约翰霍普金斯大学等机构。中美双方代表就新形势下中美双边关系、东亚安全环境新变化、朝鲜半岛问题前景等议题进行了探讨。

【中美高校体育管理人员领导力发展研讨会在美国圣母大学举行】 2018年7月8—21日，由中国大学生体育协会与美国圣母大学联合举办的中美高校体育管理人员领导力发展研讨会在美国印第安纳州圣母大学举行，共有来自中国18个省、市、自治区、直辖市的34名全国高校体育管理人员参加。研讨会围绕美国高校体育概况、活动与赛事管理、体育赛事的媒体运行、学生运动员学术服务、学生运动员福利与发展、运动营养学、运动医学、体能训练等话题，分享了中美高校在推进体育教育中各自的指导思想、体制安排以及运作特色。为更直观地了解圣母大学体育管理与运作模式，圣母大学还为代表团安排了学校体育设施参观、媒体工作室参观、排球夏令营观摩以及学生运动员体能训练观摩等活动。学校体育交流是中美人文交流活动的重要内容之一。通过本次研讨活动，中方高校体育管理人员得以近距离接触到美国一流大学，了解美国高校体育的运行体系，从管理细节中感知大学的体育教育理念、管理方法和实施细节，为国内高校体育管理者更新管理理念、拓宽管理思路、提升领导能力以及与美国高校建立交流联系等方面提供了难得的机会，为国内高校体育发展起到积极的促进作用。

【2018中美青年创客大赛总决赛】 2018年8月13—17日，75支团队共300余名大学生创客在北京参加2018中美青年创客总决赛。创客大赛共吸引中美赛区6400余名青年创客报名参加。总决赛期间还举办了青年创客论坛、中美青年创客交流和公众开放日等活动。中美青年创客大赛由教育部主办，以"共创未来"为主题，持续关注社区、教育、环保、健康、交通、能源等领域，引导支持中美青年共同打造具有社会和产业价值的新产品、新应用，进而促进两国人文交流。中美青年创客大赛是中美人文交流系列活动的重要成果之一，已被纳入首轮中美社会人文对话联合声明。

【美国中西部孔子学院院长论坛召开】 2018年10月11—14日，美国中西部孔子学院院长论坛在圣克劳德州立大学召开，来自美国中西部15所孔子学院的中外方院长及学校代表出席。与会代表就美国中西部孔子学院的发展策略和评估、特色孔子学院发展等议题进行了深入的探讨和交流。与会代表还观摩了圣克劳德市中文沉浸式课堂教学活动。与会代表交流了汉语教学经验和研讨所面临的问题，增加了相互之间的了解和友谊，为今后相互支持和共同提高打下了基础。

【2018《中美人才培养计划》121项目中方院校管理人员培训工作会召开】 2018年10月17日，《中美人才培养计划》121项目中方院校管理人员培训工作会议在北京西藏大厦召开。会议举行了项目院校及项目新协调员培训、实验班课程对接中的问题研讨和经验分享、实验班管理机制及运作模式探讨3个研讨会，并对2018年新加入的中方院校和2017—2018年度先进单位进行了授牌表彰仪式。《中美人才培养计划》为中美高等教育合作与交流创建了崭新模式，并为中美人文交流做出了卓有成效的贡献。

【第十九届中国国际教育年会举行】 中国国际教育年会在教育部等中央部委的大力支持下，由中国教育国际交流协会主办。2018年10月18—21日，第十九届中国国际教育年会在北京国家会议中心举行。本次年会分为四大板块：教育国际化与学生流动研讨会、中外合作办学国际研讨会、来华留学和职业教育。其中，来华留学板块由"促进美国学生来华学习研讨会""中美教育交流40年：前景与反思""来华留学与学生服务国际研讨会"和"质量第一：来华留学事业新征程"4个研讨会组成。

【第四届中美省州教育厅长对话举行】 2018年10月30—31日，中美两国教育部在美国首都华盛顿市举办了第四届中美省州教育厅长对话。本次对话是落实首轮中美社会和人文对话共识而举行的教育领域机制性活动，也是两国首次以"职业技术教育与培训"为主题举办的高级别政府间对话活动。来自两国中央/联邦和省/州教育行政部门、职业教育院校和研究机构、行业企业的70余位代表，就各自在职业教育领域的政策措施和实践经验进行了交流，探讨拓展中美地方合作的有效途径。

【汉语桥——美国校长访华之旅举行】 2018年11月3—11日，汉语桥——美国校长访华之旅举行,来自美国27个州和华盛顿哥伦比亚特区的150位教育行政官员和主流中小学校长受邀来华访问。在1周的时间里,代表们分成6组赴黑龙江、天津、山东、河南、重庆和广东访问,参观当地中小学、观摩多学科课程,并与学校校长及师生进行深入交流。在这次访问中,代表们分组访问了37所中国大中小学,共有162所中方学校参与了中美校长洽谈会,并签署了145份合作谅解备忘录,为中美学校进一步开展合作交流打下了基础。

【中美高端人力资源人才培养研讨会召开】 2018年11月5日,由中国教育国际交流协会组织的中美高端国际化人力资源人才培养研讨会在北京市召开。研讨会邀请来自中美两国人力资源专业的高校、行业、企业界代表,围绕人力资源课程及证书议题进行了深入交流。会上,中美两国参会嘉宾和代表就"国际人力资源管理师认证项目的教学培训经验及应用""人力资源管理的变革和发展趋势""如何发掘平凡者培养卓越人才"等议题,从高校教育教学、行业、企业角度和与会者分享了他们在国际人力资源领域的看法。

【孔子学院中非美三边合作圆桌讨论会召开】 2018年11月7日,孔子学院美国中心举办中非美三边合作(CAUSE)圆桌讨论会。与会的国际关系领域专家和学者就中国、非洲及美国三地的经济发展、国际政策、和平与安全等方面展开了讨论。此次会议为国际关系领域的专业人士、中美非关系研究学者以及专家提供了一个良好的对话机会。

【第四届中美大学体育教育峰会举行】 2018年11月9日,第四届中美大学体育教育峰会在苏州市举行,中美两国教育界和体育界代表围绕体育对领导力的培养、如何在运动和学业之间找到平衡等体育教育的问题展开研讨。中美大学体育峰会是每年NCAA Pac-12中国赛的系列活动之一,也是苏州市高新区联合阿里体育打造的"两赛(中美男篮邀请赛、CUBA揭幕战)、两峰会(中美大学体育峰会、中国大中体协年度工作会议)"内容之一。中美双方代表也表达了校园体育发展需要由体教两大系统紧密联合的观点。

【美国中美国际教育考察团访问中国教育部】 2018年11月12日,美国中美国际教育考察团一行受孔子学院总部邀请访问了中国教育部。考察团一行访问了亚洲基础设施投资银行,并就如何更好地为远程教育、新能源提供资金支持等问题进行了探讨。这次教育交流对加强中美双方的互相理解有积极意义。

【首届"美国孔子学院校友中国行"代表团访问北京和成都】 2018年12月1—9日,由孔子学院美国中心组织的首届"美国孔子学院校友中国行"代表团访问了北京和成都。12月4日,代表团在成都参加了第十三届全球孔子学院大会;12月9日,代表团到孔子学院总部参观并座谈。团员一致认为,此次中国之行收获巨大,在孔子学院学习的基础上加深了对中国的认识和了解,切身感受到中国文化的魅力和中国人民的热情。

三　中美科技交流

【概况】 科技交流是中美关系的重要组成部分。在中美科技关系受到一定冲击的情况下，2018年中美仍成功续签了总揽两国科技交流的《中美科技合作协定》，稳定了总体势头和交流基础。2017年9月中美进行了首轮中美社会和人文对话，并制订了行动计划，科技交流成为七大合作领域之一。2017年和2018年两年中，中美科技交流热络，行动计划中大多数事项均有推进。这体现在高层重视，交流层次广泛，创新驱动成为新的合作增长领域，高科技、农林渔等领域稳步推进，中美各联合研究中心开展的相关活动基本正常运行。但出于某种原因，有些常规的交流活动则未展开。

（一）高层极为重视，中国省部与美国州部之间合作密切。国务院副总理刘延东于2017年9月亲自出席中美创新驱动发展主题研讨会并发表主旨演讲。2017年中国科技部部长万钢会见了美国能源部长、加州州长及美国驻华大使，2018年科技部部长王志刚会见密歇根州州长，推进两国科技交流。科技部与加州、密歇根州分别签订了有关清洁能源和汽车技术和产业合作谅解备忘录。2018年中美地方应对气候变化高级别对话会在旧金山举行，中美省州将通过对话，致力于清洁技术创新、气候经济以及气候相关的金融合作。

（二）创新交流成为新的增长点。2017年和2018年两年，中美都举办了中美创新驱动研讨会。两年中，还举办了更多创新企业的竞赛与对接。在美国举行了两届中美创新与投资对接大会，共有400多名中方、650多名美方企业与机构人员参加，进行了约700场商务对接活动。而"创之星"中美创新创业大赛和中美青年创客大赛，则组织美国的创新企业和创新团队到中国比赛交流。第一届、二届"创之星"共吸引了近1300个美国项目报名，270个项目到中国参赛并进行了2000多场对接，达成430多个合作意向。两届青年创客大赛，则有近1400名美国选手和1.1万多名中国选手参赛。

（三）农林渔等领域，在现有农业合作机制，尤其是在农业科技合作联合研究中心框架下，合作继续推进，并有新的进展。2017年，10所中国高校和5所美国高校成立了中美大学农业推广联盟，签署了合作协议书。南京农业大学和美国田纳西大学牵头的中美农业植物生物学研究中心在南京农业大学成立，并举行第一次学术会议。同年，中国林科院与美国田纳西大学签署合作协议，并成立中美共建林业生物质科学与工程创新平台。2018年，中美海洋与渔业科技合作联合专家组召开首次会议。

（四）高新科技方面，中美合作稳步推进。在两年间，在人工智能、纳米、卫星导航、磁约束核聚变、绿色数据、地震、大气、能源等方面，开展了一系列的学术会议。后面收录的9场会议中，2017年举办了4场，2018年5场，态势比较均衡。在中美清洁能源联合研究中心的框架下，两国合作交流基本正常运行。两年间，在建筑节能、清洁煤、清洁汽车及能源与水等合作方面，都有所进展，并召开了一些相应的学术会议或联席会议。

（五）科技交流也出现了某种异常。从网上可查的资料看，有些常规性的合作活动在2017年和2018年未能开展。比如，对中美清洁能源联合研究中心工作有重要指导意义的指导委员会，自联合中心2009年成立以来，已经举行过8届年会，均由中国科技部长、美国能源部长主持参与，对双方合作进行评估与协调筹划。但这两年中，指导委员会都未举行年度会议。而此计划之下的清洁汽车联盟、建筑节能联盟，2018也没有召开年会，而清洁煤联盟、能源与水联盟两年都正常开会，新增的卡车能效联盟2018年也开了年会，似乎也与特朗普政府重视传统能源的政策走向趋同。另外，人员交流上2018年似乎出现了异常，中美科技人员交流计划，未如往常举行年度的开幕式或闭幕式，而一年举行一到两次会议的青年科学家论坛（又称青年科技论坛），2018年未举办会议。

【第十一届中美青年科技论坛召开】
2017年1月9日，由中国科技部和美国国务院共同主办的第十一届中美青年科技论坛在美国华盛顿市召开，论坛的主题是"公众参与环境健康"。来自中美两国的40余名青年科研人员、政府官员及非政府组织代表就科学家与公众如何共同参与解决环境健康问题深入交换了意见。双方分享并探讨了公众可以通过数据采集与分析、环境健康风险沟通、环境政策制定等方式深度参与环境健康问题的研究，推动大气、水及土壤污染的认知和环境治理。中国青年科研人员访美期间还受邀访问了美国多个科技、环保及健康相关的美国联邦政府部门、大学、研究机构和社区组织，分别就中美双方在公众参与环境健康研究方面的认知差异，公众参与环境健康研究的程度、必要性和可行性，环境污染对人群健康影响等问题进行了热烈讨论。

【中美大学农业推广联盟成立】
2017年3月23—24日，中美大学农业推广联盟成立大会在杭州市召开。该联盟旨在深入推动中美大学之间农业推广领域的广泛合作和深入交流，构建中美两国大学在农业推广和技术转移领域的长效合作机制。此次会议由中美大学农业推广联盟的主要发起单位——安徽农业大学和美国科罗拉多州立大学联合主办。会议讨论了《中美大学农业推广联盟行动方案（2017—2018）》，研究了联盟网站建设、人才交流培养、共享技术资源、"现代农业推广与技术转移国际会议"等重点合作事项。联盟的15所创始成员高校正式签署了《中美大学农业推广联盟合作协议书》。中方创始成员单位包括首批10所国家级新农村发展研究院试点高校（中国农业大学、浙江大学、南京农业大学、西北农林大学、华中农业大学、东北农业大学、沈阳农业大学、四川农业大学、安徽农业大学和湖南农业大学）。美方创始成员单位包括科罗拉多州立大学、加州大学、普渡大学、俄勒冈州立大学和内布拉斯加大学。

【中美电动汽车与电池技术研讨会

第一编　高级别人文交流机制

召开】　2017年4月17—18日，第十二届中美电动汽车与电池技术研讨会由清华大学、北京理工大学、国家高技术绿色材料发展中心、美国阿贡国家实验室、河北清华发展研究院共同承办，在珠海国际会展中心召开。2018年4月8—10日，第十三届中美电动汽车与电池技术研讨会在美国圣地亚哥市召开。会议就锂离子电池、后锂离子电池体系、现今的诊断和分析检测技术、电池回收等4个主题进行了深入讨论。中美电动汽车与电池技术研讨会每年由中国科学技术部、美国能源部主办。

【第二届中美创新与投资对接大会召开】　2017年5月15—17日，第二届中美创新与投资对接大会暨第一届"创之星"中美创新创业大赛在美国休斯敦市召开。大会由中国科技部和中国驻休斯敦总领馆发起和支持，由美中创新联盟、中国科学技术交流中心、中国国际科学技术合作协会联合主办。本届大会共有包括中国中车集团、海尔集团、中国石油、宁波舜禹集团等大型国企、上市名企、创新企业和投资机构约200名代表赴美参会，美方约300名企业家和机构代表参加了大会。大会通过中美合作主题报告、创新领域热点交流、创新投资对话和中美企业B2B商务对接等多元化的形式，组织了近300场商务对接会议，现场达成5项合作意向并签约。与会者认为，中美创新与投资对接大会已成为美国南部，乃至全美推动中美创新资源合作的重要合作平台。

【首届"创之星"中美创新创业大赛初赛举行】　2017年5月15日、5月19日，由中国科学技术交流中心、美中创新联盟、中国国际科学技术合作协会主办的首届"'创之星'中美创新创业大赛"，分别在休斯敦市、硅谷隆重举行。大赛聚焦医疗健康与生物技术、先进制造与新材料、可再生能源与环保科技、信息与通信技术以及农业技术与食品安全五大科技创新领域。有300多家美国本土的优秀新兴科技创新企业报名，经过前期网络路演筛选及专家评审，从中筛选出120家企业，受邀参加此次初赛。近70家科技创新公司参加了在休斯敦市举办的"创之星"初赛环节。本次初赛共有50多家企业晋级，可以到中国参加半决赛和路演，并到北京等城市进行商务对接。

【首届"创之星"中美创新创业大赛举行半决赛】　首届"创之星"中美创新创业大赛2017年5月在美国举行了初赛之后，于7—12月在中国多个城市举办了分项半决赛和对接活动。7月9—13日，在江苏省苏州市和四川省成都市举行了信息和通信技术类、先进制造和新材料领域的半决赛和路演，美国的13个创新创业参赛团队参赛；9月21日，先进农业与食品安全领域的半决赛在西安市高新区举办，共有10个来自美国的创新项目团队脱颖而出，入围半决赛的角逐；10月30日，新能源项目决赛在武汉市东湖高新区举办，美国15个项目团队参赛；11月28日，生命科学领域半决赛在北京举办，美国15个项目团队参赛；12月1日，生物医药领域的项目比赛在云南省昆明市举办，美国有近10个项目团队参赛。赛后，各项目团队与中方投资机构、科技服务机构、科技园载体等多方代表进行了自由对接，洽谈包括合作研发、技术应用、股权投资在内的相关合作事宜。此外，参加武汉市半决赛的15个美国项目，分别于11月2日和3日在常州市和南京市进行了对接活动，与江苏新能源、新材料、节能环保领域的机构和企业分享了优秀技术，共同探讨了技术及产业化问题。

【万钢会见美国能源部部长佩里】 2017年6月5日，科技部部长万钢会见了美国能源部部长里克·佩里一行。双方就中美清洁能源联合研究中心（CERC）、清洁能源·创新使命峰会、电动汽车倡议（EVI）等议题进行了深入交流。中美在CERC和化石能议定书框架下开展了务实有效的双边合作，并在清洁能源部长级会议（CEM）和创新使命部长级会议（MI）等多边机制下共同发挥了主导作用。中美双方期待通过更紧密的配合来促进清洁能源领域的技术进步，利用好CEM和MI等多边平台，加强成功经验与创新模式分享，为加速全球清洁能源创新和绿色低碳发展做出贡献。

【万钢会见美国加州州长布朗】 2017年6月6日，科技部部长万钢在北京会见了来访的美国加利福尼亚州州长杰里·布朗一行。双方就清洁能源合作等共同关注的话题交换了意见，并正式签署《中华人民共和国科学技术部与美利坚合众国加利福尼亚州政府关于推动低碳发展与清洁能源合作的研究、创新和投资谅解备忘录》，建立中国—加利福尼亚州清洁技术伙伴关系。能源是中美两国科技合作的重点领域之一，中国政府与加州政府在新能源汽车等清洁能源领域有着巨大的合作机遇。双方表示将加强务实合作，加强清洁能源合作，推动清洁能源技术进步，以共同应对气候变化带来的挑战。

【中美农业植物生物学研究中心成立】 2017年6月11—13日，由田纳西大学与南京农业大学牵头创立的中美农业植物生物学研究中心揭牌仪式暨第一届学术研讨会在南京农业大学学术交流中心召开。田纳西大学和美国能源部橡树岭国家实验室代表、部委领导、其他高校研究人员等160余人参加了会议。南京农业大学校长周光宏与田纳西大学农业研究院院长威廉·布朗就中心的实质性运行进行了交流，并共同为研究中心成立揭牌。该中心将整合两校和中美两国的植物科研力量和专业知识，促进中美两国和全世界农业植物生物学的创新研究、教育培训和技术转移。第一届学术研讨会共组织了24场大会报告，中美专家分别介绍了田纳西大学、美国橡树岭国家实验室、中国农科院作物科学研究所、生物技术研究所和南京农业大学关于植物生物学的相关研究进展。

【中美绿色数据中心开放计算标准联合工作组工作会召开】 2017年6月14日，由中国电子学会、美国劳伦斯伯克利国家实验室联合牵头的中美绿色数据中心开放计算标准工作组工作会召开。工作组是在美国能源部、中国工业和信息化部的支持下，由上述主办单位牵头，中美大型互联网企业共同成立，旨在促进两国互联网和IT企业的交流协作，协调数据中心的标准、规范。会议介绍了美方在数据中心领域液冷技术应用方面有关标准化路径探讨的最新进展。经讨论，初步确定并行发展浸没式技术与冷板式技术的标准化路径，并以机柜层面作为标准化的工作对象，以将机柜视为黑箱的方式具体开展标准化工作。下一步将本着先概括后细节的原则，由阿里巴巴牵头从用户需求角度提出标准化提纲，供中美双方工作组成员讨论。

【2017中美科技人员交流计划闭幕式暨第十二届中美青年科学论坛召开】
2017年8月4日，2017中美科技人员交流计划闭幕式暨第十二届中美青年科学论坛在北京市召开。来自清华大学、国家纳米中心、中科院大气物理所、美国杜克大学、林肯大学、加州大学伯克利分校等中美两国多所知名高校和科研院所的近80位青年学者参加了活动，并就"跨文化交流在科研中的作用"和"公众参与科学"两个主题展开了热烈讨论。

【第三届中美大学现代农业推广与技术转移国际会议召开】 2017年9月12日，第三届中美大学现代农业推广与技术转移国际会议在西北农林科技大学召开。会议以"大学农业推广理论与实践及一二三产业融合发展"为主题，围绕农业科技创新、社会服务、人才培养、农业推广与技术转移、科技扶贫、新农村发展研究院特色工作等内容分享了经验与理念。会议期间，中美双方与会代表交流各自推广理念，分享案例，共同探讨中美大学在农业推广和技术转移领域的长效合作机制。

【中美创新驱动发展主题研讨会召开】 2017年9月27日，国务院副总理刘延东在华盛顿市布鲁金斯学会出席中美创新驱动发展主题研讨会并发表主旨演讲，表示：科技合作是中美关系发展的一个缩影。中美建交以来，在多个领域和层次开展了科技创新合作，取得了丰硕成果，促进了两国经济社会发展，推动了中美关系健康发展。作为世界两个最大的经济体，中美应该加大科技合作和创新的力度，造福双方和世界。科技合作有利于促进世界经济复苏，引导世界范围内的创新和发展。双方应围绕全球共同挑战和可持续发展等重大问题，以及两国共同关切的事关人民福祉的重点领域，深化联合科研攻关，提高中美科技合作的质量和效益，促进合作成果惠及更多国家特别是发展中国家。可以合作的领域包括清洁能源、农业生物技术、水资源保护、生物信息、系统生物医学以及防治污染和极端气候研究等。中美双方应加强政策沟通与战略对接，完善各种合作平台与机制，创造更好的法律、制度和营商环境，促进科技合作健康稳定发展。会前，刘延东会见了布鲁金斯学会董事会主席桑顿。

【中美大气科技合作联合工作组第二十次会议召开】 2017年10月31日，中美大气科技合作联合工作组第二十次会议在北京市召开。双方回顾了自中美大气科技合作联合工作组第十九次会议以来的工作进展，并就继续在气候和季风、开发性研究、数值天气预报、气象现代化、卫星气象等5个领域深化合作，达成共识。

【中美共建林业生物质科学与工程创新平台】 2017年11月6—7日，中美林业生物质科学与工程学术研讨会在南京市召开的，中国林科院与美国田纳西大学签署合作协议。根据协议，双方将在学生、科研人员交流，联合申报科研项目并合作开展科研活动，共同组织国际学术会议，联合编辑出版科研专著、学术期刊和共享学术信息等方面开展全方位合作。为了落实合作协议安排的合作内容，双方决定共建生物质科学与工程研究中心，并确立了生物质分离技术、生物基功能材料、生物质化学转化、木基先进材料、生物量综合生产与全球经济影响等5个研究方向。中方参与单位有中国林科院林化所、木工所、林木遗传育种国家重点实验室和科信所，在此基础上，今后还将邀请更多中美双方的科研单位参与，共同打造中美联合共建研究中心。

【**中美卫星导航会晤举行**】 2017年11月29日，中美卫星导航会晤在北京市举行。会上，中美双方签署了《北斗与GPS信号兼容与互操作联合声明》。根据联合声明，两系统在国际电联（ITU）框架下实现射频兼容，实现民用信号互操作，并将持续开展兼容与互操作合作。此次签署的声明涵盖北斗卫星导航系统与GPS卫星导航系统在国际电联框架下实现射频兼容互操作，用户同时使用北斗和GPS民用信号，无须显著增加成本，即可享受到更好的服务。这标志着北斗和GPS可以在卫星导航系统的设计、建设方面，可以实现信号兼容使用。

【**中美人工智能发展与政策国际研讨会召开**】 2018年3月20日，国务院发展研究中心、耶鲁大学法学院与中国科学技术发展战略研究院在北京联合举办中美人工智能发展与政策国际研讨会。来自中美两国人工智能领域的技术专家、法学专家和政策研究学者共40余名代表参会。会上，中美两国专家就人工智能的政策法规与伦理，人工智能的战略与发展，人工智能的技术、产业与应用，中美在人工智能发展与政策领域的交流与合作等共同关心的议题展开了热烈讨论。通过研讨，两国专家进一步增进了相互沟通，促进了双方在人工智能政策研究领域的合作。

【**王志刚会见中国旅美科技协会候任会长**】 2018年4月11日，科技部部长王志刚在北京会见了中国旅美科技协会候任会长焦德泉一行。双方就中国科技创新发展、对外科技合作和人才交流等内容进行了深入交流。旅美科技协会将进一步加强旅美专业人士之间的交流，为促进两国科技人才交流合作做出更多贡献。

【**第三届中美创新与投资对接大会召开**】 2018年5月14—15日，在科技部和中国驻休斯敦总领事馆支持下，由中国科学技术交流中心和美中创新联盟共同主办的第三届中美创新与投资对接大会暨第二届"创之星"中美创新创业大赛，在美国得克萨斯州休斯敦市召开。百余家美国本土的科技公司、350位代表和中方超过200位各省市代表、机构专家、企业家、投资人出席了会议并进行了面对面深度交流。本次活动重点关注先进制造、医疗与生物科技、新能源和新材料、环保科技、人工智能和虚拟现实、物联网和信息通信6个技术领域。活动内容包括400场次B2B对接洽谈、7个分会讨论、"创之星"休斯敦初赛、项目推介、展览展示等，目的在于连接中美创新资源，为美国科技公司与中国投资者搭建桥梁，帮助中国企业了解美国科技的发展，并展示中国各地区的创新优势，积极推动中国与美南地区创新资源的对接与合作，构建政府支持的中美企业创新合作平台。苏州市作为本届对接大会的主宾城市，在开幕式上与休斯敦市代表签署了合作意向书。未来，两座城市将深化交流、共谋发展，共同树立中美城市间创新合作的典范。

【第十二届中美工程技术研讨会境外专家座谈会召开】 2018年5月19日，由科学技术部（国家外国专家局）与工业和信息化部、中国工程院、北京市人民政府、安徽省人民政府、山东省人民政府、四川省人民政府、宁夏回族自治区人民政府及美洲中国工程师学会、美国机械工程师学会、加拿大土木工程学会共同举办的第十二届中美工程技术研讨会境外专家座谈会在北京市召开。来自美国、加拿大、英国、日本、中国香港及台湾地区的80位境外专家参加了座谈会，其中10位专家代表分别从人工智能与先进制造、智慧水利、绿色城市、装备制造、煤化工产业转型升级等7个专题领域为中国政府建言献策。在听取专家建言后，科学技术部部长、党组书记王志刚感谢各位专家为研讨会成功举办所付出的辛勤劳动，对专家为中国工程技术领域发展提出的意见建议表示赞赏，并表示科技部将会认真研究吸纳。科学技术部副部长、国家外国专家局局长张建国主持会议。

【第十二届中美华人纳米论坛召开】 2018年5月25—28日，由中美华人纳米论坛组委会主办，中国国家纳米科学中心、北京科技大学承办的第十二届中美华人纳米论坛在北京市召开。600余位纳米科技领域专家学者参加了论坛。本次论坛聚焦纳米功能与应用、纳米生物与医药、纳米测试与表征、纳米能源与催化4个纳米科学前沿专题展开了讨论，分别由中国科学院院士江雷、赵东元、谢毅、李亚栋以及美国科学院院士杨培东等知名科学家和专题领域的年轻学者作主题报告和邀请报告，进行圆桌讨论。与会专家围绕如何实现从实验室研究走向企业产业化发表见解，展望了纳米科学发展趋势，研讨了未来科研发展的机遇与挑战。会议期间举行了"清华大学出版社——施普林格纳米研究奖颁奖仪式"，表彰在纳米研究领域做出重大贡献的杰出科学家。中国科学技术大学的谢毅院士获奖。

【第九届中美磁约束核聚变合作研讨会召开】 2018年6月5—7日，由中科院等离子体物理研究所与西部超导材料科技股份有限公司、西安市经济技术开发区管委会联合主办的第九届中美磁约束核聚变研讨会在西安市召开。会议听取了中美双方两年期的工作进展报告，汇总了研究院所与机构合作项目执行情况，讨论并部署了未来两年期双边工作与人员交流计划。来自普林斯顿大学、麻省理工学院、通用原子能公司等美国高校与研究机构，以及国内中科院等离子体物理研究所和核安全所、核工业西南物理研究院、中国科技大学、浙江大学、华中科技大学等24家单位的顶级专家共计100余人参会。双方结合共同关注与利益,在各自磁约束核聚变装置合作基础上,讨论了未来两年的相关聚变实验堆验证计划。

【第十三届中美华人纳米论坛召开】
2018年6月29日至7月3日,由四川大学和西南交通大学共同承办的第十三届中美华人纳米论坛在成都市召开。多位中外院士、70余位长江学者、杰出青年获得者和"四青"人才等共计1300余名纳米领域专家学者参会。本届论坛以"纳米科学及前沿技术"为主题,重点关注"纳米生物与医学""纳米材料及表征""纳米能源与环境"以及"纳米创制及功能"等领域,安排了51名海内外知名专家作特邀报告,设计了专家邀请墙报42个、学生墙报124个,举办了4场圆桌讨论。4场圆桌会议,分别围绕"纳米材料在医疗应用中的前景""基础科学研究如何生存和发展""纳米能源和催化研究的市场化出路"和"新型纳米材料及其表征技术的发展"展开,直面纳米科技领域的热点难点问题。7月1日,论坛安排了本年度"纳米研究奖"颁奖仪式和专题报告会,美国西北大学莫钦(Chad Mirkin)院士和中科院理化技术研究所江雷院士获得本年度"纳米研究奖"。

【中美地震火山科技合作协调人会晤举行】 2018年7月23—24日,中美地震火山科技合作协调人会晤在北京市举行,对中美地震火山领域的下一步合作进行了规划。会议就中美地震火山科技合作议定书拟更新的附件以及双方共同感兴趣的合作项目进行了深入讨论。经商定,双方将在地震监测、地震工程、地震地质、地震区划、监测数据质量把控、联合科考、火山联合研究、余震预测、中国地震科学实验场等领域进一步加强合作。双方将在此次会议后对附件文本进行补充和更新,并视情况续签合作议定书。中国应急管理部副部长、中国地震局局长郑国光和美方代表团团长、美国地质调查局地质与地震灾害高级顾问威廉·利思出席会议。

【首次中美海洋与渔业科技合作联合专家组会议召开】 2018年7月25—27日,首次中美海洋与渔业科技合作联合专家组会议在青岛市召开。会议由国家海洋局第一海洋研究所主办、国家海洋局第二海洋研究所协办。会上,美方专家就会议前期访问青岛海洋科学与技术试点国家实验室、国家海洋局第一海洋研究所、好当家集团、威海长青公司等交流活动发表意见,并对与中方实质性合作表达了浓厚的兴趣。双方专家组成员围绕探索气候变化对海洋资源的影响、开发针对极端气候事件的海洋观测技术、研究环境变化引起的生物响应3个议题展开广泛讨论。双方凝聚了合作共识、确定了未来合作重点领域,从近海比较研究、极地和低纬热点区域合作、水产与渔业食品安全、全球观测预报系统等4个方面为《框架计划》提出了具体的实施建议。

【王志刚会见美国密歇根州州长斯奈德】 2018年9月17日,科技部部长王志刚在北京会见了美国密歇根州州长里克·斯奈德一行。王志刚向斯奈德介绍了党的十九大以来中国科技创新的政策、部署与发展情况,着重介绍了新组建的科技部的相关工作职能,并就未来科技部和密歇根州开展合作提出设想和建议。他表示，科技部愿与美国联邦政府及密歇根州等美国地方政府加强交流，推动务实的合作。斯奈德积极回应了王志刚的观点和建议，并介绍了密歇根州现代制造业的发展情况、汽车技术发展的重点方向以及密歇根州主要大学、科研机构参与产学研合作和密歇根州支持创新创业的有益做法。他表示，密歇根州重视科技的发展，双方开展合作的思路非常契合，愿与科技部共同推动紧密务实合作。会后，王志刚和斯奈德共同签署了《中华人民共和国科学技术部与美利坚合众国密西根州政府关于汽车技术和产业合作谅解备忘录》。

四 中美环境交流

【概况】 作为世界经济体量最大的两个国家和最大两个碳排放国，中美两国环境合作对促进全球环境治理起着至关重要的作用。同时，环境领域也被认为是中美两国通过务实合作增进了解与互信的关键领域，也是建立新型大国关系的重要试验田。

首轮中美社会和人文对话将环境交流作为七大人文交流合作领域之一，并明确了：（1）环保部门间的政策交流与对话；（2）区域空气质量管理、机动车污染控制、非道路移动机械等大气污染控制领域合作；（3）饮用水水源地保护、地下水污染防治、水流域和水环境管理等领域的合作；（4）化学品环境管理（包括现有化学物质风险评估、数据库建设、合格实验室规范管理、风险评估实验室建设等）、固体废弃物管理和土壤污染防治等领域合作；（5）中美环境领域立法执法合作；（6）中美环境保护能力建设、智库合作，促进人员往来等六个重点领域。2017—2018年，中美两国通过分享双方环境管理法律、制度、技术经验，促进双方环保技术和产业交流，表现出以下几个特点：

第一，环境问题全覆盖。根据首轮中美社会和人文对话计划的设计，中美两国在非常广泛的范围内展开了交流合作，包括水资源、大气雾霾治理、土壤污染、清洁与传统能源、能效、绿色港口、固体废物处理、废物利用、交通、低能耗建筑、食品安全、城市环境、可持续性发展等众多当前环境热点与要点问题。

第二，产学研政策融合。在环境交流合作方面，中美两国突出产学研政策结合与融合，推动两国环境产业相关企业、科研院校与机构及政府机构之间的交流与合作，推动两国学术研究成果在两国产业化落地，并着力促使中美两国在制度与法律方面的交流与协同，继而进一步推动产学研政策一体化发展。此外，强调合作人才培养，为未来合作打下基础。

第三，合作机制进一步完善。中美两国在环境交流中强调机制建设，既有全球水资源与环境大会等多边机制，也有中美能源与环境十年合作框架联合工作组、中美节能环保合作论坛、中美绿色合作伙伴计划生态环境学术年会等双边机制。除了对这些现有机制的推进与完善，也不断建立新的创新机制，比如中美能源与环境创新研究中心等。

然而，从2017年至2018年中美两国环境交流的实际表现来看，中美环境人文交流也受到了政府政策选择与导向的影响，尤其是美国政府在环境政策上的调整，表现为中美社会与人文对话计划中所列举的重大合作项目未能实现全部落地。

【**第九届全球水资源与环境大会召开**】 2017年1月4日，为期3天的第九届全球水资源与环境大会在武汉市开幕。本次会议的主题为"变化环境下供水—粮食—能源和环境保护的水资源管理"。此次会议还开设了中美水资源管理研讨班与国际主流杂志主编面对面研讨班。全球水资源与环境大会是由美国土木工程师协会（ASCE）环境与水资源分会（EWRI）主持的年度国际性学术交流会议。第九届会议由ASCE-EWRI和武汉大学水利水电学院、水资源与水电工程科学国家重点实验室联合主办，中国国家自然科学基金委员会（NSFC）、美国华人水利工程师协会等多家单位共同协办，这是中国首次与ASCE联合举办的水科学与工程方面的大型综合性国际水资源会议。

【**中美能源与环境创新研究中心揭牌**】 2017年1月11日，中美能源与环境创新研究中心在长沙市正式揭牌。中美能源与环境创新中心是中美战略与经济对话——中美绿色合作伙伴计划之一，由中国同济大学和美国纽约州立大学石溪分校，联合中美30多所高校、科研机构等30多家单位成立。

【**第三届中美节能环保合作论坛暨企业对接会举行**】 2017年5月17日，由中国机电产品进出口商会、江苏省贸促会、昆山市人民政府、中美能源合作项目联合主办的第三届中美节能环保合作论坛暨企业对接会在昆山市举行。来自中美两国政府、相关协会和企业的200余名代表参会。中美节能环保合作论坛是中美省州合作机制下的重要活动。本次论坛聚焦雾霾治理、固废处理等环保热点问题，旨在务实推动中美两国企业在节能、环保领域的产品贸易、技术转移和共同研发。活动为两国企业间合作提供了更多的决策依据和对接机会，为推动中美企业间的务实合作奠定了基础。

【**包钢与哥伦比亚大学合作项目启动**】 2017年5月25日，中国包头钢铁集团有限责任公司与美国哥伦比亚大学全球中心在北京发布"中美绿色合作伙伴计划"合资项目最新进展。哥伦比亚大学的新技术可将钢铁冶炼废料转变为有价值的材料，有助于钢铁企业实现节能减排、变废为宝、转型升级。作为"中美绿色合作伙伴"合作项目之一，哥伦比亚大学与包钢的合作将有望帮助企业更好地实现经济效益与社会效益的统一。待设备完成安装和测试之后，项目便有望在2018年夏季之前开始运行，预期实现废渣年处理量将达1万吨。

【**中美能源和环境十年合作框架联合工作组第十二次会议召开**】 2017年6月15日，中美能源和环境十年合作框架联合工作组第十二次会议以视频会方式召开。中国国家发改委国际司司长苏伟，美国国务院代理助理国务卿加博尔、能源部助理部长帮办额比纳斯共同主持会议。中国国家发改委、环保部、能源局、林业局，美国国务院、能源部、环保局、联邦能源监管委员会、贸发署等部门代表参会。双方回顾了十年合作机制下水、大气、电力、保护区和湿地、能效、绿色港口与船舶6个优先领域及绿色合作伙伴计划取得的合作进展，探讨了中美在能源环境领域的未来合作方向。双方一致同意将进一步推进十年合作各领域务实合作。

【中美环境和交通领域协作治理圆桌会议举行】 2017年7月5日，中美环境和交通领域协作治理圆桌会议在中国人民大学举行。此次会议重点关注环境和交通领域合作治理的政策、案例、经验、挑战、前景，加深了双方对协作治理和中美两国各自协作治理的实践和经验的认识与理解，有利于推进协作治理实践和理论的发展，也为中美双方在环境及交通领域治理经验的交流提供了平台，有利于加强双方的相互合作。

【中美净零能耗建筑创新技术应用研讨会召开】 2017年9月8日，由住房和城乡建设部科技与产业化发展中心和深圳市建筑科学研究院股份有限公司联合主办的中美净零能耗建筑创新技术应用研讨会在深圳国际低碳城召开。此次研讨会是中美清洁能源联合研究中心（CERC）建筑节能联盟二期项目"净零能耗建筑关键技术研究与示范"系列成果交流推广的主题活动。来自中美双方的企业、高校和研究机构就建筑直流供配电、智能微电网、装配式建筑技术在建筑中的应用等主题进行了深入的交流和研讨，共同探索"净零能耗建筑"的实现路径，与会代表还参观了深圳建科院搭建的未来中心建筑直流供电平台。

【中美"2+2"清洁能源论坛召开】 2017年9月10日，中美"2+2"清洁能源论坛在成都市召开。来自华盛顿大学、清华大学以及相关能源企业的专家、学者、企业家，共同探讨了储能与新材料、智能电网、清洁能源科技成果转化等前沿话题，共商清洁能源发展的未来。2015年9月，四川省政府、清华大学与华盛顿州政府、华盛顿大学在美国华盛顿州西雅图市签署了《关于气候智慧型/低碳城市合作备忘录》（简称中美"2+2"合作）。四方在清洁能源产业发展、技术转移和投资贸易等多领域加强了合作，在设计合作方案、推进企业间的交流与对接、进行项目前期论证等方面也发挥了作用。恰逢四川省和华盛顿州建立友好省州关系35周年纪念，中美"2+2"清洁能源论坛的召开有助于进一步深化四方合作关系，促进清洁能源技术研发成果在四川省转化落地，助力国家清洁能源示范省建设。论坛期间，清华四川能源互联网研究院还与华盛顿大学清洁能源研究院签署了"合作备忘录"及"EIRI国际种子基金合作"协议。"EIRI国际种子基金合作"由清华四川能源互联网研究院设立，用以资助海外高校、研究机构、企业从事清洁能源领域的基础研究、创新研究和应用研究。

【中美清洁能源联合研究中心建筑节能联盟企业委员会第一次联席会议召开】 2017年10月18—20日，中美清洁能源联合研究中心建筑节能联盟企业委员会第一次联席会议在上海市召开。项目牵头单位通报了项目整体进展以及阶段成果。会议期间，中美双方企业及管理部门代表分别围绕项目总体目标、技术体系、政策需求和示范工程等4个专题展开了深入讨论。双方均表示，建立定期沟通机制，加强双方企业交流互访，积极开展研究合作。

【刘华会见美国泰拉能源公司董事长比尔·盖茨】 2017年11月3日，环境保护部副部长、国家核安全局局长刘华在北京会见了美国泰拉能源公司董事长、微软集团创始人比尔·盖茨。双方就行波堆以及共同关心的核电安全与核电发展等问题进行了交流。

【中美清洁能源联合研究中心清洁汽车联盟2017年技术年会召开】 2017年11月10日，中美清洁能源联合研究中心清洁汽车联盟在浙江省杭州市召开了2017年技术年会。会议由联盟主任单位清华大学与美国阿贡国家实验室主办。本届年会是清洁汽车联盟成立以来举办的第七次年会，也是中美清洁能源联合研究中心第二个执行期（2016—2021）在中方举办的第一次清洁汽车联盟年会。会议秉承了2016年年会的宗旨，围绕两国新能源汽车的发展和核心技术的开发应用展开了深度交流和研讨。除主论坛外，与会者分为4个小组分别研讨了先进电池、轻量化、车联网和系统分析技术。

【第三届中美能源与环境论坛开幕】 2017年12月4日，第三届中美能源与环境论坛在长沙开幕，来自中美双方的政府、高校、科研院所及企业代表围绕大气、水、土壤污染等环境问题进行了交流，以推动中美两国在能源与环境领域的交流合作。中美能源与环境论坛作为中美绿色合作伙伴项目的延续，创始于2014年，在2015年第二届中美能源与环境论坛上，中美30多所高校联合成立了中美能源与环境创新研究中心。基于此次论坛探讨交流的结果，大会将发布中美双方能源与环境合作领域白皮书，成立中美能源与环境合作领域委员会，中国同济大学与美国纽约州立大学石溪分校共同成立可持续能源政策研究室，推动中美两国省州间的合作。

【2017中美环保技术研讨会召开】 2017年12月12日，2017中美环保技术研讨会在石家庄市召开，中美双方79家企业代表围绕节能环保技术进行了深入研讨，对相关项目合作进行了对接洽谈。中国贸促会副会长王锦珍、河北省副省长王晓东、美国驻华大使特里·布兰斯塔德出席了活动，就进一步深化中美交流合作举行了座谈。研讨会强调中美两国应围绕技术与市场开展环保合作，探讨了两国在环保领域的利益交会点，旨在为河北省与美国在节能环保和绿色发展领域合作提供更多机遇。

【中美排污许可研讨会召开】 2018年4月9—10日，生态环境部环境工程评估中心在北京主办了中美排污许可研讨会，邀请美国环境保护署（EPA）、瑞博能源智库（RAP），生态环境部相关部门、直属单位，地方环保部门等专家代表出席。自2015年中美环境合作联合委员会第五次会议以来，中美双方联合交流机制不断得到完善和深化，关于排污许可制度改革展开的研究工作取得了丰硕成果。3年来，中美双方至少每年召开1次研讨会，开展了合作培训，双方的交流内容也从顶层设计逐步深入到了具体的制度实施安排。形成的研究成果、调研报告对中国排污许可制度的建设提供了重要的参考价值。已经被实践检验过的很多先进经验和好的做法被借鉴和采纳。因此，双方也会努力致力于合作的持续和深化，形成长期的交流、沟通和学习机制，为中美双方排污许可制度的不断完善贡献力量。

【第四届中美土地工程国际合作学术交流大会召开】 2018年4月17日，第四届中美土地工程国际合作学术交流大会在西安市召开。会议以"城市土地质量与人居环境"为主题，聚焦人居环境和土地生态化建设，着力解决城市土地污染等问题，探讨人居环境建设及土地生态化的新思路、新方法，为创造宜居的人居环境及安全健康的土地提供措施保障。大会由陕西省国土资源厅、陕西省国有资产监督管理委员会、陕西省外国专家局主办，美国国际城市管理协会（ICMA）、陕西省土地工程建设集团和西安交通大学承办。来自加州大学戴维斯分校、中科院、西安交通大学、北京师范大学、西北工业大学、西北农林科技大学、中国石油大学、陕西师范大学、长安大学、中国矿业大学、自然资源部重点实验室等国内外高校、科研院所的专家学者，各有关机构领导、省内外国土资源系统专家，以及相关企业负责人和科研人员、新闻媒体等200人参加了会议。会议期间，与会外国专家先后参观了土建集团"四大中心"和浐灞土体有机重构核心试验室，并赴陕西地建渭东新城项目污损土地治理现场进行实地调研。

【中美合同能源管理研讨会暨示范项目征集启动会在上海市召开】 2018年5月11日，在中国国家发展和改革委员会、美国能源部、美国贸易发展署支持下，中国节能协会节能服务产业委员会联合中国质量认证中心、中国标准化院环资分院、中国建筑科学研究院、上海市能效中心、中美能源合作项目、美国劳伦斯伯克利国家实验室、美国可再生能源国家实验室、美国西北太平洋国家实验室、美国国家标准化机构等中美合作伙伴在上海市共同召开中美合同能源管理研讨会暨示范项目征集启动会，启动2018示范项目征集工作。来自中美政府部门、行业组织、科研机构、企业的80多名人员参加了会议。会议由EMCA常务副主任兼秘书长孙小亮和美国国家标准化机构中国首席代表许方共同主持。中美合同能源管理合作是中美战略与经济对话框架下中美气候变化工作组的能效合作之一，由中国国家发展和改革委员会、美国能源部、美国国务院于2015年共同发起，通过搭建论坛、选举示范项目、开展双边节能服务产业市场研究等多维度合作方式推动中美在此领域的交流与合作。从2015年建立至今，合作取得了丰硕的成果：召开了8次合同能源管理交流研讨会，从融资、合同模式、M&V、公共机构推广等多个方面进行了探讨，超过100多家中美节能服务公司、技术提供商、第三方机构参与其中；发布了《中美合同能源管理市场潜力白皮书》等多个双边研究报告；建立了3批示范项目共30个中美合同能源管理示范项目。2018年会议意味着第四批中美合同能源管理示范项目的征集工作正式开启。会议先后围绕"中美示范项目合作机遇""如何吸引更多融资""节能量测量与验证M&V及项目打包化"3个议题进行。

【2018中美清洁技术峰会召开】 2018年5月18日,由广东省商务厅和美中清洁技术中心联合主办的2018中美清洁技术峰会在广州市召开。中美清洁技术峰会是中美政府大力支持的中美清洁能源与环保技术年度会议,旨在加深优化中美在清洁技术领域的多方面、务实性合作,加速两国的优质技术应用和产业化形成。来自中美政府相关部门、专业机构、世界500强企业、美国创新技术公司和中国相关产业领军企业等的代表400余人,围绕智慧城市、清洁能源、环境技术、清洁与智能交通等热点产业话题交流了思想与经验,展开了交流与合作探讨。

【水污染处理技术及环境健康评价国际引智交流会召开】 2018年6月8日,甘肃省水污染处理技术及环境健康评价国际会议在兰州市召开,来自美国耶鲁大学、中国环境保护部华南环境科学研究所、甘肃省外国专家局、甘肃省科协、兰州大学、兰州交通大学,以及甘肃省环保厅、环境科学学会的100余人参加了会议。"水环境污染与人群健康国际合作项目"为2018年度甘肃省引进国外技术和管理人才项目,旨在提高甘肃省水污染处理技术水平,促进学科与专业人员的研究水平,有效促进成熟适用技术和科研成果向实际生产力的转化,加强甘肃省水污染处理技术及环境健康评价领域与外界的学术交流。会上,甘肃省环境科学学会与美国耶鲁大学的代表,共同签订了技术和人才交流的战略合作协议。引智交流活动中,国内外专家赴"三维电场——微生物耦合为核心的分散式污水处理技术"皋兰推广点、兰州市雁儿湾污水处理厂和甘肃省环境科学设计研究院实验室进行了现场参观和指导。

【中美环境增值食品、能源和水系统网络论坛暨第五届环境增值能源国际会议召开】 2018年6月14—15日,中美环境增值食品、能源和水系统网络论坛暨第五届环境增值能源国际会议在中国农业大学召开。美国、巴西和中国的30余位专家学者与参会的国内院校师生、部分企业代表,就共同推动中美"环境增值食品、能源和水系统网络"理念传播,促进相关研究发展,解决世界粮食、生态问题展开了研讨。本次网络论坛暨主题会议设立了1个主会场、3个分会场,在分会场,专设圆桌会议,专家学者围绕中美食品、能源和水系统的主题,探讨专业领域新的问题与见解,寻求科研交流与合作。本次会议期间的圆桌会议讨论内容拟以白皮书的形式向美国科学基金会、中国国家自然科学基金会汇报。

【中美大学生环境与可持续发展论坛召开】 2018年7月22—24日,东北师范大学环境学院举办中美大学生环境与可持续发展论坛。来自田纳西大学、东北师范大学、大连海事大学、渤海大学等国内外多所高校的50余名学生代表参加了论坛。本次会议推动了不同国别、不同学校、不同学科间的师生学术交流,对培养国际型创新人才、促进学科间交叉融合、推动学术交流合作起到了重要作用。

【中美（成都）能源合作与可持续城市发展研讨会召开】 2018年8月2日，中美能源合作项目联合中国城市和小城镇改革发展中心、美国贸易发展署及美国驻成都总领事馆，举办了中美（成都）能源合作与可持续城市发展研讨会。本次研讨会紧扣"中美能源合作"及"可持续发展城市建设"主题，来自中美企业和研究机构的演讲嘉宾作了精彩报告，分享了他们在可持续发展城市中的先进成熟的城市应用技术、产品和案例。此后的对接环节中，围绕"城市基础设施""环保""LEED城市"与"WELL社区"，参会嘉宾代表做了对接，将合作意向具体聚焦到了项目层面、实际合作机会的对接与探讨上。

【美国罗格斯大学举行首届中美环保科技创新研讨会】 2018年8月11日，美国罗格斯大学举行了首届中美环保科技创新研讨会，来自中美两国近百名环保领域的科研人员出席了研讨会。两国科研人员表示，无论两国发生什么分歧，双边科技交流与合作不应减少。在实现联合国2030年可持续发展目标的过程中，两国科技交流与合作的深度与广度发挥了重大作用。

【中美地方应对气候变化高层对话会举行】 2018年9月12日，由中国人民对外友好协会和美国加州政府主办的中美地方应对气候变化高层对话会在美国加利福尼亚州旧金山市举行。与会各方强调，尽管中美之间存在分歧和麻烦，但强调应在双方感兴趣或对双方有利的领域开展合作，气候变化、节能环保、低碳经济可以作为合作的重要领域，并指出除了中央政府、地方政府、企业界、大学、科研机构等也可以就此开展更好的合作。中国与加州在气候变化领域合作日趋紧密，为中美省州合作树立了典范，并同意进一步加强科技和地方合作，在清洁能源领域构建起稳定、务实、互利、共赢的合作机制。

【第12届中美绿色合作伙伴计划生态环境学术年会暨第二届中美食物、能源和水系统关联环境学术研讨会召开】 2018年10月24—28日，中美食物、能源和水系统关联环境学术研讨会在江苏省宜兴竹海国际会议中心召开。来自美国橡树岭国家实验室、田纳西大学、密歇根州立大学、华盛顿州立大学、宾夕法尼亚州立大学等多家美国科研机构和高校，中国科学院、北京大学、清华大学、中国人民大学、南京大学等多个国内高校和科研机构的专家、学者、企业高管和研究生等近两百位代表出席了会议。此次研讨会依托中国国家自然科学基金委与美国国家自然科学基金委共同资助的"食品—能源—水系统跨学科环境研究网络（FEWSTERN）"项目，以"食物—能源—水"环境系统关联为主题，围绕当代经济社会高速发展引发的能源消耗模式变化、食物和水资源匮乏、环境污染问题突出等问题，致力于建立一个中美环境领域的高效协同研发网络，从而为食物、能源和水等领域交叉学科创新、国际合作推进、前瞻方向拓展和环保创新人才培养提供支撑。

【中美环境、能源与食物博士合作培养项目招生】 "中美环境、能源与食物博士合作培养项目"是在"中美绿色合作伙伴计划"框架下实施的跨学科、高层次人才联合培养项目，由南京大学牵头和美国田纳西大学签署校际协议。该项目由两所大学牵头，南京农业大学现已成为中方参与单位之一，此外中方参与单位还包括中国农业大学、中国科学院大学等。美方参与单位包括美国能源部橡树岭国家实验室。该项目现已获得国家留学基金委支持。项目的目标是在生态环境、可再生能源和农业可持续发展领域培养具有国际化视野、创新能力强、综合素质高的跨学科未来国际科技领袖人才。

【中美（福建）能源环保技术研讨会召开】 2018年12月18日，由美国贸易发展署、中美能源合作项目、中国国际贸易促进委员会福建省委员会联合主办的中美（福建）能源环保技术研讨会在福州市召开。研讨会汇聚了许多家国内外环保高科技企业260人参会。研讨会围绕城市垃圾和工业废料垃圾的气化技术、城市和工业废水治理、工业余热回收再利用技术、厨余垃圾处理、环境监测、VOCs挥发性有机物监测和工业废气处理技术等议题展开了研讨。在研讨会上，与会代表就等离子气化焚烧、垃圾处理器实现垃圾减量、高温垃圾气化发电、固定污染源VOC在线监测等高新技术进行了推介。研讨会后，现场还进行了各参会企业的一对一对口洽谈。

五　中美文化交流

【概况】 中美文化交流是两国高级别人文交流机制的重要组成部分。2017年9月发布的《首轮中美社会和人文对话行动计划》指出了双方在两国全面对话机制框架内进一步推动社会和人文交流的重要性。在2017年和2018年两年间，中美两国围绕文化领域进行了多层次、多领域的交流和访问。

在艺术领域，中美两国就戏剧、音乐、书画、影视等多个领域展开了丰富多彩的交流活动。多部中国戏剧如《孔子》《朱鹮》等在美国当地多个剧院拉开序幕，向美国人民生动地讲述了流传多年的中国故事。除此之外，中国音乐家们也将中国之声传播到了美国。2017年12月3日，中央音乐学院与巴德音乐学院正式签署了《中国音乐发展计划协议书》，在巴德音乐学院创立了一个具有创新性、系统而完善的中国音乐发展与交流平台。中国当代水墨展以及"故宫藏美"书画作品展也向美国人民展现了中国的书画之美。北美青年电影节展映和2018中美影视创新峰会的举行进一步促进了中美两国影视文化交流。

在传统文化领域，春节、端午节等传统节日以及二十四节气和南京传统手工艺等文化遗产也在美国广受欢迎。2017年6月11日，波士顿举行了端午赛龙舟活动。2018年2月15日，纽约大都会展览馆举行了第四届"欢乐春节·艺术中国汇"的艺术展览。2017年10月12日，"美丽中国——世界遗产"推广活动在纽约举行。上述活动将中国传统文化多维度地呈现给了美国人民。

在旅游领域，中美旅游高层就两国旅游文化的议题进行了广泛交流。2018年10月16日，"2018中国旅游之夜"在美国东部城市波士顿精彩亮相，积极推介长江流域丰富的旅游资源和深厚的历史文化。

【中国大型民族舞剧《孔子》首登舞台】 2017年1月5—8日、13—15日,由中国歌剧舞剧院创作的大型舞剧《孔子》,在美国林肯表演艺术中心大卫·寇克剧院和华盛顿肯尼迪艺术中心歌剧院开启双城巡演。舞剧《孔子》以恢宏的场面展现了孔子周游列国的传奇往事,通过"玉人舞""幽兰操""采薇舞"等舞蹈编排,串联起孔子参政进谏、周游列国、危困绝粮、弦歌幽兰、晚年归鲁、删改《诗经》、撰写《春秋》等命途线索,探寻其内心"仁、礼"思想的内涵。

【原创舞剧《朱鹮》在林肯表演艺术中心大卫·寇克剧院上演】 2018年1月5—7日,由中国对外文化集团公司倾心打造的"中华风韵"项目再次来到纽约市,在林肯表演艺术中心大卫·寇克剧院推出上海歌舞团的大型原创舞剧《朱鹮》。舞剧《朱鹮》通过将朱鹮拟人化,展示了不同时空与不同环境下人类与朱鹮之间的关系,并以此形成了强烈的对比。神鸟的命运牵动观众的心,人类失去朱鹮时发出的喟叹与悲歌唤醒了人们对于朱鹮与自然的爱护之心。在每场2000多名热情观众的掌声中,舞剧《朱鹮》在纽约市的3场演出取得了圆满成功。

【"黄梅绽放·国韵芳香"黄梅戏专场晚会上演】 2018年3月31日,"黄梅绽放·国韵芳香"黄梅戏专场晚会在新泽西罗格斯大学音乐厅上演。中国驻纽约总领事馆文化参赞李立言等嘉宾以及当地中国戏曲文化爱好者千余人共同观看了演出。晚会演出荟萃了《七仙女赞人间》《对花》《谁料皇榜中状元》《天仙配·路遇》《夫妻观灯》等黄梅戏优秀曲目,展现了中国传统戏曲艺术的魅力。

【博物馆】

1. "秦汉文明"展走进大都会博物馆 2017年3月27日,中国文化艺术展览"秦汉文明"展于美国纽约曼哈顿岛上的大都会博物馆内举办开幕式。此次展览将展出来自中国32家博物馆共164件/组秦汉时期的珍贵艺术品。

2. "慈禧太后——颐和园文物精选展"开幕 2017年11月10日,"慈禧太后——颐和园文物精选展"在宝尔博物馆举行开幕剪彩仪式。本次展览为期4个月,从非政治角度展示慈禧的艺术造诣、服饰品位和宫廷生活。展览分为4个部分,分别以颐和园皇家陈设、清朝宫廷艺术、颐和园中的西方艺术品和慈禧寿庆为主题,展出慈禧宝座、慈禧书法、慈禧穿过的衣服和花盆底鞋等私人用品以及颐和园收藏的自鸣钟、银器等西方文物。成立于1936年的宝尔博物馆位于美国加利福尼亚州橘郡,是当地最大、历史最悠久的文化艺术博物馆,被视为"洛杉矶后花园"的一个文化窗口。这是颐和园馆藏文物首次来到美国。

【交流访问】

1. 中国政府文化代表团访问旧金山市 2017年3月28—29日,应旧金山市长李孟贤邀请,文化部部长雒树刚率中国政府文化代表团一行6人访问旧金山市。3月28日,雒树刚一行在旧金山市政厅与李孟贤进行会谈,并出席李孟贤为中国政府文化代表团举办的招待酒会，与旧金山市主要文化机构负责人见面。3月29日，雒树刚一行在旧金山亚洲艺术博物馆馆长许杰陪同下参观了该馆并视察"王陵瑰宝：中国汉代考古新发现"展，该展览被列为第七轮中美人文交流高层磋商机制成果。

2. **第四届"跨越太平洋——中国艺术节"新闻发布会召开** 2017年8月24日，第四届"跨越太平洋——中国艺术节"新闻发布会在中国驻旧金山总领事馆召开。中国驻旧金山总领事馆总领事罗林泉出席发布会并致辞，文化参赞肖夏勇主持发布会。为持续促进中美文化交流与合作，中国驻旧金山总领馆继续与中美相关文艺团体合作，将在旧金山、拉斯维加斯、西雅图等地全面推介中国当代艺术作品。同时，艺术节不断深化与主流机构和高校的合作，斯坦福大学东亚书馆、加州大学伯克利美术馆以及硅谷交响乐团等主流文化机构、著名高校也都参与了本届艺术节，进一步深化了中美文化交流与合作。

3. **美国总统特朗普和夫人梅拉尼娅参观故宫** 2017年11月8日，中国国家主席习近平和夫人彭丽媛陪同美国总统特朗普和夫人梅拉尼娅参观故宫博物院。两国元首夫妇在宝蕴楼简短茶叙，习近平热烈欢迎特朗普在当选美国总统1周年之际来华进行国事访问，感谢特朗普全家4月在海湖庄园的热情接待，祝特朗普夫妇在中国访问愉快。习近平强调，特朗普总统此次访华意义重大，不仅为中美两国高度关注，也为世界各国所瞩目，相信在双方的共同努力下，这次访问将取得积极和重要成果。

4. **中国国家文物局代表团访问哈佛大学费正清东亚研究中心** 2018年4月25日，中国国家文物局代表团访问了哈佛大学费正清东亚研究中心。国家文物局副局长刘曙光应邀作题为"文物中国的今天与明天"的精彩演讲，吸引了一批在哈佛大学研究文化遗产、文物保护与利用的专家和学者。刘曙光从中国文物资源概况、文物保护体系及特点、当前文物保护工作的严峻挑战以及改革发展趋势等4个方面介绍了中国文物的基本情况，不但为美国学者系统介绍了中国文物保护事业的历史沿革，也为美国观察中国提供了一个贯通历史与当代的独特视角。

5. **"2018感知中国——中国西部文化美国行"综合文化交流活动开幕** 2018年6月29日，"2018感知中国——中国西部文化美国行"综合文化交流活动在美国得克萨斯州休斯敦市拉开序幕。本次活动由中国国务院新闻办公室、新疆维吾尔自治区人民政府、中国驻休斯敦总领馆共同举办，包括"光影印象"图片展、"霓裳之美"民族服饰展、"丝路乐语"民族乐器展和"影像西部"电影展等。活动从不同角度展示了中国西部的自然风光、民族文化、社会经济和人民生活，为美国当地民众了解中国和中国西部打开了一扇窗口。

【论坛】

1. **"新丝路"海外汉学专家论坛召开** 2017年10月31日，由中国文化部主办的"新丝路"海外汉学专家论坛在中国驻纽约总领馆召开。文化部外联局副局长朱琦率国内专家团与纽约数位汉学专家代表开展了对话与交流，并在哥伦比亚大学与部分师生进行了座谈讨论。论坛围绕"一带一路"规划下的对外汉学及文化交流与合作这一主题展开，中美专家们介绍了各自领域近几年在中美交流与合作方面取得的成果，并就如何进一步深化和加强交流与合作提出了思考与建议。访问团还应邀考察了哥伦比亚大学东亚图书馆，并与部分师生进行了互动交流。

2. "温馨之约——中美文化遗产与城市发展论坛"召开　2018年8月20日，"温馨之约——中美文化遗产与城市发展论坛"在美国费城市召开，来自中美两国的文化遗产专家围绕"数字遗产保护的机遇与挑战""文化遗产助力城市发展"等议题发表演讲并展开交流。此次论坛由中国驻纽约总领馆、费城市政府与中国文化和旅游部所属中国文化传媒集团共同主办，中国文化传媒集团对外文化传播中心和美中商旅总会联合承办。"温馨之约"系列论坛活动是中国文化传媒集团主办的以传播中华文化为宗旨的品牌文化活动，曾在瑞典、古巴、马耳他、荷兰、南非等国举办。

【传统节日】

1. 第三十八届波士顿香港龙舟赛拉开序幕　2017年6月11日，第三十八届波士顿香港龙舟赛开幕，来自大波士顿地区、纽约、罗德岛及加拿大渥太华等地的75支龙舟队在查尔斯河畔参加了龙舟赛。中国驻纽约总领事馆副总领事尤卫军、香港驻纽约经济贸易办事处处长柏嘉礼、麻州议员陈德基等出席了开幕仪式。来自75支队伍的龙舟健儿们在查理斯河河道上分组角逐。一边是龙舟竞渡，一边是文化争艳。来自剑桥中国文化中心的民乐歌舞表演、波士顿京剧协会的经典京剧片段、华林派的舞龙和武术表演等，令现场观众拍手称赞。

2. 第四届"欢乐春节·艺术中国汇"艺术展览开幕　2018年2月15日，第四届"欢乐春节·艺术中国汇"艺术展览在纽约大都会展览馆开幕。美中文化协会主席杨雪兰、中央美术学院艺术管理与教育学院院长余丁、纽约市立大学技术学院Justin Vazquez-Poritz、纽约艺术学院教务长Peter Drake、纽约室内设计学院钱志健、旧金山亚洲艺术博物馆馆长许杰以及中国驻纽约总领事馆文化参赞李立言等嘉宾出席并致辞。来自各地的艺术爱好者充分交流，共同以艺术为媒介，搭建文化沟通的桥梁，推动不同文化的表达、对话与理解。

【音乐】

1. "筝与诗——中国音乐文化之旅"开启　2017年10月11日，"筝与诗——中国音乐文化之旅"在林肯表演艺术中心大卫·寇克剧场正式开启。来自中美音乐领域的艺术家及各界听众近百人现场聆听了中国古筝演奏家袁莎的精彩演出。当晚展演的曲目包含《满江红》《春江花月夜》《出水莲》《大漠行》《孔雀东南飞》《长相思》《钗头凤》和《高山流水》等中国名曲。

2. 中国国家大剧院管弦乐团第二场美国巡演举行　2017年10月30日，中国国家大剧院管弦乐团美国巡演的第二场演出在纽约卡内基音乐厅主厅举行。在音乐总监、指挥大师吕嘉执棒下，乐团与钢琴家张昊辰对经典钢琴协奏曲《黄河》的倾情演绎，成为当晚演出的亮点之一。

3. 中央音乐学院与巴德音乐学院正式签署《中国音乐发展计划协议书》 2017年12月3日，中央音乐学院与巴德音乐学院在北京正式签署了《中国音乐发展计划协议书》，计划从2018年秋季开始在巴德音乐学院招收中国民族器乐表演专业本科生，除琵琶、二胡、古筝3个器乐表演专业课程之外，还将设立中国传统文化相关的课程。该项目的目标是在巴德音乐学院创立一个具有创新性、系统而完善的中国音乐发展与交流平台，这也是在国外高等院校率先创建的第一个中国民族器乐表演专业的学位项目。

【书画】

1. "故宫藏美"作品展举行 2018年11月2—3日，由故宫出版社、世界手工协会主办，国家对外文化贸易基地支持的"故宫藏美"书画作品展在洛杉矶比弗利山庄市政厅举行。11月2日，在UCLA东亚图片馆举办主题为"中华传统文化的传承与创新研讨会"暨"故宫藏美"书画展，就中华传统文化的传承与创新做了热烈的交流。11月3日，在世界著名文化影城比弗利山庄市政厅举办开闭幕式活动及展览。这次展出的30余幅故宫典藏数码作品由故宫出版社按照1∶1的比例还原真迹。展览还引入了增强现实技术，观众用手机应用程序扫描数码作品，便可以看到该作品的3D动画视频，听到中英文讲解。此次展览除了可以让观众欣赏故宫的璀璨文化外，现场还有中国手工艺人及非物质文化遗产匠人带来的作品。

2. "水墨东方——中国当代水墨展"开幕 2018年11月10日，"水墨东方——中国当代水墨展"在纽约中国艺术馆隆重开幕。展览集中展示了近年来在该领域卓有成就的27位艺术家的52幅佳作，体现出新水墨画在当代发展的新态势：彰显"写意"精神；表达"当代"乃至"超当代"的审美趣味。本次展览力求展现中国当代水墨艺术发展的多元尝试，为观众从学术和艺术高度呈现了中国当代水墨艺术的发展概况。

【文化遗产】

1. "美丽中国——世界遗产"推广活动举行 2017年10月12日，"美丽中国——世界遗产"推广活动在纽约市举行。中国驻纽约总领事章启月应邀出席并致辞。中国旅游代表团、美国旅游业界代表和新闻媒体等约200人出席了活动。中国旅游代表团团长、国家旅游局副局长王晓峰专程来纽约出席活动并致辞，美国旅游批发商协会总裁Terry Dale、美国国家旅游协会总裁Pam Inman和亚太旅游协会纽约分会长Elizabeth Chin等美方嘉宾也一同出席。

2. "二十四节气"中美学生文化交流活动举行 2018年2月2日，近百名中美两国中小学生，以弘扬中国优秀传统文化为主题，进行了有关"二十四节气"的创意与文化习俗交流活动。来自纽约梅德加·埃弗斯学院预备学校8年级的学生与来自北京小学、人大附小、丰台一小等学校的中国小学生们一起用纸剪出迎春窗花、用橡皮泥捏出十二生肖、用中文合唱歌曲《茉莉花》、观看科普宣传片《二十四节气》。这次活动是北京国际设计周、北京合众美华教育投资有限公司联合举办的中国优秀传统文化设计暨"二十四节气"标识系统设计优秀作品交流活动的一部分。

3. 南京传统手工艺亮相美国罗利艺术节　2018年5月22日，应卡罗来纳—中国友好交流协会邀请，南京作为中国艺术节板块的承办城市，在美国参加为期3天的第39届罗利艺术节暨第三届罗利中国艺术节。此次艺术节期间，南京把秦淮花灯轧制、脸谱绘制等特色传统手工艺带到罗利，同时举办"京"鸿一瞥南京—罗利城市印象展和"风采南京"文艺演出，为观众奉上"大美南京"的视觉盛宴。在罗利市的费耶特维尔街的城市广场上，主题为"指尖·非遗创承"的南京手工艺互动秀与当地市民亲切"见面"。这是南京继2017年纽约站之后第二次在美国讲述"南京故事"。

【旅游】

1. 2018中美旅游高层对话　2018年9月10日，2018中美旅游高层对话在浙江省杭州市举行。中美两国地方政府部门及旅游企业代表围绕"以旅游为载体，讲好目的地文化故事""深入挖掘文化内涵，打造文旅融合精品""入境旅游经典营销案例分享"等议题进行了广泛交流。中美两国中央及地方旅游政府部门、旅游协会、大型旅游企业代表共200人出席了会议。双方约定，下一届中美旅游高层对话将在美国西雅图市举办。杭州市旅游委与西雅图旅游局签署了合作文件。

2. "2018中国旅游之夜"亮相　2018年10月16日，"2018中国旅游之夜"在美国波士顿市精彩亮相。这是中国文化和旅游部成立后在美国东部地区举办的首个大型旅游推广活动，来自中国长江沿岸的10余个省、自治区和直辖市相关旅游部门联手合作，积极推介长江流域丰富的旅游资源和深厚的历史文化。

【影视】

1.《我们诞生在中国》电影首映礼举行　2017年4月3日，迪士尼公司在哈默博物馆剧院举办中美合作制作的纪录片《我们诞生在中国》洛杉矶首映式。影片导演陆川、制片人罗伊·康利、中国驻洛杉矶总领事馆文化领事王瑾出席活动并致辞。影片放映后，陆川和罗伊共同回答了现场观众的提问。影片制作历时三年多，通过3个野生动物家庭的故事传达了成长、欢乐、人与自然和谐相处的主题，反映了中国在野生动物和自然环境保护、生态文明建设方面的成就。该影片是中外合作讲述中国故事的成功范例。

2. 北美青年电影节展映　2017年8月7日，北美青年电影节影展在北京举行。影展从北美青年电影节近两年展映的300多部作品中甄选出9部优秀电影作品，题材多样，内容新颖，其中有立足中国本土展现市井人生的作品《冬泳》、演绎他乡漂泊的移民心境的《玉蝴蝶》、取材于天马行空幻想的KARMA《危笑》等。此次影展是北美青年电影节在国内电影行业的首次亮相。北美青年电影节由美国南加州大学安娜堡传媒学院和电影学院的中国留学生发起。

3. 2018中美影视创新峰会举行　2018年10月27日，为期两天的2018中美影视创新峰会在美国洛杉矶市开幕，旨在进一步促进中美影视文化交流。中美影视创新峰会由中国电影家协会、南加州大学美中学院、中国电视艺术家协会等机构主办。本届峰会还将举办3场高峰论坛，分别探讨影视创新语境下的"新题材""新剪辑"和"新纪录"。

六　中美卫生交流

【概况】　2017—2018年中美在卫生健康领域内展开的各项合作行动，无论在宗旨还是计划上都与中美社会和人文对话行动秉持的精神相呼应，不仅涌现了一批以惠民为目标的专项疾病的防治合作行动，而且开展了多项医学学术领域内高端专业人才的对话和交流，而更引人关注的是双方在医疗科技和设备上的互通有无。在这个过程中，不仅"健康"的概念被进一步提升，而且人类健康命运共同体的概念在各项合作行动中被反复论证，并落实在行动过程当中。此外，在这两个年度的卫生健康合作中，中国在卫生健康领域取得的观念以及技术上的突破得到了美方专业人士的认可和赞誉，中美之间的合作表现出了明显的互利互惠的成效。

【中美艾滋病防治合作项目管理委员会第七次全体会议召开】　2017年3月16日，中美艾滋病防治合作项目（GAP项目）管理委员会第七次全体会议在北京市召开。会议听取了美方代表关于美国总统艾滋病紧急救援计划（PEPFAR）最新进展以及与中国合作策略的对接，回顾了GAP项目2016—2017年度工作进展，审议并通过了2017—2018年度项目计划。管理委员会对项目第三周期开展以来所取得的成绩给予了充分的肯定，并建议今后应增强项目活动的聚焦性，紧扣国家和地方艾滋病防治工作的重点和难点，使有限的资金发挥更大的作用。GAP项目始于2003年，是中美政府间卫生合作的一项重要内容，以5年为一周期。2013年11月，两国卫生部门签署新一轮合作备忘录，继续合作开展第三周期（2014—2019）项目活动。

【2017年中美医生领袖论坛开幕】　2017年4月22日，由北京协和医学院公共卫生学院主办，中美健康峰会、搜狐健康协办的2017年中美医生领袖论坛开幕。论坛秉着"携东西之德、和天地之道"的宗旨，召集来自全国各地的医生、医院代表，共同探讨了"医生的神圣与普通""做与文化相适应的医生""互联网如何助力医生品牌建设""基层医生在健康管理中的角色壁垒"等业界共同关注的话题。

【中美专家携手关注妇幼健康】　2017年6月30日，第三届中美妇女儿童健康论坛在南宁市拉开帷幕。论坛上，来自美国辛辛那提儿童医院、美国哈佛大学、美国康涅狄格大学、北京大学、中国科学院等医院及学术机构的69名国内外知名专家学者分别展示了中美妇女儿童健康发展领域科研技术的最新动态，并在母胎医学、妇科、儿科、医学遗传、医学影像等领域进行了广泛深入的探讨与交流，共享中美医学成果。

【2017首轮"中美健康二轨对话"举行】　2017年7月12—13日，北京大学国家发展研究院与美国美中关系全国委员会联合举办的首轮"中美健康二

轨对话"在美国华盛顿市举行。此次对话作为中美两国人文交流机制的配套活动之一,邀请了中美两国政界、商界和学术界的代表介绍了各自医疗健康领域的概况,就生物医药创新问题交换了意见,深入讨论了医疗系统的创新和科技应用,分析了两国人口健康问题,并对中美双方未来在医疗健康领域的合作进行了展望,并达成了一定共识。会议讨论结果上报两国相关政府部分,将为今后的政策制定提供参考。

【第七届中美卫生与健康高层论坛开幕】 2017年9月23日,第七届中美卫生与健康高层论坛在北京开幕,此次论坛由国家卫生计生委和美国卫生与公众服务部指导,北京协和医学院和中国老年保健协会主办,中美健康峰会组织和北京协和公共卫生学院承办,论坛主题为"大健康 大趋势"。中美专家就有关慢病防控和人才培养以及全球卫生健康面临的各种挑战等问题进行了探讨和交流。

【首轮中美社会和人文对话行动计划:深入拓展中美卫生领域合作成果】 2017年9月28日,首轮中美社会和人文对话在华盛顿市举行。本轮对话包含教育、科技、环保、文化、卫生、社会发展、地方人文合作七大合作领域,在卫生合作领域双方一致表示,要致力于促进双方和全球卫生安全、卫生发展与卫生创新,致力于建设人类健康命运共同体。行动计划将建设并继续落实多个合作项目,涉及疾病防治、药物管理、流行病学培训、人才交流、援建非洲国家公共卫生体系以及推进医学科研等多项活动。

【第十届21世纪中美医学论坛召开】 2017年10月12—15日,第十届21世纪中美医学论坛在上海市召开,论坛主题为"下一代医疗科技"。论坛汇集了政府部门、各大医院、科研机构,医疗公司的中美医疗专家,就全球医疗热点展开交流与探讨,展示国内外医疗行业的临床研究成果,并特别探讨了人工智能对医疗产业带来的重大影响。论坛不仅有利于促进中美医疗的共同发展,还将带动中国医疗的进一步发展。

【中美精准医学南京高峰论坛召开】 2017年10月28日,中美精准医学南京高峰论坛召开。来自哈佛大学、波士顿大学、哥伦比亚大学等国际知名高校的学者围绕精准医学的机遇与挑战、人类基因组计划的研究现状及发展趋势等主题分享了全球最新的研究成果。论坛上,扬子集团宣布正式启动扬子百万人群基因组测序计划。该计划拟建立中国最大规模的DNA测序平台和生物医学大数据分析中心,通过队列研究和百万人基因组DNA测序,建立中国人群特有的遗传信息数据库;同时,通过大数据融合分析,发现与人类重大疾病相关的遗传变异,发现遗传—环境相互作用对人类健康的影响,为重大疾病的早期诊断和治疗提供数据支撑,为疾病的预防和环境干预提供可靠信息。

【中美新发和再发传染病合作项目2017年度合作委员会会议和年会召开】 2017年12月11日,中美新发和再发传染病合作项目合作委员会年度会议在北京召开。国家卫生计生委国际司、应急办、疾控局、医政医管局、科教司、中国疾控中心、中国医学科学院,以及美国卫生和公众服务部、美国疾控中心等合作委员会成员单位代表参会。会议听取了项目进展和经费执行情况，审议通过了年度工作计划，并就抗生素耐药、人畜共患病防控、新发呼吸道传染病应对等专业议题进行了深入交流。该合作项目始于2005年，致力于以技术支持、人员培训、联合研究等方式，就中美及全球共同关注的新发和再发传染病的预防、发现及应对开展合作。

【中美探索慢病防控合作新趋向】
2018年5月12日，耶鲁大学公共卫生学院主办了中国卫生政策与管理学会（CHPAMS）第二次学术双年会暨学会十周年纪念庆典。庆典上，与会中美专家学者围绕"健康政策与医疗卫生前沿进展：未来之路"主题，探讨"健康中国2030"规划纲要对推进中国卫生发展及参与全球健康治理发挥的作用，认为中国新医改为全球医改提供了新经验，中国有潜力成为全球健康的领导者。与会者还指出，在"健康中国2030"将工作重点从治疗转为预防之际，两国对慢病防治的需求以及有效提高医疗服务质量的需求将进一步推动中美卫生与医疗的合作。

【中美专家共议"母胎健康"】
2018年6月29日，中美联合生殖免疫大会暨第38届美国生殖免疫大会暨第6届中国生殖免疫大会在上海市召开。此次会议由复旦大学附属妇产科医院承办。会上，中外科学家以及临床生殖免疫学专家围绕"生殖免疫与母胎健康"这一主题，分享了最新研究成果，为生殖免疫研究打开了新的思路，为习惯性流产等生殖免疫相关疾病的精准治疗提供了新的靶点和策略。随着生殖免疫学的发展，针对免疫因素导致习惯性流产的免疫精准保胎方式正使得越来越多的家庭受益。

【2018中美卫生合作论坛开幕】
2018年7月7日，由中国医院协会与江苏省医院协会主办的中美卫生合作论坛在苏州市开幕。政府相关部门管理者和医疗卫生从业者共2000余人参加了论坛。论坛重点围绕医院发展、国际合作、学科共建、人才培养、肿瘤医学、康复医学、模拟医学等主题，由中美双方发言人共同进行学术探讨，分享医院管理和学科发展的新实践和先进经验。

【第八届中美健康论坛召开】
2018年10月12日，由四川省卫生计生委与中国医学科学院北京协和医学院共同主办的第八届中美健康论坛在成都市拉开帷幕。来自中美两国产、学、研、政、商界的800余位领导专家为建设"健康中国"献计献策。论坛设置了中美健康科技创新议题，并就深化医改、转化医学与精准医学、精神健康、血液安全、脑卒中防治等专题进行了讨论，同时大会还设有两个医院院长分论坛、未来医学、全生命周期健康、生殖医学、健康城镇与公共卫生等专题论坛。与会者通过高层战略对话、领导力拓展以及应用性研究，积极推动了中美及各国在医疗卫生相关领域的交流与合作。

【中美科学家联合构建"健康+"平台】 2018年11月4日，来自浙江大学与美国斯坦福大学的科学家在杭州市宣布构建"健康+"平台。未来3年内，两校将对等合作，完善"健康+"平台的产出机制，同时联合申请科研经费和优质资源,不断加强人才支持,推动共享的成果转化。这一跨国"健康+"平台涵盖预防医学、公共管理、临床医学、计算机应用、农学等多学科领域,超过50位的学者将参与其中。该平台已开展代谢、肠道、脂肪肝、眼底、身心健康5项国际领先的合作科研项目,联名提交了多篇高质量学术论文,发展了3个联合国际顶级研究小组,分别研究眼科与慢性病、预防医学人工智能、肥胖与慢性病。同时,"健康+"平台也正在筹划建立杭州市居民身心健康大数据平台。

【北美华人医师联盟第三届年会召开】 2018年11月4日,北美华人医师联盟第三届年会在美国召开。目前,在美华人医师约6000人,其中来自中国大陆的有三四千人,社会影响力巨大。此次年会宣布,该联盟将与海南博鳌乐城国际医疗旅游先行区对接,为华人医师提供一个尖端医学技术研发和转化的平台,将国际最前沿的技术引进海南,为更多的中国国内患者提供精准的医疗服务,同时发展医疗、养老、科研等国际医疗旅游相关产业。该年会首次由美国神经科医生协会与康复医生协会合作,来自全球200多位华人医师代表集聚美国得克萨斯医学中心,交流医学前沿知识和新技术、新成果。从心血管到脑血管,从肿瘤到泌尿系统疾病,从C型肝炎治疗到肌肉痉挛治疗进展等,与会者学习借鉴了先进的医学实践经验和医师行业管理经验,促进了医疗技术提高和医学成果转化。

【中国医疗企业参加2018年度"克利夫兰医学创新峰会"展览】 2018年12月初,克利夫兰医学创新峰会在美国举行。该峰会由克利夫兰医院创新中心主办,来自全球范围的医生、医疗器械开发商、投资人通过对话与交流,分享医学前沿科技信息,推动医学创新事业发展。此次峰会期间,医学影像设备生产企业——中国明峰医疗系统股份有限公司以及医用内窥镜生产企业——浙江天松医疗器械股份有限公司等近十家中国医疗设备生产企业搭建起了中国企业联合展台,展示了中国在医疗设备生产研发领域的强劲实力。展览期间,双方人员均对中美医疗合作表示了高度认可。一方面,中国医疗企业为美国当地人民带来了就业机会;另一方面,美国初创技术的全球推广离不开中国合作开发者和中国市场。因此,两国医疗合作绝非美国研发、中国引进的单向模式,而是一条高度互补和共赢的模式。

【中美新发和再发传染病合作项目2018年度合作委员会会议和年会召开】 2018年12月11日,中美新发和再发传染病合作项目合作委员会年度会议在北京召开。国家卫生健康委国际司、应急办、医政医管局、科教司、中国疾控中心、中国医学科学院,以及美国卫生和公众服务部、美国疾控中心等合作委员会成员单位代表参会。会议听取了2017年度项目进展和经费执行情况,审议并原则通过了新的年度工作计划,并讨论了项目实施中的重大事项。会议肯定了项目在中美卫生合作领域发挥的重要平台作用,分享了中美双方近期在全球卫生领域的主要举措,并讨论了下一步合作思路。与会的项目执行机构代表和专家就全球卫生安全、呼吸道传染病防控、感染与抗生素耐药等专业议题进行了深入交流。

七　中美体育交流

【概况】　作为中美社会和人文对话行动计划之社会发展领域交流的子项目，体育继承与发扬了其自"乒乓外交"以来在中美人文交流中扮演的重要作用。2017—2018年，中美双方按照首轮中美社会和人文对话行动计划的规划，进一步加强全方位、多渠道、多层次的体育交流与机制建设。

2017—2018年中美体育交流表现出以下几个主要特征：

第一，项目多样、重点突出。按照规划，中美体育交流在冬季运动、体操、足球、滑水、围棋、气功、武术等多个体育项目领域展开表演、竞技与交流。与此同时，作为中美两国的传统与优势项目，篮球与乒乓球项目继续在中美体育交流中扮演关键作用，从训练方式、项目基础、球星效应等多个维度推动了中美体育交流。

第二，政府与非政府渠道并重。中美体育交流中，中央与地方各级政府机构全面推动各项交流活动。此外，职业球队、专业体育团体、中小学及高等院校、体育运营组织、社区、体育明星个人都在促进与推动中美体育交流方面扮演着重要角色，努力实现体育领域的人文对话与交流。

第三，竞技与学术共举。两国在多个体育项目上开展竞技，实现了优势互补，推动两国体育竞技水平的提高。此外，中美体育交流越来越强调体育学科的学术交流，通过举办研讨会与训练营，在训练、人才培养、体育管理与运营、体育产业、群众体育、体育外交等方面共同探索创新发展模式与合作机制。

第四，着力当前，展望未来。在着力提高两国当前体育发展水平与促进交流的基础上，中美体育交流更加关注两国体育未来的发展方向，青少年体育训练、体育院校人才培养等展望未来的话题成为热点，为中美两国在未来更加全面推进体育交流打下了良好的基础，并创立了一系列机制。

中美体育交流传承体育在推动中美关系、促进双方人文交流方面扮演的角色，为中美两国人民在强身健体的过程中增进友谊、促进互信做出了重要贡献。

【姚明11号球衣退役仪式及"姚明日"举办】　2017年2月4日，美国男子篮球职业联赛休斯敦火箭队前明星中锋、中美篮球信使姚明举行11号球衣退役仪式。姚明是火箭队史上第6位享受球衣退役殊荣的球员。姚明参加了休斯敦市举办的一系列活动，休斯敦市市长西尔维斯特·特纳接见了姚明，并且宣布将2月2日定为"姚明日"，还宣布将任命姚明为休斯敦市的亲善大使。

【中美体育管理发展与人才培养论坛举办】　2017年3月28日，由北京大学光华管理学院和美国哥伦比亚大学共同主办的中美体育管理发展与人才培养论坛在北京举办。中美两国的业内专家就中国体育专业人才不足的现状进行了讨论，指出中国体育现阶段缺少7类人才，包括：职业经理人、创新IP（知识产权）设计和运营人才、体育与相关产业融合发展所需人才、体育综合体和体育特色小镇管理和经营人才、智慧体育软硬件开发与运营人才、户外运动休闲管理和经营人才、冰雪产业管理和经营人才。

【中美大学生女子足球友谊赛举行】
2017年6月21日，由教育部国际司主办、中国大学生体育协会和北京师范大学承办、耐克公司赞助的中美大学生女子足球友谊赛在北京师范大学拉开帷幕。北京大学生女足联队迎战来自美国Pac-12联盟的俄勒冈大学女子足球队。此外，俄勒冈女子足球队还与北京青年女子足球队进行了比赛，并前往故宫、长城、北京外国语大学、耐克公司等地进行交流。本次活动旨在落实教育部关于推动中美大学体育合作机制化、常态化的指示精神，为中美教育合作领域不断拓展打下了基础，也将对中美人文交流的发展发挥重要作用。

【美国男子篮球职业联赛休斯敦火箭队正式宣布同中国球员周琦签约】
2017年7月7日，美国男篮职业联赛休斯敦火箭队正式宣布同中国球员周琦签约。在2016年的NBA选秀大会中，周琦在第二轮第四十三顺位被火箭队选中。

【中国武术运动员在纽约联合国总部进行武术与太极拳表演】 2017年9月9日，刚走下全运会赛场的25名中国武术运动员在纽约联合国总部进行了武术与太极拳表演。中国常驻联合国副代表吴海涛大使、国家体育总局副局长赵勇、国际武术联合会执行副主席吴廷贵、中国驻纽约总领事章启月、武术形象大使李连杰，以及各国常驻联合国外交官、联合国工作人员、各国媒体共500余人到场观看了演出。整场演出始终贯穿"和谐、健康、共享"这一主题，展现了太极拳、长拳、南拳、八极拳、咏春拳、螳螂拳等传统拳法，以及刀、剑、棍、枪等经典器械表演，展示中华武术历史悠久、博大精深、和谐共融、强身健体的独特作用及其特有的艺术观赏性。本次联合国专场演出是中国武术团访美系列活动之一，随后，代表团还参加了《纽约时报》广场武术展演活动，并在宾夕法尼亚大学进行武术交流活动。

【第四届中美体育论坛召开】
2017年9月12日，第四届中美体育论坛在美国纽约市召开，国家体育总局副局长赵勇出席并致辞。赵勇强调，中方愿与美方分享发展带来的机遇，在中美人文交流机制框架内，进一步深化中美体育合作交流，一是要进一步深化竞技体育领域的合作；二是要进一步促进群众体育领域的合作；三是要进一步加强体育产业领域的合作；四是要进一步促进体育文化领域的交流；五是要进一步充实体育外交领域的交流。本届论坛由国家体育总局，美国哥伦比亚大学、纽约大学共同举办，旨在为中美两国体育产业圈内领先架设交流平台，鼓励双方就体育发展现状与未来进行探讨。

【纪念中美"乒乓外交"中国乒乓球代表团走进联合国45周年友谊表演赛举行】 2017年9月15日，纪念中美"乒乓外交"中国乒乓球代表团走进联合国45周年友谊表演赛在联合国总部举行。20世纪70年代初,"乒乓外交"打破了中美两国20多年人员交往隔绝的坚冰。9月15日,包括女乒大满贯得主丁宁和"乒乓外交"见证者、世界冠军梁戈亮在内的中国乒乓球冠军队来到联合国,用一场精彩的表演赛纪念"乒乓外交"佳话。

【中国棋手参加第33届美国围棋大会】 2017年9月18日,历时1周的第33届美国围棋大会落下帷幕。本次大会由圣地亚哥围棋协会和美国围棋协会联合主办,500名棋手参加,包括中国棋院院长陈临新九段、旅美世界女子围棋冠军丰云九段及江鸣久七段各自带领学生参加了本届盛会。

【中国健身气功代表团访美】 2017年9月23日,在美国旧金山市访问的中国健身气功代表团在联合广场举办健身气功交流展示大会,近距离展示既古老又新颖的中华传统之美。交流展示大会由旧金山少林寺文化中心组织。旧金山湾区10个健身气功协会500多名爱好者一起共练八段锦,各协会还分别表演了易筋经、五禽戏、太极等传统功法,展示了以调息、调心、调身为特点的健身气功,吸引了不同族裔民众到场观看。2008年起,中国健身气功协会到美国推广,目前已达20多个州,习练者数万。

【中美滑水明星对抗赛举行】 2017年10月2日,中美滑水明星对抗赛在广西柳州市静兰水上运动基地举办。中美滑水对抗赛始创于1999年,旨在促进两国滑水运动的发展。自2001年以来,该赛事已成为固定年度比赛。

【中国乒乓球队走进北美代表团在美国进行训练交流】 2017年10月4日,中国乒乓球队走进北美代表团一行10人受旧金山市市长李孟贤的邀请,参观访问旧金山市政厅,开启了"走进北美"活动的第一站。本次活动是国际乒联筑梦行动和红双喜公司共同支持的国际训练营计划的延续。此前,中国乒乓球队已经分别通过国际训练营计划与非洲、大洋洲和南美洲的青年选手进行了共同训练交流。

【中国男子篮球职业联赛球队广州龙狮队做客美国男子篮球职业联赛华盛顿奇才队主场】 2017年10月13日,中国男子篮球职业联赛球队广州龙狮队做客美国男子篮球职业联赛华盛顿奇才队主场。本次友谊赛的组织者表示,友谊赛能够促进中国职业篮球同美国男子篮球职业联赛之间的交流,也能够帮助美国球迷更好地了解中国职业篮球的发展状况。

【美国俄勒冈州州务卿丹尼斯·理查德森一行接受人民体育记者的采访】 2017年11月15日,美国俄勒冈州州务卿丹尼斯·理查德森一行访问人民网,并就"体育在中美文化交流中的作用"接受了人民体育记者的采访。理查德森认为,未来世界的稳定需要一个强大的美国和一个强大的中国来维系。中美两国应该相互合作、相互配合。这需要民间交流,需要两国寻找共性。体育运动可以让文化背景不同的人找到共同语言和共同的爱好。中美两国应该积极发展体育合作,这对两国和两国人民都大有益处。

【首届国际(中美)青少年篮球友

谊赛举行】 2017年12月6—9日，首届国际（中美）青少年篮球友谊赛将在北京举行。3支美国高中篮球名校校队，与4支中国高中篮球队以及2支CBA青年队进行了比赛。随队的美方教练带领两国队员进行了专业的篮球训练和交流。本次活动为中国青少年与同年龄段世界级球队进行交流提供了宝贵机会，推动了中美青年学生人文交往。

【中国体操小将在乔良体操舞蹈学校参加集训】 2017年12月11—30日，中国体操女队教练王群策带领4名中国体操小将前往位于美国爱荷华州西得梅因市的乔良体操舞蹈学校，在这里和美国体操运动员一起训练，近距离感受美国俱乐部训练的方式与氛围。中国体育正在经历由体育大国向体育强国的迈进，体育管理体制的改革是其中最重要的推手之一。中美两国之间的文化和体育的交流，能够促进相互学习，取长补短。

【深圳昆仑鸿星女子冰球队抵达美国进行训练和表演赛】 2018年1月3日，深圳昆仑鸿星女子冰球队抵达美国阿拉斯加州安克雷奇进行为期1周的训练和表演赛，并受到阿拉斯加州州长沃克的接见。深圳昆仑鸿星拥有来自中国、美国、加拿大和芬兰4个国家的球员。昆仑鸿星的此次到访，不仅促进了中美两国的体育文化交流，也宣传了女子冰球在全世界的影响力。

【2018中国青训师篮球精英训练营启动】 2018年1月23日，2018中国青训师篮球精英训练营在北京高鑫青训基地启动，本次训练营为期4天，训练营内容包括青训师专业培训、青少年篮球训练以及中美青训师教练员圆桌对话。为本次训练营提供培训工作的是来自美国的专业篮球训练机构DR1VEN国际篮球青训学院。通过训练营，中美双方优势资源互补，助力中国青少年篮球训练的发展，为中国青训体系的完善与进步贡献力量。

【美国前NBA球员、北京农商银行队球员马布里退役】 2018年2月11日，美国前NBA球员、北京农商银行队球员马布里在CBA常规赛最后一战北京农商银行队主场对阵江苏队比赛之后退役。马布里在北京举行个人新闻发布会，向中国的媒体记者以及球迷告别。马布里感谢中国和中国队友为他所做的一切。马布里和他的团队将在中国建立篮球学校、篮球训练营，继续把生活和事业重心放在中国。

【2018斯迈夫全球体育产业大会暨国际体育消费展召开】 2018年4月19日，2018斯迈夫全球体育产业大会暨国际体育消费展在浙江省杭州国际博览中心开幕。作为中国最大规模的体育产业会展之一，本次大会以"世界的入口"为主题。"走出去，引进来"，斯迈夫将中国体育产业带到世界各地的同时，也为中国体育市场嫁接更多优质的国际体育资源。大会期间举办的美国体育产业峰会展示了美国最为先进、成熟的体育产业资源，探讨中美体育产业发展趋势与合作。正在蓬勃发展中的中国体育产业也为两国合作提供了新机遇。中美两国体育的发展与机遇、变化与创新、差异与互补，为两国体育产业提供了互相学习与借鉴的机会。美国体育产业的成功经验和成熟运作模式也对中国

体育产业有一定的推动作用。

【第八届全国城市篮球邀请赛暨2018德鲁中国（社区）篮球联赛开赛】 2018年6月3日，第八届全国城市篮球邀请赛暨2018德鲁中国（社区）篮球联赛在郑州市开赛。邀请赛将比赛范围扩大到全国，在8座城市设置分站赛。郑州赛区分站赛作为联赛首站，共有8支队伍参与了分区冠军的争夺。德鲁篮球联赛于1973年在洛杉矶市创办，历经45年的发展，是美国久负盛名的社区篮球联赛。将德鲁篮球与中国篮球市场结合，有助于提高国内社区篮球水平、推动中美篮球文化交流。

【2018中美体育论坛开幕】 2018年8月10日，2018中美体育论坛在北京国际饭店开幕。来自中国体育总局经济司、北京体育大学、中国冰球协会、安踏集团、美国奥委会、美国职业橄榄球大联盟，美国麻省理工学院体育学院的官员、专家和学者围绕"中美体育产业的全球化创新"的主题，就体育产业的发展与未来进行了深入探讨。在为期两天的论坛期间，除了主会场有关核心体育事业的演讲外，分会场还从体育人才、儿童体育教育、体育投融资、体育版权和体育电竞事业等方面设立5个大型议题及若干主题演讲及圆桌讨论。本届研讨会是"中美社会和人文对话"框架内活动，由国家体育总局主办、北京思博锐体育文化交流有限公司承办。此前，在"中美人文交流高层磋商机制"和"中美社会和人文对话"框架下，中美体育研讨会已举办了4届，双方围绕青年与体育、青年体质健康促进、身体运动功能与表现、体育人才培养等专题进行了研讨。

【2018姚基金慈善赛举行】 2018年8月12日，在大连体育中心体育馆举行的2018姚基金慈善赛上，中国男篮蓝队以114比97战胜美国星锐队。这是姚基金慈善赛第八届，前7届姚基金慈善赛中国队赢了3次，美国明星队赢了4次。该赛事由姚明和美国篮球明星史蒂夫·纳什于2007年共同发起筹备。

【斯坦利杯中国行启动】 2018年9月9日，斯坦利杯中国行在北京奥众冰上运动中心启动。NHL联盟官方还携手奥众冰场举办了一系列体验互动活动，让冰迷感受冰球运动的魅力。作为2018奥瑞金·NHL中国赛的预热活动之一，斯坦利杯中国行展示活动首站选择来到奥众冰场，不仅仅是因为奥瑞金是2018年NHL中国赛的冠名赞助商，更是因为奥瑞金以及旗下的奥众冰场近几年来在推动冰球运动普及、中美冰球文化交流以及NHL在华推广方面的不懈努力。奥瑞金拥有了NHL全球官方合作伙伴、NHL中国赛创始合作伙伴、波士顿棕熊、洛杉矶国王、华盛顿首都人中国市场独家推广合作伙伴等多重身份。

【NBA精英计划——中国训练营开营】 2018年9月22日，为期四天的NBA精英计划——中国训练营在天津市武清区的NBA中心正式开营，63名来自全国各地的青少年参加训练营。此次训练营的全部营员由NBA中国以及中国篮球协会选拔，包含了41名和22名16岁及以下的男女营员。训练营由NBA精英计划在全球范围内最有经验的技术总监、教练和专家亲自临场指导，包括曾8次入选全明星的NBA球星阿历克斯·

英格利什，澳大利亚男子国家队助理教练、现 NBA 精英训练中心全球技术总监马蒂·克拉克，1996 年奥运金牌获得者、篮球名人堂成员詹妮弗·阿兹，两次 WNBA 总冠军露丝·莱利，以及前大学篮球教练布莱尔·哈迪克。NBA 精英计划致力于培养全球最有潜力的年轻篮球选手。年轻球员全年都会与顶级的同龄选手对抗，并且将有机会被选中参加国际比赛。

【中美职业体育国际市场对话举行】 2018 年 10 月 10 日，由首钢体育和北京体育大学共同举办的中美职业体育国际市场对话在北京体育大学国家训练基地举行。本次中美职业体育国际市场对话是首钢体育首次举办中美职业体育人之间的高端对话，将对话带到大学生中，帮助更多年轻人了解体育产业和体育市场，了解美国职业体育的发展状况，吸引更多有志投身体育产业的大学生。

【中国健身气功健康养生系列活动举行】 2018 年 11 月 8—11 日，由中国健身气功协会和旧金山少林文化中心主办的健康养生系列活动在美国加利福尼亚州旧金山湾区举办。中国健身气功专家在少林文化中心举办了健身《气功·五禽戏》交流活动，前往斯坦福大学进行了表演和体验教学，在河洛医科大学开设了专题讲座，并在佛利蒙少林文化中心开展《健身气功·马王堆导引术》教学培训活动。此次系列活动旨在传播健康养生文化，推动健身气功在旧金山地区的普及和发展，加强中国与美国的体育文化交流。

八 中美妇女交流

【概况】 2017—2018 年，中国和美国之间以妇女（包括女性）为主题的人文交流陡然减少；与奥巴马政府由希拉里任国务卿时期相比，在质上和量上都有明显下降。首先，高层次的、全国性的人文交流缺失。国家相关部门、全国性机构（如全国妇联）举办或者参与的正式的中美妇女发展交流寥寥无几，仅存联合国妇女地位委员会、柏林 G20 妇女峰会等互动空间。其次，地方上大型的妇女发展交流也明显减少。各地妇联等相关组织举办的中美互访与合作也屈指可数，仅出现"陕西青年女性就业项目"等。最后，民间举行的专题性的交流主要以商业和健康形式挂钩的活动为主，如不孕不育、妇女健康、女性睡眠、无痛分娩等。社会倡导性的和政治赋能性的活动比较缺乏，需要进一步拓展，好的交流平台和经验需要得到弘扬，如举办了七届的"中国女性领导力论坛"、举办了五届的"北京国际青年关爱女性行动"和创办于 1998 年的"上海妇女发展国际论坛"等，还包括新出现的"女性经济峰会""女性公益可持续发展""未来工程与全球女性领导力研讨会"和"女性诗歌周"。

特朗普政府于 2017 年秋签署了新的中美人文合作协议，即《首轮中美社会和人文对话行动计划》，制定了妇女发展的主要目标，但是在 2018 年几乎没有具体行动，希望在2019—2020年有所推进。中国的妇女发展交流近年来开始明显向"一带一路"沿线国家倾斜，这将会使中美之间的交流更多边化，但是两个大国之间的妇女发展应该尽早恢复积极互动、携手推进。

【第五届中美不孕不育论坛召开】 2017年1月4日，第五届中美不孕不育学术高峰论坛在上海市召开。本次论坛的主题是"二孩时代技术创新与伦理挑战"。这次论坛由《健康时报》、世界医疗网、美国美孕医疗中心主办，上海中西医结合学会生殖医学专业委员会、Join Perfect INC（美国）、上海长江医院协办。人民日报社《健康时报》副总编赵安平主持会议。中美专家针对目前不孕不育诊疗的最新技术和发展方向进行了交流。美国专家关于生殖医学中伦理问题的报告有助于中国医学工作者了解美国的经验，也为解决这些问题提供了崭新的思路。

【中国新生代女性亮相纳斯达克大屏幕】 2017年2月27日起，美国纽约时代广场纳斯达克电子大屏幕上连续展出7位中国职业女性的宣传照片。她们来自中美领导力发展基金会，包括李红、霍然、毛培蕊和赵婷婷等成员。这次宣传活动旨在吸引人们将目光聚焦家族企业创业第二代及第三代青少年的成长和培育，展现中美合作中新生代的力量，助力青年领袖的培养。该基金会秘书长李红表示，这支团队的侧重点主要集中在青年领袖培养计划、青少年领导力养成计划、私人董事会发展等领域，举办中美创业第二代互访、中美青少年互访、透视董事会等活动。

【第四届中美健康峰会专家咨询研讨会召开】 2017年3月8日，第四届中美健康峰会专家咨询研讨会在山东省聊城市召开。本次会议由中国癌症基金会主办，聊城市人民医院、中美健康峰会联合承办，旨在促进妇女健康更好发展。会议主题是"关爱妇女、代代健康"，来自国内外的医学领域专家学者、医疗界人士、健康产业企业家代表，围绕健康生活方式与慢性病、医疗保健服务模式创新、乳腺癌预防与早期筛查等方面进行了讨论，并为聊城市乳腺中心揭牌，和当地医院签署了合作协议。

【中美代表在联合国妇女地位委员会上举行会晤】 2017年3月13—27日，为期两周的联合国妇女地位委员会第61届会议在联合国总部召开。中国常驻联合国副代表吴海涛大使在会上作了发言。本次会议的主题是"妇女在不断变化的劳动世界中的经济赋权"，共举行了至少18次正式会议，包括若干部长级圆桌会议、高级别互动活动和专家小组，以及200多次会外活动和400次平行活动。

【中国美国商会召开首届女性经济峰会】 2017年4月12日，中国美国商会和睿美创议文化发展公司（SCHSAsia）在北京联合举办首届女性经济峰会，会议就女性经济赋权问题和女性领导力在全球经济中的积极影响进行了讨论。中国美国商会会长毕艾伦表示，希望通过此峰会引领世界能够迈入一个"对女性更具包容性和希望的新经济时代"。主办人吴素珍表示，强大经济的未来掌握在女性手中，但是目前的企业环境还存在很多针对女性的"玻璃天花板"。在讨论女性经济时，人们不应该只关注慈善、工作/生活平衡或其他软性问题，而应该更加关注女性创造经济价值的能力，并为此积极行动，从而同时实现国家经济增长和女性群体的利益。这次会议的讨论成果作为中国美国商会的政策建言被写入《美国企业在中国白皮书》中。

【中美乳腺癌防治"双全计划"启动】 2017年，被称为"双全计划"的乳腺癌防治中美合作项目在北京市启动。此项目旨在联合中美专家对抗乳腺癌，帮助患者在延续生命的同时，保住乳房。"双全计划"由美国哈佛大学医学院附属丹娜法伯/布列根和妇女癌症中心、中国海外医疗服务机构盛诺一家、人民日报社《健康时报》联合发布。计划旨在促进中美乳腺癌防治技术和理念的交流。项目介绍了代表当今手术室发展方向的 AMIGO 手术系统。手术过程中专家可以借助 MRI 影像引导，即时查看手术效果，做到精准切除。统计数据显示，借助一体化手术室进行乳腺保乳手术，可大幅度降低乳腺癌患者术后需要再次手术的概率。计划实施以后，患者可以根据评估结果选择在国内进行保乳手术，或选择到美国医院接受治疗。

【中美共赴柏林 G20 妇女峰会召开】 2017年4月25—26日，G20妇女峰会在德国柏林市召开。中国妇女代表同包括美国总统特朗普的女儿伊万卡在内的G20成员国其他100多名代表及多家国际组织妇女问题专家展开了讨论和交流。主要议题包括4个方面：促进女性就业及工作价值、缩小数字化领域的性别差异、促进女性企业家精神、性别平等与妇女经济地位。中国代表分享了开拓女性就业、发展女企业家文化、精准扶贫的成功经验，同时也获取了他国在数字化领域谋求性别平等的灵感。

【美国学者参加北京大学"儒家·女性·生态"工作坊】 2017年6月3—4日，北京大学高等人文研究院举办"儒家·女性·生态：多元现代性语境中的儒家女性伦理何以可能"国际工作坊。美国及其他多个国家的学者参与其中，围绕儒家、道家、道教、佛教等思想资源的现代性转化进行了探讨，从本体论、认识论和方法论层面对以儒家为主的中国传统思想进行了梳理和转化，不仅对处在全球化中的中国进一步推进男女平等基本国策的落实有一定借鉴意义，还有助于美国等其他国家了解中国妇女处境及相关思想。

【"知行中国"美国学者到访中华女子学院】 2017年6月12日，"知行中国——中美青年菁英项目"美国学者德雷塞尔大学战略领导研究所执行董事艾莉森·杨、美国宾夕法尼亚州费城"塑造未来教育合作机会"机构执行董事凯丽·达文波特访问中华女子学院，与院长刘利群，教务处、国际合作处、招生就业工作处等部门负责人举行座谈。双方就女性就业及职业发展、女性领导力培训以及中国反家暴法成立进程等问题进行了深入探讨交流。"知行中国——中美青年菁英项目"为美国具有优秀潜质的精英人才提供了深入了解中国、拓展视野的机会，此次座谈尤其有助于中美两国在妇女问题上的交流。

**【中国代表团赴美参加女性公益可

持续发展系列活动】 2017年6月19—22日，由中国妇女发展基金会、美中友好协会共同主办，北京蚂蚁力量传统手工艺文化发展中心协办的2017女性公益可持续发展国际论坛在联合国总部举行。中国驻纽约副总领事、中国妇女发展基金会代表、美中友好协会会长、唯品会副总裁、承兴集团副总裁、亚洲时尚联合会中国委员会主席团主席、女企业家代表、超仁妈妈代表等中国嘉宾出席。论坛以"女性公益可持续发展"为主题，中美代表就赋权、赋能女性，政府、社会组织及企业合作推动女性发展以及女性在艺术、时尚领域对公益所作出的贡献等议题进行了深入的交流与探讨。

【美国志愿者参与第四届北京关爱女性体验行动】 2017年7月12—20日，由北京市妇女联合会与北京市人民政府外事办公室共同主办的"Smart Lady·Smart Life 智慧女性·智慧生活"——第四届北京国际青年关爱女性及传统文化志愿者体验行动在北京举行。来自美国的青年同另外8个国家的国际青年志愿者一同参与了聚焦"性别平等"和"可持续发展"的活动。本次活动响应了联合国可持续发展目标，为促进性别平等、妇女发展等议题提供了青年一代的思考，对创造有利于妇女发展的社会文化、促进中美文化交融起到积极推动作用。

【中美无痛分娩学术交流会举行】 2017年9月13—15日，曲江妇产医院特别联合美国西北大学芬堡医学院、美国无痛分娩中国行、陕西省国际医学交流促进会、西部妇产科联盟在西安市联合主办2017中国西安中美无痛分娩学术交流会。来自全国各地的150余名基层医生走进曲江妇产医院美式无痛分娩产房，在美国塔夫茨大学医学院临床麻醉学副教授、美国西北大学医院主治医师、美国产科住院护理专业认证护士、陕西省人民医院妇产病院常务副院长、西北妇女儿童医院孕产保健部主任、陕西省肿瘤医院妇瘤病医院副院长、曲江妇产医院院长的指导下，通过"母亲安全日""新生儿安全日""全天无通日""病人满意日"等六大主临床教学，以及交流互动等环节，开展无痛分娩临床实践。

【中美杰出女性齐聚第六届中国女性领导力论坛】 2017年10月20日，第六届中国女性领导力论坛在中欧国际工商学院上海校园成功举办。论坛由中欧国际工商学院和威诚资本（UpHonest Capital）联合主办，聚焦科技、创业、投资界的女性议题，20多位来自中美两国科技、创业、投资界的杰出女性齐聚一堂，共同探讨了女性创业渐入深水区的困难与挑战、女性投资人投资业务的策略与优势、女性管理者带领不同类型组织发展的经验与收获等备受关注的话题。

【中美品牌战略论坛颁发"世界卓越杰出女性"奖】 2017年11月1日，由联合国国际协调局新闻部、美国美中国际商会、中国中外新闻社、中外企业家联合会主办，YICASHO服饰集团支持，以"弘扬品牌文化、提升品牌价值"为主题的第二届中美品牌战略论坛在纽约长岛Leonard's Palazzo国际宴会厅举办。来自加拿大及中国香港、北京、广东、广西、云南等地的企业家及美国工商界精英及政要出席论坛。中美品牌战略论坛是中美企业界人士、文化界人士碰撞思想与智慧，探讨生存与发展，共话合作与未来的平台。中外新闻社曾于2012年9月16日与美国（内华达州）克拉克郡政府成功地举办了"首届中美品牌战略论坛"。首届中美品牌战略论坛主办方、承办方、协办方三方在会上就中美品牌战略论坛永久性达成了协议，将共同推动全球品牌文化的传播，为打造中美企业品牌经营战略做出贡献。

【两位中国女性获得ATHENA©领导力奖】 2017年12月1日，"SHE POWER 2017全球她领袖盛典暨ATHENA© Award颁奖典礼"在上海举办，以"重新定义"为主题，聚焦女性的成长与蜕变，旨在鼓励女性打破传统界定，重新定义自己的个人风格、思维方式和职业规划等。本次峰会以主题演讲、圆桌论坛、颁发领导力奖等形式展开，邀请了数十位中外杰出商业精英从自身经验、研究领域出发，多角度、全方位地交流分享了女性在"重新定义"过程中所需要的创造性、系统性、颠覆性的思考和方法。两位中国女性获得国家级领导力奖。其中一个是ATHENA©国家级领导力奖，获奖者是著名旅德艺术家王小慧；另一个是ATHENA©国家级青年领导力奖，获奖者是青年作家牛文。ATHENA©全球总裁安德鲁·斯蒂文森·康纳（Andrea Stevenson Conner）以及特别支持伙伴艾尔建（中国）总裁赵萍为获奖者颁发了奖项。该奖由美国著名女性领导力非营利组织ATHENA©发起，颁发给在专业领域、社区服务等方面积极协助女性取得卓越成就和领导力的杰出女性或者男性，以表彰他们为女性做出的杰出贡献，是一个具有全球性权威的女性领导力奖项。

【首届中美妇科名医大健康高端论坛召开】 2017年12月18日，由国家老教授协会妇产科专家委员会主办、美国妇产科医师协会、济南和谐妇科医院承办的首届中美妇科名医大健康高端论坛在山东省人大会议中心胜利召开，"全国女性医疗保障民生工程"同期成立。论坛围绕专利授权、专家会诊、妇科重大疾病救助等开展，旨在响应国家深化医疗改革，为广大患者提供全方位健康服务。

【成都市妇联参加美国驻成都总领馆交流会】 2018年3月28日，应美国驻成都总领事馆邀请，成都市妇联相关人士参加了美领馆举办的直面女性职场压力和挑战的分享交流会。来自海外及成都市的30余位观众参加并与演讲嘉宾互动。交流会上，成都市妇联发展部相关负责人向参会观众介绍了市妇联打造巾帼云创品牌，专业、持续、深入推进成都女性创新创业，服务成都女性发展两年来所做的工作和取得的成效。美领馆副领事陈草英和现场观众纷纷就感兴趣的话题向演讲嘉宾进行了提问。通过此次活动，成都市妇联不仅向中外友人介绍了成都女性的创新创业行动，还结识了来自外国知名高校在成都创业的优秀女性，扩大了朋友圈。

【福建省妇联领导会见美国妇女友好联盟】 2018年3月29日，福建省妇联副主席包方在福州会见美国福建妇女友好联盟总会考察团一行，对考察团一行表示热烈欢迎,并简要介绍了福建省妇女工作情况。她对妇女会长期以来在服务居住地经济社会发展、服务在美妇女发展、回报祖国和家乡建设等方面所做出的努力予以肯定和赞扬,勉励大家继续秉承爱国爱乡的优良传统,凝心聚力,广泛团结在美妇女,为妇女们多办好事和实事,为新时代新福建建设贡献巾帼力量。考察团团长、妇女会主席杨莲英介绍了该会有关情况。她表示此次回乡访问,希望通过交流走访、经贸考察、助学慰问等一系列活动,了解福建近年来的经济社会发展情况,进一步加强在美妇女们与家乡的情感联系,加强与福建家乡的沟通和联系,更好地宣传家乡发展变化,共同建设更加美好的家乡。

【中美专家学者共话女性工程科技人才培养】 2018年4月24日,由中国工程院和美国女工程师学会主办的中美第一届未来工程与全球女性领导力研讨会在中南大学举行。围绕女性工程科技人才培养这一话题,中美两国女院士、知名女工程师、女企业家与专家学者展开探讨。此次研讨会旨在通过双方努力,激励女性在工程师和领导者的职业生涯中充分发挥潜力,促进更多、更优秀的女性参与工程科学的跨文化交流。中国高等工程教育质量虽然得到了国际同行的认可,但也存在高层次科技创新人才不足,战略科学家、领军人才缺乏及人才培养国际化水平不高等特点,亟须加强工程教育智库的建设,扶持行业特色型院校发展,吸引和留住优秀女性工程人才。

【中美家庭共度国际家庭日活动】 2018年5月12日,由北京市妇女联合会与北京市人民政府外事办公室共同主办的每年一度的"中外家庭共度国际家庭日"活动在中国宋庆龄青少年科技文化交流中心展开。本次活动以"共享科技文化成果,共创美好幸福家园"为主题,旨在围绕"国际家庭日"促进家庭和睦、幸福和进步的内涵和意义,以家庭文化建设为核心,加强中外家庭、中外文化之间的沟通交流。北京市妇联主席蔡淑敏表示,此次活动以倡导家庭成员尊重多元、共享成果、创建包容性社会为核心,通过家庭共同体验科技文化发展成果的形式,希望更多家庭成员了解推动可持续发展所需要的知识和技能,关注家庭对建立和谐包容社会的意义,凝聚共建美好幸福家园的共识和行动。开幕仪式上,来自美国的马思道家庭表示,在这里不仅可以结识更多的朋友,还能同时体验到中国传统文化的深厚底蕴与现代科技的神奇,把传统与现代完美地结合在一起。

【美国学者走访天津半边天家园交流妇女问题】 2018年6月4日,美国罗格斯大学社会工作学院学访团连续第八个年度访问天津,参与了半边天家园活动,并围绕社区工作、妇女儿童权益保障以及社会福利政策等方面进行了交流。学访团参观了社区服务大厅、德邻书画、创意手工、读书天地、网络时空、民乐舞蹈等功能室,听取了社区妇女工作情况介绍,与社区工作者、志愿者和居民座谈。座谈会上,市妇联权益部部长刘海燕介绍了天津市半边天家园的运行状况。学访团一行详细了解了社区妇女工作情况,对社区运作模式、丰富的精神文化活动给予了高度评价,并希望这项已经连续开展5年的学访活动能够长期坚持下去,使两地在社区工作方面进行更多的借鉴与交流。

【中国女孩宋歌当选美国福布斯青年领袖】 2018年6月19日,中国女孩宋歌当选为美国《福布斯》杂志"2018亚洲30位30岁以下精英榜"的青年领袖,《福布斯》称宋歌是"美国和中国娱乐市场相结合的最佳希望"。宋歌在中国天津长大,曾做过中央电视台的节目主持人,先后在斯坦福大学、哈佛商学院学习。目前,她正在筹集1.5亿美元资金,推动中美影视合作。

【中美青年参加北京国际青年关爱女性行动】 2018年7月1—10日,"Smart Lady·Smart Life 智慧女性·智慧生活"——第五届(2018)北京国际青年关爱女性及传统文化志愿者体验行动在北京成功举办。本次活动由北京市妇女联合会与北京市人民政府外事办公室共同主办,北京市妇女国际交流中心、朝阳区妇女联合会及北京国际汉语研修学院承办。在为期10天的志愿活动中,中美及其他国家青年们走进朝阳区社区家庭中,交流各国家庭文化;参访中国妇女儿童博物馆、中华女子学院、求实职业技术学校等;以《性别平等·人人受益》中英双语教育手册为蓝本,分享性别平等理念;了解中国妇女儿童事业发展情况以及女性发展在社会进步中的重要意义。参加者表示,将通过自己的智慧和力量,关注妇女儿童的现状与需求,推动联合国性别平等可持续发展目标的实现。

【美国学者参加世界女哲学家论坛】 2018年8月10—12日,第17届世界女哲学家论坛在清华大学举办。这是世界女哲学家论坛首次来到中国。论坛围绕"哲学史中的女性""知识、科学、价值""马克思主义哲学和女性发展""女性与哲学的未来"4个议题,充分展示了女性学者在哲学与性别研究各领域所做出的重要贡献。与会者所带来的新知识、新观念与新问题为世界女性哲学发展注入了新活力。本次会议历时3天,从哲学各个分支分享了女性和女性主义者的研究成果,为中美人文交流做出了卓有成效的贡献。

【中美专家探讨女性睡眠健康】 2018年9月1日,2018睡眠健康行活动在辽宁省大连市举行,来自中美两国睡眠研究领域的专家围绕女性睡眠健康等话题进行了探讨,并倡导民众了解健康睡眠理念。美国哈佛医学院BIDMC睡眠中心培训与科研部主任罗伯特·托马斯(Robert Thomas)表示,目前睡眠医学已成为一门独立学科,但是社会上对于睡眠健康的关注较少,专注于女性睡眠健康更少。罗伯特分析,先天遗传、呼吸障碍、不良生活习惯等都是导致睡眠障碍的原因。睡眠异常、无法持续睡眠、睡眠中血氧不足等与睡眠相关的疾病,会直接导致很多疾病的发生。此次中美专家的交流不仅增进了两国在此领域的学术交流,也为中美友好交流合作打下了基础。

【中美机构联合开启陕西青年女性就业项目】 2018年9月18日,由陕西省妇联和国际计划(美国)陕西代表处(简称国际计划)主办、陕西女友传媒集团有限公司(简称女友传媒)承办的陕西青年女性就业项目启动会在西安市召开。陕西省妇联副主席杨乐、国际计划（美国）陕西代表处首席代表海德出席会议并致辞。杨乐表示，陕西青年女性就业项目是陕西省妇联"三秦巾帼脱贫行动"的重要组成部分，是妇联组织开展精准扶贫精准脱贫工作的重要载体。海德表示，国际计划关注青年就业问题，希望通过该项目，为陕西贫困青年女性提供以劳动力市场为导向的职业和生活技能培训，为陕西省的扶贫工作和发展做出积极贡献。此次合作将对陕西青年女性的发展产生深远的影响，也为进一步深化中美女性交流打下了基础。

【中美人才汇聚上海妇女发展国际论坛】 2018年9月18日，由上海市妇儿工委、市妇联和剧场式演讲平台共同举办的2018上海妇女发展国际论坛暨造就WOMEN大会在上海市开幕。上海市政协副主席金兴明、联合国亚洲及太平洋经济社会委员会性别平等及社会融合处处长蔡縢出席开幕式并致辞。论坛以"真实的选择"为主题，邀请了美国、英国、加拿大等30多个国家和国内的女性行业领军人物进行演讲，内容覆盖信息技术、生命科学、航空航天、企业管理、影视传媒、人文艺术等众多行业和领域，多维度、多视角探讨女性在科技创新、社会发展、生命教育以及人文关怀等方面的全新力量。论坛分设世界的真实、创造的真实与自我的真实3个专题，中科院院士、清华大学教授、密码学专家王小云，美国女工程师协会首席执行官兼执行董事凯伦·霍婷（Karen Horting），中国科学院院士、上海交通大学附属国际和平妇幼保健院院长黄荷凤等嘉宾作精彩演讲。创办于1998年的上海妇女发展国际论坛，始终秉承为女性发声的宗旨，不断聚集各界力量，为公共政策制定和咨询，为总结女性发展经验和成果，促进中外妇女的交流与合作，发挥了重要作用。

【华人女科学家曹颖获美国"天才奖"】 加州理工学院华人女科学家曹颖为2018年度25位美国麦克阿瑟基金会本年度"天才奖"获奖者之一。她因为在揭示灵长类动物大脑视觉神经机制方面做出的重要贡献而获奖。曹颖出生于中国，幼年随父母赴美，她曾先后就读于加州理工学院、哈佛大学，目前在加州理工学院任教。在曹颖早期的研究中，她利用功能性磁共振成像技术（fMRI）确认了猕猴的脑细胞在识别脸部特征时有明确分工。曹颖及其团队2017年发表的最新研究成果又进一步破译了大脑中的面部识别机制，即大脑仅需要约200个神经元就能实现面部识别。麦克阿瑟基金会认为，曹颖的研究为阐明一系列其他神经计算和感官处理功能打下了基础，是探索感知的开拓者，"彻底改变了我们对于大脑如何识别面部的理解。"麦克阿瑟基金会"天才奖"创设于1981年，旨在表彰在社会发展中发挥重要作用的创造性人才。每年评选20名至30名杰出人士，并在5年中给每人提供总额62.5万美元的奖金，让他们能更自由地继续探索。在曹颖之前，已有陶哲轩、庄小威、陈露、何琳、杨培东和张益唐等华人科学家获得过该奖。

【美国学者参加"我与女性史研究"座谈会】 2018年10月15日，"我与

第一编　高级别人文交流机制

女性史研究"座谈会在北京大学举行，与会嘉宾分享了其进入女性史研究领域的经历，并围绕"女性是研究对象还是研究路径""女性史与性别史概念的辨析""性别意识的产生"，以及"女性研究的两性书写"等问题展开了讨论。来自美国华盛顿大学的伊沛霞教授（Patricia Ebrey）、中国台湾成功大学的刘静贞教授、北京大学历史学系的邓小南教授、李志生教授，以及北京大学社会学系的佟新教授，在北京大学静园出席了座谈会。

【"首届女性诗歌周"为美国诗人颁发"优秀外国女诗人奖"】 2018年12月19日，由中国诗歌学会、北京大学中国诗歌研究院和中共四会市委宣传部共同启动"玉润四会——首届女性诗歌周"，国内外逾百名女性诗人、评论家、学者齐聚一堂。首届女性诗歌周中的"优秀外国女诗人奖"由艾莉森·库克（Allison Adelle Hedge Coke）获得。诗歌周的活动还包括"女性星空与诗歌漫步"母语诗歌沙龙、诗歌爱好者优秀作品评选、"中国女性诗歌写作维度"高端论坛、名家学术讲座、朗诵会、玉雕作品展等。女性诗歌奖两年一届，逢双年在中国评选和颁布。本次评选以当代女性诗歌创作体现先进性、民族性、审美性为首要标准。中国诗歌学会会长、北京大学中国诗歌研究院常务副院长黄怒波在致辞中说，女性诗歌是中华民族文明史中颇具历史意义的文化存在，深度认识这种存在和阐释这种存在，是当代诗学的重要任务。

九　中美青年人文交流

【第三届知行中国——中美青年菁英项目】 2017年6月3日，由中国教育国际交流协会与美国艾森豪威尔基金会等机构合作举办的第三届知行中国——中美青年菁英项目在北京拉开帷幕。"知行中国"是中美人文交流的一项重要机制，而"知行中国——中美青年菁英项目"则是重中之重。本次第三批学者分别来自公共事务管理、影视、农业与食品安全、教育平等、健康养老等方面，在一个月的时间里与各自相关领域企业和行业专家进行交流，本次项目与"一带一路"倡议相呼应，共同在全球搭建青年之间沟通交流、文化合作的桥梁。

【第十届中美大学生交流论坛开幕】 2017年6月24日，以"对全球化的重新审视和青年决策"为主题的IMUSE2017第十届中美大学生交流论坛在清华大学开幕。该论坛是由清华大学、北京大学、哈佛大学三校学子联合发起的中美大学生交流平台，旨在通过两国大学生青年菁英交流，增进中美青年的相互理解，通过实地考察和亲身体验以及对中美之间热点问题的探讨，帮助代表体察当代中美社会与青年的真实面貌，消除误解，破除固有印象，力图通过两国青年的有益交互，为未来中美两国的深化合作起到积极作用，并促进中美人文交流。

【美国青年领导人代表团访华】 2017年7月8日至20日，美国青年领导人代表团应中华全国青年联合会的邀请前来访华。代表团由美国青年政治领袖理事会派遣，访问了北京、西安、成都等地。美国青年政治理事会是美国跨党派政治性青年团体，自1979年与全国青联建立正式交往关系，2011年该项目被纳入中美人文交流高层磋商机制。

【中美青年论坛开幕】 2017年9月28日，作为中美社会和人文对话的配套活动，中美青年论坛在乔治·华盛顿大学举办。国务院副总理刘延东和美国教育部长德沃斯参加并讲话。参会嘉宾以自己的亲身经历来述说中美民间交往的故事。本次论坛是中美人文对话交流的亮点，为两国青年提供了更多相互学习的机会和人生出彩的舞台，必将进一步推动中美双方扩大人文交流的平台和渠道，提升人文交流的影响力。

【第五期"中国—耶鲁青年领导者对话"项目举办】 2017年11月27日至12月7日，第五期"中国—耶鲁青年领导者对话"项目在美国纽黑文与华盛顿成功举办。该项目是中美社会和人文对话框架内青年领域的重点项目，团中央每年选派来自中国政府、企业、青年组织、法律和媒体等不同界别的优秀青年赴美国耶鲁大学，围绕中美双方共同关心的话题进行对话交流。

【中美青年创新创业与经济机遇论坛开幕】 2017年12月6日，中美青年创新创业与经济机遇论坛在深圳开幕。该论坛由中华全国青年联合会和美国国务院共同主办，论坛主题为"创业、创新、经济机遇"，旨在促进中美青年创新创业者、企业家之间的相互交流与务实合作。来自中美两国的优秀青年创新创业者、企业家等100多人出席论坛。

【中美青年学者论坛举行】 2018年1月30日至31日，由环球时报社、美国卡特中心、埃默里大学全球战略与项目共同主办的第四届"中美青年学者论坛"在美国亚特兰大埃默里大学举行。80余名两国青年学者和相关领域专家、媒体人围绕民族主义和国家认同对中美关系的影响、媒体在中美互动中的角色及中美关系中的热点问题进行深入讨论。

【北京大学中美青年创客交流中心揭牌】 2018年2月2日，北京大学中美青年创客交流中心举行揭牌仪式，美国驻华大使布兰斯塔德、教育部副部长田学军、北京大学校长林建华、微软亚洲研究院副院长潘天佑出席并致辞。2017年底，教育部国际合作与交流司公布了16家高校和两家企业为首批中美青年创客交流中心挂牌单位。建设中美青年创客交流中心是中美首轮社会和人文对话达成的一项重要共识和成果。中美青年创客交流中心将为两国青年创新创业培训、科技文化体验交流等提供更广阔的平台。

【第四届知行中国——中美青年菁英项目】 2018年6月3日，为期一个月的第四届"知行中国——中美青年菁英项目"在北京启动。作为第五轮中美人文交流高层磋商会议的重要成果以及中美人文交流示范项目，"知行中国—中美青年菁英项目"由中国教育国际交流协会和美国艾森豪威尔基金会等机构合作举办。第四批中美青年菁英学者来自美国金融、农业、科技、卫生、国际

第一编 高级别人文交流机制

关系等多个行业,将前往中国多个城市实地考察和调研,感受中国日新月异的发展并加强与中国青年的友好交流。

【中美投资人与创业者对话会暨中美青年创业先锋交流营举行】 2018年10月10日至21日,由中华全国青年联合会主办的中美投资人与创业者对话会暨中美青年创业先锋交流营举行。12名美国创业青年,作为交流营代表,先后奔赴苏州、无锡、北京等地考察中国的创新企业、孵化园区及青年机构,就当前中美关系和中美贸易摩擦中存在的问题,提出青年的解决方案。

【第二届中美青年创新创业论坛举办】 2018年10月12日,第二届中美青年创新创业论坛在江苏省苏州市举办。本届论坛由中华全国青年联合会与美国亚利桑那州立大学合作主办,来自中美两国的50位青年创新创业者齐聚一堂,围绕"全球化新形势与创业新机遇"展开深入研讨。

十 中美地方合作交流

【概况】 地方交流合作是中美关系中最积极、活跃的方面之一,显示与蕴藏着两国人文交流的巨大潜力。在全球两个最大的经济体之间推动地方人文合作将造福两国人民。根据首轮中美社会和人文对话行动计划,中美地方人文交流将围绕以下六个方面展开:①中美省州和管理部门交流合作;②中美地方教育交流合作;③中美地方科技交流合作;④中美地方环保交流合作;⑤中美地方文化交流合作;⑥中美地方卫生交流合作。2017—2018年,中美地方人文交流在六个方面全面推进,在广度与深度方面进一步拓展,呈现出以下特征:

第一,合作领域广、重点突出。中美两国地方政府在投资、教育、经贸、旅游、环境保护、立法与司法、政府治理、文化艺术、科技等多个领域全面推开,其中经贸与投资领域的交流继续成为重点与热点,有助于两国与两国地方经济繁荣。

第二,涉及省州多、强调引领作用。中美两国地方人文交流中,几乎中国所有省、直辖市、自治州都积极参与,遍地开花。在美国方面,则突出了华盛顿州、纽约州、田纳西州、艾奥瓦州、威斯康星州、加利福尼亚州等与中国交往密切的各州在地方人文交流方面的引领作用。

第三,机制化程度高、开拓新合作机制。2017年到2018年的实践体现了中美地方人文交流的高度机制化,涉及众多可持续性地方交流机制的年度活动,比如中国省与美国加州贸易投资合作联合工作组、中美省州立法机关合作论坛等。同时,两国地方借首轮中美社会与人文对话的东风,不断开拓新合作机制,比如中国省与美国纽约州贸易投资合作论坛、中国省与美国华盛顿州贸易投资合作论坛等。

第四,中央/联邦搭台、地方唱戏。中美地方人文交流中,中美两国中央/联邦政府积极推动,而交流主体则始终是各省州。中美两国积极通过顶层设计，推动地方人文交流的拓展及深入。

【中国（广东）——美国投资合作交流会举行】 2017年4月20日，中国（广东）——美国投资合作交流会在广州市举行，中共中央政治局委员、省委书记胡春华，省长马兴瑞出席交流会主题大会，并会见与会嘉宾代表。目前，广东省与美国地方交流合作成效明显，一批美国高水平合作项目落户广东省，一些广东企业也"走出去"到美国投资。交流会期间还举行了项目签约仪式，15个签约项目金额合计22.89亿美元。

【黑龙江省教育厅与美国威斯康星大学签署教育交流合作谅解备忘录】 2017年4月22日，黑龙江省教育厅与美国威斯康星大学签署了《黑龙江省教育厅与美国威斯康星大学系统谅解备忘录》，旨在共同推动黑龙江高校与威斯康星大学系统内十余所公立大学开展实质合作，促进教育发展，并通过教育交流与合作促进黑龙江省与威斯康星州长期友好。黑龙江省与威斯康星州建立友好省州关系35周年，多年来，双方在教育领域一直保持着良好的交流与互动，开展中小学校长互访活动及高校教师交流、科研合作。

【驻洛杉矶总领馆为"中国省与美国加州贸易投资合作联合工作组"举办欢迎招待会】 2017年5月9日，驻洛杉矶总领馆为"中国省与美国加州贸易投资合作联合工作组"举办欢迎招待会。中美建交以来，在双方共同努力下，中国与加州的合作走在了中美地方合作前列。总领馆为推动"中国省与美国加州贸易投资合作联合工作组"机制及地方务实合作也做了重要的务实工作，助力中美关系发展。与会各方均表示对中美经贸合作前景充满信心。

【中美省州经贸合作系列活动举行】 2017年6月13日，由云南省政府主办的中美省州经贸合作系列活动在云南省昆明市举办，此次活动以"共享机遇，共创繁荣"为主题，围绕现代农业、旅游业、生物医药和大健康产业、现代物流业和环境保护开展研讨和项目对接。本次系列活动旨在通过开放式的对话平台，汇聚云南省与美方各类资源，充分发挥"中美省州贸易投资合作联合工作组"机制作用，为云南省与美国各州在政府部门、民间组织及企业间搭建共商经济、贸易、科技、产业及其他相关问题的高层对话平台和智库交流平台。

【机遇与挑战——中美经贸合作新纪元论坛暨美国中国总商会芝加哥商会2017年年会召开】 2017年6月29日，机遇与挑战——中美经贸合作新纪元论坛暨美国中国总商会芝加哥商会2017年年会在美国芝加哥市召开。本次活动包括8个组成部分：美国中西部——中国贸易投资合作论坛、美国中西部——中国经济贸易合作午餐会、区域贸易和投资推介会、美中各省市商务交流对接、美国中西部各州企业经济投资机会展览、州长和CEO贸易投资合作圆桌会议、鸡尾酒会、晚宴和颁奖典礼。会上还宣布成立出口咨询委员会，并向波音公司、康明斯公司、史密斯菲尔德食品公司、阿彻丹尼尔斯米德兰公司、美赞臣公司、微软公司等成员颁发委员会证书。

【中国省与美国纽约州贸易投资合

作论坛召开】 2017年7月18日，由中国商务部外贸发展局和美国纽约州经济发展厅共同主办、中国驻纽约总领事馆和美国纽约州政府共同支持的"中国省与美国纽约州贸易投资合作论坛"在纽约州布法罗市召开。此次论坛是国务院副总理汪洋访美出席首轮中美全面经济对话的重要配套活动，也是落实习近平主席4月访美期间与特朗普总统达成的中美经济合作"百日计划"的一项具体贸促活动。中国是纽约州在北美地区以外最大的贸易伙伴，中国大陆与香港是纽约州的第一大出口市场，纽约州也日渐成为中国企业投资的热点。"中国省与纽约州贸易投资合作联合工作组"于2016年4月在纽约市成立，旨在搭建服务和交流的平台，为双方拓展贸易投资合作、密切人员往来提供助力，帮助双方企业寻找更多商机。

【中国省与美国华盛顿州贸易投资合作论坛召开】 2017年7月20日，由中国商务部外贸发展局和美国华盛顿州商务厅共同主办、中国驻旧金山总领事馆和美国华盛顿州政府共同支持的中国省与美国华盛顿州贸易投资合作论坛在西雅图市召开。来自中国与华盛顿州政府部门和企业近200名代表就信息产业、高端制造、生命科学、清洁能源、食品加工和房地产等领域合作开展对接交流。此次论坛是国务院副总理汪洋访美的重要配套活动，也是为落实习近平主席4月访美与特朗普总统达成的"百日计划"的重要后续活动。华盛顿州对华贸易额在美国各州中排名第一。自2015年9月中国省与华盛顿州贸易投资合作联合工作组成立以来，双方保持了密切的互动联系，积极推动双方产品相互开拓市场，跟踪推进双方大项目，解决中美两国企业多项具体关注。双方表示将进一步挖掘合作潜力，落实两国高层关于推动中美省州间经贸合作的共识，促进两国进一步开展多领域、全方位合作。

【第二届中美省州立法机关合作论坛召开】 2017年9月25日，由中国人民对外友好协会与美国州立法领袖基金会、湖北省人大常委会共同主办的第二届中美省州立法机关合作论坛在武汉市开幕。本届论坛以"为了更紧密的联系与合作"为主题。与会代表围绕省州如何通过立法推动中美基础设施建设、数据创新、长江和密西西比河流域合作等三大议题展开了深入讨论。中美省州立法机关合作论坛成立于2015年12月，是同年9月习近平主席对美国国事访问成果之一，旨在利用两国省州立法平台，扩大省州务实合作，推动中美关系健康发展。首届论坛以"旅游合作"为主题于2016年6月25—26日在美国夏威夷州檀香山市举办。

【首届中美首都圈城市治理圆桌会议举行】 2017年11月5日，由北京大学城市治理研究院、北京大学政府管理学院、弗吉尼亚理工大学公共政策学院联合主办的首届中美首都圈城市治理圆桌会议在北京大学举行。来自中国和美国的30余位专家、学者、管理者，围绕城市规划、城市创新、城市治理、城市交通等多方面问题，展开了讨论和交流互鉴。本次会议暨论坛以"中美首都圈城市治理"为主题，分析了中美两国首都圈城市发展过程中共同面临的问题和解决策略，摸索了全球范围内城市治理创新理念与创新实践，为中美两国城市治理与发展提供了新思路、新理念和新策略。

【"2017感知中国——中国西部文化美国西部行"系列活动开幕】 2017年11月13日，由中国国务院新闻办公室和中国驻洛杉矶总领馆联合主办的"2017感知中国——中国西部文化美国西部行"系列活动开幕式暨"魅力西部"首场文艺演出在洛杉矶市中心莱克曼剧院隆重举行。中美双方各界人士1200人出席。此次活动是党的十九大后中国在美举办的第一场文化交流活动，展示了中国西部多民族多样文化特征。演出团于14日在圣地亚哥市举办第二场演出。活动期间，还放映了《第三极》《我们诞生在中国》等体现中国西部风土人情、自然生态的纪录片。

【第三届中国—加州商务峰会举行】 2018年5月3日，第三届中国—加州商务峰会在洛杉矶市举行。本次峰会以促进"中国省与美国加州贸易投资合作联合工作组"框架下的中美地方经贸合作为主题。中国已成为加州最大贸易伙伴、最大进口来源国和第三大出口市场。双方经贸关系的发展带动了双方在文化、教育、旅游、医疗卫生、环境保护、娱乐产业等领域的交流合作，凸显了中美地方合作的强劲势头和巨大潜力。峰会期间，来两国商务部门、企业代表和相关行业专家围绕跨境电商、先进制造业、人工智能和清洁技术等议题进行了专题研讨。中美双方企业还进行了交流对接。工作组双方成员部门代表回顾了过去一年来的合作情况，就如何进一步加强合作、挖掘潜力进行了探讨。

【第四届中美省州长论坛召开】 2018年5月22日，第四届中美省州长论坛将在成都市召开，吸引超过350名中外嘉宾参与。中美省州长论坛由中国国家主席习近平与美国总统奥巴马于2016年9月在二十国集团领导人杭州峰会期间共同决定举办的论坛。开幕式上播放了中美省州长论坛宣传片，全面回顾了中美省州长论坛这一合作机制在促进两国地方间经贸、投资、能源、人文等领域合作所发挥的重要作用。论坛指出进一步密切中美地方间合作关系，应从三个方面继续努力。一是把握方向，构建中美省州开放型合作模式；二是优势互补，推动中美省州经济协调发展；三是锐意进取，激发中美省州创新发展的动力。双方强调中美省州长论坛平台和机制推动美国与中国的地方政要、企业家走到一起，面对面沟通交流，共同推动中美两国地方间建立更加密切的合作关系，为双方各领域合作提供了重大机遇。论坛开幕式结束后，还连续举行了3次论坛全体会议，与会嘉宾围绕贸易投资、绿色发展、创新经济等主题进行了交流讨论。

【"全球高端制造业基地——美国田纳西州投资对接会"举行】 2018年5月31日，商务部投资促进事务局与美国田纳西州中国发展中心（驻华办）在北京市主办"全球高端制造业基地——美国田纳西州投资对接会"，吸引约150名代表参会。本次活动作为第五届中国（北京）国际服务贸易交易会的重要组成部分，聚焦全球新兴制造业基地——

田纳西州，为中国企业"走出去"搭建合作共赢桥梁，内容涵盖美国田纳西州投资环境、优惠政策、重点项目、赴美投资风险控制以及税务筹划、财务审计建议等。

【中国城市与美国芝加哥市投资合作论坛召开】 2018年7月11日，由商务部投资促进事务局与芝加哥招商局共同主办的中国城市与美国芝加哥市投资合作论坛在北京市召开。来自美国芝加哥市与中方8个成员城市及其他地方城市的政府部门、企业、机构等320余人出席。论坛主体活动由主题论坛、金融专场研讨、城市及企业交流沙龙组成。双方共同见证工作组双方秘书处签署《2018—2023五年重点产业合作计划》，为中国相关城市和芝加哥市在医疗健康、先进制造、创新技术等领域搭建以产业为主线的双向投资促进平台。商务部投资促进事务局与芝加哥招商局分别承担"中国城市与美国芝加哥市贸易投资合作联合工作组"中美方秘书处职责，工作组成立5年来，双方明确产业需求及重点合作领域，组织代表团互访，开展产业投资促进活动，务实推动了一系列项目的落地。

【河北省与艾奥瓦州举办建立友好省州关系35周年系列庆祝活动】 2018年8月26—28日，河北省友好代表团一行参加了在艾奥瓦州举办的河北省与艾奥瓦州建立友好省州关系35周年系列庆祝活动，包括马斯卡廷市与正定县结好5周年庆祝晚宴、走访大学与企业、双方有关企业签署合作备忘录以及文艺演出。双方将借结好35周年之机，进一步深化友谊，加强政治、立法、经贸、教育等领域务实合作，造福两地人民。

【第二届美国孔子文化节开幕】 2018年9月8日，由山东省文化厅、中国孔子基金会、美国孔子文化中心、北加州山东同乡会联合主办的第二届美国孔子文化节在旧金山湾区开幕。各方不论族裔背景，超越文化壁垒，共同回顾了孔子作为中国古代伟大的教育家、哲学家、思想家的一生，共同探讨了孔子及儒家思想如何跨越国界、丰富人类文明思想的宝库。作为第五届跨越太平洋——中国艺术节的重要组成部分，第二届美国孔子文化节致力于在美国普通民众之中搭建中美人文交流的桥梁，构筑中美友好的纽带。

【山东爱乐民族乐团大型民族音乐会上演】 2018年9月30日，作为第五届跨越太平洋——中国艺术节系列活动之一，山东爱乐民族乐团"孔子家乡、美丽山东"大型民族音乐会在旧金山湾区成功上演。由山东爱乐民族乐团50多位民族音乐家组成的乐队为现场观众呈现了《红旗颂》《泰山颂》《齐风韶乐》《百鸟朝凤》等民族音乐表演。访问期间，山东爱乐民族乐团还参加了第二届美国孔子文化节活动，并走进旧金山湾区学校，开展民乐进校园的推广活动。

【第四届中美省州教育厅长对话举行】 2018年10月30—31日，中美两国教育部在华盛顿市举办第四届中美省州教育厅长对话。本次对话是为落实首轮中美社会和人文对话共识而举行的教育领域机制性活动，也是两国首次以"职业技术教育与培训"为主题举办高级别政府间对话活动，强调职业教育与经济社会发展紧密相连、发展职业教育是中美两国共同的需要。双方就职业教育领域的政策措施和实践经验进行了交流，探讨了拓展中美地方合作的有效途径。会议期间，双方代表还实地走访了美国两所职业院校。

【第三届中美省州立法机关合作论坛召开】 2018年11月29日，由中国人民对外友好协会与美国州立法领袖基金会共同主办的第三届中美省州立法机关合作论坛在美国内华达州拉斯维加斯市召开。本届论坛以"省州携手，增进合作"为主题，与会代表围绕中美省州政府如何通过立法推动中美经贸及教育合作展开了讨论，并就智能交通、卫生健康产业发展及立法等专项议题开展了积极交流。论坛发表联合声明说，中美省州立法机关将致力于促进双方各领域交流，增进合作，巩固友谊。中美省州立法机关合作论坛成立于2015年12月，旨在利用两国省州立法平台，扩大省州务实合作，推动中美关系健康发展。前两届论坛分别于2016年和2017年在美国夏威夷州檀香山市和中国湖北省武汉市举办。

（撰稿人：陈崛斌、付美榕、贾宁、李今朝、刘杨、马丽媛、王镇平、闫循华、张春波）

中英人文交流

一 中英人文交流综述

【中英关系】 2017—2018年，国际形势复杂多变，脱欧进程给英国内政外交带来不确定性。与这些不确定性相比，中英两国重申"黄金时代"的共识，双边关系务实推进，两国政治、经济与人文交流的战略性、全球性得到加强，"一带一路"框架下的合作也取得实质性进展。中英人文交流深厚的社会基础和机制创新为推动中英关系"黄金时代"的深入发展注入了新的动力。

【机制回顾】 2017年以来，中英人文交流保持强劲发展势头，两国人民间的交往更为广泛和深入。首先，中英两国重申了加强人文交流、夯实两国关系社会民意基础的共识。2017年7月，习近平主席在汉堡会见英国首相特雷莎·梅时指出"要以中英高级别人文交流机制成立5周年为契机，密切民间交往和青年交流"。英国首相特雷莎·梅也多次表示愿与中方一道深化人文领域伙伴合作。2018年1月，特雷莎·梅访华，首站选择湖北武汉并出席湖北英国教育文化交流展。她表示：在发展中英关系"黄金时代"的过程中，两国人民之间的交往对于这个"黄金时代"至关重要。

其次，高级别人文交流机制建设在中英全方位、多领域、深层次的人文交流格局形成与发展中发挥了引领作用。2017年12月6日，在英国伦敦举行了中英高级别人文交流机制第五次会议，国务院副总理刘延东同英国卫生大臣亨特共同主持会议。刘延东指出中英高级别人文交流机制"形成了影响广泛的品牌项目。中英双方应不断提升人文交流的质量和水平，惠及更多民众，为中英关系'黄金时代'持续深入发展奠定更加坚实的社会和民意基础"。英国卫生大臣亨特也表示中英高级别人文交流机制是两国之间合作的核心内容。此次机制会议将社会和妇女领域纳入中英人文交流范畴，至此两国人文交流领域已经拓展至11个，包括教育、科技、卫生、文化、媒体、体育、青年、妇女、社会、旅游和地方合作。会议期间，两国签署了《中英高级别人文交流机制第五次会议联合声明》及相关领域的10份合作协议，在教育、科技和文化等领域举办了多项机制会议配套活动。机制成立5年以来，各领域共签署50项合作协议，达成72项合作成果。

再次，中英人文交流主体更趋多元

化，自上而下的政府引领和自下而上的民间参与同步推进，呈现机制化和常态化并重的态势。中英两国政府通过中英高级别人文交流机制、双方政府部门间的定期会晤机制以及地方领导人会议发挥了积极的引领作用。此外，社会机构、民间组织和公众的主动参与度不断提升，民间自发参与度和协调性加强。例如，48家集团俱乐部"青年破冰者"积极推动中英民间交流；两国高校创设中英高等教育人文联盟学术峰会；文化机构举办艺术展览、戏剧演出等。大批新的项目顺利开展，在两国民众中产生了广泛而积极的影响。

最后，中英两国有关机构积极推进人文交流的"双向"深入发展。以教育为例，北京大学汇丰商学院英国校区于2018年3月启动，招收对中国感兴趣的国际学生攻读北京大学的金融学、经济学、管理学等课程。中国驻英国大使刘晓明认为，该校区的建立是"中国高等教育第一次走进发达国家；中国大学第一次在海外独立建设、自主管理实体办学机构。这在中外教育交流史上具有重要里程碑意义"。英国政府也开启了一系列新的合作计划：推出"非凡英语"计划；扩大中英两国数学教师交流项目，鼓励英国的小学教师来中国参加教育培训。

【开展情况】 2017—2018年，中英人文交流在教育、科技、文化、卫生、媒体、体育、旅游、青年、地方合作、社会和妇女等领域的合作内涵继续扩大，质量和水平进一步提升。

第一，教育交流与合作。

教育交流与合作是中英人文交流的重头戏，机制化水平高，成果丰硕。

其一，中英教育交流与合作日益机制化和常态化。两国定期举办中英教育部长峰会、汉语教学年会、中英高等教育人文联盟学术峰会以及剑桥国际教育研讨会等活动。

其二，孔子学院和孔子课堂继续助力英国的汉语教育，汉语热向英国中小学拓展。2017年2月，全球第1000所孔子课堂在英属泽西岛成立；2017年6月启动的伦敦大学学院教育学院示范孔子学院是北京大学在全球共建的孔子学院中唯一一所以中小学为基础的孔子学院；苏格兰中小学孔子学院在2017年9月获得"示范孔子学院"称号，其作为苏格兰地区唯一以中小学为基础的孔子学院成立5年来取得了显著成绩。

其三，汉语对英国学生的影响力进一步提升。在中方的支持下，英国教育部于2016年推出中文培优计划，鼓励了英国学生学习汉语。2018年，3000多名英国中学生参与该计划，汉语成为英国高中课程（A-Level）考试的第三大外语科目，仅次于法语和西班牙语。

其四，中国科研机构和高校积极在英国建立教育、科研机构，推动中英教育合作的深入发展。2017年12月，中国医学科学院牛津研究所成立，不仅是中国在海外成立的第一家医学研究所，也是牛津大学建校800多年来首次允许外部机构在其校园建设研究机构。继北京大学汇丰商学院英国校区启动后，清华启迪科技园2018年5月在英国纽卡斯尔成立。

第二，科技、卫生交流与合作。

中英科技、卫生交流与合作继续蓬

第一编 高级别人文交流机制

勃开展，合作领域不断拓展，取得了诸多新进展。

其一，中英科技交流与合作的机制更加完善，体现出战略性。2017年12月，中英两国政府签署《科技创新合作备忘录》，正式启动《中英科技创新合作战略》，这是中国与其他国家联合制定的首个双边科技创新合作战略。2018年11月，召开了中英科技创新合作联委会第九次会议。新建立了中英核安全合作指导委员会等科技合作机制，首次核安全合作指导委员会会议于2017年9月召开。此外，两国科技部门和科研院所在2017年和2018年举行了多次中英空间科学与技术研讨会、科技合作峰会、创新与发展论坛、人工智能论坛等活动。

其二，中英科技合作项目数量不断增加，涉及更多科技前沿领域。中英联合研究创新基金（"牛顿基金"）继续资助中英两国科学家在多个前沿科技领域内的合作。中国工程院与英国皇家工程院"创新领军人才联合培养项目"继续推进。2017年3月，第二次创新领军人才联合培养项目在伦敦展开。此外，"中科院—约克公爵国际人才计划"和抗生素耐药性科研与创新合作项目分别在2017年和2018年启动。

其三，中英卫生交流与合作机制深入发展。中英两国先后联合举办了中英全球卫生对话、生命科学与医学高峰论坛、卫生政策对话以及中英癌症大会。2018年6月，由中国国家癌症中心和英国国际贸易部共同主办的首届中英癌症大会在北京召开，开启了两国在癌症防治领域合作的先河。

其四，中医研究在英国受到更为广泛的接受。第八届和第九届英国中医师学术年会分别于2017年4月和2018年3月举行。2017年12月，牛津大学与陕西摩美得制药有限公司签署谅解备忘录，共同成立了牛津大学中医药研究中心，这是牛津大学成立的首个中医药研究中心。

第三，文化、媒体、体育交流与合作。

中英文化、媒体、体育交流与合作再上新台阶，成果显著。

其一，中英创意产业交流与合作不断创设新机制，并加大了民间参与。2018年1月，中英两国政府签署了《推动中英文化遗产和博物馆领域合作谅解备忘录》。两国先后联合举办了中英国际文化创意产业峰会、艺术创意产业论坛、伦敦手工艺周"技艺中国"、文创交流研讨会。同时，两国创意产业的务实合作稳步推进：2018年5月，腾讯与英国国际贸易部达成数字文化创意产业合作协议；2018年11月，两国的文化创意产业企业在中国进口博览会上共同签署8项合作协议。

其二，中英文化交流活动更加丰富多彩。在中国举行的文化交流活动包括"大英博物馆100件文物中的世界史"展览、"从莎士比亚到福尔摩斯：大英图书馆的珍宝"展览、"文苑英华——来自大英图书馆的珍宝"英国作家手稿展以及"非凡英国"系列活动。在英国举行的中英文化交流活动有：中国国家京剧院第四次在英演出活动、爱丁堡艺穗节"聚焦中国"系列活动、"威尔士—中国节"系列活动以及"英国上海电影周——大师谢晋作品回顾展"等。

其三，足球领域是中英体育交流与合作的一个亮点。两国联合推出"学转英超"中英校园足球中级裁判员培训班和中国校园足球——英足总国际初级教练员培训班，并于2018年1月召开了首届中英足球超级联赛高峰论坛。

第四，青年、妇女、社会、地方等领域的交流与合作。

在近年来新拓展的青年、妇女、社会与地方合作等领域，人文交流也迅速开展。中英青年和妇女人文交流开始机制化。两国青年领导者圆桌会议是全国青联与英国英中协会合作开展的对话交流项目，每年举行一次。2017年12月，中英高级别人文交流机制会议期间，举行了第七届中英青年领导者圆桌会议。2018年6月，英国中国商会和英国48家集团俱乐部在伦敦联合举办第十届"青年破冰者"活动，商讨中英交流合作新模式。此外，英国政府、英国文化教育协会和英国旅游局在中国12个城市组织了"灵动青春"活动。

在妇女交流领域，英国文化教育协会举办了"未来菁媖"中国行动"2017国际妇女节特别活动"；中国妇女发展基金会、剑桥大学嘉治商学院女性领导中心共同主办了女性公益可持续发展非遗手工艺创新展。

地方合作是中英人文交流的新亮点，两国政府积极推进地方层面的人文合作，加大了人文交流的深度和广度。中国人民对外友好协会和英国住房、社区和地方政府部、英国驻华使馆、北爱尔兰地方政府等部门于2017年12月、2018年10月分别举办了第三、第四届中英地方领导人会议，会议聚焦"中英工业地区——合作共荣，互惠互利""树立全球视野，共创'黄金时代'"的主题。广东、重庆、武汉、青岛、宁波等省市政府积极推动与英国有关地区在教育、文化艺术、新产业园等领域的合作。

二 中英教育交流

【全球第1000所孔子课堂开课】
2017年2月10日，由北京八一学校与英属泽西岛奥特利尔中学共同承办的全球第1000所孔子课堂——奥特利尔中学孔子课堂正式开课。中国驻英使馆公使衔教育参赞王永利、泽西岛对外关系部长巴亚什爵士以及来自北京八一学校的代表等出席了仪式。奥特利尔中学孔子课堂是推动汉语教学、促进泽西岛与中国交流合作的重要平台。通过孔子课堂的学习，泽西岛的同学将有更多机会去探索中国语言和文化的广度与深度。

【2017"互联网+"汉语国际教育专题研讨会召开】 2017年4月1—2日，2017"互联网+"汉语国际教育专题研讨会在利兹大学商学院召开，由英国利兹大学商务孔子学院和英国利兹大学东亚系主办。来自美国俄克拉荷马大学、韩国又松大学、北京语言大学等30余所院校、机构的60多名专家学者共商汉语国际教育的发展。4月1日，与会者分别进行了主题为"'互联网+'背景下的汉语国际教育"与"APP、慕课与翻转课堂"的分会场报告，讨论"互

联网+汉语国际教育"、新技术及新产品在中文教学的应用与考评研究等问题。4月2日，与会嘉宾与利兹孔子学院教师开展了座谈会。众多嘉宾为孔子学院的学科建设和中英商务文化交流等方面提出建议。

【伦敦大学学院教育学院示范孔子学院大楼落成】 2017年6月22日，伦敦大学学院教育学院示范孔子学院新楼正式落成开放，中国驻英国公使祝勤、北京大学校长林建华和伦敦大学学院校长迈克尔·阿瑟共同出席了落成仪式，并为大楼落成剪彩。伦敦大学学院教育学院示范孔子学院由北京大学、北京大学附属中学与伦敦大学学院合作共建，是北京大学在全球共建的10所孔子学院中唯一一所以中小学为基础的孔子学院。孔子学院新大楼将提供更加完善的基础设施，在英格兰地区的汉语教师培训中发挥关键作用。

【全英第十四届汉语教学年会举行】 2017年6月23日，由伦敦大学学院教育学院孔子学院主办的全英第十四届汉语教学年会开幕。伦敦大学学院国际事务副校长布鲁韦尔女爵士、部分孔子学院和课堂代表、在英从事汉语教学的一线教师等近300人参加了本次年会。年会讨论了如何创新教学方法及模式、提高教学质量、推广中文培优计划等多项议题，并表彰了2017年汉语教学优秀工作者。王永利公参受邀参加开幕式并致辞，他指出，孔子学院和课堂下一阶段的发展重点是提高质量，丰富内涵，希望参会代表积极沟通交流，创造更多优秀成果。布鲁韦尔女爵士表示将继续加强与北京大学的多层次、多领域合作，推进中英教育交流。

【诺丁汉大学授予刘晓明大使荣誉法学博士学位】 2017年9月7日，为表彰中国驻英国大使刘晓明在中英外交事业中所做的杰出贡献，诺丁汉大学授予刘晓明大使荣誉法学博士学位。诺丁汉大学校长大卫·格林纳韦爵士、宁波诺丁汉大学校长陆明彦教授，诺丁汉市政府、复旦大学、宁波万里集团以及中国留学生代表近200人出席了学位授予仪式。大卫·格林纳韦爵士高度赞扬了刘晓明大使为全面推动中英外交关系做出的卓越贡献，尤其是在包括教育在内的中英人文交流与合作领域。在接受荣誉博士学位之后，刘晓明大使发表了题为《凝聚智慧，建设世界和平与繁荣"不朽之城"》的讲话。

【苏格兰中小学孔子学院成立五周年暨示范孔子学院揭牌仪式举行】 2017年9月19日，英国苏格兰中小学孔子学院在思克莱德大学举办成立五周年庆典暨示范孔子学院揭牌仪式。苏格兰继续教育、高等教育及科学部长雪莉·安妮·萨默维尔、思克莱德大学校长金·麦克唐纳德爵士、中国驻英国大使刘晓明和中国驻爱丁堡总领事潘新春等各界嘉宾200余人出席了此次活动。刘晓明大使发表题为《传承合作与友谊，深化交流与互鉴》的讲话。作为苏格兰地区唯一以中小学为基础的孔子学院，苏格兰中小学孔子学院成立5年来借助天津市和苏格兰双方教育资源，积极融入当地社会，不断拓展合作，累计培养了3万多名学生。

【英国及爱尔兰孔子学院联席会议召开】 2017年9月23日，英国及爱尔兰孔子学院联席会议在爱尔兰都柏林大学召开。爱尔兰教育与技能部国务部长玛丽·米歇尔-奥康纳、都柏林大学校长安德鲁·迪克斯、中国驻爱尔兰大使岳晓勇，孔子学院总部副总干事、国家汉办副主任赵国成等出席了开幕式并致辞，来自英国和爱尔兰31所孔子学院、部分孔子课堂的近100名代表参加了这次会议。此次联席会议以论坛的形式召开，上下午两个时段分别有4个论坛同时进行。与会代表就新形势下孔子学院和课堂的建设及发展规划、孔子学院可持续发展及经费筹措、项目实施经验、汉语考试及教师签证、与当地企业合作以及资源共享等多个话题展开了深入讨论。

【谢菲尔德大学孔子学院十周年暨示范孔子学院揭牌仪式举行】 2017年9月27日，中国驻英国大使刘晓明、谢菲尔德大学校长凯思·博内特爵士、谢菲尔德议会议员保罗·布鲁姆菲尔德、国家汉办副主任赵国成、南京大学校长助理范从来、北京语言大学副校长董立均及200余名各界来宾参加了谢菲尔德大学孔子学院十周年暨示范孔子学院揭牌仪式。校长凯思·博内特爵士表示，该校孔子学院为中英两国人民交往、科技教育合作搭建了桥梁，是谢菲尔德大学不可或缺的重要组成部分。刘晓明大使发表题为《知之者，好之者，乐之者》的主题演讲，赞扬谢菲尔德大学孔子学院为中英教育文化交流做出了突出贡献，并对孔子学院如何发挥示范作用提出了希望。

【英国伦敦大学学院与孔子学院总部签署合作备忘录】 2017年11月10日，英国伦敦大学学院校长迈克尔·亚瑟一行访问孔子学院总部。孔子学院总部党委书记、副总干事马箭飞与迈克尔·亚瑟进行会谈并共同签署合作备忘录，双方将在英国汉语教学情况调研、本土汉语师资培养等方面加深合作。签字仪式结束后，迈克尔·亚瑟作了题为《孔子学院的催化剂作用：改变教育体制、提升校际合作》的讲座，积极评价英国孔子学院和课堂取得的成绩，并指出了孔子学院下阶段发展的关键和重点。最后，迈克尔·亚瑟还与汉办工作人员就孔子学院在大学中的作用和地位、中方教师和志愿者在英生活等话题展开讨论。

【第二届中英高等教育人文联盟学术峰会举行】 2017年12月6日，第二届中英高等教育人文对话在牛津大学中国中心举行，作为中英高级别人文交流机制第五次会议的配套活动，此次论坛由清华大学世界文学与文化研究院和牛津大学中国中心共同承办。本次论坛以"交汇：创造历史中的中国与西方"为主题，把对人文中国的研讨作为重心，围绕中国和西方近代以来在社会生活、人文学术与现代思想各层面的历史关联及其在21世纪的新形式、新内涵进行了深度探讨。论坛由清华大学世文学堂班首席教授、外文系主任颜海平与牛津大学邵逸夫中文讲席教授田海共同主持。

【英国"中文培优计划"学生成果展示活动举行】 2017年12月6日，中国教育部部长陈宝生出席了英国外交部举办的"中文培优计划"学生成果展示活动。英国教育大臣贾斯汀·格里

第一编 高级别人文交流机制

宁、外交部国务大臣马克·菲尔德、教育部国务大臣尼克·吉布、英驻华大使吴百纳等陪同出席。陈宝生部长高度赞赏了英国对汉语教学与推广的重视，并对参加和支持"中文培优计划"的英方院校、老师和学生表示祝贺，希望该项目能惠及更多优秀年轻人，为增进中英友谊做出贡献。贾斯汀·格里宁大臣表示，英国教育部将持续推进"中文培优计划"，并期待进一步与中国教育部开展合作。随后，陈宝生部长向出席活动的 14 所英国中小学校赠送中文书籍 1400 余册。

【中英学历认证核查工作圆桌会议举行】 2017 年 12 月 7 日，中英学历认证核查工作圆桌会议在伦敦举行。据统计，2017 年教育部留学服务中心受理境外学历认证申请逾 18 万份，其中 4.5 万份为英国证书真伪核查申请，位列全球第一。为使英国高校证书核查更加便捷，中英高级别人文交流机制第五次会议期间，教育部留学服务中心同英国高校毕业生就业指导机构 Prospects 在伦敦签署合作备忘录。参会机构还包括英国文化委员会、英国国际高等教育办公室以及考文垂大学、伯明翰大学、伦敦大学国王学院等部分英国高校。

【第十次中英教育部长峰会举行】 2017 年 12 月 7 日，第十次中英教育部长峰会在英国兰卡斯特宫举行。中国教育部部长陈宝生与英国教育大臣贾斯汀·格里宁、教育国务大臣尼克·吉布进行了会谈。陈宝生部长介绍了党的十八大以来中国教育领域取得的成就以及党的十九大后的整体规划，贾斯汀·格里宁大臣重点回顾了中英两国在教师培训以及学生交流等方面取得的进展。双方希望未来进一步深化教育领域的合作，扩大交流，共同提升教育质量。会议结束后，双方签署了 6 项合作协议。

【英国首相特雷莎·梅到访武汉大学】 2018 年 1 月 31 日，英国首相特雷莎·梅在武汉大学樱顶老图书馆出席"中英灵动青春盛典"教育文化展并致辞，强调青年学生在中英两国文化交流中扮演重要角色。特雷莎·梅认为，中英两国关系已经步入"黄金时代"，不断加深的民间沟通是中英关系进入"黄金时代"的基石，灵动青春盛典即是中英人文交流的典范。特雷莎·梅还宣布将与中国在教育领域建立新的合作关系。未来的中英教育合作协议包括：中英两国数学教师交流交换项目续期两年至 2020 年；将有约 200 名英语教师前往中国教学；中英两国学前教育启动联合培训；启动"English is GREAT"的推广项目，在中国宣传英语教育；加强就业教育信息共享；在职业教育方面开展进一步合作等。该教育协议预计市场总价值达 5.5 亿英镑，将为英国创造 800 个就业机会。英国驻华大使吴百纳、中国驻英国大使刘晓明、湖北省委书记蒋超良、武汉大学党委书记韩进、英国驻武汉总领事卫亭瀚等出席了活动。

【西交利物浦大学中国新校区计划公布】 2018 年 2 月 2 日，在英国首相特雷莎·梅访问中国期间，西交利物浦大学正式对外公布其中国新校区计划。新校区位于江苏省太仓市，目的在于提供国际化的优质高等教育，包括在中国和英国学习的机会。太仓校区旨在建成一个生态友好的国际化社区，不仅有专门用于研究、学习、教学以及创新、创业的校园空间，同时还将配备图书馆、运动设施和宿舍。太仓新校区将于2020年启用，预计到2025年，学生人数将达到6000人。2028年，含太仓新校区在内，西交利物浦大学的学生总数预计将达到24000人。

【2018年中英国际教育峰会举行】 2018年3月20—22日，由剑桥大学圣约翰学院和英中发展中心联合主办的2018年中英国际教育峰会在剑桥大学举行。中国驻英国大使馆教育处夏建辉参赞、中国外专局驻英代表、剑桥大学代表、英国皇家学会院士、英中发展中心代表，厦门大学、上海大学、华南理工大学、北京理工大学、北京邮电大学、西南财经大学、中央民族大学等12所中国高校的代表出席了此次峰会。在本次会议上，中国代表与剑桥大学圣约翰学院、克莱尔霍学院等英方代表就学生交流、访问学者、教师培训、学科共建、实验室共建等方面的交流合作进行了面对面的深入探讨。10余所中方高校就合作意向与剑桥大学圣约翰学院签订了《2018年中英国际教育峰会合作备忘录》。

【北京大学汇丰商学院英国校区启动】 2018年3月25日，北京大学120周年校庆海外庆典暨北京大学汇丰商学院英国校区启动仪式在英国牛津郡举办。中英两国政府代表、英国高校、企业代表、北大校友等400多人参加了活动。北京大学汇丰商学院英国校区位于英国牛津市，是北京大学的首个海外校区，也是中国高等学府第一次以独资经营、独立管理的形式走出国门开办的海外分校。该校区主要招收英国和欧洲其他国家的学生，修读北京大学的金融学、管理学、经济学硕士学位和MBA学位，学制两年，学生第一年在北大英国校区学习，第二年到北大深圳校区学习。该校区第一批学生于2018年秋季入学。

【首届中英高层次人才交流大会举行】 2018年4月28日，在中国驻英国大使馆教育处的支持下，由英中人才发展协会主办的首届中英高层次人才交流大会在英国伦敦举行。本次大会以服务中英企事业单位人才和项目交流为宗旨，为在英留学生提供更加通畅的求职就业通道。大会有中英两国百余家知名企业、机构、高校参展，提供了1000余个招聘岗位，60余个合作项目需求。据统计，共有来自牛津、剑桥、帝国理工、伦敦政治经济学院、华威大学等数十所英国高校的2000多名学生和学者注册参加此次大会，其中80%的参加者具有硕士以上学位，应届毕业生约占75%。

【宁波诺丁汉大学执行校长陆明彦被授予大英帝国官佐勋章】 2018年5月18日，宁波诺丁汉大学执行校长陆明彦（Chris Rudd）教授在英国白金汉宫出席授勋仪式，被正式授予大英帝国官佐勋章。仪式上，查尔斯王子为陆明彦校长授勋，并高度赞扬了诺丁汉大学的国际化办学模式。陆明彦校长一直致力于与中国企业建立良好的长期伙伴关系，开展广泛合作，满足双方对人才和市场的需求。大英帝国勋章是一种骑士制度的等级勋章，颁发给在艺术、科学、慈善、福利等领域做出杰出贡献的人。

【中国驻英大使刘晓明会见英国科教国务大臣山姆·吉马】 2018年5月22日，中国驻英国大使刘晓明会见英国大学、科学、研究和创新国务大臣山姆·吉马。刘大使表示，教育和创新是中英合作的重点领域，希望双方今后继续秉承开放的态度深化合作，取得更多成果。吉马表示，英国重视英中高等教育、科技创新合作，鼓励和支持英国学生赴华学习交流。双方希望借助各类交流机制，推动两国教育、创新合作迈上新台阶。双方还就中英两国教育发展规划、学生国际流动、青年科学家交流、知识产权合作、中国学生赴英签证等问题交换了意见。

【"千名中西部大学校长研修计划"英国研修团总结座谈会召开】 2018年6月13日，"千名中西部大学校长研修计划"英国研修团座谈会在中国驻英使馆教育处召开。来自中国教育部及其直属单位、国内40所高校的近50名相关负责人参会，座谈会由夏建辉参赞主持，王永利公参出席并致辞。王永利公参表示，中英合作交流面临新机遇，中国驻英使馆教育处将一如既往地为双方教育科研合作提供大力支持。与会代表就英国教育概况、两国教育交流情况、在英中国留学生情况和人才引进等话题进行了深入交流。

【2018年汉语教学年度会议召开】 2018年6月15—16日，由伦敦大学学院教育学院孔子学院主办的2018年汉语教学年度会议在伦敦大学学院教育学院召开。此次会议主题为"全球化思考，本地化行动：激励全球的汉语学习者"。来自英国和中国的300多名汉语教师和专家学者参加了此次会议，就汉语教学的内容、方式方法以及遇到的问题进行了探讨。

【汉语成为英国A-Level考试第三大外语科目】 2018年英国报考外语科目A-Level考试的考生中选考汉语的人数为3334人，比2017年增长8.6%，首次超过报考德语的考生人数，仅次于法语和西班牙语。汉语成为A-Level考试第三大外语科目。在中国经济持续向好的助力下，不断升温的汉语热帮助英国青年更好地了解中国，提升自身就业竞争力，也反映了英国青年对中国语言和文化的喜爱和认同，为中英两国交流和合作搭建起沟通的桥梁。

【第三届剑桥国际教育研讨会召开】 2018年8月20—23日，由CL Global与英中贸易协会联合主办的第三届剑桥国际教育研讨会在英国剑桥大学圣凯瑟琳学院召开。该研讨会以"聚焦一流学科发展，共铸中英高校交流合作黄金时代"为主题，邀请来自中国驻英国大使馆、英国国际贸易部、北京大学、北京理工大学、上海交通大学、西安电子科技大学、牛津大学、曼彻斯特大学、诺丁汉大学、巴斯大学等中英20余所机构的60余名代表出席。与会代表围绕创新和创业、优势学科交流、剑桥大学学院制以及校企合作学生联合培养等议题进行研讨。在论坛期间，中英双方的合作学院签署了相关合作协议。研讨会还回顾了中英教育交流合作的成就，为未来中英教育合作模式转变和机制创新提供了方向，以充分释放中英教育合作潜力。

【2018年度孔子学院总部举办英国本土汉语教师专项培训】 2018年11月中旬，英国本土汉语教师专项培训在英国伦敦市和曼彻斯特市举办。该专项培训由孔子学院总部主办，孔子学院总部英国事务代表处承办。135名来自英国主流大中小学的本土汉语教师参加。通过中英专家携手联动的方式，该专项培训旨在提升英国本土汉语教师的汉语教学能力和跨文化交际水平，同时为英国本土汉语教师搭建起资源共享、经验分享的学习交流平台，满足英国不断增长的汉语学习需求，推动英国汉语教学进一步发展。

【2018—2019中英数学教师交流项目启动】 2018年11月26日，2018—2019中英数学教师交流项目在上海师范大学启动。在启动仪式上，上海市教委和英国教育部共同签署了《上海市教育委员会与英国教育部关于数学教师交流的谅解备忘录》。该年度项目合作领域首次进入中学阶段，英国在派遣70名小学数学教师的基础上，增加了16名中学数学教师。2018年11月26日至12月6日期间，86名英国中小学数学教师分别在62所上海中小学进行为期8个工作日的浸入式教学交流。该项目框架由中英教育部共同商定，由上海师范大学和英国国家卓越数学教学中心负责具体实施。作为中英高级别人文交流机制的重要成果之一，该项目促进了中英数学教学的有效交流，为进一步深化中英教育合作提供了宝贵经验。

【中英双语教师培训交流大会举行】 2018年12月3—7日，由英国国际贸易部主办、顶思教育（TopSchools）协办的中英双语教师培训交流大会在北京、上海和广州三地举行。来自纽卡斯尔大学、阿尔斯特大学、曼彻斯特城市大学等18所英国高校和职业培训学院的代表及500余名中国中小学、教育机构以及教育相关部门的负责人出席了会议。此次会议通过演讲、圆桌讨论、工作坊等方式介绍了英国成熟的师资培训体系，并就教师职前培训、教学方法与效果、双语教学能力提升等话题进行了讨论。该会议旨在推动双语教学人才，创新中英教师培养模式，进一步深化中英人文交流机制。

【2018年中英高等教育人文峰会召开】 2018年12月6—7日，2018年中英高等教育人文峰会在香港中文大学召开。作为中英高等教育人文联盟的年度学术活动，该峰会以"中国与人文"为主题，邀请了来自清华大学、牛津大学等17所中英知名高校的80余名专家学者就人文学研究、人文教育、人文传统、中国人文的全球化等不同主题展开探讨。该峰会旨在利用中英联盟院校在人文领域的优势，增强中西人文研究活力，培养具有文化融合能力的创新型人才，为中英高等院校在人文学术和人文教育领域的交流合作提供良好的平台。

【首届中国政府奖学金信息发布会及招待会举行】 2018年12月12日，中国驻英国大使馆教育处在伦敦主办了首届中国政府奖学金信息发布会及招待会。英国教育部、国际贸易部、英国文化协会、罗素集团等组织机构代表以及来自清华大学、剑桥大学、帝国理工学院等26所中英大学代表70余人受邀出席。该发布会回顾了中国政府奖学金自实施以来的整体情况，同时发布了2019年中国政府奖学金（赴华）招生方案，鼓励英国青年留学中国，推动中英双向留学均衡发展，丰富中英人文交流。

三 中英科技交流

【"中科院—约克公爵国际人才计划"启动】 2017年2月27日，中国科学院国际人才计划（PIFI）在白金汉宫举办了自实施以来的首次国外高层级专场宣讲招待会。百余位来自英国皇家学会、高校、科研机构和企业的专家学者与会。中国科学院院长白春礼和英国约克公爵安德鲁王子共同宣布将该计划在英国的启动命名为"中科院—约克公爵国际人才计划"。该计划的启动推动了中英科技人才间的交流合作，以科研合作成果助力中英关系进一步发展，对中科院引进海外人才和提高国际化水平具有重要意义。

【第二次创新领军人才联合培养项目启动】 2017年3月6—17日，中国工程院与英国皇家工程院在伦敦启动第二次创新领军人才联合培养项目。该项目组织了为期两周的创新领军人才培训班，由英国皇家工程院组织专家围绕如何将创新成果商业化进行系统授课，课程内容包括商业模式、市场、谈判、运营、财务、知识产权和法规等。15名中国科研创新人才参加了培训。该项目依托中英两国政府的联合科学创新基金，以创新科技人才联合培养模式，推动中英科技创新人才交流，为中英科技创新交流合作提供助力。

【第十二届中英空间科学与技术研讨会召开】 2017年9月6—8日，第十二届中英空间科学与技术研讨会在英国爱丁堡召开，围绕天文学、空间科学、对地观测和应用、微重力应用、牛顿计划农业科技基金、空间技术和教育培训等议题展开充分讨论，并签署《中英空间科学与文化教育备忘录》。在中英两国航天局支持下，中英空间科学与技术研讨会以北京航空航天大学和英国卢瑟福—阿普尔顿国家实验室为依托，自2006年起每年定期召开，旨在搭建中英空间科学人才交流平台，推动两国空间领域合作。

【首次中英核安全合作指导委员会会议召开】 2017年9月12—14日，核电厂多国设计评价机制第四次大会在英国伦敦召开。其间，中英两国召开了首次核安全合作指导委员会会议。会议由中国环保部副部长兼国家核安全局局长刘华与英国核管制办公室首席监督员理查德·赛维之共同主持。会议商定了此后两年开展具体合作活动的四个主题："华龙一号"安全审评、核电厂安保、核电厂严重事故分析和放射性废物管理。同时，会议还确立了中英核安全合作指导委员会机制，确定每年召开一次指导委员会会议，为推进双方核安全合作做好制度保障。

【第二届中英科技合作峰会举行】 2017年11月12日，由帝国理工学院中国学生学者联谊会主办的第二届中英科技合作峰会举行，峰会以"人工智能"为主题，邀请来自帝国理工学院、伦敦大学学院、伦敦政治经济学院等高校的专家从不同领域介绍人工智能的最新发展及其影响。300余名中国留学生、学者、高校研究人员和相关企业负责人与会。峰会旨在打造中英高科技盛会，搭建中英科技创新、产业发展和资本投资的交流平台，推动两国科技交流合作进一步发展。

【《科技创新合作备忘录》签署】 2017年12月6日，在中国国务院副总理刘延东与英国约克公爵安德鲁王子的见证下，中国科技部部长王志刚与英国科学国务大臣乔·约翰逊共同签署了《科技创新合作备忘录》，发布了中英科技创新合作战略。该合作战略是中国与其他国家联合制定的首个双边科技创新合作战略，标志着中英两国科技创新合作进入新的阶段。

【中英科技创新合作系列活动举行】 2017年12月6日，作为中英高级别人文交流机制第五次会议的重要组成部分，中国科技部和英国商业、能源和产业战略部联合在伦敦举办了中英科技创新合作系列活动，其中包括中英科技创新合作成果展、中英绿色海洋科技创新论坛、中英两国工程院中英校企合作项目（IAPP）交流会和中英创新创业营等。

【第二届牛津中英创新与发展论坛召开】 2017年12月6日，第二届中英创新与发展论坛在伦敦市召开。此次论坛由牛津大学技术管理与发展中心、英国创新署、中科院科技战略咨询研究院、科技部中国科技发展战略研究院、英中贸易协会联合举办。来自中英两国百余位学术界、产业界和金融界代表参加了会议，就颠覆性技术与先进制造、金融科技与数字服务等议题进行了交流与探讨，进一步提升了中英科技创新合作空间。

【2017中英跨境科技创新论坛召开】 2017年12月5—6日，"2017中英跨境科技创新论坛——智慧英国：人工智能与生物医疗创新"分别在常州、苏州举行了英国技术发布对接专场。该论坛由牛津大学技术转移办公室协同英国创新企业与常州市科学技术局、西交利物浦大学共同举办。每场专场邀请来自相关企业、科研院所、投资机构及研发负责人60余人。通过介绍牛津大学科技创新OUI项目及英国创新企业成果项目展示，针对产业需求，与中方与会代表一同进行技术创新、科研和人才项目的对接，促进中英企业在人工智能和生物医疗等领域的合作，推动中英科技成果转化的交流与合作。

【中英"抗生素耐药性研究指南"发布】 2018年3月22日，中国科技部发布了国家重点研发计划——政府间国际科技创新合作/港澳台科技创新合作重点专项2018年度第一批项目申报指南，其中纳入了中国和英国政府间合作项目——抗生素耐药性科研与创新合作，并拟提供6000万元人民币经费给予支持。2018年3月28日，英国卫生与社会保障部正式宣布英国创新署将投入1000万英镑支持英方参与相关项目研究。

【第二届中英峰会举行】 2018年3月24—25日，第二届中英峰会在伦敦市举行。中英峰会是中英青年于2017年创立的公益性组织，旨在为中英青年与社会各界搭建网络和文化沟通平台。第二届中英峰会以"数字高峰对话"为主题。中英两国近300位政、商以及学界领袖和青年代表出席。该峰会设有6个分论坛,包括中英金融科技的未来、数字时代与教育发展、科技发展与新型国际政治、新时代下的年轻领袖、"生活方式——技术如何改变生活?"和"电子商务的未来——中国的标准还是世界的标准?"中英代表围绕数字领域展开对话,共同探讨在该领域增进中英双边合作的路径和模式。该峰会推动了中英两国间多层面的公开对话与合作,促进了中英关系的发展。

【"中英基因技术政策对话"举行】

2018年3月26—27日,"中英基因技术政策对话"在伦敦举行。此次活动由中国科学院与英国皇家学会共同主办,30多位来自中国科学院、中国农业部、中国农业科学院、中国农业大学以及英国皇家学会、英国环境、食品和乡村事务部、约翰·英纳斯中心、剑桥大学等机构的专家学者受邀与会。会议涵盖5个与基因技术相关的主题:农作物改良、动物遗传育种、合成生物学、中英两国相关政策框架及公众参与。会议为推进中英两国在科技政策领域的交流合作搭建了平台。

【纽卡斯尔清华启迪科技园正式运营】 2018年5月8日,清华启迪科技园正式落户于纽卡斯尔。在开园仪式上,英国海上风能弹射中心孵化器宣布入驻该科技园,同时,英国数字弹射中心与该科技园签署了合作备忘录。该科技园为依托于清华大学创立的中国启迪控股股份有限公司在英国建立的第一个科技园区,拥有面积约四千平方米的办公区。该科技园将利用英国北部地区大学的资源优势,致力于孵化培育海洋工程、海上可再生能源、生物医药等领域的科技创新企业,推动当地经济发展。同时,该科技园还重视与英国创新机构的紧密合作,为英国技术成果与中国市场的有机互动搭建平台,推动中英两国在科技创新领域进一步合作。

【英国约克公爵安德鲁王子出席第二届"龙门创将"中国区总决赛】

2018年6月1日,第二届"龙门创将"全球创新创业大赛中国赛区总决赛在北京钓鱼台国宾馆举办。本届"龙门创将"中国赛区总决赛由"龙门创将"承办,中国科学技术部火炬高技术产业开发中心协办。英国约克公爵安德鲁王子、中国科学技术部部长王志刚和中宣部副部长、国务院新闻办公室主任蒋建国等作为嘉宾出席了总决赛。"龙门创将"项目是英国约克公爵安德鲁王子于2014年发起创立的全球性创新创业公益孵化平台。"龙门创将"将打造成中英交流的一个高起点合作项目,推动更广泛的中英创新创业合作以及全球创新与资源的高效结合,在链接中英创业资源、推动中国的双创项目走向全球等方面做出突出贡献。

【首届中英人工智能论坛召开】

2018年11月1日,由中英人工智能协会主办的首届中英人工智能论坛在伦敦市召开。中国驻英国大使馆科技处公参蒋苏南出席并就中国人工智能发展现状及中英人工智能合作前景发表讲话。中英人工智能协会为非营利性组织,旨在为英国人工智能领域工作的华人提供便利知识共享和职业发展交流机会，促进中国和英国人工智能领域资源的交流。中英人工智能协会为团结英国人工智能领域人才、推动未来人工智能技术落地为切入点，探究中英两国在科技领域的交流、合作和发展，把中英"黄金时代"推向一个更高的水平。

【中英科技创新合作联委会第九次会议召开】 2018年11月28日，中国科技部与英国商业、能源和产业战略部在英国皇家学会举办中英科技创新合作联委会（简称"联委会"）第九次会议。科技部副部长张建国与英国大学、科学、研究与创新国务大臣山姆·吉马作为双方主席出席会议，中国驻英国使馆科技公参蒋苏南参加。双方总结了上届联委会以来取得的成果，并就中英联合科学创新基金、中英旗舰挑战计划、中英创新创业与人员交流合作等达成多项共识。双方决定将中英联合科学创新基金的执行期延长至2021年；确定"健康与老龄化"为2019年旗舰挑战计划主题，在该领域开展全面合作；进一步探索支持两国科研人员开展产学研合作，为科研人员和创新创业者交流、培训、合作搭建平台。

四　中英文化交流

【"大英博物馆100件文物中的世界史"展览开幕】 2017年3月1日，由中国国家博物馆和大英博物馆共同举办的"大英博物馆100件文物中的世界史"展览在中国国家博物馆开幕。文化部部长雒树刚、国家文物局局长刘玉珠、中国国家博物馆馆长吕章申与英国驻华大使吴百纳、大英博物馆馆长哈特维希·费舍尔出席开幕仪式。本次展览通过精选出来的100件（组）藏品，以全球一体化的视角讲述了世界历史发展变迁的故事，让观众在领略人类文明精华的同时更加真切地感知文明间的互补、互动和相互交流。中英两国是东西方文明的重要代表，都曾创造了辉煌的历史和灿烂的文化，也都为人类发展进步做出过重要贡献。此次展览是中国国家博物馆和大英博物馆交流合作的新里程碑，也是近年来中英两国文化交流的重要成果。

【"从莎士比亚到福尔摩斯：大英图书馆的珍宝"展览开幕】 2017年4月21日，由中国国家图书馆与大英图书馆联合举办的"从莎士比亚到福尔摩斯：大英图书馆的珍宝"展览在国家典籍博物馆第一展厅正式开展。本次展览展出的英国文学经典巨著的手稿和早期珍贵印本均系首次在国内亮相。该展在两馆的通力合作中，为中国观众带来了一场文学盛宴，对于推动中英文化交流互鉴、增进两国民众间的相互理解和友谊具有重要意义。

【2017中英国际文化创意产业峰会举行】 2017年4月29日，由文化部——南京大学国家文化产业研究中心、东南大学艺术学院、英国南安普顿大学温彻斯特艺术学院和南京大学商学院联合主办的中英国际文化创意产业峰会在南京大学举行。会议中，中英学者围绕中国文化创意产业与文化创意产业

全球化发展进行了主题发言。本次会议推动了中英两国在文化创意产业领域的学术交流，也为国内文化创意产业领域的学术研究提供了国际视角和成功经验。

【2017爱丁堡艺穗节"聚焦中国"系列活动举行】 在中国文化部外联局和上海文化广播影视管理局的支持下，中国上海国际艺术节中心承办了2017爱丁堡艺穗节"聚焦中国"系列活动。2017年8月2—28日，在爱丁堡的各个剧院集中展示中国国家话剧院的话剧《罗刹国》、上海话剧艺术中心的话剧《惊梦》等8部重点推荐剧目。"聚焦中国"项目带动具有中国符号的文化产品走出国门、走向世界，促进双方艺术互鉴互赏与共同发展，推动中英关系"黄金时代"持续深入发展以及两国人民和社会的友好交流。

【中国国家京剧院第四次赴英国演出】 2017年10月21—25日，为庆祝中英大使级外交关系建立45周年，受中国文化部委派，中国国家京剧院著名京剧表演艺术家于魁智、李胜素率团，携京剧经典大戏《满江红》《凤还巢》，在伦敦莎德勒·威尔士剧院进行了4场演出。此次赴英演出是中国国家京剧院第四次赴英国演出，获得了英国主流社会和媒体的广泛关注。

【中英艺术创意产业论坛召开】 2017年12月5日，中英高级别人文交流机制第五次会议召开之际，中国文化部与英国文化教育协会合作，在爱丁堡苏格兰国家美术馆举办中英艺术创意产业论坛。中国国务院副总理刘延东和苏格兰文化、旅游与外事部内阁大臣菲奥娜·希斯洛普出席活动并讲话。中国教育部部长陈宝生、科技部副部长王志刚、驻英国大使刘晓明、国务院副秘书长江小涓、外交部副部长王超、教育部副部长田学军、文化部部长助理于群及英国驻华大使吴百纳陪同出席。本次论坛以"文化遗产与传承创新""艺术创意与城市发展""艺术节的社会性价值"为议题进行了3场对话交流。论坛为两国文化和创意产业搭建了高水平的交流平台，为夯实未来的务实合作发挥积极作用。

【《推动中英两国文化遗产及博物馆领域合作谅解备忘录》签署】 2018年1月31日，在中国国务院总理李克强和英国首相特雷莎·梅的共同见证下，英国数字、文化、媒体和体育部与中国国家文物局签署了《推动中英两国文化遗产和博物馆领域合作谅解备忘录》。中英双方均承诺在"一带一路"倡议下加强文化遗产保护，为双方未来合作指明了方向。备忘录在两国文化遗产主管部门间建立起机制化合作安排，涵盖政策交流、考古研究、水下文化遗产保护和工业遗产保护、文物展示利用、博物馆管理和数字化技术、打击文化财产非法进出境和非法转让所有权、世界文化遗产地管理、文化遗产公众参与以及人员培训和互访等内容。该谅解备忘录的签署成为标志中英两国文化遗产领域合作进入新阶段的里程碑。

【英国首相特雷莎·梅出席"非凡英国"活动】 2018年2月1日，英国首相特雷莎·梅出席英国驻华大使馆"非凡英国Britain is GREAT"盛典活动，并重点与中英创意、教育、文化和旅游领域的创意代表进行见面交流。在现场，中国青年演员杨颖被授予英国旅游局友好大使、英国大使馆文化教育推广大使称号。该活动促进了中英国家品牌形象宣传友好合作、文化和旅游领域交流互鉴，深化了中英人文交流和民间友谊。

【"威尔士—中国节"系列活动举行】 2018年2月16—18日，威尔士班戈大学Pontio（桥梁）艺术中心喜迎中国新年，隆重举办"威尔士—中国节"系列活动。该活动由威尔士艺术委员会艺术国际与Pontio艺术中心等机构联合举办，并得到威尔士政府的大力支持。为期三天的文化活动形式多样，包括研讨会、工作坊、演出、电影展映、中国传统文化体验等，成为当地重要的文化盛事，也成为中英人文交流、深化民间友谊和东西方文明融合互鉴的庆典。

【"文苑英华——来自大英图书馆的珍宝"英国作家手稿展举行】 2018年3月15日，由上海图书馆与大英图书馆共同主办的"文苑英华——来自大英图书馆的珍宝"英国作家手稿展在上海图书馆开幕。展览旨在通过中英两国文学作品的集中展示，体现两国文学中丰富的创作实践和多样的创作动机。在展览中，读者可以欣赏到19世纪、20世纪极负盛名的夏洛蒂·勃朗特、D. H. 劳伦斯、珀西·比希·雪莱、T. S. 艾略特和查尔斯·狄更斯等5位英国作家的珍贵手稿原件。这次展览是"大英图书馆在中国：共享知识与文化"双边文化交流项目在中国大陆的压轴展览，增进了中英文化交流与合作，提升了人文交流的质量和水平，惠及更多读者，为推动中英文化关系全面、持久和深入发展发挥了积极作用。

【2018伦敦手工艺周"技艺中国"展开幕】 2018年5月9日，2018伦敦手工艺周"技艺中国"展开幕式暨中国生活美学研讨活动在伦敦友好俱乐部举行。"技艺中国"展由国家对外文化贸易基地（上海）主办，中国文化和旅游部外联局为指导单位，是2018伦敦手工艺周的重要活动之一，也是2017年文化和旅游部非遗司代表团访英的重要成果，并被列入2018年文化和旅游部国际重点文化贸易展会计划。"技艺中国"在伦敦手艺周的举办促进了中英传统工艺传承人、品牌和机构交流与互鉴，增强了中英创意产业务实合作，同时向世界展示了中国手工艺的最新成果，促进了中英两国人文交流与合作。

【习近平会见英国约克公爵安德鲁王子】 2018年5月29日，中国国家主席习近平在人民大会堂会见英国约克公爵安德鲁王子。习近平赞赏安德鲁王子和英国王室为增进中英友好作出的积极努力。当前国际形势发生很大变化，但中英关系"黄金时代"继续稳步向前发展。中方愿同英方继续密切高层互访，办好机制性对话，确保中英关系始终沿着正确轨道健康稳定向前发展。安德鲁表示，英国高度关注中国经济正由高速增长向高质量发展转变，他愿继续致力于加强两国科技、创新、产业等领域务实合作，增进两国人民相互了解，推动英中"黄金时代"取得更大发展。

【中央美术学院百年校庆"传统是一种发明"展览开幕】 2018年10月5日，中央美术学院百年校庆"传统是

"一种发明"展览在英国王储基金会传统艺术学院开幕。展览由中央美术学院院长范迪安教授领导的学术团队和王储基金会传统艺术学院院长海罗德·阿扎姆博士共同策划，中国文化连线（英国）协办。作为一次中英艺术院校协作策划的活动，本次展览意在把中国当代艺术的创作思路和发展现状向世界展示，力求实现双向的、多样的且开放的创作思维互换，为未来的艺术发展和中英文化合作创造一种全新的、自由的环境。

【习近平会见英国四十八家集团俱乐部主席佩里】 2018年10月16日，中国国家主席习近平在人民大会堂会见英国四十八家集团俱乐部主席佩里。习近平指出，中国人民永远不会忘记在那个艰难岁月为开拓中英经贸往来做出历史性贡献的老一辈友好人士。中英友好已在中英两国深入人心，共同打造中英关系"黄金时代"已经成为我们两国政府和两国人民的共识。佩里表示，过去40年来，中国取得了令全球瞩目的巨大发展成就。党的十九大为中国未来发展绘制了宏伟蓝图。中华民族伟大复兴是这个时代的宏大工程。四十八家集团俱乐部致力于增进中国同外部世界的交流，愿积极参与中国发展复兴进程，将继续本着"破冰之旅"精神，支持全球化，支持建设开放型世界经济，支持在"一带一路"框架内推进英中合作。

【中英文创交流研讨会召开】 2018年10月22日，中英文创交流研讨会在英国伦敦市召开。来自中国武汉的媒体与文化代表团，与英国相关企业负责人进行了交流磋商，并签署了合作意向书。研讨会上，中英双方围绕英国文化创意行业分享、"一带一路"发展交流、中英文化创意合作上的新媒体合作进行了交流。长江日报集团副总经理夏武全与英国英中文创商会会长杨蓓签署了合作备忘录，推动长报新媒体与英国新媒体合作交流搭建平台，推动武汉、英国两地在工业文创领域的媒体报道资源互换，向英国推介武汉工程设计、文创产业发展亮点，推动英国先进设计企业、项目在武汉落地。

【中英文创产业在进口博览会签署多项合作协议】 2018年11月7日，中英文化创意产业企业在中国首届进口博览会上共同签署8项协议。2017年，英中双边贸易突破历史新高，达到675亿英镑。在这一背景下，博览会为中国企业、投资者和消费者提供了一个与英国公司加强联系和合作的平台。协议的签署将推动英中两国创意产业的就业和经济发展，互利共赢。

【"英国上海电影周——大师谢晋作品回顾展"举行】 2018年11月29—30日，"英国上海电影周——大师谢晋作品回顾展"先后在伦敦大学国王学院和牛津大学举行。本次英国上海电影周由上海电影博物馆和上海市对外文化交流协会主办，Chinalink中英文化连线、伦敦大学国王学院以及牛津大学牛津中国论坛协办。活动展映了谢晋导演《芙蓉镇》《女篮五号》等6部经典作品的4k修复版，来自国王学院研究中国电影的国际知名学者克里斯·贝里教授作了专场学术交流演讲。贝里教授称赞谢晋导演是"中国革命电影领域的斯皮尔伯格"，并指出他的作品中夹杂酸楚与浪漫，同时又饱含光明和希望。

五　中英卫生交流

【英国中医师学会2017年年会举行】 2017年4月2日，由英国中医师学会与英国中华传统文化研究院联合举办的英国中医师学会第八届学术年会在伦敦大学亚非学院举行。中国驻英使馆科技处公参蒋苏南出席了年会，并在会上介绍了中国科技创新及中医药研发最新进展情况。英国中医师学会创立于2002年，是由英国中医从业者组成的专业团体，致力于传播传统中医，提升中医在英国社会的影响力。英国中医师学术年会每年举行一次，主要就中医理论及临床实践进行专业交流和研讨。

【第四届中英全球卫生对话举行】 2017年7月12日，第四届中英全球卫生对话——"与中国疾控中心对话活动"在北京市举办。中国国家卫生计生委国际司、规划司、医政医管局，中国疾病预防控制中心、中英全球卫生支持项目管理办公室，以及英国国际发展部、英国卫生部、英格兰公共卫生署、英国驻华使馆等机构代表参与了会议。会上，中英双方在全球卫生治理、卫生政策、非洲公共卫生、耐药结核病防控等领域进行了深入探讨。会议充分肯定了中英全球卫生支持项目取得的合作成果，并就未来双边合作达成了初步共识。本次活动加深了中英两国政府在医疗卫生领域的交流与互信，为今后双方开展全球卫生合作奠定了基础。

【中英生命科学与医学高峰论坛召开】 2017年9月26—29日，中英生命科学与医学高峰论坛在北京市召开。论坛由中国医学科学院、中国国家自然科学基金委员会、英国皇家学会、英国惠康基金会及中国科协生命科学学会联合体共同举办。8位英国皇家学会会员、6位中国科学院、中国工程院院士及中英各约100位杰出青年科学家共200余人出席了论坛。论坛为期4天，包括学术报告、参观访问、女性科学家专场交流等活动，展现了生命科学、基础医学、临床医学、药学、植物学、农学、环境科学等20多个领域的创新研究成果。论坛在展现前沿科技成果的同时，为增进中英在生命科学与医学领域的交流与合作搭建了有益的平台。

【第三次中英卫生政策对话举行】 2017年12月7日，第三次中英卫生政策对话在伦敦市举行。此次对话是第五次中英高级别人文交流的一项重要内容，由中国国家卫生计生委副主任崔丽和英国卫生大臣杰里米·亨特共同主持。卫生计生委有关司局、直属单位相关负责同志，英国政府和机构代表共50余人出席。活动期间，中英双方代表就患者安全、医学科研、卫生技术评估和全球卫生等议题进行了深入的探讨。

【牛津大学中医药研究中心成立】 2017年12月7日，牛津大学与陕西摩美得制药有限公司签署谅解备忘录，共同成立了牛津大学中医药研究中心。2015年，牛津大学与陕西摩美得制药有限公司共建了中草药研究室，在心速宁胶囊电生理研究方面取得进展，校方对中药的信心和认可度倍增。此次签约正式将该研究室升级为研究中心，这也是牛津大学建立的首个中医药研究中心。未来5年，牛津大学中医药研究中心将在心脑血管、眼科、肿瘤、妇科和儿科等领域进行临床疗效确切、应用广泛的中药作用机制及创新药物方面的研究。

【国家卫生健康委员会主任马晓伟会见英国卫生大臣杰里米·亨特】 2018年4月3日，中国国家卫生健康委员会主任马晓伟在北京市会见了英国卫生和社会保障大臣杰里米·亨特一行。马晓伟积极评价中英两国在卫生体制、疾病防控、医学科研、全球卫生等领域的合作，并表示在中国"一带一路"倡议下，中英两国的卫生合作关系有着巨大的潜力和广阔的发展前景。亨特对中英卫生合作和中国医药卫生事业发展成就表示肯定，希望不断推动双边卫生合作向更高水平发展。双方还围绕患者安全、健康老龄化等议题交换了意见。

【首届中英癌症大会召开】 2018年6月25—26日，由中国国家癌症中心和英国国际贸易部共同主办的首届中英癌症大会在北京市召开。来自英国驻华使馆、英国国际贸易部、英国国家医疗服务体系、英国公共卫生署、英国各大医院、大学、癌症中心的100余位领导和专家，以及来自中国国家癌症中心、各省市级癌症中心/肿瘤医院和全国各大医院、大学以及研究机构的500余位专家和学者参加了会议。中英癌症大会是国家癌症中心首次与英国政府联合举办的学术大会，是在中英人文交流机制下开展的重要的学术交流活动，将大大促进中英两国在癌症方面的合作与交流。与会的中英双方代表均对两国在癌症防治领域的合作潜能表示期待。

【第四次中英卫生政策对话举行】 2018年9月17日，第四次中英卫生政策对话在北京市举行。活动由中国国家卫生健康委员会主任马晓伟与英国卫生和社会保障大臣马特·汉考克共同主持。中国国家卫生健康委有关司局、直属单位相关负责同志及英国卫生和社会保障部、英格兰公共卫生署、英国驻华使馆等机构代表近40人出席活动。对话期间，双方代表就公共卫生、基层卫生服务体系及医疗服务质量议题进行了深入交流。对话结束后，两国签署了卫生部门间关于患者安全的谅解备忘录等协议。

【国家卫生健康委员会副主任崔丽会见英国国际发展部国家项目总司长琳迪·卡梅伦】 2018年11月20日，中国国家卫生健康委员会副主任崔丽在北京市会见了英国国际发展部国家项目总司长琳迪·卡梅伦。崔丽积极评价中英两国在卫生健康领域高层级、机制化的合作，表示中方愿继续加强与英方在卫生领域务实合作，为全球卫生安全及发展贡献力量。琳迪对中国卫生发展成就及在全球卫生领域发挥的积极作用表示肯定，并希望继续加强中英卫生及发展合作伙伴关系。

【中英全球卫生支持项目完工大会召开】 2018年12月13日，中英全球卫生支持项目（GHSP）完工大会在北京市召开。会议回顾了中英全球卫生支持项目自2012年底启动以来取得的积极进展，对项目进行了全面梳理和总结，各实施机构分享经验体会，并就未来项目合作进行了展望。项目依据2012年9月17日中英两国签署的合作谅解备忘录创建，由英方提供 1200 万英镑技术合作资金，在英国国际发展部、中国国家卫生健康委员会和中国商务部三方代表组成的战略指导委员会（SOC）领导下开展工作。这是中国首个以加强全球卫生能力建设为目的的国际卫生合作项目，涉及中医药实践、卫生战略咨询和亚非发展中国家卫生发展合作等。

六　中英体育交流

【2017"学转英超"中英校园足球中级裁判员培训班开班】　2017年6月6日，由教育部学生体育协会联合秘书处和英国大使馆文化教育处共同主办，国家体育总局秦皇岛训练基地承办的2017年"学转英超"中级裁判员培训班在秦皇岛举行。此次中级培训班是2017年举办的四期"学转英超"校园足球裁判员培训班中的第一期，来自14个省、市、自治区的35名学员参加。培训班包含理论课和实践课，由经验丰富的英格兰足球超级联赛裁判员理查德和皮特主讲，旨在进一步提升学员对比赛的掌控能力以及对球员的管理能力，以胜任更高水平的足球比赛中的执法工作。

【英国安妮公主访问冬运中心】　2017年7月5日，国际奥委会委员、英国皇室成员安妮公主参访了国家体育总局冬季运动管理中心滑冰训练馆。参访期间，安妮公主与中国花样滑冰运动员、教练员交流。在与双人滑运动员韩聪、隋文静的亲切交谈中，安妮公主分享了自己曾经参加马术比赛的经历。安妮公主还与中国国家体育总局副局长、中国奥委会副主席高志丹就奥林匹克运动发展、北京冬奥会筹办和双边体育交流等议题交换了意见。安妮公主此次是应中国人民外交学会邀请来华访问，旨在展示英国在体育、教育和研究领域的实力，并加强与中国的合作。

【2017年中国校园足球——英足总国际初级教练员培训班举办】　2017年8月21日，中国校园足球——英足总国际初级教练员培训班（第一期）在成都市足协温江基地开班，来自全国各地的40余名校园足球教练员参与为期6天的培训。成都市足球协会作为本次培训的首站共承办4期培训班。培训班由全国青少年校园足球工作领导小组办公室、中国大（中）学生体育协会和英国文化教育协会共同主办，并由英国资深足球专家授课。本年度还将有12期陆续在中国足球学校秦皇岛训练基地和上海体育学院举办，预计年内实现640名校园足球教练员的培训。

【中国武术代表团赴英国交流表演】　2017年12月4—11日，中国武术代表团赴英国伦敦进行武术表演并参加相关交流活动。12月5日上午，代表团在肯辛顿宫花园和特拉法加广场进行公开展示活动。当天下午，参加英国河北同乡会组织的"论剑英伦"座谈会。12月9日上午，代表团与英国当地8个武术组织和武术界人士进行交流。当晚，由中国武术协会主办，英中体育交流协会和中英功夫协会联合承办的"中英武术精英荟萃联合公演"在伦敦金融城举行，这是中英两国高级别人文交流机制框架活动之一。整台晚会以"和谐、健康、共享"为主题,来自中英两国的武术表演者们展示了传统武术基本功,以及太极拳、太极剑、八卦掌、醉剑、螳螂拳、朴刀进枪等武术项目。

【首届中英足球超级联赛高峰论坛召开】 2018年1月23日,首届中英足球超级联赛高峰论坛在国家体育总局中国体育报业总社新闻发布厅召开。论坛旨在构建中英足球产业的互动平台,并推动中超和英超在高层以及民间活动中进行更多的交流和学习,中国体育报业总社、中超公司和中国万达集团有关代表及近50家媒体出席了会议。中国体育报业总社副社长叶春在致辞中指出,论坛有利于增强中国足球界对于世界先进足球联赛——英超联赛的认知和理解,同时将就中超联赛如何学习和借鉴英超联赛的成功运作经验、加强中英两国顶级足球联赛之间的交流、青少年足球的共同发展等问题展开深入讨论。

七 中英媒体交流

【中国华策影视集团与英国独立电视台达成战略合作】 2017年2月13日,中国华策影视集团与英国独立电视台(ITV)战略合作发布会在伦敦举行,双方宣布并签署深化跨国影视产业战略合作项目。华策影视集团副总裁杜昉在发布会上表示,华策集团从2015年开始与英国独立电视台联合研发冰雪运动节目《跨界冰雪王》是一次成功的合作,基于此,双方逐步建立起进行全面战略合作的意向。英国独立电视台全球娱乐部总经理露丝·贝瑞高度评价了双方《跨界冰雪王》的合作,并对未来战略伙伴关系的建立表示期待。《跨界冰雪王》节目创意方案于2015年10月21日在中英创意产业展上正式亮相,并成为中英媒体关注的焦点。

【腾讯与英国国际贸易部达成数字文创产业合作】 2018年5月9日,腾讯与英国国际贸易部在伦敦签署战略合作备忘录,宣布在文化创意领域开展合作,以数字化助力文化创意产业发展。英国国际贸易大臣利亚姆·福克斯、腾讯集团高级执行副总裁刘胜义,以及多位英国高级官员与当地企业代表出席活动。腾讯表示,与英国国际贸易部达成的备忘录,初期重点将放在电影、视频游戏和时尚上,将把这些产品带给其数量庞大的中国用户。合作协议签署后,腾讯将陆续与英国旅游局、英国广播公司、英国时尚协会、施普林格·自然集团等多家知名机构及企业合作推进数字文创一揽子项目落地。

八 中英旅游交流

【中国海南省三亚市境外推介代表团访英】 2017年8月21日,以"美丽三亚,浪漫邀请"为主题的2017中国海南省三亚市境外推介——"三亚日"路演推荐活动在伦敦举行。本次三亚代表团访英旨在宣传三亚丰富的热带滨海旅游资源和独特的人文风情，提高三亚国际知名度、美誉度和国际化水平，以促进三亚入境旅游增长。路演推介会现场表演了极具海南风情的黎族舞蹈，展示了特色椰壳工艺品及三亚布艺等特产。世界小姐组织机构主席茱莉娅·莫莉、英国广播公司内容高级副总裁理查德·帕丁森、英中贸易协会执行总裁贝塔斯尔森、2016世界小姐冠军斯蒂芬妮·戴尔·瓦莱、英国女王副官陈德梁等嘉宾出席了当天的推广活动。

【英国计划大幅增加直飞中国的航班】 2017年12月10日，英国交通部发布消息称计划将直飞中国的航班增加50%，由每周100班次增加至150班次。英国交通部表示，本次协议将允许开通地区机场航线，将给当地带来潜在的商机和发展旅游的机会。英国交通部数据显示，中国游客是在英国旅游消费最多的群体，他们比其他国家的游客人数更多、停留时间更长。

【三亚至伦敦直航航线开通】 2018年7月12日，首条联结中国海南与伦敦的直飞航线由中国南方航空公司开通，这是海南实施59国人员入境旅游免签政策后开通的首条洲际直航航线。该航线每周2班，飞行时长约为12小时。去程每周四、周日从三亚起飞，回程每周四、周日从伦敦起飞。海外游客通过旅游公司预订行程可免签来海南游玩，最长停留30天。这条由三亚直飞伦敦的航线旨在以伦敦为支点，吸引更多来自欧洲的游客，同时加强三亚与伦敦之间的贸易往来，助力海南自由贸易试验区和中国特色自由贸易港建设。

【山东省商务旅游文化推广活动在英国举行】 2018年11月10日，主题为"来自中国山东孔子故乡的机会：商务、旅游和文化"的山东省旅游文化推介活动在英国议会举行，来自中英两国政商界的150多人出席。本次活动由山东省文化和旅游厅主办，伦敦商务孔子学院承办，得到了中国驻英使馆及英国政府的大力支持，旨在推介山东文化和研学旅游资源。本次活动也是国家汉办孔子学院平台上首次推出融文化、旅游和商务特色为一体的交流推广活动，将对未来中国文化"走出去"系列活动产生重要影响。

九　中英地方合作交流

【广东—英国高水平大学合作共建研讨会召开】 2017年3月16—17日，广东—英国高水平大学教育合作伙伴交流活动在广州市召开。此次活动是广东省教育厅与英国驻广州总领事馆合作框架下专门针对双方高水平大学合作组织的交流活动。3月16日，英方代表分组前往华南理工大学和南方医科大学进行主题为"国际合作的最佳实践"的研讨会。3月17日，双方高校组织了主题为"人才创造卓越""科研激发创新"的分组研讨。其后，中英代表签署了《广东英国高水平大学合作共建备忘录》。包括伦敦国王学院、布里斯托大学、伦敦玛丽女王大学、东安格利亚大学、邓迪大学、伦敦布鲁内尔大学、考文垂大学在内的多所英方高校参加此次活动；包括中山大学、华南理工大学、暨南大学、南方医科大学、广州中医药大学、华南师范大学等在内的12所高校参加活动。

【2017英国重庆文化周在威尔士开幕】 2017年11月1—2日，2017年英国重庆文化周开幕式在英国威尔士霍利黑德的乌切德艺术中心举行。文化周活动包括非文化遗产、城市印象图片、中国古书画展出，以及来自重庆市多家艺术团的文艺演出。其中非遗展出以中国传统艺术糖画、面塑、茶艺及木版年画为主，文艺表演涵盖川剧变脸、少数民族舞蹈《摆手欢歌》，以及经典民乐演奏《春江花月夜》《赛马》等，旨在让英国当地群众更好地了解中国的特色文化。

【青岛中英创新产业园启动】 2017年11月9日，青岛中英创新产业园在青岛国际经济合作区启动。园区总规划面积15.1平方公里，分为六大功能板块：创意办公及生命科学区、中英创新交流中心、生活依托区、科教研发区、科技研发与艺术中心综合区、创新产业区和生态涵养区。作为国家级经贸合作的重要承载平台，该产业园将进一步对接中英地方经济合作、推动中英经贸合作交流，搭建对英地方经贸合作的国际化示范平台。英国驻华使馆和山东省政府联合主办本次活动，旨在推动城市交流，加强中英在制造和金融服务业等商业领域的进一步合作。

【第三届中英地方领导人会议举行】 2017年12月1—3日，第三届中英地方领导人会议在英国北爱尔兰首府贝尔法斯特举行。会议主题为"中英工业地区——合作共荣，互惠互利"，由中外友好协会和北爱尔兰政府共同举办。辽宁省、上海市、湖北省、吉林市、沈阳市、大连市、长春市的地方政府领导人与北爱尔兰政府和议会领导人以及来自两国学界、企业界人士的代表约200人出席了会议。双方与会代表围绕农业食品安全、医疗服务技术、创新和知识经济、创意产业分议题分享了成功经验并进行了实地考察。会议期间，辽宁省和湖北省分别与北爱尔兰地区签署了友好省区关系协议，长春市与北爱尔兰纽里市签署了发展友好关系备忘录。

【湖北武汉——英国商务交流会举办】 2018年1月31日，湖北武汉——英国商务交流会在武汉举行。会议正值英国首相特雷莎·梅访华期间，英国国际贸易大臣利亚姆·福克斯携商务代表团参会，现场签署了包括武汉与斯旺西市建立友好城市关系、建立中英创新创业院校联盟以及开展与曼彻斯特市足球交流等在内的城市间人文友好交流和商业合作协议。参会企业包括近百家武汉企业及渣打银行、伦敦股票交易所、迈凯伦汽车、捷豹路虎、阿斯顿马丁等40多家英国企业，涉及金融、贸易、医药、教育等多个领域。

【青岛中英创新产业园合作协议签署】 2018年1月31日，在中国国务院总理李克强、英国首相特雷莎·梅见证下，青岛西海岸新区与英国工商业联合会在北京人民大会堂签署了共同推动青岛中英创新产业园生命科学与创意产业孵化器及中英贸易平台建设的合作协议。协议旨在通过建设生命科学孵化器、创意产业孵化器及中英创新贸易平台等有效机制，开发中国市场，推动两国商贸发展，是青岛与英国开展长远、深入合作的第一步。中英创新产业园一期启动区总投资约2亿英镑，计划建设周期一年半。

【英国作为主宾国参加丝绸之路国际博览会】 2018年5月11—15日，由发改委、商务部、中国侨联、全国工商联以及贸促会等联合组织的丝绸之路国际博览会在西安举行。英国作为主宾国参会，派出了一支200多人的代表团，包括50多家企业的代表，涵盖基础设施、工程、金融和专业服务、医疗保健、高等教育、文化遗产和教育技术等不同领域。陕西省长刘国中与英国国际贸易部贸易与出口推广国务大臣罗娜·费厚德为博览会英国国家馆揭幕。会议期间举行了包括中英地区间经济合作论坛、中英"一带一路"基础设施合作圆桌论坛在内的活动，并签署了一系列中英协议与谅解备忘录。

【首任英国驻武汉总领事卫亭瀚卸任】 2018年9月14日，英国驻武汉领事馆总领事卫亭瀚（Nick Whittingham）卸任。卫亭瀚自2014年8月起就任英国驻武汉总领事，是首任英国驻汉总领事。在其四年任期内，卫亭瀚见证了中英关系的进一步发展，武汉与英国之间的交流也不断加深，高层访问和民间交流往来频繁。2018年1月，英国首相特雷莎·梅访华时把湖北作为行程的第一站。卫亭瀚表示武汉与英国继续展开合作的空间和潜力巨大，期待双方更深入的联系交流。

【第四届中英地方领导人会议举行】 2018年10月15—17日，第四届中英地方领导人会议在辽宁省大连市召开，200余名中英地方政府领导人与企业家参加会议。会议是由中国人民对外友好协会和英国驻华使馆，英国住房、社区和地方政府部共同主办，以"树立全球视野，共创'黄金时代'"为主题。中英双方与会嘉宾交流的议题包括"绿色、创新与中小企业""中英高校的国际交流与合作""职业教育服务地方发展"等，以求进一步推动中英地方合作。

【2018年宁波—诺丁汉中小学校长交流会举行】 2018年10月23日，2018年宁波—诺丁汉中小学校长交流会在宁波举行。宁波多所中小学的校长与英方中小学的代表进行了面对面的交流，就课程、教学以及如何推进教育改革和创新，实现学生的全面发展以及加深两地学生之间的人文交流展开了讨论。利用交流会平台，宁波市11所中小学与英方11所学校签署了合作备忘录，以期在未来开展进一步的合作交流。宁波自2005年与诺丁汉市结为友好城市以来，双方在文化教育发展方面的沟通、合作不断深化，创建了包括第一所中外合作大学宁波诺丁汉大学等在内的一系列合作项目。

【宁波诺丁汉大学执行校长陆明彦获"西湖友谊奖"】 2018年10月30日，宁波诺丁汉大学执行校长陆明彦（Chris Rudd）获"西湖友谊奖"。该奖项是浙江省政府授予在浙江的外国专家的最高奖项，以表彰其在浙江经济建设和社会发展中做出的突出贡献。陆明彦自2008年起担任英国诺丁汉大学对外交流与联络副校长，2010年起担任诺丁汉大学孔子学院的理事长，2015年8月担任宁波诺丁汉大学执行校长。因其对中英关系做出的巨大贡献，2015年12月中国驻英大使刘晓明授予陆明彦"破冰者"荣誉奖。

十　中英青年交流

【英国在中国十二个城市开展"灵动青春"活动】　2017年7月4—6日，"灵动青春"活动在北京、武汉和长沙共同启动。该活动由英国政府、英国文化教育协会和英国旅游局共同举办，旨在促进推动英国文化在中国的传播，加深中英合作与交流。启动仪式由英国皇室安妮公主、英国驻华大使吴百纳女爵士以及"灵动青春"形象大使江疏影共同主持。这项活动将持续6个月，聚焦文化创意、体育、旅游、健康、科学创新以及教育等中英互惠合作的六大领域，在中国12个城市开展20余场活动，活动主题包括"灵动青春、玩乐英伦"、"科学大爆炸"系列讲座、"灵动青春"英国行等。

【第七届中英青年领导者圆桌会举行】　2017年12月7—8日，第七届中英青年领导者圆桌会在伦敦举行，中国国务院副总理刘延东出席会议并致辞。作为中英高级别人文交流机制第五次会议的配套对话交流活动，圆桌会旨在加深中英青年的思想交流和理解、共识，发展双方的友谊，以青年为代表，推动两国的人文交流与合作。本届圆桌会以"青年创业就业：中英创新实践"为主题，针对"青年创业和创业生态系统""青年就业和新时代背景下的中英全球合作机会"两个主题进行了讨论。

【刘晓明大使在2018年"青年破冰者"晚宴上发表主旨演讲】　2018年6月5日，第十届"青年破冰者"晚宴在伦敦举行。晚宴由英国中国商会和英国48家集团俱乐部联合举办，来自中英两国的200余位政商、金融界人士和青年代表参加活动。中国驻英国大使刘晓明出席晚宴并发表了题为《坚持开放合作，坚定"破冰"前行》的主旨演讲。演讲中刘晓明大使使用了3个"A"来描述中英关系"破冰前行"的经验，分别为登高望远（Aiming High）、敢为人先（Audacity）和求同存异（Agree to disagree），并寄语两国青年继续发展中英关系，做"青年破冰者"，延续"破冰精神"。

十一　中英妇女交流

【"未来菁媖中国行动"2017国际妇女节特别活动】　2017年3月7日，英国首位驻华女大使吴百纳女爵士和知名媒体人杨澜共同来到北京师范大学实验华夏女子中学，和学生们分享她们的个人成长故事和职业发展经历，由此拉开"未来菁媖中国行动"2017国际妇女节特别活动的序幕。特别活动也将在上海、重庆等城市陆续开展。"未来菁媖中国行动"由英国文化教育协会举办，自2016年12月4日正式启动,旨在激发女性的职业理想和抱负,增强自信,发挥潜能,帮助青少年更好地进行未来的人生和职业选择。

【首届中英性别平等专题研讨会召开】 2017年12月7日,首届中英性别平等专题研讨会在英国伦敦市召开,来自两国妇女机构负责人、政府、学界和企业界的70余位代表参会。研讨会由全国妇联和英国政府平等办公室联合举办,是中英高级别人文交流机制第五次会议的配套活动。研讨会以"性别平等与女性经济赋权"为主题,并就"就业中的性别平等"和"工作与生活的平衡"两个议题进行了研讨和交流,旨在推动性别平等,同时扩展中英双方在女性问题领域的交流合作。

【2018女性公益可持续发展国际论坛暨非遗手工艺创新展举行】 2018年6月9日,2018女性公益可持续发展国际论坛暨非遗手工艺创新展在英国剑桥大学举行。论坛以"赋权女性,公益可持续发展和女性成长"为主题,由中国妇女发展基金会、剑桥大学嘉治商学院女性领导中心共同主办,共分"NGO对女性可持续性发展的推动""媒体对推动女性领导力的影响""管理层高层的性别平等:如何走向平等"和"可持续职业发展:建立可持续的职业生涯规划"4个议题,旨在促进中国的女性公益慈善组织与国际组织和权威学术机构的交流合作,提升中国妇女慈善组织的国际影响力和学术专业性。

(撰稿人:王展鹏、徐瑞珂、张茜、吕大永、于艾岑、周婧怡、王柳萌)

中欧人文交流

一 中欧人文交流综述

【中欧关系】 中欧关系源远流长。1975年5月，中国与欧洲经济共同体建立了外交关系，标志着中国与欧盟（其前身为欧共体）正式建交。1983年11月，中国又分别与欧洲煤钢共同体和欧洲原子能共同体建立了外交关系，从而实现了中国同欧共体的全面建交。中欧之间所做出的超越意识形态和政治经济制度的重大决策，为冷战时期东西方大国关系的构建树立了典范。自建交以来的四十余年，中欧关系不断提升和拓展。2003年，中欧建立起全面战略伙伴关系。

【中欧关系】 2017年6月2日，中国国务院总理李克强在布鲁塞尔欧洲理事会总部同欧洲理事会主席唐纳德·图斯克、欧盟委员会主席让-克洛德·容克共同主持第十九次中国欧盟领导人会晤。中欧就深化互利共赢的中欧全面战略伙伴关系的内涵达成一系列新的合作倡议，形成了《第十九次中国—欧盟领导人会晤成果清单》。双方签署《中华人民共和国国家旅游局与欧盟委员会内部市场、工业、创业和中小企业总司关于落实2018年举办中国—欧盟旅游年的协议》，将办好2018年"中国—欧盟旅游年"。会晤后，双方领导人共同见证投资、知识产权、海关、科技合作等领域10余项合作文件的签署，并为"中欧蓝色年"和"中欧旅游年"标识揭牌。

2018年7月16日，中国国务院总理李克强同欧洲理事会主席唐纳德·图斯克、欧盟委员会主席让-克洛德·容克在北京市举行第二十次中国欧盟领导人会晤。李克强同容克共同出席了第13届中欧企业家圆桌会。《第二十次中国欧盟领导人会晤联合声明》表明双方致力于通过中欧高级别人文交流对话机制，加强在教育、研究人员往来、文化、媒体、青年、性别平等和体育领域的交流与合作。双方欢迎在2018"中国—欧盟旅游年"框架下业已开展的系列活动，以促进旅游合作及双向人员交流。同时，中欧将推进中欧人员往来和移民领域对话（MMD）路线图第二阶段，平行推进关于签证便利化协议和打击非法移民合作协议的谈判。

【机制回顾】 在中欧关系整体向好的背景下，人文交流成为继高级别战略对话、经贸高层对话之后中欧合作的第三大支柱。

2012年2月，为了进一步充实中欧全面战略伙伴关系的内涵，在北京举行的第十四次中欧领导人会晤中，中国国务院总理温家宝与欧洲理事会主席范龙佩、欧盟委员会主席巴罗佐宣布建立中欧高级别人文交流对话机制。2012年4月18日，应欧盟委员会教育、文化、语言多样性及青年事务委员瓦西利乌的邀请，中国国务委员刘延东访问欧盟总部比利时首都布鲁塞尔，正式启动中欧高级别人文交流机制并主持第一次会议。机制启动后，中欧双方将在机制的统一协调下，充分发掘丰富的人文资源，在教育、文化、青年等领域开展更大范围、更深层次的人文交流，加深中欧人民的相互了解和友谊，为共同建设21世纪中欧全面战略伙伴关系做出积极贡献。

2014年3月，中国国家主席习近平在布鲁塞尔同欧洲理事会主席范龙佩举行会谈，提出要从战略高度看待中欧关系，将中欧两大力量、两大市场、两大文明结合起来，共同打造中欧和平、增长、改革、文明四大伙伴关系，为中欧合作注入新动力，为世界发展繁荣做出更大贡献。

2014年9月6日，中国国务院副总理刘延东与欧盟教育、文化、语言多样性及青年事务委员瓦西利乌在北京共同主持中欧高级别人文交流机制第二次会议。刘延东就中欧人文交流提出三点倡议：第一，加强交流互鉴，做增进理解信任的"孵化器"。第二，坚持以人为本，做强化中欧合作的"稳定器"。第三，促进文明共荣，做发展全球治理的"推进器"。会后双方签署了《联合公报》。

2015年9月5日，中欧高级别人文交流机制第三次会议在布鲁塞尔举行，国务院副总理刘延东出席，并首次将妇女交流纳入机制框架下的交流活动，标志着中欧妇女交流进入一个全新阶段。

2017年11月14日，中国国务院副总理刘延东与欧盟委员会教育、文化、青年和体育委员瑙夫劳契奇在上海共同主持中欧高级别人文交流对话机制第四次会议。刘延东指出，中欧人文交流对话机制实施5年来，双方在教育、文化、科技、媒体、体育、妇女和青年等领域开展多层次合作，取得了丰硕成果，架起中欧近30个国家"民相亲，心相通"的桥梁，为中欧关系发展注入了新活力。会议期间，举办了中欧青年思想者论坛、"东亚文化之都"和"欧洲文化之都"论坛开幕式、中欧性别平等研讨会及合拍丝路新纽带纪录片等配套活动。

【进展情况】 2017—2018年，中欧人文交流各领域开展了广泛而深入的交流，取得了丰硕的成果。

在教育交流方面，突出建设、交流、研讨三个关键词；意大利恩纳"科雷"大学孔子学院与西西里教育厅签署合作协议；本土汉语教师培训、"互联网+"汉语国际教育专题研讨会以及中欧工程教育平台研讨会的举办为中欧教育交流提供了深度交流与合作的平台；孔子学院建设方面，荷兰南方应用科技大学孔子学院和卢森堡大学孔子学院相继揭牌，天津外国语大学里斯本大学孔子学院举行建院十周年系列活动，2017

年欧洲孔子学院及孔子课堂联席会议举行。

在科技交流方面，合作范围主要覆盖创新技术、核能、新能源、新材料、生命科学、环保、应用信息通信技术、民用航空、空间技术、环境和可持续发展、生态系统和智慧城市、人工智能等领域。

在文化交流方面，成功举办了艺术展览、文学交流、节日庆典、学术研讨等，主要涉及电影、音乐、戏剧、旅游、摄影、雕塑、曲艺等活动。

在卫生交流方面，中欧合作包括中医药、心血管、妇幼健康、生殖健康、防癌抗癌、慢性阻塞性肺病等领域，并成立了中国—意大利中医中心和德国—中国中医药中心。

在体育交流方面，中欧之间多次举办乒乓球邀请赛及友谊赛、中欧青少年足球比赛、中国武术大赛、龙舟比赛等体育活动；同时，中欧之间还举办冬季运动合作主题研讨和马拉松论坛等方面的体育合作与交流活动。

在媒体交流方面，举办了不同层次的座谈会和主题研讨会，内容涉及中欧之间主流媒体、电台和电视台、网络新闻媒体等在发展理念、战略、政策对接等方面加强内容、版权、技术等的合作与探讨。

在旅游交流方面，中欧蓝色年和中欧旅游年的举办；中欧旅游文化合作峰会召开；"欧洲日"光之桥活动举行。此外，还包括丰富多彩的中瑞、中丹、中意之间的旅游项目合作。

在地方合作方面，中国与希腊城市论坛预备会召开；广东与比利时林堡省联合举办图书图片展；中荷友好省市大会在荷兰举办；河北张家口市与芬兰城市拉赫蒂签约为友好城市；湖北武汉—瑞典博伦厄友好城市孔子学院揭牌；河北医科大学—爱尔兰国立高威大学干细胞研究中心启动。

在青年交流方面，中欧举办了青少年儿童画展；中欧青年创新创业发展论坛举办；中欧青年思想者论坛召开；中国代表团首次参加2018欧洲青年大会；中欧青少年国际电影艺术节举办。此外，还在西班牙、爱尔兰举办了青少年交响乐音乐会及绘画比赛。

在妇女交流方面，中比妇女交流中心成立十周年庆祝会；中欧性别平等专题研讨会举行；国际妇女节联谊活动举办；驻欧盟使团举办"中欧妇女交流日"；中欧女性艺术交流展举办。

二　中欧教育交流

【第三届本土汉语教师培训活动举行】　2017年4月6—7日，第三届本土汉语教师培训活动在意大利罗马大学孔子学院举行。世界汉语教学协会副会长白乐桑、英国理启蒙大学教授张新生、维也纳大学孔子学院外方院长李夏德三位专家以专题讲座的形式为来自意大利、德国等国家的近90名汉语教师进行培训。白乐桑将汉字、词汇、语法和文化等贯通在课文里，强调教师对知识的过滤与转化，探讨知识类别与处理方式。李夏德主讲中国文学研究与教学，纵向论及先秦两汉魏晋直至当代文学，横向涉猎伦理、美学、教育学，系统地与教师们探讨文学的教学途径。张新生则将汉语教学与欧洲汉语能力标准相结合，阐述了教师意识转变和教学目标的主体框架设置的重要性。

【2017年欧洲孔子学院及孔子课堂联席会议召开】 2017年5月16日，来自欧洲14个国家的33所孔子学院及孔子课堂的代表齐聚丹麦首都哥本哈根，出席2017年欧洲孔子学院及孔子课堂联席会议，共商欧洲地区孔子学院发展大计。本次会议由丹麦皇家音乐学院孔子学院和哥本哈根商务孔子学院共同主办。中国驻丹麦大使刘碧伟、丹麦前文化和宗教事务大臣霍德、丹麦皇家音乐学院院长克拉鲁普及中国国家汉办相关负责人出席了会议开幕式。与会各国孔子学院中外方院长发表主旨演讲，探讨了在欧洲地区进一步提高汉语教学水平、加强师资力量、通过合作与资源共享促进孔子学院的工作以及如何办好特色孔子学院等话题。

【荷兰南方应用科技大学孔子学院揭幕】 2017年7月7日，由中国东北财经大学与荷兰南方应用科技大学合作共建的、荷兰第三所孔子学院——南方应用科技大学孔子学院正式成立。驻荷兰大使吴恳出席揭幕仪式，并与林堡省省长博文斯、马斯特里赫特市市长本特斯特拉克、南方应用科技大学校长范罗斯马勒、东北财经大学党委书记都本伟一道，共同为学院揭牌。林堡省、马斯特里赫特市政府官员、南方应用科技大学孔子学院师生代表，以及荷社会各界人士百余人参加了该活动。孔子学院的成立将为荷兰朋友学习中文进一步提供便利，为荷兰民众特别是青年朋友打开一扇学习中国语言、品味中国文化的大门。

【意大利恩纳"科雷"大学孔子学院与西西里教育厅签署合作协议】 2017年10月11日，意大利恩纳"科雷"大学孔子学院与西西里教育厅签署合作协议。西西里教育厅主任玛丽亚、恩纳"科雷"大学校董事会主席卡塔尔多、恩纳"科雷"大学孔子学院外方院长马莉奈拉、中方院长孙傲等人出席活动。恩纳"科雷"大学孔子学院是西西里大区唯一一所孔子学院，致力于推广中国文化。根据协议内容，自签约之日起，西西里大区内所有学校若开设汉语课程或举办中国文化相关活动，都将通过教育厅与恩纳"科雷"大学孔子学院进行协商，共同举办。本次协议的签订有利于推动汉语和中国文化在西西里的传播，让汉语和中国文化成为中意两国相互尊重与理解的重要媒介。

【第八届中欧工程教育平台研讨会召开】 2017年11月28日，第八届中欧工程教育平台研讨会在芬兰阿尔托大学召开。芬兰阿尔托大学校长涅梅莱、中国同济大学常务副校长伍江出席并主持会议，来自同济大学、浙江大学、北京交通大学、西班牙加泰罗尼亚理工大学、葡萄牙里斯本理工大学、挪威理工大学等多所中欧高校的60余位代表出席会议。会议主题为"工程类院校中的创业教育及企业家精神同工程教育的融合"。与会代表回顾了平台过去几年发展历程及取得的成就，并围绕大学创新创业、城市可持续发展、中欧大学创业教育模式进行了深入探讨。

【天津外国语大学里斯本大学孔子学院举行建院十周年系列活动】 2018年4月11—14日，天津外国语大学里斯本大学孔子学院建院十周年系列活动在里斯本大学举行。纪念仪式于13日下午在学校文学院举行。中国驻葡萄牙大使蔡润、葡萄牙教育部长特使科斯塔女士、天津外国语大学校长陈法春、里斯本大学校长赛拉、文学院院长塔门，葡萄牙中华总商会会长蔡文显等嘉宾出席仪式。葡萄牙多所孔子学院的院长、里斯本大学孔子学院师生以及社会各界人士等300余人参加了纪念仪式。纪念仪式上，孔子学院正式成立了中国学研究中心，陈法春和塔门共同为研究中心揭牌。作为系列活动之一，学院面向全院师生及社会人士安排了3场关于中国传统文化的讲座，分别由陈法春和天津中医药大学徐立主讲。

【卢森堡大学孔子学院揭牌】 2018年4月19日，卢森堡大学孔子学院揭牌仪式在卢森堡大学贝尔瓦尔校区举行。中国驻卢森堡大使黄长庆、卢森堡高等教育与科研部部长级代表汉森、复旦大学党委书记焦扬、卢森堡大学校长帕拉吉以及卢森堡社会各界、华侨华人等近200人出席活动。揭牌仪式上，来宾们一同欣赏了由复旦大学师生和卢森堡友人准备的中国民乐和舞龙舞狮表演。共建孔子学院将有利于中卢两国缔结友谊、深化两校学术交流与合作，并借此新平台进一步拓展和丰富两国的人文交流。

【中国人民大学中欧人文交流研究中心揭牌仪式暨中外人文交流研讨会召开】 2018年6月5日，由中国人民大学中欧人文交流研究中心、欧洲问题研究中心和欧盟研究中心联合主办的中国人民大学中欧人文交流研究中心揭牌仪式暨中外人文交流研讨会在北京市召开。中国人民大学校长刘伟、欧盟驻华大使史伟、中国人民大学国际关系学院副院长金灿荣等人出席活动。研讨会以"中外人文交流及其外交内涵""中外人文交流机制及其发展""国别区域研究及中国对外关系"为议题。与会学者积极倡导精细化欧洲问题研究，加强中欧人文交流；创新传统文化，打造国际品牌；尊重文化差异，发挥民间力量。

【第六届"欧盟官员赴华研修班"学员联谊会举行】 2018年9月21日，第六届"欧盟官员赴华研修班"学员联谊会在布鲁塞尔中国文化中心举办。中国驻欧盟使团公使王红坚、欧盟委员会人力资源总司司长乐文萨以及数十位历届研修班学员代表参加了此次活动。"欧盟官员赴华研修班"是2012年中欧高级别人文交流对话机制框架下所确定的项目，至今已成功举办六届，先后有180余名欧盟机构的官员赴华学习考察。此届研修班的学员主要来自欧盟委员会下属的20个总司。赴华研修班项目已成为中欧人文交流的重点品牌，在欧盟机构官员中有广泛影响力。该项目每年有30个名额，但申请人数都在百人以上。学员们通过实地学习、交流和走访，更加深入地了解中国社会各方面的具体情况。

三 中欧科技交流

【瑞典国王向姚檀栋院士颁发2017年维加奖】 2017年4月19日，2017年维加奖颁奖仪式在瑞典斯德哥尔摩王宫举行。瑞典国王卡尔十六世·古斯塔夫为中国科学家姚檀栋颁发2017年维加奖，以表彰他在青藏高原冰川和环境研究方面做出的杰出贡献。这是1881年该奖设立以来，中国科学家也是亚洲科学家首次获得该项大奖。在瑞典王宫举行的颁奖仪式上，瑞典国王向姚檀栋院士颁发了维加奖奖章和证书，并对他表示祝贺。4月20日，在瑞典皇家科学院举行了主题为"变化中的第三极环境"的2017维加研讨会。来自中国、瑞典、美国等多个国家的科学家就姚檀栋有关青藏高原冰川和环境的研究进行了切磋交流。

【第三次中欧创新合作对话举行】 2017年6月2日，为进一步推动中欧科技创新合作，作为第十九次中国欧盟领导人会晤的配套活动之一，第三次中欧创新合作对话在布鲁塞尔举行。该对话由中国科学技术部部长万钢和欧盟委员会科研与创新委员卡洛斯·莫达斯共同主持，双方政府部门高级别代表、科研机构代表及创新领域专家代表等近60人出席会议。作为此次创新对话的成果，双方将五点共识写入第三次中欧创新合作对话会议纪要，并在李克强总理和容克主席的见证下共同签署《中国科技部和欧洲委员会关于依托联合资助机制实施2018—2020年度中欧研究创新旗舰合作计划和其他类研究创新合作项目的协议》，为后续中欧双方开展政府间科研创新合作提供指导和依据。

【中瑞科技合作联委会第四次会议召开】 2017年8月30—31日，应瑞典高教与研究部大臣赫莲·海马克·克努特松邀请，中国科技部部长万钢率团访问瑞典，出席并共同主持了此次会议。双方参会代表回顾了两国在基础研究、可再生能源、新材料等领域的合作情况，围绕北极科研、气候变化、智慧城市等未来合作优先领域深入交换意见，并一致同意将在上述领域开拓合作新模式，包括鼓励研究机构与企业共建合作联盟的"2+2模式"、在双方优势领域共建联合研究中心和实验室，以及鼓励双方开展跨境众创空间合作等。会后，双方签署了《中华人民共和国科学技术部国际合作司与瑞典王国国家创新署关于中瑞科技创新合作的谅解备忘录》，为提升中瑞科技创新合作水平带来了新机遇。

【国际丝绸之路科学院启动】 2017年9月24日，来自白俄罗斯、德国、法国、英国、意大利等25个国家的科技界专家学者欢聚北京，出席国际丝绸之路科学院科技创新国际会议暨国际丝绸之路科学院启动大会。国际欧亚科学院中国科学中心副主席、国际丝绸之路科学院筹备办公室主任张景安在启动大会上宣读了全国政协副主席、科技部长、中国科协主席万钢发来的贺信。国际丝绸之路科学院是高层次的国际性非政府、非营利学术机构，是欧亚地区科

第一编　高级别人文交流机制

技界、经济界和社会活动家等合作交流的重要平台,是推动"一带一路"建设的国际高端咨询中心和新型高端智库。

【**第十二届中国—欧盟投资贸易科技合作洽谈会举行**】　2017年10月25—27日,第十二届中国—欧盟投资贸易科技合作洽谈会在成都世纪城国际会议中心举行,共吸引了25个欧洲国家及11个"一带一路"沿线国家各领域的260余名代表参会。开幕式上,欧盟研究与创新中心举行"ENRICH中国西部中心"揭牌仪式,该中心将入驻中国—欧洲中心,成为European Research and Innovation Centre of Excellence in China(ERICENA)落地中国的第一个区域分中心。索菲亚科技园中国创新中心和成都高新区(欧洲·法国)创新中心双中心揭牌,入驻中国—欧洲中心的机构及企业代表签署入驻协议。此外,洽谈会还举办了中欧"一带一路"新经济发展主题论坛、中欧商协会友好合作圆桌会、中欧新能源与环保产业合作论坛、中欧科研创新合作对话、中德城市交通与环境科技合作论坛等活动。

【**第八届中意创新合作周活动举行**】　2017年11月14—17日,第八届中意创新合作周活动在成都世外桃源酒店举行,由中国科技部、意大利教育大学科研部主办。中国科技部合作司、意大利驻重庆总领事馆等部门负责人同中意双方代表共400余人出席活动。中意创新合作周已成功举办七届,共推动双方企业进行技术对接4400余次,达成合作意向600余项。开幕式上,意大利国家研究委员会生物材料研究所化学与材料技术部、四川省技术转移中心、西部国际技术转移中心共同签署了合作协议,促进四川与意大利在新材料以及相关领域的深入合作。中意双方专家在平行论坛中围绕节能环保、生命科学、新材料等主题分享行业领域的最新成果。中意双方产学研机构代表还进行了B2B对接活动,20多个项目达成合作意向。

【**"2017欧洲科研创新中国行"举行**】　2017年10月27日至12月1日,"2017欧洲科研创新中国行"举行。此次创新中国行由欧盟驻华代表团、欧盟各成员国和框架计划协约国驻华使馆及总领馆、中国科学技术部、中国科技交流中心联合倡议,在中国10座城市举办第五届系列宣讲活动。其向中国科研创新界提供中欧科研创新合作机会,并宣传欧洲在科研、创新和知识创造方面取得的成就。宣讲内容包括欧盟层面以及欧洲国家层面资助计划提供的共赢方案,增进对包括"地平线2020"计划在内的欧洲政策及计划的了解,进一步推动科研创新合作等。宣讲活动主要面向研发人员、科学家、学者、参与研发活动的私营研发机构和企业代表等。活动以讲座和演讲的形式介绍各科研创新资助计划,参会人员有机会与欧方代表面对面交流。

【**中欧双边聚变技术管理计划工作组首次会议召开**】　2018年1月23—26日,由中国国际核聚变能计划执行中心主办、核工业西南物理研究院承办的中欧双边聚变技术管理计划工作组首次会议在成都市召开。中欧双方近20家聚变知名机构汇聚一堂共商合作大计。中欧双方参会代表在会上作了30多个技术报告并分组讨论,形成下一阶段中欧聚变合作计划建议并向聚变分委会汇报。科技部核聚变中心、核工业西南物理研究院、中科院等离子体物理研究所、欧洲聚变能联盟、英国卡拉姆聚变能研究中心、法国原子能委员会等单位的70余名代表出席会议。会议有利于促进《2013—2020中欧聚变研究合作计划》的执行以及未来国际热核聚变实验堆项目的实施。

【中奥科技创新合作研讨会召开】 2018年4月26日，中奥科技创新合作研讨会在维也纳的奥地利联邦商会召开，会议由奥地利联邦商会、奥地利研究与技术发展委员会、奥地利专利局和中国科技法学会共同主办。奥地利研究与技术发展委员会主席、前联邦副总理及财长安德罗施，奥地利联邦商会副主席马茨内特，中国科技法学会副会长孙永俭等中奥政府部门、科研机构及企业界近百人参加。研讨会的召开为进一步落实两国领导人达成的合作共识和双边政府间签署的合作协议，进一步促进双边科技创新合作具有重要意义。

【2018中欧城市可持续发展暨智能科技创新论坛召开】 2018年5月18日，由国家发展改革委城市和小城镇改革发展中心主办的2018中欧城市可持续发展暨智能科技创新论坛在天津市梅江会展中心召开。作为第二届智能大会的专题论坛之一，本届论坛主题为"科技创新与智能制造"。来自中国与欧洲的城市代表、专家学者、企业及媒体人围绕科技创新、智慧城市等主题进行对话与交流，论坛包括多场专题活动，主题涵盖"国际城市群建设与京津冀协同发展""智慧城市·智能科技创新"等。大会同期还举行了"中欧城市可持续发展研讨会""中欧创新项目务实对接会会议"及"中意航空产业对接会"等各个务实对接活动。论坛促进了双方务实合作与项目对接，推动了中欧城市可持续发展和共同繁荣。

【2018武汉中欧新能源技术对接洽谈活动举行】 由欧盟研究与创新中心、中国科技交流中心、湖北省科学技术厅主办的2018年5月21—22日，2018武汉中欧新能源技术对接洽谈会在武汉未来科技城举行。来自德国、葡萄牙、芬兰、瑞士等国家的7家欧洲企业和湖北省10多家涉及太阳能新能源、建筑节能以及投资基金等领域的企业代表参加了活动。此次参演项目有11个，包括氮化镓基低温外延生长技术、无人机智慧处理器平台、家用太阳能设备、水生态系统、多能流智慧能源管理系统、氢社会平台、新型智能无线电能传输技术、隔热技术、动力型硬碳负极材料产业化、G-Ray阴极射线照相技术及风险投资等。活动提供了一个本土企业与外方企业展示自我创新能力的舞台，为湖北省创新发展、高质量发展提供持续动力。

【中欧科技合作"龙计划"第四期中期成果国际研讨会召开】 2018年6月19—22日，中欧科技合作"龙计划"第四期中期成果国际研讨会在西安市召开。中欧双方共200余名专家学者参加了本次研讨会，共作了105个口头学术报告和96篇青年学者海报论文展览。会议设有气候与碳循环、海洋与海岸带、水文与冰冻圈、固体地球和减灾、生态系统和智慧城市5个分会场。"龙计划"

是科技部与欧洲空间局在地球观测应用领域最大的国际合作项目。本次研讨会重点讨论了"龙计划"第四期自启动以来各专题取得的主要工作进展和研究成果，并梳理了下一阶段的工作重点和核心任务。会议进一步加强了中欧双方卫星数据共享及应用技术的合作交流，促进了中欧双方地球观测技术与应用再上新台阶。

【中欧正式签署在创新领域进行全面合作的战略协议】 2018年8月27日，国际欧亚科学院中国科学中心、国际丝绸之路科学院与欧盟中国联合创新中心在北京正式签署在创新领域进行全面合作的战略协议。此次签约开启了各方在中欧创新领域发展中的新模式，双方将建立起长期的战略合作伙伴关系，共建以欧盟中国联合创新基地为主体的欧中创新支撑及服务平台，为欧中创新领域繁荣发展揭开新的篇章，也为欧中之间的交流合作带来更多更大的契机。此次签约将对促进和发展中欧联合创新产生重要意义。签约各方的后续合作不局限于协议的框架，将进一步围绕中欧创新交流合作展开更多具有实质性工作。

【中国—瑞典科技创新合作对接会举行】 2018年11月5日，由中国科技部与瑞典创新署主办的中国—瑞典科技创新合作对接会在北京举办，吸引了两国产学研各界200多名代表参会。会上，科技部国际合作司领导雷风云与瑞典创新署国际事务部主任作主旨演讲，科技部国际合作司、中国科学技术交流中心、北京技术交易促进中心和瑞典创新署等单位代表介绍了中瑞和中欧（盟）科技创新、项目过程管理、领域对接安排等具体情况。会后，参会代表在交通安全、健康、应用信息通信技术三个重点领域进行了具体对接，就未来项目合作开展了富有成效的讨论。会议进一步深化了中瑞之间的科技创新合作。

【中欧空间科技合作对话第五次会议召开】 2018年11月27日，中欧空间科技合作对话第五次会议在布鲁塞尔召开。中国科技部、中国科学院、中国地震局、欧盟委员会科研与创新总司、欧盟委员会联合研究中心、欧盟对外行动署等相关研究机构及相关大学的专家学者参加了会议。会议首次建立了中欧空间科技合作对话工作组机制，中欧双方在对话会议前，组织召开了卫星导航、地球观测、空间科学与探测等三个工作组会议，进行了坦诚交流和热烈讨论，展示了中欧空间科技务实合作成果，形成了三个工作组的成果，并在中欧空间科技合作对话会上作了报告。会议期间，张副部长与欧空局局长签署了《龙计划合作协议》，双方一致同意开展"龙计划"五期以及未来合作，加强并延续合作机制。

【第九届中意创新合作周举行】 2018年12月4日，第九届中意创新合作周在意大利米兰、罗马和卡利亚里三地举行。开幕式前，中国科技部部长王志刚与意大利教育、大学与科研部部长马可·布塞蒂举行了双边会见，双方在会后签署了两国部长会晤联合声明。活动以"中意携手，创新共赢"为主题，聚焦双方创新合作的十大技术领域及优质资源，通过主题演讲、平行论坛、项目路演、展览展示、创新创业大赛、科技园区对接交流等多种形式，着力搭建推动两国创新资源深度融合的高水平交流合作平台，共吸引来自北京、上海、天津、贵州、海南等19个省市的180多家中方机构、300多位代表赴意参会。中意双方共有800多名代表出席了合作周开幕式。当日还举办了中意创新合作周成果展、2018—2019中意创新创业大赛暨最佳项目路演启动仪式和中意合作项目签约仪式等。

【中欧科技合作指导委员会第十四次会议召开】 2018年12月13日，中欧科技合作指导委员会第十四次会议在北京市召开，由中国科技部副部长、国家外国专家局局长张建国和欧盟科研与创新总司长让－艾瑞克·巴盖特共同主持。来自中国科技部、工信部，欧盟委员会科研创新总司等相关机构的代表出席会议。与会代表交流了中国科研计划改革、欧盟地平线计划的执行情况、地平线欧洲计划的总体规划和科技计划互惠开放等议题，汇报了中欧科研创新联合资助机制的评估和实施情况，总结梳理了民用航空、微生物技术、环境和可持续城镇、多边合作等领域的合作成果及下一步规划，探讨了中欧科研创新合作路线图的整体框架，并就水资源、人工智能、空间、人员交流和新的合作方式等未来合作进行了具体讨论。

四　中欧文化交流

【第三届中国—欧盟文化艺术节举办】 2017年5月18日至12月11日，第三届中国—欧盟文化艺术节在比利时布鲁塞尔举行。艺术节由中国文学艺术界联合会和欧中"一带一路"文化旅游发展委员会等联合主办。中国电影家协会同中欧文化艺术节组委会签署了战略合作协议。2017年5月18日，艺术节开幕式、"草原之声"内蒙古歌舞专场晚会及《美丽的内蒙古》民俗风情摄影展在布鲁塞尔圣米歇尔剧院举办。演出包括长调歌曲《褐色的鹰》、呼麦名曲《英雄赞》、马头琴演奏《万马奔腾》等，展示了世界和国家级非物质文化遗产的独特魅力。中国—欧盟文化艺术节是中欧高级别人文对话交流机制的重要组成部分，已成为中欧人文交流的常态化双向平台。2017年12月11日，欧盟地区委员会在布鲁塞尔落幕举办《丝路画语——于文江中国画作品展》，标志着第三届中国—欧盟文化艺术节闭幕。

【荷兰欧维汉兹动物园大熊猫馆开馆】 2017年5月30日，荷兰欧维汉兹动物园为该园大熊猫馆举行开馆仪式。正值中国传统节日端午节，荷民众期盼已久的两只中国大熊猫"武雯""星雅"终于同公众正式见面。中国国家林业局总经济师张鸿文率团赴荷兰出席仪式，驻荷兰大使吴恳携使馆工作人员，荷农业大臣马丁·范达姆、前首相鲍肯内德，动物园园主伯克侯恩等荷兰政、商、学、文化界人士，青少年儿童代表、中外媒体记者共500余人参加了开馆仪式。

【"对话兵马俑：中欧雕塑作品展"开幕】 2017年6月2日，"对话兵马俑：中欧雕塑作品展"在英国爱丁堡著名的夏厅艺术馆开幕。爱丁堡大学常务副校长查理·杰弗里教授、布鲁塞尔启发文化委员会负责人皮克·克尔班迪斯、中国驻爱丁堡领事馆副总领事张立民等百余名嘉宾出席了活动。此次展览以"对话兵马俑"为主题，特邀来自欧盟28个成员国的著名雕塑家以及3位中国知名雕塑家的作品参展。雕塑家们对秦始皇兵马俑中的士兵、侍从、杂耍艺人以及动物形象加以重新解读，结合当代的艺术和文化理念进行创作。展出的雕塑作品风格各异、材质多样，表现了他们对"兵马俑"的理解与感受。

【"360度上海"体验型图片展举办】 2017年6月29日，由上海市政府新闻办公室、上海市对外文化交流协会等单位主办，欧中"一带一路"文化旅游发展委员会、中国—欧盟文化艺术节组委会等单位协办的"360度上海"体验型图片展在匈牙利首都布达佩斯市举行。伊丽莎白广场中央的圆筒形展厅内，60幅高5米的图片经过特效拼接在一起，以360度全方位展现上海的城市风貌。同时，"魅力上海"摄影展在伊丽莎白广场的水族馆俱乐部举办，通过近百张具有代表性的上海城市照片，将上海最新城市风貌和人文特色展现给当地民众。作为中国—欧盟文化艺术节的系列活动之一，展览旨在向当地民众展示上海的独特魅力，加强中欧在"一带一路"合作框架下的文化交流。

【"一带一路"中欧地区对外形象塑造论坛召开】 2017年7月10日，"一带一路"中欧地区对外形象塑造论坛在广东省召开。论坛由中国驻欧盟使团、广东省人民政府新闻办公室、中国—欧盟文化艺术节组委会和欧中"一带一路"文化旅游发展委员会主办。作为第三届中国—欧盟文化艺术节的旗舰活动及2018年"中国—欧盟旅游年"的预热活动，论坛共吸引了300多名中外嘉宾出席开幕式。中欧各地区政府、企业代表及个人艺术家以"中欧地区形象塑造推广中的创新实践"为题，探讨对外形象塑造推广与旅游业间的关系及如何推进双方合作。广东省出版集团通过论坛首次发布英文版《美丽中国之旅》系列丛书。广东省人民政府新闻办公室与欧中"一带一路"文化与旅游发展委员会、广东省出版集团与比利时金源集团先后签订合作协议。

【中国驻欧盟使团举办"中国开放日"活动】 2017年9月9日，中国驻欧盟使团2017"中国开放日"举办，吸引了来自中欧官员、学者和学生等800多名来宾参加。活动以"砥砺奋进的五年"为主题，围绕"传承优秀文化"和"拥抱今日中国"两条主线展开系列活动，包括"砥砺奋进的五年"图片展，"认识当代中国""拥抱中国文化"讲座和虚拟现实技术展示，安排了民族舞蹈、川剧变脸、杂技转碟等节目，进行了趣味乒乓球表演、茶道、太极、健身气功、中医药、围棋等传统文化项目。活动期间还举行了第四届中欧乒乓球友谊赛颁奖仪式和欧盟学校赴华夏令营总结分享会。2018年9月15日，2018"中国开放日"活动举办。开放日有助于让欧洲民众近距离了解中国和中国文化。

【"对话兵马俑——欧盟与中国雕塑

作品提名展"举行】 2017年9月20日至10月23日，由中国驻欧盟使团、中国—欧盟文化艺术节组委会等联合主办的雕塑展在比利时布鲁塞尔自由大学经济管理学院举办。活动邀请28个欧盟成员国及中国知名雕塑家参与，吸引近200名嘉宾参加。作为第三届中国—欧盟文化艺术节2017年下半年活动季开幕展，其立足于中国文化符号——"兵马俑"，向欧洲公众呈献31座风格各异、材质多样的雕塑作品。展览期间，欧盟国家文化协会在比利时、奥地利、意大利等国的会员机构举行了平行展活动，包括艺术家圆桌讨论、讲座、论坛以及主题音乐会等。

【中欧表演艺术合作交流座谈会举行】 2017年10月17日，由中国文化部外联局主办的中欧表演艺术合作交流座谈会在北京举行。座谈会上，来自德国卡塞尔国立剧院、爱尔兰都柏林戏剧节等欧洲文化机构和重要艺术节的外方代表7人，以及中国国家话剧院、国家京剧院的中方代表8人，就中欧表演艺术领域面临的问题和解决方法等展开讨论。与会人员为进一步推动中欧艺术机构之间的交流与合作、拓宽当代中国优秀演艺作品进入欧洲主流艺术节的渠道出谋划策，其中包括中国国家话剧院与希腊国家剧院拟定合作创排剧目的计划，与意大利合作将中国原创歌剧《兰花花》推广到欧洲，威尔士国家戏剧院计划2018年参加香港艺术节，以及希腊雅典音乐厅主席建议举办更多大师班等。

【第三届中欧电影节开幕】 2017年11月17日，第三届中欧电影节在比利时布鲁塞尔拉开帷幕，吸引中欧嘉宾近200人出席参与。开幕式上播放了陆川执导的中国首部大自然题材纪录片《我们诞生在中国》，通过大熊猫、雪豹、金丝猴、藏羚羊和丹顶鹤等中国珍稀野生动物从出生到成长的过程，揭示生命成长的苦与乐，展现生命轮回的真谛，让欧洲观众看到中国人对待野生动物的态度和对自然的尊重，欣赏到中国原生态之美。帕特森女士代表第三届中国—欧盟电影节主办方为陆川、钟海和黄军颁发了"中欧电影人文交流贡献奖"。本届电影节期间还展映了《战狼2》《冈仁波齐》《旋风女队》等故事片，以及近20部中欧青少年编创的优秀短片作品。

【首届中欧国际文学节举行】 2017年11月21日，由欧盟驻华代表团举办的首届中欧国际文学节在北京市拉开帷幕。欧盟驻华大使史伟在文学节开幕式上致辞。中方作家代表、人民文学奖等奖项获得者鲁敏表示很期待与来自欧洲的同行们见面，共同"面对复杂而迷人的世界"。欧方作家代表、欧盟文学奖获得者伊莎贝尔·威利在谈到本次活动时表示，中国的文学事业发展迅速，对能有机会倾听中国作家的想法而感到非常兴奋。数百名各界人士出席了文学节开幕式，现场气氛热烈。中国知名小说家阿乙等中欧作家代表就小说的创作、艺术家的生活等议题回答了现场观众的提问。

【《"不朽的城雕"——欧洲文化之都城市雕塑摄影展》暨《水城故事·苏州威尼斯》赵辉摄影展开幕】 2017年12月7日至2018年1月3日，由布鲁塞尔中国文化中心、文化部中外文化交流中心和中国—欧盟文化艺术节组委会共同主办的摄影展在布鲁塞尔中国文化中心举行。中国驻欧盟使团团长张明大使，欧盟委员会教文总司总司长代表莫妮卡·于里安同摄影家等120余位中外嘉宾出席了开幕式。展览展出的50余幅图片，是欧中摄影家历时三个多月在欧洲15个城市精心创作的上万件城雕摄影作品中精选出来的。

【**中国文化部部长雒树刚访问西班牙**】 2018年1月28—31日，应西班牙教育、文化和体育大臣德·维戈邀请，中国文化部部长雒树刚率中国政府文化代表团访问西班牙。29日上午，雒树刚与德·维戈就深化双边文化关系交换意见并共同签署了《中华人民共和国政府和西班牙王国政府2018—2021年文化、青年和体育合作执行计划》。29日晚，雒树刚出席在马德里中国文化中心举办的2018年全球"欢乐春节"活动启动仪式暨"湖湘风华·湖南文化创意展"开幕式。在西教文体部、外交部和马德里大区政府代表的见证下，雒树刚与德·维戈、吕凡共同剪彩并宣布2018年全球"欢乐春节"活动正式启动。

【**庆祝2018中欧旅游年暨"欢乐春节"演出活动举行**】 2018年2月15日，庆祝2018中欧旅游年暨"欢乐春节"演出活动在布鲁塞尔BOZAR艺术中心成功举办，吸引中外代表近2000人参加。活动由中国驻欧盟使团、驻比利时使馆共同主办，文化部和深圳市人民政府提供支持。来宾们共同欣赏了深圳艺术团带来的《欢乐春节·中国印象》文艺演出。演出节目涵盖中国传统民乐、舞蹈和杂技、武术等，凸显了中国传统文化的魅力，呈现了当代中国青年的风采，展示了中国改革开放前沿阵地深圳的开放、多元和青春形象。

【**比利时举行元宵节"光之桥"活动**】 2018年3月3日，为庆祝中国元宵佳节，比利时南部卢森堡省在著名风景区汉溶洞圆顶大厅内举行了彩灯表演、中国传统舞蹈表演和琵琶弹奏。"光之桥"活动是以代表中国国旗的红色和代表欧盟盟旗的蓝色点亮中欧著名地标，旨在为中欧人民构筑起具有象征意义的桥梁。元宵节期间，比利时瓦隆大区有3个城市加入了"灯光桥"活动。瓦隆区旅游名城迪南则于3月9日至4月2日举办大型自贡彩灯展。

【**第一届斯德哥尔摩汉语文化节举行**】 2018年5月24日，第一届斯德哥尔摩汉语文化节在市中心国王公园举办。文化节由中国驻瑞典大使馆和孔子学院总部与国家汉办共同主办，中瑞教科文交流协会和畅通国际承办。文化节共设12个展台，分别展出了外国学生汉语教材、江苏吴中非遗瑰宝、中华旗袍等传统服饰、丝绸、剪纸、美食美酒、茶艺等。中国传统文化演出部分由当地华侨华人、留学生学者、斯德哥尔摩蒙特梭利国际学校和英文国际高中的汉语学生们自编自导自演，包括民族舞蹈和民乐表演、诗歌合唱、传统服装展示、昆曲、京剧、武术、歌曲等文艺节目。作为庆祝中瑞建交68周年系列文化活动的一部分，汉语文化节为瑞典普通民众深入了解中华文化、满足学习汉语的需要提供了新平台。

【**《中华文明史》（英文版）和"四**

书五经"书法长卷影印本捐赠仪式举行】 2018年6月5日,作为庆祝中欧旅游年活动之一暨第四届中国—欧盟文化艺术节特别活动,捐赠仪式在欧盟媒体俱乐部举行。活动由北京大学国学研究院、欧中"一带一路"文化旅游发展委员会及中国—欧盟文化艺术节组委会共同主办。《中华文明史》是一部系统阐述中华文明发展历程的学术专著。"四书五经"书法长卷由著名书法家田滋茂先生历时十载完成,具有较高的收藏价值。同时,北京大学国学研究院何晋教授在捐赠现场举办"四书五经"讲座,介绍"四书五经"的主要内容、核心理念、对中华文明的贡献及其在世界文化、思想史上的地位,受到了参加活动的各国驻欧盟使节、欧盟官员的欢迎。

【2018中欧旅游年暨第四届中国—欧盟文化艺术节举行】 2018年7月6日,2018中欧旅游年暨第四届中国—欧盟文化艺术节在布鲁塞尔沃德维尔剧院拉开帷幕。中外嘉宾近350人出席开幕活动并观看了演出。中国北方昆曲剧院为欧洲观众带来了昆曲经典折子戏《牡丹亭》"游园惊梦"和《白蛇传》"水漫金山",展示了昆曲作为首批入选联合国教科文组织"人类口头和非物质文化遗产目录"的中国戏剧所特有的"文戏"霓裳雅韵、"武戏"威武火爆的高雅艺术形式和水平。2018年11月5日,第四届中国—欧盟文化艺术节落下帷幕。由中国文学艺术界联合会率领的中央民族大学表演团为观众奉献了一场精彩绝伦的民族歌舞演出。艺术节为中欧双方深化交流提供了有益平台。

【"中国与西班牙文化交流史之思考——纪念庞迪我逝世400周年"研讨会召开】 2018年9月5—6日,"中国与西班牙文化交流史之思考——纪念庞迪我逝世400周年"研讨会在北京外国语大学召开,会议由北京外国语大学比较文明与人文交流高等研究院、西班牙驻华使馆和北京塞万提斯学院主办,中国社会科学院欧洲研究所和中国社会科学院西班牙中心协办。30多位中外专家学者通过7个圆桌论坛,围绕19世纪和20世纪中国与西班牙的关系以及当前中国与西班牙、中国与拉美之间的关系和合作前景等问题进行了探讨。这是中西学者首次对中西文化交流史进行学术梳理和对话,开创了中西文化交流新局面,对于中西人文对话学界合作具有积极意义。

【第四届中国欧盟电影节举行】 2018年9月21日,第四届中国欧盟电影节在比利时布鲁塞尔中国文化中心拉开帷幕。中国驻欧盟使团公使王红坚、欧盟亚洲中心主席斯蒂尔、布鲁塞尔中国文化中心主任谭曙、欧盟官员和当地人士一同出席了开幕式。来自中央戏剧学院音乐剧系的团队表演了音乐剧电影、中国著名作家巴金的作品《家》中的四个精彩片段。这是中国首次尝试舞台与实景相结合的一部音乐剧电影,将民族化探索与经典文学作品相结合,以音乐舞蹈呈现宿命与抗争之间的跌宕起伏。此次电影节持续一个月,其间还有《狄仁杰之四大天王》《阿拉姜色》《米花之味》《战斧行动》和《天上掉下个琳妹妹》等多部反映中国不同时期、不同民族特色的电影作品与欧洲观众见面。

五　中欧卫生交流

【**第二届中欧中医药合作与发展论坛召开**】　2017年8月13日，第二届中欧中医药合作与发展论坛在英国伦敦市召开。论坛由英国中医药学会主办，中国民族医药学会科普分会、国际中医药联盟等单位协办。本次论坛以"中医药在妇科及疼痛康复等方面的临床运用"为主题。来自中国的76位中医药代表，包括北京中医药大学、上海中医药大学、山东中医药大学、广州中医药大学、浙江中医药大学等中医药大学的校长、副校长，以及来自三甲医院、大学附属医院、民族医院等领导、专家、教授、主任医师等作了高规格中医药学术演讲。此次论坛是欧洲中医药界规模较大、层次较高的学术盛会，充分体现了欧洲对中医药文化的认可。论坛对拓展视野、提高临床技术、增进中英中医药合作起到了积极作用。

【**中国—意大利中医中心揭牌**】2017年11月21日，驻意大利大使李瑞宇在罗马出席"中国—意大利中医中心"揭牌仪式。国家中医药管理局党组成员、副局长王志勇，以及意大利外交部格拉纳拉全权公使，教育、大学和科研部、卫生部、拉齐奥大区政府官员和部分大学、研究机构代表出席活动。格拉纳拉全权公使在致辞中向"中国—意大利中医中心"的成立表示祝贺，并希望中心在推动两国医疗和文化交流方面发挥更大的作用。王志勇在致辞中向"中国—意大利中医中心"的各成员单位表示祝贺，并介绍了中国中医药海外发展战略和取得的成绩。"中国—意大利中医中心"的成立将有利于推动中医药在意大利的发展、促进医疗卫生领域合作、造福两国民众。

【**中瑞2017"一带一路"针灸中医药高峰论坛召开**】　2017年11月25日，中瑞2017"一带一路"针灸中医药高峰论坛在斯德哥尔摩中国文化中心召开，由世界针灸学会联合会主办，瑞典针灸学术研究学会等机构承办，吸引了中国驻瑞典大使桂从友、瑞典针灸协会理事会主任汉娜·安格鲁德等100多人参加。与会者就针灸中医药理论、实践、科研和行业标准等进行了探讨与交流。此次大会提出了"传承、弘扬与合作"的理念，以中西医结合的视角进行讨论，增进了瑞典社会对中医、中华传统文化的了解，对瑞典民众用中医来解决健康问题提供了思路。论坛期间，瑞典"一带一路"中医针灸联合教育基地举行了揭牌仪式，瑞典国际针灸医师考试委员会也宣布成立。

【**首届心血管疾病多学科全程管理中欧高峰论坛召开**】　2017年12月4日，由罗马医科大学医院、广东省人民医院联合主办的首届心血管疾病多学科全程管理中欧高峰论坛在广东省人民医院召开。广东省人民医院院长庄建、罗马医科大学医院格尔马诺·迪夏希奥教、美国心脏学院院士、意大利心脏病学会预防和康复研究小组专家法比奥·贝鲁托教授一行进行了交流。格尔马诺作了关于"心血管介入治疗新视野：新型支架、心衰新疗法、新药"的主题演讲。与会专家分别就心脏瓣膜术后康复、双心的新进展、心脏手术患者术后康复的重要性和如何有效提升康复质量等问题进行了深入讨论，并于会后参观了WHO合作中心、流行病学研究室、心脏康复区、心外ICU等部门。论坛的举办，有利于促进中国心脏康复的发展。

【**国家卫生健康委员会副主任崔丽率团访问欧盟总部**】 2018年4月12—14日，国家卫生健康委员会副主任崔丽率团访问了欧盟总部。崔丽会见了欧盟委员会卫生与食品安全委员安德柳凯蒂斯，双方就中欧卫生发展战略、抗生素耐药、控烟等交换了意见，并与欧方共同主持召开了2018年度中欧卫生对话，就卫生人力资源建设、人口迁移及健康老龄化等议题进行了深入交流。代表团还参观了比利时医院及医养结合机构。此次访问有助于中欧在医疗、卫生和健康等领域进行深入合作。

【**第六届中欧中医药国际合作与发展论坛召开**】 2018年5月16日，第六届中欧中医药国际合作与发展论坛开幕式暨"世界中联—法国中医药中心"揭牌及纪念李时珍诞辰500周年"中医中药世界行"全球启动仪式在联合国教科文组织隆重召开，旨在促进传统中医药与西方医学的深入融合。来自中国、法国、英国、德国、中国澳门等10余个国家和地区的百余名专家学者参加了会议。此次活动由世界中医药学会联合会主办，正式启动了"世界中联—法国中医药中心"国际合作项目，率先开始了中法中医药的国际合作。与会专家作了相关报告，如"《本草纲目》——中国古代药学的巅峰之作""使经典有效中药惠及欧盟民众——国际合作研发的优势"和"德国第一所中医医院——魁茨汀医院成功运营模式与启示"等。

【**"一带一路"生殖健康妇幼保健研讨会暨第二届中欧健康论坛召开**】 2018年5月31日至6月1日，由中国计划生育协会、清华大学等机构联合主办的"一带一路"生殖健康妇幼保健研讨会暨第二届中欧健康论坛在北京市召开。中国计生协会副会长勾清明、坦桑尼亚驻华大使姆贝尔瓦·凯鲁基、阿伽汗大学副校长卡尔·艾美恩同来自20个国家、10所国内外大学及相关政府部门、组织机构等代表约60人参加了此次研讨会，本届论坛以"国际生殖健康领域合作的挑战和机遇"为主旨，融入了"南—北—南"合作的重要元素，提出了从"健康中国"到"一带一路"的理念，集性与生殖健康、孕产保健相关领域的创新、研究和服务于一体开展国际性学术交流。

【**德国—中国中医药中心成立**】 2018年6月8日，由中国中医药管理局认可的国家级海外中医药中心"德国—中国中医药中心"在汉诺威医科大学康复中心正式成立，并举行揭牌仪式。中心由中国中医科学院牵头筹建，德国中医学会、汉诺威医科大学和天士力集团参与建设。在揭牌仪式上，中国中医药管理局国际合作司副司长朱海东说，德国—中国中医药中心的建立是中德卫生领域合作的重要成果，是中医药国际化迈出的重要一步，相信该中心会顺利发展并造福两国人民。中德两国中医药专家在揭牌仪式后还举行了学术研讨会。

【中欧加灵芝与健康高峰论坛召开】
2018年6月20日,由欧洲中西医结合协会、江苏保健品化妆品安全协会、江苏省健康产业研究会主办的中欧加灵芝与健康高峰论坛在南京市召开。来自欧洲、加拿大的近十位健康领域专家与南京肿瘤专家围绕灵芝的属性和在健康领域中的作用展开讨论。江苏省肿瘤医院主任郭仁宏以临床数据说明灵芝的抗癌作用,即单纯性服用灵芝产品的癌细胞存活抑制率是14%、单纯化疗存活抑制率是18%,而灵芝联合化疗的存活抑制率为78%,明显优于单纯性的治疗。欧洲中西医结合协会副会长(Ass. Prof. Dr. MomirDunjic)表示,在放化疗期间食用灵芝可以提升患者免疫力。他强调"整合医学"的治疗方法及"中医药"在其中起到重要作用。论坛促使与会人员对灵芝的医疗作用有了更深入的认识。

【2018中瑞健康交流会召开】
2018年9月8日,2018中瑞健康交流会在南京市召开。国家卫健委基层卫生健康司副巡视员刘利群、世界健康基金会首席代表徐健蓉和瑞典慢阻肺领域等有关专家同全省13个社区市卫生计生委相关处室、部分社区卫生服务中心负责人以及委直属单位代表近200人参加会议。此次交流会以"慢性阻塞性肺病的防治"为主题,中国工程院院士王辰作"三驾马车"带动呼吸与危重症医学专科建设的主题演讲。中瑞专家分别就慢阻肺家庭医生签约服务项目库政策、慢阻肺质控的卫生经济学价值以及瑞典的社区卫生中心开展慢阻肺早期诊断、治疗、随访的路径和数字化手段在慢阻肺患者居家照护中的应用等专题进行了交流。会议对中瑞相关健康医疗人士交换意见产生促进意义。

【第十五届世界中医药大会召开】
2018年11月17—18日,第十五届世界中医药大会在意大利罗马市召开,由总部设在北京的世界中医药学会联合会主办。来自30多个国家和地区的近千名中医药行业代表与会,就中医药基础理论及临床实践、中医药国际标准化与信息化、道地药材与濒危珍稀动植物保护等问题展开了交流。本届会议为期两天,主题为"中医的世界,世界的中医——花开全球,共建人类健康命运共同体"。大会开幕式上还举行了第六届中医药国际贡献奖颁奖仪式。中医药国际贡献奖是世界范围内中医药领域唯一的国际奖项,这一奖项颁给了匈牙利前总理迈杰希·彼得和中国科学院上海药物研究所研究员果德安。

六　中欧体育交流

【首届"熊猫杯"乒乓球邀请赛举行】　2017年1月21日,为庆祝中荷建立大使级外交关系45周年,迎接中国大熊猫"武雯""星雅"落户荷兰,中国驻荷兰使馆在荷兰莱顿LTTV SCYLLA乒乓球俱乐部举办首届"熊猫杯"乒乓球邀请赛。本次活动在当地引起广泛关注,来自荷政府、私营企业、学术机构和体育俱乐部以及各国驻荷使团、在荷国际组织等的乒乓球爱好者共60余人报名参加了比赛。经过激烈角逐，来自代尔夫特理工大学的博士生常进和瓦赫宁根大学的博士生张宇最终摘得男子单打和女子单打冠军。颁奖仪式开始前播放了使馆精心制作的关于两只大熊猫的视频短片。这是"武雯""星雅"在荷首次官方亮相，令在场嘉宾惊喜不已。

【第四届中欧乒乓球友谊赛举行】 2017年5月13日，由中国驻欧盟使团和欧盟机构乒乓球俱乐部联合举办的第四届中欧乒乓球友谊赛在布鲁塞尔奥德尔赫姆乒乓球俱乐部举行。中国驻欧盟使团团长杨燕怡大使，欧委会康乐文化协会前主席、高级顾问戈丹，布鲁塞尔奥德尔赫姆区区长麦格达莱斯等出席开幕式。来自欧盟机构及成员国驻欧代表团、中国驻欧盟使团、新闻单位、中资企业、留学生、华人华侨的60余名乒乓球选手参赛。友谊赛为中欧双方切磋球技提供了平台，对双方友好交流具有积极意义。

【2017年加泰罗尼亚中国武术大赛举行】 2017年12月9日，由加泰罗尼亚自治区国际武术联盟主办的武术大赛在加区比利亚努埃瓦市举行，中国驻巴塞罗那总领事林楠应邀出席并致辞。加区国际武术联盟主席巴戈、比利亚努埃瓦市政府体育专员布兰卡及当地武术爱好者近百人出席活动。活动现场，来自西班牙各地武术协会的会员进行了拳术、太极和舞狮等精彩表演，主办方向热爱武术的西班牙人代表赠送了纪念品。武术爱好者在通过习武增强体魄的同时，进一步了解了中国文化。

【中卢建交45周年乒乓球友谊赛举行】 2017年12月12日，中国驻卢森堡使馆与卢森堡乒乓球协会在中国乒乓球学院欧洲分院联合举办了友谊邀请赛。中国驻卢使馆、在卢中资机构、卢金融业监管委员会、海关总署、奥委会、瑞福森银行等政府机构和企业共派出60余人参赛。此次乒乓球友谊赛是中国驻卢使馆举办的中卢建交45周年系列庆祝活动收官之作，与此前的中国书法展、中国民乐音乐会、中国曲艺专场演出等活动一起，将中卢友好气氛逐步推向高潮。正在卢森堡指导欧洲青年学员集训的中国乒乓球学院院长助理张怡宁、中国青年乒乓球队教练于洋、王翔等应邀出席颁奖仪式，并同获奖选手进行热烈互动。

【"进军中国"——芬中冬季运动合作主题研讨会召开】 2018年1月11日，"进军中国"——芬中冬季运动合作主题研讨会召开，中国驻芬兰大使陈立、芬兰罗瓦涅米市市长罗特沃宁、芬兰外贸与发展部部长米凯宁，中国全国政协外事委员会委员、中国国际文化传播中心执行主席龙宇翔，昆仑鸿星俱乐部代表，以及50余家芬兰冬季运动领域的企业代表等约100人出席活动。研讨会就中芬在冬季运动领域的合作方式与合作潜力进行深入探讨，为双方企业提供了面对面的交流机会，取得了良好效果。

【首届马拉松论坛召开】 2018年4月27日，希腊马拉松市政府和中国田径协会主办的首届马拉松论坛在马拉松长跑发源地——希腊马拉松市召开。希腊大使邹肖力，希腊文化和体育部副部长瓦西里亚迪斯同来自中希两国体育界和马拉松产业的代表等共300余人出席。开幕式上，普西纳基斯市长向中国田径协会副秘书长水涛和南京市副市长孙建友颁发了"马拉松大使"荣誉勋章，并向中方代表团颁发了"马拉松勋章"。孙建友向马拉松市赠送了雕塑模型"永恒之环"，成为中希友谊和中希马拉松合作的象征。论坛期间，来自北京、上海、雅典、萨洛尼卡等两国各地代表分享了马拉松赛事组织、产业推广、科学跑马等方面的经验，并就如何传承马拉松文化、弘扬马拉松精神进行深入的交流。

【2018年"熊猫杯"乒乓球邀请赛举行】 2018年6月3日，驻荷兰使馆在两只旅荷大熊猫所在城市雷嫩举办2018年"熊猫杯"乒乓球邀请赛。来自10多个国家的近50位选手参加比赛。此次比赛分设男子和女子业余组、精英组以及表演赛和友谊赛环节。比赛之后，众人集聚欧维汉兹动物园"中国熊猫馆"参加颁奖典礼。驻荷兰大使吴恳、雷嫩市市长范德帕斯、荷兰外交部亚大司副司长范登伯格、荷兰国家乒乓球协会主席西蒙斯、欧维汉兹动物园园主布克霍恩等嘉宾、参赛选手及观众等约150人出席颁奖典礼。选手和嘉宾们一同在欧维汉兹动物园观赏了大熊猫，中外友人通过具有中国特征的"国球"和"国宝"增加了相互的了解，进一步增进了人文交流。

【2018年"中企杯"端午节龙舟赛举行】 2018年6月16日，由意大利中资企业协会主办，华为意大利公司承办，中国驻米兰总领事馆支持的2018年"中企杯"端午节龙舟赛在米兰市郊伊特斯洛湖畔举行，共有来自米兰市政府、意大利中资企业等12支龙舟队参赛。伦巴第大区副主席坎比亚吉（Martina Cambiaghi）、米兰市长办公室主任瓦尼（Mario Vanni）、中国驻米兰总领馆总领事宋雪峰、米兰国立大学孔子学院中方院长金志刚以及中资机构代表等近600人观赛。米兰国立大学孔子学院、米兰天主教圣心大学孔子学院、博洛尼亚大学孔子学院等多家孔子学院与米兰学联合作派出21名选手组成"孔子学院、学联联合队"，与其他队伍竞相角逐。此次比赛分为初赛和决赛两轮，"孔子学院、学联联合队"以初赛第1名的成绩与其他三组队伍入围决赛，并在最终的比拼中摘得桂冠。比赛有助于增进选手们对彼此的了解。

【2018"秀蒙杯"国际青少年足球赛举行】 2018年12月8日，"秀蒙杯"国际青少年足球赛U8和U11年龄段在巴达罗纳市成功举行。活动经西班牙足协、加泰罗尼亚足协批准，在巴达罗纳市政府支持下，由CSKH秀蒙体育和SISTRELLS俱乐部联合主办。巴达罗纳市长（ALEX PASTOR）、中国驻巴塞罗那领事馆总领事林楠、巴萨俱乐部前职业队队员（JORDI FERRÓN）、西班牙西世德俱乐部主席（FRACISCO DIAZ）以及秀蒙体育CEO黄怡冰等人出席活动，现场观摩。当天，共有24支队伍参加比赛。经过激烈角逐，巴萨代表队夺冠。"秀蒙杯"国际青少年足球赛是华人和西班牙当地俱乐部联合主办的国际青少年杯赛，受到中国和西班牙等多方的关注，是中西体育文化交流的良好平台。

七 中欧媒体交流

【第三届"中意媒体日"主题研讨活动举行】 2017年6月21日，第三届"中意媒体日"主题研讨活动在成都市举行。本次活动由四川省人民政府新闻办公室、中国国际广播电台和意大利驻重庆总领馆主办，《参考消息》、意大利国家广播电视公司、意大利《共和国报》和意大利记者通讯社协办。中意两国主流媒体代表围绕"一带一路背景下的媒体作用"这一主题进行了交流与探讨。2020年既是中意建交50周年，也是中国"十三五"规划收官之年。在中意两国迈向"建交50周年"进程中，双方也将积极支持2017—2020年中意加强合作的行动计划。

【驻爱尔兰大使岳晓勇会见爱尔兰独立新闻与媒体集团总编】 2017年10月10日，中国驻爱尔兰大使岳晓勇会见爱尔兰独立新闻与媒体集团总编。双方就中爱关系及共同关心的问题进行了友好交流。《星期日独立报》主编科马克·伯克、独立新闻与媒体集团网络新闻主编菲努拉·奥利瑞等参加了会见。岳晓勇表示愿与独立新闻与媒体集团等媒体共同努力，不断增进中爱人民相互了解，促进两国媒体界的交流与合作。奥利瑞感谢有机会于2017年9月首次应邀赴华参加"一带一路"媒体合作论坛，盛赞中国改革开放与发展取得的伟大成就。他还表示爱尔兰人民对中国素怀友好感情，独立新闻与媒体集团愿发展与中方友好交流，帮助爱尔兰公众更多地理解和热爱中国，增进两国人民的友谊。

【绿色发展媒体考察团交流会举行】 2018年8月28日，绿色发展媒体考察团交流会在中国驻丹麦使馆举行，格兰富中国区副总裁张小岩及《中国经济周刊》《第一财经日报》《新华日报》《重庆日报》等国内6家媒体记者在驻丹麦使馆交流。会议由经济商务参赞张舒静主持。媒体团成员分别介绍了国内最新经济形势和政策动向。交流会以"中丹全面战略伙伴关系十周年"为主题，张舒静重点介绍了中丹经贸合作情况并回应了记者们关心的问题，各处室代表就中丹双边关系、丹麦绿色环保经验等话题进行了交流。交流会有助于中国和丹麦的媒体记者等相关人员相互交流，加深对彼此的了解。

【中国葡萄牙媒体对话会举行】 2018年11月26日，中国葡萄牙媒体对话会在葡萄牙首都里斯本市举行。对话会由中国国务院新闻办指导，中央广播电视总台和葡萄牙新闻协会主办，以"开放创新与合作共赢"为主题。来自《人民日报》、新华社、中央广播电视总台、《光明日报》、《经济日报》、葡萄牙新闻协会、葡萄牙广播电视总台、卢萨社、环球传媒集团等中葡主流媒体，以及巴西新闻协会、安哥拉《安哥拉报》等葡语国家媒体机构的代表就双方如何进一步加强发展理念、战略、政策对接，进一步加强内容、版权、技术合作等进行深入探讨，并达成广泛共识。对话会上，中央广播电视总台与葡萄牙新闻协会签署了《中央广播电视总台与"一带一路"葡语媒体联盟框架合作协议》。

八　中欧旅游交流

【**中国国家主席习近平同瑞士联邦主席洛伊特哈德共同启动2017年中瑞旅游年**】　2017年1月16日，中国国家主席习近平同瑞士联邦主席洛伊特哈德在伯尔尼举行会谈，双方同意以签署新的文化合作协定为契机，加强文化领域交流合作。中瑞两国将共同举办2017年中瑞旅游年，加强两国旅游合作。双方愿以中国举办2022年冬季奥运会为契机，加强两国冬季体育运动合作。2017年1月17日，两国元首在达沃斯共同启动中瑞旅游年，并在熊猫冰雕和印有中瑞两国国旗及"中瑞旅游年"字样的滑雪板旁合影留念。

【**2017"中丹旅游年"情况通报会举行**】　2017年2月24日，2017"中丹旅游年"情况通报会在北京市举行。通报会上的"旅游年"活动介绍和丝绸之路旅游分享吸引了近百名各国参展商和业界人士及游客参加。中国驻丹麦王国大使刘碧伟偕夫人方淳、中国国家旅游局驻伦敦办事处主任匡林、中国驻丹麦使馆二等秘书吉莉莉等嘉宾出席了通报会。中国国家旅游局驻伦敦办事处特别制作的"中丹旅游年"献礼片《从此有中国》也在通报会现场首播，得到观众的积极称赞。中国国家旅游局局长李金早与丹麦工商业和金融事务部大臣布莱恩·米克尔森（Brian Mikkelsen）签署了关于支持互办旅游年活动的合作备忘录。会议有助于双方落实有关中丹旅游年的具体安排。

【**"欢迎中国"官方旅游认证项目**】　2017年3月10日，中国驻意大利大使李瑞宇出席在博洛尼亚市政厅举办的"欢迎中国"官方旅游认证项目新闻发布会。意大利文化部副部长比安基、博洛尼亚市市长梅尔罗拉、意大利前总理普罗迪等出席活动。李瑞宇大使与比安基副部长共同见证"欢迎中国"向博洛尼亚机场等地颁发旅游认证书的仪式。中国旅游研究院发起的"欢迎中国"项目针对中国游客制定了一套境外旅游服务标准体系，意大利旅游机构和相关企业申请和获得"欢迎中国"官方认证，将有助于带动各领域务实合作的发展。

【**李克强与容克共同为中欧"旅游年"和中欧"蓝色年"标识揭牌**】　2017年7月2日，中国国务院总理李克强与欧盟委员会主席容克在布鲁塞尔的埃格蒙宫，共同为中欧"旅游年"和中欧"蓝色年"标识揭牌。经双方商定，2017年为中欧"蓝色年"，双方将深化海洋领域研究合作，2018年则为中欧"旅游年"。

【**2018"中国—欧盟旅游年"启动**】　2018年1月19日，2018"中国—欧盟旅游年"开幕式在意大利威尼斯总督府举行。中国国务院总理李克强、欧盟委员会主席容克、欧洲议会议长塔亚尼等向开幕式致贺词。中国国家旅游局、欧洲议会、欧盟有关国家旅游部门和旅游业界代表等600余人参加开幕式。中

国全国政协副主席齐续春与欧盟委员会委员别恩科夫斯卡共同启动了"中国—欧盟旅游年"。携程集团目的地营销首席执行官钱臻与欧洲旅游委员会签署战略合作协议。中国旅游研究院、携程集团联合发布《2017年中欧旅游市场数据报告》。中国—欧盟旅游商业峰会于开幕式后在意大利威尼斯温德拉敏宫举行。2018年11月17日,"2018中国—欧盟旅游年"闭幕式在陕西省西安市举行。中欧双方在旅游年框架下共举办了100余场活动。

【"2018中欧旅游年——点亮欧洲心脏"元宵灯展开幕】 2018年2月22日,"2018中欧旅游年——点亮欧洲心脏"元宵灯展在比利时布鲁塞尔开幕。此次灯展由中国驻欧盟使团、驻比利时使馆、四川省人民政府、欧盟委员会与布鲁塞尔市政府共同主办,是"2018中欧旅游年"重要活动之一。主办方在布鲁塞尔市政厅内举行招待会,中国驻欧盟大使张明、欧委会增长总司副司长施维曼同中欧官员及友好人士共800多位各界嘉宾出席活动。招待会包括祭天礼乐、川剧变脸、剪纸、泥塑等节目。会后以天坛祈年殿、比利时原子球塔、大红灯笼柱廊、青花瓷、熊猫等为造型的九组大型彩灯亮相布鲁塞尔广场。

【中欧旅游年议会日暨中欧旅游文化合作峰会举行】 2018年2月28日,中欧旅游年议会日暨中欧旅游文化合作峰会在欧洲议会举行。驻欧盟使团临时代办王红坚,欧洲议会主席安东尼奥·塔亚尼,世界旅游组织秘书长祖拉布·波洛利卡什维利,欧洲议会交通旅游委员会副主席、欧中"一带一路"文化旅游发展委员会主席伊什特万·乌伊海伊,以及来自欧盟机构、中欧双方旅游企业、学者及媒体代表百余人出席。峰会就"中欧旅游年的角色和活动"以及"如何推进中欧旅游文化合作"进行了研讨。会后,欧中"一带一路"文化旅游发展委员会与欧盟项目创新中心签署了《中欧旅游文化合作平台战略合作备忘录》。该活动有助于中欧双方就中欧旅游年的具体事项的安排达成一致。

【中欧"光之桥"活动举行】 2018年3月16—18日,由意大利波河三角洲国家公园管理局主办的中欧旅游年"光之桥"主题活动在意大利波河三角洲的托莱港等地举行,旨在向中国的旅游机构和游客推介当地旅游资源,吸引更多中国游客到访。此次活动包括在托莱港的"船桥"上点亮"中国红"灯光以及自行车骑行活动等。骑行活动从罗索利纳市到托莱港,分为20公里和50公里两条线路,其中50公里线路的终点为映照有"中国红"灯光的"船桥"。为庆祝2018中欧旅游年,"光之桥"活动在多个欧盟成员国举行,旨在提高欧洲小众旅游目的地在中国的知名度,将欧洲打造成中国出境游的重要目的地。

【"欧洲日"庆典举办点亮"光之桥"活动】 2018年5月9日,由欧盟驻华代表团举办的"欧洲日"庆典在北京市举行,欧盟驻华代表团团长史伟发表演讲。中欧双方举行了点亮"光之桥"的活动,象征着中欧关系越来越近。春节期间,欧洲许多著名的旅游景点点亮了中国红,北京、天津、上海等18座城市的30余景区举办"欧洲蓝"

灯桥点亮活动,旨在同庆"中欧旅游年"。欧盟特别突出了2018"中欧旅游年"主题,将"光之桥"活动作为"中欧旅游年"活动的组织部分。

【2018中欧旅游年"纵情欧洲：隐藏的瑰宝"巡展举行】 2018年10月8日,由欧盟驻华代表团主办的"纵情欧洲"系列活动之一"隐藏的瑰宝"巡展在北京开幕,欧盟28个成员国首次在中国联袂推广不为中国游客熟知的欧洲旅游目的地。"纵情欧洲：隐藏的瑰宝"展览旨在为中国赴欧洲游客提供全面了解欧洲28个成员国富有历史文化特色,但还没有被广大中国游客熟知的旅游目的地的信息。活动将在北京、青岛和西安3个城市各进行为期1周的巡展,通过社交媒体推送、线上宣传、视频发布、信息分享、现场多媒体互动等形式,向中国介绍欧盟28个成员国的文化遗产、旅游胜地、最美小镇、欧洲旅游委员会制作的"之欧洲"系列短片等实用信息。

九　中欧地方合作交流

【第二届中希城市论坛预备会召开】 2017年2月11日,第二届中希城市论坛预备会在希腊萨洛尼卡市政府召开。中国驻希腊大使邹肖力、希腊经济与发展部副部长比奇奥拉斯、希腊外交部副部长阿马纳蒂迪斯、萨洛尼卡市市长布塔利斯、马拉松市市长普西纳基斯,希腊北部城市等30多位市长同希中工商会部分成员及旅希侨界代表60余人出席。邹肖力大使发言指出,在不到一年的时间里中希关系取得了长足发展：齐普拉斯总理成功访问中国,两国领导人就推动"一带一路"建设达成战略共识；中远海运全面扩大对比港的投资和经营；中国能源企业开始参与希腊电网和电站的改造升级；雅典中国文化中心正式授牌；2017年被宣布为中希文化交流与文化产业合作年。与会者祝愿第二届城市论坛成功举办。

【"共建友谊之桥——美丽广东·美丽林堡图书图片联展暨创新产品展"举行】 2017年7月8日,中国驻比利时大使曲星赴林堡省哈瑟尔特市出席"美丽广东·美丽林堡图书图片联展暨创新产品展",广东省委常委、宣传部部长慎海雄,林堡省省长赫尔曼·雷德尔斯,弗拉芒大区工商业商会主席范腾斯等出席活动。林堡省期待与广东省在创新合作中取得更大成果。展览展出了近40幅展现广东与林堡合作的摄影作品,以及两省在无人机、生物科技、家用电器等领域合作生产的创新产品。随后,两省企业负责人签署了生物医药、无人机、教育出版领域的3项合作文件。

【中国荷兰友好省市大会召开】 2017年9月18—22日,由荷兰中国友好协会、中国人民对外友好协会主办的大会在荷兰政治中心海牙市拉开序幕。全国人大常委会原副委员长、中国欧盟协会主席乌云其木格,荷兰外交部秘书长布兰特等代表为大会开幕致辞。来自中国22个省市代表团、荷兰18个省市代表团以及中荷企业机构代表约400人出席开幕式。与会者就城市可持续发展、农业和食品安全、企业全球化战略等议题举行了专项研讨会。活动期间还组织参会代表团考察访问荷兰最具特色的企业项目,并邀请投资、商贸和城市化等多个领域专业人士与对口部门开展专项研讨对接会。来访的中国省市代表团也将在之后参访各自的友好省市。

【河北医科大学—爱尔兰国立高威大学干细胞研究中心启动】 2017年11月29日,河北医科大学—爱尔兰国立高威大学干细胞研究中心启动仪式在河北医科大学举办。启动仪式上,河北医科大学校长崔慧先和爱尔兰国立高威大学校长詹姆斯·布朗共同签署了《中国河北医科大学—爱尔兰国立高威大学共建干细胞研究中心协议》和《加强教师学生交流的人才培养合作协议》。河北省教育厅副厅长贾海明与爱尔兰驻华使馆文化一秘约翰·莱纳姆共同为研究中心揭牌。河北省人力资源与社会保障厅副厅长赵志栋为蒂莫西·奥布莱恩教授颁发河北省"外专百人计划"聘书。崔慧先为詹姆斯·布朗颁发名誉校长聘书,为蒂莫西·奥布莱恩教授颁发研究中心爱方主任聘书,为玛丽·墨菲、蒂莫西·奥布莱恩、沈三兵颁发客座教授聘书。

【武汉—博伦厄友好城市孔子学院揭牌】 2018年9月26日,由江汉大学承办的武汉—博伦厄友好城市孔子学院揭牌仪式在瑞典博伦厄市马克西姆剧场举行。中国驻瑞典特命全权大使桂从友,武汉市委副书记、常务副市长陈瑞峰,博伦厄市常务副市长玛瑞·咏森,江汉大学副校长毛卉等出席了系列活动。揭牌仪式由孔子学院中方院长涂乾和瑞方院长约格·巴萨克主持。揭牌仪式后举行了中瑞联合文艺演出。江汉大学音乐学院和美术学院教师、学生代表,瑞典博伦厄市传统舞蹈队、音乐剧艺术团等共同表演了古筝独奏、功夫太极、旗袍秀、瑞典传统舞蹈、戏曲等节目。演出精彩纷呈,充分展示了中瑞文明和传统文化。在随后举行的招待晚宴上,孔子学院教师还现场开展了中文日常语互动教学。

【张家口市与芬兰城市拉赫蒂签约成为友好城市】 2018年11月25日,河北省张家口市与芬兰中南部城市拉赫蒂签约成为友好城市,签约仪式在拉赫蒂市政厅举行。双方将大力推动冰雪运动及产业合作。根据协议,两个城市将在冬季运动及赛事、体育场馆及设施建设,冰雪装备制造等方面开展务实交流,实现产业互动。此外,双方还将在经济、科技、旅游、环保、教育等领域加强全面合作。张家口宣化区政府还与拉赫蒂市冬季运动培训公司签订协议,后者将提供越野滑雪、跳台滑雪、北欧两项等项目的人员培训。

十 中欧青年交流

【中欧青少年儿童画展开幕】 2017年6月14日,由欧中"一带一路"文化旅游发展委员会、中国—欧盟文化艺术节组委会联合主办,文海工作室承办的画展在欧盟总部所在地布鲁塞尔开幕。中国—欧盟艺术节组委会主席朱莉·帕特森、策展人张文海出席开幕式并致辞。画展向欧洲民众展示来自中国、比利时、意大利、美国、越南、亚美尼亚、菲律宾等国40多位少年儿童的精美作品。在开幕式上，中国—欧盟文化艺术节组委会与欧中"一带一路"文化旅游发展委员会共同授予参展"小画家"们"一带一路中欧文化传承小使者"称号。该活动在中欧高级别人文交流对话机制框架下，为加强青年交流、增进中欧青少年之间的艺术人文交流，促进中欧文化互学互鉴发挥了积极作用。

【2017"发现之美"中欧青少年绘画年展举办】 2017年7月14日，由欧盟驻华代表团主办、环球网承办的绘画年展在北京欧盟驻华使馆启动。年展在中国和欧洲4岁至18岁青少年群体中线上征集优秀画作。最终入围及获奖作品将由欧盟颁发官方获奖证书，并在中欧多城市进行巡展和慈善拍卖活动，还有机会在比利时布鲁塞尔的欧盟总部展出。年展颁奖典礼于2018年4月10日在北京市举行。经过长达半年的严格甄选，共有15幅金奖作品、30幅银奖作品脱颖而出，绘画内容涵盖了国画、油画等艺术门类，由欧盟驻华大使史伟先生亲自为获奖者颁奖。获奖画作于2018年4月11—15日在二十二院街艺术区公众空间同步展出。本次年展为中欧两国青少年增进彼此了解，加深彼此友谊搭建优质平台。

【2017大学生创业世界杯中国赛区总决赛暨中欧青年创新创业发展论坛召开】 2017年9月18日，由共青团上海市委员会主办，清华大学、丹麦科技创业中心、Venture Cup China和上海合乙网络科技有限公司联合承办的创业比赛在全国双创周上海主会场创客真人秀会场举行。清华大学真机智能团队获得冠军。在同期举办的中欧青年创新创业发展论坛上，与会青年探讨了"大众创业、万众创新"的国际协同新模式。论坛还举行了两场高质量的圆桌论坛：一场关于中欧青年创新创业生态建设的圆桌论坛，从多维度深层次为中欧青年创新创业生态建设共同建言献策；另外一场关于中欧青年创客经验交流的论坛，共同探讨中国主要城市和欧洲的经验和体会，为大学生创新创业贡献建议。

【中欧青年思想者论坛召开】 2017年11月13日，由全国青联和欧洲青年论坛主办，上海市青联、中国青少年研究会国际青年研究专家委员会共同承办的论坛在上海市召开。全国青联副主席汪鸿雁与欧洲青年论坛副主席奥滕格鲁贝尔出席并致辞。来自德国、法国、匈牙利等15个欧洲国家的青年学者与中国同行及15个智库代表参会。论坛以"中国欧盟：文化外交与青年角色"为主题，围绕中欧文化外交的共性与差异、青年在文化外交中的作用等议题展开深入研讨。该论坛是在中欧高级别人文交流对话机制框架下，继中欧青年交流年、中欧青年对话活动后的新项目，是第一次针对中欧青年学者举办的交流活动。

【中国代表团参加2018欧洲青年大会】 2018年6月1—2日，2018欧洲青年大会在法国斯特拉斯堡欧洲议会圆满举行，吸引了来自40多个欧盟国家的9000多名参会者参加。大会以"星星之火可以燎原"为题，以活动、辩论、表演和研讨会等形式就年轻和年迈、贫穷与财富、分离与合作、安全与危险、地方和全球五大主题进行探讨。大会每两年举行一届，是汇聚16—30岁青年的国际活动。本届欧洲青年大会首次接纳中国代表团，来自中国各地共14名青年组成的"绿色创新青年团"参会。开幕式后，欧洲议会议长安东尼奥塔尼亚和中国代表团成员合影。

【2018中欧青少年国际电影艺术节举办】 2018年7月10日，由欧盟中国经济文化委员会主办的国际电影艺术节暨金兰竹奖颁奖活动在北京正式启动，蕴意着兰花高雅、翠竹坚韧的中欧首个青少年影视奖项"金兰竹奖"正式面向全社会进行作品征集。本届电影节的主题为"融汇青少年创新思维、搭建中欧影视交流平台"，旨在为中欧青少年搭建文化交流的桥梁。"金兰竹奖"是中欧首个以青少年为主题设立的电影奖项，最终获奖者将有机会跟随中欧青少年国际电影艺术节组委会走出国门进行更高规格的青少年国际交流活动。电影节共有91部影片入围本届电影节各个奖项，作品分别来自国内外13所中小学、32所高校和7家社会机构。

【浙江交响乐团青少年交响乐团"一带一路"西班牙访演专场音乐会举办】 2018年7月30日，应西班牙天使艺术协会的邀请，浙江交响乐团青少年交响乐团赴西班牙进行访问演出。本场演出由利赛欧音乐学院、浙江省交响乐团主办，西班牙天使艺术协会承办。乐团此行旨在庆祝中西建交45周年，积极响应中国政府提出的"一带一路"沿线国家文化艺术交流的共享计划。乐队与西班牙的音乐学府及青少年进行交流学习，在巴塞罗那利赛欧音乐学院及马德里皇家音乐学院两所院校内举办专场交响音乐会，并参加中西建交45周年相关音乐演出及庆祝活动。

【"我眼中的中国"爱尔兰青少年绘画比赛圆满落幕】 2018年11月25日，"我眼中的中国"绘画比赛在爱尔兰都柏林大学孔子学院落幕。驻爱尔兰大使岳晓勇、都柏林大学孔子学院院长王黎明同参赛的小画家及家长和孔院全体人员200多人共同参与。此次绘画比赛由中华人民共和国驻爱尔兰使馆主办，都柏林大学孔子学院承办。比赛分为两个组别：少儿组和青少组，围绕"我眼中的中国"这个主题，共收到作品202幅，择优展出画作50幅。比赛评选出了少儿组和青少组一等奖各1幅，二等奖各2幅，三等奖各3幅。比赛以绘画为媒介搭建东西方交流的桥梁，为中爱两国青少年提供了增进彼此了解和交流的机会。

十一　中欧妇女交流

【中比妇女交流中心庆祝成立十周年】 2017年10月25日，中比妇女交流中心在比利时布鲁塞尔举办座谈会，庆祝该中心成立十周年。中华全国妇女联合会发来贺信。中国驻比利时大使馆公参陈栋出席座谈会，并用中法双语宣读了全国妇联的贺信，贺信对该中心十年来为促进中比妇女相互了解与合作所做的贡献给予了高度评价。

【**第二届中欧性别平等专题研讨会召开**】 2017年11月14日,由全国妇联和欧洲妇女院外集团主办、上海市妇联承办的研讨会在上海市召开。中国国务院副总理、国务院妇女儿童工作委员会主任刘延东和欧盟委员会教育、文化、青年和体育委员瑙夫劳契奇出席并致辞。全国妇联副主席、书记处书记夏杰主持研讨会并做主旨发言。国务院、教育部、外交部等有关单位负责人,上海市有关政府机构代表,欧盟驻华代表团欧盟委员会有关代表,中欧双方专家学者,青年学生以及女企业家代表等150余人与会。此次研讨会是中欧高级别人文交流对话机制第四次会议的配套活动,与会代表围绕"助力青年女性就业创业"主题,就助力青年女性就业创业的政策措施、平衡工作与家庭两个分议题开展了交流研讨。

【**"女性与文化:架起世界的桥梁"国际妇女节联谊活动举行**】 2018年3月8日,驻荷兰使馆与海牙中国文化中心合作共同举办国际妇女节联谊活动。来自荷兰、美国、法国、英国、印度、印尼、伊朗等20多个海牙国际妇女俱乐部成员国的近百位女性参加了活动。联谊活动上还表演了丰富多彩的文艺节目,包括华裔歌唱家李怡萍演唱的中外文歌剧选段、荷兰当地青年以现代舞演绎的中国小说《聊斋》片段、中国留学生演奏的传统古筝名曲、使馆妇女小组成员呈现的旗袍秀和太极扇表演等。来宾们还应邀参观了本次活动的两个配套展览——中国民俗画展和世界非物质文化遗产昆曲图片展,并品尝了具有中国特色的美食甜点。活动为促进中荷两国人民交流、加深彼此了解具有积极的意义。

【**驻欧盟使团举办"中欧妇女交流日"**】 2018年3月8日,中国、比利时和欧盟的女外交官,欧洲各界女士欢聚在比利时新鲁汶大学博物馆参加交流日活动。中国驻欧盟使团妇女小组组长张明大使夫人蔡潇丽、新鲁汶大学副校长(Marc Francaux),驻欧盟使团、欧盟机构女外交官及家属及有关国际组织、比利时、欧洲各界代表200多人出席。蔡潇丽讲述了中国女性社会地位的历史、变迁及事业成长的情况,展示了中国和世界时代女性的自信、自强和进取,并介绍了被誉为比利时"中国母亲"的钱秀玲女士二战期间救助96名比利时民众的事迹。中国驻欧盟使团妇女小组表演的中国舞蹈、新鲁汶大学专业女歌手的演唱、"中国之旅"的互动有奖游戏以及博物馆参观等活动为参与者的友好交流提供了机会。

【**驻欧盟使团大使官邸举办中国"古风茶韵,与君共品"经典茶会**】 2018年6月26日,中国驻欧盟使团大使夫人蔡潇丽在大使官邸举办经典茶会。欧盟对外行动署副秘书长夫人、欧盟军委会主席夫人、北约军委会主席夫人等10多位欧盟、北约高级官员夫人,以及多国驻欧盟大使、大使夫人等出席了活动。茶会分为茶韵、茶境、茶诗、茶曲、茶舞、茶品、茶展等多个环节,宾客们对中国茶文化、茶道、茶点及其内涵赞不绝口。古筝演奏《高山流水》《渔舟唱晚》《茉莉花》,曲悠韵妙。来宾品尝了八道精致的传统中式茶点。蔡潇丽与巴基斯坦大使、尼泊尔大使夫人及使团女外交官用中、英、粤、法四种语言吟诵唐代元稹《赋茶》一诗。活动展示了中国茶文化的多元包容与妙趣横生。

【丝路艺蕴——中欧女性艺术交流展开幕】 2018年10月15日，由清华大学主办，国家艺术基金资助，恭王府博物馆、清华大学美术学院承办的中欧女性艺术交流展在北京恭王府博物馆举行开幕式。清华大学副校长王希勤、中宣部原秘书长官景辉、教育部全职委副主任刘延申、联合国妇女国际论坛主席侣海林等出席。来自国内外的女性艺术家齐聚嘉乐堂，参与这场促进多国文化交流的盛宴。此次展览持续到2018年10月22日。其间，清华大学艺术博物馆还举办了丝路文明——国际女性艺术发展论坛等系列活动。此次展览和活动为各国女性交流对话，加深彼此的了解发挥了积极的作用。

十二 其他

【"2017年中欧大使论坛"暨《欧洲蓝皮书：欧洲发展报告（2016—2017）》发布会举行】 2017年6月14日，由中国社会科学院欧洲研究所、中国欧洲学会和社会科学文献出版社共同举办的《欧洲蓝皮书：欧洲发展报告（2016—2017）》发布会在北京市举行。来自全国各地从事欧洲问题研究的机构及院校的代表，欧盟和欧洲各国驻华使节一同庆祝欧洲蓝皮书的发布。《报告》中的主题报告对欧盟60年特别是近10年来面临的危机与挑战进行了详尽梳理；国别报告关注英国脱欧公投、德国政治生态的变化及法国"黑夜站立"运动等内容；专题报告探讨了欧洲一体化应对恐怖主义及民粹主义等问题；中欧关系报告回顾并分析了2016年的中欧关系。报告认为，欧洲面临的挑战将是全方位的，欧洲一体化存在反转可能，但前景仍然存在不确定性。

【世界中国学论坛欧洲分论坛召开】 2017年7月9—10日，世界中国学论坛欧洲分论坛在德国柏林市召开，由国务院新闻办公室主办，上海社会科学院、德国全球与区域研究所（GIGA）等机构共同承办。来自德国政商学界、在德中国人社团和留学生等150余位听众出席开幕式。论坛以"中国与全球化：新阶段、新挑战"为主题，深入探讨了当前全球化进程的深刻变化及影响，以及中国和欧盟共同应对全球化曲折发展的作用与责任。论坛期间，学者们分别就"中国和世界的政治经济趋势""全球不同文化对话"和"中国与国际秩序"3个方面的九大议题交换意见。论坛有助于欧洲进一步了解中国在全球化和全球治理方面的理念与实践，为中欧在新一轮全球化进程中的战略合作提供了学理支撑。

【第二届"中国—欧盟智库对话：和平伙伴与安全合作"活动举行】 2017年12月12日，由中国问题研究院与欧洲对外关系委员会（ECFR）共同主办的第二届"中国—欧盟智库对话：

和平伙伴与安全合作"活动在中国问题研究院举行。常务副院长阮宗泽主持开幕式,外交部欧洲司司长陈旭出席。来自中欧主要智库、高校、政府部门、欧方驻华机构及媒体代表150余人出席开幕式。与会代表回顾并评估了中欧双方在和平与安全合作中取得的成就,并就中欧和平与安全合作的共识与责任进行了探讨。双方一致认为,尽管国际及地区形势变化迅速、挑战增多,但互信基础更加稳固、共同利益日益积累的中欧关系将在四大伙伴关系目标引导下继续稳步向前。此次对话是中欧智库首次就四大伙伴关系建设进行对话后的延续,双方计划继续就此展开探讨。

(撰稿人:田小惠、王艺融)

中法人文交流

一 中法人文交流综述

【中法关系】 1964年1月，中国与法国做出超越意识形态、政治制度、地缘、国情局限的决策，建立大使级外交关系。中法两国相互尊重、求同存异，着眼于双方共同和长远利益，为东西方大国关系树立了典范。独立自主与推动世界多极化进程是中法关系发展的动力，也奠定了中法关系的特殊性。

中法人文交流由来已久，两国之间设有政府文化混合委员会。2002年11月，两国政府签署了《关于互设文化中心及其地位的协定》。同月，巴黎中国文化中心在法揭牌。2004年10月，法国文化中心也在北京正式揭牌。2003—2005年，中法举行互办文化年活动。中国文化年于2003年10月在法国开幕，2004年7月闭幕。法国文化年于2004年10月至2005年7月在中国举办。

【机制回顾】 2014年是中法建交50周年。3月，中国国家主席习近平成功访法，与法国总统奥朗德就建立中法高级别人文交流机制达成重要共识，推动中法关系进入全面提速的新时期。同年9月18日，中国国务院副总理刘延东与法国外长法比尤斯共同出席在巴黎举行的中法高级别人文交流机制启动仪式暨首次会议。中国国家主席习近平、国务院总理李克强，法国总统奥朗德、总理瓦尔斯专门发来贺信。首次会议结束后，双方签署了《联合宣言》，决定在教育、科技、文化、卫生、体育、新闻媒体、旅游、地方等领域开展合作。

2015年5月15日，中国国务院副总理刘延东在钓鱼台国宾馆与法国外长法比尤斯共同主持中法高级别人文交流机制第二次会议，将青年和妇女领域纳入机制范畴。

2016年6月30日，中法高级别人文交流机制第三次会议在巴黎举行，中国国务院副总理刘延东出席并指出要推进人文交流机制化、长效化，深入推进十大领域务实合作。

2017年11月24日，中法高级别人文交流机制第四次会议在北京市召开。中国国务院副总理刘延东与法国外长勒德里昂作为机制双方主席主持了会议。刘延东指出，中法高级别人文交流机制成立4年来，两国人文交流持续保持高水平运行，覆盖范围从文化、科技、卫生、媒体等8个领域逐步拓展到10个领域，取得了180余项丰硕成果，为推动新时期中法关系持久健康稳定发展做出了积极贡献。勒德里昂表示，法中两国具有强劲文化底蕴和活力，都将文化视为民族精神的核心。法方愿本着开放和相互尊重的精神，与中方深化人文交流与合作，使法中友谊万古长青。会议期间，刘延东和勒德里昂共同签署联合宣言，见证签署相关领域合作文件，并共同出席首届CGTN法语大赛颁奖仪式、中法高层次应用型人才培养合作论坛、中法地方合作成果展等配套活动。

【开展情况】 2017—2018年，中法人文交流各领域开展了广泛而深入的交流，取得了丰硕的成果。

在教育交流方面，突出建设、交流、联络三个关键词；联合学院、工程师学院、中法研究中心成立为中法教育交流的实体化做出了榜样；"百校交流计划""杰出青年科研人员交流计划"教育改革发展论坛为中法教育交流提供了平台；留法校友会中国分会的成立和中法院校见面交流会的举行为中法教育交流构建了网络；巴黎七大、阿尔多瓦两所孔子学院相继庆祝建院十周年；诺欧商务孔子学院在巴黎揭牌；刘延东出席法国欧洲高等商学院孔子学院协议签署仪式；教育部宣布法语进入高中课程；中国第15个法语联盟在云南落成。

在科技交流方面，合作范围覆盖了产业园区、汽车、创新、能源、水资源、高等级生物实验室、医学、农业、海洋卫星、环境等领域。

在文化交流方面，成功举办了艺术展览、文学交流、电影、音乐、戏剧、杂技演出、语言比赛、博物馆合作、遗产修复、潜水员培训、社科研讨、邮票发行、译者工坊等活动。

在卫生交流方面，中法合作包括院长论坛、妇幼健康、老年医学、医学教育、血液泌尿等；上海交通大学成立中法联合医学院。

在体育交流方面，法国开展中国冬奥考察与合作；法足协法职联成立中国办公室；中法青少年体育文化节、大学生体育文艺周举办；举办体育产业专题研讨会、中法校园足球人才培养论坛；中法名校足球冠军杯成功举办两届；中资企业华帝签约法国足球队成为官方赞助商；中法体育器材研发生产基地项目落地中国。

在旅游交流方面，中国携程与法国马业战略合作；京津冀对法国实行144小时过境免签；地中海俱乐部与中国滑雪协会达成合作；中法共商山地旅游合作；"中国美食走进法国"系列活动在法举行；中法探讨人工智能在旅游领域的运用及前景。

在妇女交流方面，中法妇女商会在巴黎成立；中法共建"丝绸之路妇女之家"；法华妇联成立十周年；比诺什、于佩尔获颁法华商业俱乐部"年度女性"奖；内蒙古妇联、云南省妇女参政议政代表团赴法交流。

在地方合作方面，法国西南与云南农业推进会召开；四川与奥克西塔尼大区结好30周年；成都—巴黎"熊猫行动"启动；奥尔良与扬州、广州与里昂、四川与法国东部大区建立友好城市、友好地区关系。

二　中法教育交流

【概况】　中法教育合作是两国高级别人文交流机制的重要组成部分。2017年11月发布的《中法高级别人文交流机制第四次会议联合声明》和2018年1月的《中华人民共和国和法兰西共和国联合声明》都提到要加强教育领域的合作。两年间，中法教育合作和交流秉承该精神，呈现以下特点：

一是涉及多层次、多领域，涉及基础教育、高等教育、普通学历教育和职业教育。

二是高层次合作项目，尤其是高教科技领域合作办学日趋成熟。2018年中法科技合作办学机构达到12所，主要有北京航空航天大学中法工程师学院、上海交通大学—巴黎高科卓越工程师学院、中山大学的中法核工程与技术学院、中国人民大学中法学院、中国民航大学的中欧航空工程师学院、上海大学中欧工程技术学院、华中科技大学的中欧清洁与可再生能源学院。各校均致力于将法国优质教学科研资源与中国著名高校相结合。2018年3月，北京航空航天大学中法工程师学院举行第七届工程师毕业典礼。至此，该学院已培养7届共602名具有中国硕士和法国通用工程师双学位的毕业生。2018年7月，中国高科集团与法国驻华大使馆文化教育合作处签署备忘录，达成在教育与科研领域为期3年的合作。

三是常规活动多样化。以前启动的项目继续进行。2017年4月第十三届"春晖杯"中国留学人员创新创业大赛举行，4月和10月分别举行了法国高校春季和秋季见面会，6月和12月第四届留法校友创业奖开启和颁奖，9月第五届法语人才竞赛举行颁奖典礼，10月中法环境月闭幕式暨第五届城市发展论坛召开，10月底和11月初第二届中法语言学论坛召开，11月可持续发展城市交通系统论坛举行。2018年3月"中法杰出青年科研人员交流计划"启动，7月第八届留法校友招聘论坛在6城市举行，9月第三届中法文化论坛"中法教育与创新论坛"召开。另外，首次举行的重要活动有3月的首届中法院校见面交流会、1月和12月的中国旅法教育研究者协会主办的"法国高等教育改革与发展论坛"。

四是双方致力于扩大学生交流规模，重视发展校友网络，一方面为校友提供服务，另一方面希望校友与留学国保持紧密联系，并吸引更多优秀学子留学。

【北京化工大学巴黎居里工程师学院成立】　2017年2月，北京化工大学和巴黎国家高等化学学校（Ecole nationale supérieure de Chimie de Paris）共同创建的北京化工大学巴黎居里工程师学院（Paris Curie Engineer School）获得教育部批准（批准号：MOE11FRA02DNR20171830N）。学院旨在引进法国精英工程师教育模式，推进工程人才国际化培养模式的探索，深化工程教育改革，实现培养适应"大化工"领域科技发展需求的高端工程型人才。学院于2017年9月招收第一届本科生。学院采用两阶段培养模式：前三年为基础教育阶段，重点培养学生扎实的自然科学知识及英语、法语能力；后三至四年为工程师教育阶段，重点培养学生的专业技能和工程理论，并通过企业实习实训锻炼学生的动手能力及实践能力。对应中国教育部规定的学制，学院前四年为本科教育阶段，后二至三年为硕士研究生教育阶段。

【广州大学中法项目15周年庆典举行】 2017年3月20日，广州大学中法项目即广州大学中法旅游学院（Institut sino-français du Tourisme de l'Université de Canton），隆重举行中法项目15周年庆典暨新一轮合作启动仪式。该项目是经中法两国政府批准的、中国首个旅游高等教育合作办学项目，由广州大学和昂热大学合作创建。15年来，中法项目取得了一系列成果：率先实行校企结合的理事会领导制度；引进大量法国旅游学科优质教育资源开展本土化实践；促进中法旅游学科师资交流；推动两国校企交流与合作。本次活动也确定了未来进一步的发展方向。双方商定，未来将以培养"旅游国际高端行业人才和高端学术后备人才"为目标，将"文化遗产管理"和"会展与节事管理"作为核心发展方向，通过引进法国优质旅游教育资源，致力于构建"中国一流、国际知名"的旅游高等教育国际合作办学项目。双方还将在旅游学科取得重大进展的基础上，积极寻找其他学科的合作机会，更好地促进该项目的繁荣发展和服务于广州社会经济发展。

【"宁波大学昂热大学联合学院"获批】 2017年4月，宁波大学与法国昂热大学合作建立的"宁波大学昂热大学联合学院"（Institut conjoint des Universités de Ningbo et d'Angers）获教育部批准，于2017年起纳入国家统一招生计划。宁波大学昂热大学联合学院办学规模为1180人，设旅游管理、服装与服饰设计、人文地理与城乡规划3个专业，其中旅游管理既招收本科生，也招收硕士研究生。学生毕业后可获中法两校毕业证书。该学院为非独立法人二级学院，办学地址在宁波大学易斯戴校区。宁波大学与昂热大学具有良好的合作基础。昂热大学建于1356年，是法国最早的5所大学之一，也是欧洲的第一批大学之一。该校的数学、物理、化学、生物、医学、农学、园艺学、地理学、工程学等学科拥有国家级实验室。

【旅法教育研究者协会成立暨首届法国教育改革发展论坛召开】 2018年1月13日，旅法教育研究者协会成立大会暨首届法国教育改革发展论坛在中国驻法国使馆教育处召开。中国驻法国使馆教育公参杨进、巴黎学区学区长吉尔·佩古（Gilles Pécout）、经济合作与发展组织教育与能力司司长安德烈·施莱歇尔（Andreas Schleicher）出席并作主旨发言。全法各高校10多位法国教育学研究专家和80多名中国学者与学生参会。成立旅法教育研究者协会有助于落实马克龙总统访华期间中法两国签署的联合声明，积极推动中法高级别人文交流机制，充分发挥中法教育在共建"一带一路"中的作用，进一步扩大中法学生的交流规模，切实加强中法语言领域的合作。协会将调动旅法学生学者的作用，形成研究合力，推出高质量研究成果，为中法教育合作做出贡献。首届法国教育改革发展论坛同时召开。论坛强调教育在科研工作中的重要性，并描绘了法国高等教育改革的全景。其间，还举行了"中法教育交流与合作：有效做法、挑战和展望"的圆桌会议，嘉宾们就深化教育研究、积极促进中法教育合作进行了交流。

【中国人民大学靳诺获法国骑士勋章】 2018年4月26日，中国人民大学党委书记靳诺在法国驻华大使官邸被授予法国国家荣誉军团骑士勋章。法国驻华大使黎想（Jean-Maurice Ripert）代表法国总统马克龙（Emmanuel Macron）向靳诺颁发勋章和证书，以表彰她和中国人民大学对中法高等教育交流与合作所做出的卓越贡献。该勋章由拿破仑一世在1802年创立，是法国政府表彰做出突出贡献的优秀人士的最高荣誉。靳诺是第一位获此殊荣的中国大学党委书记。靳诺任职的中国人民大学积极参与中法人文交流机制，参加中法高等教育论坛、中法青年众创交流会，与法国高等教育界在法学、文学、哲学、经济学、管理学、历史学、艺术学、物理学以及编译与出版等领域开展交流合作30余年。靳诺为推动中法学院的成立发挥了重要作用。

【中国留法校友会成立】 2018年6月24日，值法国总理爱德华·菲利普（Edouard Philippe）访华之际，留法学友俱乐部（Club France）举办创立10周年庆祝活动，并宣布加入国际留法校友会，更名为中国留法校友会（France Alumni Chine）。2017年，在法国留学的中国学子约有4.49万，是法国第一大留学生群体。为了让留法海归与法国保持紧密联系，法国驻华大使馆于2008年创立留法学友俱乐部。自创办以来，留法学友俱乐部组织了多场招聘论坛、创业奖等活动，为校友的职业发展助力。升级之后，中国留法校友会将提供更多与职业发展、个人发展接轨的服务。

【首批"中法百校交流计划"代表团访问法国】 2018年9月17—19日，由中国教育国际交流协会组织，上海光明中学校长穆晓炯任团长的首批"中法百校交流计划"代表团访问法国。代表团成员包括来自中国60个中小学的校长和负责人。9月17日，中法基础教育研讨会在法国国际教育研究中心（CIEP）举行。法方代表希望扩大法国基础教育在中国的影响，欢迎中方机构与法方学校开展实质性的交流与合作。中方代表认为，法国的基础教育历史悠久、经验丰富，值得中方学习和借鉴。研讨会还邀请了法国著名高校如综合理工、欧洲高等商学院等就学士项目进行说明。9月18日，代表团分为3组，分别访问了圣日尔曼昂莱格里耶初中、巴黎东国际学校以及库尔布瓦拉马丁小学，实地了解法国基础教育的教学和管理情况，并与参访学校建立了合作关系。

【中法教育和研究中心落户苏州项目签约】 2018年11月12日，中法教育和研究中心项目正式签约落户苏州市，该中心体系内的首个项目"中法职业教育平台"同时启动。这是2017年11月24日中法高级别人文交流机制第四次会议期间建立愿景后的具体实践，是中国高科集团与法国驻华大使馆文化教育合作处于2018年7月达成在教育与科研领域合作备忘录后的重要落地成果。中法教育和研究中心将整合包括法国国民教育部在内的更多法国教育及研究领域相关公共部门和私立领域合作伙伴的资源，借助中国高科集团的渠道资源与运营优势，在中法两国之间搭建广泛、深入的交流合作平台，打造集技术研究、人才培养、政策咨询和国际交流等功能为一体的高层次国际合作项目，进一步推进中法两国在教育（包括普通全日制教育及继续教育）、科研及产业技术研发、孵化等领域的深入合作。中法职业教育平台主要聚焦于产业发展及职业教育领域的中法合作，致力于联结中法两国的优质教育资源、企业资源和社会资源。

【法国孔子学院】

【概况】 继 2016 年 12 月 13 日尼斯大学与天津大学共建法国蔚蓝海岸孔子学院揭牌之后，法国的孔子学院建设进入到新的发展阶段，多所孔子学院建设正在筹备之中。2017 年 6 月 28 日，东北大学与法国图卢兹大学签署共建孔子学院意向书。现有的孔子学院也不断发展，成立于 2014 年法国诺欧商务孔子学院继 2017 年 2 月在兰斯开设中心后，于 2017 年 12 月 5 日在巴黎开设中心。

2018 年法国孔子学院联席会议于 6 月 28—29 日在尼斯大学召开。法国蔚蓝海岸孔子学院承办，共有法国 12 所孔子学院 23 名代表及相关机构共 31 名人员参加。孔子学院总部副总干事、国家汉办副主任赵国成，中国驻法国使馆教育公参杨进，法国尼斯大学校长埃马纽埃尔·特里克（Emmanuel Tric）、副校长让·克利斯朵夫·马丁（Jean-Christophe Martin）出席会议并致辞。

与会代表围绕"完善评估体系，提高孔子学院办学质量"主题，对汉语课程标准和汉语课程评估体系、文化资源共享及文化活动评估体系等介绍经验并展开讨论。此外，完善教师培训、推动 HSK 考试也是讨论的重点。

【巴黎七大孔子学院庆祝成立十周年活动举行】 2017 年 10 月 5 日，巴黎狄德罗大学孔子学院十周年庆典活动在巴黎狄德罗大学—巴黎第七大学举行，驻法使馆教育公参杨进出席。巴黎七大校长克里斯蒂娜·克雷莉奇（Christine Clerici）和武汉大学副校长李斐分别就合作十周年的成绩及未来发展计划进行发言。巴黎七大孔院建院 10 年来，累计吸引 5 万多法国当地居民参加各类汉语教学和中国文化推广活动。

【《关于合作设立法国 ESCP 欧洲高等商学院商务孔子学院的协议》签署】 2017 年 11 月 24 日，中法高级别人文交流机制第四次会议在北京钓鱼台国宾馆举行。在中国国务院副总理刘延东和法国外长勒德里昂共同见证下，孔子学院总部党委书记、副总干事马箭飞与法国巴黎大区工商会总经理余耀（Etienne Guyot）共同签署了《关于合作设立法国 ESCP 欧洲高等商学院商务孔子学院的协议》。该孔子学院中方合作院校为北京外国语大学，是法国第二所商务特色孔子学院，将开设商务汉语课程和企业商务汉语培训，致力于推动中法教育、文化、经贸等各领域交流与合作。

【法国波城市代表团拜会孔子学院总部/国家汉办】 2018 年 7 月 3 日，

西安外国语大学校长王军哲陪同法国波城市市长弗朗索瓦·贝鲁（François Bayrou）一行拜会了孔子学院总部/国家汉办，孔子学院总部/国家汉办党委书记、副主任马箭飞会见了代表团一行。此次拜会的目的是为波城大学与西安外国语大学共建孔子学院做好准备。

【中南大学与奥尔良大学孔子学院签约】 2018年12月4—5日，第十三届全球孔子学院大会在成都市举行。来自154个国家和地区的1500多名代表参加了大会。教育部副部长田学军、中南大学校长田红旗出席并见证孔子学院总部副总干事、国家汉办副主任马箭飞与法国奥尔良大学校长阿尔利·布吕昂（Ary Bruand）签署共建奥尔良大学孔子学院的协议。

【语言教育】

【概况】 中国的法语教育在2017—2018年迎来了重要发展。首先，2018年1月16日，教育部举办新闻发布会宣布高中新课程方案中科目将增加法语。在教师培训方面，中国法语教学研究会第八届教师培训暨法国国际教学研究中心首届高等研修班于2017年11月4—8日在上海举办。来自全国各地80余所学校的123名法语教师参会。2018年4月20日，高等院校多语种专业中青年骨干教师科研能力提升研修班举办。其次，法语赛事蓬勃发展，2018年11月3日，教育部外指委法语分委员会、（中国）法语教学研究会主办、盐城师范学院承办的"外研社杯"第十一届法语演讲比赛全国总决赛举行。该赛事旨在展示和提升全国高校法语专业教学水平，是国内体现最高法语水平的赛事。此外，国内经典赛事走向国际。2017年11月24日，作为中法高级别人文交流机制配套活动，中国全球电视网（CGTN）法语大赛颁奖仪式在北京举行。本次大赛自2017年3月20日"全球法语日"启动，历时半年，分别在北京、巴黎、蒙特利尔举行复赛，并最终于9月在北京举办半决赛和决赛。国际赛事也进入中国，2018毕佛听写大赛于2018年3月20日国际法语日当天在瑞士驻华使馆举行决赛。法语类大赛超越语言，也比拼文化素养。第二届全国"法语之星"风采大赛于2018年12月14日在上海举行。法语诗歌翻译大赛2018年3月31日在北京举行。随着以大学为主体的法语教育向中学拓展，"外研社杯"中学生多语种技能大赛于2018年7月25—27日在北京举行。

【北京中法实验学校揭牌】 2017年9月1日，北京中法实验学校举行揭牌仪式暨2017年开学典礼，北京市教委副主任黄侃出席活动并讲话。中法实验学校建址于北京市温泉第二中学，将建成以法语为主要外语种类，兼顾国内升学与赴法留学需求的十二年制中法实验学校、中法两国基础教育交流示范学校、海淀区北部地区新优质特色学校。学校注重引进中法优秀教师，开设中法融合课程，营造浓郁的中法文化氛围。学校于9月正式招收一年级新生，每周开设5个课时的综合兴趣法语课程，法方教师将和中方教师一起参与音乐、体育、美术等课程教学。法方把该项目作为中法教育交流的重点项目来推进，将从法语教师派遣、中方教师培训、课程设置、教学资源、与法国高等教育衔接等方面进行大力支持和帮助。

【法语进入高中课程】 2018年1月16日,教育部举办新闻发布会,介绍高中新课程方案。其中,学习科目将增加法语、德语和西班牙语。该课程方案和课标于2018年9月1日起正式实行。教育部基础教育课程教材专家工作委员会主任委员王湛称,扩大普通高中教育的语种是大势所趋,此次选择法语、德语和西班牙语,也是出于国际交流的目的,这几个语种覆盖性高,在国际场合应用多,以后还将会根据实际情况增加语种。目前,全国共有11所法文课程班试点中学,包括北京外国语大学附属中学、北京市十一学校、北京市第二十一中学、上海外国语大学附属学校等。随着《普通高中法语课程标准》(2017)版发布,越来越多的高中、初中甚至小学开设法语课。目前,天津、上海、贵州、宁波等地中学也已开始公开招聘法语教师。

【法国汉语推广论坛举办】 2018年3月3日,旅法教育研究者协会在中国驻法国大使馆教育处举行了以汉语言推广为主题的论坛。中国驻法使馆教育公参杨进、首任法国国民教育部汉语总督学白乐桑、巴黎七大孔院中方院长程静、精英华文中文学校校长宣琛等出席论坛。杨进表示,法国是第一个创办中文教席的西方国家,也是欧洲较早实行将汉语纳入国民教育体系,并由国家确定教学大纲的国家。法国的汉语推广工作经过积淀和发展,从量到质均实现了重大突破。在圆桌会议环节,嘉宾纷纷发言,共同探讨汉语在法国的推广工作。

【巴黎语言及跨文化联盟落成典礼举行】 2018年4月15日,巴黎语言及跨文化联盟(ALIP)落成典礼暨高端战略合作启动仪式在朝阳区光华路SOHO隆重举行。法国使馆文化处代表、中法两国高校代表、行业协会负责人等汇聚一堂,共同见证ALIP在中国的诞生。

【"CCTSS—ATLAS中法译者工作坊"举办】 2018年5月18日,由南京大学外国语学院协办的"CCTSS—ATLAS中法译者工作坊——林雅翎班·南京论坛"在南京市举行。国内外多位中法翻译领域的专家学者与会,就文学翻译的"技"与"道"展开研讨,与青年译者分享经验,并就译者锻造和文化交流等话题展开了探讨。此次工作坊受到了业界广泛关注,数十位中法译者踊跃报名。最终,林苑、潘文柱、吴燕南等6名译者成功入选,成为首届"CCTSS—ATLAS中法译者工作坊"的成员。从2018年3月17日至5月18日,译者分别在巴黎、阿尔勒、北京、南京4个城市,在3批导师的指导下进行交流与学习。"CCTSS—ATLAS中法译者工作坊"在沿袭法国文学翻译促进会原有的中法译者工作坊模式的基础上有所创新,将活动拓展至中法两国,吸引了更多法国译者的关注。

【北京法语联盟20周年庆典暨第一届法语在华教学研讨会举行】 2018年10月22日,法语联盟与北京语言大学合作20周年庆典暨第一届法语在华教学研讨会举行。法国驻华大使馆文化教育合作处副参赞及北京法国文化中心副主任高仁逸(Jean-Yves Coquelin)、北京法语联盟以及北京部分高校法语教学界的业务带头人参加了本次活动。研讨会期间，北京各大高校法语专业教授代表与北京法语联盟教师就"针对中国学生的法语教学法"进行了经验交流。专家组对各大高校法语专业以及法语联盟的教学法进行了介绍和分析，各方取长补短，形成了良好的交流氛围，为今后的法语教研建立了更广阔的平台。北京法语联盟法方校长卢思和、中方校长包月红在研讨会上指出，未来北京法语联盟发展的方向之一就是在原有的社会培训基础上，充分发挥教学优势，增加与兄弟院校的学术交流研讨，丰富课程类型，提高培训层次，争取立体发展。

【中国第 15 个法语联盟揭牌仪式举行】 2018 年 11 月 16 日，昆明法语联盟揭牌仪式在云南大学举行。在开幕式现场，云南大学副校长张力致辞称，云南大学外国语学院法语专业历史悠久，是西南地区最早设立法语专业的院校，自 1972 年至今培养了大量法语人才。同时，学校在多个学科领域与法国高校和机构开展学生交换、合作科研以及人才联合培养项目。法国驻成都总领事馆总领事满碧滟（Fabyène Mansencal）表示，法语联盟的使命不仅仅是法语教学，更是推广法语世界的丰富文化，表达生活的多彩与文化的交融。昆明法语联盟成立后，将推出法语课程，组织文化和艺术活动，促进中国与其他法语区国家间的文化、教育以及其他领域的交流。

【法语联盟基金会与暨南大学章程签署】 2018 年 12 月 5 日，法语联盟基金会暨广州法语联盟与暨南大学正式签署合作章程。法国驻广州总领事馆总领事周丽君、法语联盟基金会驻中国总代表卢思和、广州法语联盟校长李多福等出席见证签约仪式。暨南大学表示始终重视发展与法国的人文教育交流与合作，希望借由暨南大学广州法语联盟的成立，支持暨南大学法语学科发展，积极融入中法高级别人文交流机制。周丽君认为，广州法语联盟是中法两国文化交流的重要载体，为华南地区法语高级人才的培养和中法文化交流做出了重要贡献。

三　中法科技交流

【概况】 自 1978 年中法政府间科技合作框架协议签订以来，中法间的科技合作不断深入，民用核能、航空航天、高速铁路、生物医药等已成为中法传统的科技合作领域。2017 年、2018 年继续保持积极合作态势。中法能源领域的重大合作项目台山 EPR 核电站即将投入运行，是世界首座先进压水堆三代核电站。历经 10 年之久的中法"海洋卫星"研制取得突破性进展，于 2018 年 10 月发射成功。

两国相关政府部门也积极推动科研人才的培养与交流，2017 年中国科技部与法国高教、科研与创新部首次联合举办"中法创新大会"。在中法高级别人文交流机制框架下，在 2017 年、2018 年连续启动"中法杰出青年科研人员交流计划"，以促进中法两国青年科研人

第一编　高级别人文交流机制

员交流。2018年是中法科技合作框架协议签署40周年,是展示中法科技合作重大成果,深入持续拓展进一步合作关系的契机。为切实合作,中法双方积极筹备召开中法第十四届科技联委会,并构建"中法创新对话机制",积极推进"中法创新年",以期实现两国创新战略对接。在合作领域方面,有望在环境保护、人工智能、生物医学等领域形成更多战略性的合作。

【中法生态城市合作与创新论坛举办】　2017年3月22日,中法生态城市合作与创新论坛在国家会议中心召开,系"第十三届国际绿色建筑与建筑节能大会暨新技术与产品博览会"分论坛之一。国务院参事、住房和城乡建设部原副部长、中国城市科学研究会理事长仇保兴,法国建筑科学技术中心院长艾蒂安·克瑞朋共同出席并致辞。双方在论坛期间正式签署《中法生态城市合作战略框架协议》,约定中法将在绿色建筑、生态城市及生态社区、特色小镇以及美丽乡村建设方面开展广泛合作,并将开发一套适用于中国的空间质量与环境质量评估与认证系统。

【中法产业合作示范区启动建设】　2017年3月23日,中法产业合作示范区在南京市举行的2017中国(南京)·中法产业合作交流会开幕式上宣布启动建设。中法产业合作示范区(以下简称"示范区")落户南京市江北新区,根据中法双方达成的合作协议,该示范区主要包括"一核、多园、两中心"。"一核"即占地326公顷的法国创意风情小镇;"多园"是指位于江北新区重点区域的中法生命健康园、中法智能制造园、中法通航产业园、中法新材料产业园;"两中心"为浦口、六合中法服务中心。该示范区的建设促进了"中国制造2025"战略与"法国未来工业"计划间的对接,是中法之间资源有效整合和可持续合作的重要基础,同时也为中法企业在全球化进程中蓬勃发展提供了有利的条件。

【空客宽体机完成及交付中心启用】　2017年9月20日,空中客车在天津市宣布正式启用其欧洲以外首个A330宽体机完成和交付中心(以下简称"中心")。当天,一架由空客中欧员工共同完成的A330飞机也在该中心顺利交付给天津航空公司。该中心所负责的工作包括客舱安装、飞机喷漆和生产飞行测试以及客户接收和飞机交付等环节,目前已有150多名中国员工在法国图卢兹完成了相关培训和资质认证工作。该中心设有喷漆车间、称重车间及主厂房等设施,主厂房占地面积为16800平方米,设有3个站位。至2019年初,该中心将拥有超过250名员工,达到月产两架A330飞机的生产速率。

【中法创新大会召开】　2017年11月24日,中法创新大会在北京市首次举办,系中法高级别人文交流机制第四次会议的重要配套活动之一。中法创新大会(以下简称"大会")由中国科学技术部与法国高等教育、科研与创新部主办。中国科学技术部国际合作司司长叶冬柏和法国高等教育、科研与创新部国际与欧洲事务司司长德尼·德佩欧共同出席开幕式并致辞。大会开幕式上举办了首届"中法杰出青年科研人员交流计划"启动仪式,将在数学、物理、医学、生物医药等领域资助40名中法青年科研人员开展交流和科技创新合作。

【中法能源对话举办】 2017年11月30日，中法能源对话由中国国家能源局与法国生态转型部共同在北京市首次举办，国家能源局副局长刘宝华和法国生态转型部能源与气候署署长洛朗·米歇尔出席并致辞。双方代表就中法能源发展政策和规划、民用核能、电力市场化改革、智能电网、石油和天然气、新能源、市场监管等议题展开了交流，并一致同意，未来进一步加强对话交流，增进互信理解，促进务实合作，带动绿色低碳发展，造福两国人民。会后，国家能源局分别与法国生态转型部、法国核电标准协会签署了《第一次中法能源对话纪要》和《中法核电标准规范合作协议》两份合作文件。

【中法海河流域水资源技术研讨会召开】 2017年12月5日，中法海河流域水资源技术研讨会在天津市召开，由中法双方共同筹备，法国开发署资助。在此次中法海河流域水资源技术研讨会上，中方各单位和法方各企业分别介绍了各自的技术需求和专业特长并总结回顾了前期合作经验。在前期阶段，法方给予中方合作单位大量咨询指导，在应对和解决海河流域水问题过程中，法国水资源管理理念、方法和技术发挥了较好作用，尤其在水资源规划、湿地建设、污染治理、生态系统修复、信息系统建设等方面具有很强的指导性和操作性。此次研讨会为中法双方进一步合作搭建和提供了一个交流与展示平台，有效对接了中方需求与法方企业专长，满足了中方单位的技术需求。

【中国科学院武汉P4实验室成立】 2018年1月5日，中国科学院武汉P4实验室在通过国家卫生计生委高致病性病原微生物实验活动现场评估后正式成立，系中国首个正式投入运行的P4实验室，可用于开展专门针对高级别高致病性病原微生物的实验室活动以及对烈性传染病的研究。武汉P4实验室是"中法新发传染病防治合作项目"重要内容之一，是国家投资建设的大科学工程装置之一，也是纳入中法两国政府间合作协议框架的科技合作项目。在合作建设P4实验室的基础上，中法科学家联合开展尼帕病毒的研究，包括源头病原的流行病学、抗病毒药物及生物信息分析等全链条研究，为控制尼帕病毒的流行和暴发提供技术支持。

【台山核电站1号机组揭牌仪式举行】 2018年1月9日，中国国家主席习近平与法国总统马克龙在人民大会堂共同为台山核电站1号机组成为EPR全球首堆工程揭牌。作为EPR全球首堆工程，台山核电项目将为中广核与法国电力共同建设英国欣克利角核电项目、为中国核电企业"走出去"起到示范和支撑作用。

【中法聚变联合研究中心成立】 2018年1月11—12日，由国家科学技术部与法国原子能委员会签订协议，中法聚变联合研究中心分别在合肥市、成都市举行揭牌仪式。中法聚变科技合作始于20世纪80年代，双方在微波加热与等离子体放电等领域开展了合作。为进一步推进中法在核聚变领域的务实合作，2017年2月21日，中法两国总理会晤期间，科技部与法国原子能委员会签署《科学研究与技术发展合作意向书》，明确核聚变中心与法国原子能委员会聚变研究所作为双方牵头单位共同筹建中法聚变联合研究中心。经过近一年的努力，在两个院所的大力支持下，最终促成了该中心的成立。中心的建立标志着中法在聚变能源领域的务实合作进入新阶段，从先前双方科研机构之间的合作上升至国家政府层面之间的双边合作。

【中法科技合作协议40周年纪念活动举办】 2018年5月5日，中国科学院上海巴斯德所联合法国大使馆，举办了中法科技合作协议签署40周年暨法国巴斯德研究所建所130周年纪念活动。上海巴斯德所成立于2004年，14年来一直秉承着"科学家有祖国，传染病防治无国界"的精神，依托中国科学院和上海市，协同巴斯德国际研究网络，通过研究、教育和科学传播，为中法两国科技合作以及全球健康做出了贡献，主持和承担了欧盟地平线、美国国立卫生研究院、法国道达尔基金会和梅里埃基金会的多个重大研发项目，在中国和东南亚地区历次高致病性流感、手足口病、寨卡等疫情应对中发挥了重要作用，为上海市成功举办2010年世博会、2014年亚信峰会提供了关键的生物安全科技支撑。中法科技合作为支撑中国民用核能、航空航天、高速铁路、生物医药等若干重大战略科技创新的实施发挥了重要作用。

【科创企业小米进入法国市场】
2018年5月22日，中国创新型科技企业小米在法国巴黎市举行发布会，宣布进入法国市场。位于巴黎的法国首个小米授权店和法国小米官方网上商城当天同步开业。小米高级副总裁王翔在发布会上说，法国是小米非常重要的市场之一。小米希望为法国市场带来更多的手机和物联网智能设备产品，并将包括"小米网"和"小米之家"等在内的整套商业模式全部带到法国，从而辐射整个西欧市场，未来将会陆续在法国其他城市开设"小米之家"。

【台山核电1号机组首次并网发电】
2018年6月29日，台山核电1号机组首次并网发电成功，成为全球首台并网发电的EPR三代核电机组。台山核电站是中法两国能源领域的最大合作项目，该项目的建设和运营方台山核电公司，由中广核、法国电力集团和粤电集团共同投资组建。该项目使法国电力成为首家在中国投资建设核电项目的外国企业。

【中法农业科技园项目启动】
2018年7月6日，中法农业科技园项目在四川省眉山市举行开工仪式。四川省副省长朱鹤新、眉山市委书记慕新海以及由法国国民议会副议长伊夫·杰戈等10余位人士组成的法国国民议会议员团和地方政府代表团共同出席仪式。四川省天府新区眉山管委会和眉山中法农业科技园开发有限公司分别与法国贝凯姆市、埃吉斯市、圣波尔德旺斯市签署了三方合作备忘录，与法国阿尔萨斯大区农业委员会、阿尔萨斯农业科技创新公司签署友好合作框架协议。该项目总投资约300亿元人民币，中法国际乡村风情园、中法国际康养医疗产业园、法国特色小镇、中法科技文创产业园也在计划建设当中。中法农业科技园项目是对法友城重点合作项目，也是法国以中央政府名义在中国扶持的第一个农业项目。

【齐鲁交通发展集团同法电集团开展合作】 2018年7月26日，齐鲁交通发展集团旗下齐鲁交通信息集团与法国电力集团旗下法电新能源集团在济南市签署新能源合资项目，双方共同出资设立山东齐鲁法电新能源有限公司，将以高速公路分布式光伏发电项目为切入点，同步拓展光伏、风电等新能源项目，布局新型智慧能源、智能电网、电动汽车充电网络等新能源市场。

【中法海洋卫星成功发射】 2018年10月29日8时43分，由中国长征2号丙型火箭搭载的中法海洋卫星顺利发射升空。中国国家主席习近平同法国总统马克龙互致贺电，祝贺卫星发射成功。该卫星由中国国家航天局和法国国家空间研究中心联合立项研制，将为海面风场与波浪的物理特性和相互作用研究、海洋科学和全球变化研究、海洋预报和灾害监测预警提供关键数据。本着平等、互惠、共享的原则，中法双方始终保持紧密合作。监测数据可被两国科学家共享，并按照数据政策对国际开放。该卫星作为中国首次与世界先进宇航机构在卫星系统层面的合作项目，受到中法两国领导的高度重视和人民的高度关注。2018年1月10日，法国总统马克龙在访华期间，专门来到中国空间技术研究院看望了卫星研制团队。

【中法环境年活动启动】 2018年11月19日，由中法两国元首共同确定的中法环境年活动在北京市正式启动。生态环境部部长李干杰、法国国务部长兼生态转型与团结部长弗朗索瓦·德吕吉出席启动仪式并共同为"中法环境年"标志揭幕。此次活动既响应了两国元首的联合声明，也是进一步拓展和深化两国生态环境合作的重要契机。中法双方在启动仪式上均表示将共同开展多层次、多领域、全方位生态环境合作，共谋全球生态文明建设，与国际社会共享绿色发展经验，形成世界环境保护和可持续发展的解决方案。两国也将进一步加强政策对话，深化应对气候变化的合作。

【中法聚变联合研究中心框架及执行协议签署】 2018年11月24日，在中国国务院副总理刘延东与法国外长勒德里昂见证下，科技部与法国原子能委员会（以下简称"CEA"）签署了中法聚变联合研究中心框架协议。当天，中法聚变联合研究中心四家成员单位——中国国际核聚变能源计划（以下简称ITER）执行中心、中科院等离子体物理研究所、核工业西南物理研究院和CEA共同签署了中法聚变联合研究中心执行协议。中法双方决定在ITER采购包性能测试与ITER运行调试、磁约束聚变装置关键部件及技术、聚变科学与等离子物理实验研究、下一代聚变堆装置等方面开展进一步务实合作。

四　中法文化交流

【概况】 中法文化合作是两国高级别人文交流机制的重要组成部分。

第一编　高级别人文交流机制

2017年11月发布的《中法高级别人文交流机制第四次会议联合声明》中，刘延东副总理指出当前中法关系处于历史最好水平，双方应当挖掘历史文化资源，促进文明交流互鉴，为中法关系发展注入新的动力。2018年1月的《中华人民共和国和法兰西共和国联合声明》中强调要加强文化领域的交流与合作，体现两国文化多样性。两年间，中法文化合作和交流体现了双边关系发展的动力和文化多样性的价值观，呈现出如下特点：

一是交流范围广，涉及领域多。

中法文化交流的领域涉及古典及现代音乐、当代音乐、舞蹈、绘画、雕塑、摄影、视觉艺术、电影、电视、新媒体、文学、诗歌、话剧、戏曲、图书、翻译等，交流范围广，涉及领域多。在众多活动中，作为承载多领域文化交流的平台，"中法文化之春"（Croisements）活动于每年春夏之间举办，2017年为5月6日至7月9日，2018年为4月24日至6月24日，活动范围涉及中国的30多个城市。该活动是中法之间举办的一项经常性的文化交流活动，脱胎于中法文化年，由法兰西共和国总统与中华人民共和国主席共同倡议，于2006年正式创立。除将法国文化艺术项目介绍给中国民众外，"中法文化之春"还致力于促成中法文化艺术界间的共同创作。"中法文化之春"至今已主办了13届，累计超过1.5万名观众。"中法文化之春"成为体现中法两国文化交流之精髓的平台。

二是高层次合作项目多。

中法文化交流中的活动合作层次分布广泛，不乏高层次交流活动，既包括中法高级别人文交流机制大会，也包括"感知中国""一带一路——中国的印记"等系列活动，其中以中法文化论坛交流层次最为多元，交流主题最为广泛。2017年9月26日，第二届"中法文化论坛"在法国里昂举行。论坛主题为："一带一路，中法文化汇流和共享"。论坛由欧美同学会中国留学人员联谊会和法国里昂市政府、法国展望与创新基金会联合主办，中法各界500多位代表人士出席了活动。法国总统马克龙为论坛开幕发来贺信，对论坛的召开表示热烈祝贺，对进一步深化两国文化领域的交流与合作，增进两国和两国人民之间的友好和友谊寄予厚望。2018年9月17—20日，第三届中法文化论坛在西安举办。论坛以"'一带一路'：文明互鉴与创新"为主题，包括6场主体活动、8项平行文化论坛和9项文化展览交流活动。

三是走出去和请进来相结合。

2017年3月11日，第22届中国法语活动节在武汉开幕。本届法语活动节的主要内容包含了毕佛听写大赛、法国电影荟萃、法语戏剧大赛、法语诗歌翻译大赛、摄影比赛、法语歌曲大赛和"三月香颂饕餮"音乐会等。2017年3月20日国际法语日期间，由中国全球电视网（CGTN）法语频道举办的首届CGTN法语大赛在北京正式启动。该大赛共分初赛、复赛和决赛三个阶段，设中国、法国和加拿大魁北克三个赛区，法语电视五台参与合作，决赛于2017年9月举行，11月在中法高级别人文交流年会上举行了颁奖仪式。同时，高质量的中国文化项目也在不断走出去。每年在法国举办的中国电影节就是其中一个。中国电影节由中国国家新闻出版广电总局电影局、巴黎中国文化中心、法国百代电影集团共同举办，在巴黎、斯特拉斯堡、里昂、马赛、戛纳、留尼汪、布雷斯特7地举行。2017年该电影节为4月至6月，2018年为5月至7月，共20余部中国影片参加电影节展映。

四是文化合作活动常态化。

中法在多领域的合作逐步进入常态。诸如中法文化之春、中法文化论坛、中国文化周、中法汇流论坛、中国电影节、傅雷翻译出版奖、中法园林学术研讨会、中法检察官培训、中法公证业务研讨会等活动都成为中法文化交流中的常规活动。

【"卢浮宫的创想"展举办】 2017年1月12日至3月31日，"卢浮宫的创想——卢浮宫与馆藏珍品见证法国历史八百年"展在中国国家博物馆举办。展览由中国国家博物馆和法国卢浮宫博物馆共同举办，这是两个世界级大馆的又一次重要合作。展览精选来自法国卢浮宫博物馆八大藏品部和欧仁·德拉克洛瓦博物馆（隶属卢浮宫博物馆）的126件套珍贵藏品，重现卢浮宫从始建之初，历经弗朗索瓦一世、路易十四、拿破仑一世各历史王朝不断丰富的王室收藏，展览选取展品的原则是能够展现卢浮宫的历史与发展，具有很多历史印记比较强的藏品。展览分为"序幕——重修卢浮宫""宫殿与王室收藏""卢浮宫与启蒙运动""拿破仑博物馆""从权力王宫到万国博物馆""今日卢浮宫"六个部分，呈现了卢浮宫的全面性和生命力。

【喇培康获"法国电影奖"】 2017年4月13日，中影股份董事长喇培康荣获法国电影联盟颁发的"法国电影奖"。"法国电影奖"由法国电影联盟设立，以嘉奖与法国电影有良好合作的世界杰出电影人。此次颁奖旨在表彰喇培康为促进中法电影交流和合作做出的重要贡献。喇培康是继意大利电影人安德里亚·奥皮提、德国电影人托斯特·弗莱斯之后第三位获此殊荣的国际电影人。喇培康毕业于北京外国语学院法语系，长期致力于中国电影的对外传播和中外电影交流，现任中国电影股份有限公司董事长，对欧洲电影制片、发行、放映、电影法律、电影税制、政府对电影的扶持政策、电影经营管理、实际操作方式等有全面了解和深入研究。

【法国作协主席塞利耶访问中国】第22届法语活动节之际，法国驻华大使馆法国文化中心特邀法国作协主席、法国儿童读物作家玛丽·塞利耶来到中国。2017年4月14—30日，玛丽·塞利耶参加了一系列内容丰富的活动，其中包括讲座、儿童活动坊、圆桌交流等，通过不同作品（绘本或小说）讲述自己是如何引导孩子发现并欣赏艺术作品的美，带领他们揭开艺术家的创作之谜。4月15日，塞利耶在北京法国文化中心举办了题为《儿童与艺术》的讲座。塞利耶自幼受祖母的影响，走进艺术世界，毕业于巴黎政治学院，从事新闻工作，之后投身出版行业，在法国国家博物馆联合出版社首次编辑出版了《艺术的童年》系列图书。目前，她已

第一编 高级别人文交流机制

经成为法国艺术类童书作者中最具影响力的一位，共出版著作100多本。她也与当代艺术家合作创作了一系列绘本作品，如《非洲的小夏卡》《李夫人的花园》等。

【《西人论中国书目》出版】 2017年7月，中华书局出版《西人论中国书目（附索引）》（全六册）。1881年，《西人论中国书目》（Bibliotheca Sinica，此译本出版前，曾译为《中国书目》）在法国巴黎市首次出版，编者为法国著名汉学家、1880年法兰西学院儒莲奖（Stanislas Julien Prize）获得者、重要的东方学刊物《通报》（Toung Pao）杂志的创办人亨利·考狄（Henri Cordier，1849—1925）。本书为西方自16世纪中叶至1924年关于中国文献的总目，包括用各种欧洲语言写成的有关中国的专著和文章、小启事和书评。本书对于了解早期西方的中国研究具有不可替代的指南作用，为汉学研究者提供了论著检索向导，至今仍是欧美研究汉学或中国学的必读书。本次影印以1938—1939年北京文殿阁书庄本为底本，第一册新编《总目》，并增《序言：西方汉学文献学的奠基之作》（张西平撰）、《亨利·考狄生平》〔伯希和（Paul Pelliot）撰，全慧译〕、《〈西人论中国书目〉第一版序》（亨利·考狄撰，韩一宇译），方便中国学者使用。此外，德国汉学家、目录学家魏汉茂（Hartmut Walravens）编制人名索引，以飨学界。

【中国道路欧洲论坛举行】 2017年10月9日，由中国社会科学院、法国共产党、法国加布里埃尔·佩里基金会主办的第四届"中国道路欧洲论坛——'一带一路'倡议下的中欧合作"在法国巴黎市举行，来自中法两国智库和研究机构的专家学者等100余人出席。法国共产党国际关系事务负责人莉迪亚·萨玛巴什、中国社会科学院马克思主义研究院院长邓纯东在论坛开幕式上致辞。中国道路欧洲论坛创办于2014年，在法国、西班牙和意大利设有会场。论坛旨在加强中欧学术交流，增加欧洲社会对中国了解，促进双方友谊合作。今年论坛举办期间，来自中国社会科学院、山东社会科学院、中央编译局、中国政法大学、浙江工业大学、郑州大学、安徽大学、河南师范大学以及国际劳工组织理事会、巴黎美国大学等机构的专家学者围绕"一带一路"倡议、劳动权、国际安全、国际合作等问题，进行了深入交流和讨论。

【首届中法潜水员培训班开训】 2017年11月13日，中国海警局首次联合法国潜水专家举办的潜水员船体查验培训班在海南省三亚市开训。中国海警局同法国海关与间接税总署保持了良好的合作关系。在法国海关与间接税总署驻亚洲事务处的大力推动下，中法双方进行了紧密的联系与互访。这次法方应邀派遣4名专家来华进行船体查验技术培训，也正是中法双方落实互访共识的具体举措。此次培训特邀4名来自法国海关与间接税总署的潜水专家进行为期12天的授课，课程分两批进行，每批10人。培训课程包括理论讲解和实践操演两部分，主要内容包括船体搜查、水下探摸、打击水下犯罪等。法国海关与间接税总署是法国重要的海上执法力量，尤其在船体查验方面积累了较为丰富的经验，处于世界先进水平，形成了一套成熟的培训体系。

【中法文化遗产保护研讨会召开】
2017年11月21—22日，由国家文物局和法国文化部遗产总司联合举办的"交流与互鉴：中国—法国文化遗产保护研讨会"在西安召开，中法两国200多位文化遗产相关学科专家共同探讨、交流文化遗产保护、管理的方法和经验，寻找合作机会。研讨会期间，中法两国专家围绕遗产保护政策与理念、考古遗址保护、遗产保护典型案例、历史古迹和街区的管理和治理、遗产保护和修复领域专业人员的培训体系、中法开展的国际文化遗产保护项目6个议题，进行了研讨。2016年，陕西省文物局与法国文化遗产科学基金会签署合作备忘录。2017年以来，陕西省文物保护研究院与法国文化遗产科学基金会已进行了多项合作。双方希望以合作项目为契机，相互学习和借鉴研究方法和技术，加深两国在文化遗产保护领域的合作。

【中法文化遗产领域合作协议签订】
2018年1月9日，在中国国家主席习近平和法国总统马克龙的共同见证下，国家文物局局长刘玉珠与法国驻华大使黎想在人民大会堂签署《中国国家文物局局长与法国文化部部长关于文化遗产领域合作的行政协议》。协议在两国文化遗产主管部门间建立起机制化合作的安排，涵盖保护政策、濒危文化遗产保护、水下考古、文物展览、藏品安全、打击非法进出境文化财产、博物馆管理、世界遗产管理、保护、监测经验交流、人员互访等内容，旨在实现中法两国在文化遗产领域的全面合作。双方特别承诺在第三方国家开展文化遗产保护和修复领域的合作，尤其是为冲突地区文化遗产保护开展行动提供支持，并设立濒危文化财产避难所。

【法国"学院派"艺术精品亮相北京】
2018年1月30日，"学院与沙龙——法国国家造型艺术中心、巴黎国立高等美术学院珍藏展"在中国国家博物馆开幕，参展的103件艺术精品呈现了法国艺术史上重要流派——学院派的炫彩篇章。展览分为两个部分：第一部分"巴黎国立高等美术学院：美的圣殿"，系统展示了巴黎高等美术学院对19世纪艺术家的培养，以及罗马大奖等重要的竞赛制度对于艺术风格的塑造；第二部分"沙龙：美术舞台犹如时代的镜子"，从不同方面体现了曾为18、19世纪法国艺术繁荣做出重大贡献的沙龙的辉煌历史和现代化进程。巴黎国立高等美术学院自1648年创办以来继承了超过45万件藏品，影响力遍及欧洲大陆，也对20世纪中国美术界产生了深远的影响。法国国家造型艺术中心是一家国立艺术品收藏机构，被授权管理库存在册的历代法国公共藏品。

【法藏敦煌遗书数字化回归国图】
2018年3月，法国国家图书馆藏敦煌遗书数字资源正式在中国国家图书馆网站"中华古籍资源库"中发布，标志着流落海外的敦煌文献通过数字化形式回归中国。读者可登录中国国家图书馆网站，在线进行检索和全文浏览。法国国家图书馆馆藏敦煌遗书包括汉文文献2700余号、藏文文献4000余号，总数达7000余号。敦煌经卷数字版的"回归"，得益于中法两国国家图书馆之间的合作。法国国家图书馆此次发布的这批数字资源，共计5300余号3.1万余拍，其中既有汉文、藏文文献，也有梵文、回鹘文、于阗文、粟特文、希伯来文等稀有文种的珍贵文献，更有存世最早的拓本文献唐太宗《温泉铭》、欧阳询《化度寺故僧邕禅师舍利塔铭》《沙州都督府图经》等敦煌学研究必不可少的宝贵资料。

【**法国文创企业参加京交会**】 第五届京交会期间，北京数字创意产业协会联合法国驻华大使馆商务投资处、文化教育合作处，携手打造中法文化事业交流平台。2018年5月29日，"共同聚焦——中法文化创新创意事业与挑战"主题论坛在国家会议中心举办。中法两国企业围绕"通过图像数字化为文化遗产增值""文化工程如何在公共及私有领域为文化项目的发展提供适宜的解决方案""为新文化内容服务的视觉和音乐体验"三大主题进行了交流互动，法国企业带来的博物馆"增强现实型"参观体验、遗产保护与修复技艺、创新节目场景设计等特色项目给人以全新的文化体验，同时展现了其在文创和技术领域的卓越创新能力。"KNIGHT—WORKS""Histovery"阿维尼翁—艾克斯艺术节及数字化平台等在内的10家法国文化创意创新企业与多家中国企业交流互动，探索两国企业未来的合作可能。

【**中法合作儿童剧上演**】 2018年6月1—3日，由中法联合制作的儿童剧《熊猫成长记》在北京天桥艺术中心上演。《熊猫成长记》以中国国宝熊猫为主角，讲述了熊猫宝宝和它的伙伴们在面对森林环境恶化、食物匮乏、湖水污染时，互相帮助并一同拯救地球环境的故事。《熊猫成长记》由法国甜蜜忆古乐团和湖南皮影剧团合作演出，将中国的传统皮影戏与法国文艺复兴时期的古典音乐相结合，是该剧的一大亮点。

【**"感知中国"系列活动举行**】 2018年6月11日，巴黎装饰艺术博物馆举办"感知中国——中国文博创意作品海外巡展"，通过70余件文创作品展示中国历史和人民生活，拉开了"感知中国"法国活动序幕。活动持续1周，由中国国务院新闻办公室、中国驻法国大使馆、中国常驻联合国教科文组织代表团、中国联合国教科文组织全国委员会和联合国教科文组织共同主办。6月12日，巴黎教科文组织总部举办首届《信使》论坛，将"感知中国"活动推向了高潮。活动期间还举办了"同舟共济，合作共赢——中国与联合国教科文组织合作成果展"、"国华九韵"中华文化雅集展演、"感知中国"中华美食体验活动，以及"传承与创新——中国设计四十年"展览等活动。

【**"印迹国中""一带一路"文化交流活动举行**】 2018年8月23日，"印迹国中""一带一路"文化交流活动在巴黎欧洲时报文化中心举行。这一活动由国中美术馆主办，欧洲浙江华人联谊会、中法艺术交流协会、食韵家协办。活动中，风格各异的中国书画作品、琳琅满目的非遗手工艺品吸引了中法观众的注意，现场中国书画家挥毫泼墨，观众还有机会接受书画家的亲手指导。法国大型活动策划人普沃斯特表示，"中国民间艺术作品充满生活气息，很有感染力，能引起欧洲民众的共鸣"。他认为这些现场交流，可以增进彼此理解，为双方进一步开展合作打下更坚实的基础，希望未来中法文化交流结下更多硕果。

【斯特拉斯堡"中国文化周"活动举行】 2018年9月24日，歌舞表演《永恒的爱》在"欧洲之都"斯特拉斯堡拉开中国文化周的序幕，中法艺术家演绎的优美旋律和曼妙舞姿诠释爱的主题，台下近200名观众陶醉其中。中国驻斯特拉斯堡总领事凌军在开幕表演前的致辞中说，2018年是中国驻斯特拉斯堡总领馆建馆20周年，希望通过举办中国文化周活动，宣传中国文化艺术，同时展示中法两国艺术家、学者相互交流、合作的成果。中国文化周由中国驻斯特拉斯堡总领馆主办，持续至9月29日，举办东西方音乐创作论坛、电影交流会、"一带一路"图片展等多场文化活动。

【第二届中法汇流论坛开幕】 2018年11月26日，第二届中法汇流论坛在法国里昂市举行开幕式。论坛由里昂市政府、里昂大都市、里昂新中法大学、展望与创新基金会联合主办，主题是"新时代的城市，可持续发展的丝路"。法国前总理拉法兰、里昂市市长科隆、参议院外交国防和武装力量委员会主席康鹏、里昂大都会区主席基麦尔菲尔德、中国驻法国大使翟隽、中国驻里昂总领事陆青江、驻法国使馆公参赵斌，中法地方政府、企业、学术界近300名代表出席了活动。里昂市市长科隆等法方与会代表表示，"一带一路"倡议为两国合作提供了更多机遇和更广阔平台，两国环保和可持续发展领域的合作大有可为。里昂作为法国经济第二大城市和"古丝绸之路终点"、中法大学所在地，愿为法中各领域交流与合作做出更大贡献。

五　中法卫生交流

【概况】 中法医疗卫生行业的交流与合作是两国人文交流的十大领域之一，也是双方开展合作与交流最深入的领域之一。医疗卫生交流的特点是现实性、广泛性、创新性，合作所涉及的问题都是两国共同遇到的重大难题，或者两国携手共同应对世界重大难题，因此中法两国的医疗卫生合作不仅对双边交流具有重要意义，也对世界公共产品的提供具有重大意义。

一、中法两国医疗卫生合作体现出现实性。两国长期以来在医院管理、家庭政策、老年医学领域进行合作，现实性强，相互学习，取长补短，有很好的互补性。例如中法医院合作大会旨在促进中法两国医疗卫生行业，特别是医院合作向纵深发展。2017年11月24—25日，第三届中法医院合作大会在北京召开。中国医院协会与法国大学附属医院院长委员会签署合作备忘录，共同发起成立"中法医院合作联盟"的倡议。

再如由法国驻华使馆、中国老年医学联盟和法国老年医学会共同合作主办的第三届中法老年医学高峰论坛于2017

年4月8日在昆明召开。四位来自法国老年医学会的代表受邀借此机会介绍了老年人护理领域最新的研究成果。

2017年7月6—7日，国家卫生计生委联合法国社会团结与卫生部、法国国家家庭补助局举办第五届中法家庭发展政策研讨会。法国社会团结与卫生部、法国国家家庭补助局以及中法相关学术研究机构专家、学者、企业代表等100余名代表出席会议。研讨会围绕中法老龄政策等7个主题以及未来的合作进行研讨。会议期间，与会代表参观考察了太原市漪汾苑社区养老服务中心等机构。

二、中法两国医疗卫生合作体现出广泛性。两国医疗合作涉及的问题广，探讨的内容深入，结合科研一线和可操作性。例如第八届中法医学论坛。2018年10月25—27日，由中国工程院和法国医学院组织，法国驻华使馆支持的第八届中法医学论坛于2018年10月25—27日在杭州召开。该论坛自2010年第一届起，每年在法国和中国轮流举办，旨在促进两国高级别医学科学领域最新进展科研成果的交流。本次论坛的主题围绕糖尿病及其并发症以及近年来糖尿病早期诊断和治疗的最新科技进展。下届论坛将于2019年秋季召开，主题将围绕结核病及抗生素耐药性。

再如，2017年3月27日，第二届"中法应急与灾难医学研讨会"暨中法应急与灾难医学合作中心（重庆）成立签约仪式在重庆医科大学第一附属医院举行。200余名来自中、法两国的专家学者围绕卫生应急领域面临的新挑战、卫生应急管理等方面展开了交流学习。

随后，中法急救与灾难医学合作中心2017年管理委员会会议于2017年5月18日在北京安贞医院召开，会议认为中法卫生合作是双边人文交流最具活力的领域。

三、中法两国医疗卫生合作体现出创新性。许多新科技成果得到推广和应用，新的合作形式得到探索。例如，第二届中法电子健康与创新研讨会于2018年10月22日在武汉举行。由法国驻华使馆卫生、社会事务与劳动处和湖北省卫生计生委联合举办，法国驻武汉总领馆，以及洛林大学、南锡大学地区医疗中心给予支持，本次会议就临床医生运用创新治疗带来的影响进行了讨论，范围涉及院前急救和失能老人照护机构间的信息工具运用规定，居家远程诊疗，人工智能诊断等领域，就省级层面卫生政策和战略领域的电子信息技术创新等问题展开。再如"中法医学日"活动。该活动由法国驻华大使馆倡导，得到了中法两国卫生行政部门的鼎力支持，该活动2015年、2016年分别在杭州、南京举行。2017年和2018年分别在广州、成都举行。法国健康产业联盟，联合成都市卫生计生委、法国驻华使馆卫生、社会事务与劳动处、商务投资处以及法国在华企业参与了"中法医学日"活动。

【中法医院院长论坛举行】 2017年6月19日，中法医院院长论坛在云南省昆明市举行。论坛由法国驻华使馆卫生、社会事务与劳动处、昆明医科大学和云南省卫生和计划生育委员会共同举办。南锡大学医院中心、尼斯大学医院中心和巴黎公立医院集团大学医院中心的代表组成了法国代表团,与会的还包括350名来自全国各地和柬埔寨的医院院长和专家。云南省卫生与计划生育委员会主任、昆明市医科大学校长和法国驻华大使馆卫生、社会事务和劳动参赞在开幕式上致辞,对正在开展的合作项目进行了回顾,并表达了希望深化合作的愿望。专家的演讲内容包括地区医疗管理、医联体、医疗质量管理、医院融资和电子健康。与会的法国专家认为,尽管中法卫生制度结构不同,两国面临的问题及解决方案上的相似程度却很惊人。

【中法妇幼健康创新论坛举行】
2017年8月19日,中法妇幼健康创新论坛举行。该论坛旨在加强法中两国创新、医疗保健和医院交流,促进母婴健康合作。该论坛是"一带一路健康合作论坛——健康丝绸之路"框架内的活动,国务院副总理刘延东、世界卫生组织总干事谭德塞以及20位卫生部长出席开幕式。妇幼健康是法中两国健康领域合作的五个优先主题之一,两国卫生部、医院以及法国企业(赛诺菲、达能、优格医疗、液化空气集团)均派代表参加了论坛,围绕妇科、产科、围产期护理、疫苗、儿童肥胖等公共卫生主题展开了讨论。

【中法医学教育年会举行】 2017年10月23日,中法医学教育年会暨法语医学教育国际研讨会于昆明举行。本次研讨会由昆明医科大学和法国驻华使馆卫生、社会事务与劳动处共同发起,汇聚了最初的四地法语医学培训代表及新近的宁波与上海浦东代表。来自柬埔寨、老挝、越南同摩洛哥的代表也出席了活动。来自北京、上海的大学,天津的高校南开大学,巴黎政治学院的代表出席并就不同主题展开了发言和讨论。来自赛诺菲、生物梅里埃和达能的企业代表分别介绍了企业对于健康教育、卫生人员培训带来的贡献。会议中,人口老龄化问题带来的挑战引起了极大反响。法国驻成都总领事和昆明医科大学校长在其开幕发言中,都表示了对法语医学人才培训发展的关注和重视。

【中法老年医学中心揭牌仪式举行】
2017年11月27日,在法国驻沈阳总领事、领馆科技专员和法国驻华使馆卫生、社会事务与劳动参赞的见证下,由沈阳市红十字会医院和法国勒阿弗尔医院集团共同发起成立的中法老年医学试点培训中心揭牌仪式在沈阳市红十字会医院举行。该中心是中法自2015年起在老年医学领域合作的成果。当天,第一期面向中国医务人员的培训课程开班。该试点项目被纳入2017年中法高级别人文交流机制下签署的《中法健康老龄化合作意向声明》框架。

【法语医学教育国际研讨会举行】
2018年5月3—4日,法语医学教育国际研讨会暨2018年中法医学教育年会于湖北省武汉市举行。中法医学教育年会每年汇集各个法语医学培训班的代表,对2017年的教学进行总结,并对2019年提出教学计划。法语医学教育国际研讨会以此为契机,就卫生从业人员培训面临的挑战和改革、在老年病和妇幼保健领域的医学培训等话题展开了讨论。来自柬埔寨、老挝和越南的法语医学培训的代表们也就亚洲法语医学培训的共同合作进行了发言。

【中法卫生领域合作协议签约仪式举行】 2018年6月25日，中法卫生领域多项合作协议签约仪式于北京举行。卫生合作是法国总理爱德华·菲利普于2018年6月22—25日访华期间签署系列中法合作协议的领域之一。在签约仪式上，法国高等教育、研究和创新部部长维达尔见证了合作协议的签署，其中包括巴黎笛卡尔大学医学院、Ilumens模拟实验室与中国卫生计生委干部培训中心共同签署的模拟培训领域合作协议，以及沈阳医养结合联盟与法国勒阿弗尔医院集团签署的合作框架协议。

【中法血液学和泌尿外科学高峰论坛举办】 2018年7月7日，由中国医师协会、欧洲血液和骨髓移植协作会、法国泌尿外科学会共同主办，苏州大学附属第一医院、江苏省血液研究所等单位承办的第六届中法血液学高峰论坛和首届中法泌尿外科学高峰论坛同时在江苏省苏州市开幕。来自中法两国血液科、泌尿外科领域的数百名专家学者参加了此次双论坛，中法专家学者围绕造血干细胞移植、白血病治疗、前列腺癌治疗等主题展开了深入研讨，并共同探讨了相关领域的最新科研成果和管理经验。此次活动得到了法国国家医学科学院、法国巴黎公立医院集团、法国博效基金会的支持。7月6日，巴黎公立医院集团与苏州大学附属第一医院举行了院际合作签约仪式，具有诺贝尔物理学奖核心技术的法国创新医学成像EOS系统一并落户苏州大学附属第一医院。

【上海交通大学医学院中法联合医学院成立】 2018年10月31日，上海交通大学医学院中法联合医学院成立仪式于上海市举行。该院将培养临床医学和科研方面的中法医学生，5年在中国学习并取得硕士第一年文凭，第6年在法国的实验室进行，获得硕士第二年文凭，第7年、第8年和第9年继续在法国学习取得博士文凭。该类文凭同时受中国和法国认可。中法联合医学院与6所法国大学合作，进一步加强已有的法语医学培训班。课程包括第七年赴法国进行为期1年的住院医师培训，同时也开设科研方向。

六　中法体育交流

【概况】 中法体育合作是两国关系的重要组成部分。自2014年成立中法高级别人文交流机制以来，法中体育合作不断扩大和深入，向更高、更深和更广三个层次发展。

法国开展中国冬奥会的考察与合作。法国体育部长多次到访中国，表明对中国冬季项目发展的大力支持和中法体育领域的合作意向。法国体育部长参加巴黎中法企业家交流午宴，表达对中法两国体育事业未来合作的美好希冀。法国地中海俱乐部到访冬运中心，就冰雪运动合作交换意见。

法国比赛项目引进中国，中法多次合办比赛，架起体育交流的桥梁。轮滑界三大经典赛事之一的法国勒芒24小时轮滑耐力赛落地中国；法国伊卡洛斯飞行节在中国举办，中法签约将其正式引入。环法中国巅峰赛在上海开赛，法国与中国分享组织国际赛事的经验。法国埃菲尔铁塔扁带行走挑战取得圆满成功；第二届法国尼斯国际体育嘉年华济南行顺利举办，五大主题活动凝聚中法友谊。

在中法体育交流平台上，青少年的身影频频出现。中法青少年体育文化节暨2017中法名校足球赛启动，首届和第二届"中法名校足球冠军杯"分别在中国（北京、沈阳）和法国（里昂）成功举办，足球赛事交流有效提高了双方竞技水平；亳州一中和法国干邑市中学生代表团体育交流活动圆满开展，中法学生在体育游戏互动中增进相互了解；第四届中法大学生体育文艺周圆满闭幕，两国青年通过多种形式的交流为中法体育合作添砖加瓦。

以体育合作为基础，中法加强政治经济合作。法足协法职联成立中国办公室，旨在中国推广和普及法国足球，加强中法足球合作；中法体育器材研发生产基地项目落户德州，努力实现双方共赢发展；华帝签约法国足球队成为官方赞助商，在多层体育产业展开密切合作。

中法围绕体育合作多次开展论坛、研讨会。中法校园足球人才培养论坛在京举行；法中体育产业专题研讨会在上海举行，以双赢为目标展开多方面讨论。

【法国体育部长到访中国】 2017年2月14—17日，法国城市、青年和体育部部长帕特里克·卡内尔到访中国，旨在加强法中两国在体育领域的合作。2月16日，卡内尔在法国驻华大使馆举行了记者见面会，介绍法国体育运动及体育产业的优势，以及与中国在冬季运动领域的合作契机。除2022年北京冬奥会外，法国还希望积极参与中国体育事业的发展，尤其在冬季运动、足球、马术和自行车领域。卡内尔访华期间，法中体育学校缔结了多个体育领域的伙伴关系：北京体育大学和法国国家山地运动学校（ENSM）在山地运动领域的合作；北京体育大学和法国国家体育研究所（INSEP）在高水平运动领域的合作；法国马业协会和武汉商学院在马术领域的合作。此外，卡内尔还出席并揭幕在华体育产业联盟，该联盟旨在整合在华开展业务的体育公司资源，向中国客户提供成套服务。

【乒乓球前国手刘伟获法国骑士勋章】 2017年9月17日，中国乒乓球队前国手刘伟在法国被授予法国鲁拉德骑士勋章，成为中国首位获得这一勋章的体育界人士。

【法国新任体育部部长到访中国】 2017年10月26日，法国新任体育部部长洛拉·弗莱塞勒在法国驻华使馆举办记者会，介绍未来中法两国在筹备奥运会、推广冰雪运动、项目协会交流以及体育产业等方面合作的意向。弗莱塞勒认为，中法两国在奥运会这个主题上存在着天然的联系。中法两国将派各自优势领域的教练、青年运动员展开交流合作，为2022年北京冬奥会和2024年巴黎奥运会培养更多的冠军。10月27日，弗莱塞勒赴上海出席法中体育产业专题研讨会，重点讨论体育培训、休闲体育、专业项目领域合作等议题。

【首届中法名校足球冠军杯举行】

2017年10月27日、11月7日，由法国大学生体育联合会（奥罗阿大区）、里昂大学、派斯体育共同发起的首届"中法名校足球冠军杯"及"中法高校国际合作交流"活动在中国北京、沈阳两地举行，此次活动得到了法国大学生体育联合会、法国奥罗阿大区政府、法国驻中国大使馆、中国驻法国里昂总领馆、中国沈阳市人民对外友好协会、中国政法大学、辽宁中医药大学杏林学院等有关政府部门和高校的高度重视和支持。

【中法校园足球人才培养论坛举行】
2017年11月22日，中法校园足球人才培养论坛在北京首都体育学院举行。本次会议围绕3个主题展开讨论，包括校园足球联赛的有效管理和市场化运作、学生球员双重身份平衡的挑战，以及教练员等级体系的建立和教练员培养模式。清华大学体育部中国足球发展研究中心副主任许斌、图卢兹大学副校长让-佛朗索瓦·马索，北京中赫国安足球俱乐部顾问咨询委员会主席、北京校园足球协会副会长张路和法国大体联足球专家艾伦·佛拉维涅等出席，并就"教练员等级体系的建立和教练员培养模式"这一主题展开了讨论。

【法国地中海俱乐部到访冬运中心】
2018年1月11日，国家体育总局冬季运动管理中心主任倪会忠、常务副主任丁东在冬运中心首都体育馆会见了随马克龙总统访华的法国地中海俱乐部全球主席亨利·吉斯卡·德斯坦、大中华区首席执行官吉诺、大中华区副总裁孙法泉一行。双方就如何以地中海俱乐部为平台加强冰雪运动合作交换了意见。

【厨电品牌华帝签约法国足球队】
2018年3月2日，中国高端厨电品牌华帝正式宣布与法国国家足球队签约，成为法国国家足球队官方赞助商。两者将在产品和品牌等众多层面展开密切合作，为热爱足球运动、热爱生活的全球华人带来欢乐。华帝签约法国国家队，将在俄罗斯世界杯年与法国队共同"征战"绿茵，进一步彰显了其走向国际化、引领中国高端智造登上更高的世界舞台的宏大愿景。另外，华帝和法国队达成合作，有望为中国消费者带来福音。中国球迷期待通过华帝渠道零距离接触法国足球世界级巨星，获得体验法国时尚、美食、足球，赢取俄罗斯世界杯门票的机会。

【第二届中法名校足球冠军杯落幕】
2018年9月10—16日，第二届"中法名校足球冠军杯"及"中法高校国际合作交流"在法国里昂成功举办。此次活动由法国大学生体育联合会（奥罗阿大区）、法国里昂大学、派斯体育共同发起，并得到法国大学生体育联合会，法国奥罗阿大区政府、法国驻中国大使馆、中国驻里昂总领馆、法国鲁西荣市政府、中国政法大学、法国里昂第一大学、第二大学、第三大学、北京宏宾伟业体育文化传播有限公司，北京宏宾伟业路虎足球俱乐部，天津锦绣东方体育文化艺术交流有限公司等有关政府部门、高校及机构的重视和支持。

【第四届中法大学生体育文艺周闭幕】 2018年12月22日，第四届中法大学生体育文艺周以足球友谊赛的方式圆满闭幕。经过激烈角逐，法国图卢兹大学获得优胜奖，江苏师范大学、东华大学、上海体育学院分别获得纪念奖。在文化周期间,法方教练员斯勒文指导了中方学生运动员进行了一场联合训练。法方师生走进东华大学附属实验学校进行参观,与学校的小队员们同场竞技。在校园足球座谈会上,双方教练员就所在学校及地区校园足球进行了深入交流讨论,双方大学生则结合友谊比赛和联欢活动情况谈了各自的体会与收获,并表达了对中法友谊的祝福。

七 中法青年交流

【概况】 2017—2018 年,中法青年交流平稳发展,双方在延续原有机制和项目的基础上,拓展了新的合作项目,力图从更多的角度入手推动双方青年交流与合作。截至目前,双方的青年合作涵盖文化艺术、体育、学术科研、企业、政治等多个领域,主要形式包括人员互访、论坛、展览、演出和设立办事处开展合作项目等。

中法青年交流包含一系列定期性的活动,如中法青年领导者论坛。该论坛始创于 2013 年,是外交学会和法国法中基金会共同举办的高规格论坛活动,每年在中法两国轮流举办。2018 年的第六届论坛在重庆和北京如期举行。此外,自 2017 年起,吴建民中法青年访问奖学金计划、中法杰出青年科研人员交流计划也得以成功开展,为两国青年交流的定期性活动增添了新的内容。

【吴建民中法青年访问奖学金计划启动】 2017 年 1 月 23 日,法国前总理拉法兰在巴黎宣布,由"吴建民之友"协会发起的"吴建民中法青年访问奖学金计划"正式启动。中国前驻法大使吴建民生前为推动中法友好关系做出了卓越贡献,设立"吴建民中法青年访问奖学金计划"既是对吴建民最好的纪念,也是为了让吴建民大使鼓励对话、主张和平的精神得到传承。这一计划将为更多的法国青年提供全面了解中国的机会。加强中法青年之间的交流,使双方青年相知相爱,加深对彼此国家的全面了解。

【中法中小学文艺交流举行】 2017 年 2 月 8 日晚,为促进中法两国的教育文化交流,增进两国青少年之间的相互学习和了解,由北京市教育学会、北京圣陶教育发展与创新研究院主办的"金帆起航——你好,2017 中法中小学文化艺术交流演出"活动在法国巴黎普莱耶尔音乐厅隆重举行。2000 余名巴黎市民观看了演出,中国学生的精彩表演以及展示出的中国传统文化艺术、健康向上的青春活力,赢得了到场嘉宾和巴黎市民的一致好评。

【法国足球中国办公室成立】 2017 年 2 月 16 日,法国足协与法国足球职业联盟在北京正式宣布,联合成立法国足球中国办公室,这是法国足协与法国足球职业联盟首次在海外设立办公室。法方希望加强与中国互动、输出法国足球培训体系并提升法国足球在华形象。法国职业足球联盟主席娜塔莉表示,中国资本给法国带来了更多可能,他们也期待更多人关注法国足球。法国非常希望能够将成功的经验与中国分享，包括球员、教练、教师的培训，还包括与女足的交流合作。

【中法青年企业家圆桌会议召开】 2017年3月21日，中青企协与法国展望与创新基金会青年企业家代表团在北京市共同举办"中法青年企业家圆桌会议"，就进一步加强两国青年企业家的务实合作进行了深入探讨。中法青年企业家代表共30余人参加了会议。双方代表围绕"一带一路""中法经贸合作"等共同关心的话题畅所欲言，并就"无人驾驶""智能家居""体育赛事运营""消费品贸易"等项目进行了对接洽谈，达成了部分合作意向。

【首批吴建民国际青年交流计划赴法】 2017年5月29日至6月9日，吴建民国际青年交流计划（法国部分）首批人员到华访问。此次代表团是从50名报名的优秀人选中选拔出10名优胜者组成，行前，法国前总理、参议院副议长、"吴建民之友"主席拉法兰在法国参议院为青年代表团举行了欢送仪式。在华期间，法国青年团访问了北京、银川、杭州和上海4个城市，与中国各界青年交流并与中国政府相关部门、地方城市、高校、政策智库、创新企业、社区和各种公益组织广泛接触。

【首届中法杰出青年科研人员交流计划启动】 2017年11月24日，首届"中法创新大会"在北京成功举办，此次大会是中法高级别人文交流机制第四次会议的重要配套活动之一，是中法科技界落实两国领导人达成的共识，深化务实合作的重要举措。大会由中国科学技术部与法国高等教育、科研与创新部主办。开幕式举办了"首届中法杰出青年科研人员交流计划"启动仪式。2017年，中法双方在数学、物理、医学、生物医药等领域，共资助首届40名中法青年科研人员开展交流和科技创新合作。为更大程度地推动中法科技创新合作，大会设置了"中法杰出青年科研人员交流论坛"和"中法联合实验室合作论坛"。

【法国青年政治家考察团访川】 2017年12月17—19日，应中联部邀请，以法国饶勒斯基金会总干事芬凯勒斯坦为团长的法国青年政治家考察团一行10人访问四川，此次访问旨在调研四川省在实施"一带一路"倡议、绿色发展和社会保障领域的经验和做法，推动川法友好交流合作。在川期间，代表团就四川省社会保障体系建设、环境质量监测和预警等问题与人力资源社会保障厅、省环境监测总站座谈交流，并考察参观了中国欧洲中心、神龙汽车公司成都工厂、成都大熊猫繁育研究基地。来华前，中国驻法国大使翟隽会见了该青年政治家考察团，介绍了中国共产党十九大做出的重要决定和发展战略规划，阐释了创新、协调、绿色、开放、共享的发展理念，与客人就中国的发展道路及中国共产党十九大提出的推动构建相互尊重、合作共赢的新型国际关系，构建人类命运共同体等理念进行了深入交流。

【中法青年创新对话会举行】 2018年9月27—28日，由中国人民对外友好协会等主办的"重走古丝路 奏响大合唱"特别活动走进法国。来自北京、福建、陕西的科技企业和青年专家走进法国泰雷兹集团、商务投资署，并举办中法青年创新对话会，就创新、合作及"一带一路"建设等议题展开对话。在中法青年创新对话会上,两国青年就如何认识创新、创新的本质等展开了热烈讨论。

【第六届中法青年领导者论坛举办】 2018年10月11—14日,第六届中法青年领导者论坛在四川省重庆市举办。近60名来自中法两国政府、企业、高校等领域的青年行业领袖参加了论坛。10月15日,国家副主席王岐山在人民大会堂会见出席第六届中法青年领导者论坛的双方代表。中法青年领导者论坛是由外交学会和法国法中基金会共同举办的高规格论坛活动,旨在增进中法两国青年的相互了解,夯实中法新型全面战略伙伴关系的民意基础。

八　中法旅游交流

【概况】 作为旅游资源丰富的文化大国,中法两国近年来在旅游领域的合作不断深入,既有合作领域的拓展,也有传统合作项目的深化。2017—2018年,两国举办了欧中游购资源行业交易会、中法旅游交流会、中法旅游论坛、法国旅游在华推广会、法国旅游代表团来华推介会、法国旅游推介会、中法旅游论坛、中国—欧盟旅游年等活动。政策层面,2017年开始对法国等外国人实行京津冀144小时过境免签政策,为过境外国游客提供便利。在此旅游业利好的前提下,双方合作领域进一步加深,达成了多项开创性的合作协议,如携程与法国马业开启战略合作、法国地中海俱乐部与中国协会达成合作,并计划在中国创办滑雪学校、中法业内人士共商山地旅游合作等,均旨在把法国在旅游、运动方面的先进理念带到中国;而中法著名旅游文化街区合作意向的达成,则可进一步推动双方的旅游互通,有助于共享旅游资源,推广两国旅游文化,互动游客往来,联动互补,高效推动两国的商业与地方合作。

【携程与法国马业战略合作】 2017年10月27日,在法国经济发展署主办的"法中体育日"上,中国旅行社携程与法国马业中国代表处法国乐马,在法国体育部部长的见证下签订了战略合作协议,共同推广法国马主题旅游新概念,开辟欧洲个性化旅游新市场。随着携程平台上线新产品,中国游客首次可以国内报名去欧洲骑马旅行、参加马场晚宴。

【法国等到京津冀可免签停留144小时】 经国务院批准,自2017年12月28日起,在北京首都国际机场、铁路西客站、天津滨海国际机场、天津国际邮轮母港、河北石家庄国际机场、秦皇岛海港,对法国等53个国家持有效国际旅行证件和144小时内确定日期、座位前往第三国(地区)联程客票的外国人,实行过境免办签证政策。京津冀144小时过境免签政策的实施,为过境外国游客提供了最大的便利。

【中法俱乐部就滑雪运动达成合作】 2018年1月11日,地中海俱乐部(Club Med)与中国滑雪协会在北京举行了重要会议,双方表示将紧密合作,推动中国冰雪运动。双方就如何以地中

第一编 高级别人文交流机制

海俱乐部为平台加强冰雪运动合作交换了意见，双方或将通过共享地中海俱乐部知识产权和经验的方式，由地中海俱乐部向中国国家滑雪队提供训练上的协助，积极推广群众性冰雪运动，完善国内滑雪指导员培训体系。地中海俱乐部将在指导员培训体系的建设、为运动队提供训练场地和配套服务等方面提供服务，助力中国冰雪运动的发展。

【**中法业内人士共商山地旅游合作**】 2018年3月26日，"中欧山地旅游合作新机遇"对话会在法国尚贝里举行，来自中法两国的多位业内人士就山地旅游合作机遇展开深入对话。围绕"山区旅游与农业、经济、环境保护"这3个关键问题，中国代表团成员与法国萨瓦省各界人士代表等进行了深入交流。中国代表团希望把法国在山地旅游、户外运动方面的先进理念带到中国，把法国丰富的山地旅游、户外旅游产业运营经验传授给中国的景区和旅游目的地，把法国知名的户外赛事介绍给中国的户外运动爱好者。

【**"中国美食文化走进法国"系列活动举行**】 2018年5月22—30日，"源味中国——中国美食文化走进法国"系列活动在中国驻法使馆、中国驻里昂总领馆以及里昂新中法大学等合作方的大力支持下，在里昂市和巴黎市相继举办。

【**中法探讨人工智能在旅游领域的运用及前景**】 2018年9月12日，"畅谈人工智能+旅游：让旅途更美好"高峰圆桌论坛在法国巴黎中国文化中心举行，百余位中法文化、旅游及科技界人士汇聚一堂，探讨人工智能在旅游领域的运用及前景。

九 中法妇女交流

【**概况**】 自2015年5月妇女交流正式纳入中法高级别人文交流机制框架后，两国开展了丰富多彩的妇女交流活动。

2017—2018年中法妇女交流活动呈现以下特征：

一是民间交流增多，民间团体活动频繁。2016年，刘延东在中法高级别人文交流机制第三次会议的致辞中表示，要增进青年和妇女交流，培育更多民间友好使者。2017年3月31日，中法妇女商会在巴黎成立；5月23日，陕西省妇联与法国"爱和"（H.E.R.A）公益组织联建的"丝绸之路妇女之家"在西安成立；2018年2月10日，法国华侨华人妇女联合会举办10周年庆典；3月8日，中法友人欢聚联合国教科文组织共庆妇女节；自2016年起法华商业俱乐部每年"三八"妇女节举行特别女士晚宴，法国女影星朱丽叶·比诺什和伊莎贝尔·于佩尔分获2017年和2018年"年度女性"奖。

二是聚焦性别平等与女性权利。2017年5月，全国妇联副主席谭琳同志与法国妇女权利与平等署（SDFE）署长在京举行第一次对口会谈；2017年11月，第二届中法性别平等专题研讨会暨第三届中法反家暴研讨会召开；2018

年11月，第三届中法性别平等专题研讨会暨第四届中法反家暴研讨会举行；2018年9月，云南省妇女参政议政代表团赴法交流；2018年10月，彭丽媛向在巴黎举行的联合国教科文组织第三届女童和妇女教育奖颁奖仪式致贺词。

三是常以文化交流为载体。2017年3月8日，中法文化艺术交流协会——巴黎旗袍俱乐部在传播旗袍文化中庆祝了"三八"妇女节；5月，在"丝绸之路妇女之家"授牌仪式暨第二期丝路女性公益讲座上，法国"爱和"组织主席克里斯蒂娜·贝尔纳博女士作了主题为《丝绸之路——创新之源 灵感之源 人类进步之源》的公益讲座；2018年9月内蒙古自治区妇联赴法开展民族服饰文化交流活动。

【朱丽叶·比诺什获颁法华商业俱乐部"年度女性"奖】 2017年3月8日，由法华商业俱乐部（Chinese Business Club）主办的"特别女士"午宴在巴黎举行。中国驻法国使馆经商处公参高元元、法国著名影星朱丽叶·比诺什和近200名来自中法两国各界的女性代表共度"三八"妇女节。当天，卡朗香水集团（Caron）主席罗曼·阿莱斯（Romain Alès）授予了朱丽叶·比诺什"2017年度女性"奖，以嘉奖其在反对性别歧视、促进女性与男性获得同等工作权利等方面所做的贡献。法华商业俱乐部主席哈洛德·帕里索（Harold Parisot）在致辞中高度肯定了女性的作用，认为女性是社会进步的推动力量，在中法的历史进程中都扮演了重要的角色。

【中法妇女商会成立】 2017年3月31日，中法妇女商会成立庆典暨首届会长团就职典礼在法国巴黎洲际大酒店隆重举行，朱晓凤荣任首届会长。中国驻法大使馆领事部一等秘书杨宝珍应邀出席了庆典活动。中法妇女商会的成立，为旅法女企业家拓展业务领域、稳步融入法国社会、努力发展事业、促进中法经济合作交流打造了一个新的平台。同时，它是沟通法国政府与女华商的桥梁，是联系女华商与法国各界妇女的纽带。杨宝珍盛赞旅法女侨胞所取得的优秀成绩，并希望大家继续为中华民族的伟大复兴、为中法两国友好关系的进一步发展贡献力量。

【中法共建"丝绸之路妇女之家"】 2017年5月23日，"丝绸之路妇女之家"授牌仪式暨第二期丝路女性公益讲座在西安创新设计中心举行。"丝绸之路妇女之家"系由陕西省妇联与法国"爱和"组织（H. E. R. A）联建而成，"爱和"组织主席克里斯蒂娜·贝尔纳博（Christine Bernabeu）还为大家作了主题为《丝绸之路——创新之源 灵感之源 人类进步之源》的公益讲座。"丝绸之路妇女之家"的成立，标志着陕法两地妇女交流合作站在了一个新的起点上，是顺应中法两国加强人文交流、促进陕法两地妇女交流合作的务实之举。

【中法女性生殖健康技术高峰论坛举办】 2017年7月10—11日，由中国整形美容协会女性生殖整复分会与法国生殖整复新技术研究会联合主办、法国欧亚迪斯国际交流中心协办的中法女性生殖健康技术高峰论坛在法国蒙彼利埃市举行。蒙彼利埃市长助理和法国西南地区投资部主席分别致辞，介绍了蒙彼利埃市与中国城市项目合作的历史，表达了对中法合作的期望。两位政府人员的到会，表明了本次高峰论坛的合作受到法国政府的高度重视，并将为双方的合作提供良好的资源。论坛举办前，在长期的交流与合作基础上，双方经过友好协商，已于7月8日达成共识，决定签署中法生殖整复友好合作协议。该协议的签署成为中法生殖整复事业的里程碑。

【法华妇联喜庆成立10周年】
2018年2月10日，法国华侨华人妇女联合会成立10周年庆典暨迎新春晚会在巴黎洲际大酒店隆重举办。中国驻法使馆领事部参赞陆青江向法华妇联成立10周年表示祝贺。法华妇联成立10年来，积极参与旅法侨界各项活动，支援国内经济建设，向四川震区捐款，为云南捐建希望小学，资助国内生活困难学生。会上还举行了法华妇联捐建丽水庆元县五都小学的"慈爱教育楼"仪式。在陆青江参赞、金麟泽执行主席及在场嘉宾、在场女性的见证下，浙江侨联副主席卓旭光代表庆元县五都小学接受了法华妇联的捐赠。

【伊莎贝尔·于佩尔获颁法华商业俱乐部"年度女性"奖】　2018年3月8日，由法华商业俱乐部主办的"特别女士"午宴在巴黎举行。法华商业俱乐部主席哈洛德·帕里索（Harold Parisot）、中国驻法国使馆经商处公参高元元和近250名来自中法两国商界政界及文艺演出界的女性代表出席。交流会由哈洛德·帕里索主持。哈洛德·帕里索在欢迎词中高度赞扬了伊莎贝尔·于佩尔，称赞于佩尔是一名"伟大的艺术家"，并授予她"2018年度女性奖"。于佩尔曾多次来到中国，2017年，她作为"中法文化之春"的形象大使出席了第20届上海国际电影节颁奖典礼，用单人朗诵的方式重新演绎了法国女作家杜拉斯的经典作品《情人》。她希望借此促进中法电影艺术方面的交流，也希望以后有更多的机会了解中国。

【中法友人欢聚联合国教科文组织共庆妇女节】　2018年3月8日，由联合国教科文组织同仁会、法中文化艺术交流中心、全法北京人协会、盈丰力胜教育咨询有限公司共同举办的"庆祝2018年三八国际妇女节"活动在联合国教科文组织总部举办。晚会还有联合国教科文组织的多国机构领导参加，他们分别来自罗马尼亚、摩尔多瓦、古巴、塔吉克斯坦、马其顿共和国、保加利亚等国家。此次晚会由旅法华人协会联合法国友华人士协会共同举办，同时联合了法国友人协会，开启了多元文化的融合发展，增进了中法友人深厚感情，推动了中法妇女间的友谊发展。

【内蒙古自治区妇联赴法开展民族服饰文化交流】　2018年9月17—19日，内蒙古自治区妇联与自治区政府新闻办、法中文化艺术交流中心、联合国教科文组织同仁会联合，分别在法国联合国教科文组织和卢浮宫举办了"丝路绣梦　巾帼匠心　中国·内蒙古民族服装服饰文化研讨交流会"和民族服装服饰展会。在内蒙古民族服装服饰文化研讨交流活动上，自治区妇联向全球发布了"布丝瑰行动计划"及其标识。法中文化艺术交流中心也与内蒙古妇联签订了友好合作协议，双方就交流互访和民族服装服饰在法国博物馆、展览馆及其他公益性文化场所的推广达成了共识。在内蒙古民族服装服饰展上，展出了70套由内蒙古妇女自主设计的精美传统和现代民族服饰。展出期间，内蒙古自治区妇女手工业协会与中法服装实业商会签订了友好合作协议。双方将共同探讨内蒙古民族服装服饰元素化、时尚化、产业化发展的合作，并在"布丝瑰行动计划"实施过程中不断丰富交流合作内涵，推动内蒙古民族手工艺产业发展，带动内蒙古妇女创业增收。

【云南省妇女参政议政代表团赴法交流】 2018年9月24—30日，应德国妇女公民协会（Deutscher Staatsbürgerinnen-Verband）和法国全国妇女委员会（CNFF）的邀请，云南省妇联妇女参政议政考察学习代表团一行四人，在省妇联党组书记、主席和红梅率领下，赴德国、法国考察交流学习。代表团先后与德国妇女公民协会、法国全国妇女委员会进行了座谈。和红梅向两国妇女组织介绍了云南省妇女儿童事业发展情况，特别是第四次世界妇女代表大会召开后妇女儿童事业取得的巨大成效，并与德国妇女公民协会主席桑德拉·塞格拉（Sandra Cegla）、法国全国妇女委员会主席玛蒂娜·马朗戴勒－若利（Martine Marandel-Joly）就妇女参政议政、倡导男女平等、妇女儿童维权等问题交换了意见。本次出访打开了云南妇女与德法两国妇女的友好往来之门，为下一步更好地交流合作发展打下了良好基础。

十　中法地方合作交流

【概况】 2017年、2018年两年间，中法双方在地方人文交流合作方面继续稳步发展。其中，四川、浙江和广东等法国的传统友好省市继续保持和深化了双方合作。2017年时值四川省与奥克西塔尼大区结为友好城市30周年，双方以此为契机，通过多项合作协议的签署，进一步深化了合作；同年，法国青年政治家考察团访问四川。2018年，四川省进一步开拓合作渠道，与法国东部大区签署了友好省区关系协议，推动两地合作向更广领域、更深层次迈进。同年，法国国民议会副议长访问四川，重庆企业组团赴法推广巴渝文化。2018年是广州与里昂缔结国际友城关系30周年，法国里昂官方代表团访问中国，里昂—广州新丝绸之路骑行赛揭幕。浙江省与巴黎大区签署合作协议，在杭州梦想小镇举行法国日。两年间，中法地方合作的重点首推旅游业，第六届中法地方政府合作高层论坛即以"创新推动中法地方合作"为主题，对旅游、农业和城市可持续发展三个议题进行深入探讨，既包括双方长期合作并取得丰富成果和经验的领域，也有近年来潜力凸显的新领域，高度契合当前两国发展的热点和方向。随着中法地方合作的日趋紧密，多条航线随之开通：福州、重庆、深圳至巴黎航线在2018年12月分别首航，既是今年中法两国深化交流合作的典范，也是"一带一路"倡议的最新成果。

第一编　高级别人文交流机制

【法国西南与云南省农业产品贸易推进会召开】 2017年5月15日，法国西南与云南省农业产业贸易推进会在云南省昆明市召开。法国西南品牌是由法国西南两个大区阿基坦大区和比利牛斯大区与法国政府共同打造的平台，主要向全世界推广法国美食、美酒、农副产品及其文化，在中法建交50周年时被引进中国。会议由法国西南、云南省民族企业发展促进会主办，旨在加强云南与法国在经贸、农业产业、文化等方面的合作交流，以法国西南为桥梁，将法国优秀企业和产品引入云南省省内，同时将云南省农业产业、文化等推介到法国。法国政府代表及企业家考察团、云南省相关部门负责人及商会企业代表出席了会议。会议期间，法国西南在中国的运营机构四川西南之屋与云南省民族企业发展促进会签订了战略合作协议。

【四川省与法国奥克西塔尼大区结好30周年庆祝活动举行】 2017年9月14日，四川省与法国奥克西塔尼大区结好30周年庆祝活动在奥克西塔尼大区首府图卢兹市举行。经中央批准，应法国共产党邀请，四川省委常委、省纪委书记王雁飞率中共友好代表团于2017年9月访问法国。在法国访问期间，代表团会见了奥克西塔尼大区政、商、文等各界代表人士，出席了法共《人道报》节庆祝活动以及四川省与奥克西塔尼大区结好30周年纪念活动，见证了中法多项合作项目签署协议。

【成都—巴黎"熊猫行动"启动】 2017年12月13日，成都国际金融中心与巴黎圣日尔曼—代普雷委员会共同启动名为"熊猫行动"的文化交流活动，通过展示熊猫雕像、组织熊猫玩偶义卖等活动促进成都与巴黎的文化交流。

【奥尔良与扬州签署友好城市协议】 2018年4月18日，江苏省扬州市与法国奥尔良市友城协议签署仪式暨贞德雕像揭幕仪式举行。两市在旅游、经济、教育等方面取得了丰硕成果。

【广州与里昂缔结友城关系30周年】 2018年5月6日，为庆祝广州市与法国里昂市缔结国际友好城市关系30周年，法国里昂大都会主席大卫·纪梅尔福德、里昂市市长乔治·凯佩内疆率代表团一行70多人开始对广州市进行为期4天的友好访问。

【四川与法东大区缔结友好关系】 2018年5月16日，四川省与法国东部大区在四川签署友好省区关系协议，推动两地合作向更广领域、更深层次迈进。四川省委副书记、省长尹力与法国东部大区主席罗特内分别代表双方签约。根据协议，双方将继续在工业、农业、文化、旅游、科研、教育、健康等方面开展多种形式的交流合作，实现互惠互利，提升两地竞争力、吸引力和可持续发展能力。

【2018里昂—广州新丝绸之路太阳能自行车骑行赛揭幕】 法国当地时间2018年6月15日，"2018里昂—广州新丝绸之路太阳能自行车骑行赛"发车仪式在法国里昂市举行。里昂市副市长兼里昂大都会区副主席（Karine Dognin Sauze），里昂大都会区副主席（Alain Galliano），中国驻里昂总领事郭玮，广州市委常委、秘书长潘建国等出席了发车仪式。"太阳之旅"是一个以太阳能

为动力的自行车比赛，被誉为自行车版的"达喀尔拉力赛"。由冒险家弗洛里安·贝利于2010年发起，自2013年起每两年举办一届。2018年"太阳之旅"的骑行线路是为庆祝广州—里昂缔结国际友城关系30周年而特别设计的。来自中国、法国、瑞士、意大利、捷克、西班牙等"一带一路"沿线10个国家50名选手乘骑太阳能自行车，将沿丝绸之路骑行1.2万公里，途经15个国家，整个比赛预计历时2个多月，将于8月底抵达本次大赛终点城市广州。

【中法著名旅游文化街区意向书签署】 2018年9月18日，中法旅游论坛在西安举办期间，中法两个著名旅游文化街区——法国里昂市半岛区和西安曲江新区大唐不夜城新唐人街签署了"国际友好街区"合作意向书。两个街区分别是里昂与西安最著名的旅游文化街区，双方将在文化、旅游、商业三方面进行合作。双方将促进两街区文化交流，定期组织文化活动，引进优秀演出、剧目、展览、活动，传播两国优秀传统文化；并将大力推介两街区旅游互通，共享旅游资源，推广两国旅游文化，互动游客往来，联动互补，高效推动两街区商业合作。

（撰稿人：戴冬梅、侯楠、张敏、孙家悦、傅荣、苏越、萨日娜、丁翔宇、王鲲、徐佳欣、谈佳、刘逸涵、李书红、潘晨茗、全慧、沈逸舟、李洪峰、王祎慈、涂淑花、葛如超、黄兴兴）

中印尼人文交流

一 中印尼人文交流综述

【中印尼关系】 印尼是东盟国家中最大的经济体、"一带一路"的重要节点、"21世纪海上丝绸之路"的关键枢纽。近年来,中印尼关系不断发展,已成为亚太地区最有活力、最有影响的双边关系之一。中国和印尼都是多民族国家,文化资源博大精深,文化遗产丰富多样。作为好邻居、好朋友、好伙伴,中印尼人文交流源远流长。自1990年8月恢复外交关系以来,两国在各领域里的友好关系不断发展,文化交流也呈现出良好的发展势头。中国和印尼都是亚太地区和世界上有影响力的发展中大国和重要新兴市场国家。两国在国家发展进程中有相似目标,在维护本地区繁荣稳定方面有广泛共同利益,在国际事务中有许多共同语言。中印尼关系不仅体现在双边层面,也体现在地区和国际层面。两国互利合作成果丰硕,前景广阔。当前,国际地区形势深刻复杂变化,加强战略合作是两国着眼长远的必然选择。中国把印尼作为中国周边外交优先方向,愿同印尼全面深化合作,实现共同发展,造福两国人民,维护亚洲长期繁荣稳定,推动发展中国家团结合作,促进世界和平与发展。

【机制回顾】 人文交流早已在中印尼人民之间扎下了根,并成为中印尼两国民心相通、文明互鉴的桥梁。2015年启动的中国与印尼副总理级高层人文交流机制,是中国与发展中国家和新兴经济体之间的首个副总理级人文交流机制,也是"一带一路"倡议提出后中国与沿线国家建立的首个人文交流机制。中国—印尼副总理级人文交流机制覆盖教育、科技、卫生、文化、旅游、体育、青年、媒体八个领域,对中国和东盟国家乃至"一带一路"沿线发展中国家人文交流具有积极的示范和引领作用。自首届机制会议以来,机制会议已举行了3次,机制会议合作领域不断拓展,合作规模日益扩大,社会参与更加广泛,已经同政治安全对话、高层经济对话一道,成为统筹和推动中印尼关系发展的重要支柱。自2015年中国—印尼副总理级人文交流机制首次会议召开以来,双方在各大领域都取得了阶段性成果,比如中方设立"中印尼交流专项奖学金"项目、邀请100名印尼大学生来华参加"汉语桥"夏令营、印尼方来华参加亚洲艺术节、中国—东盟文化论坛、印尼方来华参加2015中国—东盟博览会旅游展、"丝绸之旅"旅游部长会议暨第七届联合国世界旅游组织丝绸之路旅游国际大会、2015中国国际旅游交易会及首届世界旅游发展大会等。从2016年起，中国连续两年成为印尼最大的国际游客来源地。2017年11月，两国正式启动中印尼大熊猫保护合作研究。此外，在印尼国内6所孔子学院的带动下，越来越多的印尼民众对中国文化产生了兴趣，参加汉语学习和考试的印尼学生人数也在逐年上升。

【开展情况】 人文交流作为推动中国与印尼关系的"三驾马车"之一，具有越来越重要的作用。中国与印尼的人文交流具有坚实的历史和社会基础，新时期的人文交流呈现出宽领域、多层次、高水平的特点。

中印尼的人文交流合作正处于最佳的历史机遇期。第一，中印尼全面战略伙伴关系稳定发展，为两国人文交流提供了良好的政策环境。2017年，"一带一路"国际合作高峰论坛期间，习近平主席同印尼总统佐科举行第六次会晤，双方就"一带一路"倡议和"全球海洋支点"战略对接达成新的重要共识，为两国关系发展指明了方向。第二，中印尼人文交流机制副总理级会议提供了顶层设计的安排。机制会议积极推进教育、科技、文化、卫生、媒体、体育、青年、旅游等领域的务实合作，不断提升文化交流水平和影响力。机制会议不仅为中国和印尼人文交流营造了良好的舆论环境，而且指明了发展目标。在副总理级高层对话机制框架下，中印尼未来双边的人文交流具有广阔的发展前景，并将对地区的人文交流起到示范作用。第三，中印尼日益密切的双边经贸关系为两国人文交流提供了物质激励。2017年，双边贸易额达633亿美元，中国连续7年成为印尼最大贸易伙伴国；中国对印尼直接投资达34亿美元，中国继续保持印尼第三大投资来源国地位。中国对印尼经济的发展越来越重要，为中印尼文化交流提供了重要的物质动力。

二　中印尼教育交流

【东盟成立50周年暨中国—东盟关系研讨会举办】 2017年7月14日，由中国驻东盟使团与印尼大学东盟研究中心共同举办的"东盟成立50周年暨中国—东盟关系研讨会"在印尼首都雅加达开幕。来自中国和东盟国家政府官员、专家学者、媒体代表120余人出席了会议。会议期间，与会各方积极评价中国—东盟关系取得的成就，一致认为，在新形势下，双方应进一步加强战略沟通，妥善应对挑战，提升政治互信，深化务实合作，扩大人文交流，共同维护和平稳定与发展繁荣。

【"HSK考试暨中国留学·就职教育展"举行】 2017年10月29日，由中国孔子学院总部、雅加达华文教育协调机构主办，印尼文化与教育部、中国驻印尼大使馆协办的印尼首届"HSK考试暨中国留学：就职教育展"在印尼达国大学举行。中国人民大学、厦门大学、北京师范大学、中山大学、北京航空航天大学、山东大学、天津大学、四川大学等19所中国高校参展。中银香港雅加达分行、厦门航空等10多家印尼中资企业及相关印尼企业参加展会并进行现场招聘。本次留学展为印尼教育机构、教育界人士和普通民众了解中国教育和高校发展情况提供了更多信息，为印尼学生搭建了通往中国求学的桥梁。

【第十四届"留学中国"教育展举办】 2017年11月26日，第十四届"留学中国"教育展在印尼雅加达市举办。本届教育展有27所中国高校参加，中国国务院副总理刘延东，印度尼西亚人类发展与文化统筹部秘书长萨特亚、副部长阿古斯，印度尼西亚研究技术与高等教育部部长特别顾问鲍丽娜等出席了此次活动。在本届教育展上，许多中国院校为印尼学生提供了奖学金名额。近年来，随着中国的经济发展，越来越多的印尼学生选择到中国留学，中印尼教育人文交流日趋活跃。自2003年至2017年，中国留学服务中心已在印尼举办十四届"留学中国"教育展，累计有5万多名参观者。此次教育展为印尼青年学生赴华留学搭建了优质平台，促进了中印尼教育领域的交流与合作，深化了两国人民之间的友谊。

【印尼发展与智库建设研讨会举行】 2017年12月22日，"华侨大学印度尼西亚研究中心揭牌仪式暨印尼发展与智库建设研讨会"在华侨大学举行。该仪式及研讨会由华侨大学国际关系学院主办、华侨大学印度尼西亚研究中心承办。整场会议流程共分为开幕致辞、揭牌暨兼职研究员聘书颁赠仪式、合作签约仪式、学术研讨会四个阶段。华侨大学印度尼西亚研究中心成立于2016年11月8日，是服务于福建省海上丝绸之路核心区建设的重要学术智库，以印尼对外关系研究、印尼华侨研究及寻求东南亚各大学及研究机构合作为重点工作方向。今后将进一步发挥福建省侨乡与华侨大学的侨校优势，积极推动印尼研究与相关人才的培养，更好地发挥海丝建设智库功能，服务于新时期中国外交政策与国际战略。

【"一带一路"背景下中印尼人文交流学术研讨会举行】 2018年4月22日，中印尼人文交流研究中心揭牌仪式暨"一带一路"背景下中印尼人文交流研讨会在华中师范大学召开。印尼伊斯兰高校联盟主席汉尼夫、中国社科院亚太战略研究院研究员许利平、华中师范大学副校长夏立新、华中师范大学中印尼人文交流研究中心主任韦红共同为中心揭牌。在当天下午举行的学术研讨会上，中印尼学者围绕印尼的汉语教学、人才培养、两国智库机制建设、校级合作等议题提出了各自独到的见解，展开热烈讨论，并对华中师范大学中印尼人文交流研究中心的揭牌和未来发展表达了衷心祝愿。

【"中国与苏门答腊的人文交流——回顾与展望"研讨会举行】 2018年5月15日，由中国驻印尼棉兰总领馆主办、印尼北苏门答腊大学和亚洲国际友好学院协办的"中国与苏门答腊的人文交流——回顾与展望"研讨会在印尼北苏门答腊省省会棉兰市举行。来自中国社会科学院、北京外国语大学、中山大学、广东外语外贸大学、印尼北苏门答腊大学、亚洲国际友好学院的专家学者参加了研讨。

【首届东南亚"汉语+"国际研讨会召开】 2018年7月10日，首届东南亚"汉语+"国际研讨会在印尼首都雅加达市召开。此次研讨会由印尼阿拉扎大学孔子学院和阿拉扎大学中文系共同主办，旨在进一步创新、加强和规范职业汉语的教学工作，发挥孔子学院在实施"一带一路"倡议中的积极作用。此次研讨会邀请了印尼6所孔子学院的负责人和东南亚其他国家中文教育机构的负责人参加，就东南亚国家语言政策与职业汉语教育发展、"一带一路"倡议下东南亚国家"汉语+"发展模式，以及东南亚国家国别化、区域化职业汉语教学法的特点和教学策略，展开为期两天的研讨。

【"当代印尼研究"国际学术研讨会举办】 2018年7月21日，为进一步推动中国和印尼两国关系深入发展，"当代印尼研究"国际学术研讨会在广州举行。来自中国、印尼、马来西亚、新加坡等国家和地区的40多位专家学者参加了研讨会。本次研讨会由暨南大学印尼研究中心、中国社科院东南亚研究中心、暨南大学东南亚研究中心联合举办，就中印尼关系、印尼国内政治发展、印尼公共外交、中印尼经济合作、中印尼人文交流等进行了讨论。

【第十五届"留学中国"教育展举办】 2018年11月15日，教育部留学服务中心副主任杨凌率中国高校代表团赴印尼举办第十五届"留学中国"教育展。教育展当天吸引了众多印尼学生和家长前来观展、咨询。印尼研究、技术与高等教育部代表普万托先生，知名华侨唐裕先生莅临了教育展开幕式；中国驻印尼大使肖千在教育展开幕式上致辞，并为教育展鸣锣开展。教育展期间，中方22所大学和印尼方35所大学代表参加了此次论坛。双方大学代表介绍了中印尼院校间教育交流与合作方面的成功经验，为进一步加强院校合作提供了有益的借鉴和参考。

三 中印尼科技交流

【中印尼科技创新合作论坛举办】 2017年11月27日，中国印尼科技创新合作论坛在印尼科技研究与高等教育部举行。中国国务院副总理刘延东出席论坛开幕式并发表了主旨演讲。中印尼科技创新合作作为两国人文交流机制的组成部分，近年来快速发展。双方实施了覆盖农业、生物、信息、电子、环境、能源、中医药、疾病防治等领域的一系列科技创新合作项目，既有力推动了双方的创新发展，也在中国—东盟乃至"一带一路"沿线国家科技创新合作中产生了积极影响和示范作用。

【中印尼科技创新合作三年行动计划（2018—2020）签署】 2017年11月27日，"中国—印尼科技创新合作论坛"在印尼科技研究与高等教育部举行。开幕式上，科技部党组书记、副部长王志刚与印尼研究技术与高教部部长纳西尔签署了《中印尼科技创新合作三

第一编 高级别人文交流机制

年行动计划（2018—2020）（草案）》。

【中国—印度尼西亚生物技术联合实验室正式揭牌成立】 2017年11月27日，在刘延东与普安的见证下，浙江大学与印尼技术评估与应用署共建的中国—印度尼西亚生物技术联合实验室正式揭牌成立。浙江大学拥有雄厚的科研能力和交叉学科优势，印尼拥有丰富的生物资源，天然植物数量位居世界第二位，双方将携手开展天然来源活性物质的发现与大健康产品的研发，推动两国在生物科技领域建立长期可持续的合作。

四 中印尼文化交流

【中国残疾人艺术团在印尼演出】 2017年7月19日，中国残疾人艺术团受文化部批准、中国对外文化集团公司组派，一行39人抵达印尼，分别在棉兰、雅加达、泗水开始为期20天的巡演。中国残疾人艺术团在印尼献上了一场又一场精美而令人震撼的演出，凸显了传统特色与时代气息，融合了中华文明与多元文化。印尼当地的电视、电台、网络、报纸等各种媒体相继做了大篇幅的头版报道。

【中国印尼首部合拍影片《大海啸》启动】 2017年11月27日，中国国家新闻出版广电总局副局长童刚和印尼创意经济局局长穆纳夫在印尼首都雅加达市出席《大海啸》合拍签约仪式。讲述中国救援队参与2004年年底印度洋海啸救援行动的中印尼首部合拍影片《大海啸》在雅加达市正式启动。这部影片是中印尼两国政府电影合作协议的启动项目，也是中印尼两国人文领域合作的重点项目。

【中国—东盟人文交流活动暨大型文化纪录片《丹行线》发布会举办】 2018年9月12日，"跨越地域界限 感受心灵共鸣"中国—东盟人文交流活动暨大型文化纪录片《丹行线》发布会在南宁举行，作为中国东盟创新年的文化活动之一亮相第15届中国—东盟博览会。此次活动由南宁市委常委、南宁市副市长何颖主持，主持人朱丹携《丹行线》精华版介绍片亮相活动，并向到场的领导、嘉宾进行推介，分享《丹行线》创作的心路历程。创新型的文旅纪录片形态及顶级品质引发现场嘉宾及中外媒体的强烈共鸣，收获经久不衰的掌声和一致好评。

五 中印尼卫生交流

【中印尼第二批"便民综合卫生设施"项目启动】 2018年5月23日，中国驻印尼大使肖千来到位于雅加达南区的阿斯沙克法经学院，与印尼最大伊斯兰组织——伊斯兰教士联合会总主席赛义德一道，同该经学院师生共同开斋，并见证了第二批"便民综合卫生设施"项目启动仪式。这是中国驻印尼大使馆连续第四年与伊斯兰教士联合会举办共同开斋及爱心捐赠活动。

【首届中国医疗健康（印尼）品牌展开幕】 2018年11月28日，首届中国医疗健康（印尼）品牌展在印尼首都雅加达市开幕。本次展览旨在促进两国医药医疗行业和健康产业的合作交流。本次展览为两国医疗健康企业交流合作提供了平台，有利于印尼相关行业的发展。本次展览内容涵盖中国传统医药保健品、医疗产品和家庭护理与关爱三大类别。展览期间还同时举办医疗健康论坛、医疗器械企业对接会、中国东盟医疗器械产业合作及案例分享和家庭护理与传统医疗体验等活动。印尼是东南亚最大的国家，双方在医疗健康领域的合作前景广阔。

六　中印尼体育交流

【印尼雅加达亚运会签约中国合作伙伴】 2017年10月27日，2018年印尼雅加达亚运会组委会与中国广东新能源企业纽恩泰、中国集成吊顶行业优秀品牌"锦绣明天"在此间签约，后者正式成为第18届亚运会官方合作伙伴。在官方合作签约仪式上，第18届亚组委主席埃里克·托希尔表示，广州在2010年成功举办了亚运会，市场开发非常成功，给人留下了深刻印象。此次将广州作为第18届亚运会在中国市场推广的第一站，除了签约合作伙伴，也希望能向广州学习市场开发经验。

七　中印尼媒体交流

【首届中国—东盟媒体合作论坛举办】 2018年5月11—13日，由中国—东盟中心、中国外文局、江苏省人民政府新闻办公室主办的"首届中国—东盟媒体合作论坛"在江苏无锡举行。来自中国和东盟十国——文莱、柬埔寨、印度尼西亚、老挝、马来西亚、缅甸、菲律宾、新加坡、泰国、越南的主流媒体记者，中国—东盟主流媒体负责人（媒体代表）和相关智库专家学者、东盟国家驻华使馆新闻官员等中外嘉宾参加论坛。本次论坛以"创新新闻媒体合作 构建命运共同体"为主题。下设两个分议题："中国—东盟媒体发展趋势""构建中国—东盟命运共同体的媒体角色"。中国将进一步密切与东盟国家主流媒体的合作交流，加深其对习近平新时代中国特色社会主义思想及党的十九大重要精神的理解，增进其对中国改革开放新格局、新举措的了解。

【中央广播电视总台与印尼国家电视台签署"中国剧场"播出协议】 2018年6月7日，中央广播电视总台与印度尼西亚国家电视台在印尼首都雅加达签署"中国剧场"播出合作协议。根据该协议，由中央广播电视总台译制的印尼语版中国电视剧《鸡毛飞上天》和动画片《中国熊猫》将在印尼国家电视台播出。本次两国国家媒体在影视剧译制播出方面的成功合作将对增进两国人民相互了解和友谊起到积极作用。此次与印尼国家电视台合作开办的"中国剧场"将播出本土化配音的中国影视节目,讲述中国百姓的真实生活,反映中国人民对亲情、友情、爱情的珍视和面对生活困难所表现出的积极乐观的态度。

八 中印尼旅游交流

【中国—印尼大熊猫保护合作研究启动仪式暨大熊猫馆开馆仪式启动】 2017年11月26日,"中国—印尼大熊猫保护合作研究启动仪式"在印尼茂物野生动物园大熊猫馆举行,中国林业部、文化部、驻印尼使馆代表,印尼人类发展与文化统筹部、印尼国家环保与林业部等部门高官以及中印尼媒体出席了活动。加强大熊猫保护合作研究,是中印尼友好关系不断迈上新台阶的重要标志。2016年8月,在中印尼副总理级人文交流机制第二次会议期间,两国签署了大熊猫保护合作研究谅解备忘录。2017年9月28日,大熊猫"湖春"和"彩陶"顺利抵达印尼,经过一个多月的隔离观察一切正常,具备正式对外开放条件,也标志着当地民众盼望已久的大熊猫馆正式开馆接待游客。印尼方面高官致辞高度评价两国开展大熊猫保护合作研究的重大意义,并表示将全力照顾好两只大熊猫。

【中印尼旅游合作签约仪式举行】 2017年12月20日,中国EBTC董事长(H. L-Yang)与印尼国家旅游部秘书长(Ukus Kuswar),在位于中国首都北京的印尼驻华大使馆,正式举行中印尼旅游合作签约仪式。同时,中国EBTC总裁李宁与印尼PT. Indo Graha Internasional总裁(Kusuma Wardhana)正式举行中印尼旅游合作地接项目签约仪式。旅游作为促进各国人民相互了解的最佳方式,在国与国的外交关系中发挥着越来越重要的作用,推动中印尼旅游合作更上新台阶、迈向新时代。

九 中印尼青年交流

【"青春微映丝路情"2017印尼青年微电影节举办】 2017年4月1日,由印尼阿拉扎大学孔子学院主办的"青春微映丝路情"2017印尼青年微电影节在雅加达举办。印尼文教部人力资源发展中心主任露依萨、印尼阿拉扎大学校长卢比斯、中国驻印尼大使馆官员王智显等嘉宾与来自雅加达各高校的大学师生共300余人参加了活动。电影通俗易懂而又直观,成为推动印尼和中国民众了解对方文化的重要载体。

【中印尼青年交流互访游学活动举办】 2017年4月20日,中国驻印尼大使馆举行招待会,欢迎"中印尼青年互访交流团"成员到印尼开展游学交流活动。由中国和印尼各20名青年学生组成的"中印尼青年互访交流团"聚首在这里,与中国驻印尼大使馆及印尼"外交政策协会"的外交官们一起,畅谈过去9天在中国福建游学交流的收获与心得,抒发对接下来9天"印尼行"的憧憬。由中国驻印尼大使馆、印尼"外交政策协会"、福建省政府联合举办的中印尼青年交流互访游学活动,旨在加强中印尼青年对对方国家的了解、为两国青年交往搭建桥梁、促进两国世代友好。

【2017年印尼华裔青少年"中国寻根之旅"夏令营开营】 2017年6月19日,2017年印尼华裔青少年"中国寻根之旅"华文教育夏令营福建南安营在南安一中江北校区举行开营仪式。省侨办副主任刘良辉、泉州市外侨办副调研员陈怀颖、南安市副市长薛建明等领导出席了开营式并为夏令营颁授营旗。南安市委统战部等部门有关负责人及来自印尼的189名师生参加开营仪式。在印尼苏北华裔总会、印尼苏北华文促进会和印尼雅加达南安同乡联谊会等社团的精心筹备下,共组织了5个营,共计189名师生参加南安市的夏令营活动。此次夏令营营期20天左右,营员们将学习汉语口语、国画、书法、武术、象形文字、南安市情讲座及闽南风俗讲座等课程,同时参观南安的泛家居体验馆,游览泉州、南安等地的风景名胜,营员们还将到结对同学家中体验生活,了解家乡的民风民俗。

【2017年"汉语桥"东盟国家青少年来华夏令营开营】 2017年7月27日,"汉语桥"东盟国家青少年来华夏令营在贵州民族大学举行开营仪式。来自东盟9个国家15所孔子学院的300多名师生,将在贵州进行为期1周的汉语学习文化体验。"汉语桥"东盟国家青少年来华夏令营,旨在以文化交流活动为平台,加强中国与东盟国家青年一代的相互交流、相互学习,增进友谊,进一步推动贵州对外开放和中国文化对外传播。来自柬埔寨、泰国、老挝、菲律宾、缅甸、越南等9个国家的青少年,将以亲身体验的方式加深对中国语言文化的了解。

【2018年印尼华裔青少年"中国寻根之旅"北京游学营闭营】 2018年6月28日,由国务院侨办主办、北京华文学院承办的2018年海外华裔青少年"中国寻根之旅"夏令营——印尼华裔青少年北京游学营举行闭营仪式。通过此次活动,华裔青少年在北京不仅学习了汉语,还体验了文化课程,参观了名胜古迹,收获颇丰,留下了美好的回忆。

(撰稿人:潘玥)

中南非人文交流

一　中南非人文交流综述

【中南非关系】　中南非两国贸易关系开始于1958年，中国贸易代表团访问南非联邦，随后两国贸易关系得到较快发展，但为支持南非黑人反对种族隔离，中国政府宣布自1960年7月起断绝与南非的一切贸易往来。1963年7月15日，新华社受权发表声明，重申中国政府将继续不与南非当局发生任何直接的、间接的经贸关系。

1994年以前南非处于种族隔离统治时期，中南非不存在官方外交关系。1994年，南非种族隔离政权结束，非洲人国民大会党领导人曼德拉成为总统。1997年12月30日，中南非两国签署《中华人民共和国政府和南非共和国政府关于两国建立外交关系的联合公报》，自1998年1月1日起建立大使级外交关系。

中南非建交20年来，两国关系由伙伴关系到战略伙伴关系再到全面战略伙伴关系。中南非人文交流是两国全面战略伙伴关系的重要组成部分。2015年为南非"中国年"，中南非文化交流合作得到较快发展，由单一政府行为转变为政府主导、社会各界积极参与。

【机制回顾】　2015年，中国国家主席习近平访问南非期间，同南非总统祖马就建立中南非高级别人文交流机制达成重要共识。2016年二十国集团领导人杭州峰会期间，两国元首一致同意尽早启动中南非高级别人文交流机制。

2017年4月，中国国务院副总理刘延东应邀访问南非，启动中南非高级别人文交流机制，与南非艺文部部长姆特特瓦在比勒陀利亚共同主持召开首次中南非高级别人文交流机制会议，双方决定推动教育、科技、文化、卫生、青年、妇女、体育、智库、媒体、旅游等领域交流合作，构建官民并举、多方参与的人文交流格局。

2018年12月，中南非高级别人文交流机制第二次会议在北京举行。中国国务院副总理孙春兰和南非艺术与文化部部长姆特特瓦共同主持会议，双方表示应落实好两国元首互访重要成果，坚持以人民为中心，让人文交流成果更好地造福普通民众，开创中南非人文交流的新篇章。

【开展情况】　2017—2018年，中南非人文交流合作在教育、科技、文化、卫生、体育、青年、旅游、媒体、地方合作等领域得到快速发展，取得了丰硕成果。

在教育交流方面，教育部浙江师范大学中国南非人文交流研究中心、中国—南非职业教育合作联盟、南非约翰内斯堡大学非洲—中国研究中心成立，为推动和深化中南非教育交流树立了榜样；"中国政府奖学金项目""南非大学生赴华学习和实习项目"等项目为中南非教育交流提供了平台；北京外国语大学开设祖鲁语本科专业，南非首次实施汉语高考，是两国在语言文化上深层交流合作的重要体现；南非的孔子学院和孔子课堂举办各种活动，成为南非民众了解和学习中国文化的重要基地。

在科技交流方面，中国南非科技园合作项目启动；中南非矿产资源开发利用联合研究中心、中国中车南非海外联合研发中心成立；中南非科学家高级别对话会召开。

在文化交流方面，中国文化名家讲坛、音乐演出、戏剧表演、艺术展览、剧院合作、《习近平谈治国理政》（第二卷）书评会等一系列活动举办；首部南非长篇小说中文版和《南非通史》得以发行；中共十九大精神对外宣介团访问南非。

在卫生交流方面，中国国务院副总理刘延东考察南非史蒂夫·比科医学医院，并捐赠医疗器械；中医义诊走进南非，传播中医保健知识，弘扬中国传统医学。

在体育交流方面，中国武术巡演、南非武术比赛、中式八球比赛等活动举办。

在青年交流方面，中南非双方签订了《关于实施中国—南非青年科学家交流计划的谅解备忘录》；中国—南非青年社会发展学术对话会举行；澳门"一带一路"侨界青年交流团访问南非；中国驻南非大使林松添同西开普省高校学生领袖进行对话交流。

在旅游交流方面，南非旅游局在中国多个城市举行推介活动；南非旅游部部长接受中国媒体采访，邀请中国游客前往南非体验"彩虹之国"的魅力。

在媒体交流方面，中国国家主席习近平和中国驻南非大使林松添分别在南主流媒体发表署名文章；中国—南非新媒体圆桌会议和第二届中外媒体与南非中资企业代表见面会举办。

在地方合作交流方面，浙江与南非共建人才项目平台；南非—中国浙江省科技创新合作研讨会举办；南京文化艺术代表团访问南非并举办文艺晚会；南非·中国青岛电视周举办。

中南非人文交流机制，推动了教育、文化、科技、媒体、旅游、地方合作等领域的全面合作。在政府的主导和推动下，交流主体越来越多元化、交流形式越来越多样化，为中南非务实合作注入新动力，推动两国全面战略伙伴关系的发展。

二 中南非教育交流

【教育部浙江师范大学中国南非人文交流研究中心成立】 2017年4月1日，"教育部浙江师范大学中国南非人文交流研究中心成立仪式暨新时期中南非和中非人文交流战略研讨会"在浙江师范大学举行。浙江师范大学中国南非人文交流研究中心正式揭牌。来自教育部国际司、国务院研究室教科文卫司、中共中央对外联络部研究室、浙江省教育厅外事处等政府部门领导和金山大学（南非）、中国社会科学院、中国人民大学、复旦大学、国际关系学院、云南大学等机构的中外学者等参加了此次会议。浙江师范大学中国南非人文交流研究中心是在响应教育部启动的中国南非人文交流机制的背景下成立的，对推动中非人文交流研究和务实合作具有重要意义。

【国务院副总理刘延东访问南非德班理工大学孔子学院】 2017年4月26日，中国国务院副总理刘延东访问南非德班理工大学孔子学院。刘延东参观了孔子学院和课堂教学成果展，并观看了学生汇报演出。截至2017年，南非共有5所孔子学院和3个孔子课堂，为服务当地学生和民众学习汉语和了解中国文化、增进人民间理解和友谊做出了积极贡献。

【第十六届"汉语桥"世界大学生中文比赛南非赛区预选赛举行】 2017年6月3日，第十六届"汉语桥"世界大学生中文比赛南非赛区预选赛在南非斯坦陵布什大学举行，比赛的主题为"梦想点亮未来"。来自南非6所大学的20位选手参加了比赛。在比赛中，各位选手阐述了对中国语言文化的热爱，畅想汉语如何点亮他们的未来，通过歌唱、舞蹈、太极、相声等形式展现了他们对汉语和中国文化的理解。

【2017年度"中国政府奖学金项目"南非赴华留学生欢送仪式举行】 2017年8月24日，中国驻南非大使馆为2017年度"中国政府奖学金项目"南非赴华留学生举行欢送仪式。驻南非大使林松添夫妇、南非高等教育和培训部国际司司长杰皮、即将赴华的南非留学生及其家长代表，以及中南非媒体和智库代表共100余人出席。"中国政府奖学金项目"自2003年启动以来，已为数百名南非学生提供奖学金赴华留学。2017年共有29名申请者获得奖学金资格。

【中国—南非职业教育合作联盟成立】 2018年1月30日，教育部中外人文交流中心主办的中国—南非职业教育合作联盟在江苏常州成立，由常州信息职业技术学院与苏州博众等企业以及南非地方政府合作设立的"常信院南非分院"揭牌。中国—南非职业教育合作联盟旨在推进双方建立定期工作磋商机制，建立成员单位间信息与资源共享平台，促进院校成员单位和企业成员单位间的产教融合，鼓励和支持联盟成员院校间的学分互认，推动中国和南非间学位学历互认工作，为企业投资、产业发展提供咨询，增进彼此间文化和社会的认识。

【中国文化和国际教育交流中心孔子课堂成立三周年庆祝活动举行】 2018年3月19日，中国文化和国际教育交流中心孔子课堂成立三周年庆祝活动在南非比勒陀利亚举行。来自中国驻南非大使馆和南非各政府部门的代表，以及中国文化和国际教育交流中心孔子课堂、比勒陀利亚大学孔子学院、约翰内斯堡大学孔子学院师生共80余人参加了庆祝活动。中国文化和国际教育交流中心孔子课堂于

2015年4月揭牌,是南非民众了解和学习中国文化的重要基地之一。

【中非生态学学科发展与教学交流国际研讨会举办】 2018年6月19-20日,在教育部国际司的支持下,云南大学主办了"中非生态学学科发展与教学交流国际研讨会"。来自南非开普敦大学、约翰内斯堡大学、罗德斯大学、南非大学、纳尔逊曼德拉大学、斯坦陵布什大学、马古苏托理工大学及其他非洲国家的19名专家学者与会。中非学者就中非生态学教育合作、中非生态学综合研究、中非生态保护方法与政策等专题进行了深入研讨交流。

【彭丽媛参观乌坦多社区托儿所】 2018年7月24日,国家主席习近平夫人、联合国教科文组织促进女童和妇女教育特使彭丽媛在南非总统夫人莫采佩陪同下,参观了位于比勒陀利亚东郊的乌坦多社区托儿所。当天,彭丽媛还出席了在比勒陀利亚举行的幼教教师培训毕业典礼并致辞,希望在座教师和同学们积极投身中南非友好合作事业,为中南非关系发展贡献力量。幼教教师培训是非洲自助基金会从事幼儿早教项目的主要形式,已对千余名贫困和弱势社区幼教教师开展了培训,并定期为完成培训的幼教教师举行毕业典礼。

【2018年度"中国政府奖学金项目"南非赴华留学生欢送仪式举行】 2018年8月16日,中国驻南非大使馆为获得2018年度"中国政府奖学金项目"的南非学生赴华留学举行欢送会。中国驻南非大使林松添、南非高等教育和培训部国际司司长杰皮以及南非赴华留学生代表发表讲话。2018年有32名南非学生获得中国政府奖学金赴华攻读学士、硕士和博士学位,涉及17个领域专业。

【北京外国语大学开设祖鲁语本科专业】 2018年9月,北京外国语大学亚非学院正式开设祖鲁语本科专业,2018级共招收9名学生,是中国国内首个祖鲁语本科专业。祖鲁语专业建设旨在培养一批具有通晓祖鲁语言文化和南非社会政治经济的复语型、复合型人才,在今后不但可以直接服务于中南非交流的具体工作,还将促进中国对祖鲁人民和南非历史文化的了解,加强两国人民在人文教育上的交流。祖鲁语是南非共和国的官方语言之一,也是南非第一大语言,使用人口约有1100万。

【南非首次实施汉语高考】 2018年10月,南非首次实施由中国专家参与设计和研制的以汉语作为第二语言的高考科目。2015年南非基础教育部将汉语作为第二附加语言纳入国民教育大纲,并于2016年试点实施汉语教学先行先试计划。2018年是汉语作为第二语言高考科目进入南非高考体系的第一年。自2015年汉语纳入南非国民教育体系以来,南非汉语教学不断发展,为南非学生学习汉语提供了机会,对中南非两国教育、文化和经济交流有着重要的意义。

【南非大学生赴华学习和实习项目2018/19年度欢送仪式举办】 2018年10月15日,南非大学生学习和实习项目2018/19年度欢送仪式在南非约翰内斯堡市皇宫会议中心举办。南非大学生学习和实习项目由中国文化和国际教育交流中心以及南非旅游文化体育培训署

第一编 高级别人文交流机制

共同资助,在中国—南非职业教育联盟平台上实施。2018/19年度是该项目实施的第二年,76名南非大学生前往中国进行为期12个月的培训。截至当时,该项目已累计输送120名南非大学生。通过输送大学生前往中国进修加强了中国和南非两国人民的相互认识和了解,南非大学生可以通过在中国培训的机遇,快速且有效地充实自己,促进南非的技术和经济的发展。

【**中非非物质文化遗产保护与传承研修班举办**】 2018年10月26日至11月4日,由教育部国际司支持、云南大学主办的"中非非物质文化遗产保护与传承研修班"在昆明举行。来自南非、肯尼亚、埃塞俄比亚、坦桑尼亚的25位专家、政府官员、文化工作者和传统部落代表与会。研修期间,代表们围绕全球化时代各民族、地方非物质文化遗产的保护与传承等共同关注的问题,展开了5场主旨演讲、30场专题演讲和5个主题的总结点评。同时,考察调研了云南省民族博物馆、云南民族村、大理古城、大理周城的扎染、剑川沙溪茶马古镇、剑川木雕等特色鲜明的文化机构、地域和文化遗产项目。

【**中国驻南非大使林松添同西开普省高校学生领袖对话**】 2018年11月17日,中国驻南非大使林松添应非中友好协会、南非学生联合会邀请,在开普理工大学同来自开普敦大学、斯坦陵布什大学、西开普大学、开普理工大学等西开普省知名大学学生联合会近100名学生领袖交流对话。林松添以自身生活、工作经历阐述了中国的基本国情、改革开放发展历程、对非政策举措、中南中非优势互补共同发展合作的成果与前景。林松添还阐释了中国同西方国家在人权、民主、自由、法制方面的根本差异,以及社会主义与资本主义、中国共产党与西方政党的本质区别,并提出深化中南非教育与人文合作的建议,希望南非青年学生勇于担当,学好知识,练好本领,成为国家发展的栋梁和中南非友好的促进者与捍卫者。

【**南非约翰内斯堡大学非洲—中国研究中心成立**】 2018年11月22日,南非约翰内斯堡大学非洲—中国研究中心在约翰内斯堡成立。该中心主要研究非中关系,将主要基础设施建设项目、"一带一路"建设、第四次工业革命、非中民间交往和双边关系作为重点研究对象。中心还将为中南非科技成果转化提供更广阔、更专业的平台,让两国百姓受益,增加就业机会,为深化中非关系做出重要贡献。

三 中南非科技交流

【**中国南非科技园合作项目启动仪式举行**】 2017年4月24日,中南非科技园合作项目启动仪式在南非比勒陀利亚举行,中国国务院副总理刘延东出席了启动仪式。建设科技园是发展科技产业、以技术创新支撑可持续发展的有效手段。中南非科技园合作项目的启动有利于推动中南非两国科技进步和技术创新,促进两国科技创新合作,是机制框架的重要组成部分。

【《关于共建中国—南非联合研究中心的谅解备忘录》签署】 2017年4月24日，中国—南非高级别人文交流机制首次会议在南非比勒陀利亚举行。会议期间，中国科技部党组书记、副部长王志刚和南非科技部部长纳莱迪·潘多共同签署了部门间《关于共建中国—南非联合研究中心的谅解备忘录》。根据该项谅解备忘录，中南非双方将启动共建联合研究中心合作，推动两国科研机构建立长期稳定的伙伴关系，开展高水平合作研究。

【中南非科学家高级别对话会召开】 2018年7月24日，中国国家主席习近平和南非总统拉马福萨在比勒陀利亚出席中南非科学家高级别对话会开幕式，并分别致辞。中南非双方各5位科学家和企业家代表不同学科领域和研发方向，分别就合作的成果、现状和潜力等发表了演讲。对话会是2015年中非合作论坛约翰内斯堡峰会科研合作项目的落实，同时也为2018年中非合作论坛北京峰会做准备。

【科技部部长王志刚会见南非科技部部长库巴伊】 2018年9月19日，科技部部长王志刚在天津会见来华出席2018天津夏季达沃斯论坛的南非科技部部长库巴伊一行，并就深化中南非科技创新合作交换了意见。

【中南非矿产资源开发利用联合研究中心成立】 2018年9月21日，中国—南非矿产资源开发利用联合研究中心中国中心在矿冶集团研发中心举行揭牌仪式。中心旨在加强中南非双方在采矿、选矿、环保和能源材料等领域的学术交流，加强双方科技创新能力建设，提升行业技术水平，共同培养科技领军人才、青年科技人才和高水平创新团队，推动中南非双方科技创新和合作。

【中国中车南非海外联合研发中心成立】 2018年11月5日，中国中车旗下中车株机公司与金山大学签订战略合作协议，建立中国中车南非海外联合研发中心。联合研发中心依托中车株机公司建设与运行，面向轨道交通装备创新发展需要，以科研项目为主要载体，重点开展轨道交通装备技术研究、技术支持、技术转化等工作。联合研发中心的成立将为中国中车与南非各研究机构、高校、企业技术交流和合作搭建新的平台。

四 中南非文化交流

【"文化中国·名家讲坛"走进南非】 2017年1月2日，由中国国务院侨办主办、约堡华星艺术团承办的"文化中国·名家讲坛"在南非展开巡讲。来自中国国家京剧院的名家孙萍和叶金森夫妇为上百位华侨华人讲授京剧艺术，使华侨和当地民众对京剧有了更加深入的认识，亲身感受京剧的魅力，对弘扬中国传统文化、促进中南非文化交流起到了积极作用。

【首部南非长篇小说中文版发行】 2017年1月19日，南非长篇小说《魅影魂踪——南非一九八九》（*The Texture of Shadows*）中文版发布会在南非驻华大使馆举行。南非驻华大使多拉娜·姆西曼、中国前驻南非大使刘贵今、小说作者曼迪拉·蓝加、《魅影魂踪》中文版译者董志雄以及中南非两国友好人士和媒体代表出席了发布会。《魅影魂踪》讲述了1989年自由运动战士的故事，该时期是对抗种族隔离的关键阶段，是南非政治历史上最具希望的时刻。蓝加在书中用精妙的笔触展现了在对抗种族隔离斗争中的复杂与矛盾。文学作品是承载文化的重要载体，《魅影魂踪》中文版的发行可以使中国读者更深入地了解南非历史文化。

【"音乐共和"走进非洲】 2017年2月8—17日，由文化部、上海市对外文化交流协会、中国驻南非共和国大使馆共同主办的2017欢乐春节"音乐共和"走进非洲中国新年音乐会，分别在南非比勒陀利亚、开普敦、博茨瓦纳首都哈博罗内举行了3场精彩演出。此次巡回音乐会涵盖京剧、昆曲、川剧等剧种的器乐表演，通过"音乐共和"音乐会将中国新年的祝福传递给非洲人民。

【南非祖鲁—中国文化促进会成立】 2017年3月5日，南非祖鲁—中国文化促进会在约翰内斯堡成立，祖鲁王兹韦利蒂尼出任主席。祖鲁族约有1100万人，约占南非总人口的四分之一，在南非传统文化与政治经济中占有重要地位。

【中国南非高端思想对话会召开】 2017年4月25日，由中国公共外交协会与南非外交部共同举办的中国南非高端思想对话会在南非比勒陀利亚举行。中国国务院副总理刘延东出席开幕式并致辞，南非外长马沙巴内以及南非政府官员和社会各界代表、中南非专家学者，中非青年代表和外国驻南使节等400多人出席。对话会的主题为"人类命运共同体与乌班图思想交融互鉴"。对话会的召开有利于促进中南非思想交流，增进相互理解和认知，推动中非文明互鉴。

【"文化中国慰侨艺术团"访问南非国家艺术学校】 2017年9月29日，由中国国务院侨务办公室组派的赴南"文化中国慰侨艺术团"访问南非国家艺术学校。艺术团成员同艺术学校的师生进行了交流，并观看了由师生们精心准备的芭蕾舞、现代舞、大提琴、独唱等表演。艺术团在南非约翰内斯堡皇宫会议中心中央剧场为南非华人华侨和当地民众表演了一场精彩晚会。

【首届中国—南非风筝节举行】 2018年1月27日，首届中国—南非风筝节在南非开普敦举行，为2018年"欢乐春节嘉年华"系列活动拉开了序幕。在开普敦绿点公园8000平方米的绿色草坪上，来自中国"风筝之乡"潍坊的代表团和南非风筝协会的风筝专家放飞了一个个具有中南非文化元素的风筝。中国驻开普敦总领馆代表、南非西开普省政府代表、当地学生以及侨界代表等出席了活动。

【《南非通史》（插图珍藏版）出版】 2018年1月，由北京大学非洲史专家郑家馨教授编写的《南非通史（插图珍藏版）》出版。全书深入浅出地叙述了南非从殖民时期至今的历史，为读者展现了南非的发展历程。

【2018欢乐春节·庆祝中南非建交

20周年点灯仪式举行】　　2018年2月13日,"点亮曼德拉精神,点亮中南非友谊与合作——2018欢乐春节·庆祝中南非建交20周年点灯仪式"在南非约翰内斯堡纳尔逊·曼德拉广场举行。南非旅游部部长夏萨与中国驻南非大使林松添共同参加点灯仪式,庆祝曼德拉诞辰100周年以及中南非建交20周年。

【上海芭蕾舞团参加南非国际芭蕾舞比赛】　　2018年3月3日,第六届南非国际芭蕾舞比赛决赛结果公布,来自上海芭蕾舞团的3位舞蹈演员在比赛中摘得一金二银。来自14个国家的87位优秀选手参加了本届南非国际芭蕾舞比赛。

【海外华人中文歌曲大赛举办】2018年5月11日,"2018年文化中国·水立方杯"海外华人中文歌曲大赛南非约翰内斯堡赛区报名正式启动,这是该项传统赛事在南非地区连续第六年举办。通过艺术比赛,华人华侨可以用歌唱的形式更好地学习中文,从而对中国和中华文化有更深入的了解。

【南非共产党政治局委员马丁斯赴中国人民大学演讲】　　2018年5月30日,南非共产党政治局委员马丁斯受邀来中国人民大学作主题为"南非共产党与高等教育"的演讲。马丁斯就南非共产党的基本情况和南非共产党在教育领域的贡献作了较为详细的介绍,阐述了南非共产党在争取穷人受教育机会和平等权利、反对种族隔离等方面作出的努力及其在与国计民生相关的重大议题上充当的角色。

【"感知中国·丝路瓷行"中国陶瓷文化展开幕】　　2018年7月17日,由中国国务院新闻办公室主办,江西省政府新闻办公室、景德镇市委和景德镇市政府承办的"感知中国·丝路瓷行"中国陶瓷文化展在南非约翰内斯堡非洲博物馆开幕。此次展览共展出来自景德镇的160件(套)陶瓷作品,展览持续6天。瓷器展览使南非民众更好地了解中国悠久的制瓷历史,感受陶瓷的独特魅力,感知中国文化的博大精深。

【中国风时装亮相南非时装周】2018年10月24—25日,应南非艺术与文化部邀请,中国文化和旅游部组派中国时装设计最高奖"金顶奖"获得者曾凤飞和"年度中国设计师奖"获得者熊英作为中国设计师代表,参加南非时装周金砖国家时装表演。来自金砖国家的共10名设计师携作品参与金砖时尚表演,展示了金砖国家充满鲜明民族特色的服饰文化。

【南非开普敦艺景大剧院加入丝绸之路国际剧院联盟】　　2018年11月6日,中国对外文化集团公司与南非开普敦艺景大剧院在首届中国国际进口博览会现场举行了开普敦艺景大剧院加入丝绸之路国际剧院联盟签约仪式,开普敦艺景大剧院正式加入丝绸之路国际剧院联盟。开普敦艺景大剧院加入丝绸之路国际剧院联盟,可以推动中南非两国在表演艺术及相关领域的交流与合作。

【"中国南非相知相亲"文艺晚会举办】　　2018年12月3日,为庆祝中国和南非高级别人文交流机制第二次会议召开暨中国与南非建交20周年,由中国文化和旅游部、南非艺术与文化部共同主办,中国对外文化集团公司承办的"中国南非相知相亲——庆祝中南非高级别人文交流机制第二次会议暨中南非建交20周年文艺晚会"在中国国家博物馆剧场举办。文艺晚会由北京舞蹈学院演员表演的舞蹈《相和歌》《飞天彩虹》拉开序幕,传统舞乐元素结合全新的创新和表现形式展现了中国艺术的魅力。南非艺术团演员表演了《未见曼德拉》《哈苏卡》《帕达帕达》等歌舞节目,纪念纳尔逊·曼德拉和艾伯蒂娜·西苏鲁诞辰100周年。来自中国文化和旅游部、外交部、教育部的代表和南非驻华使馆、南非高等教育及培训部、体育部的代表出席了晚会。

【中国驻南非大使馆荣获2018年南非外交使团节大奖】 2018年12月8日,中国驻南非大使馆应邀参加南非外交部为庆祝曼德拉诞辰100周年在比勒陀利亚先民博物馆举办的使团节活动。驻南非大使馆以歌舞乐器等文艺节目、中国书法和中国特色手工艺品等形式向当地民众介绍中华文化。在此次活动中,驻南非大使馆荣获"全面成就奖"和"最佳互动奖"两项大奖。

五 中南非卫生交流

【国务院副总理刘延东考察南非史蒂夫·比科医学医院】 2017年4月25日,中国国务院副总理刘延东在比勒陀利亚考察史蒂夫·比科医学医院,并向该院捐赠一批医疗器械。南非卫生部部长莫措阿莱迪陪同出席了此次活动。

【中医义诊走进南非】 2018年12月,由安徽省人民政府侨务办公室主办、安徽省中医大学承办、开普敦华助中心协办的"中医关怀团"在开普敦举办"中医关怀,慰侨义诊"活动,传播中医保健知识,弘扬中国传统医学。

六 中南非体育交流

【2017南非全国武术比赛举办】
2017年7月29日,"2017年南非全国武术比赛"在约翰内斯堡举办,来自南非全国各地的150名武术选手参加了长拳、少林拳、太极拳、形意拳等多项武术套路比赛。中国驻南非大使馆代表观看了比赛并为获奖选手颁奖。自2012年起,南非武协每年举办全国性的武术比赛,武术运动在南非的发展吸引越来越多的武术爱好者参与。随着中南非关系的全面发展,武术日益成为中南非人文交流重要领域之一,南非人民深入了解中国文化、促进中国文化走入非洲起到重要推动作用。

【"武林汉韵"中国武术非洲巡演举行】 2017年10月26日,由孔子学院总部/国家汉办主办,河南省教育厅、国家汉语国际推广少林武术基地承办的"武林汉韵"中国武术非洲巡演在南非约翰内斯堡大学艺术文化中心举行,近200名约翰内斯堡大学师生及当地市民观看了表演。演出由古筝、竹笛、二胡等民族乐器演奏的《高山流水》拉开序幕,以寻艺、学艺、传艺为主题,叙述了功夫小子到少林学艺的故事,呈现给观众一幕幕精彩的武术和民乐表演。

【第一届南非孔子学院武术邀请赛开幕】 2018年1月12日，由中国驻南非大使馆、孔子学院、中国驻约翰内斯堡总领馆、南非武术协会等单位共同举办，南非约翰内斯堡大学孔子学院承办的"中南非建交20周年武术文化节暨第一届南非孔子学院武术邀请赛"开幕，此次活动的主题是"弘扬中华武术文化，促进中南非文化交流"。来自全南非各地近50名选手参加了36个项目的比赛。主办方希望将此项赛事打造为南非本地持续性的全国武术赛事，通过每年一次的武术赛事，向南非介绍中华武术文化，推动中南非武术交流，增进彼此的友谊，使之成为中南非人文交流的品牌赛事。

【中式八球南非超级系列赛】 2018年5月19日，作为中国自主创办的台球赛事，首届乔氏杯中式八球南非超级系列赛在约翰内斯堡落下战幕，南非名将阿登·约瑟夫夺得冠军。南非、肯尼亚、卢旺达等非洲国家近年来参与中式八球的热情逐渐增长。

七 中南非青年交流

【《关于实施中国—南非青年科学家交流计划的谅解备忘录》签署】 2017年4月24日，中国—南非高级别人文交流机制首次会议在南非比勒陀利亚举行。会议期间，中国科技部党组书记、副部长王志刚和南非科技部部长纳莱迪·潘多共同签署《关于实施中国—南非青年科学家交流计划的谅解备忘录》。该项谅解备忘录要求实施中南非青年科学家交流计划，资助对方青年科研人员来本国开展短期研究工作，加强青年科技人员交流往来。

【澳门"一带一路"侨界青年交流团访问南非】 2018年4月29日，澳门"一带一路"侨界青年交流团抵达南非，开始为期7天的文化交流访问。交流活动有利于加深澳门青年对南非的了解，促进与南非青年和南非侨界青年相互交流，相互学习。

【中国—南非青年社会发展学术对话会举行】 2018年8月27日，由中国社会科学院社会发展战略研究院和南非开普半岛科技大学共同主办的"新时代中非关系：中国—南非青年社会发展学术对话会"在北京举行。来自中国社会科学院、南非开普半岛科技大学、广东青年人才研究院、中国青少年研究中心等机构的40余位嘉宾出席了会议。本次会议以"中国和南非青年的发展"为主题，对增进青年之间的交流与合作具有学术和现实意义。

八 中南非旅游交流

【南非邀中国游客体验"彩虹之国"】 2018年1月，南非旅游局在上海、北京、成都等城市举行推介活动，邀请中国游客前往南非体验"彩虹之国"的魅力。南非旅游局亚太区总裁白文博表示，南非旅游局将为包括中国在内的国际游客量身定制行程，其目标客群包括野生动物观赏、猎游游客、活力探险家、自然观光客、城市风尚探索者、海滨游客和文化体验游客等。

九　中南非媒体交流

【第二届中外媒体与南非中资企业代表见面会举办】　2017年11月9日，由南非金山大学新闻系中非报道项目和人民网南非公司共同举办的"第二届中外媒体与南非中资企业代表见面会"在约翰内斯堡举行。参加此次见面会的有来自国内财新传媒、搜狐传媒、谷声传媒、香港电台、《经济日报》等媒体记者，来自南非、利比亚、乌干达、尼日利亚、博茨瓦纳、喀麦隆等国家的媒体记者，以及来自中国银行、华为、同仁堂、SAIL集团、天合传媒、中信保等中资企业代表。见面会就中非热点话题和如何搭建企业与媒体间沟通桥梁等问题进行了探讨，为媒体和企业提供了互动和沟通的平台。

【南非旅游部部长接受中国媒体采访】　2018年2月13日，南非旅游部部长夏萨接受人民网采访，夏萨通过人民网向中国人民拜年，表达了她的良好祝愿，并表示南非欢迎中国朋友，希望中国朋友能到南非旅游。

【中国—南非新媒体圆桌会议举行】　2018年11月23日，由中国国家互联网信息办公室和南非新闻部联合主办的"中国—南非新媒体圆桌会议"在南非比勒陀利亚举行。来自中南非两国政府、企业界、传媒及学术界的数十位嘉宾就如何推动两国新媒体合作、如何加强网络管理和净化互联网环境、如何分享网络空间治理方面的经验等问题进行了深入交流。此次会议在一定程度上促进了两国互联网信息共享，使互联网在两国交流和社会服务中发挥更大的作用。

十　中南非地方合作交流

【浙江与南非共建人才项目平台】　2018年3月24日，浙江省外国专家局和南非科学与工业研究院签订合作意向书，双方将致力于共同搭建中南非人才、项目合作交流平台，通过合作举办各类论坛研讨、专家交流项目、企业交流合作、职业能力培训等促进双方合作。

【南京文化艺术代表团文艺晚会举办】　2018年4月21日，中国南京文化艺术代表团在开普敦为当地市民表演了一场集中国传统民族音乐、舞蹈和现代流行音乐于一体的音乐会。此次活动是庆祝中南非建交20周年文化交流活动的一部分，加强了南京与开普敦之间的文化交流，加深了两地人民之间的相互了解，促进双方的文化融合和合作。

【南非—中国青岛电视周举办】　2018年10月17日，南非·中国青岛电视周在南非开普敦开幕。中国驻开普敦总领馆、青岛市广播电视台、海信南非公司的代表以及 30 余名企业、侨团代表出席了开幕式。南非·中国青岛电视周的举办为进一步加强青岛市和青岛市广播电视台与南非本地企业和媒体进行合作打下了基础。

【南非—中国浙江省科技创新合作研讨会举行】 2018 年 11 月 21 日，南非—中国浙江省科技创新合作研讨会在南非比勒陀利亚举行。南部非洲专家学者工程师联合会、中关村驻南非办事处、非洲研究院南非分院、浙江省国际人才南非工作站以及浙江省在南非投资、商贸企业的代表等出席了会议。会议就南非与浙江省在科学研究和科技项目、基础设施投资等方面的合作展开了讨论。

（撰稿人：马秀杰）

中德人文交流

一 中德人文交流综述

【中德关系】 中德两国自建交以来，经过双方共同努力，中德关系进入十分成熟的发展阶段，特别是近年来，双方高层交往密切，政治互信不断提升，互为对方所在地区最大的经济贸易合作伙伴。2014年3月，习近平主席对德国进行了历史性的国事访问，双方发表《关于建立中德全方位战略伙伴关系的联合声明》，把两国关系提升到一个新水平。默克尔总理任内10余次访华。当前两国关系正处于历史最好时期，成为不同社会制度国家间关系的典范。

【机制回顾】 2014年习近平主席访德期间，在与德国总理默克尔会谈时提出应加强中德人文交流，得到德方的积极响应。2016年第四轮中德政府磋商期间，李克强总理与默克尔总理共同发表联合声明，强调人文交流对建立和维护充满信任的友好关系具有核心意义。同年9月二十国集团（G20）领导人杭州峰会期间，习近平主席与默克尔总理就推进中德两国人文交流、适时建立中德高级别人文交流机制达成一致意见。同年11月，刘延东副总理赴德出席中欧论坛汉堡峰会和两国人文交流活动期间，分别与德国总理默克尔和时任外长施泰因迈尔就建立中德高级别人文交流对话机制进行了沟通。双方均表示将积极支持和推动机制的建立，为中德全方位战略伙伴关系注入更多活力。2017年5月24日，中德高级别人文交流对话机制首次会议在北京举行，经过协商，双方确立了对话机制的五个领域，包括教育、文化、媒体、体育、青年。随着机制运行的不断成熟，双方将逐步纳入共同感兴趣的其他领域，不断扩大机制内涵。中德高级别人文交流对话机制正式建立，搭建起更广阔的合作平台，使人文交流同政治互信、经贸合作一道，成为中德关系发展的三大支柱。人文交流可以深化了解，消除偏见，拉近人心，促进合作共赢。人文交流对话机制的建立，有利于增进两国人民之间的了解，拉近两国人民的距离，为政治互信和经贸合作扫除障碍，为中德共同建设互相尊重、互利共赢的全方位战略伙伴关系奠定更加坚实的社会民意基础。中德之间的互信合作，是华夏文明和欧洲文明的交流对话，也是建设人类命运共同体的有益尝试。中德高级别人文交流对话机制，对于中国和其他欧洲国家的交流将产生示范效应，有利于双边和多边文明互鉴,具有全球意义。

【开展情况】 自中德高级别人文交流对话机制建立以来,双方在教育、文化、媒体、体育、青年5个领域开展了丰富的交流活动。

在中德高级别人文交流对话机制的框架下,中德教育领域的合作交流主要集中在高等教育和职业教育领域,并向基础教育和幼儿教育方向延展。高等教育和职业教育是中德双方教育合作的传统领域。中德双方500余所高校间建立了实质性的校际交流关系,中德高校之间的合作项目达到了1234项。在职业教育领域,中德两国已成功开展了多个合作项目,两国政府也从政策层面推动在职业教育领域的合作并共同设立了"中德职教合作联盟"。

中德两国都非常重视自身和对方的文化资源,双方在艺术、音乐、出版等领域共同开展了形式多样的文化交流活动,取得了很好的效果。2017年,在中德高级别人文交流对话机制的统筹下,中德两国为庆祝建交45周年举办了"今日中国——合作·友谊·共赢""感知中国·德国行"系列文化交流活动。所有活动均由中德双方共同探讨选题、共同承办展览、共同推进项目。

中德两国新闻、出版制度迥异,双方的合作和交流起步较晚,在中德高级别人文交流对话机制建立以后,双方正努力在出版、电视等领域开展合作交流。

中德两国同为传统的体育强国,在竞技体育中有各自的优势项目,两国的群众性体育运动都有广泛的基础,双方的合作有很强的互补性。在中德高级别人文交流对话机制的框架下,足球、冬季体育项目将成为合作的重点领域。

青年是一个国家发展的未来和希望。中德两国青年之间的交流与合作,将为中德两国关系在未来的发展,奠定更加坚实的人文基础。中德两国在青少年合作领域虽然起步晚,但还是取得了不少成果。在中德高级别人文交流对话机制的框架内,双方在青少年足球、创业、音乐、未来领导者等领域开展了卓有成效的交流和对话。

2017年5月24日,中德高级别人文交流对话机制首次会议在北京市举行,中国国家主席习近平向会议发来贺信。此次会议以"人文交流,合作共赢"为主题,机制双方主席中国国务院副总理刘延东和德国副总理兼外长加布里尔出席会议,并签署了中德两国关于建立高级别人文交流对话机制的《联合声明》。对话机制主要包含教育、文化、媒体、体育、青年等5个领域。会议期间,举办了包括中德留学45周年、中德足球合作成果展等7项配套活动,签署了7项合作协议,并对外公布25项2017—2018年各领域重点合作项目。

二 中德教育交流

【"中德留学45年"活动举行】 2017年5月24日,"中德留学45年"活动在北京市举行。本次活动是中德高级别人文交流对话机制首次会议配套活

第一编　高级别人文交流机制

动。中德建交45年来，人文交流与合作渠道不断拓展，合作内容不断丰富，合作实效日渐凸显。两国之间的留学人员交流持续升温。45年间，中国赴德国留学总人数达到13万余人，德国来华留学总人数达到近8万人。未来3年内，中国国家留学基金将提供6000个奖学金名额，资助中国优秀青年人才赴德留学；中国政府奖学金将提供1000个名额，资助德国青年来华留学，进一步推动两国之间的人员交流。

【中德职教合作三十周年庆典暨中德职教合作发展论坛举行】　2017年5月24日，中德职教合作三十周年庆典暨中德职教合作发展论坛在北京市举行。本次活动是中德高级别人文交流对话机制首次会议配套活动。会议提出，把职业教育作为中德高级别人文交流机制的重要合作内容，加强"中德职教合作联盟""中德职教合作示范基地"等机制机构建设，吸引和吸纳更多力量参与进来，加强资源统筹和工作协调，强化推进两国职教合作的组织体系；深化两国职教科研机构的合作，加强信息互通、共享和服务，合作开展重大理论、政策和实践问题研究，推动两国职业教育适应时代需求不断创新发展。

【中国高校三大中德人文交流研究中心成立】　2017年6月，教育部在同济大学、上海外国语大学、北京外国语大学分别设立了"中德人文交流研究中心"。此举是为了深化落实中德全方位战略伙伴关系，服务两国高级别人文交流对话机制。2017年6月3日，3家研究中心在同济大学联合举办"中德人文交流可持续发展研讨会"，邀请中德、中外人文交流领域的研究者、实践者和管理者，围绕"中德人文交流的理论与实践""中德人文交流的机制建设"等议题展开交流与讨论，共同探讨中德人文交流的创新之路。

【《德国国家教育报告》中文版发布仪式举行】　2017年7月17日，《德国国家教育报告》中文版发布仪式在德国柏林市的中国驻德大使馆举行。《德国国家教育报告》每两年发布一次，既包括完整、权威的数据，也有专业、批判性的分析，是了解德国教育事业的重要信息来源，也是研究德国教育、开展比较教育研究的权威资料。《德国国家教育报告》中文翻译项目由上海外国语大学中德人文交流研究中心和德国教育科学政策信息研究中心承担。

【"中德双元"特色智能制造工匠学院揭牌】　2018年4月4日，青岛中德智能制造工匠学院在青岛国际经济合作区（中德生态园）揭牌成立。该学院借鉴德国"双元制"教育模式，探索以现代学徒制为核心的产教结合、校企合作的特色办学模式。工匠学院的建设将以中德生态园为主导；依托正在建设的中德应用技术学校的部分校舍、场地、教学设施设备以及师资等资源；积极引入德国莱茵科斯特、汉斯—赛德尔基金会等在智能制造领域的科研和培训优势资源；开创政府引导、多方参与的双元技术技能人才培养新模式；对接新旧动能转换十大重点产业，借鉴国内外先进职教经验，计划开设机电一体化、工业机器人、工业设计、智能制造（工业自动化）和智能制造（工业互联网技术方向）等专业。

【"纪念马克思诞辰200周年——中德学者对话暨21世纪资本主义社会批判理论研讨会"举行】 2018年4月23日,北京大学马克思主义学院与德国罗莎·卢森堡基金会在北京共同举办了"纪念马克思诞辰200周年——中德学者对话暨21世纪资本主义社会批判理论研讨会"。本次研讨会是在第二届世界马克思主义大会召开前的一次重量级国际学术研讨会,由中德两国十几位学者围绕21世纪资本主义社会批判理论展开了深度讨论。

【德国联邦与各州政府共同致力提升"中国能力"】 2018年5月7日,德国外交部、德国联邦教研部和德国各州文教部长联席会议联合举行新闻发布会,强调将共同促进"中国能力"在德国的提升与发展。德国外交部通过德意志学术交流中心(DAAD)促进中德高校合作。德国联邦教研部制订专项资助计划,支持德国高校发展"中国能力"。德国各州文教部长联席会议在过去几年与中国教育部签署了多项声明,进一步加强中德教育合作,包括职业培训和师生交流。多数联邦州与中国的合作机构保持着密切的关系。

【同济大学中德学院成立20周年招待会举行】 2018年5月14日,同济大学中德学院成立20周年招待会在德国柏林市的中国驻德国大使馆举行,百余名中德嘉宾出席了活动。同济大学中德学院成立于1998年,20年来得到了中德两国政府的高度重视,已成为沟通两国的重要桥梁。2014年,中德两国总理签署的《中德合作行动纲要》把中德学院评价为双方"共同落实高校紧密合作的成功典范"。

【德国纽伦堡大区职校校长代表团访华】 2018年5月23日至6月2日,德国纽伦堡大区职校校长代表团一行15人访问北京、合肥、佛山三地,与当地教育主管部门、职校、企业进行深入交流。此次活动由纽伦堡—埃尔兰根孔子学院组织。校长团首先访问了北京市朝阳区教委,就两国职业教育情况进行了深入交流,并前往求实职业学校、电气工程学校进行参观考察。在合肥,校长团参加了由合肥市政府举办的"中德职业教育经验交流会",并访问了合肥市经贸旅游学校、合肥学院、合肥职教学校双创基地和江淮汽车集团等。在佛山,校长团参加了"佛山—纽伦堡职业教育对话",并与当地职校和企业代表进行了座谈。

【第11届"汉语桥"世界中学生中文比赛德国区决赛举行】 2018年6月16日,第11届"汉语桥"世界中学生中文比赛德国区决赛在德国莱比锡市落幕。本届比赛由中国驻德使馆教育处主办,莱比锡孔子学院承办,来自全德6所孔院和孔子课堂推荐的15名中学生选手参与角逐。秦致远和达佳获得本次比赛一等奖。中德两国中学生的密切交流是与两国对对方语言的重视和学习分不开的。全德国有上万名中小学生在学习汉语,大约80所中学将汉语列为中学毕业会考可选科目。

【德国首家公立中德文双语教学幼儿园开园】 2018年9月14日,德国首家公立中德文双语教学幼儿园——"熊猫"幼儿园开园仪式在杜塞尔多夫举行。"熊猫"幼儿园是德国首家公立中德双语教学幼儿园。该园由杜塞尔多夫市政府推动成立，北威州政府、杜塞尔多夫市政府共同出资兴建运营，杜塞尔多夫职工福利协会承办，杜塞尔多夫汉园中文学校协办。公立中德双语教学幼儿园的成立，不仅为中国人提供了更浓厚的归属感和认同感，也为德国家庭提供了学习中文的新渠道、感受中国文化的新窗口。

【中德合作开办欧洲首个中医研究生学历课程项目】 2018年9月14日，首届上海—汉堡中医研究生项目正式开学。上海—汉堡中医研究生项目由上海中医药大学和德国汉堡大学中医中心、汉堡大学医学院职业教育学院合办，是欧洲第一个西医临床医学硕士起点的中医研究生学位课程项目，首届学生将于2018年冬季学期入学。学生顺利完成3年学业后，将被授予上海中医药大学的中医学相关专业硕士学位。

【首都医科大学附属北京妇产医院客座教授托马斯·拉贝获中国政府友谊奖】 2018年9月29日，北京妇产医院德国客座教授托马斯·拉贝获中国政府友谊奖。托马斯·拉贝于2013年加入北京妇产医院妇科内分泌国际专家团队，并于2014年获聘客座教授。拉贝帮助北京妇产医院引进国际著名专家，搭建学科交流平台，创建中德妇产科学会，对妇科内分泌团队在临床、教学、科研及人才培养方面都做出了巨大贡献。拉贝是南京大屠杀中"南京好人——约翰·拉贝"的孙子，继承了祖父拉贝的和平愿望，致力于中德和平与医疗事业，曾先后两次获得习近平主席的接见。

【第十一届中德应用型高等教育研讨会召开】 2018年10月25日，第十一届中德应用型高等教育研讨会在安徽省合肥市召开。本次会议由安徽省教育厅和德国下萨克森州科文部联合主办、合肥学院和德国奥斯纳布吕克应用科学大学承办。会议主题是：产教融合与"双元制"高等教育、校企合作育人、应用型大学科技创新。会议围绕"产教融合与双元制高等教育""校企合作育人""应用型大学科技创新"等主题，共同研讨应用型高水平大学建设的新理念与新模式，并就"高水平应用型高等教育体系构建""国际合作工科双元制高等教育""产教协调育人、服务制造业创新发展""技术转化——高校与中小企业间应用科学与知识转化"等议题展开了对话与合作。

【中德人文交流的理论与实践国际研讨会举行】 2018年11月30日至12月1日，由同济大学中德人文交流研究中心、德国对外文化关系研究所主办，同济大学中德校园、同济大学中德学院协办的"中德人文交流的理论与实践国际研讨会：文化对话之变迁——中国与德国的视角"在同济大学举行。本次会议围绕"中德人文交流的理论与实践"展开跨学科的学术讨论，内容涉及中德文化关系、人文交流机制建设与各领域实践、文化交流的社会影响等。会议的议题包括"德国对华文化关系之变迁""中国对德文化关系之变迁""全球变革与中德文化关系""文化交往的国内影响"等。

三 中德文化交流

【"今日中国——合作·友谊·共赢"系列文化活动举行】 "今日中国——合作·友谊·共赢"是庆祝中德建交45周年系列文化活动。该系列文化活动涵盖音乐、戏剧、舞蹈、创意设计、文学、电影等多个艺术门类。2017年初，在德国各地举办的"欢乐春节"活动为全年活动拉开帷幕。在一年的时间里，两国文化艺术机构充分合作，共同举办了一系列丰富多彩的高水平文化活动。

【图文——中国当代海报和书籍设计展举行】 2017年3月2日，图文——中国当代海报和书籍设计展在德国柏林国家博物馆艺术图书馆开幕，参展设计师代表、德国文化界人士、汉学家等110余人参加。此次设计展展出来自中国大陆9个城市和港澳台地区近50位设计师的百余幅海报和近50本书籍设计作品。

【《西游记》德文全译本获莱比锡书展翻译奖】 2017年3月23日，林小发（Eva Luedi Kong）凭借其翻译的《西游记》首个德文全译本摘得第十三届莱比锡书展翻译奖。

【国务院副总理刘延东同志出席德国电影回顾展开幕仪式】 2017年5月24日，中德高级别人文交流对话机制首次会议在北京举行，德国电影回顾展为会议配套活动之一。国务院副总理刘延东出席了德国电影回顾展开幕仪式。

【京剧《浮士德》亮相威斯巴登国际五月艺术节】 2017年5月13—27日，由中国国家京剧院和意大利艾米利亚罗马涅剧院基金会联合出品的实验京剧《浮士德》在德国威斯巴登、杜伊斯堡、卡塞尔、萨尔布吕肯四个城市展开巡演。该剧创排于2015年，由中国、意大利、德国三国艺术家联袂打造，用京剧的表现形式解读西方经典，不仅是一次中西方文化艺术的交融与碰撞，亦是"以中国语汇讲述世界故事"的有益探索与尝试。

【"2017柏林戏剧节在中国"项目举行】 2017年6月6日，由吴氏策划主办、北京歌德文化中心·歌德学院（中国）协办的"2017柏林戏剧节在中国"项目在北京揭幕。6月7日至7月8日，两部风格迥异、各具特色的德语戏剧《他她它》和《国家剧院的绊脚石》在北京天桥艺术中心上演。为了配合演出，主办方还举办了"工作坊""演后谈"以及剧目介绍活动，为广大戏剧迷提供与德国戏剧人交流对话的机会。柏林戏剧节是世界三大戏剧节之一。为了更好地向中国观众呈现德国戏剧艺术发展现状和趋势，展现戏剧的多样性，"柏林戏剧节在中国"项目于2016年开始展开。在此项目框架内，由中德戏剧专家组成的评审委员会从往届柏林戏剧节年度十部最值得关注作品中挑选出代表作，推荐给中国观众。

【"东西汇流——13至17世纪的海上丝绸之路"展览举行】 2017年6月8日至9月10日，"东西汇流——13至17世纪的海上丝绸之路"展览在汉堡举行。该展览协议于"中德高级别人文交流对话机制首次会议"期间签署，值汉堡 G20 峰会期间展出。展览汇聚了中国多家文博单位和汉堡国际海事博物馆有关"海上丝绸之路"的文物和辅助展品，以商品交换、宗教发展、文化交流、古代史迹和水下考古等多维度的内容为载体，展示了 13 至 17 世纪海上丝绸之路历程中东西方文明跨海交流、交融共进的宏大历史图卷。

【"德国设计师的中国情缘"展览举行】 2017 年 6 月 21 日，"德国设计师的中国情缘"展览在柏林中国文化中心开展。此次展览展出的是已故德国设计师赫尔穆特·施陶巴赫的数十件轨道交通、家居及摄影作品。这些作品都充满了中国元素，体现出这位设计师浓浓的中国情缘。赫尔穆特·施陶巴赫是一位在德国工业设计界举足轻重的设计师，曾经走访中国多个城市，或用镜头捕捉和记录社会生活的点滴，用摄影感知中国传统文化，或是走进博物馆，观察中国古代家具的样式和工艺。施陶巴赫的作品汇集了中西方文化碰撞所产生的火花，尤其是与"中国制造"相结合的范例，反映出中德两国在经济和技术领域的成功合作。

【德国慕尼黑电影节举行中国青年导演电影作品展映】 2017 年 7 月 1 日，第 35 届慕尼黑国际电影节慕尼黑落下帷幕。《路过未来》（导演李睿珺，2017）、《清水里的刀子》（导演王学博，2016）和《八月》（导演张大磊，2016）3 部中国新锐青年导演影片应邀参展，在德首映，其中《清水里的刀子》还成功入围竞赛单元。慕尼黑电影节与孔子学院总部合作，首次设立"中国青年导演电影作品展映"主题单元活动，是中国青年导演的作品首次在欧洲重量级的电影节上的一次集体亮相，让欧洲观众对青年视野下的中国社会发展及文化变革有了更直观的认识。

【习近平与默克尔共同出席柏林动物园大熊猫馆开馆仪式】 2017 年 7 月 5 日，中国国家主席习近平同德国总理默克尔共同出席柏林动物园大熊猫馆开馆仪式。习近平主席指出，国之交在于民相亲，希望"梦梦"和"娇庆"能够拉近中德两国距离，成为承载两国人民友好情谊的新使者。默克尔表示，在德中交往历史上，大熊猫为增进两国人民友谊发挥了重要作用，是德中友好新发展的有力见证。习近平主席和夫人彭丽媛同现场的孩子们亲切交流，向他们赠送大熊猫毛绒玩具。当地少年将自己制作的熊猫版画赠给习近平主席夫妇。

【"感知中国·德国行"系列文化活动举行】 2017 年 7 月 5 日，由中国国务院新闻办公室、中国驻德国大使馆主办的"感知中国·德国行"系列文化活动在柏林拉开帷幕。活动开幕式暨"最美中国人"美术作品展汇集了 70 余幅中国著名画家的作品。此次"感知中国·德国行"还包括编钟乐舞演出、"匠心冶陶"瓷器展、创新中国主题展、环球灯会汉堡展等一系列形式多样的文化活动，使德国民众能够多角度、近距离地感知中国，体验中国。

【"感知中国·四川成都文化周"活动举行】 2017 年 7 月 5—9 日，"感知中国——四川成都文化周"在德国柏林市举行。文化周由成都图文展、当地传统艺术表演和成都非遗文创展三部分组成。图文展以视频、图片形式介绍成都的历史文化和当下发展；传统艺术表演包括川剧变脸、工夫茶艺、青城武术和四川特色乐曲等；非遗文创展则由非遗传承人现场展示蜀锦、蜀绣、竹编、剪纸等技艺，并邀请观众参与互动。文化周由柏林动物园、柏林中国文化中心和成都市政府新闻办公室、成都市文化广电新闻出版局共同举办。

【"感知中国·长江边的非遗故事——湖北省非物质文化遗产展演"举行】 2017年7月5日，"感知中国·长江边的非遗故事——湖北省非物质文化遗产展演"在德国举行。这场以10个非遗人物、典故串起的非遗展，旨在让欧洲乃至世界触摸一个古老民族的生命记忆和活态文化基因。非遗展通过传承人现场展演及与观众互动、图片文字介绍、相关实物展示等三种方式呈现，辅以画册、折页等方式。10个非遗故事分别为丝绸之路之基地、万里茶道之起点、凤凰涅槃之楚文化、世界诗人之屈原、活字印刷术之毕昇、中药医圣之李时珍、农耕时代之动漫、国粹京剧之娘家、道教圣地之武当山、吉祥中国之剪纸。展示的物品中，有嫘祖信俗图文、丝绸之路图，印有歌德头像、德国G20峰会会标的砖茶，万里茶道图等。

【"德国8——德国艺术在中国"大型展览举行】 2017年9月15日，"德国8——德国艺术在中国"大型展览开幕式在太庙艺术馆召开，该展览是庆祝中德建交45周年的重要项目，是德国当代艺术迄今在中国最大规模的一次展示，囊括了德国1950年至今最具影响力的55位艺术家的近320组作品。展览在太庙艺术馆、中央美术学院美术馆、北京民生现代美术馆、红砖美术馆、今日美术馆、元典美术馆和白盒子艺术馆陆续启幕，组成7个既彼此独立又相互关联的学术主题展和一场学术论坛。

【庆祝中德建交45周年音乐会举行】 2017年10月15日、18日，中国文联组织中国京剧艺术家于魁智、李胜素、安平、严庆谷、黄丽珠，民乐艺术家吴玉霞、邓建栋以及知名青年歌手王二妮、霍尊等组成的艺术团赴德国法兰克福和柏林参加了庆祝中德建交45周年《莱茵华韵》中国京剧交响音乐会和《柏林华彩》中国京剧民乐音乐会。音乐会采用东西方音乐戏剧艺术融合创新的形式，上演了京剧《野猪林》、京歌《蝶恋》等精彩节目，展现了中国传统京剧和民族音乐的独特魅力。艺术团在演出间隙同吉森大学、海德堡歌剧院等德国文化教育机构开展交流，同德国工商、媒体界人士广泛见面和联谊，增进了中德人民的相互了解和友谊。

【北京歌德学院30周年庆典活动举行】 2017年11月17—18日，北京德国文化中心·歌德学院（中国）在798空间举行持续30小时的大型跨文化交流庆典马拉松，包含音乐会、表演、艺术装置、电影放映、系列演讲和青少年活动等30周年系列庆典活动。歌德学院是德国在世界范围内从事文化交流活动的文化机构，1988年11月1日，在邓小平和时任德国总理赫尔穆特·科尔的推动下，歌德学院北京分院正式成立。30年来，歌德学院作为最早在中国大陆出现的外国文化机构,一方面致力于德语在中国的传播与运用,一方面从事中德两国在文化领域内的交流与合作,不仅在中德艺术文化交流中发挥了重要的作用,成为一扇中国人了解欧洲的窗口,更是成为中国改革开放四十年特别是文化交流方面取得巨大发展的历史见证。

【《三国演义》德文版推介会举办】 2017年11月28日,德国汉学家、翻译家尹芳夏(Eva Schestag)在柏林中国文化中心举办《三国演义》德文版推介会。尹芳夏是《三国演义》首个德文全译本译者,2011年正式接受德国菲舍尔出版社的委托,历时6年翻译了这部文学巨著。尹芳夏在推介会上向德国听众介绍了中国的文字、书籍、哲学的产生与发展,以及《三国演义》小说的历史背景、情节人物、文化内涵和价值观念,并朗诵了书中的重要章节,与听众分享了自己在翻译作品时的心得体会和遇到的难点,让不熟悉中国古代史的德国听众也能够认识和感受到《三国演义》这部中国史诗的不朽魅力,并对中国文学产生浓厚兴趣。

【直观——德中当代先锋艺术群展举行】 2017年12月10日,"直观——德中当代先锋艺术群展"在广州Art23当代艺术馆开幕。展览邀请了来自德国与中国的8位优秀当代艺术家参与,分别是Frederik Foert、Susanne Kutter、Olivia Seiling、黄小鹏、蒋国远、刘香林、徐子薇、应麦可。展出的作品涉及装置、影像、雕塑、绘画、行为等各大视觉艺术门类。

【第六届柏林中德文化节举行】 2018年4月26日,第六届柏林中德文化节在柏林拉开序幕。在此次为期11天的活动上,中德近百名艺术家围绕主题"她·Sie"呈现了一场包括绘画、音乐、摄影、舞蹈、文学、传统曲艺等在内的艺术盛宴。演出大厅外同期举办了"她的瞬间——中国当代女性摄影展",由中国摄影家协会甄选出的40幅女性主题照片全面呈现了当代中国女性风貌。"女性"是今年德国一个非常重要的社会政治热点问题。本届柏林中德文化节通过国际艺术文化的交流与融合去消除人们惯常思维的"性别标签",探讨人文环境与艺术创作之间的关系。

【中国赠送马克思雕像揭幕仪式举行】 2018年5月5日,在马克思诞辰200周年之际,由中国赠送的马克思雕像揭幕仪式在他的故乡——德国西南部城市特里尔举行。中国国务院新闻办公室副主任郭卫民、德国莱茵兰—普法尔茨州(莱法州)州长德赖尔、中国驻德国大使史明德、雕像作者吴为山和特里尔市市长莱布等共同为雕像揭幕。雕像为青铜材质,高5.5米、重约2.3吨,与世界文化遗产尼格拉城门及马克思故居,一同组成这座历史文化名城美丽的风景。中国向马克思的故乡赠送雕像,表达了中国人民对特里尔,特别是对马克思这位伟人的崇敬和纪念,反映了中德人民的友谊和携手构建人类命运共同体的意愿,为中德友谊与合作架起了新桥梁。

【"马克思、汽车和足球:德国与中国的联系"国际对话在特里尔举行】 2018年5月6日,作为马克思诞辰200周年系列纪念活动之一的"马克思、汽车和足球:德国与中国的联系"国际对话在德国特里尔市举行。两国专家就两国历史与现实维度的各种关系展开了多层面的探讨,既让世界加深了对马克思主义的理解,也让世界加深了对中国政治体制和道路的了解。

【云南文化周暨柏林中国文化中心成立十周年庆典举行】 2018年5月11日,"云南文化周暨柏林中国文化中心成立十周年庆典"活动在德国柏林拉开序幕,200余名中德嘉宾出席了开幕式。柏林中国文化中心成立十年来,始终致力于向德国公众全面展示中国在文化、艺术、教育和社会等领域的发展状况和成就,其多个连续举办多年的品牌活动,如"欢乐春节"大型庆典、欧洲围棋大满贯赛、"天涯共此时——中秋庆典"、小剧场话剧周、德国中国曲艺周、儿童戏剧周等已在柏林享有了一定知名度,每年都会吸引很多喜爱中国文化的德国朋友热情参与。本次"云南文化周"汇聚了云南26个民族的传统服饰展与国家级、省级非物质文化遗产项目:滇红茶制作技艺、宾川朱苦拉咖啡制作技艺以及云南歌舞乐展示。

【第六届德国中国曲艺晚会举行】 2018年10月12日,第六届德国中国曲艺晚会在柏林中国文化中心举行。14位中外演员为德国观众和当地华侨华人表演了节目。"德国中国曲艺周"活动自2013年起由柏林中国文化中心与中国曲艺家协会共同举办,到2018年已是第六届。几年来,中国曲艺家们走遍了柏林、汉堡、杜塞、法兰克福和慕尼黑等地,献上一场场精彩的文化盛宴,传播了中国文化,也成了华侨、留学生追寻故乡文化的平台。

【"从共同到不同——2018城市+(长春—慕尼黑)公共艺术双城展"举行】 2018年12月7日,"从共同到不同——2018城市+(长春—慕尼黑)公共艺术双城展"在吉林省长春市雕塑博物馆开幕。本次中德公共艺术双城展以"从共同到不同"为主题,汇集来自中德50位艺术家、建筑师、规划师的60余件作品,涵盖装置互动、雕塑、摄影、绘画、影像、建筑等不同艺术形式,同时,一系列公共艺术教育活动在展览期间举办。

【2018中德历史城区保护与可持续发展论坛举行】 2018年12月9日,"2018中德历史城区保护与可持续发展论坛"在青岛市举行,来自中德两国的专家、学者聚焦"历史城区保护与可持续发展"主题,围绕历史城区的规划设计、历史文化保护、历史建筑与街区保护修复、生态环保、公共管理、产业投资等内容进行了研讨和交流。多位中外专家、学者发表演讲并实地考察,就中德两国历史建筑、里院建筑保护和利用相关经验进行广泛的交流,为加快推动青岛历史城区繁荣复兴提供智慧支持,为开拓保护模式、创新发展思路提供了理论依据。

四 中德媒体交流

【纪念中德建交45周年访谈录《忆海拾英》出版发行】 2017年10月,纪念中德建交45周年访谈录《忆海拾英》中德文双语版正式出版发行。该书收有对两国合作交流做出重要贡献的政治、经济、文化、体育等各界人士的访谈实录共20篇，中国驻德国大使史明德为该书作序。《忆海拾英》一书内容体现了许许多多投身中德关系发展的有识之士的热情和心血，是对两国交往45载春华秋实的一个注解，能让广大读者，特别是致力于中德合作的各界人士，感受到45年来两国关系的风雨兼程、同舟共济，体会到两国人民的心相近、情相连，同时也能从中汲取智慧和力量，为中德关系注入新的活力。

【中德电视纪录片创作研讨会举行】
2018年4月25日，中德电视纪录片创作研讨会在德国科隆成功举办，来自中德两国的电视纪录片专家与纪录片爱好者齐聚科隆，共同就中德两国纪录片创作交流互动。德国著名电影制作人罗尔夫·吉森、吉林艺术学校副院长王俊杰分别以"中德电视电影发展与对话""中国纪录片创新发展与跨文化传播"为题做了主旨演讲。研讨会上，主办方还放映了纪录片《我在故宫修文物》，并邀请该片主创分享创作心得。本次中德纪录片创作研讨会由中国文学艺术界联合会、中国电视艺术家协会与柏林竹苑德中文化交流促进会联合主办，德国科隆路德维希博物馆电影论坛、科隆电影媒体学院协办。

【第七届中德媒体对话举行】
2018年5月7日，第七届中德媒体对话在德国柏林举行，中德两国的媒体代表和专家学者40余人参加此次对话，就进一步加强中德媒体交流合作、社交媒体时代的国际新闻报道、经济全球化与媒体等议题进行了坦诚深入的交流。中国国务院新闻办公室与德国外交部共同主办的中德媒体对话创办于2011年，由中国和德国轮流举办，已成为两国媒体人士交流互鉴、拓展合作的年度重要活动。

【"2018中国吉林省电视周"活动举行】 2018年10月8日，"2018中国吉林省电视周"活动在德国法兰克福拉开帷幕。由吉林电视台和五洲传播中心制作的纪录片《家宴》《关东酒事》《五彩绣枕》《走向世界的中国高铁》和《象帽舞》五部精彩纪录片和10部短视频通过德国合作伙伴莱茵美茵电视台向主流受众讲述吉林故事，传播中国声音。莱茵美茵电视台是德国法兰克福地方主流电视台，覆盖受众超过500万人。双方还举办了交流座谈会，共同观看了吉林纪录片《走向世界的中国高铁》，中方就现有节目情况及拟开展合作的选题和项目进行了推介交流。

【"生命：董卿对话大卫·瓦格纳"读书会举行】 2018年10月11日，中国电视文化节目《朗读者》创始人董卿和德国作家大卫·瓦格纳在德国首都柏林共同举办一场有关生命的中德文学对话及读书会。两人分享并交流了从各自人生以及文学中获得的生命感悟。已经在中国出版了长篇小说《生命》的德国作家大卫·瓦格纳讲述了自己通过肝脏移植，感知另一个生命在他身上的延续和希望。董卿分享了在《朗读者》节目中一对父母捐献女儿器官并拯救了5个人的故事。之后，董卿朗读了一生饱受病魔折磨、却在对生命的思考中刷新精神高度的中国作家史铁生的代表作《我与地坛》的片段，大卫·瓦格纳则朗读了自己的小说《生命》片段。这场读书会完美展现出文学讲述可促进跨越国度、跨越文化的理解和沟通。

【纪录片《中德制造》开播】 2018年11月28日，由深圳广电集团新闻中心制作的《中德制造》在深圳卫视开播。该纪录片分为《基石》《质量》《制造者》《供应链》和《双元制》5集，以深圳制造业企业为代表，从中国制造业的实践出发，对标世界制造业强国德国，多层次、多维度地介绍了德国制造业的真实面貌，展示了中国制造业积极借鉴国际先进经验，追求高质量发展的现状、难点及未来趋势。

五　中德体育交流

【中德签署《关于推动足球合作的谅解备忘录》】 2017年5月24日，在北京中德高级别人文交流对话机制首次会议上，在刘延东副总理和加布里尔副总理的共同见证下，中国大学生体育协会与德国法兰克福足球俱乐部签署了《关于推动足球合作的谅解备忘录》，双方今后将在学生运动员交流、学术研讨、媒体合作及校园足球发展等方面开展合作。

【中德足球峰会在法兰克福举行】 2017年6月7—8日，首届中德足球峰会在法兰克福举行。约200位来自中德两国的足球协会、中国足球超级联赛俱乐部以及德国足球甲级联赛俱乐部的代表出席并进行了密切交流。此次峰会为两国足球专业领域专家提供了珍贵的机会来互相了解并加强双方合作。峰会不仅让德方更好地认识中国足球市场，也让中方更深入地了解德国职业足球取得成功的主要运营模式。与会双方都表示将共同努力，更深入了解并加强之间的联系，研究在中国推广足球运动的方法，支持足球运动在中国的稳步发展。

【2017年校园足球德国训练营举行】 2017年7月3—12日，中德青少年校园足球训练营在德国成功举办，来自中国24个省、自治区、直辖市的29名学生运动员参加了此次训练营。本次训练营由全国青少年校园足球工作领导小组办公室主办，教育部学生体育协会联合秘书处和德国足协共同承办，旨在落实2016年两国达成的青少年校园足球战略合作协议。

【习近平与默克尔观看中德校园足球友谊赛】 2017年7月5日，在德国出访的习近平主席和夫人彭丽媛及德国总理默克尔来到柏林奥林匹亚体育场，参观了"中德校园足球合作"图片展，与两国小球员亲切交流、合影，并共同观看中德青少年校园足球训练营友谊赛。此次参赛的是中国青少年校园足球队，是从2015—2016年全国青少年校园足球夏令营13岁以下组别选拔出的最佳阵容。整场活动气氛热烈、比赛精彩纷呈，双方小球员的出色表现赢得了两国领导人的充分肯定。习近平主席对小球员们表示，青少年是中德足球事业发展的希望，也是中德两国友好合作事业的接班人。希望双方小球员发扬团结拼搏精神，学习和交流足球技巧，成为好朋友、好伙伴。

第一编　高级别人文交流机制

【第七届中德体育研讨会举行】
2017年9月18—22日，第七届中德体育研讨会在上海体育学院举行。本次会议由中国国家体育总局和德国内政部共同主办、上海体育学院承办。会议设立了"中德体育组织现状与政策""促进冬季体育项目发展的政策措施""学校和体校的双重职业生涯"3个主题，来自中德双方的与会专家围绕会议主题进行了汇报交流和讨论，共同推动中德体育交流与合作。

【第三届中德大学生足球四强赛举行】　2018年6月7—11日，第三届中德大学生足球四强赛在北京师范大学珠海分校成功举办。本届比赛由教育部国际合作与交流司、中国大学生体育协会共同主办、北京师范大学珠海分校承办。中方派出太原理工大学、东华大学两支男足队伍，与德方来自海德堡大学、斯图加特大学的男足球队进行了为期1周的比赛和交流活动。最终德国斯图加特大学足球队获得了冠军，海德堡大学获得第二名，太原理工大学、东华大学并列三名。除比赛之外，活动期间还举办了足球发展座谈会、中德大学生文化联欢等形式多样的文化交流活动，让德国的大学生运动员们全面感受中国传统文化的魅力。

【"PASCH足球季"中德足球夏令营举行】　2018年7月6—14日，中国农业大学附属中学、慕尼黑足球学校和歌德学院·中国联合举办了"PASCH足球季"中德足球夏令营活动。全国15所PASCH项目学校的中学生们及其体育老师接受了慕尼黑足球学校四位优秀足球教练的培训和指导，参营的学生和体育老师们每天还参加以运动和足球德语为重点的德语课程。该夏令营为德国歌德学院的"学校：塑造未来的伙伴（PASCH）"项目框架下的活动，致力于创造德国语言、体育与德国足球专家在中国学校中的可持续联系，提升校园足球教师的专业水平，促进中国青少年校园足球事业和校园足球项目的建设发展。

六　中德青年交流

【中德青少年国际营地论坛举行】
2017年5月24日，中德青少年国际营地论坛在北京举行。此次论坛是中德高级别人文交流对话机制首次会议的配套活动。来自中德两国的青年组织、青年体育协会、青少年活动中心、营地运营机构和体育品牌企业的80名代表参加了论坛。受共青团中央委托，中国国际青年交流中心承办了中德青少年国际营地论坛及有关活动。此举旨在加强中德青少年营地的国际交流与合作，拓宽中德人文交流渠道，为中德校外教育的发展提供相互借鉴。

【中德青年创新创业合作交流周举行】　2017年6月13—16日，以"青春同行·创赢中德"为主题的中德青年创新创业合作交流周暨百名德国青年中国（江苏）行活动在江苏太仓市举行。本次活动由中国科技部与德国联邦教育与研究部共同主办，是中德两国科技创新合作的重要活动之一。活动旨在进一步落实中德两国政府提出的中德青年创新创业伙伴计划，推动两国青年创新创业者互动交流与经验分享，促进两国创新创业资源的有效对接。

【中德青少年足球交流会举行】 2017年6月19日，中德青少年足球交流会暨第五届德中青少年足球邀请赛赛前动员会在青岛中德生态园德国足球亚洲基地举行，前中国国家足球队主教练、中德生态园顾问克劳斯·施拉普纳对足球小将们进行了足球技术指导。德中青少年足球邀请赛是由青岛市荣誉市民、德国曼海姆市前第一副市长艾格博士与前中国国家足球队总教练克劳斯·施拉普纳、德中友协莱茵内卡分会会长菲利克斯·库尔茨在2012年共同发起的中德两国青少年足球交流活动，得到了中德两国足协、德国外交部、曼海姆市政府等部门和机构的大力支持。2015年，中德合作在青岛建立德国足球亚洲基地，全面引进德国足球培训体系。

【第二届中国青少年音乐比赛·蜂鸟音乐奖——全国级比赛举行】 2017年7月13—15日，"第二届中国青少年音乐比赛·蜂鸟音乐奖"在北京举行全国比赛。该比赛由北京（中国）国际音乐比赛管理委员会和德国音乐理事会，以及德国青少年音乐比赛组委会联合举办，其主要目的是使年轻音乐家接触和体验不同的音乐合作方式。全国比赛后开展的固定公益项目"中德青少年音乐交流季"，每年9月至11月以全额资助中德青少年比赛获奖者互访的形式，在德国和中国举办，内容主要是为中德青少年开展音乐大师班及巡演活动，为选手提供更多演出机会，并以此促进中德青年之间的人文交流。

【第16届德国柏林中德青少年艺术节举行】 2017年7月19—25日，第16届德国柏林中德青少年艺术节在柏林举行。来自9个德国和14个中国团队的600多名青少年小艺术家们参加了本次艺术节，内容包括在不同场地同时进行的钢琴、手风琴比赛、钢琴大师课、手风琴大师课、舞蹈大师课、艺术大师课以及文艺演出等。除了单个的才艺友好比拼和大师课之外，小艺术家们还可以根据自己的爱好选择美术工坊、跨文化、中国功夫工坊等活动来了解中德文化和交流观点。德国柏林中德青少年艺术节由德国艺术与教育国际交流促进会主办。从2002年举办至今，该艺术节已经成为一年一度欧洲最大的中外青少年艺术交流活动。

【"中德未来之桥"青年领导者合作洽谈会举行】 2018年3月23—25日，"中德未来之桥"青年领导者合作洽谈会在青岛中德生态园举行，来自中德双方相关政府部门、学术界、产业界及研究机构的20余位青年代表聚焦绿色发展，围绕节能环保，共商中德交流合作发展新路径。此次活动由全国青联、德国墨卡托基金会发起并支持，中国国际青年交流中心、青岛市青年联合会、青岛西海岸新区管委主办，青岛中德生态园管委、中德联合集团承办。2011年，时任国务院副总理李克强与德国副总理兼外交部长威斯特维勒就进一步发展中德关系、加强中德青年交流达成重要共识，决定今后10年每年举办"中德未来之桥"交流营项目。此次活动为进一步促进中德青年交流，特邀前六届交流营营员代表和嘉宾代表共同举办合作洽谈会。

【第17届德国柏林中德青少年艺术节在柏林举行】 2018年7月19—25日，第17届德国柏林中德青少年艺术节在柏林举行。本次艺术节吸引了来自8个德国团队和9个中国团队600多名青少年小艺术家们参加，主要内容包括：4场大型文艺演出、风琴比赛、钢琴比赛、合唱比赛、舞蹈大师课、中德小画家画展、音乐工坊、美术课堂等。

【第三届中德青少年文化教育研讨会在北京市举行】 2018年11月13日，由中国宋庆龄基金会、德国墨卡托基金会主办，中国宋庆龄青少年科技文化交流中心、德国对外关系研究所承办的第三届"中德青少年文化教育研讨会"在北京开幕。本届研讨会以"'文化教育'中的创造性与创新能力"为主题，探讨创造性和创新能力在文化教育领域所产生的意义及影响。来自中德两国研究机构的专家学者、青少年教育机构负责人和教师及相关部委的代表100多人出席了开幕式。研讨会期间，中方还安排德方专家学者参观了新落成的中国宋庆龄青少年科技文化交流中心，赴北京、天津两地的学校及课外文化机构参观访问，对中国青少年文化教育的状况进行了实地考察。

（撰稿人：李文红、邱袁炜、王建斌、徐丽莉、徐四季、于芳、张凯）

中印人文交流

一 中印人文交流综述

【中印关系】 中国和印度有着悠久的历史和璀璨的文明，中印文化交流历史源远流长。进入21世纪以来，中印关系总体保持良好的发展势头，两国关系的发展促进了中印之间人文合作与交流的发展。尚有很大空间。

【机制回顾】 2018年12月21日，中国—印度高级别人文交流机制首次会议在新德里市举行，中国国务委员兼外长王毅与印度外长斯瓦拉杰共同主持。王毅表示，建立中印高级别人文交流机制是推动中印关系全面发展的重要举措，也是构建东方文明复兴的重要平台，将有助于巩固双边关系民意基础、促进两国关系健康发展、推动不同文明和谐共处、共同维护世界的和平稳定。斯瓦拉杰表示，印中两大文明古国有着深厚的文化纽带，启动印中高级别人文交流机制，必将为两国人文交往提供新平台，为两国关系与合作提供新动力。会上，中印双方有关部门负责人围绕文化、媒体、影视、博物馆、体育、青年、旅游、地方、传统医药与瑜伽、教育与智库等领域的交流合作进行了深入讨论，达成了广泛共识。

从总体来看，2017年至2018年，中印人文交流可以说是在曲折中向前发展，两国关系重回正轨之后，人文交流方兴未艾。从具体交流活动来看，中印人文交流呈现如下特征：

第一，人文交流的传统项目得到延续。中印之间的人文交流活动存在一些传统项目，如智库论坛、中印论坛、香客朝圣、青年互访、博物馆交流、媒体高峰论坛、中印联合医疗队等定期项目，在2017—2018年均得以继续举办。

第二，围绕舞蹈、音乐、文学与语言教学、瑜伽及中医药展开的人文交流活动，是2017—2018年人文交流活动的主体内容。青年互访、文艺团体互访、人员互访及举办会议是人文交流活动的主要形式。相比传统的文艺演出、旅游观光、展览等交流方式，2017—2018年的人文交流形式和内容都更为丰富。

第三，新的人文交流热点不断出现。例如，在2017—2018年，影视领域的交流有明显的提升，电影作为印度文化的名片被更多地引进中国，有利于促进两国人民的相互了解，激发两国人民的共鸣。此外，随着中国互联网行业的发展，印中围绕着互联网行业及科技发展所进行的人文交流，将会成为今后交流的热点。

二 中印教育与智库交流

【印度国别研究会议举行】 2017年4月22日，印度国别研究国际学术会议在温州大学举行，来自中国、印度、日本、韩国的150多位专家代表参加了此次会议。会上各国专家就文化、文学、宗教等多方面交流了印度国别研究的成果。温州大学和印度方面签订合作意向，并就"共同促进学术交流，提高国际化办学能力，推进民间交流"达成共识。

【教育部部长陈宝生会见印度人力资源发展部部长】 2017年7月5日，教育部部长陈宝生会见了来华出席第五届金砖国家教育部长会议的印度人力资源发展部部长雅瓦德卡尔一行。双方商定，将共同努力，促进双边教育合作，促进中印教育事业合作取得新进展，同时不断深化包括金砖国家教育部长会议在内的双多边框架下教育交流与合作。

【第二届"印度文化浸润"项目举行】 2018年1月23日，第二届清华学子"印度文化浸润"项目开幕式在印度金德尔大学举行。来自清华大学的21名师生受到印度方面的热烈欢迎。驻印度使馆公使李碧建应邀出席开幕式并致辞，教育组负责人孙美幸陪同。清华大学21位师生、金德尔大学校方负责人及印度方面部分学生出席。李碧建介绍了中印关系和两国教育交流现状，寄语两国青年加强往来与沟通，使中印友好事业后继有人。清华大学和金德尔大学师生表示将继续合作，把"印度文化浸润"项目打造成中印两国青年学子友好交往的新品牌。

【华中师范大学成立印度研究中心】 2018年3月21日，华中师范大学印度研究中心正式成立。华中师范大学副校长彭南生、近代史所长马敏、印度尼赫鲁大学社会医药与社区健康中心教授拉玛·巴鲁共同为中心揭牌，印度中国研究所副研究员南迪参加了揭牌仪式。此举响应了教育部国际司自2012年起启动的国别与区域研究中心的申报工作。中心的成立将促进中印学术交流，增进中印的相互了解，推动中印关系的和谐发展。

【中国高等院校在印度举行教育成就及招生展】 2018年5月10日，来自中国11个省市的60多所高等院校在印度东部城市加尔各答举行教育成就及招生展，中国驻加尔各答总领事马占武，印度联邦议员萨曼塔、西孟加拉邦教育部官员、当地大中院校师生、华侨华人等千余人参加了开幕式。马占武在开幕式上表示教育交流是中印两国人文交流的重要内容。目前，有超过1.8万名印度学生在中国学习，超过2000名中国学生在印度留学。未来在双方共同努力下，两国间的留学生数量有望在未来几年成倍增加。萨曼塔等印方嘉宾表示将通过努力促使更多印度学生去中国留学，同时加强两国高校和企业间在人文、科技、创新等领域的交流合作,进一步推动两国关系发展。

【"后武汉时期:中印关系研讨会"举办】 2018年6月18日,中国驻印度使馆与印度中国研究所、印度工商联合会、印度外事记者协会和南亚外国记者俱乐部联合举办"后武汉时期:中印关系愿景与速度"研讨会,旨在调动中印双方各界人士的积极性,为中印关系未来发展建言献策,为开创中印关系新局面贡献智慧与力量。驻印度大使罗照辉和印度国家转型委员会秘书长康德出席开幕式并发表主旨演讲。中印两国政、商、媒各界人士和多国驻印度使节共300余人参加。此次研讨会举办于中印领导人武汉非正式会晤和青岛上合峰会之后,会上解读了两国会晤成果。

【中印人文交流中心揭牌成立】 2018年6月28日,由云南民族大学与印度尼赫鲁大学联合成立的中印人文交流中心在云南省昆明市揭牌。印度尼赫鲁大学成立于1969年,是为纪念印度历史上第一任总理加瓦哈拉尔·尼赫鲁而建立的文理综合性大学,是印度最好的大学之一。该校以培养研究生和进行科学研究为主,自2009年起面向中国招收留学生。揭牌仪式上,两所高校签订了谅解备忘录。未来,云南民族大学与印度尼赫鲁大学将在学术交流、师生互换以及专业研究等领域开展合作。

【北京大学姜景奎获卡米耶·布尔克奖】 2018年9月14日,印度中央邦向中国著名印地语学者、北京大学教授姜景奎颁发卡米耶·布尔克奖,以表彰他在印度语言文学和文化方面的贡献。姜景奎是首位获得印度国家文学院外籍在研院士称号的中国人。卡米耶·布尔克奖是印度中央邦政府设置的奖项,旨在每年奖励1名在印度语言文学、文化方面贡献突出的外籍学者。

【谭云山国际学术研讨会举办】 2018年11月2—4日,为纪念著名印度学者谭云山赴印度九十周年,中国人民对外友好协会与深圳大学在深圳市共同举办谭云山国际学术研讨会。驻广州印度总领事高士出席开幕式并致辞,谭云山之子谭中、前印度文化关系委员会主席洛克希·金德尔分别为大会发来贺信,来自中印两国的众多知名高校、研究机构的20余名中外专家学者出席研讨会,就"谭云山、中国学院与中印文化交流""中国印度学""'天下大同'、'世界一家'和'人类命运共同体'"等三大主题进行了深入讨论和研究。论坛还举办了"谭云山文献图片展",并组织中印两国嘉宾参观深圳大学泰戈尔铜像和谭云山中印友谊馆。

【"跨文化视野下的制度习惯"中印学者对话会议举办】 2018年11月12日,印度金德尔大学举行"跨文化视野下的制度习惯"中印学者对话会议。中心主任、北京大学讲席教授俞可平应邀作题为"礼法合治与中国人的行为方式——制度与习惯的中国式解读"的主旨演讲。本次会议受到了中国驻印度大使馆和金德尔大学的高度重视,金德尔大学校长库马尔和中国驻印度大使馆参赞李亚出席开幕式并致辞祝贺。金德尔大学法学院院长、国际政治学院院长、政府与公共政府学院院长,以及该校中国研究中心主任张文娟等全程参加了对话研讨。

第一编　高级别人文交流机制

【印度尼赫鲁大学代理校长访问云南民族大学】 2018年11月27日，印度尼赫鲁大学代理校长钦塔马尼·马哈帕查到访云南民族大学雨花校区。云南民族大学书记陈鲁雁出席座谈会，相关部门负责人参加会议。陈鲁雁向钦塔马尼·马哈帕查教授详细介绍了云南民族大学澜湄国际职业学院、南亚书院和中印瑜伽学院成立的背景以及相关发展情况。钦塔马尼·马哈帕查表示印度尼赫鲁大学希望与云南民族大学在教育国际化方面进行资源共享，并在师生互访交流、联合科学研究方面进行合作。当日，钦塔马尼·马哈帕查在云南民族大学作了主题为"中国—印度—美国三边关系：亚洲稳定和繁荣的关键"的讲座。

【大理大学代表团访问印度】 2018年12月5日，大理大学党委书记段林率领由教务处、留学生教育服务中心及临床医学院、基础医学院相关负责人组成的代表团出访印度、尼泊尔和孟加拉国的高校、医疗机构及其他相关机构。此次出访旨在巩固与加强大理大学同南亚各方的合作关系，全面系统了解南亚医学生教学培养体系、南亚国家医学生入学考试、培养过程质量监控、毕业考试及各国医师资格考试的相关政策要求。访问印度期间，代表团先后到访加尔各答、班加罗尔和新德里3个城市。在与印度方面的会谈中，代表团深入系统地了解了印度医学教育体系、医师资格考试要求等相关情况，促进了中国对印度医疗教育的认知。

【中国—印度职业教育合作论坛举办】 2018年12月20日，作为中印高级别人文交流机制配套活动的首届"中国—印度职业教育合作论坛"在印度首都新德里成功举办，国家汉办副主任马箭飞、中国驻印度使馆参赞李柏军和印度国家信息技术学院副总裁桑杰伊等领导与在印中资企业负责人和中印两国高职院校师生代表与会。会上双方一致肯定了中印职业合作项目——鲁班工坊的成果，并认为鲁班工坊的模式应当进一步推广。同时两国参会代表还就中印职业教育优势及成果、中印职业教学合作领域等议题展开了研讨。

【第三届中印智库论坛举行】 2018年12月20日，第三届中印智库论坛在新德里举行。论坛由中国社会科学院副院长高培勇、印度世界事务委员会总干事拉加万共同主持，两国外长分别向论坛致贺信。中国驻印度大使罗照辉、印度外交部东亚司联络秘书傅鹏飞出席开幕式。中印两国专家学者、驻印使团部分外交官和媒体记者约120人参加。本次论坛是中印高级别人文交流机制配套活动之一，以"文明交融迈向亚洲世纪"为主题。两国专家就"战略沟通与战略现实""全球化经济：演变格局中的中印定位""社会发展与挑战""人文交流：文化与文学"4个主题展开讨论交流。

【中印语言与文化研讨会举行】 2018年12月20日，由中国驻印度使馆与深圳大学共同举办的中印语言与文化研讨会在印度新德里市举行。这是中印高级别人文交流机制首次会议的重要配套活动。孔子学院总部副总干事、国家汉办副主任马箭飞，驻印度使馆公使李碧建，教育官员孙美幸，印度金德尔大学校长库卡尔，拉夫里科技大学校长坎瓦尔，曼格拉姆大学副校长阿妮塔，尼赫鲁大学中文系主任狄伯杰，深圳大学印度研究中心主任郁龙余等120余人与会。中印学者一致认为，本次研讨会对进一步促进中印语言文化交流意义重大，双方一致呼吁两国应当同心协力，在文学经典互译、作家艺术家互访、本土汉语师资培训等方面加大力度，大幅提升双方语言和文化交流合作的水平。

【中印文明对话活动举行】 2018年12月22日，由安倍德卡尔大学和敦煌研究院主办的中印文明对话活动举行。这是中印高级别人文交流机制首次会议的重要配套活动之一。文化和旅游部副部长张旭等陪同国务委员兼外交部长王毅出席活动；见证安倍德卡尔大学与深圳大学合作意向书、安倍德卡尔大学与敦煌研究院合作意向书签署仪式；会见与会中外学者，并与他们交流；建议两国学术界同心协力加强研究，为落实两国领导人共识、推动文明交流互鉴、构建人类命运共同体做出更大贡献。

三　中印文化交流

【"欢乐春节"专场演出举行】
2017年1月18日，由文化部组派的新疆艺术剧院歌舞团"欢乐春节"专场演出活动在印度首都新德里市成功举办。此次活动作为2017年在印度举办的"欢乐春节"系列活动的重头戏受到了各方的广泛关注。中国驻印度大使罗照辉及夫人江亦丽参赞、文化参赞张志宏，以及印度文化关系委员会主任阿玛伦达·卡托、印度钢铁部常秘阿茹娜·夏尔玛、印度青体部辅秘古普塔夫妇、印度人民院议员乌迪特·拉吉等中印嘉宾共800余人共同出席了活动。

【"中国故事"主题音乐会在举行】
2017年3月14日，在印度加尔各答泰戈尔中心，来自中央音乐学院的14名演奏家和两位印度国宝级音乐大师举行"中国故事"主题音乐会。现场约300名来宾欣赏了这一文艺盛宴。这场音乐会是"中国故事"主题专场音乐会的首次印度之行，也是中印两国音乐界首次高水准的合作，有利于促进两国文艺界加深彼此了解。

【中印智慧城镇化大会与博览会举办】 2017年3月15日，中国驻印度大使馆刘劲松公使出席由印中经济文化促进会和印度智慧城市委员会联合主办的中印智慧城镇化大会与博览会开幕式并致辞。使馆经商参赞李柏军，印度电子信息科技部国务部长、印度智慧城市委员会创始人兼董事等代表参会。本次展会吸引了来自中国各省市的近50家企业参展。中方代表刘劲松表示希望印方进一步为中国投资者提供必要的信息与宽松、友善、规范的营商环境，也希望更多中国企业家、官员和专家来印考察印度城镇化带来的商机。印方表示，欢迎更多中国企业积极参与"印度制造"和"智慧城市"建设，与印方携手并进，共同发展。

【中印文化交流专场音乐会举行】
2017年5月25日，第十五届北京现

代音乐节中印文化交流专场音乐会《拉格·茉莉》在中央音乐学院音乐厅成功上演。来自印度的著名塔布拉鼓演奏家苏布汉卡·班纳吉与桑图尔琴演奏家达伦·巴塔查亚为观众们带来了精彩的印度传统音乐表演，同时巴塔查亚与中国扬琴演奏家刘月宁共同演奏了作品《拉格·茉莉》，将印度音乐元素与中国传统"茉莉花"曲调相结合，充分体现了"文化交流"这一主题。

【中印友好文化交流节举行】 2017年6月23日，由中国印度友好协会主办、北京乐舞婆娑印度古典艺术中心承办的中印友好文化交流节在北京东图影剧院举行。全国对外友协副会长林怡、印度驻华使馆二秘巴沙及印度驻华使馆副馆长夫人出席了活动。

【文化部部长雒树刚会见印度文化部长】 2017年7月5日，文化部部长雒树刚在天津市会见了来华出席第二届金砖国家文化部长会议的印度文化部部长马赫希·夏尔马，就中印双边文化交流以及与印在金砖机制下开展文化领域合作等事宜交换了意见。

【中印联合制作当代舞剧首演】 2017年11月29日，由中国舞蹈家协会主办、中印两国联合制作的当代舞剧《贝玛·莲》在北京未来剧院成功首演。中国舞协分党组书记、驻会副主席兼秘书长罗斌，中国舞协副主席、中央芭蕾舞团团长冯英，中国舞协副主席丁伟，中国舞协主席团顾问吕艺生、赵青，中国文联权益保护部主任暴淑艳，中央民族大学舞蹈学院院长蒙小燕，首都师范大学音乐学院舞蹈系主任田培培以及印度驻华使馆官员和来自印度的Shri Ram表演艺术中心执行总监（Hemant Bharat Ram）出席观看了演出。此次演出获得了中印双方观众与嘉宾的一致认可与好评。

【"中印对话：传统在当代"论坛召开】 2017年12月16日，2017金砖国家文学论坛分论坛"中印对话：传统在当代"在北京师范大学珠海分校召开。印度文学家美瑞杜拉·嘉戈、苏库瑞塔·保罗、库尔玛、帕提莎·塞恩对谈中国文学家苏童、欧阳江河、翟永明等。双方文学家就传统在当代的意义，如何对传统资源进行创造性转化以及中印两国的现代性有何特殊性等问题展开了探讨，两国作家各抒己见，互通有无。这次活动促进了中印两国文学界进一步加深了解。

【茅盾文学奖作品《尘埃落定》印地语版发行】 2017年12月20日，中国知名作家阿来获茅盾文学奖的作品《尘埃落定》印地语版在印度首都新德里市正式出版发行，同时他的另一部作品《空山1》印地语版也于当天正式发行。这两部作品由印度记者阿南德·斯瓦鲁普·维尔马翻译。包括维尔马在内的数十名中印两国作家、学者和出版商出席新书发布会。印度出版商表示印度应加强对中文作品的翻译和出版，给印度民众提供更多了解中国的途径，加强中印两国的民间交往。前来洽谈合作的商务印书馆总编辑周洪波在发布会上表示希望未来能与印度出版社密切合作，向印度推出更多中国作品，讲好中国故事。

【"中印文化交流——如何避免盲人摸象？"研讨会举行】 2017年12月

26日，第59期察哈尔圆桌暨"中印文化交流——如何避免盲人摸象？"研讨会在北京市举行，学会喜马拉雅区域研究中心秘书长、高级研究员、西华师范大学印度研究中心主任龙兴春教授主持会议。学会新晋研究员、探索频道亚洲电视网制作与开发副总裁魏克然·钱纳作主旨发言。本次会议就如何了解中国视角下的印度和印度视角下的中国以及如何进一步增强两国的互信展开了充分探讨，促进了中印双方的了解。

【中国代表团参加2018年新德里世界书展】 2018年1月5日，中国人民大学出版社副社长兼副总编刘志率团访问印度，参加2018年新德里世界书展，并和皇家柯林斯出版集团在书展上共同举办"中国人民大学学术外译精品丛书印度版首发仪式暨中印高等教育学术研讨会"。仪式上发布了由中国人民大学出版社和皇家柯林斯出版集团共同合作出版的5本英文版或印地文版图书。访问期间，中国人民大学出版社还与皇家柯林斯出版集团签署了新书合作协议。

【云南大学代表团赴印度开展人文交流活动】 2018年1月10日，应印度国际大学邀请，云南大学选派35名本科生和研究生前往印度国际大学开展人文交流活动，国际大学为来访的中国学生精心准备了丰富多彩的文化体验活动，邀请当地知名学者讲授印度对中国的研究以及印度史诗《摩诃婆罗多》《罗摩衍那》等。此次人文交流活动恰逢当地节日，受到媒体广泛关注，加深了中印两国青年学生的相互了解。

【中国传统文化艺术专家团访问印度】 2018年1月29日，应印度菩提伽耶管委会、莫扎特大学邀请，由毛泽东新闻研究院院长应明阳任团长，著名梵呗音乐家、中国传统文化艺术家刘湘子任副团长的中国传统文化艺术专家团开始为期5天的印度之行。这是第一届中印传统文化艺术交流活动，也是以刘湘子的"东方狮吼"为核心交流内容的系列交流活动。刘湘子还特意邀请印度鼓、印度琴民间演奏家共同合作为印度观众奉献了精彩的演出。这既是中印传统文化合作的佳话，也让印度人民领略到中印传统文化融合的魅力。

【广州芭蕾舞团印度专场演出举办】 2018年2月1日，"今日中国"艺术周广州芭蕾舞团在印度新德里市举行专场演出，中国驻印度大使罗照辉及夫人、印度文化关系委员会主任戴瑞思及各国驻印使节与新德里各界约1500名观众共同观看了这场文艺演出。这是中国芭蕾首次登上印度舞台。中国驻印度大使罗照辉和印度文化关系委员会主任戴瑞思分别致辞。本次活动进一步促进了中印文化交流，让印度人民更好地了解中国。

【中国国家话剧院原创剧目《人生天地间》上演】 2018年3月，应第八届戏剧奥林匹克戏剧节组委会邀请，中国国家话剧院原创剧目《人生天地间》赴印度新德里，并分别于3月31日和4月1日在印度国家戏剧学院演出，为中外观众奉上了一场中国话剧的艺术盛宴。

【第三届"丝绸之路"中印音乐节举行】 2018年3月11日，第三届"丝绸之路"中印音乐节在印度孟买市举行。来自中国内蒙古大草原的音乐家们集中展示了源远流长、博大精深的蒙古族艺术。由多名国家一级演员和非物质文化遗产传承人等组成的艺术团先后表演了马头琴经典《万马奔腾》《遥远的克鲁伦河》《腾飞》、呼麦名曲《四岁的海骝马》、著名长调《圣主成吉思汗》、三弦经典作品《科尔沁随想曲》以及蒙古族著名英雄史诗《江格尔赞》等具有鲜明地域色彩和独特民族风情的作品。

【第十七届"汉语桥"世界大学生中文比赛印度大区赛举行】 2018年4月16日,第十七届"汉语桥"世界大学生中文比赛印度大区赛在印度首都新德里举行,来自印度尼赫鲁大学等多所印度知名高校的选手参加比赛。中国驻印度大使罗照辉、印度知名语言学家钱德拉等出席为优胜选手颁奖的仪式。这次活动促进了印度青年认识中国,并对两国文化交流和互鉴有着积极影响。

【文化和旅游部及中宣部汉学家联合工作组访问印度】 2018年5月17日,由文化和旅游部外联局副局长朱琦率领的文化和旅游部、中宣部汉学家联合工作组访问印度。访印期间,代表团与来自印度尼赫鲁大学、德里大学、中国研究所、古吉拉特邦中央大学等机构的汉学家及中国研究专家举办了研讨会,就如何推进中印文化交流、加强在印汉语教学、促进中印在汉学及中国研究领域的交流合作进行了研讨。印度学界泰斗、前资深议员洛克什·钱德拉,印度议会印中友好小组前主席、印联邦院前议员塔伦·维杰等印方代表在会谈中积极评价在印度推广汉语的前景,并就未来在印度推广汉语提出了改进意见。会谈加深了两国文化界的共识,促进了中印两国的文化交流。

【中国文化艺术团与印度歌唱家举行联合文艺演出】 2018年6月11日,中国云南省文化艺术团在印度西孟加拉邦首府加尔各答市与印度歌唱家举行了一场联合文艺演出,印度政府官员、各国驻加尔各答外交官及当地各界人士600多人观看。中国驻加尔各答总领事马占武在演出前致辞说,这次中印联合演出具有特殊意义,双方开展文化交流潜力巨大。中印应加强人文交流合作,增进互信和友谊,推动两国互利合作不断发展。

【中印民间文化艺术交流活动举行】 2018年7月2日,由中国社会艺术协会联合多家文化企业、知名艺术家及相关文化团体所举办的中印民间文化艺术交流活动在南京南山湖风景区开幕。此次活动旨在为2019年中印文化论坛落户南京举办签约仪式。中国社会艺术协会主席兼秘书长邱新建、印度驻上海总领事(Anil Kumar Rai)、中国社会艺术协会副主席、著名油画家杨林川、歌唱家李元华、阮余群等中印两国文化和企业界代表共计约150人见证了仪式的完成。

【全球首个"印度角"揭牌成立】 2018年7月5日,全球首个"印度角"在成都青羊区少城视井文创产业园顺利揭牌。"印度角"由印度政府于2018年发起,旨在全球主要国家宣传印度当代文化和印度旅游资源的公益项目,首个"印度角"项目落户中国表现了中印双方对于文化交流的重视。印度驻广州总领事馆总领事唐施恩表示,"印度角"项目建成后,不仅将成为中印文化交流中心和信息中心,还将成为中印机构、企业拓展各类业务的孵化助推器。

【云南大学"印度角"揭牌仪式举行】 2018年7月12日,印度驻广州总领事馆总领事唐施恩来到云南大学,出席"印度角"揭牌仪式。云南大学副校长张力以及图书馆、印度研究院、外国语学院等相关职能部门负责人一同参加活动并为"印度角"揭牌。设立于云南大学呈贡校区图书馆的"印度角"将会收录大量由印度驻广州总领事馆提供的关于印度历史、文化、社会、经济、宗教、文学等各领域的书籍。这一举措将为云南大学师生更加准确、深入地了解印度,从而推动云南大学各学科领域与印度的交流合作打下坚实基础。

【第二届中印宇宙公益艺术奖学金项目举办】 2018年7月17日,由上海亲和宇宙老龄事业发展基金会,印度国际美术学院主办,深圳国际公益学院支持,上海亲和源老年公寓与上海民办尚德实验学校协办的第二届中印宇宙公益艺术奖学金项目在上海亲和源老年公寓正式开营。首届活动于2017年9月举办。项目计划由上海亲和宇宙老龄事业发展基金会赞助总计100万美元,在10年的时间里每年选拔10名印度国际美术学院的学生到亲和源公益慈善项目基地,进行为期10天的文化交流夏令营活动。同时,项目活动也邀请亲和源老年公寓的老年艺术家们,向印度学生进行授课指导,让他们学习中国的传统文化。

【中印作家交流论坛举办】 2018年8月24日,印度国家文学院气氛热烈,来自中印两国知名作家汇聚一堂,出席由中国作家协会和印度国家文学院合办的中印高级别人文交流机制预热活动——中印作家交流论坛。本次论坛以"多语种的挑战"为主题,通过相互介绍两国文学在各自多语言环境下取得的成就、少数民族文学发展的趋势以及遇到的挑战,中印作家对中印文学发展情况以及彼此文化多样性有了更加深刻的认识。会上,中印双方代表表示文学对促进两国民众相互了解和人文交流具有重要意义,同时呼吁中印应加强文学经典互译特别是现当代文学的翻译,深化作家间的交流。

【庆祝中印建交68周年活动举行】 2018年9月1日,印度奥里萨邦"中国之友协会"在奥里萨邦首府布巴尼斯瓦举办庆祝中印建交68周年活动。印度人民院议员普拉桑那·帕特萨尼为首的160余位印度知名人士参加活动。中国驻印度使馆文化参赞张建新应邀出席并致辞。会上,双方回顾了中印友好历史,展望了未来两国双边关系发展。张建新向"中国之友协会"表示感谢,并希望"中国之友协会"在新时期发挥积极作用,促进中印地方交流,推动中印人文交流向前发展。

【庆祝中国国庆活动举办】 2018年9月7日,印度旁遮普邦印中友好协会在印度城市昌迪加尔举办庆祝中华人民共和国成立69周年活动,中国驻印度使馆公使李碧建、旁遮普印中友好协会主席巴塔等各界人士120余人出席活动。活动中,李碧建代表罗照辉大使对活动的成功举办表示祝贺,并高度评价了印中友好协会为促进两国关系健康向前发展所做出的积极贡献。旁遮普印中友好协会主席巴塔则表示中印两国利益大于分歧,双方应携手努力,实现龙象共舞。

【上海市作协代表团访问印度国家文学院】 2018年9月25日,上海市作协副主席汪澜、儿童文学作家秦文君、文学评论家张定浩所率领的上海市作协代表团与印度国家文学院院长斯雷尼瓦萨劳等20多位印度作家在新德里国家文学院举行座谈。印前文化关系委员会主任卡托、尼赫鲁大学中文系主任狄伯杰等出席活动。会上,中印作家围绕当代中国文学主题、文学传播方式、儿童文学创作、全球化对中国文学的影响、民族和民间文学等感兴趣的话题进行了交流。中方还应询介绍了上海作协和中国文学发展的基本情况,并欢迎印方积极参加上海国际文学周和上海写作计划,深化中印作家交流,得到了在座印作家的积极响应。

【神山圣湖朝圣者交流活动举办】 2018年10月12日,中国驻印度大使馆在新德里市举办首次神山圣湖朝圣者交流活动,印度外交部官员、印度香客代表以及中国驻印大使馆相关负责人等70余人参加了活动。中国驻印度大使罗照辉在交流会上表示,朝圣不只关乎个人信仰,也是中印关系的一部分,在两国民间交往中发挥了重要作用。中方将继续在朝圣方面与印方紧密合作,进一步增进两国民间友谊与相互了解。

【第七届中国印度论坛举行】 2018年10月26日,第七届中国印度论坛在印度浦那市召开。全国对外友好协会副会长林怡、吉林省政协主席江泽林、中国驻印度使馆经商参赞李柏军、中国驻孟买总领事唐国才,印度马哈拉施特拉邦工业部部长德赛、旅游和就业保障部部长拉瓦尔、普达集团主席拉吉夫普达,印中友协主席费尔南德斯等各界领导出席本次论坛。会上,来自中印地方政府、机构和企业的代表就移动互联与人工智能、中国智造与印度制造、科技创新与金融资本、基础设施与道路建设、产业园区与智慧城市、宝莱坞与文化影视产业等主题发表演讲,分享观点并开展讨论。论坛还对中印投资与贸易发展做出突出贡献的两国企业进行了表彰。

【中国驻印度使馆在尼赫鲁大学举办讲座】 2018年11月22日,中国驻印度使馆文教参赞张建新访问印度尼赫鲁大学,与印度尼赫鲁大学中文系负责人狄伯杰就汉语教学和推广中国文化举行会谈和交换意见。同时,张建新还在尼赫鲁大学中文系举办"文化交流对中印关系的作用"讲座并与尼赫鲁大学中文系学生进行座谈。会后,张建新代表中国驻印度使馆向尼赫鲁大学中文系捐赠教材。

【"中印文化之夜"举办】 2018年12月21日,中印高级别人文交流机制首次会议暨"中印文化之夜"在印度首都新德里市举办,国务委员兼外交部长王毅和印度外长斯瓦拉吉作为主宾出席,中印相关政府部门负责人和印度社会名流,以及各国驻印使节350人应邀参加活动。此次活动作为中印高级别人文交流机制首次会议的开幕式,受到了各方的高度重视。晚会上,双方高层领导出席剪彩仪式,两国艺术家奉献精彩的文艺节目,参会人员对于中印人文交流的未来充满期待。

四 中印媒体交流

【"中印媒体论坛：更好的关系、更好的展现"研讨会举办】 2017年3月10日，金德尔大学在印度人居中心举办"中印媒体论坛：更好的关系、更好的展现"研讨会，旨在促进中印两国媒体工作者加深了解。中国驻印度使馆刘劲松公使、孙戈参赞、新闻处主任王滨滨、前联邦院议员艾亚尔、印度中国研究所所长阿查娅、金德尔大学副校长库马尔等出席。《人民日报》、新华社、《文汇报》、凤凰卫视等中国驻印记者，《印度教徒报》、新德里电视台等媒体及智库人士20多人与会，就中印媒体传播现状、未来合作前景等进行讨论并充分交换了意见。

【中国国际广播电台泰米尔语节目开播】 自2018年1月起，中国国际广播电台与印度HELLO FM 106.4调频台合作的泰米尔语节目正式开播，这是国际台节目首次在印度落地播出。HELLO FM 106.4是印度南部泰米尔纳德邦和庞迪切里地区最大的调频广播电台网络，有效覆盖人口超过3000万。节目开播后，每周日可连续3小时在泰米尔纳德邦的7个主要城市同步播出。这项工程的完成为在印度泰米尔语地区介绍中国形象、宣传中国文化提供了有力支持。

【第三届中印媒体高峰论坛举行】 2018年12月21日，第三届中印媒体高峰论坛在印度首都新德里举行。国务委员兼外交部长王毅与印度外长斯瓦拉吉共同出席开幕式并致辞。本届中印媒体高峰论坛在中印高级别人文交流机制首次会议框架下举行，由中印两国外交部共同举办，中印两国30多家媒体百余名代表参加。双方围绕"增进相互理解：中印媒体合作的挑战和机遇""中印媒体在促进更紧密发展伙伴关系中的角色"以及"中印媒体合作路线图"3个议题展开对话讨论。与会媒体高度肯定了中印关系取得的积极进展，深入探讨了媒体对促进双边关系的重要作用，表示将进一步加强媒体交流合作，增进民众相互理解，为推动两国关系健康稳定发展营造客观友好的舆论环境。

五 中印影视交流

【"阿米尔·汗和他的朋友们"主题见面会举办】 2018年1月28日，由中国中央电视台电影频道融媒体中心和1905电影网主办的"阿米尔·汗和他的朋友们"主题见面会在北京市举办。印度国宝级演员阿米尔·汗携《神秘巨星》主创，导演阿德瓦·香登和女主塞伊拉·沃西与观众近距离互动。此次活动作为《神秘巨星》电影中国推广会而备受中印两国媒体关注。在此次活动的配套活动"中印文化合作交流论坛"中，中印电影人就两国电影的发展合作进行探讨。与会者认为，中印两国有着源远流长的文化亲近感，未来在电影文化交流方面大有可为。

【中国国际电影节举行】 2018年3月18日,由中国文联、中国电影家协会与印中电影友好协会联合举办中国国际电影节在印度斋普尔举行。两国电影界人士希望通过举办电影节进一步加强中印电影领域的交流合作。此次电影节共有《捉妖记》《狼图腾》《一代宗师》《滚蛋吧！肿瘤君》《大唐玄奘》5部电影参展,向印度观众展示了中国电影的成就。电影作为文化载体,为推动两国文化交流与合作做出了重要贡献,印度观众可以通过影片展映更加深入地了解中国电影及其传统与流行文化。

六 中印博物馆交流

【中印博物馆管理经验交流会举办】 2018年12月20日,由中国文化和旅游部、印度文化部共同主办,故宫博物院、湖北省博物馆和印度国家博物馆、印度博物馆共同承办的中印博物馆管理经验交流会在印度国家博物馆举办。来自中印博物馆界60余名嘉宾应邀出席,双方围绕博物馆管理和运营、文物展览及保护等议题展开了研讨。中国驻印度大使罗照辉、文教参赞张建新,印度文化部联络秘书妮茹帕玛·阔特鲁等两国代表出席,印度国家博物馆玛尼馆长主持交流会。

七 中印体育交流

【印度体育部官员访问北京体育大学】 2018年10月9日,受驻印度加尔各答领馆委托,北京市对外友好交流协会接待了印度体育部东部地区分局体育官员代表团一行2人,并陪同代表团赴北京体育大学参观访问。本次访问旨在增进中印体育交流与合作。北京体育大学国际交流与合作处副处长司亮会见了代表团。双方就中国体育院校的发展状况、竞赛体系、体育基础设施建设、科研支持、科技团队保障、运动员就业以及教练员培训等方面进行了交流,代表团在相关人员的陪同下参观了国家队训练基地和学校场馆。

八 中印青年交流

【第三届中印青年对话论坛举行】 2017年5月6日,第三届中印青年对话论坛在四川大学举行。本次活动旨在促进中印两国青年互相学习,加深了解。来自北京大学、清华大学、四川大学、云南大学、贵州大学等国内10余所高校以及从印度远道而来的多名中印青年代表齐聚一堂,共同探讨两国青年之间的互联互通及合作发展。在本次论坛中,中印两国青年就"增信释疑与青年发展""民心相通与青年合作""媒体角色与青年互信"等主题展开了深入的探讨。

【196人中国青年代表团访问印度】
2017年11月15日,以共青团中央书记处书记、中华全国青年联合会负责人尹冬梅为团长的中国青年代表团一行196人启程前往印度,分两路对德里、艾哈迈达巴德、加尔各答、巴特那、孟买等城市进行为期8天的友好访问。本次活动旨在促进两国青年人员互访互知,推动两国关系长远发展。代表团成员由政府、企业、传媒、科技、医疗、文艺、教育等各领域的优秀青年和大学生代表组成。访印期间,代表团访问当地青年中心,走访印度企业,拜会政府机构,并深入高校,考察了解印度社会文化发展,交流青年工作经验,并与印度各界青年进行互动和联欢。

【中印青年联欢晚会举行】 2017年11月17日,中印青年联欢晚会在中国驻印度大使馆举行。中国驻印度大使罗照辉、共青团中央书记处书记尹冬梅、印度青年事务与体育部常务秘书杜比出席活动。正在印度进行友好访问的中国青年代表团以及印度青年代表等400余人参加。联欢会上,中印青年代表还表演了精彩纷呈的文艺节目。现场的两国青年表示,中印青年代表团互访为增进两国青年之间的相互了解提供了非常好的机会,两国青年将借此机会进一步加强交流,互学互鉴,共同开创中印关系的美好明天。

【中印青年经济议题研讨会举行】
2017年11月22日,由中印青年对话基金会、西华师范大学共同主办的中印青年经济议题研讨会在四川南充西华师范大学经济发展研究中心举行。本次研讨会就"印度经济改革及其借鉴意义""亚太经合组织和印度的角色""美国退出TPP背景下的亚太国际贸易格局""中印双边贸易问题""中印各自经济改革及启示"等国际和地区经济议题进行了深入探讨。西华师范大学副校长刘进、西华师范大学经济发展研究中心主任孙加秀以及西华师大经济研究中心的资深专家学者、研究生、本科生等50余名出席研讨会。

【200人印度青年代表团来华访问】
2018年7月3日,应全国青联邀请,以印度青年事务与体育部青年事务协调局局长拉贾·恩为团长的印度青年代表团一行抵达北京市,开始了在中国为期8天的访问活动。代表团此次来访旨在落实中印《联合声明》和两国领导人武汉非正式会晤精神,增进了两国青年间的交流、理解和友谊。

【印度青年代表团访问中国电建】
2018年7月5日,在中国进行友好访问的印度青年代表团访问中国电建并与中国电建方面举行座谈。座谈会上,中国国际青年交流中心经济合作部部长陆铁钧介绍了中国电建在国际工程领域取得的成就,并对中国电建在印度的发展寄予美好祝愿。中国电建方面负责人向代表团介绍了中国电建国际业务的发展情况,重点就欧亚区域总部特别是印度市场情况进行了介绍。印度青年代表团就关心的中国电建在印度业务开展情况、当地项目建设、环保与社会责任等问题进行了提问,中国电建相关负责人进行了逐一解答。通过本次活动,印度青年代表加深了对以中国电建为代表的中国中央企业的认识,中印两国青年加深了相互了解，增进了友谊。

【印度青年代表团访问昆明】
2018年7月6日，应全国青联邀请，以印度青年事务与体育部青年事务协调局局长拉贾·恩为团长的印度青年代表团一行近百人抵达昆明市，开始了为期3天的交流访问活动。7月7日，青年代表们访问昆明学院，参观位于这里的中国上合组织青年交流中心。这是中心自2017年挂牌成立以来，迎来的第一个上合国家青年代表团。昆明学院组织了中国传统文化体验课程，使印度青年深入接触中国传统文化，加深了对中国的了解。

【印度青年代表团访问武汉动车段】
2018年7月8日，印度青年代表团100余人来到武汉动车段进行参观、交流，实地了解中国高铁检修的基本情况，对中国高速铁路的发展和现代化检修能力表示赞赏。

【中印青年对话活动举行】 2018年11月16日，来自全印各地政治、经贸、教育、文化、新闻等领域杰出青年代表和全印中国学联的中国留学生代表访问中国驻印度使馆，共150余名青年人与使馆青年外交官共同参加了中国使馆与印度青年领袖联合会联合举办的两国青年对话活动。印度青年领袖联合会主席夏斯特里、宝莱坞著名影星马利克等印方嘉宾及大使夫人江亦丽等出席。两国青年围绕中印政治关系及文化教育合作、中印经贸及科技合作进行了分组讨论。双方围绕如何进一步推动两国关系发展、提升软实力建设、促进人文交流、加强经贸与科技合作、推动"中印+"合作，以及中国防治空气污染经验等议题展开了充分讨论。本次活动的开展促进了中印两国青年的了解与友谊的进一步加深。

【中国青年代表团访问印度】
2018年11月27日至12月3日，应印度政府邀请，以全国青联副主席、北京2022冬奥运动委员会主席杨扬为团长的中国青年代表团对印度进行了友好访问，开展政治、经济、文化、体育等多方面的交流活动。代表团主要由政府、企业、传媒、科技、医疗、教育、文艺、青年工作等各界优秀青年和大学生代表组成。在印期间，代表团拜会了政府机构、青年组织，深入企业、社区、大学和农村，了解印度经济社会发展现状，交流印度青年工作经验，并与印度各界青年进行了对话和联欢。本次活动的开展促进了中印两国青年的了解与友谊的进一步加深。

九　中印旅游交流

【云南—印度旅游同业交流会举行】
2017年2月17日，云南—印度旅游同业交流会在印度加尔各答举行，本次交流会旨在推动中印双方交换意见，共同促进两国旅游合作更好发展。云南省旅游发展委员会副主任文淑琼主持会议，印度出境旅游协会加尔各答分会会长古浦塔及加尔各答各大旅行商30多人参加了座谈。古浦塔表示，近年来中印两国旅游业交往不断加深，但是相对于两国的人口，其往来规模还远远不够，两国旅游发展潜力和空间巨大。印方希望云南省在放宽签证限制、推动双方导游培训等方面做出努力。文淑琼表示，云南省将在打造特色鲜明的旅游新产品、共同开辟新航线、共同建立旅游人才联合培养机制、共同建立旅游宣传机制等多个方面和印度方面开展积极合作。

【中国代表团参加印度孟买出境旅游展】 2017年3月，印度孟买出境旅游展在孟买国际会展中心举办。该展是印度规模最大的旅游展，共有来自50多个国家和地区的1000多家单位参展。国家旅游局驻新德里办事处牵头黑龙江、甘肃、山东、海南4省及大连市旅游主管部门和多家旅游企业组成中国代表团参展。

【"水韵江苏——印度旅游推介会"举办】 2017年5月25日，中国江苏省旅游局在印度首都新德里市举行"水韵江苏——印度旅游推介会"。本次推介会意在向与会印度旅游机构代表介绍江苏丰富的旅游资源，推介南京、苏州、镇江等地的精品旅游线路。江苏省旅游局副巡视员肖飞在推介会上表示，江苏省历史悠久、风景优美、交通便利、物产丰饶、文化发达、服务设施完善，是长三角地区重要的旅游目的地。2016年有6.4万人次印度客人赴江苏游览或商务考察，今后希望有更多印度游客去江苏旅游观光，进一步促进中印两国的人文交流和商贸合作。

【京沪高铁旅游推广联盟参加印度孟买出境旅游展】 2018年1月18日，2018年印度出境旅游展在印度孟买会展中心举行，中国驻新德里旅游办事处和山东省旅游发展委员会牵头京沪高铁旅游推广联盟赴孟买参展。印度旅游部部长阿方斯参观了参加印度出境旅游展的中方展区，与代表团进行了交流。同日，中方举办了京沪高铁旅游专业推介会，100余名印度旅行商参加。此次参展结合了专业洽谈、宣传品发放、推介会和抽奖活动等形式，将京沪高铁沿线丰富的旅游资源与产品进一步宣传给了印度旅游业界及公众，为推广京沪高铁沿线的旅游资源、促进中印两国人员往来做出了贡献。

【"不可思议的印度"旅游推介会举行】 2018年8月30日，"不可思议的印度"旅游推介会在湖北武汉举行。印度旅游部部长阿方斯携20家印度旅行社亮相推介会，与武汉旅游从业者展开合作交流。活动旨在中国推广印度的旅游资源，吸引中国游客前往印度旅游参观。自2015年7月正式向中国公民开放旅游电子签证以来，赴印中国游客人数逐年递增。2017年有超过25万中国游客赴印旅游。但在阿方斯看来，这一数字尚有很大提升空间。在中印旅行社洽谈环节，来自武汉、上海、深圳等地的约120家中国旅行社与印度旅行社代表进行了合作洽谈。会上，多所中印旅行社达成了初步合作意向。

【第65届印度旅行商年会举办】 2018年12月3日，第65届印度旅行商年会在昆明市举办。本次活动首次在中国举办，意在推动中印两国旅游合作，促进人员往来。在年会论坛期间，云南省文化和旅游厅进行了云南旅游专题推介，通过专题画展、云南形象宣传片、精美图片展等多种形式，全方位、多视角展现了云南丰富的旅游资源。会议期间云南省文旅厅与印度旅行商协会签署了框架合作协议，双方将在高层互访、信息互通、游客互送、人才交流等方面进一步开展交流与合作。

十 中印卫生、传统医药与瑜伽交流

【中国首次开始招收瑜伽硕士】 2017年10月10日起，中印瑜伽学院首次开始招收瑜伽方向硕士研究生，首批瑜伽方向硕士研究生将由云南民族大学培养。中印瑜伽学院于2015年6月在云南民族大学揭牌成立，是全球第一个两国共建的瑜伽学院。在云南民族大学研究生院正式发布的2018年研究生招生简章中，在民族传统体育学专业下新增了瑜伽方向硕士研究生。瑜伽硕士学制为3年，将采用"2+1"的模式进行培养，即2年在中国学习，1年在印度学习的政策，同时开设印地语、梵语等语言类以及印度文化类等课程，帮助学生更好地了解印度文化。

【第五届中印联合医疗队活动举行】 2017年12月19日，第五届中印联合医疗队活动在印度举行。此次中印联合医疗队由来自江西省南昌大学二附院、江西省人民医院等4家医院的10名医生和印度当地医生共同组成。活动期间，中印联合医疗队深入印度海德拉巴、班加罗尔等地的农村地区开展义诊活动。中方医疗队的工作成果和奉献精神受到当地民众的一致好评。同时，医疗队充分利用到访之机与印度政府、医疗机构及民众广泛接触，建立了密切联系。本次活动促进了两国在医疗和医学方面的交流，得到了两国政府和民众的关注和重视。

【中印国际健康文化交流中心揭牌仪式举办】 2018年5月8日，第二届国际健康文化交流高峰论坛暨中印国际健康文化交流中心揭牌仪式在房山区青创绿地园区内举办。本次高峰论坛是由北京市房山区文化创意产业协会、国际健康文化交流协会主办，活动主打健康和文化概念，明确了中印两国在大健康领域的战略合作。与会的40多位专家、学者以及健康文化产业知名企业家在为期4天的活动中，就健康文化领域的话题展开了全方位讨论。在本次会议上，中印双方代表合作成立了"中印国际健康文化交流中心"和"中印阿育吠陀研究中心"，旨在推动印度古老的阿育吠陀医学在中国的研究和推广。

【中印医药产业政策交流与商业对接会召开】 2018年8月20日，由中国医药保健品进出口商会与印度药品出口促进会（PHARMEXCIL）主办，印度驻上海总领事馆承办的中印医药产业政策交流与商业对接会在上海召开，来自中国国家商务部、国家药品监督管理局、印度驻上海总领事馆等中印政府机构，中国医保商会、印度药品出口促进会等中印行业组织，国药集团、上海东方集团、复星医药、上药集团、海正药业以及Aurobindo Pharma, CIPLA, Dr. Reddy Laboratories、Lupin等中印双方近200家企业的300余名代表参加了会议。

【2018中国国际太极·瑜伽大会举行】 2018年8月25日，由中国印度友好协会主办的2018中国国际太极·瑜伽大会在北京市举行。全国对外友好协会副会长林怡和印度驻华使馆二等秘书巴沙出席了大会开幕式。林怡在开幕式上表示，太极与瑜伽相似相通，是中印文化交流的桥梁，希望通过太极和瑜伽这两项凝聚东方古老智慧的健康文体活动增进中国与印度、中国与世界人民文化上的互学互鉴，心灵上的相知相亲。开幕式上，2018瑜伽体位大赛冠军、太极世家传人和印度驻华大使馆选派的传统文化艺术家等进行了精彩表演，中印双方的文体工作者在本次活动中加深了了解，增进了友谊。

【"纪念柯棣华诞辰108周年针灸研讨会"召开】 2018年10月12日，印度针灸学协会在哈里亚纳邦帕尼帕特市举办以"针灸打造健康生活"为主题的研讨会，以纪念印度援华医疗队柯棣华大夫诞辰108周年。中国驻印度大使馆参赞朱晓红、帕尼帕特市副市长科塔利娅、柯棣华针灸慈善医院院长英德吉特·辛格等约100名嘉宾出席研讨会。朱晓红表示，中国驻印度使馆愿协助推动中印针灸专家互访并举办研讨会和义诊活动，促进双方在中医药和印度阿育吠陀医学领域的交流，拓宽两国在医药领域的互利合作。印方嘉宾表示希望继续发扬柯棣华大夫的精神，促进印中友好交流和民心相通。与会嘉宾围绕中国针灸在印现状、在印认可针灸地位的重要性以及针灸治疗某些疾病的疗效进行了专业研讨。

【柯棣华纪念委员会代表团拜会中国人民对外友好协会】 2018年10月22日，以里金德哈纳特·甘德主席为首的印度西孟邦柯棣华纪念委员会代表团一行9人拜会中国人民对外友好协会。中国人民对外友好协会文化交流部副主任季伟会见并宴请了代表团。双方回顾了中印友好历史，就两国传统文化现状、振兴与发展，中印哲学文化比较等内容进行了探讨。季伟表示希望日后两个组织能够在中印传统文化，尤其是传统医学领域进行交流与合作。

（撰稿人：李亚兰、朱郁文）

第二编
双边与多边人文交流平台

上合组织人文交流

一 中国—上合组织人文交流综述

【中国—上合组织关系】 上海合作组织，简称"上合组织"，起源于1989年，是中华人民共和国、哈萨克斯坦共和国、吉尔吉斯斯坦共和国、俄罗斯联邦、塔吉克斯坦共和国、乌兹别克斯坦共和国于2001年6月15日在中国上海宣布成立的永久性政府间国际组织。上合组织是第一个以中国城市命名的国际组织，它进一步加强了中国与周边国家的关系。

上合组织的创立和发展是21世纪国际关系史上具有里程碑意义的重大事件，上合组织的成功经验集中体现在提出并践行了以"互信、互利、平等、协商、尊重多样文明、谋求共同发展"为内涵的"上海精神"。在这些年的发展过程中，上合组织严格遵守互相尊重独立、主权和领土完整，互不干涉内政、平等互利原则，始终坚持不结盟、不对抗、不针对第三方的对外开放方针，为构建相互尊重、公平正义、合作共赢的新型国际关系树立了典范。

上合组织成员国都是"一带一路"沿线国家。随着"一带一路"建设与"欧亚经济联盟"区域合作倡议，以及俄罗斯国家发展战略、哈萨克斯坦"光明之路"新经济政策、乌兹别克斯坦"优先发展领域的行动战略（2017—2021）"、吉尔吉斯斯坦"2018—2040年国家发展战略"等各国发展战略对接，上合组织国家间的关系呈现出新的发展趋势，彼此之间的文化交流与合作更显重要。上合组织正处在一个承前启后、继往开来的新的历史发展时期。2017—2018年，在"上海精神"指引下，上合组织在人文交流上倡导尊重多样文明和文化互学互鉴，在文化、教育、科技、环保、卫生、旅游、青年、媒体、体育等领域开展了有声有色、富有成效的合作，展现出良好的发展势头。2017年印度、巴基斯坦作为正式成员加入上海合作组织，彰显了组织强大的感召力和吸引力，成为组织旺盛活力的重要象征。

【机制回顾】 中国是上合组织的发祥地，从倡导新安全观、"上海精神""和谐地区"到提出构建上合组织命运共同体，从提出将"上海五国"会晤机制变成合作机制到积极促进上合组织的机制化，一直高度重视上合组织的发展。

2017年6月9日，上合组织在阿斯

第二编 双边与多边人文交流平台

塔纳市举行元首理事会会议,并发表宣言,宣言中强调:上合组织旨在维护本组织各国所在地区的安全和稳定,共同应对新威胁和新挑战,加强经贸、人文合作,挖掘各国及各国人民睦邻合作的巨大潜力,已成为公认的权威多边组织。成员国强调,2002年签署的《上合组织宪章》具有历史意义,这一纲领性文件体现了成员国以互信、互利、平等、协商、尊重多样文明、谋求共同发展的"上海精神"为基础,在各领域开展密切而富有成效的合作意愿。当天,上海合作组织接收印度和巴基斯坦两个南亚国家为成员国,实现了首次扩员。2018年对于扩容后的上合组织来讲是关键性的一年。新的历史时期,上海合作组织国家均处于发展振兴的关键阶段。

2018年6月9—10日,上合组织成员国元首理事会第十八次会议在山东省青岛市举行。国家主席习近平主持会议并举行相关活动。习近平主席同上海合作组织其他7个成员国、4个观察员国领导人,以及联合国等国际组织和机构负责人一道,共商合作大计。短短两天时间,20余场正式活动,峰会达成广泛共识、取得丰硕成果,引领上海合作组织迈上新起点。峰会发表了《上海合作组织成员国元首理事会青岛宣言》,成员国领导人签署了《上海合作组织成员国元首理事会青岛宣言》以及一系列决议,包括批准《〈上海合作组织成员国长期睦邻友好合作条约〉实施纲要(2018—2022年)》,批准《上海合作组织成员国打击恐怖主义、分裂主义和极端主义2019年至2021年合作纲要》,批准《2018—2023年上海合作组织成员国禁毒战略》及其落实行动计划,批准《上海合作组织预防麻醉药品和精神药品滥用构想》,制定《上海合作组织成员国粮食安全合作纲要》草案,批准《上海合作组织成员国环保合作构想》,批准《〈上海合作组织成员国元首致青年共同寄语〉实施纲要》,批准《上海合作组织秘书长关于上海合作组织过去一年工作的报告》,批准《上海合作组织地区反恐怖机构理事会关于地区反恐怖机构2017年工作的报告》,签署《上海合作组织秘书处与联合国教科文组织合作谅解备忘录(2018—2022年)》,任命上海合作组织秘书长、上海合作组织地区反恐怖机构执行委员会主任等,见证了经贸、海关、旅游、对外交往等领域合作文件的签署。

【开展情况】 2017—2018年,中国与上合组织人文交流各领域开展了广泛而深入的交流,取得了丰硕的成果。这两年,在"一带一路"倡议推动下,上合组织各国和人民发掘睦邻、团结、协作的巨大潜力,在经济、贸易合作领域取得了丰硕成果。在人文交流方面,以建设"文明之路"为载体进行实践、运作和模式创新,互通有无,呈现新趋势;教育资助、合作办学、学术交流、智库建设、信息共享、媒体互动、联合申遗、孔子学院、科技园区、医疗旅游等方面,无论文化产品的交流,还是人员文化性交流,均开辟了项目对接型、机制对话型、教育开放型、艺术互动型等新的路径;上合组织国家互办文化年、语言年、旅游年、艺术节等,创新交往形式不断拓展。

二　中国—上合组织教育交流

在教育领域，中国与俄罗斯、哈萨克斯坦等国教育部门签署教育领域合作文件，与塔吉克斯坦之间师范类高等院校加强合作，"一带一路"专项奖学金的设立使互派留学生规模不断扩大。建校10周年的上海合作组织大学是成员国"无国界教育"的创新模式，迈出了上合组织成员国教育国际化的重要一步，为8个成员国新生代的专业高等教育和继续教育创造了机遇和条件。

【"一带一路"青年学者研讨会召开】　2017年4月20—27日，"筑梦丝路——欧亚青年领导人研修交流活动"之"'一带一路'青年学者研讨会"在北京召开，会议主题为"筑梦丝路——构建紧密青年伙伴关系"，来自上合国家的50位青年领导人参加了此次活动。

【巴基斯坦40名教师赴华接受汉语培训】　2017年7月23日，40名巴基斯坦教师启程前往北京接受为期15天的培训。他们来华参加"国际汉语教师培训项目"。这是中国驻巴基斯坦使馆连续第三年组织巴基斯坦教师赴华培训，已有来自巴基斯坦不同地区的共120名教师参加过这一培训项目。"国际汉语教师培训项目"作为中巴人文交流的一部分，由中国驻巴基斯坦大使馆、北京市教委和北京市国际教育交流中心联合举办。培训期间，巴基斯坦教师除在首都师范大学接受汉语及现代教育技术等培训外，还将参观故宫、天坛、颐和园、长城等名胜古迹，体验剪纸、皮影等传统艺术，欣赏中国民乐表演、学习中国功夫等。这个培训项目已不仅是一个语言培训教程，还是一次了解中国文化和中国思维方式的良机。

【哈萨克斯坦中学生来华夏令营活动举办】　2017年8月20日，哈萨克斯坦中学生代表团抵华，代表团成员来自哈萨克斯坦29所中学，包括124名中学生和14名教师，参加为期11天的夏令营活动。2017年8月23日，哈萨克斯坦中学生来华夏令营欢迎仪式在北京民族饭店举行。根据计划，哈萨克斯坦中学生代表团将先后访问乌鲁木齐、北京和哈尔滨3座城市，参观新疆大学、黑龙江大学和哈尔滨七十三中学等教育机构，与中国的青少年学生进行交流，并游览三地名胜古迹，感受当地的风土人情。此次夏令营是上海合作组织框架下教育合作的重要活动。自2014年起，教育部计划连续5年邀请上海合作组织成员国中小学生来华，与中国中小学生共同开展夏令营活动，此前已先后邀请塔吉克斯坦、俄罗斯和吉尔吉斯斯坦各200名中小学生来华。

【中国—中亚西亚国家法官交流培训基地成立】　2017年9月26日，中国—中亚西亚国家法官交流培训基地在甘肃省敦煌市成立，主要承担对中亚、西亚各国的援外培训和专题交流任务。

【《汉哈大辞典》首发式举办】　2018年2月26日，《汉哈大辞典》首发式在哈萨克斯坦古米廖夫国立欧亚大学举行。中国驻哈萨克斯坦大使张汉晖、哈萨克斯坦副外长卡马尔季诺夫、哈萨克斯坦国立欧亚大学校长瑟德科夫、哈萨克斯坦科学院院士卡斯卡巴索夫以及哈萨克斯坦学术界和欧亚大学师生代表约60人出席。《汉哈大辞典》由欧亚大学汉语教研室主任杜肯·玛斯木汗和夫人阿依努尔·阿比坚克济共同编撰，共包含汉语常用语词条7万余个，首版发行2000册。《汉哈大辞典》的问世是玛斯木汗教授夫妇教学生涯的新高峰，更是哈萨克斯坦人文、教育领域的一件大事。它不仅为哈萨克斯坦的汉语教学、翻译和研究提供有力支持，还将为中国民众深入了解哈萨克斯坦的语言和文化打开一扇窗口。这部辞典的问世是中哈教育和文化合作蓬勃发展的硕果，是落实两国元首关于促进中哈民心相通这一共识的重要实践。

【第十七届"汉语桥"世界大学生中文比赛塔吉克斯坦赛区决赛举行】 2018年5月18日，第十七届"汉语桥"世界大学生中文比赛塔吉克斯坦赛区决赛举行。此次比赛由中国驻塔吉克斯坦使馆主办，塔国立大学孔子学院承办。塔国立大学校长伊玛姆佐达、塔国立语言学院院长拉贾布佐达以及塔教育部、塔中友好协会、塔有关高校领导、在塔中资企业代表和孔子学院师生等400余人参加。

【丹加拉市"中塔友谊学校"落成】 2018年6月1日，中国驻塔吉克斯坦大使岳斌与塔吉克斯坦总统拉赫蒙共同出席由中国特变电工集团捐建的丹加拉市"中塔友谊学校"落成仪式。塔吉克斯坦副总理佐基尔佐达、总统社会事务助理拉赫蒙佐达、教育部部长萨义德、哈特隆州州长古尔马赫马德佐达、家庭与妇女委员会主席卡西姆佐达、人民民主党第一副主席法托赫佐达等塔吉克斯坦政府有关部委主要领导及当地各界代表1000余人参加。拉赫蒙总统在致辞中感谢中国政府、人民和在塔中资企业对塔吉克斯坦国家教育事业发展给予的大力支持和无私帮助，表示该学校的落成恰逢国际六一儿童节，是向塔吉克斯坦少年儿童献上的珍贵节日厚礼，对深化塔中两国人民传统友谊、加强两国人文合作必将发挥积极作用。

【哈萨克斯坦高校师生代表团中国行活动举办】 2018年7月22—29日，中国驻哈萨克斯坦使馆组织哈萨克斯坦高校师生代表团一行37人赴北京、上海、西安等地参访。代表团成员包括哈萨克斯坦欧亚大学、阿里法拉比国立大学、纳扎尔巴耶夫大学师生和教科部官员。访华期间，代表团成员拜会外交部部长助理张汉晖，与上海市教育委员会有关领导同志举行座谈交流，与北京外国语大学、上海外国语大学等高校师生进行交流并参观该校哈萨克语中心，赴中关村东升科技园参观全球智能短交通和服务类机器人领域领军企业"纳恩博"，并乘坐高铁，尝试在线购物和手机支付，参观陕西历史博物馆，观摩秦始皇陵兵马俑。参访途中，代表团成员对中国改革开放40年的发展成就表示高度赞赏，希望今后同中国高校开展更多的交流合作。

【第二批巴基斯坦赴华留学生送行仪式举办】 2018年9月6日，由中国路桥工程有限责任公司赞助的第二批巴基斯坦赴华留学生送行仪式在巴基斯坦高等教育委员会举行，22名学生将于9月中旬启程前往中国，开始为期2年的硕士课程。巴基斯坦高等教育委员会主席塔里克·班努里对中资企业助学计划表示感谢，希望全体留学生珍视此次赴华机会，努力学习专业知识，最终学有所成，将中巴友谊发扬光大。这一助学计划由中国路桥工程有限责任公司和巴基斯坦高等教育委员会合作开展。中国路桥计划在5年内全额资助100名巴基斯坦联邦及各省政府在职人员、技术人员及优秀毕业生前往中国高校进行为期2年的硕士学习。2017年首批10人已赴中国东南大学深造。

三　中国—上合组织文化交流

【中国文化展大型系列活动举办】 2017年2月，为期3天的中国文化展大型系列活动在乌兹别克斯坦国立艺术博物馆开幕。文化展通过40多幅书法及国画作品、20多件玉器陶器、150多幅图片等，让当地民众在领略中国传统文化魅力的同时，也有机会了解包括中国高铁、卫星、手机技术等现代科技发展和建设成就。此次展览由塔什干孔子学院、塔什干国立东方学院、乌兹别克斯坦国立艺术博物馆以及中国驻乌兹别克斯坦大使馆联合举办，中乌各界人士近500人出席。

【"汉语桥"中文比赛哈萨克斯坦赛区决赛举行】 2017年4月14日，由国家汉办主办、中国驻阿拉木图总领馆和哈萨克阿里法拉比国立大学孔子学院共同承办的第十六届"汉语桥"世界大学生中文比赛和第十届"汉语桥"世界中学生中文比赛哈萨克斯坦赛区决赛在阿里法拉比大学隆重举行。十几年来，中国在哈萨克斯坦已开设5所孔子学院。"汉语桥"比赛为促进哈萨克斯坦汉语教学、提高学生汉语水平、推动中哈人文交流发挥了重要作用。本届"汉语桥"大、中学生中文比赛的主题分别为"梦想点亮未来"和"学会中国话，朋友遍天下"。23名参赛选手展示出扎实的汉语功底、丰富的中国国情知识和各具特色的表演才艺。"一带一路"建设倡议和哈萨克斯坦"2050战略"的成功对接为两国青年人创造了更多交流和交往的机会。

【上合组织成员国元首理事会第十七次会议召开】 2017年6月9日，上合组织成员国元首理事会第十七次会议在哈萨克斯坦首都阿斯塔纳召开。中国国家主席习近平发表题为"团结协作、开放包容，建设安全稳定、发展繁荣的共同家园"的重要讲话。与会领导人分析了上海合作组织的发展现状、任务和前景，就重大国际和地区问题交换了意见，达成了广泛共识。会议正式给予印度、巴基斯坦上海合作组织成员国地位。会议决定，上海合作组织成员国元首理事会下次会议2018年在中国举行，下任主席国由中国担任。成员国元首签署了《上海合作组织成员国元首阿斯塔纳宣言》《上海合作组织反极端主义公约》《关于完成接收印度共和国加入上海合作组织程序并给予其上海合作组织成员国地位的决议》《关于完成接收巴基斯坦伊斯兰共和国加入上海合作组织程序并给予其上海合作组织成员国地位的决议》《关于给予印度共和国和巴基斯坦伊斯兰共和国上海合作组织成员国地位背景下上海合作组织成员国会费比例的决议》《关于〈上海合作组织秘书长关于过去一年上海合作组织工作的报告〉的决议》《关于〈上海合作组织地区反恐怖机构理事会关于地区反恐怖机构2016年工作的报告〉的决议》和《关于〈上海合作组织成员国常驻地区反恐怖机构代表条例〉的决议》等。

【中国秦始皇兵马俑文物展举办】
2017年6月9日,由陕西省文物局与哈萨克斯坦文化和体育部、哈萨克斯坦国家博物馆共同主办的中国秦始皇兵马俑文物展在阿斯塔纳隆重开幕,旨在进一步落实国家主席习近平提出的共建"丝绸之路经济带"宏伟倡议,促进中哈民心相通,为中哈友好交往与合作进一步夯实社会民意基础。此展得到中国文化部、国家文物局的鼎力支持和中国驻哈使馆的大力协助,由秦始皇帝陵博物院和陕西省文物交流中心承办,共展出以兵马俑为主要展品的文物60件(组),兵马俑等陕西珍贵文物实物首次亮相中亚。

【哈萨克斯坦阿斯塔纳世博会举办】
2017年6月10日至9月10日,2017年哈萨克斯坦阿斯塔纳世博会在哈萨克斯坦首都阿斯塔纳举办,主题为"未来的能源"。超过100个国家和10个国际组织参展。世博会设置了3个副主题,分别为"减少二氧化碳排放量""日常能源的效率""能源,为了全人类"。此届世博会是首次由中亚国家举办的世博会,区域占地面积为174公顷,场馆占地面积为25公顷。哈萨克斯坦馆十分醒目,是当今世界最大的玻璃球形建筑。中国以1000平方米最大面积模块参展,紧扣"未来能源,绿色丝路"主题,以"过去、现在、未来"为主线,全面展示了中国在传统能源转型、新能源开发、绿色环保和可持续发展等方面的新理念、新成果,展现了中国与世界各国、"一带一路"沿线国家、哈萨克斯坦在能源及经贸领域的务实合作进展。

【多彩丝路——民族歌舞晚会举办】
2017年6月20日,新疆艺术剧院歌剧团在哈萨克斯坦首都阿斯塔纳青年宫举办多彩丝路——民族歌舞晚会。晚会持续了一个多小时。中方艺术家们全面展示了哈萨克族、维吾尔族、塔吉克族、柯尔克孜族、回族和汉族等新疆多民族传统音乐和歌舞,充分展现了新疆多民族文化艺术的良好传承和繁荣发展。促进中哈民心相通是"一带一路"建设的重要内容。新疆是丝绸之路的重要组成部分,在中哈友好交往史上发挥了重要作用。新疆各族人民通过数千年的互学互鉴、交融共生,创造出各具特色的民族传统文化,包括音乐、舞蹈、饮食、医药等。晚会传递丝路沿线各族人民包容开放、互学互鉴、和谐发展的人文精神和对共建"一带一路"的美好期盼。

【《纳扎尔巴耶夫文集》首发仪式举行】 2017年6月29日,哈萨克斯坦驻华大使馆与中国社会科学院共同举办了《纳扎尔巴耶夫文集》发布会。来自哈中智库、哈萨克斯坦驻华使团以及中国高等院校的代表共同出席了本次发布会。哈萨克斯坦驻华特命全权大使沙赫拉特·努雷舍夫在发布会上对《纳扎尔巴耶夫文集》进行了简要介绍。中国外交部欧亚司司长孙霖江、中国社会科学院俄罗斯东欧中亚研究所所长李永全以及《纳扎尔巴耶夫文集》的出版方——人民出版社副社长李春生等在发布会上发言。

【《"一带一路"西行漫记》俄文新书发布会举行】 2017年6月29日，俄罗斯著名汉学家尤里·塔夫罗夫斯基的新书《"一带一路"西行漫记》俄文原著发布会在莫斯科中国文化中心举行。中国驻俄罗斯大使李辉、俄罗斯科学院远东所副所长奥斯特洛夫斯基、伊兹博尔斯克俱乐部副主席纳戈尔内、ЭКСМО出版社主编卡皮约夫出席并致辞，使馆文化公参张中华主持，新书出版方代表、中俄各界友好人士和媒体代表约120人出席。尤里·塔夫罗夫斯基现任俄罗斯友谊大学教授，兼任《明日周报》评论员。2015年出版的著作《习近平：正圆中国梦》在俄罗斯社会各界引起了广泛反响。《"一带一路"西行漫记》中文版已于2017年6月在中国出版发行。

【第二届上海合作组织夏令营举办】 2017年8月15日，以"传承与弘扬"为主题的"魅力非遗——第二届上海合作组织夏令营·非物质文化遗产交流体验"赶文化大集活动在贵州省黔东南苗族侗族自治州丹寨县万达小镇举行，来自中国、俄罗斯、哈萨克斯坦、白俄罗斯、阿富汗、巴基斯坦、尼泊尔、柬埔寨、土耳其、伊朗等10个上合组织成员国、观察员国和对话伙伴国的20多名非物质文化遗产传承人和手工艺者参加了本次活动。此次赶文化大集活动云集了中国贵州的苗族蜡染、古法造纸及俄罗斯的泥塑手工艺、哈萨克斯坦的冬不拉、尼泊尔的唐卡绘画、土耳其的瓷画和水拓画、伊朗的木雕和珠宝设计等具有代表性的传统手工技艺。

【江苏省苏州市吴江高新区（盛泽镇）丝绸推介活动举办】 2017年8月25日，江苏省苏州市吴江高新区（盛泽镇）丝绸推介活动在阿斯塔纳世博会中国馆举办。来自盛泽的纺织企业展出了丝绸制品、特种面料和棉纺制品。中哈企业就面料采购、服装生产设计、品牌推广等问题进行了洽谈。产自盛泽的宋锦引发了哈方企业极大兴趣。苏州宋锦与南京云锦、四川蜀锦并称"中国三大名锦"，宋锦则被称为中国"锦绣之冠"。

【"东方旋律"国际音乐节】 2017年8月28日，第11届"东方旋律"国际音乐节在乌兹别克斯坦历史名城撒马尔罕开幕。在为期6天的音乐节期间，来自乌兹别克斯坦、中国、阿富汗、德国、埃及、匈牙利、挪威、俄罗斯、西班牙等50多个国家的240多名艺术家同台献艺，展示各自国家的音乐文化。"东方旋律"国际音乐节由乌兹别克斯坦已故总统卡里莫夫倡议，获得联合国教科文组织支持，首届音乐节于1997年举行，此后每两年举办一届。该音乐节旨在宣传、促进亚洲及世界其他国家民族音乐的发展与交流，从而吸引众多世界级艺术家和国际著名文化组织参加。

【"东方戏韵——中国京剧艺术之美"专场讲座举办】 2017年9月10日，由中国文化部和驻哈萨克斯坦使馆联合主办、中国国家京剧院和中国对外文化集团公司联合承办的中华文化讲堂"东方戏韵——中国京剧艺术之美"专场讲座在哈首都阿斯塔纳国家学术图书馆报告厅成功开讲。中国国家京剧院一级演员、中国戏剧"梅花奖"获得者袁慧琴主讲,从中西方文化对比的角度深入浅出地向当地观众讲解了中国京剧的艺术特色、表演风格和美学特征。她结合国家京剧院优秀艺术家的精彩表演,形象地阐释了京剧基本行当、四功五法和极具特色的虚拟化与写意化表演。《游园惊梦》《三岔口》《霸王别姬》《盗御马》和《杨门女将》选段接连上演,使得中国京剧中人物的造型之美、表演的虚拟之美、服饰的绚丽之美、脸谱的夸张之美、手势的变化之美、行当的多样之美、音乐的和谐之美和唱腔的传神之美在方寸舞台上展现得淋漓尽致,让哈萨克斯坦观众深入了解京剧作为中国国粹所蕴含的中华传统文化和崇高审美理念。

【孔子学院送文化进企业活动举行】 2017年10月25日,由孔子学院总部主办的送文化进企业活动在巴基斯坦费萨拉巴德地区中铁二十局项目营地举行。来自中南民族大学的文艺巡演团为中巴两国筑路工人奉献了一场精彩的文艺演出。本次活动由费萨拉巴德农业大学孔子学院和中南民族大学承办,作为孔子学院总部每年在全球孔子学院开展的文艺巡演的一部分,首次在巴基斯坦走进中企项目营地。活动期间,演职人员为近200名中巴两国员工表演了中国民歌、舞蹈、武术等10多个精彩节目。民心相通是"一带一路"建设的重要内容,举办此类活动有助于中巴双方加深理解、提升友谊。

【中亚地区首家中文暨中国主题书店"尚斯书店"落成】 2017年10月27日,中亚地区首家中文暨中国主题书店"尚斯书店"在吉尔吉斯斯坦首都比什凯克落成。这家中文书店位于比什凯克市玛纳斯大街61号,面积150多平方米,上架中文图书600余种,中国主题的俄语及吉尔吉斯语图书400余种。此外,书店还设有茶吧和活动功能区,展示中国茶艺、民族乐器、传统服饰以及其他中国文化产品。在吉尔吉斯斯坦开办中文书店,有助于当地民众了解真实的中国,为两国读者提供一个交流的平台。

【第三届"丝路杯"中国国情知识竞赛举行】 2017年12月13日,吉尔吉斯斯坦第三届"丝路杯"中国国情知识竞赛在吉尔吉斯斯坦贾拉拉巴德国立大学举行。此次比赛由中国驻奥什总领馆、奥什大学和贾拉拉巴德大学孔子学院联合举办。来自吉尔吉斯斯坦南部地区的20名选手围绕中国国情知识展开激烈角逐,近500名观众到现场为选手们加油助威。该项比赛自2015年创办以来,影响不断扩大,深受吉尔吉斯斯坦南部青少年喜爱和欢迎,已成为中吉人文交流合作的一道靓丽风景线。近年来,吉尔吉斯斯坦南部地区"中国热"持续升温,学中文、游华夏成为年轻人追求的时尚。不少吉尔吉斯斯坦青少年渴望了解中国文化、历史和中国飞速发展的奇迹。随着"一带一路"倡议和中吉睦邻友好理念不断深入吉国百姓民心,大力发展与中国全面务实合作和积极参与"一带一路"建设已成为吉南部地区各界共识。

【考古学家发现大月氏遗存】 2018年1月18日,从西北大学文化遗产学院了解到,以王建新教授为首的西北大学中亚考古队2017年在乌兹别克斯坦拜松市拉巴特墓地发掘了52座墓葬,根据史料记载及墓葬文化特征专家初步判断,此处应为西迁中亚后的大月氏文化遗存。

据《史记·大宛传》载:"始月氏居敦煌、祁连间。"公元前2世纪,古代月氏人在匈奴的持续军事打击下,残部被迫西迁。汉武帝派张骞出使西域寻找大月氏共击匈奴,最终开辟了从中国通往西域的丝绸之路。

古代月氏西迁中亚是丝绸之路历史上的重大事件,长期以来,对于月氏西迁之前的原居地,中外学术界长期存在几种不同观点。但对于大月氏西迁中亚后的居住地,即今乌兹别克斯坦东南部和塔吉克斯坦西南部,学界反倒没有疑义。拉巴特墓地的发掘以及月氏文化的认定,为月氏的考古学探索提供了一个可靠的已知点和出发点,在学术史上具有重要意义。

【中国新春民族音乐会举行】 2018年1月31日,由中国驻哈萨克斯坦使馆和文化部共同主办的"欢乐春节"暨中国新春民族音乐会在哈萨克斯坦首都阿斯塔纳音乐厅成功奏响,开启2018"欢乐春节"中亚之旅。各界友人约500人观看了演出。随着中国与世界的联系日益紧密,中国传统农历春节逐渐成为世界性节日。春节文化以其团圆、感恩、祝福、和谐的精神内涵,日益为各国人民熟知和喜爱。

【"欢乐春节"摄影展举办】 2018年2月26日,"欢乐春节"摄影展在巴基斯坦外交部开幕,巴基斯坦外交部部长赫瓦贾·穆罕默德·阿西夫、中国驻巴基斯坦大使姚敬以及来自两国文化教育界的100多名嘉宾出席开幕式并观展。本次摄影展由中国驻巴基斯坦大使馆和巴基斯坦外交部联合举办,60多张照片展现了中国的壮丽山河、各地民众欢庆春节、"一带一路"沿线中外友人共度春节等主题,生动展示了中国春节传统民俗、节日氛围。此次摄影展是中国驻巴基斯坦大使馆举办的"欢乐春节"活动的一部分,此前已举办了"欢乐春节"进社区、进校园、进机关以及中国优秀电影放映等多场活动。

【中国文化周活动举办】 2018年2月26日至3月2日,中国文化周活动在吉尔吉斯斯坦举办。此次中国文化周活动由比什凯克人文大学孔子学院下设的玛纳斯大学孔子课堂举办,主要内容包括中国文化系列展、太极拳表演、中国电影展播、中国传统美食和文艺会演等,活动让不少吉尔吉斯斯坦民众感受了中国文化的魅力,受到当地民众的欢迎。近年来,随着中吉两国合作的不断加深,越来越多的吉尔吉斯斯坦人开始喜爱中国文化,孔子学院的建立和举办的各类活动推动了中文和中国文化在吉尔吉斯斯坦的传播。

【宝莱坞热在中国掀起】 2018年4月4日,聚焦印度社会贫富差距下教育问题的影片《起跑线》在中国上映,这是不到4个月的时间里进入中国院线的第三部宝莱坞电影。中印电影文化交流由来已久。早在20世纪七八十年代,

第二编 双边与多边人文交流平台

《大篷车》《流浪者》等印度经典电影在中国广为流传。经过长时间沉寂，部分宝莱坞影片21世纪初进入中国，印度电影被中国年青一代观众所熟知。随着《神秘巨星》《小萝莉的猴神大叔》《摔跤吧！爸爸》的热映，两国电影文化交流迎来更为广阔的空间。2018年，中国大银幕上的"宝莱坞热"和中国电影在印度展映交相呼应，中印电影文化交流持续升温。

【中国电影在乌兹别克斯坦展映首映式举行】 2018年4月24日，中国新疆多民族题材电影在中、西亚地区展映发行项目乌兹别克斯坦首映式，在乌兹别克斯坦首都塔什干市拉开帷幕。中国驻乌兹别克斯坦大使姜岩、乌兹别克斯坦电影署署长扎基洛夫以及中乌各界代表近400人参加了活动。活动由中国驻乌兹别克斯坦大使馆、乌兹别克斯坦电影署主办，新疆天山电影制片厂承办。

【第十七届"汉语桥"世界大学生暨第十一届"汉语桥"世界中学生中文比赛举行】 2018年4月27日，第十七届"汉语桥"世界大学生暨第十一届"汉语桥"世界中学生中文比赛哈萨克斯坦赛区决赛在哈萨克斯坦卡拉干达市隆重举行。中国驻哈萨克斯坦使馆、驻阿拉木图总领馆代表和卡拉干达国立技术大学校长顾问克罗巴乔夫、副校长奥贝斯巴耶娃，以及来自卡拉干达国立技术大学、古米廖夫国立欧亚大学、阿克托别朱巴诺夫国立大学、阿里·法拉比哈萨克国立大学、阿布莱汗国际关系与外国语大学等5所孔子学院的部分中外方院长和师生、志愿者、汉语爱好者共百余人出席了活动。

【庆祝中巴建交67周年音乐会举办】 2018年5月13日，中国驻巴基斯坦大使馆同巴基斯坦开普省政府在白沙瓦举办庆祝中巴建交67周年音乐会。正在巴基斯坦访问的中国歌剧舞剧院民族管弦乐团献演了一场以《春江花月夜》为主题的民乐盛会。姚敬大使、陈伟参赞、游翼参赞，开普省省督贾格拉、首席秘书阿扎姆·汗和当地民众200多人出席。音乐会气氛热烈，精彩纷呈。中国艺术家们演奏了《春江花月夜》《金蛇狂舞》《赛马》等美妙动听的著名乐曲，向白沙瓦民众展现了中国传统音乐的魅力，传递了中国人民友好的心声，博得观众阵阵喝彩。

【上合组织成员国艺术节开幕】 2018年5月30日，由中国文化和旅游部主办的上海合作组织成员国艺术节开幕式暨民族音乐会演出在北京保利剧院举行。上合组织各成员国、观察员国、对话伙伴国驻华使馆外交官，上合组织秘书处代表及各界民众约千人观看了演出。除音乐会演出外，承办方中国对外文化集团公司还介绍称，此次艺术节期间还举办了上合组织成员国民族舞蹈会演、文化遗产图片展等活动，并同与会组织成员国来华艺术家开展联合展示、技法研讨等艺术交流活动，以促进上合组织成员国之间的全方位了解。

【中央歌剧院原创民族歌剧《玛纳斯》上演】 2018年6月7日，中央歌剧院原创民族歌剧《玛纳斯》在北京天桥艺术中心上演。来华进行国事访问并出席上海合作组织青岛峰会的吉尔吉斯共和国总统索隆拜·热恩别科夫和近千名观众共同观看演出。中央歌剧院原创歌剧《玛纳斯》于2016年启动创作，2017年9月30日、10月1日在北京举行首演。作品取材自中国少数民族三大英雄史诗之一《玛纳斯》，呈现了英雄玛纳斯及其子孙领导柯尔克孜族人民反抗异族统治者奴役，为争取自由和幸福而进行斗争的故事。《玛纳斯》的题材在中国新疆和中亚吉尔吉斯斯坦等地广为流传，是丝绸之路上传唱千年的宝贵文化遗产。

【中哈首部合拍片《音乐家》】 中国和哈萨克斯坦首部合拍电影《音乐家》预计2019年下半年在两国同步上映。哈萨克斯坦文化体育部部长阿雷斯坦别克·穆哈梅季乌勒称，这部以中国已故音乐家冼星海在哈萨克斯坦的生活经历为主要内容的电影将为推动两国关系发展做出重大贡献。

【首届上合组织国家电影节开幕】 2018年6月13日，首届上合组织国家电影节在青岛西海岸新区拉开帷幕，为上合组织国家之间的交流与合作提供了全新的平台。本次电影节设立了"聚焦国家"单元，以"多样文明，同样精彩"为原则，按国别举办了12场"聚焦国家"活动，集中展现不同国家的电影文化。来自12个国家的23部参赛影片和55部参展影片与观众见面。这些影片从不同角度展现了上合组织国家电影的魅力和文化传统。上合组织秘书长阿利莫夫发来贺信表示，此次电影节是展示"上海精神"的良好机会，构建文化交流和展示的平台，将为上合组织国家人文交流合作贡献力量，将合作推进到更新水平。

【北京人民艺术剧院参加阿斯塔纳国际戏剧节】 2018年6月23日，应邀赴哈萨克斯坦参加第二届阿斯塔纳国际戏剧节的北京人民艺术剧院演出团队在阿斯塔纳世博园能源厅献演著名剧目《我爱桃花》。此系北京人艺首次赴中亚国家演出。中国驻哈萨克斯坦使馆参赞戴绪魁和戏剧节评委会成员及当地观众近千人一同观看演出。哈萨克斯坦人民演员、戏剧节主评委阿什莫夫代表主办方对来自中国的杰出艺术家及其精彩演出表示感谢，希望哈中艺术家今后能加强交流，让更多中国优秀剧目有机会与哈萨克斯坦民众见面。

【中央歌剧院歌剧团及合唱团赴哈萨克斯坦排演】 2018年6月9—24日，应哈萨克斯坦文化和体育部、阿斯塔纳歌剧和芭蕾舞剧院邀请，中国中央歌剧院歌剧团及合唱团一行16人赴哈萨克斯坦，与来自哈萨克斯坦及意大利、奥地利、白俄罗斯等国的艺术家共同排演普契尼歌剧《图兰朵》，并于6月22日在阿斯塔纳歌剧和芭蕾舞剧院成功首演。哈萨克斯坦国务秘书阿布德哈勒科娃，文体部长穆哈梅季乌雷、副部长拉伊姆古洛娃，阿斯塔纳歌剧和芭蕾舞剧院院长阿赫梅季亚罗夫和中国驻哈萨克斯坦使馆临时代办刘江平等嘉宾及当地观众千余人观看演出。

【中央芭蕾舞团应邀赴哈萨克斯坦艺术节】 2018年6月29日，中国中央芭蕾舞团应邀参加第二届欧亚舞蹈艺术节，在哈萨克斯坦首都阿斯塔纳芭蕾舞剧院献演《从黄河到生命之歌——芭蕾精品晚会》。此系中央芭蕾舞团首次赴中亚国家演出。晚会上，中国芭蕾舞艺术家们以优美的肢体语言和丰富的情

第二编 双边与多边人文交流平台

感表达，诠释了《木兰情》《黄河》《祭》《生命之歌》4部作品。民乐与交响协奏，古典与现代交融，中国原创芭蕾展现出独特魅力，引发观众强烈共鸣，赢得阵阵掌声和喝彩。

【庆祝改革开放40周年"辉煌中国·地方展"举办】 2018年7月17日、8月16日，庆祝改革开放40周年"辉煌中国·地方展"的第三期"华北和华中篇"及第四期"西部篇"在哈萨克斯坦国家博物馆成功开幕。两次展览分别选取中国北部和中部地区具有代表性的北京、天津、河南、湖北和湖南共5个省市，以及西部陕西、甘肃、青海、贵州和云南5省，主要展示当地社会发展、对外交往成果和名胜古迹、风土民情。这两次展览让当地观众感受到中国西部悠久的历史文化和壮丽的山河美景。

【"感知重庆"哈萨克斯坦行活动开幕】 2018年9月11日，2018"感知重庆"哈萨克斯坦行活动在哈萨克斯坦阿拉木图市拉开帷幕。在为期5天的时间里，中国重庆市为哈萨克斯坦民众奉上了一场内容丰富、形式多样的巴渝文化盛宴。此次活动包括图片展、中华文化体验等一系列活动。在活动现场，40多张精美图片诠释了山城重庆的别样魅力。孔子学院师生通过展示中华传统服饰、中国传统礼仪、茶艺及书法表演等活动，向哈萨克斯坦民众展现了中华文化的独特魅力。"感知重庆"是重庆市着力打造的城市外宣推广品牌。自2016年起，重庆市每年都沿着中欧班列（重庆）铁路线开展对外推广活动，旨在通过媒体、文化及经贸合作进一步深化重庆与"一带一路"沿线国家的人文交流和经贸往来，让国外民众感知中国、了解重庆。

【"天涯共此时"文化交流专场活动举行】 2018年9月26日，"天涯共此时"文化交流专场在巴基斯坦首都伊斯兰堡国家艺术委员会剧场举行，中巴各界数百名观众到场观看。演出分为"海上生明月""竟夕起相思""秦韵醉长安"3个章节，节目内容与中秋团圆主题紧密相连。来自陕西文一艺术团、西安城墙艺术团、西安外事古乐团的十余位表演者通过歌舞、乐器演奏、戏曲等形式，为观众呈现了中国传统文化之美。来自巴基斯坦国家艺术委员会国家表演艺术团的十余位表演者还带来了卡塔克舞、班格拉舞等传统舞蹈。

【"一带一路"文物保护研讨会举办】 2018年11月10日，中国与中亚5国代表聚首乌兹别克斯坦首都塔什干市，就"一带一路"沿线国家文物保护问题开展学术交流。研讨会由中国和乌兹别克斯坦联合举办，除两个主办国，还吸引了哈萨克斯坦、吉尔吉斯斯坦、塔吉克斯坦、土库曼斯坦等国共60余位专家和学者与会。专家们就本国文物保护理念、项目合作，以及修复技术等议题做了经验交流。中国文物遗产保护专家还就中乌两国联合保护世界文化遗产希瓦古城的情况向与会者做了介绍，得到各国专家的认可和赞同。

【"新丝路上的蓝色集装箱"国际文化经济交流活动举办】 2018年12月12日，"新丝路上的蓝色集装箱"国际文化经济交流活动在乌兹别克斯坦首都塔什干国家美术馆拉开帷幕。这次交流活动由中国国际文化传播中心、乌兹别克斯坦文化部、德国 DCKD 德中艺术设计交流协会等联合发起，分为敦煌壁画展、艺术与民族展、国际影像展、艺术与工业展、国际当代艺术展、时代精神展、水墨陕南和新丝路艺术展等 8 个主题展区，展品分别来自中国、乌兹别克斯坦和德国。

四　中国—上合组织卫生交流

【中国援巴医疗队入驻瓜达尔港】2017 年 9 月 22 日，中国首个援巴医疗队抵达巴基斯坦俾路支省瓜达尔港，10 余名医务人员将为当地民众提供为期两年的医疗服务。该医疗队由中国国家卫生计生委和中国红十字会总会共同派出，由来自复旦大学附属华山医院、北京红十字会 999 急救中心的医务人员及中国红十字会工作人员组成。在巴基斯坦工作期间，他们将入驻瓜达尔港的中巴博爱医疗急救中心，为当地民众提供医疗服务，同时还将对巴基斯坦医务人员进行相关培训。

此次进驻瓜达尔港的这支国家医疗队是中国首支在非洲以外地区派遣的医疗队，体现了中巴全天候战略合作伙伴关系的特殊性。医疗队将立足于服务当地民众和中资机构人员，以民心工程助力"一带一路"建设。

【"健康快车走出国门"扶贫治盲公益项目巴基斯坦"光明行"项目启动实施】2018 年 1 月 9—19 日，"健康快车走出国门"扶贫治盲公益项目巴基斯坦站启动实施。该项目由中国国家卫生和计划生育委员会实施，不仅为巴基斯坦病人提供了免费手术，更重要的是向中国医生学习和交流技巧技术。

【岳斌大使参观中亚生态与环境杜尚别研究中心】2018 年 3 月 30 日，中国驻塔吉克斯坦大使岳斌在塔科学院院长法尔霍德陪同下参观了由中国科学院与塔科学院共同建设的中亚生态与环境杜尚别研究中心。岳大使详细了解了中亚生态与环境杜尚别研究中心的工作情况，参观了生态环境、地质与物理、气象、信息等实验室。2014 年 9 月，中塔两国元首共同见证了《中塔科技合作协议》的签署，该中心是落实这一协议的重要举措，对两国科技合作发展具有开创性示范意义。岳斌希望研究中心双方科研人员凝心聚力，团结协作，把中心建设好、发展好，为推动两国科技合作发展贡献力量。

【"一带一路"国际医学教育联盟成立大会举行】2018 年 5 月 26—27 日，"一带一路"国际医学教育联盟成立大会在中国医科大学举行。中国医科大学当选为联盟理事长单位。"一带一路"国际医学教育联盟是由中国医科大学召集，中国、乌克兰、吉尔吉斯斯坦、爱沙尼亚、阿塞拜疆、巴基斯坦、菲律宾等 15 个国家医学教育机构共同发起倡议的国际医学教育联盟组织。根据联盟发布的《沈阳宣言》，未来 3 年，联盟成员将开展卫生健康领域的合作项目，在医疗卫生领域的人才培养、学科建设、科技创新和社会服务方面开展合作，为沿线各国卫生健康事业发展提供支撑。

【中国高校与吉尔吉斯斯坦卫生部成立先天性心脏病研究中心】 2018年12月6日，中国河北医科大学与吉尔吉斯斯坦卫生部在吉尔吉斯斯坦首都比什凯克市成立先天性心脏病研究中心。吉尔吉斯斯坦卫生部下属的米尔拉希莫夫国家心脏病学和治疗中心当天与河北医科大学签署了合作备忘录。先天性心脏病研究中心的成立将为以后把现代先天性心脏病的诊断和治疗方法广泛引入吉尔吉斯斯坦的临床实践奠定基础，也将有助于培养吉尔吉斯斯坦在该医学领域的高素质专家。

五　中国—上合组织妇女交流

【首届上海合作组织妇女论坛举办】 2018年5月16—17日，首届上海合作组织妇女论坛在北京举办。本届论坛以"凝聚女性力量　促进共同发展"为主题。来自上合组织成员国、观察员国、妇女机构和组织的200余名代表与会，就妇女与创新发展、妇女与美丽世界、妇女与互利合作等议题开展了交流。论坛由全国妇联举办。这是在上合组织框架下首次举办的妇女论坛。全国人大常委会副委员长、全国妇联主席沈跃跃出席开幕式并致辞。

六　中国—上合组织旅游交流

旅游是增强各国人民相互了解、沟通情感的有效方式。上海合作组织成员国具有丰富的人文景观和自然景观等旅游资源；大都将发展旅游业作为经济发展优先领域。国家间、地区间旅游业的协同，对于推进上海合作组织各国文化产业的发展，将发挥独特的作用。

【哈萨克斯坦"中国旅游年"闭幕式举行】 2017年11月17日，哈萨克斯坦"中国旅游年"闭幕式在哈萨克斯坦首都阿斯塔纳和谐和解宫隆重举行。中国国家旅游局副局长杜江、驻哈萨克斯坦大使张汉晖夫妇和哈萨克斯坦文化体育部副部长科扎加帕诺夫及各界嘉宾千余人出席。这是首次在哈萨克斯坦举办"中国旅游年"，也是中国在中亚国家举办的首个国家级旅游年活动，反映了中哈关系发展的高水平和两国人民增进相互了解和友谊的迫切愿望。在中哈两国发展战略对接的大背景下，"中国旅游年"活动的举办将进一步提升双边旅游合作水平。

【陕西旅游推介会举办】 2018年8月20日，陕西旅游代表团在哈萨克斯坦阿拉木图市举办了中国陕西旅游推介会。推介会上，双方的旅游企业完成了一系列签约，未来将广泛开展合作，促进两地之间的旅游发展形成更多、更广泛的合作。在"一带一路"倡议的框架内，哈萨克斯坦准备扩大在旅游领域发展双边关系的机会。随着"一带一路"建设的持续推进，陕西与哈萨克斯坦的交流日益密切，西安与阿拉木图开通了直飞航线，阿斯塔纳世博会"陕西周"、陕西旅行社赴哈萨克斯坦考察等活动相继举办。

【"哈萨克斯坦在商业和活动旅游领域的潜力"路演举办】 2018年9月12日，在《第十一届北京国际商务及会奖旅游展览会》（IBTM China 2018）框架下，"哈萨克斯坦在商业和活动旅游领域的潜力"路演在北京市举办。《哈萨克旅游》国有股份公司会展旅游司司长热尼斯别克率领多家哈萨克斯坦旅行社，以及超过300名中国商界的代表与国际媒体参加了本次活动。哈方为来宾展示了关于哈萨克斯坦商业旅游前景与机会的视频。哈萨克斯坦旅行社以 B2B 形式向中国商人分享了关于旅游产品的材料和信息。IBTM China 2018 是旅游领域最重要的活动之一，创办11年来，被专家公认为中国出境旅游最重要的平台。

七　中国—上合组织青年交流

【第二届上海合作组织青年交流营举行】 2017年8月22日，"第二届上海合作组织青年交流营"举行。上海合作组织成员国和观察员国的中外青年代表近200人参加了此次活动。交流营以"弘扬上海精神　构建青年伙伴关系"为主题，旨在增进上合组织成员国青年对中国的了解和理解，促进各国青年参与"一带一路"建设等区域合作。2018年7月16日，以"新上合、新伙伴"为主题的第三届上海合作组织青年交流营在青岛市举行，200多名来自12个上合组织成员国和观察员国的青年代表将在青岛和北京参加系列交流活动。在开营仪式上，青年代表进行了帆船拓展训练，并共同命名了象征青年友谊的"上合组织青年号"帆船。

【中国—上合组织青年交流中心揭牌仪式举行】 2017年12月30日，中国—上合组织青年交流中心揭牌仪式在昆明学院隆重举行。上合组织秘书长阿利莫夫、中国外交部欧亚司司长孙霖江、全国青联副秘书长伍伟、云南省人民政府副省长高峰出席揭牌仪式并共同为中国—上合组织青年交流中心揭牌。成立中国—上合组织青年交流中心是云南主动服务和融入国家"一带一路"建设，推动国际友好事业健康发展，促进国家和谐和社会进步的大好机会。

【上合组织青少年人文交流中心落户海南省东方市】 2018年5月30日，上合组织青少年人文交流中心落户海南省东方市，并举办了相关活动。活动以"知识——通往成功的道路"为主题，为上合组织与中国合作推动国际青少年的交流合作翻开了新的篇章。双方将以此为起点，进一步推动上合组织青岛峰会上的倡议，帮助各国青少年获得知识与交流，促进文化互鉴、民心相通。

【2018上海合作组织成员国和观察员国大学生暑期学校举办】 2018年7月2—27日，2018上海合作组织成员国和观察员国大学生暑期学校在华东师范大学举办。活动由上海市教委主办，华东师范大学国际关系与地区发展研究院—上海合作组织研究院、国际教育中心承办。2018年6月，国家主席习近平在青岛出席上海合作组织成员国元首峰

第二编 双边与多边人文交流平台

会时,指出要继续在"上海精神"指引下,同舟共济,精诚合作,齐心构建上海合作组织命运共同体,并再次强调,要拉紧人文交流合作的共同纽带,只有不断扩大人文领域的交流与合作,才能增进政治互信,为经济和安全合作打下坚实的基础。在此背景下,华东师范大学举办以"加强人文交流、促进民心相通"为主题的上海合作组织成员国和观察员国大学生暑期学校活动,对促进各国青年对中国的了解,加强彼此的人文交流和友谊具有重要意义。来自哈萨克斯坦、吉尔吉斯斯坦、俄罗斯、塔吉克斯坦等上合组织成员国和上合组织观察员国白俄罗斯共35名大学生参加了本次暑期学校活动。

八 中国—上合组织地方合作交流

【中国援吉灌溉系统改造项目启动】
2018年5月3日,中国援吉灌溉系统改造项目正式开工,工期36个月。中国援吉灌溉系统改造项目是在"一带一路"倡议下开展并实施的务实合作项目,由中铁五局承建,主要包括引水枢纽、干渠、农田灌溉网络和附属设施等新建、维修和改扩建工程。该项目共分3个灌区,1号灌区位于巴特肯州巴特肯区,由16.4公里主干渠、29.9公里支渠及配套水利设施构成。2号、3号灌区分别位于伊塞克湖州伊塞克湖区、通伊区,由21.3公里主干渠、19.0公里支渠和配套水利设施构成。吉尔吉斯斯坦是传统的农业国家,灌溉系统有待进一步完善。中国援吉灌溉系统改造项目采取机械化作业、滑模机一体成型法的新工艺进行施工,极大地提升工作效率,缩短了项目工期。项目建成后,可为吉尔吉斯斯坦增加灌溉面积2310公顷,提高11100公顷土地的供水保证率,将有效促进沿线种植业、畜牧业的发展。

九 中国—上合组织媒体交流

【中哈媒体代表见面会举办】
2017年5月23日,中国驻哈萨克斯坦使馆在阿斯塔纳北京大厦举行同中哈媒体代表见面会。中国驻哈萨克斯坦使馆大使张汉晖向与会媒体详细介绍了"一带一路"国际合作高峰论坛在北京成功举办的情况,高度评价了纳扎尔巴耶夫总统应邀赴华参会的成果和意义。《哈萨克斯坦真理报》《主权报》《先行者报》《快报》《新一代报》《资本报》《专家报》《商队报》、哈通社、哈萨克电讯社、"哈萨克斯坦"国家电视台、"哈巴尔24"电视台、阿斯塔纳电视台、法律网、今日网、腾格里网、"B news"网站等20家哈萨克斯坦媒体负责人、编辑、资深记者和网络大V、知名博主以及《人民日报》、新华社、央视、中新社、新疆电视台驻站记者和使馆代表40余人出席。

【中国国际新闻交流中心上海合作组织分中心首期项目开办仪式举行】
2018年4月3日,中国国际新闻交流中心上海合作组织分中心首期项目开班仪式在北京市举行。该项目由中国公共外交协会主办,北京外国语大学公共外交研究中心承办,来自上海合作组织俄语国家的12名记者参加了此次培训。该项目是中国公共外交协会主办的针对上海合作组织国家的新闻记者培训项目,旨在促进中国与上海合作组织国家之间的交流,让上海合作组织国家记者更好地认识和了解中国。

【上海合作组织首届媒体峰会开幕】 2018年6月1日,由国务院新闻办公室主办的上海合作组织首届媒体峰会在北京市开幕。国家主席习近平致贺信,勉励媒体"要努力做'上海精神'的弘扬者、务实合作的开拓者、人民友好的传播者"。上合组织秘书长阿利莫夫在开幕式上致辞表示,媒体对正确宣传上合组织的客观形象发挥着重要作用,期待上合组织媒体加强合作,共同努力弘扬"上海精神"。

十 其他

【上合组织国家职工技能大赛举行】 2017年11月10日,中国工会"一带一路"人文交流——上合组织国家职工技能大赛在河北省廊坊市中国石油管道局管道学院开幕。此次大赛由外交部发起,中华全国总工会主办,中国石油天然气集团公司承办,旨在对接上合组织产业调整和经济发展需求,加强上合组织职工的专业交流,提升上合国家职工技能水平,展示中国产业工人形象,推广中国大国工匠精神,增进友谊、深化合作。来自上合组织秘书处和亚洲焊接联合会的代表,以及上合组织5个成员国、3个观察员国及3个对话伙伴国,共计11个国家的代表参与了此次活动。

【上合组织国家职工技能交流营举办】 2018年5月28日,中国工会"一带一路"人文交流——上合组织国家职工技能交流营在北京市开幕。来自上合组织18个国家的代表齐聚一堂,共同探讨推动上合组织国家职工技能发展。交流营活动将在北京、山东开展,通过主旨讲座、专题研讨、企业参访、技能体验、与大国工匠互动及文化参观等多种形式的交流,深化上合组织各国对"一带一路"倡议、"上海精神"和中国工会构建和谐劳动关系、维护职工合法权益、弘扬劳模精神和工匠精神等理念的理解,增进上合组织民心相通、巩固上合组织合作的民意基础。

(撰稿人:闫洪波)

金砖国家人文交流

一 金砖国家人文交流综述

【金砖国家】 2001年,美国高盛公司首次提出BRICs概念,用巴西、俄罗斯、印度、中国四国英文名称首字母组成缩写词。因"BRICs"拼写和发音同英文单词"砖"(bricks)相近,中国媒体和学者将其译为金砖国家。2006年,金砖国家外长举行首次会晤,开启金砖国家合作序幕。2009年6月,金砖国家领导人在俄罗斯叶卡捷琳堡举行首次会晤。2011年,南非正式加入金砖国家,英文名称定为"BRICS"。2011年11月,金砖国家领导人在法国戛纳二十国集团峰会前夕举行首次非正式会晤。金砖国家领导人迄今共进行了10次会晤和8次非正式会晤。金砖国家合作机制成立以来,合作基础日益夯实,领域逐渐拓展,已经形成了以领导人会晤为引领,以安全事务高级代表会议、外长会晤等部长级会议为支撑,在经贸、财金、科技、农业、文化、教育、卫生、智库、友城等数十个领域开展务实合作的多层次架构。金砖国家合作的影响已经超越了5国范畴,成为促进世界经济增长、完善全球治理、促进国际关系民主化的建设性力量。

尽管金砖国家合作始于对经济问题的关注,但中国在首次参加金砖国家领导人会晤时便明确提出将推进人文交流作为金砖国家合作的重要议题。这一提议获得金砖国家的广泛支持,2014年之后,人文交流成为金砖国家开展合作的明确目标之一。

【机制回顾】 2017年和2018年的两次金砖国家领导人峰会均高度重视开展金砖国家人文交流。2017年9月4日,第九次会晤发布《金砖国家领导人厦门宣言》,表示五国将致力于弘扬多元文化,促进人文交流,深化传统友谊,为金砖合作奠定更广泛的民意支持基础。五国表示将拓展全方位人文交流,鼓励社会各界广泛参与金砖合作,促进各国文化和文明的互学互鉴,增进各国人民之间的沟通和理解,深化传统友谊,让金砖伙伴关系的理念深植于民心。2018年7月26日,金砖国家领导人第十次会晤发布《金砖国家领导人约翰内斯堡宣言》,表示五国将继续巩固经济、政治安全和人文交流"三轮驱动"的合作格局,造福五国人民。

在领导人峰会的顶层设计之下,2017—2018年,金砖国家建立的文化部长、教育部长、科技创新部长、卫生部长等会议机制均制订了相关领域的人文交流合作方案，具体包括：

2017年7月5日，第五届金砖国家教育部长会议签署了《北京教育宣言》；2018年7月9—10日，第六届金砖国家教育部长会议发布了《开普敦教育与培训宣言》。

2017年7月6日，第二届金砖国家文化部长会议制订了《〈金砖国家政府间文化合作协定〉行动计划（2017—2021年）》；2018年10月31日，第三届金砖国家文化部长会议期间五国共同签署了《玛罗彭宣言》。

2017年7月6日，第七届金砖国家卫生部长会暨传统医药高级别会议通过《金砖国家加强传统医药合作联合宣言》。

2017年7月18日，第五届金砖国家科技创新部长级会议发表了《杭州宣言》《金砖国家创新合作行动计划》和《金砖国家2017—2018年科技创新工作计划》；2017年9月4日，厦门金砖国家领导人第九次会晤期间，金砖国家科技创新部门负责人或其授权代表共同签署了《金砖国家创新合作行动计划（2017—2020年）》；2018年7月3日，第六届金砖国家科技创新部长会议发表了《德班宣言》和《金砖国家科技创新工作计划（2018—2019年）》。

在此基础上，金砖国家在2017—2018年新建立了一批人文交流机制，金砖国家美术馆联盟、金砖国家青少年儿童戏剧联盟、金砖国家博物馆联盟、金砖国家图书馆联盟。已有的合作交流机制如金砖国家电影节、金砖运动会、金砖国家大学联盟、金砖国家网络大学、金砖国家青年峰会、金砖国家青年科学家论坛、金砖国家学术论坛开展的活动在深度和广度上也有了进一步发展。

【开展情况】 2017—2018年，金砖国家在文化、教育、青年、智库等领域，开展了丰富多样的活动，有效地推动了金砖国家人文交流的深入发展。

在文化交流方面，开展的主要活动包括金砖国家美术馆联盟论坛、金砖五国儿童戏剧展演、金砖国家青少年儿童戏剧联盟会议、金砖国家多边双边会谈、金砖国家博物馆联盟学术论坛、金砖国家图书馆联盟会议、金砖国家电影节、金砖运动会等。其中，金砖五国知名导演合作拍摄的两部电影《时间去哪儿了》和《半边天》开创了金砖国家电影业合作的一种新形式。《金砖国家图书馆联盟合作意向声明》《金砖国家电影合作成都共识》《金砖国家电影合作拍摄2017—2021年计划》《北京电影学院关于金砖国家电影人才交流培养的计划》等具体方案也为进一步细化和深入开展相关领域合作明确了方向。

在教育交流方面，金砖国家大学联盟和金砖国家网络大学建设都取得了长足发展。2017—2018年，金砖国家教育界代表签署了《金砖国家网络大学国际管理董事会章程》《2017—2018金砖国家网络大学行动计划》《2017年金砖国家网络大学年度会议郑州共识》《斯坦陵布什宣言》等重要文件，切实有效地开展了各项合作。

在青年交流方面，金砖国家青年峰会和金砖国家青年科学家论坛两个机制有效带动了五国不同领域青年的交流。

在智库交流方面，在金砖五国共同建设金砖国家智库理事会的机制之下，

第二编 双边与多边人文交流平台

2017年金砖国家智库合作中方理事会成立，为中国从事金砖国家研究的机构和专家提供了重要的交流平台。在理事会及相关机构的推动下，中国举办了多次金砖国家智库国际研讨会。与此同时，五国智库机构和学者举办了两次金砖国家学术论坛，并分别为金砖国家领导人厦门会晤和约翰内斯堡会晤提供了政策建议，充分发挥了智库的社会功能。此外，金砖国家新开拓了金砖国家治国理政研讨会、金砖国家政党、智库和民间社会组织论坛等新的交流活动。在这一系列活动中，不同领域的专家、学者均为如何进一步开展人文交流提出了建议。

二 金砖国家文化交流

【第二届金砖国家文化部长会议】 2017年7月6日，第二届金砖国家文化部长会议在天津市召开。与会各方一致认为，加强金砖框架下文化领域的交流与互动，有利于促进金砖国家整体的可持续发展，增进金砖国家人民间的友好感情，对金砖国家合作和发展具有重要的现实意义和深远的历史影响。会后，各方共同签署了《落实〈金砖国家政府间文化协定〉行动计划（2017—2021年）》，并一同见证了金砖国家图书馆联盟、博物馆联盟、美术馆联盟和青少年儿童戏剧联盟签署成果文件。

【第一届金砖国家图书馆联盟会议举行】 2017年7月6日，第一届金砖国家图书馆联盟会议在天津市举行。金砖五国图书馆代表在各国文化部长的见证下宣告金砖国家图书馆联盟正式成立。该联盟组建联盟委员会，由巴西、印度、俄罗斯、中国、南非各派一位代表加入，负责组织共同活动、制定活动议题的工作，并关注现行项目的进程和建立新项目。

【金砖国家美术馆联盟论坛举办】 2018年4月12日，金砖国家美术馆联盟论坛在北京市举办。此次论坛由中国美术馆主办，中国、南非、巴西、俄罗斯、印度五国5座国家级美术馆的代表以"特色·融汇"为主旨展开学术研讨。当天下午，金砖国家美术馆联盟第一次会议暨联盟宣言签署仪式举行。宣言称，金砖国家各美术馆希望通过"金砖国家美术馆联盟"这一平台，展示金砖国家当代艺术发展与研究的最新成果以及各个美术馆的特色收藏，向世界广泛传播金砖国家的丰富艺术与文化。

【金砖国家青少年儿童戏剧联盟系列活动启动】 2018年7月20日，金砖国家青少年儿童戏剧联盟系列活动在中国儿童艺术剧院启动，活动涵盖金砖五国儿童戏剧展演、金砖国家青少年儿童戏剧联盟会议、金砖国家多边双边会谈等活动。此次系列活动是金砖国家青少年儿童戏剧联盟成立一年来的首次国际联动。活动期间，来自巴西、印度、俄罗斯、南非、中国的《喜欢盒子的人》《生生不息》《爱丽丝梦游仙境》《啊哈》《鹬·蚌·鱼》等12台剧目于第八届中国儿童戏剧节上演。

【第二届金砖国家图书馆联盟会议】 2018年10月22日，第二届金砖国家图书馆联盟会议在南非比勒陀利亚市召开。会议期间，金砖五国代表分别就本国数字图书馆的建设情况进行了报告。经过磋商，各方在举办数字图书馆领域内的培训班和学术研讨会、数字化馆藏展览、建立数字图书馆合作伙伴关系、发展数字门户网站、交换数字资源等方面进行合作达成了共识，并通过了《金砖国家图书馆联盟合作意向声明》，进一步明确了金砖国家图书馆联盟的发展方向。

【第一届金砖国家博物馆联盟大会暨学术论坛召开】 2018年10月25日，第一届金砖国家博物馆联盟大会暨学术论坛在北京市召开。来自巴西博物学院、俄罗斯国家历史博物馆、印度国家博物馆、南非迪宗博物馆和中国国家博物馆的金砖国家文博同仁齐聚一堂，共商金砖国家博物馆合作共赢大计，为未来开展务实合作奠定了坚实的基础。与会代表重点探讨了联盟成立事宜、联盟合作机制以及未来五年合作计划，通过了联盟章程，并签署了联盟成立宣言与备忘录。会议宣布金砖国家博物馆联盟正式成立，中国国家博物馆馆长王春法担任首届联盟主席。

【第三届金砖国家文化部长会议】 2018年10月31日，第三届金砖国家文化部长会议在南非玛罗彭市召开。五国共同签署了《玛罗彭宣言》，以促进金砖国家文化发展及文化领域的交流、合作、创新及伙伴关系建设。各国代表在会议期间听取了金砖国家美术馆联盟、青少年儿童戏剧联盟、博物馆联盟、图书馆联盟2018年举办活动的情况报告，并讨论了关于金砖文化合作内容与方式的报告。

三 金砖国家影视交流

【第二届金砖国家电影节举行】 2017年6月23—27日，第二届金砖国家电影节在四川省成都市举行。五国导演合拍的《时间去哪儿了》作为开幕影片，闭幕影片则是由第三届电影节主办国南非推荐的《真命天女》，竞赛单元设置了"熊猫奖"。巴西电影《尼斯：疯狂的心》获得最佳影片，五国合拍的《时间去哪儿了》获得艺术贡献奖，俄罗斯电影《血战坦克连》的导演基姆·德鲁日宁和安德烈·谢罗帕获得最佳导演奖，中国演员周冬雨凭借《七月与安生》获得最佳女演员奖，印度演员阿洛格·拉杰瓦德（Alok Rajwade）凭借《海龟》获得最佳男演员奖，巴西电影《第二个妈妈》和南非电影《阿扬达与机械师》获得评委会特别奖。

【"金砖国家电影合作之路"主题论坛举行】 2017年6月24日，2017中国成都金砖国家电影节的主题论坛"金砖国家电影合作之路"在四川省成都市举行。金砖国家电影人在充分沟通交流的基础上，达成了《金砖国家电影合作成都共识》，特别推出了《金砖国家电影合作拍摄2017—2021年计划》，未来5年每年推出一部合拍片，为进一步深化金砖国家人文交流合作做出电影的独特贡献。此外，《北京电影学院关于金砖国家电影人才交流培养的计划》也在论坛发布，计划在5年当中为其他金砖

第二编 双边与多边人文交流平台

国家提供40个全额奖学金，开展大师工作坊、访问学者科研合作等一系列活动。

【第三届金砖国家电影节举行】 2018年7月22—27日，第三届金砖国家电影节在南非德班市举行，来自金砖国家的20余部电影参加了电影节。竞赛单元设置了"金犀牛奖"。印度电影《牛顿》获得最佳影片，中国电影《功夫瑜伽》获得最佳出品人奖，中国演员白百何凭借《从你的全世界路过》获得最佳女配角奖。

【《时间去哪儿了》】 《时间去哪儿了》为金砖五国导演合作拍摄的电影，获评第二届金砖国家电影节艺术贡献奖。由来自中国、巴西、俄罗斯、印度、南非的5位电影导演，分别以"时间去哪儿了"为主题拍摄短片，汇集成一部集锦式长片。5部短片分别是巴西导演沃尔特·塞勒斯的《颤抖的大地》、俄罗斯导演阿历斯基·费朵奇的《呼吸》、印度导演马德哈尔·班达卡的《孟买迷雾》、南非导演贾梅尔·奎比卡的《重生》和中国导演贾樟柯的《逢春》。

【《半边天》】 《半边天》为金砖五国导演合作拍摄的电影，由中国导演贾樟柯担任监制，邀请来自巴西、俄罗斯、印度、中国、南非的5位女性导演，分别以"当代女性情感与社会"为主题拍摄一部电影短片，汇集成一部集锦式长片。5部短片分别是巴西导演丹妮拉·托马斯的《归乡》、俄罗斯导演伊丽莎维塔·斯蒂肖娃的《线上爱人》、南非导演萨拉·布兰克的《性别疑云》、印度导演阿什维尼·伊耶·蒂瓦里的《妈妈的假期》和中国导演刘雨霖的《饺子》。

四 金砖国家体育交流

【第一届金砖运动会举行】 2017年6月17—21日，第一届金砖运动会在广东省广州市举行，来自巴西、俄罗斯、印度、南非、中国近300名运动员参赛，共设篮球、排球和武术3个大项，中国队以5金1银1铜的成绩排名榜首。

【第二届金砖运动会举行】 2018年7月18—22日，第二届金砖运动会在南非约翰内斯堡市举行，来自金砖国家约300名运动员参赛，共设U17女子足球、U21男子和女子排球和U19女子英式篮球3个大项目，中国队共收获1金2银，蝉联奖牌榜首位。

五 金砖国家教育交流

【首届金砖国家技能发展与技术创新大赛举行】 2017年6—8月，首届金砖国家技能发展与技术创新大赛在中国成功举行，赛项包括焊接大赛、创客大赛、数控大赛、3D打印与智能制造大赛、智能制造挑战赛五个赛项，吸引了来自金砖国家的总计4500余人参加了大赛的系列活动。俄罗斯、印度、南非参与了相关赛项或选派专家参与了大赛相关活动,哈萨克斯坦、斯洛伐克、蒙古、乌克兰、越南等"一带一路"国家也积极参与竞赛活动。2017年中国是金砖国家轮值主席国,金砖国家技能发展与技术创新大赛成为金砖国家工商理事会(中方)理事会的重要成果设计和推动金砖国家间人文交流活动之一。

【第二届金砖国家网络大学年会召开】 2017年7月1—3日,第二届金砖国家网络大学年会在河南省郑州市召开。来自金砖国家网络大学34所成员高校以及25所合作伙伴高校的专家学者等161人与会,共商高等教育合作、交流、发展大计。会议以"国际化办学与务实合作"为主题。会议期间,各国教育界代表共同签署《金砖国家网络大学国际管理董事会章程》《2017—2018金砖国家网络大学行动计划》《2017年金砖国家网络大学年度会议郑州共识》等成果文件。

【第五届金砖国家教育部长会议】 2017年7月5日,第五届金砖国家教育部长会议在北京市召开。会议以"金砖国家教育合作:促进卓越和公平"为主题,签署了《北京教育宣言》等成果文件,就金砖国家教育未来合作达成了一系列共识。根据《北京教育宣言》,金砖国家将继续支持金砖国家网络大学成员开展教育、科研和创新领域的合作,同时鼓励金砖国家的大学加入金砖国家大学联盟;通过多语言教育和使用加强文化合作,推动各国在历史和文化方面的相互了解;鼓励金砖国家举办青少年夏(冬)令营,增进金砖国家青年一代的文化沟通和交流;鼓励金砖国家提供更多的奖学金名额,增加成员国学生在其他金砖国家学习的机会。各国代表表示,金砖国家发展阶段相近,教育领域互补性强,教育合作大有可为。五国应秉承开放包容、合作共赢的金砖精神,挖掘教育合作潜力,充实合作内涵,不断为金砖国家更紧密、更团结、更牢固的伙伴关系注入正能量。

【第二届金砖国家技能发展与技术创新大赛举行】 2018年5—12月,第二届金砖国家技能发展与技术创新大赛成功举行,此次大赛分中国、南非、俄罗斯三个赛区,历时近一年,共举办了国内外选拔赛和赛区赛23场,近5万人次参与了竞赛及相关会议、展览展示、技术交流等活动。

【第三届金砖国家网络大学年会召开】 2018年7月4—8日,第三届金砖国家网络大学年会在南非斯坦陵布什市召开。金砖五国成员高校的近两百名校方领导和专家学者参加了本届年会。会议以"深化金砖国家大学间合作:研究生的机遇与挑战"为主题。会议期间,各国教育界代表共同签署并发布了《斯坦陵布什宣言》。

【第六届金砖国家教育部长会议】 2018年7月9—10日,第六届金砖国家教育部长会议在南非开普敦市召开,并发布《开普敦教育与培训宣言》(以下简称《宣言》)。根据《宣言》,五国将强化在技术和职业教育与培训领域的合作;支持建立金砖国家网络大学的协调运行机制;支持南非起草金砖国家网络大学博士研究生项目;鼓励金砖国家网络大学的跨国专题小组协调各自领域的教育质量标准;分享有关各成员国已有的资助机制的信息;鼓励金砖国家网络大学通过跨国专题小组开展有关第四次工业革命的合作研究；鼓励金砖国家网络大学和金砖国家大学联盟起草教师和学生交流方案；支持印度起草用数据化改进教育与培训以及相关政策的方案；在教育中推进价值观和伦理实践；合作探索建立金砖国家奖学金以鼓励学生前往成员国接受高等教育。

六　金砖国家科技交流

【第五届金砖国家科技创新部长会议】　2017年7月18日，第五届金砖国家科技创新部长级会议在浙江省杭州市召开。会议就科技创新政策交流、专题领域合作、联合资助多边研发项目、青年创新创业、青年科学家交流、科技园区合作等达成了多项重要成果。会后，金砖国家科技创新部长们共同召开了新闻发布会，并发表了《杭州宣言》《金砖国家创新合作行动计划》和《金砖国家2017—2018年科技创新工作计划》。

七　金砖国家卫生交流

【第七届金砖国家卫生部长会议】　2017年7月6日，第七届金砖国家卫生部长会议暨传统医药高级别会议在天津市召开。会议通过了《金砖国家加强传统医药合作联合宣言》，推动发挥传统医药在金砖国家卫生保健领域中的重要作用，强调共同加强传统医学教育培训、发挥传统医学临床优势、共同规范传统医药产品生产、科学探索和创新传统医学、促进传统医学从业人员交流。

八　金砖国家地方合作交流

【2017金砖国家友好城市暨地方政府合作论坛】　2017年7月11—13日，2017金砖国家友好城市暨地方政府合作论坛在四川省成都市举办。本次论坛以"联动发展、共创共享"为主题，旨在为金砖五国地方政府间寻对结好、经验共享、深化合作提供重要交流平台。来自金砖五国友好城市和地方政府的代表共同发布了旨在深化合作的《成都倡议》（以下简称《倡议》）。《倡议》表示，五国友好城市和地方政府将充分发挥资源优势，以人文、经贸、旅游、科技等领域为重点，不断提升对外交流合作的紧密度和国际交往的便利度。

九　金砖国家青年交流

【第二届金砖国家青年科学家论坛举办】　2017年7月11—15日，第二届金砖国家青年科学家论坛在浙江省杭州市举办。本次论坛是2017年第五届金砖国家科技创新部长级会议的配套活动。论坛的主题是"打造青年科学家的科技创新领导力",设置了能源、材料和生物医疗3个分论坛。来自中国、巴西、俄罗斯、印度和南非的120余名青年科学家共同参加了论坛。

【2017年金砖国家青年论坛举办】 2017年7月25—27日,2017年金砖国家青年论坛在北京市举办。本次论坛主题为"构建伙伴关系,促进青年发展"。来自巴西、俄罗斯、印度、中国、南非的50名青年代表参加了会议。论坛举办期间,与会代表围绕"新时期各国青年政策重点和特点""金砖国家青年创新创业"等议题进行了深入探讨,并最终形成了《2017年金砖国家青年论坛行动计划》。

【第三届金砖国家青年科学家论坛举办】 2018年6月24—29日,第三届金砖国家青年科学家论坛在南非德班市举行。本次论坛以"打造金砖国家青年科技创新领导力"为主题,设置了能源、水资源及科技对社会影响等专题论坛、青年女性科学对话、青年创新创业大奖赛、青年创新创业精神研讨会等多场活动。来自中国、南非、俄罗斯、巴西、印度的100多名青年科学家和创新创业青年参加了论坛。

【2018年金砖国家青年峰会举行】 2018年7月16—18日,2018年金砖国家青年峰会在南非林波波省贝拉贝拉镇举行。该峰会为金砖国家领导人峰会配套活动之一。来自中国、巴西、俄罗斯、南非和印度的50余名青年代表参加了峰会。与会代表围绕"金砖青年政策框架""第四次工业革命""金砖国家青年经济参与""保护妇女儿童,关于性别暴力和识别的对话""教育获得、课程体系改革和未来工作"等议题进行了探讨。

十　金砖国家智库及其他交流

【金砖国家智库合作中方理事会成立会举行】 2017年1月11日,金砖国家智库合作中方理事会成立会在北京市举行。金砖国家智库合作中方理事会是金砖国家智库合作机制化运作平台、"金砖国家智库理事会"五成员之一,扮演着金砖国家智库合作事务中方牵头人的角色,主要负责金砖国家合作框架下二轨对话交流。会议通过了理事会成员名单及章程。理事会共有7家副理事长单位、63家理事单位和65名理事,理事长由中联部副部长郭业洲担任。

【2017年金砖国家智库研讨会（2017年5月）举行】 2017年5月16日,由金砖国家合作中方理事会、广东工业大学主办的2017年金砖国家智库研讨会在广东省广州市举行。来自中国、巴西、俄罗斯、南非和印度的官员、专家和学者近百人参会,就"金砖国家产业合作与全球价值链建设"主题展开了讨论。作为2017年金砖国家领导人峰会系列活动之一,2017年金砖国家智库研讨会旨在通过讨论和交流,为领导人峰会提供智力支持和政策建议。

【金砖国家政党、智库和民间社会组织论坛】 2017年6月10—12日,金砖国家政党、智库和民间社会组织论坛在福建省福州市举行。会议通过了《福州倡议》,并就《金砖国家第九次学术论坛对金砖国家领导人厦门会晤的建议》达成一致。《福州倡议》强调人文交流对巩固金砖国家战略伙伴关系、夯实合作的民意基础具有重要作用,指出金砖各国都是人文资源大国,应当继续发挥各自优势,积极参与并合力推动金砖国家人文交流合作走深走实,切实增强人民对金砖国家合作的参与度和认同感。

【金砖国家第九次学术论坛举办】 2017年6月10—12日,金砖国家第九次学术论坛在福建省福州市举行。来自巴西、俄罗斯、印度、中国、南非5国智库学者共同与会。论坛回顾了金砖国家合作的10年历程,着眼金砖国家合作的未来,通过了《金砖国家第九次学术论坛对金砖国家领导人厦门会晤的建议》,主要内容包括改善和完善全球经济治理、发展金砖国家伙伴关系、维护世界和平与安全、深化务实合作、做强人文交流、完善合作机制建设6个方面48条建议。

【2017金砖国家智库研讨会(2017年6月)举行】 2017年6月29日,由国务院参事室主办的2017金砖国家智库研讨会在北京市召开。来自俄罗斯科学院远东研究所、俄罗斯科学院经济研究所、巴西应用经济研究所、巴西计划部国际事务所、印度观察家研究基金会、南非皮尔森高等教育机构、南非人文科学研究理事会等7家智库的资深专家应邀参加了研讨会。

【第一届金砖国家治国理政研讨会举行】 2017年8月17—18日,第一届金砖国家治国理政研讨会在福建省福州市举行。此次研讨会是金砖国家领导人厦门会晤的重要配套活动之一,以"开放包容、互利共赢,共建人类命运共同体"为主题。会议代表来自中国、俄罗斯、印度、巴西、南非5个金砖国家以及坦桑尼亚、埃塞俄比亚、墨西哥等其他发展中国家。与会代表认为,加强治国理政经验交流,有助于金砖各国走好今后的道路,实现更大的发展。金砖国家应推动交流互鉴机制化,提升交流互鉴参与度。

【金砖国家智库合作中方理事会2018年年会召开】 2018年1月13日,金砖国家智库合作中方理事会2018年年会在北京市召开。会议主题为"凝聚中国智慧,开辟金砖合作光明未来"。会议调整了理事单位,共有8位副理事长、69家理事单位和71名理事。

【金砖国家智库国际研讨会暨"万寿论坛"(2018年4月)举行】 2018年4月23日,由金砖国家智库合作中方理事会主办的金砖国家智库国际研讨会暨"万寿论坛"在广东省广州市举行。来自巴西应用经济研究所、俄罗斯金砖研究国家委员会、俄罗斯政策研究中心、印度观察家研究基金会、南非金砖智库、南非人文与社会科学国家研究所等金砖国家的智库专家,印度阿里格尔穆斯林大学、印度韦洛尔理工大学、巴黎第三大学的学者等共计120余位代表与会。

【金砖国家智库国际研讨会暨"万寿论坛"(2018年5月)举行】 2018年5月6—7日,由金砖智库合作中方理事会主办的金砖国家智库国际研讨会暨"万寿论坛"在北京市举行。论坛以"深化金砖伙伴关系促进新型国际发展合作"为主题，来自南非人文科学研究理事会研究中心、莫斯科国家国际关系研究所、南非祖鲁兰大学俄联邦政府金融学院、印度观察家研究基金会、巴西应用经济研究所埃塞俄比亚电气和动力公司、拉美中国政治和经济研究中心等共计100余位代表与会，共同探讨"人类命运共同体与新国际发展观""金砖合作的新机制与新路径""金砖合作与实现国际可持续发展"以及"国际发展与合作：来自金砖国家的最佳经验"4个相关议题。

【金砖国家第十次学术论坛举行】 2018年5月28—31日，金砖国家第十次学术论坛在南非约翰内斯堡市举行，来自巴西、俄罗斯、印度、中国、南非等国的专家学者与会。论坛聚焦"经济繁荣与智慧制造中心""普遍的医疗覆盖和社会保障项目""全球共识与集体挑战""维护和平与构筑和平"和"发展目标"等主题，并向7月举行的金砖国家领导人约翰内斯堡会晤提交了一份建议报告。报告强调了开放包容的世界经济对所有国家的重要性；建议金砖国家进一步深化合作，确保多边贸易体系可以满足不断变化的全球贸易形势新要求；建议继续加强经济、和平与安全以及人文交流的"三轮驱动"；建议认识到发展知识型经济、发挥教育与创新力量的重要性；并提议建立金砖国家天体物理学和空间研究科学委员会等学术机构；强调金砖国家的时代正在到来，期待金砖国家携手同行，迎接更多"团结与合作"的"黄金十年"。

【第二届金砖国家治国理政研讨会举行】 2018年7月4日，第二届金砖国家治国理政研讨会在南非约翰内斯堡市举行。此次研讨会是金砖国家领导人约翰内斯堡会晤的重要配套活动之一，以"参与全球治理：维护人民利益，贡献金砖智慧"为主题。来自金砖国家、南部非洲国家的120多位代表与会交流。

（撰稿人：张忞煜）

中非合作论坛人文交流

一 中非合作论坛人文交流综述

【中非关系】 自1956年新中国与埃及正式建立外交关系，毛泽东、周恩来等新中国第一代领导人和非洲老一辈政治家共同开启了中非关系的新纪元。中非人民在反殖反帝、争取民族独立和解放的斗争中相互支持、真诚合作。60多年来，双方政治关系密切，高层互访不断，人员往来频繁，经贸关系发展迅速，其他领域的合作富有成效。2000年，中非合作论坛正式成立，是中国和非洲国家之间在南南合作范畴内的集体对话机制，进一步促进和推动了中非友好合作关系的发展。通过这种多边磋商形式，继承传统友谊，深化务实合作，共同应对经济全球化挑战，谋求共同发展，全面发展中非新型战略伙伴关系。

【机制回顾】 在中非双方共同倡议下，中非合作论坛（Forum on China-Africa Cooperation）于2000年在北京市正式成立，是中国和非洲国家之间在南南合作范畴内的集体对话机制。论坛宗旨为"平等磋商、增进了解、扩大共识、加强友谊、促进合作"。成员包括中国、与中国建交的53个非洲国家以及非洲联盟委员会。

2000年10月10—12日，中非合作论坛第一届部长级会议在北京市举行，中国和44个非洲国家的80余名部长、17个国际和地区组织的代表及部分中非企业界人士出席了会议。会议通过了《中非合作论坛北京宣言》和《中非经济和社会发展合作纲领》，为中国与非洲国家发展长期稳定、平等互利的新型伙伴关系确定了方向。

2003年12月15—16日，中非合作论坛第二届部长级会议在埃塞俄比亚首都亚的斯亚贝巴市举行，会议主题为"务实合作、面向行动"。中国和44个非洲国家的70多名部长及部分国际和地区组织的代表参加了会议。会议通过了《中非合作论坛——亚的斯亚贝巴行动计划（2004—2006年）》。

2006年11月3日，中非合作论坛第三届部长级会议在北京市召开。2006年11月4—5日，中非合作论坛北京峰会举行，峰会主题为"友谊、和平、合作、发展"。中国国家主席胡锦涛和非洲35位国家元首、6位政府首脑、1位副总统、6位高级代表以及非盟委员会主席科纳雷出席。会议通过了《中非合作论坛北京峰会宣言》和《中非合作论坛——北京行动计划（2007—2009

年)》，决定建立和发展政治上平等互信、经济上合作共赢、文化上交流互鉴的中非新型战略伙伴关系。

2009年11月8—9日，中非合作论坛第四届部长级会议在埃及沙姆沙伊赫市举行，会议主题是"深化中非新型战略伙伴关系，谋求可持续发展"。会议通过了《中非合作论坛沙姆沙伊赫宣言》和《中非合作论坛——沙姆沙伊赫行动计划（2010—2012年）》，规划了此后3年中非在政治、经济、社会、人文等各领域的合作。

2012年7月19—20日，中非合作论坛第五届部长级会议在北京市举行，会议主题是"继往开来，开创中非新型战略伙伴关系新局面"。来自中国和50个非洲国家的外交部长和负责国际经济合作事务的部长或代表以及非盟委员会主席让·平与会。会议通过了《中非合作论坛第五届部长级会议北京宣言》和《中非合作论坛第五届部长级会议——北京行动计划（2013—2015年）》，全面规划了此后3年中非关系的发展方向和中非合作的重点领域。

2015年12月3日，中非合作论坛第六届部长级会议在南非比勒陀利亚市举行。2015年12月4—5日，中非合作论坛约翰内斯堡峰会举行，峰会主题为"中非携手并进：合作共赢、共同发展"。包括43位国家元首和政府首脑在内的论坛52个成员代表出席，就深化中非传统友谊、促进务实合作、谋求共同发展等重大议题进行讨论。峰会通过了《中非合作论坛约翰内斯堡峰会宣言》和《中非合作论坛——约翰内斯堡行动计划（2016—2018年）》，双方同意将中非新型战略伙伴关系提升为全面战略合作伙伴关系，做强和夯实政治上平等互信、经济上合作共赢、文明上交流互鉴、安全上守望相助、国际事务中团结协作的"五大支柱"。

2018年9月2日，中非合作论坛第七届部长级会议在北京市举行。2018年9月3—4日，中非合作论坛北京峰会举行，峰会主题为"合作共赢，携手构建更加紧密的中非命运共同体"。中国国家主席习近平同论坛共同主席国南非总统拉马福萨共同主持峰会。54个论坛非洲成员代表与会。峰会通过了《关于构建更加紧密的中非命运共同体的北京宣言》和《中非合作论坛——北京行动计划（2019—2021年）》。

【开展情况】 2017—2018年，中非合作论坛人文交流合作在教育、科技、文化、体育、旅游、媒体、地方合作等领域得到快速发展，特别是在教育、文化、医疗等领域取得了丰硕成果。

在教育领域，中国援佛得角大学新校区项目启动，援达累斯萨拉姆大学中国图书馆项目完成并成功移交；浙江师范大学尼日利亚研究中心和中国非洲人类学研究中心成立；首届中非高等教育和科技国际研讨会以及非洲法语国家学者访华团项目等学术交流活动顺利开展，大大推动了中非高等教育的交流合作；科特迪瓦水稻技术海外培训班和中国竹藤制品开发技术培训班等项目务实有效，扩大了教育交流领域且丰富了交流方式；开罗大学示范孔子学院大楼落成，突尼斯首家孔子学院开班，这些孔子学院的活动为非洲人民学习汉语和了

第二编 双边与多边人文交流平台

解中国文化提供了条件，有助于加深中非教育深入交流合作。

在科技领域，中国参与非洲"绿色长城"建设，与非洲各国分享中国在生态治理和防治荒漠化的经验；加强中非信息通信合作研讨会的召开，有助于推动中非信息通信合作取得实效；中国为非洲一万多个村落接入数字信号，为非洲民众提供与外界连接的平台。

在文化领域，中非艺术演出团的互访和中非艺术展览的举办，加强了中非民众对彼此文化的了解；首届中非国际电影节和非洲万场电影放映工程启动，使中非人民进一步了解彼此的文化传统和价值体系，在文化和情感层面形成更深理解；《我从非洲来》《中非合作新时代》《与非洲同行》（上）等纪录片的开播和《走遍非洲》一书的出版为中非观众生动真实地展示了中非交流合作取得的成果以及非洲各国的风土人情，促进了中非文化交流。

在卫生领域，从1963年1月中国政府选派优秀医生组成医疗队援助刚独立不久的阿尔及利亚，到2018年中国援非医疗走过55年历程，中国共向非洲48个国家累计派遣援外医疗队员约2.1万人次，诊治患者约2.2亿人次。在2018年中非合作论坛北京峰会上，中国向非洲承诺，未来3年和今后一段时间，实施健康卫生行动，中国决定优化升级50个医疗卫生援非项目，开展公共卫生交流和信息合作。2017—2018年，中国向莫桑比克、尼日尔、南苏丹、马拉维、安哥拉、赞比亚、布基纳法索、坦桑尼亚、毛里塔尼亚、中非共和国等国家派出援非医疗队，并捐赠医疗物资。

在体育领域，中国援马达加斯加体育教练项目成功启动，援助尼日尔体育物资，对当地体育运动的发展做出了贡献；孔子学院总部主办的"武林汉韵"中国武术非洲巡演先后在贝宁、加纳和南非演出，向非洲观众展现了中国传统武术文化的魅力。

在青年领域，第二届和第三届中非青年大联欢以及中纳青年首次对话会成功举办，加强了中非青年之间的交流，增进了中非青年友谊；第四届中非青年领导人论坛举行，就中非青年如何在新时代更好地传承和发扬中非传统友谊，如何更好地加强中非青年组织交流合作，如何更好地参加和推进中非合作、推动构建中非命运共同体提出了建议。

在旅游领域，尼日利亚中国旅游文化推介会举行，非洲国家驻华使节考察旅行团访问河南，促进了两国在旅游和文化方面的相互交流与合作。

在媒体领域，中非媒体对话会、第四届中非媒体合作论坛、第三届中国媒体非洲报道高层论坛、中非媒体人士座谈会等活动成功举行；非洲记者参加2018年新闻交流项目、中非媒体采访团走进红旗渠、埃及媒体代表团参访中新社等项目顺利开展，深化了双方媒体的相知相通，为媒体合作提供了平台与渠道，有助于充分发挥媒体在推动中非文化交流与民心相通中的作用。

在智库领域，中非减贫发展高端对话会暨中非智库论坛、上海国际问题研究院2018年非洲论坛和中非智库论坛第七届会议成功举办，为中非交流合作献言献策，发挥了智库作用；非洲智库代表访华,加强了中非智库之间的交流合作;《新时代中非友好合作智库报告》发布,总结了中非双方在政治、经贸、人文、和平安全等领域取得的成就,分析了中国特色社会主义进入新时代为非洲发展和中非合作带来的机遇,展望了未来中非友好合作的愿景。

二 中非合作论坛教育交流

【中国—南苏丹人力资源开发合作研讨会召开】 2017年2月18日,由中国驻南苏丹大使馆经商参处和南苏丹外交与国际合作部联合举办的中国—南苏丹人力资源开发合作研讨会在南苏丹首都朱巴市召开。南苏丹投资管理局、农业和粮食安全部、外交部等政府部门代表以及曾赴华参加援外培训项目的学员代表共约80人参会。中国每年为南苏丹提供诸多短期培训和学位教育奖学金项目,涉及农业、医疗、教育、经济、工业、公共管理等行业。

【中国援建佛得角大学新校区项目开工仪式举行】 2017年6月20日,佛得角总理席尔瓦、中国驻佛得角大使杜小丛共同出席中国援建佛得角大学新校区项目开工仪式。佛得角教育部部长、基础设施部部长、佛得角大学校长以及佛得角驻华大使等嘉宾出席仪式。佛得角大学新校区项目是中佛两国教育领域合作的最新成果,是中佛建交41年以来中方投资规模最大的援佛项目。

【2017年科特迪瓦水稻技术海外培训班举办】 2017年7月3日,2017年科特迪瓦水稻技术海外培训班在科特迪瓦阿比让市举行开班仪式。来自科特迪瓦全国水稻种植行业的40名代表将接受中国水稻专家提供的为期1个月的水稻技术专业培训。培训班将从水稻育种、栽培、田间管理、收获、加工等方面开展专题培训和交流研讨,采取课堂授课和实践教学相结合的形式,因地制宜地将中国先进的水稻技术传授给当地稻农。

【首届中非高等教育和科技国际研讨会召开】 2017年7月10日,由中国科学院大学、世界银行和上海交通大学联合举办的首届中非高等教育和科技国际研讨会在中国科学院大学召开,此次研讨会主题为"高等教育的发展与创新、人才培养和科技成果转化以及中非合作"。中国科学院、国家外专局、财政部和农业部等相关部委领导、世界银行高层管理人员,来自非洲国家的大学校长、科研机构领导人、教育部官员、企业人士,以及中方大学校长、科研机构领导、学者教授、企业家和在华非洲留学生共约160人参加了研讨会。首届中非高等教育和科技国际研讨会的举办有利于加深中国与非洲相关国家在高等教育管理及科研领域的彼此了解,推动双方交流与合作。

【浙江师范大学尼日利亚研究中心成立】 2017年8月12日,浙江师范大学尼日利亚研究中心在浙江师范大学非洲研究院成立。来自中国、尼日利亚的专家学者、媒体、智库和企业代表出席了成立仪式,并参加了中尼关系战略研讨会。

【2017年"中非民间友好行动"尼日利亚中学项目竣工】 2017年9月29日,"中非民间友好行动"——尼日利亚拉各斯州巴达格瑞地方政府阿吉多中学项目竣工暨交接仪式在该校举行。中国驻拉各斯总领馆代表、拉各斯州副州长代表、财政预算局长、教育局常秘、地方土王和军政代表及在校师生数百人参加了活动。"中非民间友好行动"由中国政府在2012年中非合作论坛第五届部长级会议上倡导开展,旨在支持和促进中非双方民间团体、妇女和青少年等领域的交流与合作。

【"中国人类学的非洲研究:传统、域外与实践国际研讨会"举行】 2017年10月21—22日,"中国人类学的非洲研究:传统、域外与实践国际研讨会"在浙江师范大学举行。会上,浙江师范大学中国非洲人类学研究中心成立。来自国家民委政策研究室、南非开普敦大学、罗德斯大学、北京大学、清华大学等近40家中外高校、科研机构的80多名专家参加会议,围绕"中国非洲人类学的传统、域外与实践"这一核心主题进行了研讨。

【第三届中非合作国际研讨会举行】 2017年11月2日,由中国外交部政策咨询委员会、尼日利亚智库"中国研究中心"和中国驻尼日利亚使馆联合举办的第三届中非合作国际研讨会在尼日利亚首都阿布贾市举行,研讨会主题为"尼中关系及实现工业化和产能合作前景"。来自外交部、中国驻尼日利亚大使馆、尼日利亚政府、尼日利亚专家学者、商会代表及在尼中资企业代表等百余人出席了会议。与会代表围绕尼日利亚工业化需求及面临的挑战、学习中国发展经验、深化尼中产能合作等相关议题展开了讨论,呼吁双方继续扩大人员交往,加强在产能领域的全面合作,从而更好惠及两国人民。

【中非联合仲裁中心首届国际会议举行】 2017年11月24日,中非联合仲裁中心首届国际会议在南非开普敦市举行,会议历时3天。来自中国和南非的法律界、银行、中资企业、大学等100余名代表出席了会议。此次会议议题包括中非联合仲裁中心愿景和发展、商业展望、法律观点、模拟竞赛、大学交流与支持、中非模式、基础设施和建筑等。中非联合仲裁中心是2015年12月由中非合作论坛成员国召集成立的,为中非间商业投资交易中可能出现的争议提供适当的解决机制、为商业基础设施建设和投资提供法律保障。

【《非洲发展研究》(2017)出版】 2017年12月,由南京大学非洲研究所、中国非洲问题研究会创办的《非洲发展研究》(2017)集刊出版。集刊主要刊登南京大学非洲研究团队及部分国内外学者的非洲研究成果。《非洲发展研究》以非洲发展和中非发展合作中的问题为导向,搭建一个非洲研究与学术交流的平台。

【中国科学家当选非洲科学院院士】 2017年12月21日,非洲科学院常务副院长尼尔逊·陶道(Nelson Torto)宣布中国疾病预防控制中心主任高福当选非洲科学院院士。非洲科学院致力于促进非洲科学与技术的高水平推进和可持续发展,是非洲最高的学术机构。鉴于高福院士对非洲乃至全球疾病预防控制做出的贡献，对高福授予非洲科学院院士。

【中非联合研究交流计划指导委员会扩大会议召开】 2018年3月6日，中非联合研究交流计划指导委员会扩大会议在北京市召开。中非合作论坛中方后续行动委员会秘书长、外交部非洲司司长戴兵主持会议，介绍了当前非洲形势和对非工作。外交部亚非司负责人，中非联合研究交流计划指导委员会成员单位和30家国内涉非研究机构负责人、专家学者共约60人出席会议。会议对中非联合研究交流计划2017年度项目执行情况进行了总结，并对2018年实施方案进行了部署。

【开罗大学示范孔子学院大楼落成仪式举行】 2018年4月21日，开罗大学示范孔子学院大楼落成典礼在开罗大学举行。中国驻埃及大使宋爱国、国家汉办副主任郁云峰，与埃及高教和科研部部长哈利德·阿卜杜拉·贾法尔等出席活动并剪彩。开罗大学孔子学院是埃及第一所孔子学院。2007年11月，北京大学与开罗大学签署了合作建设孔子学院的执行协议并揭牌。2014年12月，开罗大学孔子学院获总部批准建设示范孔子学院。

【2018年科特迪瓦水稻技术海外培训班举行】 2018年8月2日，由中国商务部主办、中国农业农村部对外经济合作中心承办的2018年科特迪瓦水稻技术海外培训班在科特迪瓦阿比让市举行结业仪式。科特迪瓦农业与农村发展部、中国农业农村部对外经济合作中心、中国驻科特迪瓦使馆等机构的代表出席仪式并致辞。本届培训班分两期举行，培训人数增加至80人。通过本次培训，学员们掌握了新的农业实践技能，有助于实现科特迪瓦水稻自给自足的国家目标。

【中国扶贫基金会纳米比亚爱心包裹项目启动】 2018年9月24日，主题为"来自熊猫国度的礼物"的中国扶贫基金会纳米比亚爱心包裹项目在纳米比亚首都温得和克市启动。来自中国驻纳米比亚大使馆、中国扶贫基金会、纳米比亚教育部和地方政府等10余名代表共同为受益学生发放爱心包裹。首批1万个纳米比亚爱心包裹里面的礼物包括书包、基础文具、美术用品、益智玩具和生活用品等。爱心包裹项目在中国开始于2009年，是中国扶贫基金会发起的一项全民公益行动。自2018年初始，爱心包裹项目走出国门，数以万计的爱心包裹已在尼泊尔、柬埔寨和缅甸等国传递着中国人民的友谊。

【2018非洲法语国家学者访华团项目实施】 2018年10月27日至11月10日，来自喀麦隆、多哥、突尼斯、马里、中非、科特迪瓦、马达加斯加、塞内加尔、贝宁、加蓬、几内亚等11个法语非洲国家高校、研究机构、智库的18名学者与专家应外交学院非洲研究中心邀请访华。此项目是中非合作论坛北京峰会的后续行动之一，在中非联合研究交流计划框架下邀请非洲法语国家有影响力的学者来华进行短期访问，开展学术交流。中非双方学者通过讲座、座谈、研讨、参观等形式，以"推动构建更加紧密的中非命运共同体"为主题，围绕北京峰会成果展开讨论交流，进一

步加强非洲学者对中国的了解,增进理解,促进中非学者之间的交流与合作;提高研究水平,为中非关系的深入发展提供有力的学术支持。

【"一带一路"非洲研究联盟成立大会召开】 2018年10月29日,由广东外语外贸大学主办的"一带一路"非洲研究联盟成立大会暨首届国际学术研讨会在广东外语外贸大学开幕。来自世界银行、联合国开发计划署等国际组织,埃及、埃塞俄比亚、肯尼亚、尼日利亚、南非、英国、挪威等34个国家和地区的智库专家、学者、政府官员和企业代表参会,交流探讨"中非合作新征程"。开幕式后,"一带一路"非洲研究联盟成立仪式启动,该联盟由广东外语外贸大学、广东非洲总商会发起,联合国内外的34个单位组成,旨在为各利益相关方共享资源、探索知识、传播技术、促进理解等提供应用服务。

【"一带一路"与中非命运共同体学术研讨会召开】 2018年11月3日,由湖南师范大学公共管理学院与湖南师范大学非洲研究中心主办的"一带一路"与中非命运共同体学术研讨会在湖南师范大学召开,旨在为全国非洲研究的专家学者搭建一个交流平台,为推动建设中非命运共同体、非洲学科的研究和培养学术新人发挥作用。来自国内高校和媒体专家学者80余人参加了会议。会议上,还举行了湖南师范大学非洲研究中心揭牌仪式。

【2018年中非知识产权制度与政策高级研讨会召开】 2018年11月11日,由中国国家知识产权局和世界知识产权组织共同主办的2018年中非知识产权制度与政策高级研讨会在广东省广州市召开,研讨会以"知识产权制度和政策"为主题。来自世界知识产权组织和非洲知识产权组织及其17个成员国,摩洛哥、突尼斯两国的知识产权局局长或高级代表,以及中国知识产权领域的专家学者共50余人参加了研讨。研讨会为期1周,通过专题讲座、实地调研、圆桌讨论等多种形式,围绕专利、商标和地理标志等知识产权领域的发展与实践,知识产权服务,公众知识产权意识提升,促进中小企业发展等内容开展了充分交流。此次会议是落实2018年中非合作论坛北京峰会成果、深化中非知识产权合作、共同推进"一带一路"建设的重要举措。

【突尼斯首家孔子学院开班】 2018年11月12日,突尼斯第一家孔子学院在首都突尼斯迦太基大学举行开班仪式。中国驻突尼斯大使汪文斌、迦太基大学校长奥勒法·乌达及中文专业师生等200多人参加了仪式。孔子学院开班将为突尼斯学生学习汉语提供更多机会,有利于加强两国的教育、科研及经济合作,也有助于突尼斯民众更好地了解中国传统文化。

【中国竹藤制品开发技术培训班结业仪式举行】 2018年11月13日,由中国商务部主办,中国国家林业和草原局国际竹藤中心承办的"中国竹藤制品开发技术培训班结业仪式"在加纳库马西市举行。此次培训班共募100名竹藤手工艺者,由7名中国高级技术人员进行为期30天的教学培训,主要聚焦于中高端竹藤家具产品的制作设计。在结业仪式上,加纳学员展示了包括藤制书架、竹凳、竹椅、竹桌等十几种竹藤家具制品的培训成果。加纳森林覆盖率高，竹藤资源丰富，是第一批加入国际竹藤组织的非洲国家之一，也是国际竹藤组织在西非地区办公室的所在地。

【第五届苏丹汉语教学研讨会召开】 2018年11月14—15日，喀土穆大学孔子学院举办第五届苏丹汉语教学研讨会暨本土汉语教师培训会。培训会以"苏丹汉语教学及中苏文化交流的问题"为主题。中方汉语教师、苏丹本土汉语教师及优秀学生代表40余人参加了培训会，分别就中苏文化差异、汉语学习偏误、教学策略、太极文化及教材话题性研究等议题进行了发言和讨论。

【博茨瓦纳大学孔子学院"中华才艺比赛"举行】 2018年11月16日，博茨瓦纳大学孔子学院举办"中华才艺比赛"。选手表演了中文歌曲、诗歌朗诵、武术、舞蹈等节目。当天，博茨瓦纳大学孔子学院举行了2018年毕业典礼。

【中国援建达累斯萨拉姆大学中国图书馆项目移交仪式举行】 2018年11月27日，由中国政府援建的达累斯萨拉姆大学图书馆的移交仪式在坦桑尼亚达累斯萨拉姆举行。坦桑尼亚总统马古富力、中国驻坦桑尼亚大使王克，以及坦桑尼亚党政军高官、外国驻坦桑尼亚使节、在坦桑尼亚中资企业和华侨华人代表、达累斯萨拉姆大学和孔子学院师生等数千人出席了仪式。达累斯萨拉姆大学中国图书馆是近年来中国政府在非洲建设的规模最大、功能最齐全、现代化程度最高的图书馆。达累斯萨拉姆大学图书馆将有助于坦桑尼亚大学生获取知识和技能、促进自身发展，同时也将成为促进中坦文化交流的重要平台。该援建项目建筑总面积约2万平方米，由图书馆、孔子学院和中坦文化交流园3个部分组成。图书馆建筑面积1.8万平方米，预计藏书80万册，可供2100人同时阅读。

【中国和肯尼亚签署谅解备忘录】 2018年12月13日，中国科学院院长白春礼和肯尼亚教育部部长阿明娜·穆罕默德在肯尼亚首都内罗毕共同签署《关于发展运营中非联合研究中心的谅解备忘录》。根据该备忘录，中科院和肯尼亚教育部将以中非联合研究中心为平台，共同推动中非在农业、医疗卫生、自然生态系统和环境保护、生物多样性保护和可持续发展等领域的合作与交流。中非联合研究中心位于内罗毕乔莫·肯雅塔农业技术大学，从2013年立项至今已与肯尼亚、坦桑尼亚和埃塞俄比亚等国20家科教机构展开合作，先后启动45个合作研究项目，为非洲各国培养了122名研究生、160余名培训管理和专业技术人员。

【"一带一路"对接非洲研讨会召开】 2018年12月15—23日，"共赢发展：'一带一路'对接非洲"研讨会在南非约翰内斯堡金山大学召开。来自南非政府、智库、企业界及中资企业等250余名代表参加了会议，围绕"一带一路"倡议内容、非洲如何对接"一带一路"并从中受益等议题展开了讨论。

三　中非合作论坛科技交流

【中国参与非洲"绿色长城"建设】
2017年9月15日，中国科学院新疆生态与地理研究所和泛非绿色长城组织（PAGGW）在联合国防治荒漠化公约第十三次缔约方大会会议期间签署了合作备忘录，未来5年，中方将参与非洲"绿色长城"建设。非洲"绿色长城"计划由非洲联盟主导，2007年发起，旨在通过在沙漠南缘的萨赫勒地区种植跨越非洲大陆的"树墙"，应对萨赫勒和撒哈拉地区土地退化和沙漠化对社会、经济、环境的不利影响，使干旱地区的林地、牧地及其他自然资源得到可持续管理或使用，应对当地贫困和食品安全等问题。

【非洲村落接入数字信号搭建工作完成】 2018年8月，中国为非洲一万多个村落接入数字信号搭建工作即将完成，这将为30个非洲国家的民众提供与外界连接的文化平台，丰富当地民众的文化生活，也将增强对中国和世界文化的了解。

【"落实中非合作论坛北京峰会成果，加强中非信息通信合作"研讨会召开】 2018年12月12日，由工业和信息化部与国际电信联盟共同主办的"落实中非合作论坛北京峰会成果，加强中非信息通信合作"研讨会在北京市召开。工业和信息化部副部长陈肇雄、国际电联秘书长赵厚麟出席会议并致辞。来自外交部、商务部、国家国际发展合作署等相关政府部门，以及金融机构、研究机构、行业协会和信息通信企业的代表参加了会议。加强中非信息通信领域合作是落实中非合作论坛北京峰会成果的重要举措。本次会议动员了各单位力量，提出了合作项目建议，切实推动了中非信息通信合作。

【援利比里亚电子屏落成仪式举行】
2018年12月18日，中非民间友好行动项目"援利比里亚电子屏落成仪式"在利比里亚首都蒙罗维亚市举行。中国驻利比里亚大使付吉军出席仪式并发表讲话，利比里亚新闻部副部长法贡、部长助理萨缪尔等政府官员、《每日谈话》负责人瑟利夫等各界人士约50人出席了落成仪式。

四　中非合作论坛文化交流

【非洲展团亮相第五届京交会】
2017年5月28日，2017中国（北京）国际服务贸易交易会（以下简称"京交会"）在北京国家会议中心开幕。来自加纳、喀麦隆、尼日利亚、乌干达、坦桑尼亚、南非、几内亚、莱索托、刚果金、突尼斯等非洲国家的展览及专题活动亮相京交会。展览现场还公布了精选出的100个有价值、有潜力的中非合作项目，为中国企业走进非洲打开了通道。

【2017京交会非洲主题日论坛召开】

2017年5月30日，由中非工业合作发展论坛组委会主办的2017京交会非洲主题日论坛在北京国家会议中心召开。此次论坛主题为"共创非洲未来"，围绕非洲服务贸易领域，包括工业、农业、旅游、通信、金融、物流、医疗、新能源等方面，进行政策发布和信息交流，通过多媒体展示、主题演讲、高峰对话等形式进行项目推介，为中非双方项目洽谈与合作提供了平台。30多位非洲国家的驻华大使和参赞、100多家中非企业代表以及中外媒体记者出席了活动。中非双方在会议现场签订了3项重要合作协议。本次非洲主题日论坛有效推动了中国企业近距离接触非洲、了解非洲国家的投资政策、项目信息和资源优势。

【2017北京影视剧非洲展播季启动】
2017年7月31日，由北京市新闻出版广电局主办的2017北京影视剧非洲展播季启动仪式在赞比亚首都卢萨卡市举行。赞比亚国家信息部部长坎帕姆巴·穆伦加、中国驻赞比亚大使杨优明、北京市新闻出版广电局副局长王野霏等出席了启动仪式，来自赞比亚各方企业代表、媒体记者和当地群众等200多人参加了活动。2017北京影视剧非洲展播季将给非洲观众上演《守护丽人》《咱们相爱吧》《奋斗》《一切都好》等8部影视剧，全年度将有17部电影和400集电视剧，用英、法、葡、斯瓦希里、豪萨、约鲁巴和乌干达等7个语种播出，让非洲民众通过影视剧进一步了解中国、感知中国。北京影视剧非洲展播季自2014年举办以来，已举办3届，相继走过尼日利亚、肯尼亚、坦桑尼亚、南非、卢旺达和乌干达等国。

【刚果（金）节奏与舞蹈艺术团来京演出】 2017年8月5日，刚果（金）节奏与舞蹈艺术团在国家大剧院为中国观众献上了一场精彩的演出。演出从乐器、服饰、语言、舞蹈、化妆完整再现了刚果（金）的传统文化，舞蹈和乐器节奏的完美融合表现了非洲人民纪念生命降生、少年成长、庆祝丰收、歌颂和平、祝福爱情、欢庆胜利等日常生活场景，向观众再现了非洲文化的诞生和发展，使中国观众感受了非洲部落文化、体验了异域风情。

【首届中非国际电影节举行】
2017年10月16日，由中国国际广播电台、北京电影学院、环球广域传媒集团共同创办的首届中非国际电影节在南非开普敦市开幕。中非国际电影节旨在介绍中非电影，加深了解，增进友谊。来自中国、南非、博茨瓦纳、坦桑尼亚、加纳、纳米比亚、尼日利亚等国的电影人士出席了开幕式，展示了产业成果，分享了创作经验。电影节持续3天，其间放映了包括中国电影《一纸婚约》《别让妈妈流泪》《妹娃要过河》《大耳朵图图》和《世界上的另一个我》等数部中非电影。活动主办方计划将中非国际电影节打造成每年一届的电影节品牌，每年10月在南非开普敦市举办。

【非洲万场电影放映工程启动】
2017年10月18日，非洲万场电影放映工程在南非开普敦市的开普敦科学院正式启动。中国驻开普敦总领馆领事宋俊、中非国际电影节形象大使陶虹以及开普敦科学院师生、孔子课堂教职员工、南非侨领代表等近300余人参加启动仪式。启动仪式现场放映了中国电影《世界上的另一个我》。10月19日，非洲电影万场放映工程来到了纳米比亚首都温得和克市，在温得和克的毛泽东主席中学举行了放映工程在纳米比亚的正式启动仪式。非洲万场电影放映工程计划在3年时间内在非洲20个国家放映3万场电影。非洲万场电影放映工程，可以使中非两地人民了解彼此的文化传统和价值体系，在文化和情感层面形成更深理解，促进中非文化交流。

【中国版《天鹅湖》在毛里求斯演出】 2017年11月3—5日，天津歌舞剧院芭蕾舞团在毛里求斯双杰剧院上演了两场《天鹅湖》。毛里求斯代总统沃亚普里、艺术与文化部部长鲁蓬、中国驻毛里求斯大使孙功谊等4000余名观众观看了演出。这是中国艺术团组首次在非洲国家自主运作组织的商业演出，是探索文化产业走进非洲市场、提升中国文化影响力的一次尝试。

【《我从非洲来》开播仪式举行】 2017年12月28日，由中国非洲人民友好协会、中央电视台国际频道和浙江师范大学非洲研究院共同主办的《我从非洲来》开播仪式暨中非影视合作研讨会在北京市召开。中国人民对外友好协会、中文国际频道、浙江师范大学非洲研究院和中宣部、中联部、国家新闻出版广电总局等政府机构及非洲国家外交官共计百余人出席了活动。纪录片《我从非洲来》（又名《非洲人在义乌》），共6集，由非洲研究院中非影视研究中心制作，历时2年追踪拍摄了来自10多个非洲国家的20多位非洲人，讲述了他们在中国创业、学习、生活，并实现自我人生价值的真实故事。在随后举行的研讨会上，来自中国国际问题研究院、中国外文局当代中国与世界研究院、中国现代国际关系研究院、中国社会科学院西亚非所、清华大学、北京大学等学术机构的专家围绕"影视传媒与中非合作关系"这一主题进行了研讨。

【第二届中埃文博会开幕】 2018年1月10日，由中国驻埃及大使馆、开罗中国文化中心和埃及文化产业基金会等单位联合举办的第二届中埃文博会在开罗歌剧院哈纳吉尔艺术中心开幕。中国驻埃及大使宋爱国夫妇、埃文化部长赫尔米、文化部高级官员等上百名中外嘉宾出席了开幕式并参观展览。中埃艺术家分别展示中国刺绣、紫砂、国画以及埃及手工艺品、装饰画、阿拉伯语书法、陶艺制作等文化产品。中埃文博会主要展示两国各具特色的传统文化艺术，促进两国文化产业交流，增进两国民众相互了解，丰富世界文化的多样性。

【首届"一带一路"中国艺术家走进非洲文化交流活动举行】 2018年3月25日，首届"一带一路"中国艺术家走进非洲文化交流活动在肯尼亚蒙巴萨市启动。由中国艺术家和非洲艺术家联合组成的采风写生团，深入蒙内铁路等中肯合作项目及肯尼亚马赛族村落，围绕"一带一路"等主题开展了多场创作采风活动。这项文化交流活动经肯尼亚文化部批准，由内罗毕大学和肯尼亚中非文化交流协会共同发起组织。参加交流活动的中方人员由清华大学美术学院及相关院校从事绘画、雕塑、设计等专业的艺术家、设计师组成。

【中国文化交流团在肯尼亚举办画展和时装秀】 2018年4月9日,由20余名中国艺术家组成的文化交流团在肯尼亚内罗毕大学举办画展和时装秀,中国艺术家共展出20余幅画作和10套服装作品。肯尼亚体育、文化及艺术部官员,旅游部官员以及中国驻肯使馆代表出席了活动。

【非洲国家文物修复技术人员培训班开班】 2018年5月8日,由文化和旅游部外联局主办、中央文化管理干部学院承办的非洲国家文物修复技术人员培训班在北京中央文化管理干部学院开班。来自贝宁、喀麦隆、毛里求斯、尼日尔、塞内加尔5个非洲国家的15位从事文化遗产保护的官员及文物修复技术人员参加了培训。为期12天的培训为学员解读中国文物修复方面的政策法规,介绍相关工作机制,传授修复技术。学员们还围绕"文物修复"这一主题,与中国的管理人员、专家学者展开了座谈交流,并赴文物修复现场观摩学习。

【"非洲文化之夜"活动举行】 2018年6月30日,由非洲大使夫人协会主办的"非洲文化之夜"活动在北京市举行,在京中非友好人士应邀出席。活动演讲嘉宾高度评价了非洲文明为人类文明发展所做的贡献,表达了中国人民与非洲人民希望进一步加强文化交流合作的愿景。

【"她力量助力'一带一路'"中突公益文化交流活动举行】 2018年7月2日,由中国妇女发展基金会和突尼斯全国妇联主办的"她力量助力'一带一路'"中突公益文化交流活动暨刺绣技术培训班在突尼斯举行,中突各界代表近300人出席了活动。活动期间,举办了公益工作交流会、丝路女性公益文化展示以及为期1周的苏绣技术培训班,双方还就女性公益组织在"一带一路"建设中的作用、"一带一路"与女性创新创业、女性领导力与企业社会责任等议题进行了深入的交流与探讨,并展示了中突两国妇女独具特色的手工刺绣作品和公益文化产品。

【第五届中非民间论坛召开】 2018年7月23日,第五届中非民间论坛在四川省成都市开幕,来自30多个国家140多家民间组织的200多名代表应邀参会。论坛期间,中非代表就中非民间如何在经贸、产业、教育、医疗、文化、旅游、人才等领域深化合作等议题展开了讨论。闭幕式上,《中非民间友好伙伴计划(2018—2020)》发布,为未来3年中非民间交流合作规划了路线图,推出了30项中国民间未来3年将要实施的对非民间合作项目,包括民生合作和捐赠救助、能力建设和人才交流、促进发展、文化交流、建立交流机制5个方面。

【《走遍非洲》出版】 2018年8月,为迎接9月举行的中非合作论坛北京峰会,中央广播电视总台所属中国国际广播电台推出《走遍非洲》一书,由中国国际广播出版社正式出版发行。该书细数了中国国际广播电台历任驻非洲记者的工作生活见闻,翔实地展现了中非人民之间的深情厚谊,反映了中非合作的成果。14位作者的采访足迹遍及津巴布韦、肯尼亚、尼日利亚、埃及、坦桑尼亚、赞比亚、南非、毛里求斯、南苏丹、利比里亚、马拉维、刚果(布)、莫桑比克、赤道几内亚、博茨瓦纳、卢旺达、毛里塔尼亚、吉布提、索马里和斯威士兰等国家，用客观真实的文字和大量丰富多彩的图片向读者介绍了在非洲的所见所闻和感受。2000年10月，中国国际广播电台出版《走进非洲》一书，《走遍非洲》是《走进非洲》的姊妹篇。

【"文化越古今——生活中的上海非物质文化遗产展"举办】 2018年8月8日，由上海市主办的中国传统艺术国际巡展"文化越古今——生活中的上海非物质文化遗产展"在埃及亚历山大图书馆拉开帷幕。该展览是中国"一带一路"文化交流的重点活动，也是上海市与埃及友城亚历山大省的共建活动。展览的131件展品集中呈现了上海市非遗的传承与现代生活的融合。这一展览将使埃及民众更好地了解中国的文化和中国人的生活，加深两个文明古国之间的相互了解。

【专题片《中非合作新时代》开播】 2018年8月30日，由中央广播电视总台所属中国国际电视台制作的5集专题片《中非合作新时代》在央视一套播出。《中非合作新时代》内容覆盖全非洲，涵盖中非"十大合作计划"，通过合作项目的具体事例和非方亲身感受，展现了中非合作切实秉承真实亲诚理念和正确义利观，从而为促进当地经济社会发展和改善民生所发挥的作用；向观众展现了非洲各国的壮美河山、风土人情，呈现了近年来非洲各国经济社会发展、中非各领域务实合作成果。

【纪录片《与非洲同行》推出】 2018年9月，新华社拍摄制作的纪录片《与非洲同行》全球同步推出，通过记录发生在普通非洲人身上的生活细节，讲述中国与非洲合作、命运与共的故事。纪录片分为上、下两集，其中，上集涉及塞内加尔、坦桑尼亚、莫桑比克、纳米比亚、南非等国；下集涉及加纳、乌干达、坦桑尼亚、津巴布韦、埃塞俄比亚等国。

【2018金华中非文化合作交流周活动举行】 2018年9月13日，由金华市人民政府和浙江师范大学主办的2018金华中非文化合作交流周暨中非经贸论坛在浙江省金华市开幕。来自非洲5个国家的驻华使领馆官员、非洲17个国家的工商业代表和来自中国外交部、教育部、发改委、浙江省政府、全国知名智库机构、中资企业的代表及媒体人士约600人参加了活动。此次活动是北京峰会的后续活动之一。

【首届"一带一路"非中艺术交流展举行】 2018年10月24日，由肯尼亚体育与文化遗产部主办，肯尼亚非中文化交流协会、中国国家图书馆等承办的首届"一带一路"非中艺术交流展开幕式在中国国家图书馆举行。本次展览以"走进肯尼亚·感知新非洲"为主题，参展的110余幅作品中有一半以上是肯尼亚、卢旺达、乌干达、津巴布韦、坦桑尼亚等非洲国家的40余位艺术家的作品，作品反映了非洲人民的日常生活和风土人情。中国有30余位艺术家的40余幅作品参展，包括油画、国画、版画、雕塑等反映"一带一路"建设、非洲风土人情以及当代生活的艺术作品。民众可以通过艺术作品直观地了解非洲各国的风土人情。

【非中文化交流基金揭牌仪式举行】

2018年10月26日,由河北青竹画材科技有限公司与非中文化交流协会合作设立的"非中文化交流基金"揭牌仪式在河北省故城县举行。肯尼亚体育与文化遗产部文化理事齐普洛普·拉贾特、肯尼亚非中文化交流协会秘书长朱贵州、清华大学美术学院教授姜祖青等参加了活动。

【第三届中非艺术节活动举行】
2018年10月27日,第三届中非艺术节开幕式在埃及开罗市举行。此次艺术节为期1周,来自中国、埃及、南非、摩洛哥、伊拉克、博茨瓦纳等25个国家的艺术家在歌剧院以及孤儿院等场所举行了艺术表演。

【中非文化艺术交流协会成立仪式与庆祝晚会举行】 2018年10月30日,中非文化交流协会成立仪式与庆祝晚会在博茨瓦纳首都哈博罗内市举行。中非各界友好人士约1200人出席了活动。协会以"传播中非文化、推动文化融合"为理念,旨在推动中非传统友谊,以文化艺术、人文教育和新闻媒体交流为平台,聚合中非文化精英和艺术家的智慧,积极开展各类相关活动,增加文化艺术团体互访,培养和发挥青年一代在推动中非关系发展中的作用。

【非洲国家驻华使节走进全国政协】
2018年11月27日,来自41个非洲国家的驻华大使、高级外交官和非洲联盟驻华代表走进全国政协,参观中国政协文史馆,并聆听中国共产党领导的多党合作和政治协商制度发展经验,畅谈非洲有关机构、国际组织等与中国政协机构交流合作的未来。

五 中非合作论坛卫生交流

【中非部长级医药卫生合作会议召开】 2017年4月24日,中非部长级医药卫生合作会议在南非比勒陀利亚市召开,会议主题为"中非卫生合作,从承诺到行动"。中国国务院副总理刘延东出席会议并致辞,中国国家卫生和计划生育委员会主任李斌和南非卫生部部长阿伦·莫措阿莱迪等来自31个非洲国家的卫生部长以及联合国副秘书长、艾滋病规划署执行主任米歇尔·西迪贝等6个国际组织的高级代表等共200多人出席了会议。与会各方代表高度肯定了中国医药卫生发展取得的成就,赞赏中方向非洲国家提供的帮助和支持,期待与中方进一步加强医药卫生合作,助力非洲实现《2030年可持续发展议程》。会议期间,中国与马拉维签署了妇幼健康项目合作协议,与刚果(布)、加纳、毛里塔尼亚、赞比亚、尼日尔、乍得签署了对口医院合作协议,与塞拉利昂等国签署了开展"光明行"免费白内障手术合作协议。

【中国援莫桑比克医疗队举行巡诊活动】 2017年4月,中国援助莫桑比克的第21批医疗队开展全国巡回诊疗活动,于2017年6月10—12日,远赴莫桑比克岛进行义诊。中国援莫医疗队队员考察当地医疗卫生状况,与医界同行进行深入交流,携手孔子学院面向当地民众讲授中医保健知识、展开义诊,并捐赠医疗器械和药品。中国自1976年开始向莫桑比克派遣援助医疗队，截至2016年12月，共派出21批、累计323人次。

【向尼日尔派遣第19批、第20批医疗队协议签署】 2017年6月23日，中国驻尼日尔大使张立军与外交、合作、非洲一体化和尼日尔侨民部部长雅各布分别代表两国政府签署《中华人民共和国政府和尼日尔共和国政府关于中国派遣医疗队赴尼日尔工作的议定书》。中国自1976年起向尼日尔派遣医疗队，先后有18批575人次来尼，为推动中尼两国医疗卫生合作，加深两国人民友谊做出了重要贡献。

【中国向南苏丹赠送救护车移交仪式举行】 2017年7月29日，中国向南苏丹提供现汇援助及安徽省向南苏丹赠送救护车的移交仪式在南苏丹首都朱巴市举行。中国驻南苏丹大使何向东，南苏丹卫生部长库克、财政部长德修、卫生部次长马库尔、议会卫生委员会主席、朱巴教学医院院长，联合国人口基金会驻南官员，第五批中国援南苏丹医疗队全体队员以及朱巴教学医院医生和医学院学生代表等40余人出席仪式。中国政府援建医疗设施、赠送医用物资、提供现汇援助、培训医务人员、派遣援南医疗队，旨在全面帮助南苏丹提高卫生事业发展能力，改善人民生活水平。

【中国援安哥拉医疗物资交接证书签署】 2018年3月2日，中国驻安哥拉大使崔爱民与安哥拉外交部国际合作与侨务秘书洛佩斯在首都罗安达市分别代表中安双方签署了中国政府援安医疗物资交接证书。中安建交35周年，中方与安方在包括医疗卫生在内的各领域友好合作，不断增进传统友谊。

【第六批援马拉维医疗队抵达马拉维共和国】 2018年4月15日，中国第六批援马拉维医疗队抵达马拉维共和国，开展为期1年的援非医疗。医疗队由来自陕西省的17名医务人员组成。马拉维地处非洲东南内陆，艾滋病、疟疾等传染病高发。自中马建交10年以来，中国累计向马拉维派遣医疗队5批84人次，共接诊病人约5.1万人次，诊治住院病人7.6万人次，完成手术2万台，并捐赠医疗设施设备，传递出中马友谊。

【中国医疗队获赞比亚政府"医疗合作勋章"】 2018年5月15日，赞比亚卫生部授予中国第19批援助赞比亚医疗队全体队员"医疗合作勋章"，以表彰他们为赞比亚医疗卫生事业做出的贡献。第19批援赞医疗队于2017年5月16日抵达赞比亚，28名队员由河南省南阳市卫计委选派。赞比亚卫生部部长奇塔卢·奇卢菲亚，中国驻赞比亚大使馆、中国商会代表等出席了授勋仪式。中国自1978年开始向赞比亚派遣医疗队，中国的援助在一定程度上推动了赞比亚卫生部门基础设施的发展和医务人员业务水平的提高。

【首批援助布基纳法索医疗队抵达布基纳法索】 根据布基纳法索人民的愿望，中国复派首批援布基纳法索医疗队。按照外交部、国家卫生健康委员会的要求，北京市卫生计生委在第一时间组建了由北京世纪坛医院主派的首批援布基纳法索医疗队。2018年7月5日，复派首批援布医疗队授旗仪式在北京世纪坛医院举行，国家卫生健康委国际司副司长冯勇、北京市卫生计生委副巡视员郑晋普等领导出席仪式。2018年7月7日，首批援助布基纳法索医疗队抵达布基纳法索首都瓦加杜古市。医疗队将在布基纳法索援助6个月，开展义诊、捐赠医疗物资、参加学术会议、开展学术交流、探索医疗智力援助模式、开展讲座等活动。2018年5月26日，中国与布基纳法索恢复大使级外交关系。

【中非传统医药合作专题论坛召开】 2018年8月18日，中非传统医药合作专题论坛在北京市召开。来自毛里求斯、坦桑尼亚、南非等14个非洲国家卫生部门和医疗卫生机构的代表，以及中国部分省市中医药代表120余人，就非洲国家传统医药发展、中非传统医药合作等问题展开了讨论。

【援尼日尔医疗队获"尼日尔共和国卫生荣誉勋章"】 2018年9月20日，授予中国第18批援尼日尔医疗队"尼日尔共和国卫生荣誉勋章"仪式在广西南宁市举行。尼日尔驻华大使伊努萨·穆斯塔法为中国第18批援尼日尔医疗队获奖队员颁发勋章和证书。2014年10月至2017年2月，中国第18批援尼日尔医疗队的37名队员在尼日尔圆满完成了援外医疗任务。1976年，广西向尼日尔派出第一支医疗队，至2018年共向尼日尔派出援外医疗队20批次621人次。

【纪念中坦卫生合作50周年活动举行】 2018年10月29日，由中国驻坦桑尼亚大使馆、山东省人民政府及坦卫生部联合举办的纪念中国向坦桑尼亚派遣医疗队暨中坦卫生合作50周年活动在坦桑尼亚达累斯萨拉姆市举行。中坦官员、援坦桑尼亚医疗队员、当地友华人士和华侨华人代表等近250人参加了活动。1968年，中国向坦桑尼亚派出第一支医疗队，到2018年，中国向坦桑尼亚共派遣53批医疗队、1650名医务人员。

【庆祝中毛卫生合作50周年系列活动闭幕】 2018年12月5—16日，受国家卫生健康委员会委托，黑龙江省眼科医院专家组赴毛里塔尼亚执行第四次"光明行"眼科义诊任务。专家组为130余位毛里塔尼亚患者免费施行白内障治疗手术，捐赠医疗器械和药品，为毛方医务人员开展业务培训。这是2018年驻毛里塔尼亚大使馆举办的中国援毛里塔尼亚卫生合作50周年系列庆祝活动的最后一个项目。该活动包括在毛里塔尼亚全国各地举办义诊和图片展、推动发行纪念邮票、组织主题征文等活动。1968年以来，中国向毛里塔尼亚共派遣33批医疗队、800余名医务队员，为推动中毛医疗卫生合作、深化两国人民间的了解与友谊做出了积极贡献。

【中非共和国总统图瓦德拉出席援中非医疗队义诊活动】 2018年12月16日，中国驻中非使馆组织的第16批援中非医疗队赴中非总统图瓦德拉家乡翁贝拉—姆波科省达马拉市开展义诊。图瓦德拉总统、总统夫人蒂娜、卫生部长索姆塞、国民议会友华小组主席马康戈及当地省市政府负责人等出席了义诊活动。

六 中非合作论坛体育交流

【中国援助马达加斯加体育教练项目启动】 2017年3月10日,中国政府援马达加斯加体育教练项目可行性研究现场考察会谈纪要签字仪式在马达加斯加国家体育馆举行。中国驻马达加斯加大使杨小茸、马达加斯加青年和体育部部长让·阿尼塞·安德里亚穆萨里苏瓦、中方项目考察组成员等参加了仪式。此次中国政府派出考察组对马达加斯加需求进行现场考察,将考虑派遣中国教练赴马达加斯加执教、邀请马方运动员赴华集训、向马达加斯加提供体育训练器材,用于支持马达加斯加提升运动员竞技水平、改善训练设施,促进两国人文交流、增进中马友谊。

【中国政府援助尼日尔体育物资交接仪式举行】 2017年6月27日,中国驻尼日尔大使张立军出席中国政府援助尼日尔体育物资交接仪式,并与尼日尔青年和体育部部长卡苏姆共同签署了交接证书。尼日尔体育场建成以来,中方已向尼方派遣了12期体育技术专家,为体育场馆的运营提供技术协助,同时为尼方培养了一批优秀的技术人才。

【"武林汉韵"中国武术非洲巡演启动】 2017年10月23日至11月2日,由孔子学院总部/国家汉办主办的"武林汉韵"中国武术非洲巡演先后在贝宁、加纳和南非演出。演出由民乐合奏《高山流水》开场,通过太极拳、八段锦等一系列表演,讲述了一名功夫小子寻艺、学艺和传艺的故事,生动展现了中国传统武术文化的魅力。

七 中非合作论坛青年交流

【第二届中非青年大联欢闭幕】 2017年4月26日,中国国务院副总理刘延东在南非比勒陀利亚市出席第二届中非青年大联欢闭幕大会并致辞。此届大联欢活动主题为"团结、担当,迈向共同繁荣",来自中国和53个非洲国家的约300名青年外交官、企业家和高校师生参加了活动。中非青年大联欢活动旨在加强中非青年交流、增进中非青年友谊、夯实中非友好基础。第一届大联欢活动于2016年在中国举办。

【中纳青年对话论坛举行】 2017年6月13日,中国驻纳米比亚大使馆和纳米比亚国家青年委员会联合举办中纳青年对话论坛。近百名中纳青年参加了论坛。通过对话论坛,中纳两国青年加深了相互了解,共同解决发展中面临的挑战。

【第四届中非青年领导人论坛举行】 2018年5月26—27日,第四届中非青年领导人论坛在广东深圳市举行。本届论坛主题为"青年如何在探索符合国情发展道路中发挥作用"。来自非洲近40个国家约40个政党的70余名青年政治家代表出席并展开讨论。本届中非青年领导人论坛是中国共产党与世界政党高层对话会框架下的活动。与会代表就青年如何在探索符合国情发展道路中发挥作用、中非青年如何在新时代更好地传承和发扬中非传统友谊、如何更好地加强中非青年组织交流合作、如何更好地参加和推进中非合作、推动构建中非命运共同体提出了建议。

【第三届中非青年大联欢开幕】 2018年6月21日，由外交部主办、中国宋庆龄基金会承办的第三届中非青年大联欢在北京市开幕。中非青年代表、非洲驻华使节、非洲在华留学生代表和中非新闻媒体共400余人出席了开幕式。参与此次大联欢活动的共有来自中非合作论坛54个非洲成员国的100多位青年代表。中非青年大联欢是中非合作论坛框架下开展的中非青年交流活动，本届大联欢是2018年论坛北京峰会的配套活动之一，是深化中非青年交流的重要举措。

八　中非合作论坛旅游交流

【中非野生动植物保护论坛召开】 2018年6月7日，2018中非野生动植物保护论坛在南非金山大学召开，本次论坛的主题为"野生动植物保护：中国将成为全球野保战役的中坚力量"。中国驻南非大使林松添出席并发表主旨讲话。南非政府官员、中非关系学者、在南华人华侨社团负责人，中国与国际野生动植物保护组织、中非主流媒体代表百余人出席了活动。

【尼日利亚中国旅游文化推介会举行】 2018年10月8日，尼日利亚中国旅游文化推介会在阿布贾的尼日利亚中国文化中心举行。尼日利亚旅游文化业者和专家学者以"促进尼中青年在旅游文化领域的可持续合作"为主题进行交流讨论。此次推介会包括专家演讲、交流座谈、观看旅游宣传片及"魅力武汉"图片展等内容，旨在展示中尼两国旅游和文化遗产，交流相关技能及职业发展思想，分享经验和机会，促进两国在旅游和文化方面的相互交流与合作。

【非洲国家驻华使节考察旅行团到河南省参访】 2018年11月20—25日，由外交部和河南省共同举办的非洲国家驻华使节赴河南省考察旅行团活动启动，此次活动旨在深入落实2018年中非合作论坛北京峰会成果，深化和延伸外交部河南全球推介会成果，促进河南省与非洲开展更广泛合作。考察团由中非合作论坛非方共同主席国塞内加尔驻华大使马马杜·恩迪亚耶率队，共有33个非洲国家驻华大使或临时代办，以及非洲联盟驻华代表等参加。考察旅行团参观了龙门石窟、少林寺、红旗渠、一拖集团、中信重工等旅游文化景点和重大企业。

九　中非合作论坛媒体交流

【中非媒体对话会举行】 2017年8月14日，由中国国务院新闻办公室主办、新华通讯社及南非独立传媒集团共同承办的中非媒体对话会在南非约翰内斯堡市举行，此次对话会主题为"心心相印，携手同行"。中国国务院新闻办公室副主任郭卫民、中国驻南非大使林松添、中国驻约翰内斯堡总领事阮平、中国驻非媒体及11个非洲国家的20多家主流媒体代表共40余人参加了活动。与会代表围绕"相知相通""通力合作""携手未来"3个分议题，深入讨论中非媒体合作前景，并为双方未来交流提出了建议。

【中非媒体采访团走进红旗渠座谈会召开】 2017年11月29日，由中国记协、中国公共外交协会、中乔大三农实业集团主办的中非媒体采访团走进红旗渠座谈会在河南省林州市举行。自非洲24个国家的媒体记者于2017年2月抵达中国参加培训，并参与党的十九大、2017年全国两会、"一带一路"国际合作高峰论坛、金砖国家领导人第九次会晤、2017中阿博览会等重大内政外交活动的采访报道。

【非洲记者参加2018年新闻交流项目】 2018年3月27日，中国国际新闻交流中心非洲、亚太分中心2018年项目联合开班仪式在北京市举行。本次交流项目共有来自42个非洲、亚太国家和地区的44位记者参加。44位记者针对全国两会、博鳌亚洲论坛、中非合作论坛北京峰会、中国国际进口博览会和纪念改革开放40周年等重要活动进行报道。

【《非洲华侨周报》安哥拉分社揭牌暨发行仪式举行】 2018年5月2日，《非洲华侨周报》安哥拉分社揭牌暨发行仪式在安哥拉首都罗安达市举行。《非洲华侨周报》于2009年在博茨瓦纳首都哈博罗内市创刊。报纸目前已在赞比亚、坦桑尼亚、南非等国成立分社。报纸内容关注非洲华人华侨生活动态，记录海外华人奋斗历史，反映当地社会时事热点和动态。

【第四届中非媒体合作论坛召开】 2018年6月26日，由中国国家广播电视总局主办的第四届中非媒体合作论坛在北京市召开，旨在配合将于9月召开的2018年中非合作论坛北京峰会，进一步落实2015年中非合作论坛约翰内斯堡峰会成果，扩大中非媒体领域的交流与合作。本届论坛共有来自中非45个国家政府部门、媒体机构的400多名代表参加。代表围绕"中非媒体政策""中非媒体话语权建设""中非媒体数字化和内容产业发展"等议题展开了深入讨论。中非媒体签署了12项合作协议，通过了《第四届中非媒体合作论坛关于进一步深化交流合作的共同宣言》。媒体合作论坛作为中非合作论坛的分论坛，自2012年创办至今已是第四届，为深化双方媒体合作提供了重要的平台与渠道，有助于推动中非文化交流与民心相通。

【中国—卢旺达媒体对话会举行】 2018年7月5日，由中国国务院新闻办公室主办、新华通讯社承办的中国—卢旺达媒体对话会在卢旺达首都基加利市举行。本次对话会以"深化媒体交流合作 共享中非发展未来"为主题。来自中卢两国的10多家媒体代表在对话会上就两国媒体合作进行了交流。这是中卢两国媒体首次开展对话活动，目的是搭建交流沟通的平台，发挥媒体在促进两国人民加深了解、加强互信和增进友谊方面的重要作用。

【第三届中国媒体非洲报道高层论坛召开】 2018年7月14日，第三届中国媒体非洲报道高层论坛在北京市召开，来自10余家媒体的记者、编辑代表，在非部分企事业单位负责人以及高校学者等共计80余人参加了论坛，就非洲报道相关话题进行了深入交流。中国媒体非洲报道高层论坛、盖茨基金与清华大学伊斯雷尔·爱泼斯坦对外传播研究中心共建的中非媒体报道研究项目旨在培养一批能够持续、深度和专业地报道非洲非传统议题的专家型记者和媒体人，在媒体中建立能够持续和深度关注非洲话题的栏目和平台，为中国日益增长的多元化对非援助和投资及其他领域的交流提供更多真实而专业的信息来源。

【中国驻赞比亚大使李杰在《每日邮报》发表署名文章】 2018年8月20日，中国驻赞比亚大使李杰在赞比亚第一大报《每日邮报》发表题为《中非合作论坛：未来发展的强力助推器》的署名文章，对即将召开的中非合作论坛北京峰会以及中赞交流合作的新机遇作了阐述。

【中非媒体人士座谈会举办】 2018年9月10日，由国务院新闻办主办的主题为"真实亲诚，合作共赢——媒体在构建中非命运共同体中的作用"的中非媒体人士座谈会在北京市举行。来自29个非洲国家的近50位媒体代表及10余位中方媒体代表围绕会议主题展开了讨论。

【埃及媒体代表团参访中国新闻社】 2018年11月16日，埃及媒体代表团参访中国新闻社（以下简称"中新社"）。中新社副社长、副总编辑夏春平会见埃及媒体代表团并举行座谈。来自埃及《今日消息报》《七日报》《祖国报》、埃及DMC电视台等媒体的代表，围绕媒介融合、新媒体发展等话题进行了提问交流。埃及媒体代表团还参访了中新社视频采编中心、中国新闻周刊、中新网、海外中心等业务平台，并与各平台负责人、编辑和记者进行了业务交流。

十　中非合作论坛智库交流

【中非减贫发展高端对话会暨中非智库论坛开幕式举行】 2017年6月21日，中非减贫发展高端对话会暨中非智库论坛开幕式在埃塞俄比亚的斯亚贝巴非盟会议中心举行。中国外交部部长王毅与非盟委员会主席法基共同出席活动并致辞。王毅在致辞中声明，中方愿同非方加强治国理政经验交流，理清减贫发展思路，找准中非各自优势和合作方向，共同探讨符合非洲各国需要的非洲减贫方略。

【非洲智库代表访华】 2018年1月15—19日，来自埃塞俄比亚、肯尼亚、南非等11个国家的16名智库代表访华，对中非合作新机遇等问题展开了深入交流和探讨。1月18日，16名智库代表参加了由中国社会科学院主办的"中国发展新时代与中非合作新机遇"国际研讨会，此次研讨会旨在加强中非智库之间的交流合作，宣介党的十九大精神，促进"中非命运共同体"建设。

【上海国际问题研究院2018年非洲论坛举行】 2018年6月4—5日，由上海国际问题研究院和比尔及梅琳达·盖茨基金会共同主办的"上海国研院2018年非洲论坛"在上海市举行。本次论坛的主题为"国际对非发展合作：成就、挑战与展望"。来自联合国、非盟、非洲开发银行等国际组织及埃塞俄比亚、尼日利亚、南非、赞比亚、肯尼亚、塞内加尔、喀麦隆、加纳等非洲国家的20余位外方代表，以及30余位来自中国社会科学院、北京大学、中国传媒大学、上海对外经贸大学等国内学术机构的中方代表参加了活动，就国际对非洲发展合作取得的成就、遇到的挑战和未来前景展开了讨论。

【中非智库论坛第七届会议召开】 2018年7月4—5日，由中非合作论坛中方后续行动委员会秘书处主办的中非智库论坛第七届会议在北京市召开。来自非洲44个国家的驻华使节、52个非洲国家的政府官员、智库学者、媒体代表，中国外交部、国务院参事室、中非产能合作基金等相关单位领导，全国知名智库机构、高等院校的中方学者以及媒体人士共计380余人参加了会议。各方围绕"中国改革开放40周年与中非关系发展""中非自主探索发展道路的经验与启示""中非智库媒体合作——以增强传播力与话语权为目标"3个分组研讨议题展开了讨论。中非智库论坛是在外交部支持下由浙江师范大学非洲研究院于2011年创立，2012年正式纳入中非合作论坛框架，成为中非民间对话的固定机制。

【《新时代中非友好合作智库报告》发布】 2018年9月10日，"构建中非命运共同体"学术研讨会暨《新时代中非友好合作智库报告》中英文版新书发布会在北京市举行。智库报告作者、译者及数十位非洲问题专家参加了会议。《新时代中非友好合作智库报告》由中国社会科学院西亚非洲研究所与国际合作局共同组织编写。该系列智库报告包括1个主报告《新时代中非友好合作：新成就、新机遇、新愿景》和8个分报告。主报告总结了党的十八大以来中非双方在政治、经贸、人文、和平安全等领域取得的成就，分析了中国特色社会主义进入新时代为非洲发展和中非合作带来的机遇，展望了未来中非友好合作的愿景。

（撰稿人：马秀杰）

中国—东盟人文交流

一 中国—东盟人文交流综述

【中国—东盟关系】 过去几十年，中国—东盟关系经历了一些跌宕起伏。1991年，中国与东盟开启对话进程，双方政治互信不断增强。2003年，中国作为东盟对话伙伴率先加入《东南亚友好合作条约》，与东盟建立了面向和平与繁荣的战略伙伴关系，各领域务实合作成果丰硕。2013年，在中国—东盟建立战略伙伴关系10周年之际，中国国家主席习近平对印尼进行国事访问，用"五个坚持"阐释了中国与东盟携手建设更为紧密的中国—东盟命运共同体的内涵：坚持讲信修睦，坚持合作共赢，坚持守望相助，坚持心心相印，坚持开放包容。同时，习近平主席还提出，愿与东盟国家共同建设21世纪海上丝绸之路。东南亚地区自古以来就是海上丝绸之路的重要节点，东盟国家对"一带一路"倡议表示支持。

2018年是中国—东盟建立战略伙伴关系15周年、中国—东盟博览会和中国—东盟商务与投资峰会创办15周年、中国改革开放40周年，同时也是东盟第二个50年的起步之年、"一带一路"倡议实施5周年。2018年8月，东亚合作系列外长会在新加坡落下帷幕。在此次会议上，菲律宾正式接替新加坡成为中国—东盟关系协调国。会议期间，中国和东盟国家就《中国—东盟战略伙伴关系2030年愿景》达成共识，将构建以政治安全、经贸、人文交流三大支柱为主线，多领域合作为支撑的合作新框架。中国与东盟关系已经从快速发展的成长期迈入提质升级的成熟期，中国—东盟关系进入了全方位发展的新阶段。

【机制回顾】 近年来，人文交流已成为中国—东盟关系的新支柱，双方成功举办了科技合作年、文化交流年、海洋合作年、教育交流年和旅游合作年等丰富多彩的活动，建立了中国—东盟文化论坛和"10+3"文化人力资源培训等多个合作机制，打造了许多辐射面广、有影响力的文化品牌。

【开展情况】 2017—2018年，中国与东盟各国在科学、教育、文化、卫生和民间交往等领域的广泛合作拉近了心与心的距离，为"一带一路"建设夯实了民意基础、筑牢了社会合力。

在教育领域，中国在东盟国家进行友谊学校建设、提供中国政府奖学金，越来越多的东盟国家学生前往中国留学深造；中国与东盟国家学者的交流活动更加频繁,除了学术上的探讨,还希望通过学术交流引进东盟高端人才、先进项目来中国本土落地、发展,努力实现科研项目产业化,推动中西部地区经济发展。

在科技领域,举行各类论坛、成立研究中心,让东盟各国的科技工作者能够借助这些平台,加强与中国科研机构和企业的交流,在工程项目创新方面得到更快发展;深化与东盟各国的科技文化交流合作,推进先进的技术成果在双方多领域的推广运用;确定2018年为"中国—东盟创新年",并借助这一机制期待在未来几年加强在技术创新和数字经济领域的合作。

在文化领域,中国文化以图片展、演出、印刷本等多种文学艺术形式向东盟国家观众传播,促进了民众间的交流,扩大了双方的相互了解,对增进中国文化的国际影响力和两国友谊具有重要意义;在政府层面,中国与更多东盟国家将文化交流以契约形式确定,例如2018年,中菲两国共同决定,双方将共同落实好两国签署的《文化合作协定2019年至2023年执行计划》,鼓励两国文化机构和团组加强交流合作。

在体育领域,中国与东盟在体育方面的合作与交流程度近年来不断加深。交流地点以广西为重点,交流形式以邀请赛为主,以"一带一路"战略作为发展契机,中国—东盟的体育发展正在不断向好发展。广西与东盟国家陆海相连,是中国面向东盟开放合作的前沿和窗口,也是"一带一路"有机衔接的重要门户。近年来,广西大力推动与东盟国家和其他亚洲及大洋洲地区的体育交流与合作,拓宽了体育国际交流合作的领域,提升了广西体育的国际影响力。中国—东盟体育交流合作中心、中国—东盟体育人力资源培训中心、中国—东盟体操交流合作基地相继在广西成立。

在卫生领域,中国与东盟各国务实推进卫生领域合作,合作共赢的新格局逐渐形成。在中国—东盟开展全方位合作过程中,卫生健康已经成为双方的重要合作领域,以合作论坛为主要交流形式。中国和东盟成员国卫生部门以及东盟秘书处共同商讨通过并发布《"健康丝绸之路"建设暨第二届中国—东盟卫生合作论坛合作倡议》,旨在加强中国与东盟各国健康政策交流,共同应对区域性重大传染病威胁,在各个领域开展多层次、多形式、多角度的学术、技术和人才交流。

在妇女领域,妇女事务友好交流合作是中国—东盟关系的重要领域,近年来不断取得新的发展,为丰富中国—东盟战略合作伙伴关系内涵发挥了重要作用。中方继续向东盟妇女部门提供援助物资和人力培训等支持。

在青年领域,举办各种巡展、座谈、演出等交流活动,助力中国—东盟青年交流。同时,中国青年对东盟国家的兴趣日渐浓厚,前往东盟国家的调研活动日益增多,这些活动促进民心相通,带动中国—东盟人文交流向纵深发展。

在旅游领域,2017年是中国—东盟旅游合作年,为双方扩大旅游领域合作提供了难得机遇。不断扩大的双方人员往来增进了民众的相互了解和友谊。21世纪海上丝绸之路沿线邮轮旅游城市联盟的成立更将大大挖掘中国和东盟各国的旅游人口潜力。

在传媒领域,马来西亚等东盟国家已经成为热门的影视拍摄地。首届中国—东盟电影节的举办借助电影加强中国与东盟的民间交流,推动双方对彼此文化的了解,拓展了双方人文领域的合作。首届中国—东盟媒体合作论坛的举办,旨在进一步落实2017年中国—东盟新闻部长会议的共识,积极推动构建中国与东盟新闻媒体交流的机制化平台,便于新闻媒体更加快捷地分享信息,更加深入地开展务实合作。

在地方合作领域,地方合作以多种形式展开,友好省份、海外驿站、合作会议、工业合作将中国城市和东盟国家城市、地区紧密联系起来,为中国—东盟战略合作伙伴关系发展注入新动力、增添新内涵。

二 中国—东盟教育交流

【东盟—中日韩青少年科技冬令营与教师科技研讨会活动举行】 2017年1月16—19日,第八届东盟—中日韩(10+3)青少年科技冬令营与教师科技研讨会活动在北京市第三十五中学举行。本届活动首次在中国举办,由国家科技部国际合作司和中国科协国际交流部共同主办,中国科协青少年科技中心、中国青少年科技辅导员协会、北京市第三十五中共同承办,东盟秘书处、东盟10+3科学英才中心提供支持。本届活动主题为"青春有梦,创客我行",来自中国、韩国、印度尼西亚、马来西亚、菲律宾等14支代表队近百名初中生和科技教师参与其中。青少年选手们在辅导老师带领下,利用三十五中科技实验室,分组围绕桥梁设计与制作、航模设计与制作等5项内容,设计制作出富有科学性、创新性和实用性的作品,并最终参与评奖。

【孔子学院在菲律宾总统府开班教汉语】 2017年2月2日,菲律宾红溪礼示大学孔子学院正式开始在菲律宾总统府马拉卡南宫开班授课,为总统府新闻部及其下属机构职员教授汉语课程。该院此次在马拉卡南宫及总统府新闻部奎松分办公室共开设4个汉语班,授课对象包括总统府新闻部及其下属的菲律宾信息局、国家出版局、国家印刷局等多个机构共127名职员。针对总统府新闻部的业务特点,红溪礼示大学孔子学院特别制订授课计划,以每周4小时的进度开展汉语、中华传统文化、当代中国等相关内容教学。菲律宾总统府新闻部部长安达纳尔与红溪礼示大学孔子学院理事长乔瑟夫之前已共同签署开设汉语课程协议,希望借此促进菲中两国之间的相互了解与合作。

【中国新加坡两院校签署合作备忘录】 2017年3月9日,新加坡南洋理工大学和中国科学院大学签署合作备忘录,双方将进一步加强研究与交流合作。新加坡南洋理工大学与中国科学院大学有长久的合作关系。新的合作项目符合共同利益,将加深彼此的联系,也承载着转化研究、造福社会的重要目标。为了达成这个目标,南洋理工大学及英属哥伦比亚大学联合设立的百合卓越联合研究中心,在南洋理工大学苗春燕教授的带领下,将与中国科学院大学一起探讨如何转化研究为健康老龄化和教育所用。在五年协议下,这两所亚洲顶尖学府将强化研究合作,同时促进学生、教员教师与研究人员的互访与交流。部分研究着重在转化人工智能与数据分析等方面的研究成果。

【"中缅民心桥"大学生助学金项目启动】 2017年3月10日,由中国扶贫基金会负责实施的"中缅民心桥"大学生助学金项目在若开邦实兑市启动。"中缅民心桥"项目将持续资助若开邦100名大学生未来4年的大学学习,并为他们开展就业培训、社会实践等提供帮助。

【中国援建的柬埔寨桔井大学启用】 2018年4月25日,由中国援建的桔井大学在柬埔寨桔井省桔井市举行启用仪式,将掀开柬埔寨东北地区教育发展的新篇章。中柬两国官员、当地民众、教师和学生约1万人参加了启用仪式。柬埔寨首相洪森、中国驻柬埔寨大使熊波共同为学校剪彩。桔井大学是柬埔寨东北地区第一所公立综合性大学,设有农学、农业加工、渔业研究、外语和信息科技等专业。柬埔寨教育、青年和体育大臣杭尊纳龙说,柬埔寨计划在每个省都建立公立大学,成立桔井大学是这一计划的一部分。桔井大学的启用为柬埔寨东北地区开展高等教育奠定了坚实基础,有利于促进当地教育事业发展,培养现代化人才。

【中国高教展在缅甸举行】 2017年4月27日,缅甸第三届中国高教展在曼德勒市举行。曼德勒省缅中友好协会主席吴博敏、缅甸留学中国校友会会长吴觉丹吞以及曼德勒各华社华校领导、福庆孔子课堂师生等200余人参加了活动。参加此次高教展的中国高等院校包括上海大学、东华大学、上海电力大学、上海海洋大学、浙江工商大学、湖北大学和云南大学等。2017年11月27日,缅甸第四届中国高教展在仰光举行,8所中国高校招生负责人和缅甸华校学生、家长等200余人参加了活动。参加本届中国高教展的院校有华侨大学、天津中医药大学、上海海洋大学、东华大学、上海大学、北华大学、云南大学和上海立信会计金融学院。

【"春晖计划"新加坡学者访问团赴云南访问】 2017年6月4日,在中国驻新加坡共和国大使馆教育处积极推动和支持下,"春晖计划"新加坡学者访问团赴云南进行访问交流。在云南期间,访问团先后走访了北京理工大学昆明产业技术研究院、北方夜视集团、昆明理工大学、云南大学、玉溪师范学院等十余家高校和科研单位,就推动学术交流、高端人才培养和科研项目合作进行座谈,并作了多场高水平、高技术含量的学术报告,吸引了当地高校700多名师生前来聆听报告会。访问过程中,学者团就推动云南省重点发展的高端产业同新加坡科研项目合作和成果转化引进、加强云南省高校同新加坡高校的学术交流和科研合作、促进云南省高端人员培养交流等多个方面与当地院校达成合作意向。

【胞波助学金项目启动仪式举行】

2017年8月10日，中国扶贫基金会胞波助学金项目启动仪式在缅甸曼德勒大学举行，项目将为曼德勒6所大学和机构的500名学生提供助学金。缅甸第二大城市曼德勒市市长耶伦、缅甸教育部和曼德勒省教育部官员、中国驻缅甸大使馆文化参赞田善亭、中国扶贫基金会国际发展部主任伍鹏、曼德勒6所大学的师生、志愿者代表等500余人出席仪式。

【老挝5所农村小学获赠爱心礼包】
2017年11月10日，"光明书香"老挝公益活动在万象西沙达纳县东圭小学启动。该公益活动是在中国国务院新闻办公室、中国驻老挝大使馆和老挝教育部的支持下，中道公益基金会联合中国报道杂志社、中国南方电网有限公司共同实施的。该公益活动向老挝万象东圭小学、乌多姆赛省纳磨小学等5所农村学校赠送爱心礼包。爱心礼包不仅包括儿童读物、文具等学习用品，还有多功能太阳能灯。

【中国—东盟国家青年水利人才交流活动举行】 2018年6月25日至7月3日，在中国外交部、水利部大力支持下，澜湄水资源合作中心与商务部国际经济技术交流中心、河海大学、水利部长江水利委员会长江科学院、南京水利科学研究院、亚太地区小水电研究培训中心合作，在南京、杭州、武汉共同举办了中国—东盟国家青年水利人才交流活动。来自文莱、柬埔寨、印度尼西亚、老挝、马来西亚、缅甸、新加坡、泰国、越南等东盟国家的青年水利官员、专家，河海大学东盟国家留学生代表，联合国开发计划署驻华代表处、亚洲开发银行、全球水伙伴、湄公河委员会秘书处等机构的代表，与来自主办方的专家、代表等近100人出席了活动。活动期间，中外专家、青年水利人才围绕流域规划和管理、水资源配置、水环境保护、水生态修复、水文化建设、小水电发展等，进行了深入交流，分享了中外治水的先进经验和做法。

【中国高校走入泰国国际教育展】
2018年11月10日，为期两天的2018年泰国国际教育展在曼谷市拉开帷幕，包括中国在内的20多个国家和地区的340所高校及教育机构参加。由泰国总理办公室下辖的文官委员会主办的国际教育展是泰国本土最受关注的国际教育展之一，迄今已经连续举办14届。许多泰国青年留学中国后选修国际经济与贸易、国际经济法、金融学和工商管理等专业。培养一专多能人才成为两国人才交流的一大趋势。2018年，有近3.2万名中国学生留学泰国。与此同时，在华的泰国留学生约有2.8万人。2018年，在华留学的泰国学生与2017年相比增长8%左右。

【中缅友谊学校开展建设】 为了支持缅甸教育事业的发展，中国驻缅甸大使馆同缅甸政府合作，陆续在缅各地开展"中缅友谊学校"建设，预计到今年年底将建成20所学校，初步形成覆盖缅甸全国的"中缅友谊学校"网络。与援建学校相配套，中国大使馆还设立了"中缅友好奖学金"，帮助更多的缅甸青年受益于"中缅友谊学校"，为缅甸的发展进步和中缅友谊代代相传贡献力量。2017年6月5日，中国驻缅甸大使馆的第8号"中缅友谊学校"在内比都第七中学举行揭牌仪式和新建体育设施移交启用仪式。2017年6月6日，仰光莱达雅第九高中新教学楼暨第011号"中缅友谊学校"揭牌仪式在莱达雅镇区隆重举行，第13号"中缅友谊学校"在曼德勒省皎博当镇第三中学举行揭牌仪式和新建教学楼移交启用仪式。2017年8月11日，缅甸航空航天大学新宿舍楼启用暨第16号"中缅友谊学校"揭牌仪式在曼德勒省密铁拉市隆重举行。2018年1月8日，第12号"中缅友谊学校"在孟邦首府毛淡棉揭牌。2018年1月18日，第14号"中缅友谊学校"（皎博当镇第一中学）、第15号"中缅友谊学校"（皎博当镇第二中学）在曼德勒省良乌县皎博当镇揭牌。2018年3月21日，第17号"中缅友谊学校"揭牌仪式在伊洛瓦底省兴实达市额麦恩村中学举行。

三 中国—东盟科技交流

【中国—新加坡互联互通南向通道试运行】 2017年9月，中国—新加坡互联互通项目南向通道：重庆—广西钦州—新加坡班列试运行。从重庆市装货始发的班列只需48小时即可到达广西钦州市，再通过装船经海运运抵新加坡等东盟国家，要比目前重庆市经长江至上海市再装船运往新加坡缩短约20天运输时间，提升了区域物流效率，大幅降低了企业业务成本。重庆、广西、贵州、甘肃四省区市合作共建中新互联互通项目南向通道框架协议已经签约，南宁市海关全力做好班列监管服务工作，积极推动关检"三互"协作、物流一体化建设、共同推动压缩货物通关时间等，支持服务南向通道建设。货物从运抵车站到完成配船的整个通关手续耗时不超过24小时即可全部完成。

【老挝与云南农业大学联合研究中心揭牌】 2018年8月21日，老挝科学技术部与云南农业大学在昆明市举行合作交流会，共同探讨科技、农业等领域的合作。会上，由老挝科学技术部与云南农业大学合作成立的云南省鸡猪应用技术转化与示范国际联合研究中心、云南—老挝特色畜产品加工技术国际联合研究中心揭牌。滇老双方希望在中老经济走廊合作框架下，通过成立联合研究中心，开展种植、养殖、农产品加工等方面的科技合作，加强人才培养，更好助推滇老科技、农业等领域的合作交流。

【高铁技术与本土化智造机遇研讨会召开】 2018年8月23日，高铁先进技术与本土化智造机遇研讨会在泰国首都曼谷市召开，旨在分享中国在高速铁路领域的技术经验，与当地轨道交通运营商、科研机构、高校等在标准、产品质量及铁路运营的安全性等方面进行学术交流。本次研讨会由中国中车四方股份公司、泰国科技部和科技部科学技术研究院联合主办，吸引了来自泰国国家铁路局、交通部交通运输政策规划办公室、国家计量研究院，中国中铁第四勘察设计院以及两国多家大学院校等约150人参加。本次研讨会旨在为中泰两国铁路人提供一个开放、共享的学术交流平台,共同探讨技术问题,继续深化中泰两国在铁路领域的交流与合作。

【第八届中国—东盟工程项目合作与发展论坛召开】 2018年9月10日,第八届中国—东盟工程项目合作与发展论坛在广西南宁市召开。论坛首次设立中国—东盟技能发展合作圆桌会及中国—东盟智能制造与应用合作、智能传感检测及自动化技术合作、无人机产业融合发展等分论坛,吸引了阿里云、京东、华中数控、深圳高科新农、玉柴集团等企业的积极参与。来自中国和东盟多国的科技工作者共同研讨人工智能与智能制造。中国工程院院士李培根、刘永才和多位东盟工程科技院院士作了主题报告,来自中国、马来西亚、缅甸等国家和地区的300多名科技工作者与会交流。同时,专家学者们围绕人工智能政策、法规、标准、规范,国内外智能制造技术发展现状和形势研判、人工智能安全与发展环境、系统技术解决方案及实际应用案例等方面展开了研讨。

【第15届中国—东盟博览会】 2018年9月12—15日,第15届中国—东盟博览会在广西南宁市举行。本届展会围绕"共建21世纪海上丝绸之路,构建中国—东盟创新共同体"主题,通过商品贸易、投资合作、服务贸易、先进技术等内容,吸引了大量中外客商前来参展。本次博览会展出了一大批现代农业需要的先进设备,如特别适用于东盟区域丘陵地带的大型甘蔗联合收割机、携带扇形高压喷头,作业荷载15升、能用来大面积喷洒药物、装载的动力系统可在中雨环境下执行作业的农用无人机样机等。通过参加博览会,参展公司不仅可以直接交易,提高其在东盟国家市场的知名度,还可以收集到客商的最新需求,有利于在市场竞争中占据先机。

【中国云南省缅甸仰光"光明行"活动启动】 2018年10月25日,中国云南省缅甸仰光"光明行"活动在仰光启动,预计为200名缅甸白内障患者实施免费复明手术。参与活动的医疗队由云南省友好协会、云南省卫生和计划生育委员会和昆明医科大学第一附属医院联合组成。启动仪式在仰光迪德谷瑞比罕医院举行,医疗队还向医院捐赠了价值5300万缅元(约合25.2万元人民币)的药品器械耗材及患者筛查补助费。

【中国—东盟科技产业合作论坛召开】 2018年10月26日,中国—东盟科技产业合作论坛暨中国—东盟科技产业合作委员会成立会议在北京清华科技园举行。本次论坛以"交流·互鉴·合作·共赢"为主题,来自中国各地及东盟各国政、商、学、研等领域的领袖、专家汇聚一堂,共同就中国与东盟在科技产业与经济、教育等行业互联互通融合发展的相关话题进行了对话和探讨,并共同见证中国—东盟科技产业合作委员会的成立。该委员会落址在南宁启迪东盟科技城,作为广西壮族自治区人民政府、南宁市人民政府的重大重点建设项目,总建筑物理空间70万平方米,是面向东盟汇聚产、学、研成果转化、产业服务、金融汇聚的科技创新发展示范基地和科技人文新城,将成为链接和服务中国、东盟各国大学院校、科研机构、科技产业、科技金融合作及人才培养和交流的创新服务示范平台。

【2018年老挝沼气推广技术海外培训班开班】 2018年11月14日，由中国商务部主办、农业农村部沼气科学研究所承办的在老挝首都万象举行试点推广点火仪式。老挝沼气推广技术海外培训班是中国援外人力资源培训项目，已经在老挝举办两期。本次培训班共有100名学员参加。在中国专家的指导下，老挝学员全程自己动手修建了一口8立方米的砖混结构户用沼气池。沼气是一种清洁能源，老挝的气候和养殖业条件十分适合发展户用沼气。通过沼气技术的传播和指导，学员们了解到沼气技术不仅可以替代部分生活用能、减少对森林的砍伐，还可有效杀灭畜禽粪便里的病虫卵、生产安全的有机肥料、减少温室气体排放。

【中科院泰国高级产业基地揭牌仪式举行】 2018年11月，由中国科学院曼谷创新合作中心和泰中产业园投资有限公司合作打造的中科院泰国高科技产业基地在泰国曼谷市举行揭牌仪式，基地将落户于罗勇府，处于泰国东部经济走廊内。基地将带动现代医疗、卫星技术、智慧城市等高新技术进入泰国，并辐射带动整个东盟地区的科技发展。泰国东部经济走廊是"泰国4.0战略"的旗舰项目，泰国科技部是该项目的重要推动者之一。目前，东部经济走廊正大力引进现代农业、生物技术、电子科技、智能机器人、医疗科技等产业，希望通过相关合作来推动泰国的产业升级，使泰国成为东盟地区科技创新中心。

【马来西亚—中国数字创业家论坛召开】 2018年12月17日，超过150位中马企业家在马来西亚首都吉隆坡市出席马来西亚—中国数字创业家论坛，共同探讨未来数字经济合作的新模式。论坛由马来西亚—中国总商会和启迪之星（马来西亚）共同举办。与会者分别从"中国数字经济发展启示""新时代、大数据""互联网创业模式""电子商务创造经济繁荣"等角度共同探讨了如何利用中国经验抓住数字经济发展的新机遇。

四　中国—东盟文化交流

【"文化中国·四海同春"中马艺术交流会演举行】 2017年1月14日，"文化中国·四海同春"中马艺术交流会演在马来西亚吉隆坡华总大厦丹斯里杨忠礼大礼堂举行。由中国海外交流协会主办，马来西亚中华大会堂总会（华总）与马来西亚中国文化艺术协会联合承办的新春大会演，旨在弘扬中华优秀民族文化、促进中马民族艺术的国际交流。"四海同春"艺术团带来了中国首批非物质文化遗产川北大木偶、川剧绝活、杂技、经典歌曲等表演。

【2017欢乐春节"北京东盟文化之旅"举行】 2017年2月10日，由北京市人民对外友好交流协会、中国—东盟中心、北京市西城区人民政府和缅甸中国友好协会共同主办的2017欢乐春节"北京东盟文化之旅"——缅甸交流大

会在仰光外国语大学拉开帷幕。缅甸文化部艺术司副司长杜咪咪凯、缅中友协副会长吴梭温、仰光外国语大学副校长杜依依默、中国驻缅甸大使馆文化参赞田善亭、北京市友协国际交流部部长于舟、中国—东盟中心教育文化和旅游部副主任孙建华出席开幕式并为活动剪彩。仰光外国语大学师生代表、媒体记者等500余人参加。

【柬埔寨国王考察浙江奉化雪窦寺】

2017年4月7日，柬埔寨国王诺罗敦·西哈莫尼访华期间前往中国佛教名山——浙江奉化雪窦山，出席"中华文化四海行——走进奉化"活动。在雪窦山，诺罗敦·西哈莫尼一行来到雪窦寺千僧堂，出席"中华文化四海行——走进奉化"书画艺术精品展览开幕剪彩仪式。剪彩仪式后，诺罗敦·西哈莫尼走进千僧堂，观看中国各地文史研究馆馆员的书画作品。本次展览共展出作品150余幅，其中既有中央文史研究馆馆员侯德昌、金鸿钧等老一辈书画家的佳作，也有向社会征集的中青年书画家的作品，老、中、青三代艺术家荟萃一堂，展示了中国书画艺术的高超水平和旺盛生命力。此外，参观考察期间，诺罗敦·西哈莫尼还与雪窦寺方丈互赠佛像，双方表示将加强佛教文化交流，持续推动中柬友谊。

【中国新疆文化交流团访问文莱】

2017年4月14—17日，由国务院新闻办公室组织的中国新疆文化交流团访问文莱，与当地政府机构、高校学者、新闻媒体代表等就中国，特别是中国新疆维吾尔自治区与文莱在民族宗教事务以及经贸文化合作等多个领域的情况进行了多场友好交流。在文莱期间，中国新疆文化交流团与文莱宗教部、首相府新闻局等政府机构高官举行了友好会谈，宣介了中国民族宗教政策及在新疆维吾尔自治区的成功实践，介绍了近年来新疆维吾尔自治区经济社会发展的成就。

【缅甸青少年代表团访问西安、北京】

为贯彻中缅领导人共识，开拓中缅青少年人文交流渠道，中国宋庆龄基金会邀请缅甸知名非政府组织雷尊都基金会组派缅甸青少年代表团一行23人访华，与中国青少年开展文化交流活动。2017年5月4日，代表团抵达西安，开始为期8天的访问行程。代表团在西安访问期间，除了参观法门寺、大雁塔等知名历史景点外，还了解和体验了皮影戏、木偶戏等中国传统文化项目。西安行程结束后，代表团还前往北京继续访问。此次访问是中国宋庆龄基金会与缅甸雷尊都基金会的年度重点合作项目，有助于进一步促进中缅人文交流项目的开展，并将增进中缅民心相通，助力"一带一路"建设。

【河南艺术团演出亮相菲律宾】

2017年6月7—13日，为庆祝中菲建交42周年暨第16个菲中友谊日，纪念菲律宾苏禄王对中国友好访问600周年，受中国文化部委派，应菲律宾菲华各界联合会邀请，河南省文化厅组派河南艺术团赴菲律宾进行文化交流演出，受到当地民众热烈欢迎。6月9日，由菲律宾外交部、中国驻菲律宾大使馆和菲华各界联合会共同举办的"友谊花盛开"大型文艺晚会在马尼拉最大的剧场菲律宾国家文化中心拉开帷幕。由河南歌舞演艺集团、开封市杂技团、登封市中岳少林禅拳文化表演团优秀演员组成的河南艺术团奉献了精彩的舞蹈、杂技和少林功夫演出，受到现场观众的喜爱和热烈欢迎。

【"中国故事2016"菲律宾全年巡展成功举办】 2016年10月至2017年10月，为落实好习近平总书记关于"要精心做好对外宣传工作，创新对外宣传方式，着力打造融通中外的新概念新范畴新表述，讲好中国故事，传播好中国声音"指示精神，中国驻菲律宾使馆文化处与菲律宾当地政府文化机构、民间友好组织、多所著名高校等单位合作举办了为期1年的"中国故事2016"图片展。展览在菲律宾文化与艺术委员会、马尼拉市政府、国家图书馆、德拉萨大学、远东大学、奎松商务区、蓝海湾大道、马尼拉酒店等场所巡回展出，观众达数万人次。菲律宾主流媒体高度关注，给予了充分的正面报道。

【中国—马来西亚妈祖文化交流会举行】 2017年7月2日，中国福建省莆田市政府在马来西亚首都吉隆坡天后宫举办"妈祖下南洋·重走海丝路"暨中国—马来西亚妈祖文化交流会，吸引了近千名当地信众。此次活动是国际妈祖文化交流互鉴的一次盛会，它将进一步推动妈祖文化的弘扬和传播，为促进中马两国人民相互理解、相互尊重和相互信任发挥积极作用。交流会上，中国驻马来西亚大使馆领事参赞刘东源等嘉宾出席了妈祖祭典、湄洲妈祖驻跸吉隆坡纪念碑揭幕仪式和妈祖巡境等活动。吉隆坡是此次"妈祖下南洋"的第一站，随后代表团一行还将前往马来西亚马六甲和新加坡。

【"一带一路"泰国印象2017中泰青少年文化艺术交流盛典举办】 2017年7月22日，为全面深入贯彻国家"一带一路"的伟大倡议，坚持立德树人，加强社会主义核心价值体系教育，坚持文化先行，积极推动传统文化的传承与现代文化的创新，深化与沿线国家的文化交流与合作，实现民心相通，文化交融，魅力校园"一带一路"2017中泰青少年文化艺术交流盛典正式拉开帷幕。来自中泰两国的师生齐聚皇家市颂赞殿剧院，开启一场见证两国青少年友谊的高水平艺术盛宴。

【"美丽中国　美丽越南"图片展等文化交流活动在越举行】 2017年11月6日，由中国国务院新闻办公室与越通社联合主办、人民画报社与越南画报社共同承办的"美丽中国　美丽越南"图片展开幕式在越南首都河内胡志明博物馆举行。"美丽中国　美丽越南"图片展以"睦邻友好　共同发展"为主线，收录了中越两国摄影师拍摄的大量精美图片。通过"江山如画　岁月如歌""中越相交　情深谊长""丝路华章　追梦未来"等5个部分，展示了中越两国的自然风光、历史文化、经贸往来、人文交流、中国"一带一路"倡议与越南"两廊一圈"规划深度对接等内容。

【仰光中国文化中心揭牌】 2017年11月19日，外交部部长王毅和缅甸宗教事务与文化部部长昂哥在缅甸首都内比都市共同为仰光中国文化中心揭牌，缅甸国务资政兼外交部部长昂山素季出席并见证了揭牌仪式。仰光中国文化中心位于缅甸仰光市阿隆区核心地段,使用面积约 1342 平方米,设有展厅、多功能厅、图书馆、培训教室等功能空间,可进行小型演出、展示、培训、讲座研讨、信息服务等活动,是弘扬中华文化、开展中缅人文交流、展示中国形象的新平台。仰光中国文化中心为中国政府在缅派驻官方机构,是根据中缅两国政府于 2014 年 6 月签署的互设文化中心谅解备忘录及 2015 年 9 月于北京签署的《关于互设文化中心的协议》设立的,并在 2018 年 7 月 7 日正式启动运营。

【2017 中泰友好文化交流音乐会举行】 2017 年 12 月 6 日,中国驻清迈总领事任义生应邀出席由清莱皇家大学与曼谷中国文化中心共同举办的 2017 中泰友好文化交流音乐会。清莱府府尹纳隆萨、皇家大学校长颂猜博士及近 2000 名中泰师生一道,欣赏了由内蒙古民族艺术剧团带来的主题为"聆听草原"的交响乐盛宴。

【缅甸仰光举办 2017 中国藏文化图片展】 2017 年 12 月 17 日,2017 中国藏文化图片展在缅甸仰光市开幕。此次图片展由中国国务院新闻办公室、中国驻缅甸大使馆、缅中友好协会和仰光大金塔管委会、中国藏学研究中心、缅中佛教文化交流促进协会联合举办。其间,中国藏文化交流团还在仰光、内比都等地与有关部门和机构进行座谈交流。

【中国藏文化交流团与缅甸佛教界交流】 2017 年 12 月 17 日,中国藏文化交流团抵达缅甸。当天,中国藏文化图片展在仰光市开幕,60 余幅中外摄影名家作品从不同侧面展示了藏区传统文化传承、生态环境保护和生产生活状况。2017 年 12 月 18 日,中国藏文化交流团走访缅甸高僧委员会、缅甸南传佛教国际大学,双方就宗教文化习俗及双边合作事宜进行了交流。当天上午,中国藏文化交流团走访了缅甸南传佛教国际大学。这所大学课程中极具特色的是不仅教授巴利文、梵文等佛教语言,还教授中文、日文、法文等外语。

【2018 中越传统年画联展开幕】 2018 年 1 月,2018 中越传统年画联展在北京市开幕。正在访华的越南文体旅游部部长阮玉善及代表团成员、越南驻中国大使邓明魁、中国文化部外联局局长谢金英、中国东盟中心教育文化旅游部副主任孙建华等代表一同出席开幕式。2018 中越传统年画联展汇集了两国 65 幅年画精品。越南文体旅游部国际合作局为此次展览带来鼓街画和东湖画等越南典范民间画派。中方介绍了来自 14 个地区民间绘画的典范之作以及北京一流收藏家的一些作品。双方还设有交流空间,如当场印制越南东湖画和中国十二个生肖画送给参观者等。

【2018 年中缅两国首个文化交流项目在广西举行】 2018 年 1 月 20 日,在中国、缅甸两国外交部、文化部的支持和指导下,《梵花·缅甸——中国艺术家缅甸风情风光摄影展》在广西来宾市举行开幕仪式。100 余幅由中缅两国艺术家创作的摄影作品集中展示了千年佛国缅甸的风土人情。经缅甸驻南宁总领事馆确认,此展也是 2018 年中缅两国第一个文化交流项目。该摄影展还将在广西南宁、广东东莞以及缅甸仰光等地进行巡展。

第二编　双边与多边人文交流平台

【中国美术家赴缅甸进行文化交流】
2018年1月28日，中国美术家缅甸文化交流之旅全体团员在缅甸仰光市受到缅甸各界领导与书画艺术家的热情接见。在欢迎晚宴上，缅甸文化部部长吴乃甘林、民族事务部部长吴早埃貌分别致欢迎词。两国美术家在当天的笔会现场，神清气爽挥毫泼墨，相互交流、相互学习。整个笔会在轻松愉快的友好氛围中进行，美术家们用一幅幅书画精品表达着彼此的情感。

【2018年新加坡·中国安徽文化年拉开序幕】 2018年2月11日，2018年欢乐春节暨"美好安徽 皖如仙境"新加坡·中国安徽文化年开幕式在中国文化中心举行。来自安徽的艺术家们为新加坡观众带来了精彩纷呈的文艺演出。本次演出活动不仅为新加坡中国文化中心与中国安徽省文化厅携手举办的"2018安徽文化年"拉开序幕，同时也将新加坡"2018年欢乐春节"系列活动推向高潮。同期，在新加坡中国文化中心还举办了"美好安徽 皖如仙境"文化旅游图片展，宣传推介安徽地方特色文化、秀美山川和幸福家园。按照"2018新加坡·安徽文化年"交流计划安排，自"欢乐春节"活动开始，安徽省文化厅年内将在新加坡陆续举办艺术演出、展览展示、文化讲座、人员培训等多批次文化交流活动，希冀通过1年的交流合作，进一步加深当地民众对中国文化、人文之美以及自然之美的了解。

【中马"一带一路"出版中心揭牌】
2018年4月30日，由中国社会科学文献出版社、马来西亚国家语文局和马来西亚汉文化中心共同发起的"中马'一带一路'出版中心""马来西亚中国主题图书编辑部"在位于吉隆坡的马来西亚国家语文局大楼正式揭牌成立。"中马'一带一路'出版中心"将由马来西亚汉文化中心管理运作，旨在推动中马两国在文化、文学、翻译及出版等领域的全方位合作，推动"一带一路"中马文化、文学作品的交流；希望借助世纪大学孔子学院丰富的中英文中国名著与文学作品藏书，通过"一带一路出版中心"译者共同努力，翻译出更多马来文版本的精品中国文学作品。

【中老文化交流讲座在万象和琅勃拉邦举办】 2018年5月9日、5月12日，由老挝中国文化中心主办的"中老文化交流讲座"分别在万象国际合作和培训中心、琅勃拉邦苏发努冯大学举办。此次活动邀请了云南大学周边外交研究中心、"一带一路"研究院、国际关系研究院毕世鸿教授，云南大学周边外交研究中心、国际关系研究院方芸调研员来给老挝政府官员和相关学者进行讲座和文化交流。来自老挝外交部17个司局、中联部6个司局，以及老挝其他17个部委的近300位政府官员和相关方面的专家学者聆听了讲座。

【"一带一路"东盟文化交流巡回书画展走进柬埔寨】 2018"一带一路"东盟文化交流巡回书画展首站走进柬埔寨，近40位中国内地和香港书画大师联袂向柬埔寨民众展出了一批精美作品。本次书画展由中国香港美术家协会与柬埔寨柬华理事总会联合举办。中国香港美术家协会主席勤瀚向中新社记者表示，本次书画展旨在响应中国"一带一路"倡议，与沿线国家分享中华文化艺术，加强与东盟国家，尤其是驻在国华人华侨的文化交流，把中华文化艺术根植于华人世界。

【2018中国南京文创展暨中越传统文化与创意产业研讨会召开】 2018年6月18日，为落实中越两党两国领导人关于加强中越文化交流的重要共识和《中越文化产业合作备忘录》，由驻越南使馆、越南文化体育旅游部联合主办，河内中国文化中心、广西壮族自治区文化厅及越南国家图书馆、越南著作权局承办的2018中国南京文创展暨中越传统文化与创意产业研讨会在越南国家图书馆开幕。驻越南使馆临时代办尹海虹、越南文化体育旅游部副部长郑氏水等出席开幕式。中国南京文创展共展出50种由中国南京设计生产的文化创意产品，充分展现了传统文化与创意产业的完美融合。

【广西高校艺术代表团赴柬埔寨开展文化交流】 2018年7月19—21日，为庆祝中国与柬埔寨建交60周年，广西教育厅率广西艺术学院、广西大学、广西师范大学、广西民族大学组成的联合艺术代表团赴柬埔寨金边市开展文化交流，其间，与柬埔寨贝尔太国际大学、柬埔寨皇家艺术大学举办了"中国·广西——柬埔寨高校联合音乐会"。中柬两国6所大学的师生表演了《敦煌》《欢乐的日子》《仙女舞》等多个经典作品。中柬两国青年以音乐为媒，加深了互信和友谊。

【2018年泰国"中国书架"项目落户泰国】 2018年7月26日，由中国国家新闻出版总署主办、中国出版集团公司下属中国图书进出口（集团）总公司与泰国南美有限公司共同承办的2018年泰国"中国书架"项目在泰国规模最大的中国图书专营书店南美书店落户。在"一带一路"倡议下，中泰两国各领域交流与合作不断深入。近5年来，中国出版集团公司所属人民文学出版社、商务印书馆、中华书局等5家出版社与泰国曼德琳教育出版社等7家出版社签署了75个合作项目。

【菲律宾芭蕾舞团上海演绎吕宋风情】 2018年8月19日，应中华人民共和国文化和旅游部的邀请，根据中菲两国政府文化合作协定，为进一步促进两国文化交流和合作，菲律宾芭蕾舞团来中国演出。菲律宾芭蕾舞团在上海国际舞蹈中心的舞台上，倾情演绎经典，展现吕宋风情的"巅峰之作"。本次演出的主题为"巅峰之作"，旨在展示菲律宾的文化，倡导中菲友谊。菲律宾芭蕾舞团希望通过中国的演出，让更多的中国观众了解菲律宾的历史、文化特色以及菲律宾人民的热情、活泼、开朗、乐观；从而进一步增进两国人民之间的信任和了解，巩固两国的民间友谊。

【中国—文莱系列人文交流活动举行】 2018年11月，在中国国家主席习近平对文莱进行国事访问之际，国务院新闻办公室会同有关方面在文莱首都斯里巴加湾市举行了"丝路华章"文化展暨《中国东盟报道》文莱专刊首发式、两国媒体座谈会、中文友好交流故事会等系列人文活动。"丝路华章"文化展展出了两国摄影师拍摄的多幅精彩图片，以及中国刺绣、瓷器等世界非物质文化遗产和裸眼3D、AR等高科技体验，充分展示了两国的秀丽山河和人文之美，生动反映了两国传统友谊和人民友好交往的动人故事。在中文两国媒体座谈会上，来自两国的十多家主流媒体围绕进一步加强新闻领域合作、促进两国关系发展进行了深入交流。中国—文莱友好交流故事会邀请来自中文两国经贸、历史、文化、教育、旅游等领域的企业家、专家学者、知名人士、普通民众，通过自己的亲身经历，讲述中文友好的精彩故事，描述两国人民的友好情谊。

【马来西亚马来亚大学《红楼梦》研究中心成立】 2018年12月，马来西亚马来亚大学《红楼梦》研究中心正式成立，这是继《红楼梦》资料中心于2017年7月落地马来亚大学后，在马来西亚成立的又一"红学中心"。当天，《红楼梦》研究中心还推出《红楼梦》马来文译本。目前，马来亚大学中文系已开设《红楼梦》课程，招收对红学研究感兴趣的学生，并推出跨国红学交流计划。该校《红楼梦》资料中心有多达6000册红学藏书，《红楼梦》研究中心则有超过5000册藏书，内容涵盖古典小说、戏曲、诗词、艺术等。2017年7月，中国四大古典名著马来文版经过多方努力终于完成翻译工作，由马来西亚教育部国家语文局、浙江出版联合集团、浙江古籍出版社、马来西亚翻译与创作协会及马来西亚汉文化中心联合出版。

【中越传统戏剧交流周举办】 2018年12月10—14日，中越传统戏剧交流周在越南河内市举办。此次活动由中国驻越南大使馆与越南戏剧家协会共同主办、河内中国文化中心承办。12月13日，作为本次交流周系列活动之一，中越传统戏剧交流演出晚会在河内市举行。晚会上，中方艺术家为观众献上了《三岔口》《拾玉镯》和《霸王别姬》等中国京剧经典选段，越方艺术家则表演了嘲剧、改良剧等越南传统戏剧的代表作品，为观众呈现了一场戏剧文化盛宴。

【中越民族文化交流活动艺术作品展开幕】 2018年12月28日，中越民族文化交流活动艺术作品展在越南首都河内市开幕，百余件精美的中国画与非遗传承人艺术作品为当地观众奉献了一场视觉盛宴。本次展览由广西北部湾书画院、广西民族大学民族学与社会学学院、越南文化体育与旅游部越中文化交流中心联合主办。展览展出了100幅北部湾民族文化艺术采风写生国画作品，以及苗族刺绣、壮族织锦等14件非遗传承人艺术作品。中国艺术家与越南书画家还进行了切磋，有助于促进两国文化艺术界的相互了解和交流。

五 中国—东盟体育交流

【2017中国—东盟山地户外体育旅游大会举行】 2017年5月6日，2017中国—东盟山地户外体育旅游大会暨体育扶贫公益行动在马山县古零镇三甲屯开启。与开幕式同期举办的还有攀岩精英挑战赛、走扁带、半山飞索、三人板鞋等大众趣味休闲活动。本次大会由国家体育总局登山运动管理中心、中国登

山协会、广西旅发委和广西体育局联合主办。大会从2017年5月持续到11月，通过一系列体育赛事、体育旅游和体育扶贫活动，探索体育、旅游、公益、扶贫模式的应用。

【第十三届中国·东盟国际龙舟邀请赛举行】 2017年5月30日，由南宁市体育局、南宁市体育总会主办，南宁市体育管理培训中心、南宁市龙舟协会承办，南湖公园协办的"中国体彩杯"第十三届中国·东盟国际龙舟邀请赛在南京市南湖公园下湖水域举行，吸引了泰国、印尼等67支代表队报名参赛。经过1天激烈的角逐，广西民族大学龙舟队获得国际公开组22人龙舟200米直道竞速第一名；印度尼西亚龙舟队获得国际公开组12人龙舟200米直道竞速第一名；宁村清水泉龙舟队获得绿城组22人龙舟200米直道竞速第一名。从2018年开始，龙舟赛将转移到邕江水面进行，将依托百里"秀美邕江"，把文化、旅游、体育、休闲结合起来，把龙舟赛打造成水上运动嘉年华，民族体育展台和青山绿水窗口。

【菲律宾大学生女子足球队访问北京外国语大学】 2018年10月26日，为推动中菲两国在大学体育领域的交流与合作，增进中菲青年间的友谊，应中国大学生体育协会邀请，菲律宾大学生女子足球队访问北京外国语大学，与该校师生进行了交流互动。中菲两国学生共同体验了投壶、制作香囊、巧解九连环、剪纸等中国传统游戏。菲律宾女足队员还学习了写汉字、画扇面。菲方大学生对中国传统文化非常感兴趣，双方互动积极，反响热烈。

【中国—东盟（钦州）狮王争霸暨南北狮王邀请赛举行】 2017年11月4—5日，中国—东盟（钦州）狮王争霸暨南北狮王邀请赛在广西钦州市体育中心体育馆举行，来自中国和马来西亚、新加坡、越南等东盟国家的16支舞狮队争夺"狮王"称号。比赛项目分为南狮高桩赛和北狮表演赛。经过两天时间的激烈角逐，广西藤县禤洲龙狮团荣获南狮高桩赛冠军，湖南浏阳市强盛龙狮功夫团荣获北狮表演赛冠军。2018年11月底，2018中国—东盟（钦州）狮王争霸暨夜光龙邀请赛在钦州市开幕。赛事分预赛和决赛进行，设南狮高桩（梅花桩）自选套路赛和夜光龙自选套路赛等2个比赛项目。曾获"世界龙王"称号的马来西亚柔佛古庙舞龙队也到钦州参赛。随着比赛落下帷幕，南狮高桩比赛缅甸龙的传人龙狮团斩获冠军，成为本届赛事"东盟狮王"。自2013年开始，钦州市已连续举办了5次中国—东盟（钦州）狮王争霸赛。

【2017中国—东盟城市足球邀请赛举行】 2017年11月29日至12月2日，2017中国—东盟城市足球邀请赛在广西省南宁市体育场举行。本届足球邀请赛由南宁市体育局、南宁市体育总会主办，南宁市体育管理培训中心和广西龙桂达体育发展有限公司共同承办。来自泰国芭提雅联合足球俱乐部、越南广宁煤炭足球俱乐部、越南南定足球俱乐部及中国恒大淘宝足球俱乐部的4支职业球队汇聚南宁体育场绿茵上交锋比拼。中国—东盟城市足球邀请赛是得到国际足球联合会FIFA认证的国际A2级赛事，首届赛事于2016年在广西南宁市

举办，为当前中国—东盟地区共同举办的规格最高的国际性专业足球赛事。

【中国—东盟国际汽车拉力赛暨中国—东盟媒体汽车拉力赛举行】 2017 中国—东盟国际汽车拉力赛暨中国—东盟媒体汽车拉力赛，从"汉代海上丝绸之路始发港"广西北海市合浦县发车，竞赛线路首次贯穿东盟十国。赛事作为庆祝东盟成立 50 周年系列活动之一，以"服务'一带一路'，推进互融互通"为主题。本届拉力赛竞赛线路首次贯穿东盟十国，从广西凭祥友谊关出境，经越南、老挝、泰国、缅甸、柬埔寨、马来西亚、新加坡、文莱、菲律宾、印度尼西亚，全程约 1 万公里，历时 18 天。2018 年 11 月 7 日，2018 中国—东盟国际汽车拉力赛暨中国—东盟媒体汽车拉力赛在广西南宁市发车，正式开启国际赛段赛程。广西是往届赛事的始发地，2018 年首次以中国境内外相结合的形式制定赛事路线，穿行中国—新加坡互联互通南向通道。

【2018 中国—东盟山地户外体育旅游大会举办】 2018 年 5 月 5 日，2018 中国—东盟山地户外体育旅游大会启动仪式——攀岩大师赛（以下简称"大会"）在中国首个攀岩特色体育小镇——马山县攀岩特色体育小镇三甲乡村旅游区拉开序幕。本次大会由中国登山协会、广西壮族自治区体育局主办，南宁市体育局、南宁市旅游发展委员会、中共马山县委员会、马山县人民政府、北京国奥中健体育发展有限公司承办。大会不仅是一场攀岩精英的巅峰竞技，更是户外运动爱好者的嘉年华，山野放映会、背篓绣球、三甲泛舟、泡泡足球等多元的竞技体育和户外体验活动精彩纷呈，选手和游客充分体验了运动、自然、民族、人文多元融合的乐趣。

【第十四届中国—东盟（南宁）国际龙舟邀请赛暨2018年广西龙舟系列赛（南宁站）开赛】 2018 年 6 月 16 日，第十四届中国—东盟（南宁）国际龙舟邀请赛暨 2018 年广西龙舟系列赛（南宁站）在南宁邕江孔庙段附近水域举行，为市民献上了一场"体育＋民俗"的节日盛宴。此次活动由广西壮族自治区体育局、广西电视台、南宁市体育局、南宁市体育总会主办，南宁市体育管理培训中心、广西龙舟协会、南宁市龙舟协会联合承办。

【中国·东盟城市羽毛球混合团体邀请赛收拍】 2018 年 10 月 8 日，中国·东盟城市羽毛球混合团体邀请赛在广西体育馆结束，在这项与"苏迪曼杯"赛制相同的比赛中，6 支羽毛球职业俱乐部展开了争夺，同时也为即将于 2019 年在南宁举行的苏迪曼杯世界羽毛球混合团体锦标赛"热身"。在决赛中，拥有奥运冠军马尔基斯·基多的印尼北京房建俱乐部队战胜泰国 FYC 俱乐部队，夺得冠军。

【2018 年中国—东盟城市羽毛球混合团体邀请赛开幕】 2018 年 10 月 26 日，2018 年中国—东盟城市羽毛球混合团体邀请赛暨苏迪曼杯测试赛在广西体育馆开幕。共有 6 支队伍参赛，分别为中国广西队、印度尼西亚俱乐部队、马来西亚俱乐部队、越南俱乐部队、泰国俱乐部队、中国台北俱乐部队，赛事采用中国羽协审定的最新《羽毛球竞赛规

则》和国际羽联公布的最新规则；第一阶段采用分组循环赛制，第二阶段采用交叉淘汰赛制；比赛采用三局两胜，21分每球直接得分制。

【2018中国—东盟城市足球邀请赛举行】 2018年11月14日，2018中国—东盟城市足球邀请赛在广西南宁市开赛。首场揭幕战，越南广宁煤炭足球俱乐部以2∶0战胜泰国警察特罗足球俱乐部。中国—东盟城市足球邀请赛自2016年开始举办。这是广西在职业领域与东盟国家进行足球交流的国际性专业足球赛事。比赛采用赛会单淘汰赛制，设有冠、亚、季军及公平竞赛奖，并设有最佳射手、最佳球员奖。赛事期间，东盟国家足球队还将深入南宁市多所学校开展足球进校园活动，加深广西与东盟足球的民间交流，推动当地青少年足球运动发展。

【2018年亚洲及大洋洲地区大众体育合作发展论坛召开】 2018年12月18日，2018年亚洲及大洋洲地区大众体育合作发展论坛暨中国—东盟大众体育合作发展论坛在广西南宁市召开。来自亚洲及大洋洲地区的相关官员、专家学者、企业代表出席论坛。本届论坛以"探索大众体育发展方式，服务'一带一路'发展"为主题，旨在搭建亚洲及大洋洲地区大众体育交流与合作平台，整合国内外大众体育发展模式，发掘体育市场潜力，推动大众体育科学发展，促进体育合作与交流。

六　中国—东盟卫生交流

【泰国公共卫生部疾病控制司与中山大学签署技术交流合作协议书】 2017年6月，泰国公共卫生部疾病控制司（DR. PORNTEP SIRIWANARANGSUN）司长率代表团一行9人访问中山大学。泰国疾病控制司是泰国公共卫生部的下属机构，主要负责促进疾病监察、预防和控制方面的国际和国内合作、健康知识的宣传以及保障疾病预防控制体系的顺利运行等工作。中山大学副校长魏明海代表中山大学与司长签署了技术交流合作协议书。根据协议，双方将互派人员，在传染病、流行病和艾滋病等领域深入开展交流与合作。代表团一行还与中山医学院、药学院、公共卫生学院、医科处以及国际合作与交流处的代表就下一步的具体合作展开座谈，并达成诸多共识。

【"2017中国—东盟冠心病介入高峰论坛"召开】 2017年11月18日，"2017中国—东盟冠心病介入高峰论坛"在广西南宁市开幕。来自新加坡、马来西亚、印度尼西亚及中国多个省市的心血管领域专家、学者参加了开幕式。论坛以"合作、交流、创新"为主题，集中探讨了冠心病预防、诊断与治疗、介入治疗策略与新技术、冠心病手术期管理等重要领域的热点学术与最新进展。伴随着中国介入医学的发展历程而逐步成长起来的"中国—东盟冠心病介入高峰论坛"已成为中国东盟开展冠心病治疗合作的重要平台。

【第二届中国—东盟急诊医学国际高峰论坛召开】 2017年12月15日，

第二届中国—东盟急诊医学国际高峰论坛暨广西医学救援协会2017学术年会在南宁市召开。来自美国、泰国、老挝、柬埔寨等国家和地区的医学救援领域专家学者与中国同行一起就医学救援及建设等方面展开经验交流，现场有1000多名医学领域的专业人士参会。

【云南与越南老街省卫生厅签署合作备忘录】 2017年12月底，云南出入境检验检疫局与越南老街省卫生厅在云南省昆明市签署《中国云南—越南老街边境口岸卫生检疫合作备忘录》，双方就共同加强口岸卫生检疫工作、建立定期工作会晤机制、相互通报传染病疫情信息、加强口岸传染病监测合作、继续联合开展课题研究、加强双方卫生检疫人员培训等方面达成共识。合作备忘录的签署将对强化双边卫生检疫工作、防止艾滋病、疟疾、登革热等传染病跨境传播，保护人民健康起到积极促进作用，也将为两国的友谊和经济发展做出更大贡献。

【广西医科大学口腔医学院赴老挝开展口腔医疗义诊活动】 2018年3月16日，由广西医科大学副校长、口腔医学院院长周诺率领的中国口腔医疗义诊团来到老挝万象Meung Noy中小学开展口腔医疗义诊活动。该义诊团由广西医科大学口腔医学院及老挝卫生科学大学口腔医学院的精英口腔医护专家组成。此次义诊对于扩大中国口腔医学在东盟国家的影响和加强中国与东盟国家口腔医疗合作具有重要意义。

【《中国中医科学院中药资源中心与老挝卫生部传统医药研究院合作谅解备忘录》签署】 2018年4月16日，应中国驻老挝大使馆邀请，为落实国家中医药管理局"一带一路"药用资源开发与利用项目，中国中医科学院常务副院长、中药资源中心主任黄璐琦院士带队前往老挝首都万象市，就如何促进中老两国在传统医药领域，特别是药用植物的开发利用方面与驻老挝大使王文天及夫人顾小军、经济商务参赞王其辉、老挝卫生部部长本贡、老挝传统医药研究院副院长构宋等深入交流，并由黄璐琦和构宋分别代表双方签署了《中国中医科学院中药资源中心与老挝卫生部传统医药研究院合作谅解备忘录》。

【第四届中国—东盟公共卫生高级行政管理人员培训班举行】 2018年5月3—9日，受国家卫生健康委员会国际合作司委托，由国家卫生计生委人才交流服务中心和江苏省寄生虫病防治研究所共同承办的第四届中国—东盟公共卫生高级行政管理人员培训班在江苏省无锡市举办。来自马来西亚、印尼、老挝、越南、泰国和柬埔寨等6个东盟成员国共14名公共卫生高级行政管理人员参加了培训。本次培训班为期7天，以师资授课、交互讨论、经验分享、实地参观、学习报告等多种形式进行，学员们就中国参与的全球卫生与区域卫生合作、"'一带一路'卫生相关倡议及落实"、中国医药卫生体制改革进展、医疗信息化、疾病防控形式及公共卫生管理体系、传统医药等大家共同关心的热点问题进行了学习以及充分研讨。

【2018中国—东盟卫生青年论坛召开】 2018年9月20日，2018中国—东盟卫生青年论坛在广西南宁市召开。

来自柬埔寨、老挝、马来西亚、缅甸、文莱、越南、美国等国家以及世界卫生组织的官员，医疗卫生机构、高等医学院校、企业卫生青年专家学者100余人围绕"新时代的全球健康、青年的机遇和责任"这一主题展开了探讨。论坛由国家卫生健康委员会、广西壮族自治区人民政府共同主办，广西医科大学、中国疾病预防控制中心环境与健康相关产品安全所承办，是"健康丝绸之路"建设暨第二届中国—东盟卫生合作论坛的专题论坛之一。论坛通过主旨演讲、专题讨论，探讨全球健康新时代下中国及东盟国家青年面临的机遇和责任，聚焦各国关注的杰出卫生青年培养问题，积极探讨中国与东盟国家卫生青年培养合作机制，为提升卫生青年培养质量共谋对策。

【"健康丝绸之路"建设暨第二届中国—东盟卫生合作论坛召开】 2018年9月20—21日，为深化中国与东盟国家在卫生健康领域的交流与合作，共创区域健康环境，增进人民健康福祉，由中国国家卫生健康委员会、国家中医药管理局和广西壮族自治区人民政府联合主办的"健康丝绸之路"建设暨第二届中国—东盟卫生合作论坛在广西南宁市召开。本届论坛以"创新卫生合作，共建健康丝绸之路"为主题，来自中国国家卫生健康委副主任崔丽、广西壮族自治区副主席丁向群、老挝卫生部部长本贡·西哈冯（Bounkong Syhavong）、柬埔寨卫生部国务秘书特·库斯昂（Te Kuyseang）、世界卫生组织驻华代表高力博士（Dr. Gauden Galea）等重要嘉宾，以及来自中国与东盟国家的卫生官员、医疗及学术机构代表等共计600多名嘉宾出席了论坛。

【2018中国—东盟医院管理合作论坛召开】 2018年9月20日，为积极推动"一带一路"倡议，深化与东盟国家卫生健康合作交流，共建"健康丝绸之路"，由国家卫生健康委员会、国家中医药管理局和广西壮族自治区人民政府共同主办，中国医院协会、广西医科大学协办，广西医院协会、广西医科大学第一附属医院承办的2018中国—东盟医院管理合作论坛在南宁市举行启动仪式。来自文莱、柬埔寨、印度尼西亚、老挝、马来西亚、新加坡、泰国、越南8个东盟国家，美国、日本及国内的政府医疗管理部门官员、医学院校、医疗机构的管理者及医疗护理专家等1300多名嘉宾参会。

【第三届中国—东盟急诊医学国际高峰论坛召开】 2018年10月11日，第三届中国—东盟急诊医学国际论坛在广西南宁市召开。来自美国、英国、新加坡、泰国、越南、柬埔寨等国家和北京、上海、中国台湾等国内共90多位专家前来讲学，吸引了全区各地1000多名代表参会。本次大会共设有主题论坛、急危重症论坛、蛇伤与中毒论坛等13个分论坛，邀请了东盟国家、美国、英国和中国著名的急诊领域专家就急诊急救、医学救援、急危重症救治等专业领域作相关专题演讲，开展急诊医学的高端对话，充分展示了各国各地区急诊医学的亮点和优势。

【第六届中国—东盟国际口腔医学交流与合作论坛召开】 2018年10月19—20日，第六届中国—东盟国际口腔医学交流与合作论坛在广西南宁市召开。来自中国、东盟、欧美等国家的卫生行政管理部门官员，牙学会、口腔医学院校专家学者等，共同围绕"数字化口腔医学和口腔干细胞"主题展开了研讨。本次论坛是中国—东盟博览会框架下的分论坛之一，也是"健康丝绸之路"建设暨第二届中国—东盟卫生合作论坛的专题论坛，由中国国家卫生健康委员会、广西壮族自治区人民政府主办，中华口腔医学会与东盟各国牙医学会、广西壮族自治区卫生和计划生育委员会等协办。

【第五届全国再生医学博士后学术论坛暨中国—东盟再生医学高峰论坛召开】 2018年11月，由全国博士后管委会办公室、中国博士后科学基金会指导，自治区人力资源和社会保障厅、广西医科大学共同主办的第五届全国再生医学博士后学术论坛暨中国—东盟再生医学高峰论坛在广西南宁市召开。论坛就先进基因检测技术预测疾病及预后、3D打印在脊柱骨盆肿瘤重建中的应用等31个方面的主题进行了深入探讨。来自澳大利亚西澳大学、格里菲斯大学、香港大学、浙江大学等17所高校与研究单位的博士后、青年教师和研究生代表300余人参加了论坛。

【2018中国—东盟衰老与疾病学术论坛召开】 2018年12月7—9日，2018中国—东盟衰老与疾病学术论坛暨广西解剖学会2018年学术年会在广西医科大学举行。大会由广西医科大学主办，长寿与老年相关疾病教育部重点实验室承办，由广西解剖学会等学术机构协办。该会议议题包括共建"健康丝绸之路"、衰老与疾病研究、海峡两岸解剖与组织胚胎学研究教学研讨、青年学者学术交流等，紧扣国家"一带一路"倡议，发挥东盟区域特色，展开学术交流。会议共吸引来自新加坡、老挝、越南等东盟国家以及美国、澳大利亚等国的院士、国家杰青、知名专家、优秀学者、会员代表、留学生、研究生等约300人参会，组织知名专家主题报告和青年学术报告共30场。

【第二届中国—东盟泌尿外科高峰论坛召开】 2018年12月22日，由中国医师协会泌尿外科医师分会、中华医学会泌尿外科学分会主办，广西医师协会泌尿外科医师分会、广西医科大学第一附属医院承办，第二届中国—东盟泌尿外科高峰论坛暨广西医师协会泌尿外科医师分会成立大会在广西南宁市召开，国内外400多名代表参会。论坛秉承了"公益、融合、创新、发展"的宗旨，邀请了以中国医师协会泌尿外科医师分会会长、北京大学第一医院泌尿外科主任周利群，中国医师协会泌尿外科医师分会副会长、北京医院院长王建业，中国人民解放军总医院泌尿外科主任、《微创泌尿外科杂志》社长张旭领衔的国内50多名知名专家学者，联合40多位来自东盟国家的知名教授齐聚一堂，围绕目前泌尿外科领域的热点学术问题与最新进展作50多场泌尿外科专题报告，并进行20台精彩的泌尿肿瘤及结石手术演示。

【东兴市与越南芒街市开展医疗卫生合作交流】 2018年12月23日，应东兴市卫生和计划生育局邀请，越南芒街市卫生部门代表团一行12人前来东兴市，就中国东兴—越南芒街医疗卫生合作展开座谈。双方就《中国东兴市与越南芒街市双边医疗卫生合作框架协议（征求意见稿）》进行了深入地沟通和交流，就跨境医疗卫生合作、彼此交流经验、提高医疗卫生水平达成了共识，取得了预期的效果，达到了增进了解、加强交流的目的。

七　中国—东盟妇女交流

【中国当代女性艺术展世界巡展在泰国展出】　2017年12月2日，"'爱的密码'——中国当代女性艺术展世界巡展"在曼谷中国文化中心开幕。展览通过女性视角讲述中国故事，展现当代中国女性的风姿和情韵。本次展览共展出40余件绘画及雕塑作品，分别出自20余位不同年龄、不同风格、不同层次的女性艺术家之手，同时也吸纳了部分男性艺术家的优秀作品，表达了他们对于女性题材的探寻和解读。

【越南妇女代表团一行访问上海】　2017年12月18日，上海市政协副主席王志雄会见了越共中央委员、国会代表、妇联主席阮氏秋荷率领的越南妇女代表团一行，双方就关心支持女性创业、培养科技工商领域女性人才等话题进行了交流。

【中国捐赠物资助柬埔寨妇女事业发展】　2018年3月2日，中国向柬埔寨妇女事务部、柬妇女和平发展协会捐赠物资交接仪式在金边市举行。此次移交的物资及双方商定成立的中柬妇女培训中心将为促进柬妇女创业就业和劳动技能培训发挥积极作用，为推动两国妇女事务合作做出新的贡献。此批物资是2017年5月中国全国人大常委会副委员长、全国妇联主席沈跃跃访柬时宣布捐赠的，包括办公电脑、救护车和小型客车等。

【缅甸妇女骨干交流研修班举行】　2018年9月10日，缅甸妇女骨干交流研修班在云南省昆明市开班。交流研修班为期7天，邀请了29名缅甸13个省邦及各镇区的社会福利部、妇联、妇幼福利协会、预防照顾和保护被遗弃儿童协会负责人前来交流研修。交流研修活动以妇女参与经济建设为主题，安排研修班学员学习考察具备领先科技水平、有较好经济效益并能在缅甸复制推广的各类项目，让缅甸学员通过亲身体验，推介云南科技、云南模式、云南经验，促进中缅妇女和妇女组织共同发展与进步。

八　中国—东盟青年交流

【缅甸青少年代表团体验中国"非遗"项目】　2017年5月4日，中国宋庆龄基金会邀请缅甸知名非政府组织雷尊都基金会组派的缅甸青少年代表团一行来到西安市雁园皮影剧院。代表团的23名成员都是第一次到访西安市，也是第一次实地接触中国的皮影艺术。西安行程结束后，缅甸青少年代表团前往北京市继续访问。代表团学生成员参观了北京戏曲学校，体验更多的非遗项目。中国宋庆龄基金会带队工作人员表示，青少年交流是文化交流的重要平台和抓手，非物质文化遗产这类直观、有趣的交流项目，能够激发国外青少年对中国文化的兴趣，进而推动中国文化的海外传播。

【李源潮会见越南青年代表团】
2017年5月22日，中共中央政治局委员、国家副主席李源潮在北京市会见了越南胡志明共青团中央书记处第一书记黎国锋率领的越南青年代表团。李源潮说，中越都是共产党领导的社会主义国家，秉持"十六字方针"和"四好精神"发展两党两国关系。他希望两国青年传承世代友好，积极参与"一带一路"建设，为中越全面战略合作伙伴关系发展贡献青春力量。黎国锋表示，愿与中国共青团共同努力，落实两党两国领导人共识，促进越中友好世代相传，互利合作、共同发展。

【海南大学调研团赴柬埔寨开展公共外交调研】 2017年7月7日，海南大学入围共青团中央专项实践活动的"'一带一路'公共外交调研团"赴柬埔寨开展调研。由海南大学外国语学院学生组建的调查团前往位于柬埔寨首都金边的公立端华学校，对该校领导及学生进行了深度访谈及问卷调查；前往中国驻柬埔寨大使馆，与相关负责人进行了专题座谈，围绕中国国家形象与公共外交相关问题展开了深入的交流与探讨。调研组对柬埔寨的基本状况、中柬两国关系的发展状况、在柬华人的生活情况、公共外交的相关政策等内容有了较为详细的了解，为下一步调研打下了坚实的基础，更为实践论文的撰写积累了大量背景素材。

【北大博士生实践团赴菲律宾调研】
2017年7月15—25日，由北京大学研究生会筹办、来自16个院系的20名研究生参与的首个博士生实践团国际调研项目开展。本次实践活动应菲律宾陈延奎基金会的邀请，以"牵手中菲"为主题，旨在加深对菲律宾的全面了解，寻找中菲两国在"一带一路"倡议下的合作空间。实践团先后参观了菲律宾国家博物馆、马尼拉城、总统府马拉卡南宫以及被列入世界文化遗产的维甘历史古城。在实地调研考察方面，实践团调研了菲律宾大学、奎松市政厅、菲律宾国有基地转换和发展管理局、亚开行、菲律宾国家经济发展署、菲律宾航空等多家部门机构，与菲律宾的教育机构、政府部门、经济组织以及多个行业领域的负责人举行了座谈。

【中国—新加坡青年学者论坛召开】
2017年7月16日，首届中国—新加坡前沿科技创新大会暨中国—新加坡青年学者论坛在重庆大学召开，近200名国内外青年学者在中新新型纳米材料及器件论坛等6个主题论坛中，交流了最新学术成果，围绕科技前沿话题进行了深入探讨。沙坪坝区相关部门正在和新加坡高校、科研机构等洽谈进一步合作，力争形成更多具有创造性、可行性的共识和举措，以整合双方优势，打造协同创新平台，使科技成果切实推动社会经济发展。

【马来西亚—中国青少年书法大赛举行】 2017年8月6日，由马来西亚书艺协会与北京师范大学启功书院联合举办的第一届"启功杯"马来西亚—中国青少年书法大赛决赛在吉隆坡市举行。本次比赛共有近300名年龄介于6岁到18岁的青少年参加,包括10名非华裔少年。由多位马来西亚资深书法家和启功书院教授团共同组成的评审团还评出了本次比赛最高奖——"坚净奖"。

【中国首位女航天员与泰国青少年交流】 2017年8月26日,中国首位女航天员刘洋受泰国政府邀请在曼谷市与泰国青少年分享自己上太空的经历,得到当地青少年的热烈回应。当天,刘洋出席了由泰国科技部在曼谷蒙通他尼会展中心举办的科技展。刘洋与泰国青少年以及太空爱好者分享了宇航员在空间站的工作和生活经历,以及要成为一名宇航员所需要的身体和心理训练。她还播放了宇航员们在太空无重力环境下吃巧克力、翻跟头、锻炼等视频,鼓励泰国青少年努力追求太空梦,并现场回答了一些太空爱好者的提问。

【中老国际青年文创交流活动举行】 2017年10月30日,由老挝驻昆明总领事馆主办的"一带一路"中老国际青年文创交流日暨2017—2018年老挝留学生开学庆典活动在云南省昆明市举行。900余名老挝在华留学生、老挝有关部门官员及云南部分企业代表参加活动。

【2017年中国广西与越南广宁省青少年友好交流合作活动举行】 2017年12月3—8日,以"传承友谊·筑梦丝路"为主题的2017年中国广西与越南广宁省青少年友好交流合作活动在广西举办。在为期6天的活动中,中国广西青少年代表与越南广宁派出的94名青少年代表进行了形式多样、内容丰富的联谊交流。本次活动由共青团中央广西区委主办,是继2016年举办中越青少年友好交流之后两国青少年的又一次成功牵手,是对2017年习近平总书记出访越南提出的"加强对两国地方特别是边境省区开展友好交流和互利合作的指导和支持,发挥好地方现有机制作用,加强经贸、旅游等务实合作"的积极响应。

【中国青年书画家作品展展出】 2018年1月27日,"丝路墨华——中国青年书画家作品展"在曼谷中国文化中心亮相,向泰国人民展现了中国水墨画的魅力。本次展览是为2018年泰国"欢乐春节"系列文化活动预热,旨在以中国传统绘画与书法为载体,展现新时代中国青年艺术家传承技艺的水平与创新思想,弘扬中国传统文化艺术的精髓和价值。本次展览由曼谷中国文化中心、泰国孔敬大学孔子学院联合主办。开幕式前,在文化中心举办的"中国画中的高风峻节"主题讲座吸引了众多来自艺术专业的师生及对中国书画深感兴趣的普通民众。

【第三届澜湄流域治理与发展青年创新设计大赛举行】 2018年1月30日,作为澜湄合作第二批项目之一,由中国、柬埔寨、泰国、老挝、缅甸、越南6国轮办的第三届澜沧江—湄公河流域治理与发展青年创新设计大赛在老挝国立大学落下帷幕。本届赛事持续4天,主题为"旅游等绿色产业的发展"。围绕这一主题,来自6国9所高校的60名选手提交了旅游合作、绿色农业、生态系统旅游、环保酒店、风筝形高架铁路系统等创意作品,最终评选出"最有价值问题""最有创意团队""最佳跨国团队""最佳孵化方案"等奖项。

【2018年海外华裔青少年"中国寻根之旅"民族舞蹈夏令营举行】 2018年7月11日,为期15天的2018年海外华裔青少年"中国寻根之旅"民族舞蹈夏令营在云南师范大学云南华文学院举办,来自越南、泰国的120名华裔青少年在云南学习中国民族舞蹈基础知识和技艺。此次夏令营活动分为5个板块:民族民间舞蹈和民族声乐学习、活动相关专题讲座、拓展训练和文化考察、观摩云南师范大学音乐舞蹈学院期末汇报表演、营员结业汇报表演。越南、泰国华裔青少年在云南期间,以学习中国民族舞蹈基础知识和技艺为主,兼习中华传统才艺、中国历史文化,并与中国同龄学生交流联谊。

【中国东盟青少年交流营文艺会演举行】 2018年7月18日,中国东盟青少年交流营文艺会演在马来西亚沙捞越州首府古晋拉开帷幕。近50名来自中国和马来西亚的夏令营营员及表演者献上了包括东南亚风情竹竿舞、诗朗诵、民谣在内的多姿多彩的表演。

【泰国青少年毒品预防教育代表团来华】 2018年9月25—29日,为进一步增进中泰青少年毒品预防教育交流与合作,以泰国肃毒办外事局国际合作与发展处处长乌拉李琦为团长的泰国青少年毒品预防教育代表团一行赴四川省开展访问交流。9月26日,中泰双方就毒品预防教育工作进行业务会谈。国家禁毒办向泰国代表团回顾了中泰双方近年来在青少年毒品预防教育领域交流合作历程,介绍了中国毒品预防教育工作情况、经验做法及取得的成效。四川省禁毒委副主任、禁毒办主任、公安厅党委副书记胡钢介绍了四川省的基本概况、当前毒情形势和禁毒工作情况。泰国代表团对中方的热情接待和交流表示由衷感谢,重点介绍了2018年泰国全国青少年毒品预防教育比赛项目情况,由项目获奖学生现场展示了参赛作品。双方还就进一步加强两国青少年毒品预防教育合作提出了意见建议,达成了共识。

【中国流动科技馆巡展走进柬埔寨】 2018年12月13日,中国科学技术馆与柬埔寨金边青年联合会联合举办的"'体验科学,启迪创新'——中国流动科技馆柬埔寨国际巡展"在金边市正式向公众亮相。开幕式上,中国科技馆的科技辅导老师表演了科普主题舞台剧《疯狂马戏团》,让柬埔寨民众在轻松的氛围中了解科学、感受科学,体验具有中国特色的科学教育。开幕式后,千余名与会嘉宾及当地学生、民众一同参观了展览。手蓄电池、坡道竞速、跳舞回形针等数十件互动展品涵盖了基础科学、信息技术、人体健康等多个学科领域,深受大家欢迎。3D打印机演示、机器人舞蹈秀、球幕电影等项目也吸引了众多参观者。

九 中国—东盟旅游交流

【中国—东盟旅游合作年在马尼拉开幕,广西搭建合作平台】 2017年3月16日,2017中国—东盟旅游合作年开幕式在菲律宾马尼拉市举行。中国国务院总理李克强和菲律宾总统杜特尔特分别向开幕式致贺词。2017年4月6日,广西旅发集团搭建起中国—东盟旅游合作平台,向东盟国家游客提供优质服务,加强旅游资源推介,将广西旅游品牌推向海外。广西规划馆、广西美术馆自开馆以来顺利承接了历届中国—东盟博览会的接待工作,"两馆"成为宣传广西形象的新窗口和了解广西与东盟发展的新平台。许多东盟国家将广西规划馆、广西美术馆作为活动实践基地,其中包括东盟各国市长代表团每年到广西规划馆进行城市规划培训学习、自治区公安厅和广西检察官学院的东盟培训班学员每年定期在广西规划馆开展培训实践活动、中国—老挝青年交流座谈会、2015中国—东盟职业教育联展暨论坛等。

【"中国媒体东盟行"记者团抵达印尼】 2017年7月3日,中国—东盟中心组织的"中国媒体东盟行"记者团结束在菲律宾的各项活动,抵达印度尼西亚首都雅加达市继续采访报道。记者团一行与雅加达旅游文化局千岛地区分局负责人尼恩、帕克·丹尼等会面,并在他们的陪同下实地考察了解当地旅游文化产业设施。

【第46届东盟旅游部门会议】 2017年7月25日,第46届东盟旅游部门会议在越南永福省举行。会议由泰国旅游与体育部副常秘阿南·旺奔杰拉特主持,东盟十国旅游部门和东盟秘书处代表出席。中国—东盟中心、日本—东盟中心、韩国—东盟中心、东盟旅游协会和东盟旅游研究协会等代表应邀参加,并分别介绍了各自与东盟国家开展旅游合作的情况,以及未来进一步开展旅游领域工作的相关计划。中国—东盟中心将积极落实中国—东盟领导人达成的共识,抓住新契机,为进一步深化中国—东盟旅游合作、促进地区经济社会可持续发展做出更大努力。

【中国—东盟博览会旅游展开幕】 2017年10月11日,为期3天的2017中国—东盟博览会旅游展在广西桂林市国际会展中心开幕。该届旅游展主题为"共创'一带一路'旅游合作新篇章",共设7大展馆,吸引了60多个国家和地区的参展商参展。该届旅游展以"共创'一带一路'旅游合作新篇章"为主题,展会总面积达2.5万平方米,共设"一带一路"主题展、国际旅游专业展、国内旅游专业展、广西旅游形象展、国际旅游商品展、旅游消费馆等七大展区。在此期间,还举行了旅游推介会、旅游专题论坛、专业洽谈、专业买家资源线路考察等活动。第十一届联合国世界旅游组织/亚太旅游协会旅游趋势与展望国际论坛、第七届中国桂林国际山水文化旅游节同期举办。

【中国—东盟生态旅游发展研讨会召开】 2017年11月23日,中国—东盟中心秘书长杨秀萍出席中国—东盟生态旅游发展研讨会开幕式并致辞。杨秀萍祝贺菲律宾成功举办了第31届东亚合作领导人系列会议,表示东盟和中国领导人充分肯定双方各领域合作取得的丰硕成果,为未来关系发展规划了蓝图。她表示,中国—东盟地缘相近、人文相亲,双方正携手努力,继续推动双边关系持续深入发展;发展生态旅游对推进可持续旅游具有重要意义,希望双方继续加强交流合作，不断完善法律法规和旅游设施建设，共同提升生态旅游意识，积极应对游客增长与环境保护之间的矛盾，推动实现生态旅游和相关产业的协调发展，造福双方民众。

【21世纪海上丝绸之路沿线邮轮旅游城市联盟成立】 2018年4月9日，博鳌亚洲论坛2018年会"中国—东盟省市长对话"举行，与会嘉宾签署《中国—东盟省市长对话共同倡议》，并同意成立21世纪海上丝绸之路沿线邮轮旅游城市联盟，以加强邮轮旅游合作。当天，来自中国、柬埔寨、菲律宾、新加坡、泰国等国的地方政府代表以及企业代表，围绕"21世纪海上丝绸之路沿线邮轮旅游合作"这一主题，就推动中国与"海丝"沿线有关国家和地区开展邮轮旅游产业全方位务实合作进行了广泛交流，重点就开展邮轮旅游合作、开辟邮轮航线、推动港口建设、发展邮轮建造、开放邮轮签证政策、开展邮轮旅游推广和成立21世纪海上丝绸之路沿线邮轮旅游城市联盟等进行了深入探讨。

【"云南百人团畅游老挝"活动启动】 2018年11月10日，"云南百人团畅游老挝"活动在昆明长水国际机场启动。当天10时，118名云南游客从昆明乘飞机前往万象，开启4晚5天的老挝之旅。此次活动以"2018老挝旅游年"为契机，旨在更好地展示和推介滇老丰富的旅游资源和产品搭建资源信息共享平台，激活两国旅游市场空间。

【第42次大湄公河次区域旅游工作组会议召开】 2018年12月4—5日，由越南文化旅游部旅游总局、亚洲开发银行驻越南代表处和湄公河旅游协调办公室联合举办的第42次大湄公河次区域旅游工作组会议在越南富国岛举行，来自大湄公河次区域国家旅游局、中华人民共和国驻越南大使馆、湄公河旅游协调办公室、亚洲开发银行驻越南代表处、中国—东盟中心、韩国—东盟中心等约70名代表出席会议。中国—东盟中心教育、文化旅游部主任孔如梦应邀出席，并与其他代表交换意见。

【中国江西旅游推介会在泰国举行】 2018年12月18日，中国—东盟中心和江西省政府在泰国曼谷市联合举办中国江西文化旅游（泰国）推介会，江西省及泰国两地的旅行社在会上签署了互送客源协议。在推介会上，江西省副省长吴忠琼向与会的泰中友好组织代表，以及泰国旅游、文化界人士介绍了江西的历史、陶瓷、宗教、书院及中医药文化，希望更多的人到江西考察访问、旅游观光和投资兴业。

【甘肃省加快文旅"南向通道"建设】 2018年12月20日，随着甘肃省加快推进文化旅游"南向通道"建设，丝绸之路旅游线路正在成为广大游客青睐的线路之一，甘肃入境游客与日俱增。2018年1—11月，甘肃接待入境旅游者累计达87428人次，同比增长32.86%；实现旅游外汇收入约2356.8万美元，同比增长41.3%。文化旅游"南向通道"建设，由甘肃、重庆、广西、贵州和涵盖东盟十国旅游企业的"东盟丝路新使者文化旅游联盟"共同发起，并在嘉峪关成立中新互联互通南向通道旅游推广联盟；此外，还推进《莫高窟对话吴哥窟》节目拍摄和播出，并在新加坡成立甘肃（东盟）旅游营销推广中心。

十　中国—东盟传媒交流

【2017 中国—东盟电影节开幕】 2017 年 12 月 3 日，2017 中国—东盟电影节在马来西亚行政首都普特拉贾亚市开幕，来自中国和东盟 10 国的数百位政府官员和电影界人士出席，包括《战狼 2》和《解救吾先生》在内的 7 部电影代表中国参加电影节展映。本次电影节有中国和东盟 10 国的共 29 部影片参展，电影节设有最佳影片、最佳导演、最佳男演员、最佳女演员和评委会特别奖 5 个奖项。

【中国—东盟电影交流合作论坛召开】 2017 年 12 月 3 日，中国—东盟电影交流合作论坛在新加坡吉隆坡市举办。论坛以"新形势、新合作、新目标"为主题。东盟电影行业近年来快速发展，产值不断扩大，马来西亚等国已成为热门的影视拍摄地。

【首届中国—东盟媒体合作论坛召开】 2018 年 5 月 11—13 日，由中国—东盟中心、中国外文局、江苏省人民政府新闻办公室主办的首届中国—东盟媒体合作论坛在江苏省无锡市召开。来自中国和东盟 10 国——文莱、柬埔寨、印度尼西亚、老挝、马来西亚、缅甸、菲律宾、新加坡、泰国、越南的主流媒体代表、专家学者、东盟国家驻华使节，以及企业界人士等中外嘉宾参加论坛。论坛以"创新新闻媒体合作　构建命运共同体"为主题，下设两个分议题："中国—东盟媒体发展趋势""构建中国—东盟命运共同体的媒体角色"。

十一　中国—东盟地方合作交流

【2017 年中国—东盟省市长对话举行】 2017 年 3 月 24 日，2017 年中国—东盟省市长对话在海南省博鳌县举行，对话主题为"深化人文往来，加强'一带一路'建设"。海南省省长刘赐贵、菲律宾巴拉望省省长阿尔瓦莱兹以及来自柬埔寨、老挝、马来西亚、缅甸、新加坡、越南相关省份及城市的代表，与天津市、四川省、贵州省、广州市、南宁市的领导出席对话活动。2015 年，海南省和中国人民对外友好协会创办中国—东盟省市长对话会，搭建中国和东盟国家之间地方政府对话合作的平台，助力中国—东盟命运共同体建设。东盟国家有关地方政府积极参会，为推动中国和东盟各国地方政府层面的对话交流发挥了不可替代的重要作用，填补了中国—东盟地方政府交流机制的空白，极大地丰富了中国—东盟地方政府和民间交流与合作的内涵和外延。

【中国—菲律宾市长对话会举行】 2017 年 4 月 19 日，由中国人民对外友好协会与菲律宾城市联盟共同主办、广东省人民对外友好协会承办的中国—菲律宾市长对话会在广州市举行。全国友好协会副会长户思社、外交部亚洲司副司长白天、菲律宾参议院外委会主席阿兰·卡亚塔诺，菲律宾城市联盟主席、塔贵格市市长蓝妮·卡亚塔诺出席并致辞。来自广州、杭州、厦门、南宁、海口、德州、佛山、江门等8个中方城市领导与菲律宾三宝颜市、穆尼奥斯市、马洛洛斯市、塔格毕拉兰市、洪溪礼士市等菲方6市市长出席对话会。对话会上，双方代表围绕"传承中菲传统友谊，加强地方务实合作"的主题，就"中菲地方旅游合作前景及对策"和"中菲城市治理经验交流与合作"两个分议题进行了发言讨论和互动交流。双方表示将加强人员往来，互学互鉴城市创新发展经验，为中菲地方政府合作注入活力，为中菲关系进一步发展添砖加瓦。

【海南省代表团访问菲律宾】
2017年7月，海南省委书记刘赐贵率代表团访问菲律宾，与菲巴拉望省省长阿尔瓦莱兹举行会晤，双方共同签署建立友好省关系协议书。刘赐贵与阿尔瓦莱兹签署建立友好省关系的协议书后，参加了海南省政府教育奖学金授牌仪式。海南省将在未来5年内，向巴拉望省师生提供50个政府全额奖学金，鼓励巴拉望师生赴海南交流学习。海南省还将派出汉语教师，为巴拉望省公务员举办短期汉语培训班。7月21日，刘赐贵出席中国（海南）·菲律宾项目签约仪式，双方共签署8个合作项目，包括海口市与菲律宾塔贡市签署建立友好城市关系意向书，海航集团与菲律宾航空等签署航空合作意向书，寻求合作开通中菲直航，双方还签署园区基础设施建设、椰子加工基地建设、渔业合作、农业科研推广和汽车整车出口贸易等5项经贸合作文件，签约总金额达2亿美元。

【首家"中国·福建文化海外驿站"落户马来西亚】
2017年8月23日，首家"中国·福建文化海外驿站"在马来西亚马六甲市揭牌。首家福建文化海外驿站由福建省文化厅与马来西亚惠胜集团共同建设，双方秉持"共商、共建、共享"的宗旨，经过半年多的磋商、筹划，明确了建站模式、建设内容、合作机制。文化驿站将通过文化交流、文化贸易、文化传播3种方式，充分发挥福建侨乡优势，统筹福建文化资源，传播中国声音，讲好福建故事，弘扬"海丝"精神，增进与"一带一路"沿线国家民心相通、文明互鉴。

【2017中新（重庆）信息通信合作推介会在新加坡举行】
2017年9月6日，由中新（重庆）战略性互联互通示范项目管理局、重庆市经济和信息化委员会、中国联通（新加坡）运营有限公司联合主办，以"互联互通 共赢发展"为主题的中新（重庆）信息通信合作推介会在新加坡中国文化中心成功举行。此次推介会旨在推动新加坡与重庆企业在信息通信领域深化合作，帮助新加坡企业发掘重庆市的商业机会，为两地企业提供专业的信息通信产品和解决方案。

【第八次中越五省市经济走廊合作会议签署多项协议】
2017年11月24日，第八次中国云南与越南河内—海防—老街—广宁五省市经济走廊合作会议在越南海防市闭幕。会议期间，双方签署了金融、旅游、物流等领域的6项合作协议。本次会议主题为"加强合作、共同发展"，总结了第七次会议后的工作成果，并就下一步双方在基础设施互联互通、贸易投资、旅游卫生、金融保险等重点领域的合作进行了深入探讨。与会代表还就加强昆明市至海防等地的铁路交通、跨境经济合作区建设、金融、电子商务、旅游以及部分商品贸易等合作事项举行了座谈。

【中国贵州·柬埔寨暹粒"友好省"签约仪式举行】 2018年6月23日，中国贵州·柬埔寨暹粒"友好省"签约仪式暨深化（旅游）合作交流会在暹粒举行。贵州省委副书记、省长孙志刚与暹粒省省长金邦颂出席，共同签署贵州省与暹粒省建立"友好省"关系协议书。暹粒省副省长索菲尔出席。中柬传统友谊历久弥坚，各领域合作持续深化，为两国发展地方友好关系提供良好机遇。贵州生态良好、资源丰富、区位便利，近年来交通基础设施不断完善，经济发展势头持续向好，旅游业实现"井喷式"增长。

（撰稿人：霍然）

中国—中东欧人文交流

一 中国—中东欧人文交流综述

【中国—中东欧关系】 中国与中东欧国家合作始于2012年。多年来，在中国与中东欧国家的共同努力下，双边合作由小到大、由浅入深，涉及领域广，极大推进了中国与中东欧16国的多边、双边合作，有效推动了中欧次区域合作和中欧关系发展，是推进"一带一路"建设的重要平台。

2016年11月5日，第五次中国—中东欧国家领导人会晤在拉脱维亚里加举行，李克强总理与中东欧16国领导人共同发表《中国—中东欧国家合作里加纲要》，其中20余项内容涉及人文交流领域，包括媒体、教育、文化、青年、地方合作等。

根据2016年中国和中东欧16国共同制定和发表《中国—中东欧国家合作里加纲要》，2017年是中国—中东欧国家媒体年。在此框架下，中国与中东欧16国加强媒体交流，组织中国和中东欧国家记者互访，鼓励中国和中东欧国家媒体在对方国家制作宣传片、纪录片等多媒体产品，顺利完成多部合拍纪录片和电影。

在媒体交流与合作之外，中国与16国致力于进一步加强双边、多边文化交流活动。2017年中国—中东欧国家合作秘书处继续邀请中东欧国家高级别官员代表团访华；在塞尔维亚举办第五届中国—中东欧国家教育政策对话和中国—中东欧国家高校联合会第四次会议；在中国召开第三届中国—中东欧国家文化合作部长论坛；在中国举办中国—中东欧国家文化季；在中国举办第二届中国—中东欧国家文化创意产业论坛；在中国举办第三届中国—中东欧国家舞蹈夏令营；中国与中东欧国家开展文学作品互译出版合作项目；中国与中东欧国家开展历史文化遗产保护与修复、联合考古、展览交流、人员培训等合作项目；在中国举办第四次中国—中东欧国家高级别智库研讨会；在塞尔维亚举行中国—中东欧国家文化遗产论坛；中国与中东欧国家通过分享旅游业经验、鼓励游客赴对方国家旅游、开发地区旅游产品等方式加强该领域跨国合作；中国和中东欧国家采取更多措施，促进人员往来便利化；在波黑萨拉热窝举办第三次中国—中东欧旅游合作高级别会议；加强青年交流和青年互访活动；在罗马尼亚举行第三届中国与中东欧青年政治家论坛；在中国举办第二届中国—中东欧国家文学论坛；双方互设文化中心；加强体育交流与新型合作；中方邀请中东欧国家青年出席"未来之桥"中国—中东欧青年研修交流营；在中东欧国家举办"欢乐春节"活动。在科技创新与合作领域，2017年在中东欧国家召开第二届中国—中东欧国家创新合作大会；支持设在斯洛伐克布拉迪斯拉发的中国—中东欧国家技术转移中心的发展；支持中国和中东欧国家环保部门在"16+1合作"框架下加强交流，探讨开展三方合作。地方合作方面，2017年在保加利亚举行中国—中东欧国家地方省州长联合会第三次工作会议；中国和中东欧国家首都市长开展交流与合作，在黑山首都波德戈里察举行第二届中国—中东欧国家"16+1"首都市长论坛；中国同中东欧国家开展地方合作，发展友好省市关系。

2017年11月27日，第六次中国—中东欧国家领导人会晤在匈牙利布达佩斯举行，会晤发表《中国—中东欧国家合作布达佩斯纲要》并确定2018年是中国—中东欧国家地方合作年。在此框架下，中国与中东欧国家继续支持17国首都和各省、区、市间建立友城关系，支持中国和中东欧国家地方团组互访，促进地方间的直接交流与合作。2018年在保加利亚举办第四次中国—中东欧国家地方领导人会议；举行第四届地方省州长联合会工作组会议；在塞尔维亚举行第三届中国—中东欧国家首都市长论坛；中国和中东欧国家地方政府和地方企业继续开展直接合作，积极出席对方举办的国际会议和博览会等活动。

人文交流领域，中国与中东欧国家加强媒体交流与合作，双方积极开展相互新闻报道、联合制作、节目交流和技术合作，参加彼此国家举办的广播影视和国际图书展会；中国—中东欧国家合作秘书处继续邀请中东欧国家高级别官员代表团访华；在匈牙利举办第二届中国—中东欧国家新闻发言人对话会；举办第六届中国—中东欧国家教育政策对话和中国—中东欧国家高校联合会第五次会议；在华举行第二届"16+1"艺术合作论坛、第二届中国—中东欧国家非物质文化遗产保护专家级论坛、首届"16+1"图书馆联盟馆长论坛、第二届"16+1"舞蹈冬令营、首届"16+1"爵士乐夏令营；在中东欧国家举办第四届"16+1"舞蹈夏令营；在北马其顿设立"16+1"文化合作协调中心；设立"16+1"出版联盟；举办第三届中国—中东欧国家文化创意产业论坛；各方在文化遗产保护和复原、考古发掘和研究、互设展览、专家培训及其他领域开展合作；在中国—中东欧国家政党对话会框架下继续举办中国与中东欧青年政治家论坛；在北马其顿举办第五次中国—中东欧国家高级别智库研讨会；继续举办"未来之桥"中国—中东欧青年研修交流营活动；采取措施促进旅游合作，包括定期交流、分享经验、联合开展旅游调研、相互组织营销活动、加强旅游企业交流联系、打造区域旅游产品等；在克罗地亚杜布罗夫尼克举办第四次中国—中东欧国家旅游合作高级别会议；中国—中东欧国家旅游协调中心在中国推广中东欧国家旅游品牌；各方加强体育领域合作，各级体育组织建立直接联系，开展交流。科技创新与合作方面，2018年在波黑萨拉热窝举行第三届中国—中东欧国家创新合作大会；中东欧国家同中国建立联合实验室，加强科研领域合作，支持中东欧国家同中国建立科技园，开展联合研究。

二 中国—中东欧教育交流

【首届欧洲汉语教学国际研讨会召开】 2017年2月11日，由罗兰大学孔子学院和欧洲汉语教学协会联合举办的首届欧洲汉语教学国际研讨会在罗兰大学孔子学院召开。中国驻匈牙利大使段洁龙、匈牙利人力资源部主管文化事务副国秘豪迈施泰因、罗兰大学副校长埃尔杜迪、罗兰大学人文学院院长博尔希、欧洲汉语教学协会主席白乐桑出席并致辞。开幕式后，各位专家学者就汉语教学学科建设、如何有效地为汉语初学者介绍汉字等议题展开了热烈研讨。

【中国高校代表团赴保加利亚参加国际教育展】 2017年3月17—19日，国际教育展在保加利亚首都索非亚市举行。中国高校代表团来保加利亚参加国际教育展，中国驻保加利亚使馆大使张海舟会见了代表团一行。展会期间，中国高校代表团接受了学生和家长的现场提问，并向他们介绍了代表团参与本次教育展的目的、中国高等教育的整体情况和发展方向，以及中国的"一带一路"发展规划给中东欧学生来华留学带来的新机遇。

【阿尔巴尼亚教育部副部长马拉伊率团访华】 2017年4月，阿尔巴尼亚教育部副部长马拉伊率团访华。在中国驻阿使馆、国家汉办支持下，应北京外国语大学邀请，阿尔巴尼亚教育部副部长马拉伊率领阿尔巴尼亚教育代表团赴华进行了为期1周的访问。访问期间，马拉伊与中国教育部就进一步推动中阿教育合作交换了意见。马拉伊一行访问了北京外国语大学，与阿尔巴尼亚语专业的师生进行座谈交流。马拉伊表示，中阿两国友好交往源远流长，阿方希望以北京外国语大学对口承办的地拉那大学孔子学院为纽带，开展更多教育交流项目。

【2017年北京教育说明会举行】 2017年5月24日，由北京市教委主办的2017年北京教育说明会在立陶宛首都维尔纽斯市举行，中国驻立陶宛使馆临时代办马涛涛、北京工商大学副校长方德英、维尔纽斯市政府教育文化处处长佩特库尼埃内、维尔纽斯大学孔子学院立方院长贝诺留斯等嘉宾出席开幕式并致辞，立陶宛华侨华人联合会会长王金炜，北京14所高校、2所中学的代表，立陶宛有关院校和学生代表等200余人参加了说明会。

【中国（宁波）—中东欧国家教育合作交流会举办】 2017年6月8—12日，第四届中国（宁波）—中东欧国家教育合作交流活动在宁波市启动。交流会是浙江省积极对接和融入国家"一带一路"战略，不断深化与中东欧国家全方位、多层次、宽领域教育交流与合作的重要举措。2018年6月，第五届中国（宁波）—中东欧国家教育合作交流会在宁波市举办。宁波市已连续举办五届中国（宁波）—中东欧国家教育合作交流会，宁波市院校与中东欧16国的90所院校建立了合作关系。在"一带一路"产教协同联盟下，成立了宁波—中东欧合作研究院、拉脱维亚研究中心等国别区域研究中心以及捷克语言文化中心等小语种中心。

【国务院副总理刘延东考察匈中双语学校】 2017年6月19日，国务院副总理刘延东在布达佩斯考察匈中双语学校。刘延东表示，在两国领导人的高度重视和亲切关怀下，匈中双语学校创办十多年来，实现了从小学到高中的十二年制双语教学"全贯通"，这在欧洲是独一无二的。学校培养了近千名学生，成为匈牙利青少年学习汉语、了解中华文化的重要平台，也成为中匈人文交流的亮丽品牌。同时，学校也是匈牙利乃至中东欧地区唯一一所同时采用所在国语言和汉语作为教学语言的十二年制公立学校。

【中国—中东欧国家教育政策对话会举办】 2017年9月21日，第五届中国—中东欧国家教育政策对话会在塞尔维亚诺维萨德市举行。塞尔维亚总理安娜·布尔纳比奇、中国教育部副部长杜占元在对话会开幕式上分别致辞。来自中国和中东欧16个国家教育机构的代表就拓展中国与中东欧国家教育交流进行了讨论。2018年5月28日，第六届中国—中东欧国家教育政策对话会在深圳市举办。教育部副部长田学军、广东省副省长黄宁生、深圳市副市长高自民以及中东欧国家教育主管部门的领导、驻华大使、中外高校代表约200人参加了会议。会议围绕创新创业教育、学生平衡流动、教育合作新领域新方向、务实合作新倡议等议题开展了对话交流，达成了新的共识。中国教育部宣布，自2019年正式启动"中国—中东欧国家教育能力建设项目"和"中国—中东欧国家高校联合教育项目"，得到与会国家的积极响应。

【中国—中东欧国家高校联合会第四次会议举办】 2017年9月22日，中国—中东欧国家高校联合会第四次会议在塞尔维亚诺维萨德大学召开。中国教育部副部长杜占元、塞尔维亚教育科学和技术发展部部长姆拉登·沙尔切维奇等领导出席开幕式并致辞。共有来自中国28所院校和机构的46名校领导及代表与来自中东欧16国的48所高校的90余名校领导及代表参加了会议，中国教育国际交流协会秘书长生建学主持了开幕式。2018年中国—中东欧国家高校联合会第五次会议在深圳举行。

【中匈就合作办学签署协议】 2017年10月30日，黑龙江省教育厅代表中国政府与匈牙利政府在匈牙利外交与对外经济部，签署关于支持黑龙江中医药大学在匈牙利办学的协议。协议的签署将促进两国大学间的交流合作，特别是在中医药领域的合作。同时，《中国—中东欧国家合作布达佩斯纲要》决定在匈牙利设立中东欧中医医疗、教育与研究中心，目前正由塞梅尔维斯大学负责筹建。两校经过近8年的合作，已建立起良好的教育模式，取得了喜人的办学效果。学院采用"4+1"教学方式，即前4年在匈牙利系统学习西医和中医药理论，最后1年到黑龙江中医药大学从事中医实践。2017年，学院有了第一届毕业生，他们已开始在匈牙利中医领域工作，以中医技术服务匈牙利人民。

【教育部部长陈宝生会见拉脱维亚驻华大使并签署协议】 2017年11月22日，教育部部长陈宝生会见拉脱维亚驻华大使玛瑞斯·赛尔嘉，并与其签署了《中华人民共和国政府和拉脱维亚共和国政府教育合作协议》。陈宝生指出，中拉两国教育合作已取得可喜成果；希望双方共同努力，认真落实好新协议，并以此为契机，开启两国教育交流新篇章。赛尔嘉表示，拉方愿与中方进一步深化双边教育交流，并在"中国—中东欧国家合作"框架下开展多边教育合作。

【华东理工大学锡比乌中欧国际商学院成立】 2018年4月10日，华东理工大学和罗马尼亚锡比乌卢西恩·布拉加大学签约，合作共建华东理工大学锡比乌中欧国际商学院。这是华东理工大学在海外设立的首个中外合作办学机构，也是首个中国与罗马尼亚共建的商学院。该商学院将服务中东欧国家中资企业，为当地培养现代商业人才。华东理工大学校长曲景平表示，要将中欧国际商学院建成中欧文化交流的桥梁，聚力构建"一带一路"教育共同体，增进理解，加强合作，谋求共同利益，勇担共同责任。

【商务印书馆联合匈牙利罗兰大学开发中东欧十六国汉语教材】 2018年8月23日，商务印书馆—罗兰大学中东欧十六国汉语教材合作框架协议签约仪式在2018年北京国际图书博览会上举行。双方合作内容主要包括：双方将合作开发面对中东欧十六国的汉语教材；共同开发数字产品，并进行此类产品的销售和营销；共同促进中国和海外学者之间的学术交流；定期就学术出版交流信息，交流的方式包括但不限于互访、编者培训会议或其他类似活动。

【复旦大学在匈牙利开办双学位项目】 2018年10月5日，复旦大学首个海外教学点——复旦大学经济学院匈牙利布达佩斯教学点正式启用。同时，该教学点的首个合作项目"复旦—考文纽斯硕士双学位项目"也正式开启。该项目将于2019年2月招收首届学生，采用全英文授课方式，共开设27门课程，由复旦大学经济学院、匈牙利国家银行和考文纽斯大学商学院联合三方师资力量合作授课。毕业生将被授予复旦大学金融硕士学位证书和布达佩斯考文纽斯大学MBA学位证书。

【中保校长论坛举办】 2018年10月24日，中国驻保加利亚大使馆临时代办颜建群参赞出席在索非亚大学举办的中保校长论坛并致辞，教育组负责人毛彦成陪同出席。论坛上，索非亚大学副校长、保加利亚科学院通讯院士维塔诺夫和副校长鲍瑞塔尔分别讲话。中国教育国际交流协会国际合作部主任傅博和上海外国语大学副校长冯庆华作了有关情况介绍，论坛由索非亚大学东方语言文化中心主任费道托夫主持。参加论坛的包括中国高校校长代表团，索非亚大学各院系主任、师生代表，中国留学生代表等。

【中国—克罗地亚高等教育论坛举办】 2018年10月30日，中国驻克罗地亚大使胡兆明应邀出席由中国教育国际交流协会主办的"中国—克罗地亚高等教育论坛"并在开幕式上致辞。中国地质大学副校长雷涯邻率领的中国教育国际交流协会代表团,克罗地亚科技与教育部国务秘书拉姆雅克、萨格勒布大学农学院院长格瑞格利克,以及中克数十所高校师生200余人参加。

【"阿尔巴尼亚学中国日"活动举办】 2018年10月31日,"阿尔巴尼亚学中国日"活动在阿科学院举办,由北京外国语大学阿语教研室编写的《阿汉汉阿精编词典》《阿尔巴尼亚历史与文化遗产概览》在活动上首发。

【中国学者获阿尔巴尼亚"国家贡献勋章"】 2018年11月2日,阿尔巴尼亚"国家贡献勋章"授勋仪式在地拉那大会堂举行。阿尔巴尼亚总理拉马为北京外国语大学阿尔巴尼亚语专业的教授柯静授勋。授勋仪式在为期1年的纪念民族英雄斯坎德培逝世550周年国际学术研讨活动闭幕之际举行。拉马在仪式上高度评价了柯静在阿尔巴尼亚和巴尔干研究方面所做突出贡献,对她在中国培养阿尔巴尼亚语人才的工作表示赞赏。

【中国计量大学与布拉格金融管理大学共建孔子学院】 2018年11月6日,孔子学院总部副总干事/国家汉办副主任马箭飞与布拉格金融管理大学董事会主席波沪斯拉娃·申基洛娃、校长宋明顺共同签署了设立布拉格金融管理大学孔子学院合作协议。布拉格金融管理大学孔子学院是在泽曼总统的亲自信支持下,于首都布拉格建立的首所孔子学院。"标准化+"将成为该孔子学院的最大特色。

【首届中国留学生波兰语演讲大赛举行】 2018年11月26日,首届中国留学生波兰语演讲大赛在波兰托伦市举行。大赛主题为"我与波兰",吸引了当地大批学生和托伦市民前来观看,成为展现中国留学生风采、展示中波语言文化交流成果的一个舞台。这次演讲比赛由中国驻波兰大使馆指导波兰学生学者联合会和波兰哥白尼大学联合举办,吸引了来自波兰十几个城市和大学的40多名选手报名参赛。众多在波兰学习的中国留学生齐聚一堂,彼此交流学习,成为波兰语爱好者的一次盛会。

三 中国—中东欧文化交流

【"欢乐春节"活动在中东欧国家举办】 2017年的"欢乐春节"在中东欧国家拉开帷幕。此次系列活动巧用非遗和民乐作为文化语汇与"一带一路"沿线国家开展交流,传承丝路精神,促进民心相通;立足重城,辐射周边,力促器乐、舞剧、话剧、武术、杂技等多门类演展精品走进中东欧国家。2018年的"欢乐春节"紧密结合新的时代条件和实践要求,以春节为契机,向世界推出具有民族特色和时代特征的"中国创造""中国创意"文化精品,推动"欢乐春节"项目品牌化、本土化、市场化发展,传递"共商、共建、共享""民心相通"与"人类命运共同体"的价值观。

第二编 双边与多边人文交流平台

【中国—中东欧国家舞蹈冬令营举办】 2017年1月13日，第一届中国—中东欧国家舞蹈冬令营在深圳市开营。该冬令营是2017"欢乐春节"活动的组成部分，也是"欢乐春节"多年以来在海外举办后，首次将国外艺术团队"请进来"，在国内举办。冬令营的近30位导师和学员分别来自中国和拉脱维亚。14天的冬令营由课堂教学、小组研习、环境教学、户外表演等形式构成，课程内容包括当代舞、中国汉唐古典舞、舞蹈媒体、接触即兴、环境与装置等。2018年1月18日，第二届中国—中东欧国家舞蹈冬令营在深圳市拉开帷幕。本届舞蹈冬令营一大亮点是以"生长"为主题，以舞蹈的形式表现出人与城市共生共长、相互融合的理念。冬令营的导师团队由8位来自不同艺术领域的艺术家组成。舞者共18名，其中8名来自马其顿、波兰、捷克和拉脱维亚，另外10名则来自中国北京、安徽等地区。

【2017年中国周系列活动举办】 2017年，中国驻爱沙尼亚使馆与爱沙尼亚维良、塔尔图等地市政府及当地教育发展基金、塔尔图大学等机构共同举办中国周活动。其间，中国驻爱沙尼亚大使曲喆向维良地高中捐赠了中英文图书，参观了当地知名企业；使馆外交官走进学校，向学生们介绍了中国高等教育发展情况和中国政府奖学金项目；塔尔图市政府与塔尔图大学共同承办的"经商在中国"企业家座谈会为当地中小企业介绍了中国投资政策、营商环境、市场特点，数十家企业派代表参加座谈；中国影片走进当地影院，使观众通过电影了解中国社会的历史变迁和普通人的生活百态；此外，还有旅爱华人举办的中国养生知识讲座、北京当代芭蕾舞团带来的两场精彩芭蕾舞表演等。

【"丝路新颜"摄影展亮相中东欧国家】 2017年"丝路新颜"摄影展在波黑、爱沙尼亚、保加利亚、斯洛伐克等多个中东欧国家展出。图片展向观众展示了新时期中国境内"丝绸之路"沿线地区的新风貌和人文精神，借此传递中国人民对共建"一带一路"的美好愿景，增进了当地民众对今日中国和"一带一路"国际合作倡议的了解。

【"丝路瑰宝展"开幕】 2017年1月20日，由中国文化部和国家文物局主办、中国文物交流中心和立陶宛艺术博物馆联合承办的"丝路瑰宝展"在维尔纽斯立陶宛应用艺术和设计博物馆隆重开幕。中国驻立陶宛大使魏瑞兴和立陶宛文化部部长丽安娜·鲁奥基特·约松出席开幕式并致辞。立陶宛艺术博物馆馆长布德里斯，德国、拉脱维亚等外国驻立大使，维尔纽斯大学孔子学院院长贝诺留斯等教职人员、立陶宛政府有关部门官员和各界人士及立陶宛华联会会长王金炜等华侨华人代表200多人出席了开幕式。

【"中国故事·中国西藏"主题图片展举办】 2017年2月28日，中国驻斯洛伐克使馆与诺维·扎姆基市政府在该市文化宫共同举办"中国文化日"暨"中国故事·中国西藏"主题图片展开幕式。通过"中国文化日"和"中国故事·中国西藏"主题图片展，当地人民对中国传统文化、当代国情和中国人积极健康的生活风貌有了更多认识，并表示希望能有更多机会进一步深入了解中国。2017年5月3日，由中国驻斯洛伐克使馆与斯洛伐克考门斯基大学孔子学院及考门斯基大学哲学院合作举办的"中国故事·中国西藏"主题图片展在考门斯基大学开幕。

【2017中国—中东欧国家文化季启动】 2017年4—12月，为落实《中国—中东欧国家合作里加纲要》，切实加强中国与中东欧国家的文化交流与合作，由中国文化部主办的"2017中国—中东欧国家文化季"在全国不同省市地区轮番展开。文化季涵盖音乐、舞蹈、戏剧、展览等领域，共推出60台剧目，展演300余场次。

【《习近平谈治国理政》匈牙利文版首发式举行】 2017年4月24日，《习近平谈治国理政》匈牙利文版首发式在匈牙利首都布达佩斯市举行。中共中央政治局委员、中央书记处书记、中宣部部长刘奇葆和匈牙利国会常务副主席玛特劳伊共同出席首发式并致辞。《习近平谈治国理政》匈牙利文版是该书的第19个外文版本，也是在中东欧国家出版的首个版本。

【中国—中东欧研究院成立】 2017年4月24日，中国—中东欧研究院成立暨揭牌仪式在匈牙利科学院隆重举行，这是中国首家在欧洲独立注册的智库。仪式后，举行了"中国和中东欧国家合作：共同面对未来挑战"智库研讨会。来自中国和中东欧各国的专家学者和智库人士，围绕中国和中东欧国家合作面临的共同问题和如何应对共同挑战，展开了深入讨论和交流。此次活动由中国社会科学院和"16+1"智库交流与合作网络主办。中国和中东欧16国智库代表、政府官员、企业和媒体代表100多人参加。

【中国藏文化交流团访问斯洛伐克】 2017年5月17—20日，中国藏文化交流团到访斯洛伐克，与斯洛伐克文化部国际合作总司长玛德洛娃、外交部政治总司长米希克举行会见，与斯洛伐克国民议会与议会欧洲事务委员会主席布拉哈、外委会副主席帕什卡等包括执政党和在野党在内的所有7个党派的议员代表进行座谈。交流团出席了由中国驻斯洛伐克使馆与斯洛伐克智库"分析、战略与选择学会"及"新话语俱乐部"联合举办的"中国西藏故事"专题研讨会，重点就中国藏文化的保护与传承，西藏地区经济、社会、民生、教育、环保等事业发展，中国的民族和宗教政策等进行了介绍，并就与会学者的提问和评论进行了有针对性的回应。

【"中国—中东欧国家文化遗产论坛"举行】 2017年5月22日，首届"中国—中东欧国家文化遗产论坛"在塞尔维亚首都贝尔格莱德市揭幕。中国国家文物局局长刘玉珠、塞尔维亚文化与媒体部部长弗拉丹·武科萨夫列维奇、中国驻塞尔维亚大使李满长以及中东欧地区国家代表共同出席论坛开幕仪式。2018年9月18日，第二届"中国—中东欧国家非物质文化遗产保护专家级论坛"在浙江省杭州市开幕。

【"立陶宛艺术：透过风景的思考"展揭幕】 2017年5月26日，由中国美术馆、立陶宛国家美术馆、立陶宛驻华大使馆联合主办的"立陶宛艺术：透过风景的思考"展览在中国美术馆开幕。中国文化部党组成员、副部长丁伟，中国文化部外联局副局长李健钢，中国美术馆馆长、中国美术家协会副主席吴为山，立陶宛文化部部长丽安娜·鲁奥基特·约松，立陶宛驻华大使伊娜·玛丘利奥尼婕，立陶宛国家画廊馆长洛丽塔·雅布隆斯基涅，以及多国驻华使节出席了开幕式。

【"楚汉神韵"湖北非物质文化遗产展开幕】 2017年5月26日，"楚汉神韵"湖北非物质文化遗产展在华沙国际展览中心隆重开幕。本次展览由湖北省委宣传部、湖北省文化厅、波兰艺术圈基金会共同主办，湖北省委宣传部副部长郭忠、波兰议会波中议员小组副主席苏斯基、中国驻波兰大使馆政务参赞林剑、波兰艺术圈基金会主席马耶夫斯基等出席并发表致辞，嘉宾们还一同见证了湖北省图书馆与波兰国家图书馆签署建立馆际交流合作的协议。

【第二届中国—中东欧国家文化创意产业论坛举办】 2017年5月30日，第二届中国—中东欧国家文化创意产业论坛暨第十一届国际服务贸易论坛在北京国家会议中心举办。文化部副部长丁伟、北京市副市长王宁等出席论坛并致辞。本届论坛以"行动起来：'16+1'文化产业合作新起点"为主题，来自中国与中东欧16个国家的近百名官员、文化界人士、文化企业代表围绕"创意产业让文化遗产活起来"和"京津冀与中东欧国家文化贸易创新合作"等话题展开交流，共商合作前景。论坛期间签署了《中国与中东欧国家文化贸易学术合作研究备忘录》，发布了《中国演艺市场发展蓝皮书》和《首都文化贸易发展报告（2008—2017）》。2018年6月13日，第三届中国—中东欧文化创意产业论坛在波兰开幕，论坛主题为"创新的复兴"。来自中国和中东欧国家的代表们从创意产业助城市复兴、设计领域的合作模式、中国和中东欧国家间文化的互补和交融等角度展开了讨论。

【全国政协文化交流团访问克罗地亚】 2017年6月7—9日，全国政协常委、中国书法家协会主席苏士澍率文化交流团访问克罗地亚，全国政协常委、九三学社中央常委、民族文化宫副主任王林旭，全国政协委员、中央美术学院院长范迪安和全国政协教科文卫委员会办公室主任孔梅等参团访问。代表团与克罗地亚科学艺术院院士们举行会谈，一致认为，中克两国虽相距遥远，但双方人文交流源远流长。两国文化既有各自突出的特性，也有很强的互补性。当前"一带一路"建设方兴未艾，文化交流合作应成为先行者，推动"一带一路"的"五通"，特别是民心相通。双方还就推进两国建交25周年及今后的文化艺术交流提出许多建议和具体设想。此外，代表团还参观了该院珍藏油画展。

【文化部外联局"一带一路"城际文化交流工作组访问匈牙利】 2017年6月24—27日，由文化部外联局副局长朱琦率领的"一带一路"城际文化交流工作组访问匈牙利。代表团在拜访塞切尼国家图书馆时，图书馆馆长特意请来匈牙利总理第一顾问、前文化部长苏驰参与会谈。双方就如何深入开展图书馆、博物馆等交流合作进行了探讨。代表团在匈牙利访问期间还参观考察了偌瑙依博物馆、文化中心备选地址等文化设施，并赴匈牙利文化名城、欧洲文化之都佩奇市，与佩奇市市长帕瓦诺尔特进行了工作会谈，就进一步加强佩奇市与中国地方省市之间的交流与合作进行了深入探讨。

【中国—中东欧国家舞蹈夏令营开营】 2017年7月16日，由文化部主办，文化部外联局与四川省文化厅、成都市文化广电新闻出版局共同承办的第三届中国—中东欧国家舞蹈夏令营在成都市举行开营仪式。该夏令营是列入《中国—中东欧国家2016—2017年文化合作索非亚宣言》《中国—中东欧国家合作里加纲要》等文件的重要人文交流活动。2018年8月1日，第四届中国—中东欧舞蹈夏令营在匈牙利开营。夏令营旨在促进中国与中东欧国家在现当代舞蹈人才培养与合作编创领域开展务实合作，增强中国舞者对中东欧地区现当代舞发展的了解，同时帮助中东欧舞者了解中国传统文化、民族民间舞蹈，推动双方新生代舞者在相互认知和融合碰撞中切磋启发、共同学习。

【"刘松龄与丝绸之路"历史文献展开幕】 2017年7月18日，"刘松龄与丝绸之路"历史文献展开幕式在斯洛文尼亚国家档案馆举行，斯洛文尼亚国民议会议长布尔格莱兹、中国驻斯洛文尼亚大使叶皓等出席。展览为期3个月，由旅居斯洛文尼亚华裔画家王慧琴考究史料、采集信息、挖掘题材策划而成。它通过从斯洛文尼亚国家档案馆、中国故宫博物院以及其他国际组织机构采集的图文及实物史料，展现了由清乾隆皇帝任命的斯洛文尼亚籍洋钦天监监正刘松龄在中国供职28年的故事。

【云南文化艺术团赴匈牙利开展文化交流】 2017年9月，云南文化艺术团赴匈牙利开展文化交流，进一步落实此前云南省政府代表团访问匈牙利的工作成果，开展与匈牙利的人文交流合作，同时，广泛宣传云南独特区位、资源和开放优势，促进与"一带一路"沿线国家和地区的文明交流互鉴。此次文化交流活动中，《云南映像》作为中国驻匈牙利大使馆国庆招待会的重头戏在布达佩斯市上演。

【中国—斯洛伐克丝绸之路艺术联展开幕】 2017年9月4日，由中国驻斯洛伐克使馆、中国国韵文华书画院和斯洛伐克自由美术家协会共同举办的2017中国—斯洛伐克丝绸之路艺术联展在斯洛伐克国家广播电台开幕。70余幅两国艺术家的绘画、雕塑作品交相辉映，吸引了众多来宾驻足观看。斯洛伐克最高法院副院长乌尔班佐娃、总理顾问穆兰斯基等政、商、文、教和艺术界人士，各国驻斯使节及旅斯华侨华人代表等300余人出席了活动。

【第三届中国—中东欧国家文化合作部长论坛举行】 2017年9月22日，第三届中国—中东欧国家文化合作部长论坛在浙江省杭州市举行。中国与阿尔巴尼亚、波黑、保加利亚、克罗地亚、捷克、爱沙尼亚、匈牙利、拉脱维亚、立陶宛、马其顿、黑山、波兰、罗马尼亚、塞尔维亚、斯洛伐克、斯洛文尼亚17国政府文化代表团出席论坛。论坛与会各国代表团一致通过了《中国—中东欧国家文化合作杭州宣言》《中国—中东欧国家2018—2019年文化合作计划》，并共同签署《中华人民共和国文化部和中东欧国家文化主管部门关于在马其顿共和国设立中国—中东欧国家文化合作协调中心的谅解备忘录》。

【《习近平谈治国理政》阿尔巴尼亚文版举行首发式】 2017年9月22日，由中国国务院新闻办公室、中国外文局、中国驻阿尔巴尼亚大使馆主办的《习近平谈治国理政》阿尔巴尼亚文版首发式在阿尔巴尼亚首都地拉那市举行。阿尔巴尼亚总统伊利尔·梅塔、副总理梅西、文化部长库姆巴罗等政要出席发书仪式并为新书揭幕，两国政界、工商界、文化界、新闻出版等各界200多人出席了首发式。

【"中国—中东欧图书馆联盟"项目启动】 2017年9月22日，"中国—中东欧图书馆联盟"项目举行发布仪式。2018年10月20日，中国—中东欧国家图书馆联盟在杭州市成立。首届中国—中东欧国家图书馆联盟馆长论坛在杭州市图书馆举行。论坛通过了《中国—中东欧国家图书馆联盟成立宣言》和《中国—中东欧国家图书馆联盟2019—2020年行动计划》，这标志着中国—中东欧国家图书馆联盟正式成立。文化和旅游部向杭州市图书馆授予"中国—中东欧国家图书馆联盟秘书处"牌匾。"中国—中东欧图书馆联盟"项目已得到波兰、马其顿、立陶宛、黑山、爱沙尼亚、匈牙利、塞尔维亚、拉脱维亚、克罗地亚、保加利亚等10个国家36家图书馆的积极响应。

【"茜茜公主与匈牙利——17—19世纪的匈牙利贵族生活"开幕】 2017年9月27日，"茜茜公主与匈牙利——17—19世纪的匈牙利贵族生活"在故宫博物院神武门展厅隆重开幕，这是具有传奇色彩的匈牙利文物首次在故宫博物院展出。本次展览分5个视角回望那个时代，共向观众呈现了149件（套）珍贵文物，均来自匈牙利国家博物馆。匈牙利国家博物馆是匈牙利最早建立的、藏品最丰富的博物馆。

【中国—中东欧国家智库网络会议召开】 2017年11月20日，由中国社会科学院和匈牙利外交与对外经济部联合主办的中国—中东欧国家智库网络会议——"'16+1合作'五年成就"国际学术研讨会在匈牙利首都布达佩斯市举行，来自中国和中东欧国家的智库、媒体、官方代表近百人，就中国和中东欧国家的投资合作、地方合作、基础设施建设合作、文化交流等问题进行了探讨。与会嘉宾普遍认为，"16+1合作"与"一带一路"倡议的很多方面互相交融，能够助力"一带一路"倡议的发展。

【索非亚中国文化中心揭牌】 2017年11月23日，索非亚中国文化中心揭牌仪式在保加利亚首都索非亚市举行。中国文化部副部长张旭、中国驻保加利亚大使张海舟、保加利亚文化部部长巴诺夫、索非亚市市长凡德科娃，宁波市委常委、宣传部长万亚伟，保加利亚议会代表、国家艺术机构负责人、在保中资企业、华人华侨、留学生代表和主流媒体记者等100余人出席。2018年5月9日，中心举办《你眼中的我》摄影作品展，展出100幅中国和保加利亚的风光摄影作品，分别以中、保两国摄影师看对方与自身的视角，进行思想的对话，借用摄影的艺术语言阐释中国与保加利亚的文化底蕴。

【中国—中东欧国家旅游合作高级别会议召开】 2017年11月24日，第三届中国—中东欧国家旅游合作高级别会议在波黑首都萨拉热窝召开。中东欧各国代表认为，中东欧地区在中方提出的"一带一路"合作计划中占据突出的区位优势，与中国的旅游合作极大地提振了中东欧地区经济的发展。2018年9月19日，第四次中国—中东欧国家旅游合作高级别会议在克罗地亚杜布罗夫尼克召开。

【《中国——风景摄影》图片展开幕】 2017年12月8日，由黑山大学孔子学院和黑山现代艺术中心联合举办的《中国——风景摄影》图片展在该中心开幕。展览共集合了黑山摄影家、黑山大学经济学院副院长萨沙·波波维奇赴中国拍摄的17幅摄影作品，通过他的镜头，向黑山观众们展示了中国广西壮族自治区，特别是桂林山清水秀的独特自然风光和人文景观。中国驻黑山大使崔志伟以及来自黑山大学孔子学院、黑山各界中黑友好人士，摄影、艺术界专业人士出席了开幕式。

【中国—中东欧国家高级别智库研讨会召开】 2017年12月18日，第四次中国—中东欧国家高级别智库研讨会在北京举行。研讨会以"中国—中东欧国家合作：未来五年展望"为主题。与会者围绕"16+1合作"如何助力"一带一路"建设、未来五年如何推动"16+1合作"行稳致远、"16+1合作"如何推动中欧更加紧密合作等议题进行了探讨。2018年10月30—31日，第五次中国—中东欧国家高级别智库研讨会在北马其顿首都斯科普里市举行。第五届中国—中东欧国家高级别智库研讨会是落实2018年7月发布的《中国—中东欧国家合作索非亚纲要》重要行动之一，是推动中国与中东欧国家人文交流的重要举措。

【党的十九大报告单行本（波英双语版）推介会举行】 2018年2月12日，驻波兰大使徐坚应邀出席由波兰名人录出版社举办的党的十九大报告单行本（波英双语版）发行推介会并致辞。波兰社会党执委会主席尼谢尔斯基等约60人出席推介会，来宾积极评价党的十九大提出的新思想、新理念，钦佩党的十八大以来中国取得的各项发展成果，并高度肯定了建设人类命运共同体的深远意义。

【中国—中东欧国家文化合作协调中心揭幕】 2018年3月2日，中国—中东欧国家文化合作协调中心揭幕仪式在北马其顿首都斯科普里国家图书馆举行。该中心是根据2017年9月在杭州召开的中国—中东欧国家文化合作部长论坛期间签署的有关备忘录设立的，是中国与中东欧国家开展文化合作的重要平台。中心的主要职能和重点活动包括在中国与中东欧各国间搭建及时快捷的联系网络和沟通渠道、根据需要组织召开专家会议、鼓励知识和经验的交流共享等。

【"点亮中国红"活动举行】 2018年3月3日，由匈牙利外交与对外经济部旅游合作司与中国驻布达佩斯旅游办事处共同举办的"点亮中国红"活动在布达佩斯市举办。中匈双方代表共同剪彩启动"点亮中国红"活动。活动期间，中匈双方嘉宾为中国舞狮点睛，并观看中国旅游图片展、古筝以及书法等文艺表演。本次活动是2018中欧旅游年框架内活动之一。活动还将在匈牙利国家艺术宫和匈牙利托卡伊等地继续举办。

【"匈牙利艺术研究院作品展"开幕】 2018年5月15日，由中国艺术研究院、匈牙利艺术研究院和今日美术馆共同主办的"灵之所在，魂之所系——匈牙利艺术研究院作品展"在今日美术馆3号馆开幕。众多不同艺术媒介的作品展示了当代匈牙利人的真实风貌，并清晰展现了以艺术形式凝聚的并超越艺术的目标，也见证了对传统的重新诠释，架起了东西方交流的桥梁。

【中国科学院院长白春礼访问保加利亚】 2018年5月20—22日，应保加利亚科学院邀请，中国科学院院长白春礼率团访问保加利亚。白春礼受到保加利亚科学院院长朱利安·雷瓦尔斯基的热情接待，双方就加强科学家的交流和项目合作等主题进行了深入探讨和交流，并就续签合作协议达成共识。白春礼还在保方陪同下访问了保加利亚科学院下属的物理与化学研究所、考古研究所等机构。

【西藏历史语言文化座谈会举行】 2018年5月28日，西藏历史语言文化座谈会在拉脱维亚举行，来自中国藏研中心的藏学家交流团为与会人员全面介绍了西藏的历史、文化、宗教等情况。拉脱维亚议员、政府官员、学者、媒体、青年学生等各界代表30余人出席。研讨会现场气氛热烈，互动频繁。藏学交流团就议员、媒体等关注的西藏语言文化的保护、政府与宗教的关系等问题进行了重点解读。与会人员表示，此次活动为拉脱维亚社会各界深入了解西藏提供了良好机会，期待今后有更多的交流机会。

【中东欧作曲家访华采风】 2018年5月30日，来自中东欧16国的27位作曲家自上海入境，在为期3周时间先后赴长三角地区和内蒙古自治区进行采风，来自中东欧16国的27位作曲家欣赏了昆曲、越剧、婺剧、川剧等4个剧种；聆听了江南传统音乐、扬州清曲、苏州评弹、玄妙观道教音乐、白茆山歌、漫瀚调民歌、古如歌、鄂尔多斯民歌、蒙古族长调等十几场演出；参观了扬州金韵乐器工坊古筝与古琴制作过程、苏州民族乐器一厂江南丝竹乐器制作过程、呼和浩特苏和的白马乐器工坊马头琴制作过程；与上海音乐学院作曲系师生、浙江音乐学院作曲系师生、内蒙古艺术学院作曲系师生以及上海昆剧院、苏州昆剧院、苏州评弹学校、浙江小百花越剧团的演员和中国音乐学院紫禁城室内乐团民乐演奏家们进行了交流讨论与互动。

【"致敬邬达克·'一带一路'畅想"画展开幕】 2018年5月31日，为纪念中国上海市与斯洛伐克布拉迪斯拉发州结好15周年，并纪念20世纪斯洛伐克著名建筑设计师邬达克抵沪100周年，由上海邬达克文化发展中心、《人民日报》"一带一路"文化中心、斯洛伐克布拉迪斯拉发州政府、布拉迪斯拉发市老城区政府、斯洛伐克建筑师协会联合主办，中国驻斯洛伐克使馆、上海市政府外事办公室、上海市对外文化交流协会支持的"致敬邱达克·'一带一路'畅想"中国上海美术家画作展在布拉迪斯拉发市开幕。由陈家泠等6位中国优秀艺术家创作的约60幅画作吸引了斯洛伐克政、商、文、教、艺术界人士和旅斯华侨华人、留学生代表等百余人出席。

【中国主题图书编辑部揭牌】 2018年6月4日，山东教育出版社与罗马尼亚欧洲思想出版社共设的中国主题图书编辑部揭牌仪式在罗马尼亚文化院举行。此项目属山东出版集团主办、山东出版传媒股份承办的"'一带一路'版贸会走进中东欧"系列活动之一。中国驻罗马尼亚使馆文化参赞赵立，中国作协副主席、著名作家张炜，山东省新闻出版广电局副局长谢宁、罗马尼亚文化与民族特性部书面文化与当代创作司司长埃列娜·科尔内亚努、罗马尼亚作家协会翻译委员会主任彼得·斯拉格、罗马尼亚文化院副主席米雷尔·塔洛什，汉学家鲁博安、白罗米，罗马尼亚欧洲思想出版社社长安德烈·伯特劳格等出席了活动。

【第二届中国—中东欧国家艺术合作论坛举行】 2018年6月11日，由中华人民共和国文化和旅游部、四川省人民政府主办，成都市人民政府、四川省文化厅共同承办的第二届中国—中东欧国家艺术合作论坛在成都拉开帷幕。本届论坛以"当代艺术的实践与探寻——传统的当代价值"为主题，旨在通过举办艺术论坛、成果展览、专场演出等活动，深化中国与中东欧16国在艺术领域的交流，增进与"一带一路"沿线国家的民心相通，为中国与中东欧各国合作的可持续发展培养扎实的民众基础。论坛共邀请来自中国及16个中东欧国家的艺术家、艺术机构负责人、部分国家文化主管部门代表以及驻华使节等近300名中外嘉宾出席，共同讨论中东欧国家合作框架下的艺术合作领域发展。

【第二届"中国—中东欧国家艺术合作论坛"举办】 2018年6月11日，第二届"中国—中东欧国家艺术合作论坛"在成都市启幕。中国及中东欧16国的各位代表、专家学者及各个艺术门类的艺术家们，依照音乐、舞蹈、戏剧、儿童剧、美术五个艺术门类进行分组，以"当代艺术的实践与探寻——传统的当代价值"为主题展开了交流。

【"2018感知中国——中国西部文化"系列活动举行】 2018年6月21日，由中国国务院新闻办公室和驻捷克使馆联合主办的"2018感知中国——中国西部文化捷克行"系列活动开幕式暨"魅力丝路"文艺演出在布拉格会议中心隆重举行。捷克众议院副议长菲利普、前总理帕鲁贝克、前副总理兼工贸部长格雷格尔，中国国家新闻办公室人权事务局局长鲁广锦、驻捷克使馆临时代办陈建军，捷克政要、各界友好人士近千人观看演出。"2018感知中国·中国西部文化匈牙利行"系列活动开幕式暨"魅力丝路"歌舞演出于6月23日在布达佩斯拉姆斗兽场剧场隆重举行，当地政要及各界人士600余人出席。

【中国—中东欧当代艺术展与中国创意文化用品展开幕】 2018年7月2日，由索非亚中国文化中心主办的"异同&共生"——中国中东欧当代艺术展与中国创意文化用品展在索非亚中国文化中心拉开帷幕,为参会的各方嘉宾提供了一个了解中国与中东欧当代艺术的窗口。艺术展汇集油画、纸上水墨、版画、铅笔画、水彩、摄影、影像、陶瓷、装置、雕塑、多媒体等艺术门类,共展出来自中国—中东欧17个国家27位艺术家的百余件作品,这些作品来自各种艺术门类、各年龄阶段艺术家,在其所在的领域都具有相当的成就。这些不同门类的艺术作品表达了多元化艺术的共存共荣,也为不同文化之间的相互借鉴创造了良好的机会。

【"长江边的非遗故事——中国湖北非物质文化遗产展演"开幕】 2018年7月2日,由中共湖北省委宣传部、湖北省文化厅主办,中国驻捷克使馆支持的"长江边的非遗故事——中国湖北非物质文化遗产展演"在捷克科林西亚会议中心开幕。中共湖北省委常委、宣传部部长王艳玲,中国驻捷克共和国大使馆文化参赞吴光及百余名捷克嘉宾出席活动。

【中国—中东欧国家合作成果图片展开幕】 2018年7月3日,在第七次中国—中东欧国家领导人会晤即将于保加利亚首都索非亚市举办之际,由中国驻斯洛伐克使馆主办的中国—中东欧国家合作成果图片展在布拉迪斯拉发开幕。斯洛伐克国民议会斯中友好小组主席孔德罗特、欧盟事务委员会副主席克卢斯等政、商、文、教各界友人及各国驻斯使节、华侨华人、中资机构、留学生代表等60余人出席了开幕式。中国驻斯洛伐克大使林琳在开幕式上致辞。

【第24届沃鲁民俗艺术节"中国民俗专场"举办】 2018年7月8日,第24届沃鲁民俗艺术节"中国民俗专场"活动在爱沙尼亚沃鲁省省会沃鲁市举行,中国文化和旅游部派出的云南金小凤艺术团20多名成员表演了多姿多彩的云南少数民族歌舞节目,让爱沙尼亚民众近距离欣赏了中国云南少数民族的音乐、舞蹈、服装,演出受到现场观众的热烈欢迎。活动主办方还安排了中国民俗文化知识趣味竞猜以及中国美食品尝活动,增加了爱沙尼亚民众对中国的认识与了解,并切身感受中国的民俗文化和饮食文化。

【首届中国—中东欧国家爵士乐夏令营开营】 2018年7月6—19日,首届中国—中东欧国家爵士乐夏令营暨中国—中东欧国家爵士音乐家演出活动在吉林长春举办。本次夏令营是首个中国与中东欧国家在爵士音乐教育领域的大规模合作项目,为参营学员以及关注夏令营的社会群体展示了新颖、多样的音乐教育和实践方法,展现了中东欧国家独具特色的爵士音乐文化和教育理念,促进了参营师生深度的文化交流和探索,也为中国与中东欧国家爵士音乐界的进一步合作提供了新的契机。

【"匈牙利当代艺术展"举办】 2018年8月2日,作为陕西省重点对外文化交流项目,由陕西省文化厅、匈牙利驻华大使馆和北京匈牙利文化中心共同主办,陕西省对外文化交流促进会承办的"匈牙利当代艺术展"在西安市丝绸之路现代艺术中心青年美术馆开幕。本次展览共展出54件画作和23件雕塑作品,充分展示了匈牙利当代艺术成就，凸显了该国当代艺术的发展趋势，彰显了维克托·瓦萨雷里、鲍娄格·拉斯洛、赞博·伊什特万等匈牙利优秀青年艺术家的实力。

【中国明万历年间皇家金器民间珍藏精品展开展】 2018年8月16日，中国"明万历年间皇家金器——东波斋珍藏展"在斯洛文尼亚国家博物馆开幕，展出中国民间西安曲江艺术博物馆馆藏的明朝万历年间制作的79组145件皇室金器精品。中国驻斯洛文尼亚大使叶皓、斯洛文尼亚文化部部长佩尔沙克、斯洛文尼亚国家博物馆馆长、中国西安曲江艺术博物馆馆长，以及斯洛文尼亚文化界人士、旅居斯洛文尼亚的华人等近200人出席了开幕式，并参观了展览。

【交流、互鉴、共赢——中国—中东欧国家出版联盟成立】 2018年8月23日，中国—中东欧国家出版联盟（"16+1"出版联盟）启动仪式在北京外研社举行。此次联盟启动仪式以"交流、互鉴、共赢"为主题。"16+1"出版联盟是面向中国—中东欧国家出版合作的非营利性行业联合组织。出版联盟以推动"16+1"出版合作、促进中国和中东欧国家出版文化双向交流为宗旨，立足出版，发挥成员单位资源优势，为中国和中东欧国家出版机构建立互学互鉴、互利共赢的可持续性沟通机制和合作平台。联盟将在加强信息沟通、推动版权贸易、拓展营销渠道、构建人才队伍等方面发挥积极作用，增进各方人文交流和民心相通，为促进世界文化多样繁荣贡献积极力量。

【"湖湘风华·盛放捷克——湖南非物质文化遗产交流周"活动举行】 2018年9月17日，由湖南省委、省政府、省旅发委主办的"湖湘风华·盛放捷克——湖南非物质文化遗产交流周""锦绣潇湘——走进捷克"湖南旅游推介会活动在捷克首都布拉格市举行。捷克众议院副主席菲利普、湖南省委副书记乌兰、中国驻捷克大使张建敏、文化参赞吴光及捷克各界人士500余人出席了活动。"湖湘风华·盛放捷克——湖南非物质文化遗产交流周"活动推出的湖南湘绣、桃源绣、苗绣、陶瓷、棕编、剪纸、银饰、年画和茶艺表演吸引了当地民众踊跃参与。

【天一阁论坛·第二届中国—中东欧国家文学论坛开幕】 2018年9月17日，天一阁论坛·第二届中国—中东欧国家文学论坛由中国作家协会和宁波市人民政府主办，中国作家协会对外联络部、宁波市文化广电新闻出版局、宁波市对外文化交流协会承办，天一阁博物馆执行承办，旨在通过文学交流架起新时代中国—中东欧国家民心相通的金桥。本次论坛的主要议题是"传统文化与文学创作"，来自中东欧16个国家的25位著名作家，以及近20位国内知名作家和宁波本土作家共同探讨各国文学发展近况。

【吉狄马加获"塔德乌什·米钦斯基表现主义凤凰奖"】 2018年9月18日，"塔德乌什·米钦斯基表现主义凤凰奖"评委会在北京外国语大学为本年度获奖者吉狄马加举行颁奖仪式，这是该奖项第一次颁发给波兰本土之外的诗人。出席颁奖仪式的嘉宾有波兰"塔德乌什·米钦斯基表现主义凤凰奖"评委会的代表罗伯特·詹内蒂、索娜·范、大流士·莱比奥达、安娜·齐布尔斯卡,波兰外交部公共外交司副司长马莱克·什切帕诺夫斯基、波兰驻华大使夫人伊莎贝拉·扎雍奇科夫斯卡、波兰驻华使馆文化参赞蔡梦灵,中国著名作家余华、格非、李洱,中国著名诗人翻译家赵振江、易丽君、欧阳江河等。

【"艺术与和平——中国当代美术作品展"举办】 2018年9月27日,39件中国优秀当代绘画及雕塑作品亮相。捷克众议院副议长菲利普、中国驻捷克大使张建敏、中国美术家协会副秘书长陶勤出席活动并致辞,中国驻捷克使馆文化参赞吴光陪同出席活动。捷克民俗协会主席普塞涅卡、布拉格美术家协会主席波利奇科娃、捷华协会主席乌金、欧洲艺术家协会主席瓦塞切克等捷克文化界近200位嘉宾出席开幕式。

【中国作家协会副主席吉狄马加访问捷克】 2018年10月5—8日,应布拉格作家节组委会邀请,中国作家协会副主席吉狄马加到访捷克出席布拉格作家节相关活动,其间还与中国驻捷克大使张建敏进行了工作交流。10月6日,主题读诗交流活动在捷克参议院举行,吉狄马加与在场百余位读者分享了创作感悟。10月7日,吉狄马加与来自伊朗、印度、瑞典等国的作家共同就本届作家节主题进行了深入探讨。

【中匈人文交流主题论坛举办】 2018年10月15日,欧美同学会在匈牙利首都布达佩斯市举办了中匈人文交流主题论坛,主题为"以文化艺术为纽带推动人类命运共同体发展"。中匈两国政府官员、专家学者、媒体人士和留学生近百人出席了论坛。全国人大常委会副委员长、欧美同学会会长陈竺在论坛上致辞说,中华文化兼收并蓄,匈牙利文化海纳百川;中匈文明之间能够相互尊重、互学互鉴,表明人类可以拥有绚丽多彩的世界,不同文明可以在多样化世界中和平共处,让世界各国人民享受更富有内涵的精神生活、开创更有选择的美好未来,推动人类汇聚智慧和携手应对共同面临的各种挑战,实现各国共同发展、共享繁荣。

【第二届宁波国际(中东欧)玻璃艺术展开幕】 2018年10月18—20日,第二届宁波国际(中东欧)玻璃艺术展暨浙江绿波琉璃博物馆开馆仪式在浙江省慈溪市举行。本次展会汇聚了80余件玻璃艺术品。在这片梦幻的玻璃世界里,中外艺术家以玻璃为媒,开展文化艺术领域的交流,为产业合作营造了良好氛围。

【"一战:全球历史及文化影响"的国际学术研讨会召开】 2018年11月11日,在第一次世界大战结束百年之际,题为"一战:全球历史及文化影响"的国际学术研讨会在波黑萨拉热窝大学举行,30余名来自中国和波黑的学者与会。研讨会由中国首都师范大学与萨拉热窝大学合作举办。来自中国社会科学院、北京大学等院校的10名中国学者与6名波黑学者提交了16篇论文,从政治、经济、社会、军事及文化等角度,深入探讨了一战起因及其历史影响,主题涉及中国在一战中的外交策略、一战中的波黑战俘问题以及中国学界关于一战研究的现状等。

【第二届国际"丝绸之路"会议召开】 2018年11月15—16日，由世界旅游协会、保加利亚旅游部共同举办的第二届国际"丝绸之路"会议在保加利亚首都索非亚市召开，来自美国、意大利、伊朗、柬埔寨、土耳其、希腊、阿联酋等国的相关机构出席了本次会议。

【北京塞尔维亚文化中心暨主题艺术展开幕】 2018年12月3日，北京塞尔维亚文化中心在北京成立，文化中心以塞尔维亚诺贝尔文学奖获得者伊沃·安德里奇的名字命名。塞尔维亚文化和传媒部部长弗拉丹·武科萨夫列维奇为文化中心揭幕，中国文化和旅游部部长雒树刚作为特邀嘉宾出席了开幕式并致辞。伴随文化中心的开幕，名为"旅途：当代塞尔维亚艺术之旅"的主题艺术展也拉开了帷幕。

【中国学者荣获波兰文化杰出贡献奖章】 2018年12月4日，波兰驻华大使馆举行仪式，向北京外国语大学欧洲语言文化学院院长赵刚颁发波兰文化杰出贡献奖章。波兰文化杰出贡献奖章由波兰文化与民族遗产部部长颁发，旨在表彰在艺术、文化以及民族遗产保护等领域做出杰出贡献的个人或组织。波兰驻华大使赛熙军在致辞中充分肯定了赵刚在波兰文学研究、波兰文学翻译、波兰语教育以及推广波兰文化方面所做出的突出贡献，感谢赵刚一直以来为拉近中波两国人民之间距离所付出的努力。他鼓励年青一代以赵刚为榜样，致力于推动中波两国友好往来。

【中国作家杜京获颁波兰"杰出贡献勋章"】 2018年12月17日，中国作家杜京在波兰驻华大使馆获颁波兰共和国"杰出贡献勋章"，并发布其新作《四季波兰》。波兰驻华大使赛熙军和夫人伊莎贝拉出席活动。杜京先后撰写了《我，文化波兰》《琥珀色的格但斯克》《四季波兰》3部图文并茂的文化专著，促进了中波文化交流。

【"一带一路·点亮捷克"中国画艺术展开幕】 2018年12月17日，"一带一路·点亮捷克"中国画艺术展开幕式在捷克布拉格市英美大学画廊举行，四川美术学院精选的48幅中国画作品惊艳亮相。捷摩共主席顾问萨卡尔、英美大学副校长斯沃博达，中国驻捷克使馆政务参赞张茂明、四川美术学院中国画系主任黄山等嘉宾出席了开幕式。"一带一路·点亮捷克"中国画艺术展是2019年国家艺术基金支持项目"百年颂，共此时——点亮中欧当代中国画艺术展"的预展，由四川美术学院主办，12月17—19日在布拉格市展出。

【"重生：巴洛克时期的西里西亚——波兰弗罗茨瓦夫国立博物馆馆藏精品展"开幕】 2018年12月18日，中国首都博物馆与波兰弗罗茨瓦夫国立博物馆共同主办的"重生：巴洛克时期的西里西亚——波兰弗罗茨瓦夫国立博物馆馆藏精品展"在首都博物馆开幕。基于2017年签署的战略合作协议以及展览互换协议，两馆分别于2017年和2018年策划了"晚明时期的中国人生活展"和"重生：巴洛克时期的西里西亚展"，为两国观众带去独具特色的中波历史文物精品。展览的合作方波兰弗罗茨瓦夫国立博物馆是波兰文化部和下西里西亚省共同管理的波兰国家博物馆体系中的一员。此次为中国观众带来的"重生：巴洛克时期的西里西亚展"所展出的正是该博物馆馆藏的西里西亚巴洛克艺术的代表作。

四 中国—中东欧媒体交流

【"中国—中东欧国家媒体年"开幕】 2017年2月27日，"中国—中东欧国家媒体年"开幕式暨"中东欧主题影展"开幕式在北京举行。中国国家新闻出版广电总局副局长童刚、外交部部长助理刘海星以及中东欧16国驻华外交使节出席了活动。媒体年是2016年"16+1"里加领导人会晤确定的主题年活动，其目的就是搭建民心相通的桥梁，促进"16+1"合作，深化中欧文明伙伴关系。

【中阿合拍的"一带一路"纪录片开播】 2017年5月8日，由中国国际广播电台与阿尔巴尼亚国家电视台合作拍摄制作的"一带一路"纪录片首播仪式在地拉那市举行。中国驻阿尔巴尼亚使馆外交官，阿尔巴尼亚国家广电总局局长格尔齐、副局长莱卡，阿中文化协会会长斯巴休、纪录片摄制组等出席。

【中国—中东欧国家新闻发言人对话会举行】 2017年7月17日，首次中国—中东欧国家新闻发言人对话会在北京举行，该活动由国务院新闻办公室主办。数十位中国及中东欧发言人代表就新闻发布与国家治理、新媒体传播与"一带一路"、跨国沟通与人类命运共同体建设等议题展开了讨论。与会代表一致认为，对话会开启了中国与中东欧国家新闻发言人的交流合作之旅。2018年4月25日，第二届中国—中东欧国家新闻发言人对话会在匈牙利布达佩斯市举行。来自中国国家部委的十余位新闻发言人与中东欧国家的新闻发言人或代表围绕"开放与沟通：构建人类命运共同体"的主题，就新闻发言人在国家治理中的作用与危机沟通、新媒体环境下的新闻与传播、中国—中东欧国家合作等议题表达了观点和看法。

【中塞合拍纪录片《70号》首映】 2018年5月13日，由中国国际广播电台与塞尔维亚国家广播电视台联合拍摄的纪录片《70号》在塞尔维亚首映。《70号》是由中国资深导演王智执导、由中塞两个国家级媒体组成摄制团队、用镜头记录当地华商的工作与生活，并通过他们鲜活的故事、奋斗历程和爱国情怀，展示海外普通华人"中国梦"的一部纪录片。

【罗马尼亚国家电视台在杭州拍摄纪录片】 2018年7月2日，罗马尼亚国家电视台摄制组专程到访浙江省杭州市，拍摄4集纪录片，内容涵盖人文历史、自然风光、城市发展等方面。罗马尼亚是中国的传统友好国家。随着2017年第三届中国——中东欧文化合作部长论坛在杭州市的成功举办，中国和中东欧国家间的文化交流与合作更加深入，此次拍摄助力杭州打造"东方文化国际交流重要城市"，并为在杭州市举办的国际泳联2018年世界短池游泳锦标赛（25米）和4年后的第19届亚运会营造浓厚的外宣氛围。

五 中国—中东欧青年交流

【第三届中国与中东欧青年政治家论坛召开】 2017年7月14日，中国与中东欧政党对话会在罗马尼亚布加勒斯特市召开。本次对话会举办了3个分论坛，其中包括"一带一路"建设与青年责任暨第三届中国与中东欧青年政治家论坛。

【香港"一带一路"青少年交流团走进"山鹰之国"】 2017年8月13—14日，香港大公文汇集团董事姜亚兵率香港青年学生代表组成的未来之星"一带一路"沿线国家交流团访问阿尔巴尼亚，实地考察"一带一路"在阿尔巴尼亚建设成果，亲身感受"山鹰之国"历史文化，开展丰富多彩的青年交流活动。

【中国—中东欧青年研修交流营举办】 2017年9月16日，首届"未来之桥"中国—中东欧青年研修交流营活动在西安市拉开序幕。团中央书记处书记、全国青联副主席汪鸿雁出席欢迎宴会。本届交流营活动主题为"弘扬丝路精神，构建青年伙伴关系"。来自16个中东欧国家以及中国的近100名青年代表参加了交流营系列活动，围绕"16+1"合作机制、"一带一路"倡议、各国创新创业发展趋势等议题展开了对话与交流。2018年6月5日，第二届中国—中东欧青年研修交流营在宁波市拉开帷幕。

【首届中国—中东欧大学生冰雪嘉年华举行】 2017年12月4—9日，首届中国—中东欧大学生冰雪嘉年华在哈尔滨市举行，来自中国、保加利亚、波兰、塞尔维亚和斯洛文尼亚的大学生运动员在哈尔滨市进行了单板滑雪、冰壶项目的友谊赛，并进行文化交流。此次嘉年华是第五届中国—中东欧国家教育政策对话会的重要成果之一。第五届中国—中东欧国家教育政策对话会在塞尔维亚诺维萨德市举行，与会各国教育部长及参会代表就学校体育交流合作议题进行了深入探讨。2018年12月4日，由教育部和中国大学生体育协会主办、哈尔滨体育学院承办的第二届中国—中东欧国家大学生冰雪嘉年华活动进入体育项目竞赛交流阶段，中国与保加利亚、波兰、捷克、斯洛文尼亚的大学生运动员、教练员在哈尔滨体育学院展开冰雪运动竞赛与文化交流。

【中国—中东欧国家青年艺术人才培训和实践中心成立】 2018年6月，中国—中东欧国家青年艺术人才培训和实践中心在四川音乐学院挂牌运营，承担中国及中东欧16国青年艺术人才培训和实践活动，为青年艺术人才提供自由表达和展示自我的舞台。

六 中国—中东欧地方合作交流

【中国—中东欧国家"16+1"首都市长论坛举行】 2017年9月15日，第二届中国—中东欧国家"16+1"首都市长论坛在黑山首都波德戈里察市举行。本届论坛主题为"绿色城市"和"地方政府在为企业创造营商环境方面的作用"。论坛期间,成立了"16+1"旅游院校联盟,召开了首届首都商会会长圆桌会议,举行了首都城市经贸洽谈会,在环境保护、投资促进、文化艺术、医疗卫生、旅游开发等领域签署了一系列战略合作协议。北京市还与拉脱维亚首都里加市签订了建立友好城市关系协议。2018年10月16日,第三届中国—中东欧国家"16+1"首都市长论坛在塞尔维亚首都贝尔格莱德市举行。本届论坛主题为"与会城市与中国间投资项目""民生项目融资的PPP模式""中东欧国家为中国游客提供统一化旅游产品"。论坛期间,还举办了"16+1"首都商协会圆桌会议、第二届"16+1"旅游院校联盟年会。

【扬帆远航,合作共赢——"上海之帆"经贸人文巡展举行】 2017年9月17—18日,"一带一路"上海之帆波罗的海经贸人文巡展在立陶宛第二大城市考纳斯市举行,来自上海7个行业协会的60多家企业、上海市有关院校、演出团队、图书馆、博物馆、媒体等参展。巡展团搭乘"上海之帆"不远万里来到立陶宛,开展人文交流、寻求互利合作。此次巡展活动由上海市人民对外友好协会和上海市国际服务贸易行业协会共同主办,由中国驻立陶宛使馆、立陶宛企业署、考纳斯市政府等协办,是近年来中国在立陶宛举办的规模最大的全方位经贸人文交流活动。

【中国—中东欧国家省州长联合会工作会议召开】 2017年10月18—21日,中国—中东欧国家省州长联合会第三次工作会议在保加利亚普罗夫迪夫市举行。在单独会议期间,普罗夫迪夫市副市长和深圳市政府代表就双方作为姊妹友好城市进一步深化并拓展合作进行了相关讨论。2018年10月20日,中国—中东欧国家省州长联合会第四次工作会议在保加利亚索菲亚市召开。

【天津市政府代表团访问波黑】 2018年1月,天津市政府代表团访问波黑并会见波黑部长会议主席兹维兹迪奇。天津市和波黑首都萨拉热窝1981年结为友好城市。天津市副市长赵海山在会谈中表示,希望和波黑加强文化、体育、教育和旅游等领域的合作。兹维兹迪奇表示,他很高兴看到波黑和中国在"一带一路"倡议下将合作拓展至地方层面,波黑对教育和新科技领域的交流特别感兴趣,在旅游和自贸区建设方面也有很多可以向天津市取经的地方。

【第四次中国—中东欧国家地方领导人会议召开】 2018年10月20日,第四次中国—中东欧国家地方领导人会议在保加利亚首都索菲亚市举行,会议发表了《索菲亚共识》,呼吁深化各领域地方合作。本届地方领导人会议的主题是"全球发展理念,地方合作实践",中国辽宁等16个省市自治区和16个中东欧国家的600多名地方政府和企业负责人出席了会议,围绕农业、旅游、中小企业以及示范区等领域合作进行了深入探讨。

【"魅力北京"公众推广活动首次走进塞尔维亚、罗马尼亚】 2018年10月,北京市旅游发展委员会在塞尔维亚诺维萨德大学孔子学院举办了以"重走丝绸路 魅力新北京"为主题的北京旅游推介活动。2018年12月，北京市文化和旅游局在罗马尼亚举办了以"魅力北京"为主题的旅游文化推广活动。"魅力北京"作为展示中国文化和旅游资源的交流平台，让越来越多的罗马尼亚民众认识北京、了解中国。

【廊坊文化走进匈牙利】 2018年11月，2018文化和旅游部"'一带一路'文化贸易与投资重点项目——'东方·亮'"——中国艺术汇首站主题展览在匈牙利首都布达佩斯多洛嘉钻石宫殿启动。廊坊市精心遴选当地优秀书画作品44幅以及100件非遗艺术品参展。来自廊坊市的艺术家和非遗传承人代表还通过现场展演，与匈牙利市民展开互动交流。这些艺术表现形式让更多的匈牙利人民和世界友人近距离了解中国文化，有效推动了廊坊文化"走出去"，密切中匈两地文化交流，共同促进优秀文化繁荣发展。

七　中国—中东欧科技交流

【中国—中东欧国家创新合作大会召开】 2017年11月26—29日，斯洛伐克教育科学研究和体育部与中国科技部在斯洛伐克首都布拉迪斯拉发市召开了第二届中国—中东欧国家创新合作大会，启动了中国—中东欧虚拟技术转移中心网站发布仪式，为中国与中东欧国家科研机构、高校和企业之间搭建了新的合作平台。2018年11月，第三届中国—中东欧国家创新合作大会召开。

【中斯高性能计算联合实验室落成】 2018年5月28日，中斯高性能计算联合实验室成立仪式在卢布尔雅那大学计算机学院举行，实验室由中科院计算所—卢布尔雅那大学—中科曙光公司三方联合成立，中斯两国将依托该实验室在高性能计算领域开展深度合作。

【中国大华公司与保加利亚大学开展校企合作共建】 2018年12月7日，中国大华技术股份有限公司和保加利亚索非亚技术大学电子工程和技术学院在索非亚市举行签约仪式，正式启动安防联合实验室项目，推动双方在科技领域的务实合作。

八　中国—中东欧电影交流

【匈牙利举行中国电影展】 2017年4月23日，中国电影展在匈牙利首都布达佩斯市开幕。在历时7天的电影展期间将放映《功夫瑜伽》《大唐玄奘》《湄公河行动》《北京遇上西雅图之不二情书》《山河故人》等5部优秀中国影片。本次电影展由中国国家新闻出版广电总局、中国驻匈牙利大使馆、匈牙利人力资源部共同主办，影展目的是增进中匈两国人民之间的相互了解和友谊。

【中国塞尔维亚合拍片签约上海国际电影节】 2017年6月17日，第20届上海国际电影节开幕，14个"一带一路"参与国家的15个电影节及电影机构代表在极具中国特色的"卷轴"上签名，共同签订了"一带一路"电影文化交流合作机制备忘录。中国和塞尔维亚合拍片《萨瓦流淌的方向》也在本届电影节现场签约,这部影片的拍摄能促使两国人民跨越不同文化的隔阂,增强认同感。

【罗马尼亚中国西部电影展映周举行】 2018年4月,中国西部电影展映周在罗马尼亚首都布加勒斯特市拉开帷幕,为当地观众打开了一扇了解中国西部丰厚历史文化之窗。展映周开幕式上放映了影片《血狼犬》。中国丝绸之路国际电影节组织方与罗马尼亚特兰西瓦尼亚国际电影节组织方签署了战略合作协议,以加强两国在电影业的合作与交流,推动两国人民的相互了解。

【波兰华沙中国现代电影周开幕】 2018年6月25日,中国现代电影周在波兰华沙文化电影院开幕。波兰电影家协会主席亚采克·布罗姆斯基、中国驻波兰大使馆文化处参赞蔡炼,中国电影股份有限公司副董事长、总经理、开幕首映影片《寻找成龙》导演江平及波兰近百名观众参加了首映式。

【斯洛伐克布拉迪斯拉发中国电影节开幕】 2018年9月20日,由中国驻斯洛伐克使馆、斯洛伐克文化部、斯洛伐克电影研究所联合举办的新一届中国电影节在斯洛伐克首都布拉迪斯拉发市开幕。中国驻斯洛伐克大使林琳和斯洛伐克电影研究所副所长舒列科娃在开幕式上致辞。斯洛伐克总理顾问科特莱茨、各界友人,中国驻斯洛伐克使节,旅斯华人华侨、留学生代表等近两百人出席并观影。开幕式上播放了故事片《我的影子在奔跑》。观众们被其温暖感人的情节深深打动,给予较高评价。

【波兰电影周开幕】 2018年11月18日,波兰电影周开幕。波兰电影代表团团长、波兰电影家协会主席、著名导演、编剧、制片人亚塞克·布莱姆斯基在致辞中感谢此次中方邀请。他介绍,本次展映影片是由波兰的历史学家和评论家共同选择,旨在展现波兰的民族历史,增进波兰与中国的文化交流。

【"中国电影周"走进捷克】 2018年12月14日,2018"中国电影周"开幕式在北摩拉维亚—西里西亚州(简称"摩西州")俄斯特拉发市下维特科维采文化区举行。中国驻捷克大使张建敏、摩西州副州长楚里洛、下维特科维采文化区总裁孔德拉出席开幕式并致辞,捷克民俗协会主席普塞尼卡、科技馆长斯沃尔切克及文艺界、当地民众和学联代表等百余位嘉宾出席了活动。观影后,观众们纷纷表示,中国电影主题生动、表现手法专业,在电影市场中竞争力越来越强;非常高兴能在家门口欣赏到带有捷语字幕的中国电影;希望未来能有更多优秀中国影片在摩西州展映。

(撰稿人:马赛)

中—南太人文交流

一 中—南太人文交流综述

【中—南太多边关系】 南太平洋地区位于"一带一路"南太支线建设的终端，幅员辽阔，资源丰富。南太岛国是中国推进海上丝绸之路建设的重要国家。自20世纪70年代以来，中国陆续同斐济、萨摩亚、巴布亚新几内亚（以下简称"巴新"）、瓦努阿图、密克罗尼西亚联邦（以下简称"密联邦"）、库克群岛、汤加和纽埃等8个南太岛国建立了外交关系。中国与岛国关系发展迅速，从最初国与国之间双边关系拓展到多边机制，从单一经贸合作拓展到多领域合作，从一般伙伴关系提升到战略伙伴关系。

2014年11月，国家主席习近平在斐济同建交的岛国领导人举行集体会晤，一致同意建立相互尊重、共同发展的战略伙伴关系，将双方关系引上一个新的台阶。习近平主席指出，中国同岛国之间应扩大人文交流。未来5年，中国将为岛国提供2000个奖学金和5000个各类研修培训名额。中方愿同岛国加强各界交流，继续派遣医疗队到有关岛国工作，鼓励更多中国游客赴岛国旅游。

2018年11月，习近平主席访问巴新并再度会晤建交的8个岛国领导人，将双方关系提升为相互尊重、共同发展的全面战略伙伴关系，开创了中国同岛国关系的新篇章。在此期间，中国同各个建交岛国签署共建"一带一路"合作文件，标志着"一带一路"倡议在岛国地区加快落地生根。

【机制回顾】 中国与南太岛国之间有着广泛、坚实的人文合作基础。

南太地区旅游资源丰富，中国赴岛国游客年均超过10万人次。2004年，中国以首个域外大国的身份加入南太平洋旅游组织。2006年中国同8个建交岛国签署了包括旅游合作在内的经济发展合作行动纲领，明确了合作的细则。2016年12月，瓦努阿图首次接待中国大型邮轮"大西洋号"，开启了双方旅游人文交流的新篇章。

在文化方面，自20世纪70年代起，中国艺术团体就开始赴岛国演出。近年来，双方艺术团组互访愈加频繁。2015年12月，斐济中国文化中心成立，为中国与斐济乃至整个南太地区的文化交流提供了新的平台。此外，越来越多的中国电影和电视剧在岛国播出，有利于岛国民众了解中国传统和当代文化。

第二编 双边与多边人文交流平台

在教育方面，从1984年起，中国就开始向南太地区提供来华奖学金名额，包括从2009年起设立的专项全额奖学金"中国—太平洋岛国论坛奖学金"；从1986年起，开始向斐济、萨摩亚等国派遣汉语教师；自2012年9月以来，中国在南太地区开设了1所孔子学院（位于斐济），2所孔子课堂（瓦努阿图、库克群岛），累计招收学生4000多人。同时，中国前往该地区留学人数也在增长，目前有近千名中国学生在该地区留学。2006年10月，中国教育部首次举办了"中国—南太平洋岛国论坛发展中国家教育部长圆桌会议"，该地区8个国家的代表参加了会议。中国多所高校纷纷与南太地区的高校开展校际交流合作。此外，中国还为岛国援建中小学，并开设各种技术培训班和官员研修班。

在科技方面，近年来中国连续派专家与岛国在农业生产、水资源利用、新能源开发等方面进行技术合作，如福建省帮助巴新东高地省建立的菌草与旱稻种植技术示范项目从2000年起一直运行至今。

在卫生方面，中国陆续向该地区派遣了大批医疗队，提供药品，协助防治疟疾等疾病。2014年，中国海军"和平方舟"医院船首度造访巴新等四岛国，为当地民众提供人道主义诊疗服务。

【开展情况】 2017—2018年，中国与南太岛国在教育、文化、卫生、体育、妇女、旅游等各领域开展了广泛的人文交流，体现出活动日益频繁、交流更加深入的特点。

在教育领域，校际合作明显增加。巴新有3所高校与中国大学开展合作，其中两所在积极申办孔子学院；北京外国语大学开设首个南太岛国语种——汤加语三外课程；中汤签署关于教育交流与合作的谅解备忘录，筹建聊城大学汤加学院。

在文化领域，中国多家艺术团体赴南太地区演出；斐济图书馆建立中国图书阅览区；斐济中国文化中心组织多场文化交流活动，包括2017斐济——中国河南文化年和2018斐济——中国内蒙古文化年。

在卫生领域，中国海军和平方舟医院船再度造访岛国；多支医疗队赴岛国提供医疗服务，并捐赠医疗设备。

在体育领域，为帮助岛国举办太平洋小型运动会和密克罗尼西亚运动会，中国为相关国家提供体育技术培训，并捐赠体育场馆和体育器材。

在妇女领域，中国为萨摩亚、斐济妇女开办多项手工艺技术培训班，帮助农村妇女创收，改善经济状况。

在旅游领域，汤加、纽埃等岛国代表团来华推介岛国旅游和文化资源。

在媒体领域，广东广播电视台节目走进南太三岛国主流电视媒体，并与岛国媒体展开了友好互访。

在地方合作领域，广东省和海南省表现突出，不仅多次派出代表团访问岛国，还与相关省市缔结友好关系。

总体而言，随着"一带一路"倡议的推进，中国与南太岛国的人文交流呈现良好的上升趋势，但是仍需尽快建立稳定有效的交流机制和平台，帮助双方民众促进相互了解，加深友谊。

二　中—南太教育交流

【"一带一路"国家"中国大使奖学金"落地瓦努阿图孔子课堂】　2017年5月26日，瓦努阿图"中国大使奖学金"正式落地南太平洋大学埃马路斯校区。此奖学金专门用于支持瓦努阿图贫困学生攻读南太平洋大学孔子学院下设瓦努阿图孔子课堂的汉语学分课。当天，"中国大使奖学金"签字仪式在南太平洋大学埃马路斯分校举行。中国驻瓦努阿图大使刘全，瓦努阿图财政部部长、代理教育部部长盖特恩·皮基乌恩，埃马路斯校区经理鲁本、南太大学孔子学院中外方院长、瓦努阿图孔子课堂中方教师、华人华侨代表以及南太大学师生等出席了仪式。中国大使奖学金将进一步促进更多的瓦努阿图有志青年学习汉语、了解中国，有利于增进中瓦人民之间的友谊，为两国友好合作关系奠定坚实的基础。

【重庆师范大学与巴新科技大学签订合作备忘录】　2017年6月9日，巴新科技大学副校长艾伯特·施拉姆及夫人访问重庆师范大学，重庆师范大学校长周泽扬负责接待。双方探讨了在巴新科技大学合作建立孔子学院，推动教师、学生互访和交流，以及合作开展科学研究等事宜。会谈后，双方签署了合作备忘录。

【瓦努阿图公共服务委员会召开2017年度瓦中同学联谊会】　2017年9月20日，瓦努阿图公共服务委员会在中国援建的瓦国家会议中心组织召开了2017年度瓦中同学联谊会，中国驻瓦努阿图大使刘全、瓦努阿图公共服务委员会主席马丁出席并讲话，使馆经商处负责人陈汝华、学员代表等约200人出席。联谊会上，学员们分享了他们在中国的学习经历，盛赞中国政府提供的培训机会，不仅增长了他们的阅历、提高了技能，也改变了他们的人生。中瓦与会人员还进行了中文与比斯拉马语对话交流。在刘全大使带领下，使馆工作人员表演了比斯拉马语歌曲《我的瓦努阿图》。据统计，2016年至2017年9月，共有近700名瓦公务员和工程技术人员赴华参加各类培训；2017年，有22名瓦学生获得中国政府奖学金赴华攻读学位；190名运动员和教练员赴华进行为期5个月的专项训练。中瓦双方在人力资源方面的建设已经成为两国关系的亮点。

【东北林业大学与巴布亚新几内亚大学签订合作框架协议】　2017年9月25—29日，应巴布亚新几内亚大学代理校长文森特·马来比邀请，东北林业大学党委书记张志坤率团对该校进行访问。访问期间，双方就联合申建孔子学院达成一致，并就加强两校间师生交流、科研合作等事务进行了深入交谈，达成广泛共识，签订了合作框架协议。会谈后还举行了东北林业大学专场招生宣传推介会。

【北京外国语大学开设汤加语三外课程】　2017年10月19日，国内首个汤加语课程开班仪式在北京外国语大学举行。汤加王国驻华大使乌塔阿图、北京外国语大学副校长闫国华及北外部分师生出席了仪式。乌塔阿图大使向北外致感谢辞,并特别指出,北外是全世界除美国夏威夷州和南太地区以外首个开设汤加语课程的高校,对此他深表感动,并衷心祝愿中汤两国的友谊能够继续长远发展下去。北外将汤加语作为三外课程纳入全校通开课体系,开创了国内南太岛国语言教学的先河。汤加语属于南岛语系马来—波利尼西亚语族,主要用于汤加王国,亦使用于美属萨摩亚、澳大利亚、加拿大、斐济、新西兰、纽埃、美国和瓦努阿图,使用人口约10万。

【广东省东莞理工学院代表团访问汤加】 2017年12月5日,东莞理工学院党委书记、高水平理工科大学建设领导小组组长成洪波率团访问汤加,并拜会汤教育部代理首席执行官西凯里奥克,就开展高等教育合作交换意见。中国驻汤加大使王保东会见了代表团一行。

【中汤签署《中华人民共和国教育部与汤加王国教育部关于教育交流与合作的谅解备忘录》】 2018年3月1日,在国家主席习近平和汤加国王图普六世的共同见证下,教育部部长陈宝生与汤加王国副首相兼基础设施和旅游大臣塞密西·西卡分别代表两国政府签署了《中华人民共和国教育部与汤加王国教育部关于教育交流与合作的谅解备忘录》,其中第二条第四款明确提出"双方支持建立聊城大学汤加学院,协助汤加培养高级应用型人才,联合开展海洋科学研究以及太平洋岛国研究"。这将是山东省首个实现境外实质性办学的高等教育机构。

【浙江—巴新国际海事学院揭牌】 2018年7月3日,浙江—巴新国际海事学院揭牌仪式在巴布亚新几内亚太平洋海事学院举行。该学院由浙江国际海运职业技术学院和巴新太平洋海事学院合作开办。双方将开展师资互访交流,招收航海专业留学生,并逐步推进涉外海员学历教育、涉外海员职业培训、为当地渔民开展新技术培训等合作内容。巴新国家海事局常务副局长、所罗门群岛海事局局长等官员,浙江国际海运职业技术学院代表团,巴新航运企业、中资企业代表,海事学院全体教职员工和学生等百余人参加了揭牌仪式。

【华东师范大学举办汤加小学基础教育研修班】 2018年7月12日,汤加小学基础教育研修班结业典礼在华东师范大学国际教师教育中心举行。本届研修班共有45名学员,主要来自汤加基础教育与培训部,包括教育官员、各部门负责人和教师。在21天的研修活动中,学员主要学习了中国教育政策演变、教育2030议程和可持续发展、学业成就评估与质量保障、教育督导与教育质量提升、基础教育改革、教育政策战略、教师专业发展、全纳教育等课程,还前往上海市黄浦区青少年科技活动中心参观考察,并在上海、北京、大连等地进行文化考察。通过实践,汤加学员们了解了中国不同地区的教育发展情况,增强了对中国教育实践的认识,也更深入地体会到改革开放以来中国在经济、社会、教育、文化建设等方面取得的成绩。

【教育部副部长田学军会见汤加教

育和培训大臣】 2018年7月13日，教育部副部长田学军会见了汤加教育和培训大臣佩尼西马尼·费费塔一行。双方就中汤教育交流合作交换了意见，一致认为要落实好中汤《关于教育领域合作的谅解备忘录》，在学生交流、语言合作、教师支教等方面进一步加强合作。

【汤加留华同学会庆祝中汤建交20周年研讨会】 2018年11月9日，汤加留华同学会举办庆祝中汤建交20周年研讨会。中国驻汤加王国大使王保东、使馆参赞杨朝晖和部分馆员以及汤加留华同学会会长蒂娜、汤中友协秘书长、前驻华大使拉图和汤加教育部、卫生部、基础设施部、旅游部、资格认证委员会官员等参加。与会人员高度评价了建交20年来中汤关系取得的长足发展和两国教育合作取得的丰硕成果，就完善两国留学合作机制进行了研讨，表示将共同努力，进一步促进两国教育交流合作，为汤学生赴华留学和返汤就业创造更好条件，以便他们为促进汤加经济社会发展和中汤友好事业做出应有贡献。

【中国援建巴新布图卡学园启用】 2018年11月16日，中国国家主席习近平在莫尔兹比港和巴新总理奥尼尔共同出席中国援建的布图卡学园启用仪式。该学园全称为"中国—巴新友谊学校·布图卡学园"，是中国在巴新实施的惠民工程，包括幼儿园、小学、中学3部分，能解决当地3000多名中小学生上学难问题。布图卡学园位于巴新首都莫尔兹比港南区地区，在原布图卡小学校址上扩建而成。原校建筑面积仅2000平方米，建筑老旧，设施落后。扩建后，新学校建筑面积超过1万平方米，除了教室、办公室、卫生间等基本功能房外，还配置了音乐教室、美术教室、实验室、计算机房、阅览室等辅助用房以及全套的教学、办公设备，另外还专门为教工修建了12套教师公寓。布图卡学园将每年为当地培养3000多名学子，同时也是巴新第一所教汉语的学校，将有力地促进两国的友好关系。这所学园由广东省深圳市援助建设，落成后，深圳市政府还将为其提供20年硬件维护。

三 中—南太科技交流

【中国—南太平洋岛屿国家技术转移中心落地云南】 2017年5月10日，中国—南太平洋岛屿国家科技合作与技术转移国际研讨会在云南省昆明市召开。与会专家就区域科技合作等议题进行了探讨，并揭牌成立中国—南太平洋岛屿国家技术转移中心。此次研讨会由中国科技部国际合作司和云南省科技厅共同主办，吸引了中国、巴布亚新几内亚、斐济、汤加、萨摩亚、瓦努阿图等国共百余名代表参加。中国科技部国际合作司副司长蔡嘉宁、云南省科技厅厅长徐彬出席研讨会，并共同为中国—南太平洋岛屿国家技术转移中心揭牌。云南省科学技术情报研究院院长马敏象和巴布亚新几内亚科技大学副校长奥拉·瑞纳吉代表共建方接受牌匾。中国—南太平洋岛屿国家技术转移中心由中国科技部支持,云南省科学技术情报研究院和巴布亚新几内亚科技大学共建,中国相关机构和南太平洋岛屿国家参与。该中心的成立旨在凝聚和培育一批专业化的技术转移机构和人才,建设覆盖南太平洋岛屿国家的技术转移协作网络、技术转移中心官方网站和对接平台,定期举办技术转移与创新合作大会,从而拓展中国与南太平洋岛屿国家在应对气候变化、新能源与可再生能源等领域的科技合作。

【中国驻斐济大使出席太平洋岛国的菌草技术能力建设研讨会】 2018年6月4日,太平洋岛国菌草技术能力建设研讨会开幕式在斐济楠迪举行,中国驻斐济大使钱波应邀出席并致辞。斐济妇女、儿童、减贫部部长兼代理农业部部长武尼万加,斐济农业部常秘科里塔加尼、联合国经济与社会事务部主管官员纳沃提、中国菌草工程技术相关专家,以及来自斐济、巴布亚新几内亚、密克罗尼西亚、瑙鲁、图瓦卢等国家的农业技术人员等70余人出席。钱波在致辞中总结了中国在援助斐济方面所取得的成就,并表示中国愿意通过技术传播,来帮助太平洋上的发展中国家发展可持续农业、减困脱贫、发展可再生能源、应对气候变化等。菌草项目契合斐济《5年和20年国家发展规划》,有助于斐济培育新兴产业,受到当地政府和民众的欢迎。

【中国专家赴密联邦举办首届椰子病虫害防治双边培训班】 2018年7月5日,为期25天的2018年密联邦椰子病防治技术海外培训班在密联邦波纳佩州正式结业。本次培训班由中国热带农业科学院承办,派出专家12人,培训学员100多人,分4期分别在密联邦雅浦州、丘克州、科斯雷州和波纳佩州4个州举办,每期学员25人左右。专家们对各地椰子生产和病虫害基本情况进行考察后,有针对性地根据每个州的不同情况进行备课,围绕椰子品种识别、丰产栽培、综合加工和椰园间作、病虫害综合防控等实用技术开展培训。在现场实践教学过程中,专家们手把手、面对面传授技术,教导如何选种、杂交制种、繁育椰苗、识别病虫害等技术知识。许多学员都表达了到中国进一步学习考察、改变密联邦落后农业现状的愿望。

【中国菌草与旱稻技术被列为巴新东高地省五年规划重要优先项目】 2018年10月26日,巴新东高地省举办2018—2022五年发展计划启动会,中国援建的菌草与旱稻技术被列为该五年计划中的重要优先项目,以协助当地脱贫、保障粮食安全和实现可持续发展。巴布亚新几内亚总理彼得·奥尼尔出席了会议。会后,奥尼尔以及巴新多名国会议员和政府官员到东高地省戈罗卡市北部视察了中国福建省援巴新菌草与旱稻技术合作项目基地,参观了菌草种苗圃、菌草食药用菌栽培、菌草养羊示范以及旱稻栽培、加工示范,包括高产优质菌草巨菌草和旱稻"金山一号"等。该基地是在福建农林大学专家组的指导下,于2017年12月1日在菲米头村建立并启动的。项目运行至今,中国的旱稻和菌草技术已为巴新的农民创造就业、增加收入、保障粮食安全、发展可持续农业做出了重要贡献。

四　中—南太文化交流

【中国国画精品展在斐济举办】 2017年4月19日，由斐济中国文化中心、北京市文史研究馆、北京市对外友好协会共同主办的中国国画精品展在斐济首都苏瓦市开幕。中国驻斐济大使馆政务参赞谷雨，斐济教育、遗产与艺术部遗产艺术司司长科林·亚巴克，北京市文史研究馆处长刘卫东、斐济中国文化中心主任邓先富出席开幕式。斐济博物馆、斐济艺术委员会、南太平洋大学大洋洲艺术中心、孔子学院、驻斐中资机构、《斐济太阳报》《斐济日报》等单位代表50余人参加了开幕式。此次展出的35幅作品均由北京文史研究馆的著名画家创作。

【2017年河南省文化厅与斐济中国文化中心对口合作项目】 2017年5月，2017年河南省文化厅与斐济中国文化中心对口合作项目全面启动，合作内容包括黄河风情艺术摄影展、儿童绘画展、河南艺术团表演、非物质文化遗产展览、功夫培训、艺术家之旅等项目。5月10日，由河南省文化馆、河南省艺术摄影学会承办的"大河上下"中国黄河风情艺术摄影展在斐济首都苏瓦中国文化中心开幕。摄影展共展出作品80幅，充分再现了黄河两岸的自然风光和生活风俗。5月11日，由河南省少年儿童图书馆承办的"我的科幻童年"中国儿童绘画展在斐济首都苏瓦国际学校展出。绘画展共展出30幅以环保、生活、科技等为主题的作品，选自河南省少儿图书馆近两年举办的科学幻想绘画活动。河南省少儿图书馆和郑州图书馆还向斐济中国文化中心捐赠图书，并就郑州图书馆在斐济图书馆援建中国图书阅览区、河南省少儿图书馆在斐济博物馆援建美术画廊等交换了意见，达成初步合作意向。8月2—6日，由郑州市歌舞剧院、嵩山少林武僧培训基地组成的河南艺术团为苏瓦、楠迪的观众带去了极富河南文化特色的民乐、歌舞和少林功夫等节目，深受当地观众的喜爱。8月12日，河南非遗展演团赴斐济演出1周，参加斐济最重要的传统民俗文化节"红花节"巡游，展示了剪纸、面塑、泥塑和魔术等非遗项目，还到斐济中国文化中心和斐济国立大学进行豫剧讲座和示范，并到当地养老院、孤儿院进行演展等。

【斐济代表团参加"第六届成都国际非物质文化遗产节""第七届北京国际美术双年展"】 2017年斐济中国文化中心组织并资助26名斐济文化界人士访华，分别参加第六届成都国际非遗节、第七届北京国际美术双年展、中心优秀学员访华和文化官员访华等考察和访问活动。其中，16名文化官员、非遗歌舞演员和手工艺人参加了6月10日至18日在成都市举办的第六届中国国际非物质文化遗产节，带去了斐济传统民族歌舞表演和传统手工艺"树皮布艺"展示。10月，由斐济中国文化中心推荐的两名斐济艺术家参加了在北京中国美术馆举办的第七届中国北京国际美术双年展，这也是斐济艺术品首次参展。

第二编 双边与多边人文交流平台

【2017年"中国文化周"活动举行】 2017年6月22—28日，斐济中国文化中心与中外文化交流中心在斐济成功举办2017年"中国文化周"。活动以"传承与创新——中国非遗"为主题，通过非遗主题演出、手工艺展示、非遗专题讲座、互动体验等活动，向斐济观众全面展示了古琴、剪纸、竹编等富有中国特色的非遗传统。中国驻斐济大使张平、斐济教育遗产艺术部部长马亨利德·雷迪、斐济内务部常任秘书（副部级）纳依波特·卡托尼塔布阿、中国驻斐济使馆政务参赞谷雨、斐济中国文化中心主任邓先富及当地博物馆等机构的代表和嘉宾参加了文化周系列主题活动。

【重庆市歌舞团为汤加图普六世国王举办庆生演出】 2017年7月4日，重庆市歌舞团演出小组访问汤加外岛瓦瓦乌，为庆祝图普六世国王陛下生日进行专场演出。中国驻汤加大使王保东、图普六世国王夫妇、皮洛莱乌公主夫妇、茜娜伊塔卡拉王储妃、波希瓦首相、王室和贵族成员、内阁大臣和议会议员、驻汤使节等近百人应邀出席。演出小组表演了《藤缠树》《古丽米娜》《邵多丽》《书韵》《鸿雁》《茉莉花》《打猎》等富有中国民族特色的节目，受到国王陛下、波希瓦首相及在场嘉宾好评，演出取得圆满成功。

【深圳艺术团访问库克群岛演出】 2017年8月7日，为庆祝中国与库克群岛建交20周年，应库克文化发展部邀请，由中国文化部派遣的深圳艺术团在库克群岛首都拉罗汤加岛国家大会堂举办了"中国印象——庆祝中库建交二十周年深圳艺术团专场演出"。库卫生部部长格莱西、文化发展部代部长图雷普、文化发展部常秘图鲁阿，中国驻新西兰（库克群岛、纽埃）大使馆文化处主任沈鸣，以及来自库克群岛各界市民逾1000人和部分中资公司员工出席并观看演出。来自深圳的东部华侨城艺术团为观众献上了中国歌舞、杂技、京剧和功夫等精彩节目，库克群岛文化发展部也组织了当地毛利艺术团同台献演毛利歌舞节目。

【"亲情中华"慰侨演出举行】 2017年8月8日，中国侨联主办的"亲情中华"慰侨演出在汤加首都努库阿洛法市举行，王保东大使应邀出席并致辞。中国侨联文化交流部部长刘奇在致辞中表示，汤加是中国侨联今年组织的"越洋之约"慰侨演出最后一站，中国侨联派来由中国著名越剧表演艺术家茅威涛担任团长、阵容强大的浙江小百花越剧团，演出以折子戏形式呈现，包括《梁祝》《窦娥冤》《牡丹亭》《白蛇传》等经典剧目。当地华人华侨、中资企业员工、汤加外交部和旅游部官员、汤加民众400多人观看了演出。

【"钟灵毓秀"中国当代水墨画展举行】 2017年11月24日，"钟灵毓秀"中国当代水墨画展在苏瓦中国文化中心举行，来宾们欣赏了展出的29幅精美画作。此次画展由中国文化部中外文化交流中心、斐济中国文化中心及中国对外文化集团公司共同主办，来自斐济文化艺术及新闻界的嘉宾应邀出席。展览旨在向斐济人民展示中国当代水墨画在新时代背景下的宽度和维度，展览挑选的画作集中体现了人与自然共进的当代发展理念，陈衍宁、舒春光等当代画家们在笔墨上追求时代性和精神性的探索，并在水、墨、纸的共生中展现外在自然与内在心灵的相融无间。

【中国当代建筑图片展举行】 2018年7月11日，由中国对外文化集团公司、斐济中国文化中心及中国文化和旅游部所属的中外文化交流中心共同主办的"天际线——中国当代建筑图片展"在斐济首都苏瓦市的中国文化中心举行开幕仪式。斐济政府代表、斐济教育、遗产及艺术部常秘伯切尔、斐济建筑与艺术设计师及各界代表应邀出席。此次展出的76幅精美图片展示了中外顶尖建筑设计师优秀且具有代表性的当代建筑作品，为斐济民众了解当代中国快速发展的建筑艺术提供了一个有效平台。

【"美丽草原我的家——斐济·中国内蒙古文化年"】 2018年内蒙古自治区文化厅与斐济中国文化中心共同开展庆祝中国内蒙古文化年的系列活动。首先举办的是6月18日至24日的"美丽草原我的家——中国内蒙古文化创意产品展示周"。内蒙古文化代表团在斐济旅游城市楠迪和首都苏瓦市举办了多场活动，展示了具有浓郁民族特色的蒙古族服饰、动漫产品、艺术皮画等10余种文创产品，还表演了内蒙古长调、呼麦、歌舞和马头琴演奏等传统节目，让当地民众领略了独具魅力的草原文化艺术。7月27日至8月4日，斐济遗产和艺术司副司长库拉等官员和两位艺术家组成的斐济代表团访问了鄂尔多斯和呼和浩特等市，对当地艺术院团演出、非物质文化遗产展览展示、文化基础设施、文化产业项目、文物保护单位等进行参观，进一步了解今后与内蒙古自治区合作交流的机会。9月22—29日，内蒙古自治区人大常务委员会吴团英副主任带领内蒙古文艺演出、展览展示团共赴斐济，举办了"天涯共此时——斐济·中国内蒙古文化周"活动，包括内蒙古传统歌舞演出、非物质文化遗产手工技艺展示及"走进大草原风情摄影展"。11月24日至12月1日，内蒙古杂技团访问斐济苏瓦市，在斐济博览会（南太地区圣诞期间的10万人盛会）上演出了7场，还到苏瓦国际学校为600余名师生演出并进行友好交流。11月26日，"中国内蒙古少儿画展"在苏瓦国际学校图书馆开幕，一共展出37幅优秀画作，表达了对家乡草原的爱以及对远方斐济朋友的诚挚祝福。开幕式上苏瓦国际学校学生献唱内蒙古歌曲《天堂》。2017文化年这一系列活动全方位、多层次地展示了内蒙古民族风情和文化艺术，也加深了斐济人民对中国内蒙古的了解。

【广东佛山艺术代表团赴瓦努阿图演出】 2018年8月4—11日，佛山组派艺术演出团赴维拉港市开展文化交流活动。8月7—8日，演出团在维拉港市国家会议中心进行了2场精彩演出，近2500名观众在现场观看了演出。瓦努阿图总理萨尔维夫妇、外长雷根瓦努夫妇等瓦方政府领导以及中国驻瓦努阿图大使馆参赞唐银龙等观看了首场演出。本次演出主题为"中国功夫南粤情"，以武术、舞蹈、杂技为主要呈现形式，通过"岭南春晖""功夫神威""南粤意境""醒狮情韵"四大篇章，充分展现了岭南文化和中国功夫的艺术魅力。本场演出收益全数捐赠给当地医疗机构。

第二编 双边与多边人文交流平台

【斐济图书馆设立中国图书阅览区】
2018年9月28日，斐济图书馆中国图书阅览区在斐济首都苏瓦正式揭幕，标志着郑州图书馆援建任务圆满完成。该项目历时约1年，由河南省文化厅和郑州市政府提供资金支持，斐济中国文化中心负责协调。郑州图书馆向斐济图书馆提供了书架、阅览桌椅、电脑等设施，以及6100余册中英文图书和20000余册电子图书。斐济图书馆中国图书阅览区的建成是中斐文化交流互鉴的重要成果，将推动中斐文化交流向纵深发展，为斐济民众打造了一个学习和了解中国文化的平台。

【中国人民对外友好协会举办中国与汤加王国建交20周年招待会】
2018年11月2日，中国人民对外友好协会在北京市举办庆祝中华人民共和国与汤加王国建交20周年招待会，全国人大常委会副委员长陈竺出席，林怡副会长在招待会上致辞。来自外交部、中联部、商务部、大学院校与企业的领导和代表，汤加在京友人和留学生代表，以及斐济、瓦努阿图、萨摩亚和密联邦等国驻华使节百余人出席活动。招待会上，双方嘉宾共同为中汤建交20周年纪念邮票揭幕，汤加在华留学生和中国广播民族乐团的民乐家们还献上精彩的歌舞音乐表演。

【中国驻汤加使馆举行庆祝中汤建交20周年招待会】 2018年11月2日，中国驻汤加使馆举行庆祝中汤建交20周年招待会，汤加王国公主皮洛莱乌夫妇、首相兼外交大臣波希瓦、议会议长法卡法努阿，农业、卫生、警察等部大臣、议会议员、外国驻汤使节、华侨华人、中资机构以及汤加主要媒体代表等出席。王保东大使和波希瓦首相分别致辞。波西瓦在讲话中特别指出，2006年汤加发生政治动荡后，中国是唯一愿意为汤加国家重建提供大额优贷的国家，对汤加经济恢复发挥了至关重要的作用。汤中两国人文交流非常活跃。招待会上，汤加旅游部文艺团成员、使馆工作人员及援汤医疗队队员共同表演了汤加舞蹈、太极拳、中文歌曲等节目。招待会现场还举行了"庆祝中汤建交20周年图片展"和幻灯片展，全面展示了20年来中汤各领域交流合作成果。

五 中—南太卫生交流

【中国派遣援巴新第八批医疗队】
2017年6月17日，第八批中国援巴新医疗队启程，与第7批医疗队交接轮换，在巴新首都莫尔兹比港总医院执行为期1年的国家卫生援外任务。莫尔兹比港总医院是巴新规模最大的具有教学和临床功能的国家公立医院。中国援巴新医疗队属于国家无偿卫生援助巴新项目。这支医疗队有10名队员，分别来自重庆医科大学附属第二医院等9家医院的内科、泌尿外科、神经外科、放射科等科室。自2002年起，重庆已向巴新派遣了7批援外医疗队，共计70人次，为巴新民众提供了共计10万多人次医疗服务，为当地医务人员提供了1000多次卫生培训，有效支持了巴新卫生体系建设。此次援助项目以泌尿外科微创腔镜手术为重点领域，启动了国家"对口医院"创新项目，将通过捐赠设备、短期专家手术示范、接受受援国医务人员进修等形式，用3年时间为受援医院援建泌尿外科微创腔镜手术中心，填补受援地区在该领域的空白。

【广东省医疗团在瓦努阿图开展送医上岛活动】　2017年7月10—12日，广东省医疗团在瓦努阿图首都维拉中心医院开展送医上岛活动。两天时间里，来自中山大学中山眼科中心和广东省第二中医院的6名医生共接待患者近100人，为其中14位白内障患者成功进行了白内障摘除手术，康复专家还利用中医传统医学为患者解除病痛。这是广东省中山眼科中心连续第五年在瓦努阿图开展白内障义诊手术。

【广东省中山市医疗团在密联邦进行短期义诊】　2017年8月2—11日，广东省中山市医疗团先后在密联邦雅浦州、波纳佩州进行短期义诊。医疗团由心血管内科、皮肤科、儿科、中医科等5位专家组成，共诊治患者350余名。8月2日，中山市卫生和计划生育局与雅浦州卫生部在雅浦举行友好合作备忘录签约仪式，达成医务人员互访、设立交流培训点等共识。中山市卫生局副局长杨汉东，雅浦州长甘吉延、议长卢顿、酋长萨恩甘、卫生局局长玛蒂娜、如尔市市长沃森等参加签约仪式。

【广东省东莞市人民政府向汤加捐赠医疗设备】　2018年6月12日，中国驻汤加大使王保东同汤卫生和公共企业大臣皮乌卡拉共同签署了中国广东省东莞市人民政府向汤加政府捐赠医疗设备交接证书。该批设备将用于帮助汤加提升医疗水平、改善民众健康。皮乌卡拉大臣代表汤加政府对此表示感谢。

【中国派遣援巴新第九批医疗队】　2018年6月22日，第九批中国援巴布亚新几内亚医疗队同第八批医疗队完成轮换交接，开始执行为期1年的卫生援外任务。医疗队由重庆医科大学附属第一医院、重庆市人民医院等10家医疗卫生单位联合抽组成立，队员共10名，涉及泌尿外科、神经外科、肿瘤内科、放射科、麻醉科、针灸推拿等专业。此次医疗援建的重点项目有泌尿外科微创手术中心、远程医疗项目等，都是巴新目前所没有的。巴新卫生体系能力不足，全国仅有500名医生为800万巴新民众服务，中国的无偿医疗援助犹如雪中送炭。近年来，中国通过援巴新医疗队和中、澳、巴新三方控疟试点项目等，树立了"南南医疗合作"的典范。

【中国海军和平方舟医院船再访巴新等4岛国并开展医疗服务】　2018年7月11日至8月20日，执行"和谐使命——2018"任务的中国海军和平方舟医院船再次造访巴新、瓦努阿图、斐济和汤加，为南太岛国民众、当地华人华侨和中方机构人员提供人道主义医疗服务，同时派出多支医疗分队深入当地医疗中心，与外方医护人员开展联合诊疗。在为期41天的服务中，和平方舟累计诊疗23014人次，辅助检查9851人次，收治住院112人，实施手术127例。除了常规医疗服务以外，和平方舟还派出健康服务与文化联谊分队，与当地学校、残障中心等开展联谊活动。到访国军政要员也纷纷登船看望慰问医护人员和就诊民众，对和平方舟的再次到访表示热烈欢迎和衷心感谢，称此举进一步增进了两国人民的友谊，促进了两国战略伙伴关系的深化。在中汤共同庆祝建交20周年之际，和平方舟在图普六世国王访华之后再次访汤，是两国共同庆祝建交20周年系列活动的重要组成部分，将进一步增进两国民众交流和双边互利合作。

【山东省派遣第一批援汤加医疗队】 2018年7月28日，山东省派遣第一批援汤加医疗队抵达汤加首都努库阿洛法，开始为当地民众、中国驻汤加机构人员提供医疗服务。此次援助任务由山东省卫生计生委承办，从滨州医学院附属医院等三所机构选派6名医师，专业涵盖麻醉、急诊、检验、超声、眼科和精神病学。在7个月的援助期内，医疗队诊疗门急诊病人1962人次，住院病人216人次，实施手术50人次，抢救危重病人3人次，麻醉263人次，超声检查1520人次，化验检查5603例，赢得了当地民众和医院同事的高度认可和称赞。除了在维奥拉医院开展常规医疗服务以外，医疗队还多次到社区和学校开展巡诊义诊、举办健康知识讲座、捐赠优质图书，被汤加国家电视台多次宣传报道，并且两次受邀为汤加副首相塞密西·西卡看诊。

六　中—南太体育交流

【中国开展援瓦努阿图太平洋小型运动会体育技术合作项目】 2017年5月12日，为支持瓦努阿图2017年11月举办第十届太平洋小型运动会，由中国商务部主办的"援瓦努阿图太平洋小型运动会技术合作项目"在湖南理工学院和昆明市启动。这是中国首次向瓦努阿图提供的体育技术援助项目，项目内容包括：4月至9月，中方接待瓦方190名运动员和教练员来华训练150天；接待瓦方20名青体部、组委会体育技术官员来华培训20天；10月中旬至12月中旬，派遣15人教练组赴瓦短期执教60天；提供举重、柔道等9个项目的部分配套训练器材。其中，瓦方61名运动员由云南省体育对外交流服务中心接待在昆明接受拳击、射箭、柔道、乒乓球、男子排球等5个项目的培训，瓦田径队的训练任务则由湖南理工学院承接。此次集训效果明显，瓦努阿图运动员在2017年太平洋小型运动会上一共获得6金9银12铜的好成绩，总成绩从15个参赛国家中原来排名倒数晋升为前三甲。

【中国援瓦太平洋小型运动会体育训练及比赛器材交接仪式举行】 2017年9月13日，中国驻瓦努阿图大使刘全与瓦总理萨尔维共同出席中国援瓦太平洋小型运动会体育训练及比赛器材交接仪式。为帮助瓦举办太平洋小型运动会，中国政府向瓦政府提供了力所能及的支持。此次中国赠送的体育器材将为参赛选手训练、比赛提供条件。

【中汤签署援汤加体育场馆项目深化设计审查会谈纪要】 2017年11月3日，北京市建筑设计研究院代表与汤加首相兼内政大臣波希瓦在汤加首都努库阿洛法市签署《援汤加中学体育场馆项目深化设计审查会谈纪要》，并与汤加基础设施大臣西卡签字确认援汤加中学体育场馆项目设计图纸。中国驻汤加大使王保东、汤加基础设施部官员等出席了签字仪式。

【**中国援瓦努阿图太平洋小型运动会体育场馆建设项目和新建小型室内体育场馆项目举行移交仪式**】 2017年11月21日，中国援瓦努阿图太平洋小型运动会体育场馆建设项目和新建小型室内体育场馆项目移交仪式在瓦努阿图首都维拉港市举行，瓦努阿图总理夏洛特·萨尔维出席活动并致辞。中国援瓦努阿图太平洋小型运动会体育场馆建设项目是中国政府无偿援助项目，工期15个月，主要工程内容包括：对现有体育场进行修缮，新建1座1000人座体育馆，2个游泳池，4块沙滩排球场，6块网球场，2个运动员准备室等。瓦努阿图副总理乔·纳图曼、中国驻瓦大使刘全、瓦议长和内阁部长、各国驻瓦外交使团、中国驻瓦使馆经商处负责人陈汝华、中土集团总经理赵佃龙、当地部落酋长、参建单位、各界代表、当地群众和媒体记者300多人出席仪式。体育场馆的建成完善了瓦努阿图的基础设施配套，将有力提升瓦努阿图在南太平洋地区的吸引力和竞争力，推动瓦努阿图经济发展，增进瓦中两国人民的友谊。

【**广东中山市捐赠体育馆交接仪式召开**】 2018年7月17日，中山市捐赠雅浦州多功能体育馆交接仪式举行，中国驻密联邦大使黄峥与雅浦州长甘吉延、广东省中山市医疗代表团共同出席。该体育馆承办第九届密克罗尼西亚运动会排球、举重、摔跤等多项重点赛事，并将作为学校体育馆长期使用。为了给此次运动会提供医疗保障，广东省中山市医疗代表团应邀专程访问雅浦，受到当地民众热烈欢迎和高度赞赏。密地区运动会每四年举办1次，是太平洋岛国地区最重要的活动之一。本次运动会持续12天，共有来自6个国家和地区的2000多名运动员和教练员参加。

【**中国开展援汤加体育技术援助项目**】 2018年11月23日，中国援汤加体育技术项目在四川省青少年体育活动中心红格训练基地启动，该项目受中国商务部委托，由中国体育国际经济技术合作有限公司承担，其目的是帮助汤加运动队提升在国际综合性及单项赛事运动成绩。项目主要内容包括：2018年12月至2020年7月，汤加9支运动队的百余名运动员、教练员等在华进行3期训练，每期60天；2019年和2020年，分批派遣中方教练赴汤加执教；中方为汤加提供举重等9个项目的部分训练器材。此次项目得到了湖南省体育局、云南省体育局、四川省体育局等单位的大力支持。

七 中—南太媒体交流

【**中国驻汤加大使王保东就中国对太平洋岛国援助发表署名文章**】 2018年1月24日，中国驻汤加大使王保东在汤加主流媒体汤加广播委员和《汤加风》网站就中国对太平洋岛国援助发表题为《中国援助有利于太平洋岛国发展》的署名文章。王保东强调,中国秉持正确义利观和真实亲诚的理念发展同其他发展中国家关系。长期以来,中国在充分尊重太平洋岛国政府和人民意愿、充分考虑当地发展需要的基础上,向太平洋岛国提供了大量援助,极大地促进了这些国家经济社会发展,为当地人民带来了实实在在的好处,受到受援国充分肯定和热烈欢迎。其他国家无权以"教师爷"自居,对中方援助及中国同岛国间相关合作指手画脚、说三道四。王保东指出,中汤建交20年来,两国关系取得长足发展,交流合作不断加强。中方为汤加援建了许多急需的基础设施项目,提供了卫生、教育、交通、民航等领域物资援助,极大地改善了汤加基础设施,促进了各领域发展,便利了民众生活。中方愿继续为汤加提供力所能及的援助,加强同汤加对话和互利务实合作,推动中汤战略伙伴关系迈上新台阶,造福汤加人民。

【广东广播电视台节目走进南太三岛国主流电视媒体】 2018年7月,广东广播电视台南太平洋访问团前往巴新、瓦努阿图和斐济等南太重要岛国与当地主流媒体签署合作框架协议,并商讨广东国际频道落地事宜。根据协议,广东广播电视台向瓦努阿图广播电视总公司交流一批节目,并在巴新国家电视台(NBCTV)、瓦努阿图BLONG Vanuatu频道、斐济第三大电视平台运营商玛宜电视台(MAI TV)开办中国剧场,播出来自中国的优秀影视剧和纪录片,如《鸡毛飞上天》《青年医生》《外来媳妇本地郎》等知名电视剧以及《美丽西江》《揾啖食》等纪录片。作为一个长期而重大的国家对外传播内容品牌,"中国剧场"的开播首次为南太地区带去了系统性、规模性的优秀中国影视作品,内容丰富,播出频率高,受众覆盖这3个国家的主流阶层收视人群,使其加深了对中国的了解,受到当地民众的欢迎。

【巴新和斐济主流媒体代表团参观访问广东广播电视台】 2018年8月19—25日,作为回访,来自巴新、斐济主流媒体的记者团访问了广东广播电视台,台副总编辑施燕峰、国际频道总监雷锋学、对外交流部主任侯胜宝等人参加接待活动。记者团参观了融媒体中心和触电新闻办公区,与触电新闻主持人一起在互联网直播平台上与网民进行互动交流。此次南太记者团的成员共有22人,分别来自巴新国家广播公司、巴新商业电视台、《斐济太阳报》、斐济玛宜电视台、斐济广播电视台、斐济电视台、《斐济日报》等多家主流媒体。

【广东新闻文化交流团访问斐济与瓦努阿图】 2018年10月19—28日,广东新闻文化交流团赴澳大利亚、瓦努阿图和斐济三国,与当地主流媒体、华文媒体和侨领代表等举行了密集而深入的交流。此次行程中,广东新闻文化交流团一行先后对澳大利亚广播公司、瓦努阿图国家广播电视总公司和《斐济太阳报》等主流媒体,以及澳洲新快报集团、华夏传媒集团、斐济华文传媒等华文媒体进行了友好访问,商讨进一步合作事宜。此外,交流团还在上述3国举办了今日广东图片展。

【中国国家主席习近平在巴新媒体

发表署名文章】 2018年11月14日，在对巴布亚新几内亚独立国进行国事访问前夕，国家主席习近平在巴新《信使邮报》《国民报》发表题为《让中国同太平洋岛国关系扬帆再起航》的署名文章。文章指出，中国同巴新关系的迅速发展是中国同太平洋岛国整体关系发展的缩影。中国和岛国在推动双边关系发展实践中，坚持相互尊重，坚持深化合作，坚持民心相通。为了让中国同岛国关系扬帆再起航，双方还需在以下几个方面努力：第一，战略互信要再上新台阶；第二，共同发展要再添新动力；第三，人民友谊要再谱新篇章。中国愿同岛国不断扩大文化、教育、卫生、体育、青年、地方、人力资源培训等领域交流合作，欢迎更多太平洋岛国朋友到中国旅游观光、留学深造、投资经商、考察访问，加深双方人民相互了解和友谊，让双方友好事业薪火相传。相信共建"一带一路"将为中国同岛国、各个岛国之间以及岛国同世界其他国家加强经贸联系和互联互通、更好参与经济全球化进程提供新的路径。

八 中—南太青年交流

【中国为"汤加青年议会"活动提供资助】 2018年10月25日，中国驻汤加大使王保东会见汤加议会议长法卡法努阿，向其转交中方为"汤加青年议会"活动提供的资助。王保东表示，青年是汤加和中汤关系的未来，中方非常高兴为"汤加青年议会"活动提供支持。相信中方的资助将有助于促进汤加青年发展，为加强两国友好关系做出贡献。法卡法努阿议长感谢中方提供的资助，表示这是两国友好合作关系的象征，对增强汤加青年能力建设和国家发展具有重要意义。汤方期待进一步加强汤中立法机构合作，促进两国关系不断发展。

九 中—南太妇女交流

【首届"萨摩亚创意手工艺品和缝纫技术海外培训班"开班】 2017年8月16日，首届"萨摩亚创意手工艺品和缝纫技术海外培训班"开班仪式在法雷阿秀村举行。来自中国湖南外贸职业学院的9名老师在法雷阿秀村、瓦伊莫索村、瓦伊阿雷村、洛特法阿村等4个村庄为80名妇女学员开展了为期近1个月的缝纫和创意手工艺品制作技术培训。这是首个中国援萨摩亚境外培训项目。中国政府高度重视此次培训，选派了9名经验丰富的老师为村民提供专业的缝纫技术培训，还选派了4名专业翻译，帮助老师与村民进行沟通。80名学员在中国老师的耐心指导下，系统学习了童装、男装、女装的缝纫技术，学会了熟练操作缝纫机，为自己和家人制作日常所需的各类服饰；一些学员还可以凭借学到的缝纫技能找到一份工作，从而改善家庭经济状况。

【斐济妇女代表团应邀访华】 2017年12月2—5日，应全国妇联邀请,以斐济妇女、儿童和减贫部部长梅雷塞伊妮·武尼万加为团长的斐济妇女代表团访问中国。12月4日,浙江省人大常委会副主任厉志海会见斐济妇女代表团一行,并介绍了浙江经济社会发展情况和妇女事业发展状况;希望双方以此次访问为契机,进一步增进相互了解,加强友好合作,共同推动妇女儿童事业的发展。武尼万加表示,两国的妇女组织有共同的发展目标,将会把在浙江学到的关于妇女儿童发展的经验带回斐济,帮助斐济妇女儿童更好的发展。12月5日,全国妇联主席沈跃跃在北京市会见了斐济妇女代表团。12月6日,国务院妇女儿童工作委员会副主任、全国妇联副主席、书记处第一书记宋秀岩与代表团举行会谈。

【**中国为斐济农村妇女举办新繁棕编培训班**】 2018年8月23日,由中国资助的新繁棕编培训班在斐济纳布扎乌村举行了开班仪式,斐济妇女、儿童和减贫部部长武尼万加、斐济中国文化中心主任邓先富、纳布扎乌等村的村长以及参加培训的妇女等应邀出席。这次培训由斐济中国文化中心与斐济妇女、儿童和减贫部共同举办,首次为斐济农村介绍中国文化。培训班为期7天,来自四川成都的新繁棕编传人刘俊英向10个村庄的30名斐济妇女传授了棕编技艺。新繁棕编是中国民间传统手工艺,于清代嘉庆末年起源于成都市新都区新繁镇,2011年被列为第三批国家级非物质文化遗产。

【**第二届"萨摩亚创意手工艺品和缝纫技术海外培训班"**】 2018年10月17日,第二届"萨摩亚创意手工艺品和缝纫技术海外培训班"在萨摩亚首都阿皮亚市举行开班仪式。本次培训班由中国商务部主办,湖南外贸职业学院与湖南商务厅培训中心承办。中国驻萨摩亚大使王雪峰、萨摩亚外交贸易部培训司司长莎伦·吉沃吉娜·泊拓伊,萨摩亚妇女、社区和社会发展首席执行官阿法马桑雅·法昂伍一昂·幕里塔罗等130余人出席了开班仪式。这是中国在萨摩亚举办的第二个境外培训项目,2017年的首届培训班结束后,很多学员纷纷开展自我创业,改变了家庭的经济状况。此次培训为期20天,有来自萨摩亚阿法佳村、马怡昂村、法力阿布娜村、妇女部的共80名学员参加。培训班在当地引起了极大的反响,多家主流媒体均有报道。

十 中—南太旅游交流

【**南太平洋岛国目的地亮相中国出境旅游交易会**】 2017年3月29—31日,中国出境旅游交易会在北京市举办,南太平洋旅游组织率领大溪地、萨摩亚以及新喀里多尼亚3个目的地的展商参加了交易会,目的是通过该交易会所建立的广阔平台,了解中国出境旅游发展趋势并推广南太平洋地区丰富的旅游资源。南太平洋旅游组织是负责推广南太平洋地区旅游资源的官方机构,总部设在斐济首都苏瓦市,成员国包括库克群岛、斐济、基里巴斯和汤加等12个南太岛国。中国是该组织的13个正式成员和本地区之外的第一个大国成员。本次参会的展商们为观众与买家提供了更多当地旅游的新风向。

【斐济旅游局推出中文官方网站、微信公众号】 2017年7月，斐济旅游局推出中国网站，以进一步拓宽中国旅游市场。通过访问visitfiji.cn，中国游客可以轻松了解斐济及其旅游产品。预计该网站还将引入中国境内广受欢迎的社交媒体平台，如微博、微信、优酷等，多渠道地展示目的地风貌，从而令中国游客得以更加深入地探索斐济。届时用户可即时分享网页版的内容，而通过社交媒体的用户生成内容也将被嵌入该网站。此外，斐济旅游局还于8月推出了官方微信公众号，分享最新的斐济旅游新闻、旅游指南和其他有用信息。

【汤加旅游文化代表团参加"2017广东国际旅游产业博览会"】 2017年9月8—10日，由广东省旅游局主办的2017广东国际旅游产业博览会在广州进出口商品交易会展馆举行。汤加旅游文化代表团应邀参加博览会，展示了本国传统舞蹈艺术和手工艺产品，有效推介了汤加特色文化和旅游资源，受到各方欢迎。本届旅博会聚集中国国内22个省区市的旅游相关部门与国外55个国家和地区，共3000家参展商、2万位专业买家（其中境外买家5000人）参展参会。在"一带一路"交流合作大背景下，旅博会成为开放的窗口、友谊的纽带、民间外交的有效渠道。9月13日，汤加基础设施和旅游大臣西卡举办招待会，感谢中国广东省政府邀请汤加代表团参加博览会。

【纽埃代表团访问珠海市推介旅游文化资源】 2017年12月10—14日，纽埃旅游办公室认证经理奥维塔·佩尔森女士一行2人应邀对珠海市进行了友好访问，参加2017广东国际旅游文化节，进行纽埃旅游文化资源推介，以推动两地更加密切的人文往来。12日，奥维塔·佩尔森经理一行出席了2017广东旅游文化节开幕式，并在粤港澳大湾区城市旅游研讨会致辞，向与会旅游企业代表重点推介了纽埃丰富的旅游资源。

【第十届亚太经合组织旅游部长会议在巴布亚新几内亚召开】 2018年6月1日，第十届亚太经合组织（APEC）旅游部长会议在巴布亚新几内亚首都莫尔兹比港市召开。会议通过了《第十届APEC旅游部长会议声明》，发布了《APEC旅游利益攸关方指导方针》，就推动APEC区域内旅游业可持续发展、促进包容性发展、深化旅游合作达成多项共识。来自APEC的21个经济体代表与会。中国文化与旅游部党组成员杜江出席会议并致辞。会后，杜江与巴布亚新几内亚旅游、艺术与文化部部长埃米尔·塔默举行工作会谈，双方就加强文化、旅游领域合作，商签旅游合作谅解备忘录、推动直航、简化签证手续等交换了意见。

十一 中—南太地方合作交流

【海南省与密联邦雅浦州签署结好意向书】 2017年3月25日，海南省委书记罗保铭在博鳌国宾馆会见了来海南出席博鳌亚洲论坛2017年年会的密联邦总统彼得·克里斯琴一行，双方签订了海南省与密联邦雅浦州结好意向书。罗保铭表示愿意进一步推动与密联邦在椰子产业等热带高效农业、海洋渔业、美丽乡村、全域旅游等领域的务实合作。克里斯琴则希望海南省能给予教育、技术、培训等方面的支持与帮助，并且期待海南与雅浦州成为友好省州后能够开通直达航线，便于两地人员往来。会后，海南省向雅浦州捐赠20台电脑和20台打印机作为州政府人员办公设备；同时海南将在未来5年内，向雅浦州青年大学生提供50个在琼留学生全额奖学金名额（10人/年）。

【广东省外办代表团访问密联邦】 2017年5月14—16日，广东省人民政府外事办公室副主任李坚率广东省外办代表团访问密联邦。密联邦副总统乔治、外交部长罗伯特、波纳佩州长彼得森分别会见代表团，双方就促进广东省与密联邦的经贸合作与人员交流交换了意见。代表团出席了中山市家电产品展销区揭牌仪式和中山市向索克斯市捐赠太阳能发电机仪式，密中友协为代表团访密举行了欢迎招待会。

【广东省佛山市与瓦努阿图维拉港市缔结友好城市签约仪式】 2017年6月12日，广东省佛山市与瓦努阿图维拉港市缔结友好城市签约仪式在维拉港市政厅举行。佛山市委常委、组织部部长杨朝晖和维拉港市市长尤里奇·萨姆帕托签署协议书。2017年是中瓦建交35周年，两市结好将有利于促进两国地方政府及人民之间的相互了解和友谊，扩大和深化双方在教育、经贸、旅游等领域的交流合作。中国驻瓦努阿图大使刘全出席了签约仪式，并见证了佛山市向维拉港市捐赠体育器材仪式。

【广东省中山市与密联邦雅浦州如尔市正式建立友好城市关系】 2017年7月5日，中山市委副书记、市长焦兰生与密联邦雅浦州如尔市市长西蒙·沃森在中山市政府会议中心共同签署《建立友好城市关系协议》，双方正式建立友好城市关系。在雅浦州州长托尼·甘吉延率领下，此次密联邦代表团除见证签约仪式外，还与中山市卫计、体育等多部门开展交流，并与市文化部门和青少年宫组织多场展示岛国民俗和文化的交流活动。双方希望以文化为纽带，增进两地民间的友好往来。自2015年以来，中山市与雅浦州如尔市建立了友好的往来关系，双方先后签署了《友好合作备忘录》，并在医疗、体育、旅游、文化等领域开展了富有成效的交流与合作。

【库克群岛、纽埃代表参加"友好使者珠海行"活动】 2018年6月12日，珠海市委副书记、市长姚奕生会见了参加"友好使者珠海行"活动的外方代表团一行。此次"友好城市珠海行"活动的目的是巩固珠海友好（交流）城市资源，加强与欧美发达国家及"一带一路"沿线国家友好（交流）城市的交流与合作。来自珠海10个友好（交流）城市的22位友好使者和来自太平洋岛国库克群岛和纽埃的4位友好使者一行共26人组成的外方代表团，在珠海进行了为期4天的参观考察，深入了解珠海的经济社会发展情况，进一步增强友好（交流）城市与珠海的交流与联系，推动双方务实合作取得更大成效。库克群岛文化发展部秘书长安东尼·图鲁阿，珠海市委常委、副市长祝青桥等出席了相关活动。

【密克罗尼西亚—中国友好协会办公室落成】 2018年7月19日，密克罗尼西亚—中国友好协会举行办公室落成典礼，中国驻密克罗尼西亚联邦大使黄峥、协会主席（前总统）哈格莱尔加姆、副主席米盖尔、广东省人民政府办公室赴密代表团、克罗尼亚市长侯赛及密联邦各界友人出席大会。会上，广东省人民政府外事办公室主任陈秋彦代表广东省外办与密中友协签署了合作备忘录，并向密中友协捐赠了电脑和其他办公用品。

【广东省友好代表团访问萨摩亚、汤加】 2018年9月5—12日，广东省人大常委会副主任王学成率广东省友好代表团访问萨摩亚、汤加，进一步推动广东省与有关太平洋岛国在医疗卫生、农渔业、旅游、基础设施、国际友城等领域的交流与合作。访问期间，王学成先后会见萨摩亚副议长托洛瓦阿、卫生部部长图伊塔玛、外交贸易部代理常秘丽维和汤加王国议长法卡法努阿、外交部常秘图普尼瓦、汤中友协会长皮洛莱乌公主、卫生大臣皮乌卡拉等，就加强双方人员往来、扩大交流合作领域、增强交流合作项目实效达成共识。代表团还前往慰问赴太平洋岛国巡诊的中山大学中山眼科中心"光明行"医疗队，看望接受免费诊疗的当地患者。中国驻萨摩亚大使王雪峰、驻汤加大使王保东参加了有关活动。

【海南省代表团访问密克罗尼西亚波纳佩州】 2018年11月7日，海南省代表团访问密联邦波纳佩州，海南省副省长苻彩香与波纳佩州长彼得森签署关于建设椰子示范种植园的谅解备忘录，并出席了当天下午椰子示范种植园项目的开工仪式。之后，苻彩香前往海南省援密示范农场考察并与农业专家进行了座谈。8日，代表团考察联成远洋渔业公司波纳佩基地的作业码头并与基地管理人员座谈。

【第八届美大地区友好论坛召开】 2018年11月23日，由中国人民对外友好协会与海南省友协共同举办的第八届美大地区友好论坛在海口市召开。来自澳大利亚、巴哈马、加拿大、斐济、法属波利尼西亚、牙买加、新喀里多尼亚、新西兰、纽埃、帕劳、萨摩亚、所罗门、汤加、美国和瓦努阿图等15个国家和地区的18个对华友好组织代表，以及汤加驻华大使等近100名外宾出席论坛活动。中国友协副会长谢元出席论坛并致欢迎词，指出这一机制化交流平台极大地推动了美大地区友好组织横向交流。海南省副省长苻彩香、汤加王国公主、太平洋中国友好协会荣誉会长、汤加中国友好协会会长皮洛莱乌·图伊塔殿下分别致辞。与会嘉宾及各位专家学者围绕"共建海上丝绸之路，共促地方开放发展"这一主题进行了深入探讨。

【广东省东莞市政府代表团访问汤加】 2018年12月11—15日，广东省东莞市政府代表团访问汤加。中国驻汤加大使王保东与代表团团长、东莞市外事侨务局副局长骆伟东就加强东莞对汤加发展援助和务实合作交换了意见。代表团分别会见了汤加副首相兼基础设施和旅游大臣西卡、外交部常秘图普尼瓦和哈派岛行政长官普洛卡。双方表示将继续在发展援助、基础设施建设、农渔业、旅游业、人文交往等领域扩大交流与合作,为促进中汤友好做出新贡献。

【山东省外办代表团访问汤加】 2018年12月13—14日,山东省外办代表团访问汤加王国。中国驻汤加大使王保东同代表团团长孙业宝副主任就促进山东省与汤加友好交往交换了意见。访汤期间,代表团一行分别会见了汤加教育和培训大臣费费塔及外交部常秘图普尼瓦,考察了汤加高等教育学院和汤加学院,同汤方就促进中汤友好以及山东省和聊城大学与汤加加强教育等领域交流合作进行了深入探讨。

(撰稿人:王文丽)

中澳人文交流

一 中澳人文交流综述

【中澳关系】 1972年12月21日,中国与澳大利亚签署联合公报,正式建交。历经国际风云变幻,两国关系取得了历史性发展。中澳双方于1999年建立"面向二十一世纪的长期稳定、健康发展的全面合作关系",2006年就发展两国"二十一世纪互利共赢的全面合作关系"达成共识,2014年将两国关系提升为"全面战略伙伴关系"。2017年是中澳建交45周年。近半个世纪里,中澳双方在平等、相互尊重、共同利益和互利合作的基础上推进两国关系,在互利共赢,合作发展的道路上不断取得新成绩,推动双边关系进入更加成熟稳健的新阶段。

中澳人文交流由来已久,既有政府层面推动的协议和项目,也有民间机构和民众自发组织的活动。20世纪70—90年代,两国先后签有科技合作协定、文化合作协定、体育合作协议及教育交流备忘录等。21世纪以来,2002年"北京文化节"在悉尼和堪培拉举行,"澳大利亚文化周"在上海举行。2006年,两国政府签署《中澳青年科学家交流计划》和旅游合作备忘录。2009年,双方决定将于2010年6月至2012年6月互办文化年活动。2010年6月,"澳大利亚文化年"在北京开幕,2011年"中国文化年"在悉尼开幕,中澳旅游峰会和第八届中澳科技合作联委会先后召开。2014年11月,悉尼中国文化中心在澳揭牌。2015年,澳大利亚政府旨在促进其学生赴亚洲国家留学的"新科伦坡计划"在华实施。2016年4月,澳政府宣布在上海设立海外创新基地。2017年2月,"中澳旅游年"在悉尼开幕。3月,双方宣布建立中澳创新对话机制。截至2018年底,中国在澳大利亚的留学生人数达24.7万人,是该国最大的海外留学生群体。中方的统计显示,2018年中国公民访澳约为158.97万人次,同比增长5.1%;同期澳大利亚公民访华人数达75.19万人次,同比增长2.5%。截至2019年4月,两国间建立的友好省州和城市关系达107对。

【开展情况】 2017—2018年,中澳双方在教育、科技、文化、卫生、体育、旅游、青年等各领域开展了广泛而形式多样的交流,取得了丰硕的成果。

教育领域,中方驻悉尼总领事会见澳方校长、澳驻华大使参加北京外国语大学开学典礼、领事馆举办教师节招待会、澳维州教育部长出席"中国文化日"活动等体现了两国政府对中澳教育交流的重视。中澳文化与早期教育交流研讨会、中澳职业教育高峰论坛、教育专题研讨班、在华澳大利亚研究基金会国际研讨会、澳高校成立中国中心等活动为中澳加强在教育领域的交流与合作提供了平台。《澳大利亚发展报告（2016—2017）》在北京和悉尼发布，在为国内澳大利亚研究提供借鉴的同时，加强了中澳两国学者之间的沟通和交流。

科技领域，中澳成立首个科技转化平台，签署金融科技交流合作协议。苏维研创高峰论坛、中澳科技研讨会、中澳青年科学家交流计划、中澳生物科技投资与合作大会、中澳科技创新创业合作论坛、中澳科技创新高峰研讨会顺利召开，为中澳两国科学团体加强合作、建立伙伴关系、共同应对全球挑战提供了一个高效有益的交流平台。

文化领域，成功举办了"中澳面对面——文化交流之回顾与展望"论坛、2018"一带一路"中澳国际文化交流季、《中澳艺术与文化交流报告》发布会等活动。

卫生领域，两国代表参加第68届世界卫生组织西太平洋区域委员会会议，协力促进全球卫生领域的合作。加强在健康医药领域的合作，在澳昆士兰州成立首个海外火炬医药创新园，在澳布里斯班和悉尼举行2018中澳妇幼健康论坛。

体育领域，李克强总理与特恩布尔总理共同观看澳式足球；澳式足球职业联盟常规积分赛首登中国上海。上海市体育局局长会见澳大利亚网球协会CEO；第六届中外大学校长体育论坛在北京体育大学召开。

旅游领域，在两国政府的支持下，中澳旅游合作近年来发展势头良好。中国旅游局局长会见澳贸易旅游与投资部长；澳旅游局与国泰航空、马蜂窝旅游网签署合作协议；两国成功举办了2017"中澳旅游年""美丽中国之夜""中国旅游之夜"、第二届中澳旅游论坛等活动。

青年领域，两国举办了2017中澳青年领袖发展峰会、第一届中澳青年创新创业论坛、第七届中澳青年领袖发展峰会、中国布里斯班总领馆青年外交官与中澳青年交流互动活动、中澳青年对话等活动，为培养未来青年领袖、促进中澳两国年青一代的交流与合作、加强中澳互通等提供了契机。

二　中澳教育交流

【中国西部首个PTE学术英语考试中心落户西南大学】　2017年4月18日，培生集团与西南大学合作，将中国西部地区首个PTE学术英语考试中心设立在西南大学西塔学院。西塔学院由西南大学、澳大利亚西澳大学以及塔斯马尼亚大学合作共建，是教育部批准设立的首家中澳本科合作办学。澳大利亚驻成都总领事馆总领事林明浩在庆典上发表讲话，并指出"西塔学院是中澳教育合作的重要例子，代表了中澳教育最好的合作"。同时，PTE 考试中心落户西南大学也意味着中国中西部地区的考生有了更权威的标准化英语水平测试新选项。

【中澳文化与早期教育交流研讨会召开】 2017 年 7 月 12 日，由中国少年儿童新闻出版总社主办的中澳文化与早期教育交流研讨会在澳大利亚悉尼市召开。中国少年儿童新闻出版总社协同黑龙江省大庆市幼教中心和北京市五一幼儿园，与澳大利亚布莱特幼儿园和卡库博幼儿园分别签署了出版社、中、澳幼儿园三方合作协议，相互学习教学方法和教育理念，促进中澳教育交流在早教领域取得新进展。

【第二届中澳职业教育高峰论坛举办】 2017 年 9 月 6—9 日，澳大利亚技术与继续教育学院全国委员会在南澳大利亚州首府阿德莱德市举办了第二届中澳职业教育高峰论坛，60 余名中国代表出席论坛。在本论坛推出的高端会晤上，中澳职业教育专家与行业代表进行了深层交流，将为全面转型的中国职业教育国际化提供巨大的合作空间。

【澳大利亚驻华大使安思捷在北京外国语大学开学典礼上演讲】 2017 年 9 月 11 日，北京外国语大学 2017 级新生开学典礼在体育馆举行，澳大利亚驻华大使安思捷出席本次典礼。安思捷高度评价了北外在外交外事人才培养、区域研究、促进中国与世界各国文化交流等方面取得的成就，阐述了语言文化在国家交往中的重要性，介绍了澳大利亚与中国的双边关系取得的成就，希望同学们能为促进中国与世界各国的交流贡献自己的力量。

【中国驻悉尼总领事顾小杰会见悉尼科技大学校长和新南威尔士大学校长】 2017 年 11 月 6 日和 8 日，中国驻悉尼总领事顾小杰在总领馆分别会见了悉尼科技大学校长博澜适夫妇及副校长柏伟廉、刘勉，和新南威尔士大学校长雅各布斯及副校长博伊尔、多赫蒂、助理校长金江。双方都表示，当前中澳教育交流合作不断发展，有助于增进两国之间的了解和友谊，希望继续加强中澳教育机构间的广泛交流与合作，开拓创新发展，促进双方受益。

【"国家治理体系和治理能力建设专题研究班"开班】 2017 年 11 月 13 日，由中共中央组织部及国家行政学院和澳新政府学院联合主办的 2017 年"国家治理体系和治理能力建设专题研究班"在堪培拉市举行开班仪式。中国驻澳大利亚联邦特命全权大使成竞业和澳大利亚教育和培训部长西蒙·伯明翰出席了本次仪式。伯明翰表示，澳中两国在职业教育和培训领域的合作潜力巨大，愿加强澳中教育合作，政府出资鼓励澳大学、教育机构、学生与中国教育部门加强交流合作，共同推动两国全面战略伙伴关系健康稳定发展。

【《澳大利亚发展报告（2016—2017）》发布会暨中澳关系走向高端论坛举行】 2017 年 12 月 20 日，由北京外国语大学和社会科学文献出版社联合主办的"《澳大利亚蓝皮书：澳大利亚发展报告（2016—2017）》发布会暨中澳关系走向高端论坛"在北京市举行。发布会由北京外国语大学英语学院院长张剑主持，北外副校长、中国澳大利亚研究会会长孙有中、澳大利亚驻华使馆

第二编 双边与多边人文交流平台

政治参赞（Michael Sadleir）等出席会议。蓝皮书全面揭示了澳大利亚各个领域的发展状况，在为国内澳大利亚研究提供借鉴的同时，加强了中澳两国学者之间的沟通交流。

【《澳大利亚发展报告（2016—2017）》发布】 2018年4月11日，由北京外国语大学英语学院澳大利亚研究中心组织编写的《澳大利亚蓝皮书：澳大利亚发展报告（2016—2017）》在悉尼市举行发布会。蓝皮书由中澳两国高校及研究机构的学者撰写，全面揭示了2016年7月以来澳大利亚政治、经济、外交和社会等领域的发展状况，重点关注特恩布尔总理执政以来澳大利亚国内政策和外交政策的延续性与新特点、《中澳自贸协定》背景下的中澳经贸关系发展的机遇与挑战，以及澳大利亚对"一带一路"倡议的反应等重要议题，为中澳两国的学者加强在政治、经济、外交和社会文化等领域的沟通交流提供了平台。

【澳维多利亚州教育部长海尔出席"中国文化日"活动】 2018年5月11日，中国驻墨尔本总领馆举办了由维州中文教师协会组织的2018年"中国文化日"活动。来自澳大利亚维多利亚州15所学校的300多名师生参加了本次活动，通过集体观看中国武术、民族舞蹈和歌曲表演等节目感受中国文化魅力。本次"中国文化日"活动在促进澳大利亚学生了解中国文化的同时，还为中澳学生架起了沟通的桥梁，用文化奏响中澳友好新篇章。

【澳大利亚新南威尔士大学成立中国中心】 2018年7月2日，澳大利亚新南威尔士大学在上海杨浦区长阳创谷成立新南威尔士大学中国中心。中心将专注于高等教育、现代工业和科技，同时致力于推进科学研究、教育合作、招募国际学生、为学生提供实习机会等。新南威尔士大学校长伊恩·雅各布斯出席开幕仪式，表示全球伙伴关系有助于更好地推动社会、文化和经济发展。中国中心的成立有助于提升新南威尔士大学在中国的知名度，并进一步推进中澳教育合作与交流。

【中国驻墨尔本总领事馆举办庆祝教师节招待会】 2018年9月14日，中国驻墨尔本总领馆举行庆祝2018年教师节招待会。维多利亚州教育部高级官员，维州高校中文教师协会、维州中小学中文教师协会、墨尔本地区各孔子学院和部分孔子课堂负责人，以及当地多所中小学校长和师生代表80余人出席活动，与总领馆外交官共叙中澳教育交流佳话。中国驻墨尔本总领事赵建、维州教育部巴斯托教育领导学院院长尼尔·巴克在招待会上致辞。教育领域合作是中澳人文交流的重要内容，双方各界人士以此次招待会为契机，共同努力，不断推进教育交流与合作，为增进两国人民的相互了解和友谊做出更大贡献。

【在华澳大利亚研究基金会第六届国际学术研究会召开】 2018年11月2日，在华澳大利亚研究基金会第六届国际学术研讨会在四川师范大学召开，四川省教育厅副厅长彭翊、澳大利亚驻成都总领事馆总领事林明浩、在华澳大利亚研究基金会执行主席（Shirley Gao）、北京大学澳大利亚研究中心必和必拓讲席教授（Gregory McCarthy），四川师范大学校长汪明义、副校长高中伟出席开幕式。本届年会以"全球互通：空间、地域和命运共同体"为主题，200余名中澳相关领域的官员、专家、学者齐聚川师，就中澳在各个层面的交往关系和相关研究话题进行了研讨，以增强中国和澳大利亚学者间的交流互动，增进两国民众的相互理解，推进中澳关系向好发展。

三 中澳科技交流

【中澳首个科技转化平台成功签约】 2017年3月23日，由江苏省和维多利亚州共同打造的中澳首个科技转化平台——"江苏—维州研创中心"，在江苏正式签署合作备忘录。江苏—维州研创中心由离岸孵化器（墨尔本）与在岸加速器（苏州）构成，采用两地接力孵化模式，本着互惠、互利、互信的原则，围绕新一代信息技术、新能源、医疗器械及生命健康等领域，推动科技创新、技术成果转化转移。澳中科学家创业协会会长富尔江表示，在中国"走出去"发展战略深入推进的大背景下，此次合作对于推动双方互利共赢、创新发展具有深远意义，标志着双方的深度合作进入一个崭新的发展阶段。

【苏维研创高峰论坛召开】 2017年7月11日，由江苏—维州研创中心和江苏省技术产权交易市场共同主办，维多利亚州政府南京商务代表处、苏州科技城帮创科技创业孵化服务中心、苏南科创双创集聚区共同协办的苏维研创高峰论坛在江苏—维州研创在岸加速孵化中心召开。本次论坛主题为"共商，共享，共创未来——'一带一路'下的中澳国际技术转移、成果转化"，与会代表围绕该主题进行了主题演讲和专题讨论。此次苏维研创高峰论坛是中澳双方创新创业沟通的良好途径，对促进中澳间国际技术、成果的双向交流，促进澳大利亚的优秀科技成果在江苏落地发展具有重要的意义。

【澳驻华大使安思捷访问青岛科研机构】 2017年9月26日，澳大利亚驻华大使安思捷访问了山东青岛的两处领先的科研机构——中国科学院海洋研究所和国家海洋局第一海洋研究所，感谢它们为澳大利亚在海洋、海产和海岸研究等方面的国际科技合作做出的杰出贡献。此次访问也是对在澳中科研基金框架下澳中之间成功开展的双边科技创新合作的充分肯定。新一轮中澳联合研究基金的重点资助领域是先进制造、医疗技术和制药、资源和能源。

【第十三届中澳科技研讨会召开】 2017年10月17—19日，由中国科学院与澳大利亚科学院、澳大利亚技术科学与工程院共同主办的第十三届中澳科技研讨会在澳大利亚布里斯班市召开。来自澳大利亚各大学、研究机构与中科院各相关研究所、大学及中国华中科技大学的40余位研究人员参加了研讨会。本届科技研讨会主题为"合成生物学"。中澳两国科学家分别围绕大分子设计、途径、基因组尺度、伦理等主题，通过大会报告、分组讨论、海报展示等多种方式，进行了充分交流和深入探讨。该系列研讨会为中澳两国科学团体加强合作、建立伙伴关系、共同应对全球挑战提供了一个高效有益的交流平台，进一步推动了中澳科技的交流与合作。

【2017年中澳青年科学家交流计划举行】 2017年11月3日，由中国科技部与澳大利亚工业创新科学部主办、中国科学技术交流中心和澳大利亚技术科学工程院承办的2017年中澳青年科学家交流计划闭幕式在上海同济大学举行，14位澳方学者结束了在中国高校和科研单位的访问，顺利完成了为期2周的合作研究。中国科学技术交流中心副主任赵新力、澳大利亚驻华使馆参赞温泽涛、同济大学副校长吴志强、澳大利亚技术科学与工程院会士（Murray Scott）出席开幕式并致辞。中澳青年科学家交流计划对中澳两国开展科技领域的务实合作具有重要意义，为两国科学家加强交流、丰富合作内涵、共同谱写中澳科技创新合作新篇章提供了平台。

【中澳生物技术投资峰会召开】 2018年3月15—16日，中澳生物技术投资峰会在毕马威上海办公室召开。本次会议由澳大利亚生物技术协会、毕马威等单位协助举办，是澳大利亚生物技术协会亚洲投资系列的一部分。与会嘉宾分别就澳大利亚生命科学领域发展机遇、澳大利亚医学技术在中国等主题发表了精彩演讲，随后举行了主题座谈、澳中双方企业介绍演说、合作洽谈及签约等多场活动，促进了中澳间生命科学领域的投资与合作，为两国该领域相关企业及投资者创造了一对一的交流机会。

【中澳科技创新创业合作论坛召开】 2018年7月13日，由天津市科学技术委员会、澳大利亚贸易投资委员会主办，天津市对外科技交流中心承办的中澳科技创新创业合作论坛在天津梅江会展中心召开。本次论坛旨在建立天津企业与澳大利亚创新创业资源的对接渠道，为中澳创新创业企业开展合作提供平台和支持。论坛一方面有助于推动天津科技型企业走向澳大利亚，在政府和专业机构的引导下，建立海外研发机构，快速获取海外先进适用技术；另一方面，协助优质的澳大利亚科技企业落地天津，推动天津智能科技产业发展。

【第十四届中澳科技研讨会召开】 2018年8月27—29日，由中国科学院、澳大利亚科学院、澳大利亚技术与工程院主办，澳大利亚政府支持、中科院长春光机所承办的第十四届中澳科技研讨会在长春光机所召开。会议中，与会专家学者围绕"光改变生活"这一主题展开了热烈交流，推动长春光机所在空间光学、光学工程、量子光学等光学等领域的发展。本次会议的成功召开不仅促进了各方的信息共享，也进一步推动了中澳两国的学术交流与科研合作，为今后的国际交流合作开辟了新领域。

【2018年"中国—澳大利亚青年科学家交流计划"闭幕式】 2018年11月9日，由中国科技部与澳大利亚创新、工业与科研部主办，中国科学技术交流中心和澳大利亚技术与工程科学院承办的2018年"中国—澳大利亚青年科学家交流计划"闭幕式在中科院苏州生物医学工程技术研究所举行。该项目为16位澳大利亚青年科学家提供了与中国青

年科学家深入交流、充分研讨的机会，两国科学家在访问交流期间达成多项共识，涉及科研人员交流、互访、开展联合研究等合作形式，进一步加强了中澳在科技创新领域的交流与合作。

【中澳金融科技交流合作签约仪式举行】 2018年11月15日，由澳大利亚驻华大使馆、澳大利亚贸易投资委员会、浙江省金融科技协会联合主办，雄岸科技、炬链科技、Hayek Global、Maddocks澳洲律师事务所承办的中澳金融科技交流合作签约仪式在杭州区块链产业园落幕。浙澳科技合作增强了中国和澳大利亚在该领域的交流合作，并为中澳两国更深层次的合作打下了坚实的基础。与会代表对进一步加强浙澳科技合作寄予厚望。

【"对话未来——中澳科技创新高峰研讨会"召开】 2018年11月19日，由中国科学院战略咨询研究院与悉尼新南威尔士大学联合主办的首届中澳科技创新高峰研讨会在北京中科院学术会堂落下帷幕。会议期间，来自中科院和澳大利亚的专家学者聚焦于多学科、跨学科的挑战，围绕人工智能、能源、大健康、新材料4个前沿领域作主题报告。本次研讨会旨在着眼于未来发展，搭建中澳教育科学界学者的交流平台。中科院科技战略咨询研究院、澳大利亚新南威尔士大学、施普林格·自然集团围绕中澳两国科研工作的产出与全球推广、进一步推进中澳更深层次的科技合作展开了深入交流和探讨。

四 中澳文化交流

【"中澳面对面——文化交流之回顾与展望"论坛召开】 2017年5月25日，西悉尼大学澳中艺术与文化研究院携手悉尼中国文化中心联合在澳大利亚悉尼市召开了一场主题为"中澳面对面——文化交流的回顾与展望"的高峰论坛。本次论坛由西悉尼大学校长葛班尼教授担任主持，邀请了数名为推动中澳两国文化交流与合作作出重要贡献的人士作为主讲嘉宾。本次论坛回顾了过去45年来中澳文化关系的变化发展，用丰富的文化交流成果向观众展现了中澳跨文化理解的必要性。

【2018"一带一路"中澳国际文化交流季举行】 2018年9月25日，由华盟商会澳大利亚分会、澳大利亚东北总商会、澳大利亚书法家协会、澳大利亚中国传统文化协会、世界诗意文化联合会、中国沈阳明飞文化传媒、澳洲豌豆旅行等中澳多家机构共同发起并主办的"一带一路"文化交流暨中澳书画名家精品展在澳大利亚悉尼市开幕。本次活动旨在加强中澳文化艺术交流，促进中澳和平友谊之路，为参展艺术家提供了国际文化艺术交流平台，为促进两国民间文化交融起到了积极作用。

【《中澳艺术与文化交流报告》发布】 2018年12月10日，在中澳两国政府相关部门的支持下，由北京师范大学和澳大利亚南澳大学共同完成的《中澳艺术与文化交流报告》在北京市发布。报告表明，在中国与澳大利亚进行艺术和文化交流的过程中,文化理解占比最大,传统艺术在文化艺术交流中占据重要地位。该调研项目通过了解澳大利亚文化与艺术在中国的发展,为探究艺术和文化交流如何在中国和澳大利亚之间搭建桥梁、分析中澳两国文化交流存在的机遇和挑战提供了重要的参考。

五 中澳卫生交流

【中国代表团参加在澳举行的第68届世界卫生组织西太平洋区域委员会会议】 2017年10月9—13日,第68届世界卫生组织西太平洋区域委员会会议在澳大利亚布里斯班市召开,由国家卫生计生委国际司、疾控局、食品司、宣传司,国家食品药品监管总局及北京大学医学部有关人员组成的中国代表团赴澳出席此次会议。会议期间,中国和澳大利亚同时被提名为世卫组织执委会成员,为日后两国加强医疗卫生方面的合作提供了契机。中澳两国将积极响应世卫组织号召,加强跨部门合作和伙伴关系,参与全球卫生治理,共同推动实现2030卫生相关可持续发展目标。

【中国首个海外火炬医药创新园落户澳大利亚】 2018年4月3日,中国科技部火炬高技术产业开发中心与澳大利亚昆士兰州卫生部、环境与科技部签署了《昆士兰火炬健康与医药创新园谅解备忘录》,中国首个海外火炬医药创新园落户澳大利亚昆士兰州,标志着中国与澳大利亚在健康医药领域的合作迈上了新台阶。中国驻布里斯班总领事徐杰、昆州卫生部部长迈尔斯、昆州环境与科技部部长依诺克出席签约仪式并致辞。火炬创新园将加速中澳两国医药创新和成果的转化,在为两国民众提供更高质量医疗服务的同时,促进中澳经济社会发展,进一步深化两国友谊,在全球跨国合作的大潮中,探索新模式,树立新典范。

【2018中澳妇幼健康论坛举行】 2018年10月8—13日,由上海春田医管和AusAsia医疗创新中心联合主办的2018中澳妇幼健康论坛在澳大利亚布里斯班和悉尼举行,中国驻布里斯班总领事徐杰出席论坛欢迎晚宴并致辞。本论坛主要围绕社会组织在妇幼保健机构能力建设中的作用,探讨中澳妇幼医疗未来的发展趋势以及变革中的挑战和机遇,探讨国际母婴领域的管理模式、发展趋势、临床质量管理和风险管理,尤其面对中国二胎时代,如何促进孕产妇、新生儿健康水平提升等专题开展了讨论,有效推动了中澳医疗健康公益项目的深度合作。

六 中澳体育交流

【李克强总理与澳总理特恩布尔共同观看澳式足球】 2017年3月25日,国务院总理李克强在访澳期间,与澳大利亚总理特恩布尔在悉尼共同观看澳式足球比赛。两国总理同球员进行了交流互动，询问球员的训练生活情况，并赞许两国体育界加强交流的做法。李克强指出，文明因多样而多彩，欢迎澳大利亚足球运动员到中国展示澳式足球的魅力，通过加强包括体育在内的人文交流与合作，为中澳搭建更多友谊的桥梁。

【澳式足球职业联盟常规积分赛首登中国上海】 2017年5月14日，由澳大利亚旅游局主办的丰田杯澳式足球职业联盟常规积分赛在上海市拉开首场海外比赛的序幕。中澳体育爱好者们共同见证了阿德莱德港俱乐部和黄金海岸太阳俱乐部的精彩对决。这项凸显澳洲人"大无畏"精神的运动，每年都吸引着600万澳洲人现场观看比赛，其热度渐渐蔓延至了中国。此次赛事无论是对于澳式足球职业联盟还是对于澳大利亚旅游业，都是具有里程碑意义的事件，在促进澳大利亚旅游业进军中国市场的同时，拓展了中澳体育界的交流形式，也深化了中澳之间的纽带关系。

【上海市体育局局长会见澳大利亚网球协会CEO】 2017年10月17日，上海市体育局局长徐彬在体育大厦会见了澳大利亚网球协会CEO泰利一行。双方回顾了在青少年网球培养和推广方面的合作，并就未来在校园网球、设施建设、网球培训、赛事组织方面进一步开展合作达成共识。此次会面不仅促进了中澳网球协会的交流，更为中澳两国加强体育方面的合作奠定了基础。

【第六届中外大学校长体育论坛召开】 2018年10月20日，在北京体育大学建校65周年之际，以"冬奥文化与传承"为主题的第六届中外大学校长体育论坛在北京体育大学召开。澳大利亚昆士兰大学运动与营养学院院长安德鲁·克雷斯维尔出席了开幕式，并在开幕式结束后发表了主旨演讲。中外大学校长体育论坛成了交流前沿思想、引领体育发展、分享成果智慧的开放平台。

七　中澳旅游交流

【2017"中澳旅游年"开幕式举行】 2017年2月5日，中国国家旅游局局长李金早和澳大利亚联邦贸易旅游投资部部长史蒂芬·乔博在悉尼歌剧院共同为2017"中澳旅游年"揭幕。举办"中澳旅游年"是两国领导人共同做出的决定，中方计划举办"千名澳游客西安古城入城仪式""'熊猫跑澳洲'大篷车巡游"等系列旅游推广活动，澳方将举办部长级经贸代表团访华、旅游推广和航空合作、商业推介以及体育、文化和教育交流等活动。该项目对促进两国旅游交流、深化人民友谊意义深远，并为双方在经济、商业、社会、学术等各领域开展深入交流创造更多机遇。

【国家旅游局局长李金早会见澳贸易、旅游与投资部长乔博】 2017年2月5日，在澳大利亚出席2017"中澳旅游年"开幕式的中国旅游代表团团长、国家旅游局局长李金早在悉尼会见了澳大利亚贸易、旅游与投资部长乔博。中国国家旅游局副局长杜江、中国驻澳大利亚大使成竞业、澳大利亚驻华大使安思捷、中国国家旅游局国际司和澳大利亚旅游局相关负责人参加了会见。双方就办好"中澳旅游年"、进一步深化两国旅游合作等事宜进行了深入交流。在两国政府的支持下，中澳旅游合作近年来保持良好的发展势头，为两国旅游合作提供了巨大机遇，促进了两国旅游企业到对方国家投资兴业，扩大了双向旅游往来规模。

【"美丽中国之夜"举行】 2017年11月14日，2017"中澳旅游年"系列活动——"美丽中国之夜"在澳大利亚悉尼市举行。来自中国上海、海南、山东等11个省市区旅游委（局）和旅游业界代表，以及澳大利亚当地的旅游代理商、航空公司等各界代表约300人出席了活动。此次"美丽中国之夜"宣传活动推介了中国丰富的旅游资源，提升了中国旅游在澳大利亚客源市场的知名度和影响力，将吸引更多澳大利亚游客来华旅游观光，在架起中澳两国人民之间桥梁的同时，推动双方在经济、社会、学术等各领域的交流与合作。

【"中国旅游之夜"走进墨尔本】 2017年11月15日，由中国国家旅游局主办的"中国旅游之夜"宣传活动在澳大利亚墨尔本市举办。中国国家旅游局副局长李世宏、中国驻墨尔本总领事赵建、澳维多利亚州领导，墨尔本当地旅游企业、航空公司、新闻媒体代表等300余人参加了此次活动。李世宏在致辞时表示，得益于两国政府的高度重视和业界的共同努力，中澳旅游交流规模不断扩大，旅游合作已成为中澳人文交流和务实合作的重要内容。此次宣传活动增进了两国人民之间的相互了解，为两国深化旅游交流与合作提供了契机，巩固了两国关系的基础。

【澳旅游局与国泰航空、马蜂窝旅游网签署合作协议】 2018年8月7日，澳大利亚旅游局在北京市分别与国泰航空、中国在线企业马蜂窝旅游网签署合作协议，共同拓展赴澳旅游市场。澳大利亚旅游局局长暨行政总裁欧肃文表示，与国泰航空首次针对赴澳商务会奖旅游市场签署战略合作协议，将在共同推广赴澳休闲旅游的基础上，进一步深化双方的友好合作关系。同时，澳旅游局和马蜂窝旅游网将发挥各自优势，在市场营销推广、目的地信息整合、旅游产品定制和大数据分析等领域展开合作，布局智慧旅游营销，构建移动互联网旅游生态圈。

【第二届中澳旅游论坛召开】 2018年11月20—24日，由四川大学和澳大利亚埃迪斯科文大学联合主办、澳中旅游研究协作中心协办的第二届中澳旅游论坛在四川省成都市召开。本论坛以"以旅游促进文化交流与互信：新规范中的新关系"为主题，数十所高校和研究机构的旅游学者及专家，澳大利亚驻成都总领事馆、澳大利亚国家旅游局、成都明宇集团、归派国际旅游文化发展有限公司等中澳学界、政界、业界代表汇聚一堂，围绕中澳两国旅游业发展新观念、新看法、新趋势以及两国时下最为热点的旅游业发展前沿问题展开了广泛而深入的交流。此次论坛为中澳两国旅游业搭建起了跨越学、政、企三界的交流与合作平台，为两国旅游业的发展带来了新机遇。

八　中澳青年交流

【2017中澳青年领袖发展峰会举行】 2017年2月17—19日，2017中澳青年领袖发展峰会在北京市举行，澳大利亚驻华大使安思捷女士，中国外交部原驻斐济、巴巴多斯大使、Model APEC名誉主席江承宗出席晚宴并致辞。本次会议由模拟亚太经合组织和澳中青年联合会共同举办，60位来自中国和澳大利亚的青年代表就中澳关系、创新发展、教育等议题进行了深入交流。本次峰会为培养未来青年领袖、促进中澳两国年青一代的交流与合作、加强中澳互通等提供了契机。

【第一届中澳青年创新创业论坛在墨尔本举行】 2017年8月11日，由维多利亚商务孔子学院主办、澳大利亚上海总商会协办的第一届中澳青年创新创业论坛在澳大利亚墨尔本市的维多利亚大学举行。80余位中澳商界、政界以及学术界青年人士受邀参加该论坛，中国驻墨尔本总领馆代总领事黄国斌、维多利亚州上议院主席（Bruce Atkinson MLC）、维多利亚大学副校长（Steve Berridge）出席论坛并致辞。该论坛为青年创业者分享创业项目和实践经验提供了平台，在促进中澳青年交流互动的同时，为两国之间进一步的民间交往做出了有益贡献。

【2017中澳青年对话举行】 2017年9月15—18日，2017中澳青年对话在北京市举行，30位中澳优秀青年代表参会，就关系两国发展的政治、经济等议题展开了讨论。本次活动的讨论内容主要有中澳关系的发展趋势、中澳两国在研究和创新领域的机遇和挑战、青年领导力、全球化时代的教育问题、中澳两国旅游业的发展、养老产业和老龄化危机。作为一项重要的民间交流活动，2017中澳青年对话旨在齐聚两国精英，为中澳青年面对面交流提供机会。不同思想和文化的碰撞为两国的发展注入了新的活力。

【第七届中澳青年领袖发展峰会举行】 2018年2月21—25日，中澳青年联合会在北京市成功举办第七届中澳青年领袖发展峰会。60余位中澳青年代表齐聚北京，围绕"贸易经济""能源化学""创新发展""文化软实力"等议题进行了广泛而深入的交流，并对话澳大利亚驻华大使（Jan Adams）。中澳两国的青年领袖集聚一堂，了解更多全新领域，共同为加强中澳互通、培养未来青年领袖、加强双边民间外交沟通、加深双边政治经济文化影响力等贡献力量。

【中国布里斯班总领馆青年外交官与中澳青年交流互动】 2018年4月2日，中国驻布里斯班总领馆举行2018年中澳青年与总领馆青年外交官交流活动，总领馆政新处、教育组、经商室、领事部的青年外交官与20余名北京大学和澳大利亚格里菲斯大学的青年学子进行了交流。同学们先后参观了总领馆领事服务大厅和多功能大厅，并听取了中昆关系概况及2017年中澳人文交流活动、中昆经贸合作和中昆教育合作等情况介绍。此次活动不仅为中澳青年提供了与外交官面对面交流的机会,还加深了两国青年对对方国家的历史文化和经济社会发展状况的了解程度,以民间交流的形式促进了中澳友谊。

【2018中澳青年对话举行】 2018年11月2—5日,2018中澳青年对话在澳大利亚墨尔本市举行,中国驻墨尔本总领事赵建与维多利亚州州督德绍共同出席开幕式并致辞。赵建在致辞中积极评价了这一对话机制为中澳青年增进了解、交流思想、建立友谊发挥的作用。德绍表示,中澳两国人民的交往和友谊源远流长,希望两国青年通过此次对话不断加深相互理解,更好地规划双方未来发展合作路径,为中澳友好做出积极贡献。

(撰稿人:胡丹、黄永芳)

第三编

领域人文交流

教育人文交流

一 教育人文交流综述

人文交流传承过去、造就现在、开创未来，是推动人类文明进步、塑造人类命运共同体的重要力量，在凝聚全球共识应对共同挑战方面具有不可替代的重要作用。教育是人文交流的重要载体，是培育人文素养、传承人文精神的重要途径。以教育为主要内容的人文交流，已成为推进中外民心相通和文明互鉴的重要抓手。

通过教育对外开放积极参与全球教育治理，推动共商共建共享"持久和平、普遍安全、共同繁荣、开放包容、清洁美丽"的新世界，是教育大国的应有担当，也是建设教育强国的客观要求。教育对外开放和交流是建设教育强国的重要途径，也是实现中华民族伟大复兴中国梦的必然要求。

从教育交流的层次来看，中外教育交流主要涉及学前教育、初等教育、中等教育和高等教育四个阶段。当前，中外教育交流主要侧重于高等教育交流，其他层次的教育交流正在逐步增加和完善。从教育交流的内容来看，中外教育交流主要涉及制订教育政策、教育考察调研、教育会议交流、教育联盟建设、留学教育动态、孔子学院动态、中外合作办学七个方面。

【发布教育文件，引领教育发展】

在立法和教育政策方面，颁布《学校招收和培养国际学生管理办法》《来华留学生高等教育质量规范（试行）》《高校科技创新服务"一带一路"倡议行动计划》，既涉及宏观的国家教育发展战略，也涉及微观的学生招收和管理。颁布《学校招收和培养国际学生管理办法》，旨在规范学校招收、培养、管理国际学生的行为，为国际学生在中国境内学校学习提供便利，增进教育对外交流与合作，提高中国教育国际化水平；颁布《来华留学生高等教育质量规范（试行）》，旨在推动高等教育内涵式发展，提高来华留学生高等教育质量；颁布《高校科技创新服务"一带一路"倡议行动计划》，旨在推进共建"一带一路"教育行动，充分发挥高校创新资源集聚、创新活动深入和国际交流活跃的优势，加强高校在服务"一带一路"建设中的创新引领和支撑作用。

【开展考察调研，促进教育互惠】

在教育考察调研方面，既涉及国家领导人的出访考察，也涉及教育部、全国政协教科卫体委员会等部委领导和中国教育国际教育交流协会等社团组织的出

第三编　领域人文交流

访考察；既涉及"澳大利亚、新西兰高等教育展团""千名中西部大学校长海外研修计划"研修团等高等教育代表团体的考察调研，也涉及"中学名校长海外培训团"等中等教育代表团体的考察调研；出访考察的国家主要涉及英国、爱尔兰、德国、法国、美国、加拿大、俄罗斯、澳大利亚、埃及等。

【举办教育会展，交流教育思想】

在教育会议展览方面，先后举办大学校长论坛、教育部长会议、国际教育年会、国际教育学术会议等，涉及"建设创新型国家和现代大学的使命""国际教育：政策、挑战与问题""金砖国家教育合作：促进卓越和公平""教育现代化——实践与探索""中欧高等教育学分互认"等议题；举办中国国际教育年会，旨在共同关注国际教育助力全球可持续发展问题，深入探讨新形势下如何推动教育现代化的发展；先后赴意大利、西班牙举办中国高等教育展并组织中外高校研讨会，促进国外高校及学生对中国高等学校的了解，吸引更多外国学生来华留学；举办"中欧高等教育质量对标与学分互认"国际研讨会，旨在进一步扩大教育对外开放，同世界一流教育资源开展高水平合作，促进我国高等教育内涵式发展，提升人才培养质量，探索我国与欧盟国家高等教育学分互认的方法与途径。

【建设教育联盟，实现资源共享】

在教育联盟建设方面，启动"中国—东盟职教合作联盟"，发布《中国—东盟职教合作联盟贵阳共识》，促进中国—东盟院校交流合作，深化中国—东盟产教融合；启动丝绸之路"教师教育联盟""人文社会科学联盟""图书档案出版联盟"，旨在通过联盟搭建丝绸之路教育人文交流合作平台，共同推进沿线国家和地区的人文合作与建设，培养一批高素质、复合型、具有国际视野的杰出人才，共同提高沿线各国人文社会科学研究水平，为各国经济、文化与社会发展提供历史镜鉴和智力支持；启动"丝绸之路大学联盟"能源子联盟，通过《丝绸之路大学联盟能源子联盟宣言》，旨在为能源动力和环境领域世界级专业研究机构打造合作教育平台，在科研合作、师生交流、学生联合培养、高层次人才培养等方面开展实质性合作，并共享优质资源，推动能源动力与环境领域发展；启动"一带一路"标准化教育与研究大学联盟，联合发布《杭州宣言》，秉承"团结互信、平等互利、包容互鉴、合作共赢"的理念，以"标准化教育与研究"为题，共商合作大计，共建合作平台，共享合作成果，通过标准化文化交流搭起"一带一路"民心相通之桥，齐心助力全球标准化教育、研究和人才队伍建设共同发展。

【深化改革开放，推进留学教育】

在留学教育动态方面，出国留学取得了重要突破，2017年中国出国留学人员总数为60.84万人，2018年中国出国留学人员总数为66.21万人，继续保持世界最大留学生生源国地位；继续稳步推进来华留学工作，来华留学生规模持续扩大，生源结构不断优化，中国政府奖学金吸引力不断提升，来华留学事业发展态势总体良好，向高层次高质量发展，2017年共有来自204个国家和地区的48.92万名留学生来华留学，2018年共有来自196个国家和地区的49.22万名留学生来华留学;举办亚洲校园项目高校交流会、"来华留学事业新征程"专题研讨会,共同聚焦跨境教育质量保障,探索中日韩高校间学分和资历互认、联合评估的方法和标准,共商共建来华留学质量保障体系建设;配合中印尼人文交流机制,举办"留学中国"教育展,推动中国与印度尼西亚之间的学生交流与校际合作;举办亚信国家大学生艺术节、"留动中国"全国总决赛、"相聚之歌——北京留学生之夜"文艺演出等文化活动,丰富校园文化,深化各国学生之间的友谊和多元文化交流。

【继续开拓创新,推进孔院发展】
在孔子学院建设与发展方面,全球孔子学院的整体办学规模继续扩大,办学质量继续提高,办学功能日渐丰富。孔子学院致力于搭建高水平、高层次的教育文化交流平台,推动各类项目的蓬勃开展;持续为各国从事汉学和中国研究的学生学者、优秀青年构筑合作平台,不断丰富中外人文交流的内涵;重点支持"一带一路"沿线国家汉语教学和教师培养;积极探索提升办学水平的有效路径。

【加大监管力度,规范合作办学】
在中外合作办学方面,先后举办两期"中外合作办学专业委员会会员系列培训",加大会员服务力度,助力会员单位能力建设,促进行业自律和办学质量的提升;加强中外合作办学事中事后监管力度,2017年依法终止252个本科以下层次中外合作办学机构和项目,2018年依法终止234个本科以上中外合作办学机构和项目,规范中外合作办学;举办第八届中外合作办学国际研讨会,围绕中外合作办学发展的关键议题,组织主旨发言、专题讨论、平行论坛和中外合作办学成果展,发布两个中外合作办学研究报告,为中外合作办学相关方搭建政策解读、报告发布、经验分享、思想碰撞、展览展示的综合平台;举办中澳合作办学研讨会、中法合作办学机构院长联席会,在推动合作办学为高校管理体制机制改革方面达成诸多共识。

新的历史方位、新的时代背景、新的战略部署对教育对外开放与中外人文交流事业提出了许多新要求。教育对外开放和中外人文交流在教育强国和人类命运共同体构建中大有可为,也应当有更大作为,要增强机不可失、时不我待的紧迫感,以高度的政治责任感和历史使命感拥抱新时代,担当新使命,在贯彻落实《关于做好新时期教育对外开放工作的若干意见》《关于加强和改进中外人文交流工作的若干意见》等重要文件中,抓重点,补短板,强弱项,努力开创新时代教育对外开放和中外人文交流事业的新篇章,为全面建成社会主义现代化强国做出新的贡献。

二 教育人文交流条目

(一)教育文件颁布
《学校招收和培养国际学生管理办法》印发】 2017年3月20日,教育部、公安部、外交部以部长令的形式联合发布了《学校招收和培养国际学生管理办法》(以下简称《办法》),自2017

年7月1日起施行。《办法》旨在规范学校招收、培养、管理国际学生的行为,为国际学生在中国境内学校学习提供便利,增进教育对外交流与合作,提高中国教育国际化水平。《办法》在管理体制方面做出了调整和补充;在激励和保障高等学校招收培养国际学生方面做出了创新性规定;着重强调高等学校改进管理,提升质量,增强来华留学教育吸引力;坚持规范管理和优化服务相结合,提出一系列新要求,促进学校加强国际学生管理工作的规范化建设,推动学校进一步提高国际学生服务水平;体现了转变政府职能、加强监督管理的要求。

【《来华留学生高等教育质量规范（试行）》印发】 为认真贯彻落实党的十九大精神,推动高等教育内涵式发展,提高来华留学生教育质量,2018年9月3日,教育部根据《中华人民共和国高等教育法》《中华人民共和国学位条例》等法律法规和《学校招收和培养国际学生管理办法》制定了《来华留学生高等教育质量规范（试行）》（以下简称《规范》）。《规范》是教育部首次专门针对来华留学教育制定的质量规范文件,是指导和规范高校开展来华留学教育的全国统一的基本准则,也是开展来华留学内部和外部质量保障活动的基本依据。《规范》针对来华留学生高等教育的规律和要求,与适用于高等教育的其他教育教学标准和规范相互补充、衔接、配合。《规范》尊重不同地区、学校间的差异和学校的办学自主权,为学校的个性发展和办学特色提供充分空间。

【《高校科技创新服务"一带一路"倡议行动计划》发布】 为贯彻落实《关于做好新时期教育对外开放工作的若干意见》和《推动共建丝绸之路经济带和21世纪海上丝绸之路的愿景与行动》,推进共建"一带一路"教育行动,充分发挥高校创新资源集聚、创新活动深入和国际交流活跃的优势,加强高校在服务"一带一路"建设中的创新引领和支撑作用,2018年11月7日,教育部制订并印发《高校科技创新服务"一带一路"倡议行动计划》（以下简称《行动计划》）。《行动计划》的指导思想是:秉持和平合作、开放包容、互学互鉴、互利共赢理念,面向沿线国家发展需求,立足我国高校科技创新优势资源和特色领域,深入推进"一带一路"教育和科技创新合作,谋求共同利益、造福共同命运、勇担共同责任、促进共同繁荣,打造发展理念相通、要素流动畅通、科技设施联通、创新链条融通、人员交流顺通的高校创新共同体,实现资源共享、人才共育、学术共生、文化共鸣,为"一带一路"建设提供有力支撑。《行动计划》的重点任务包括:加快科技创新平台建设;推动高校科技成果转化;深化高校科技人文交流;促进科技人才交流。

（二）教育考察调研

【教育部部长陈宝生率团访问俄罗斯圣彼得堡市】 2017年6月29日,教育部部长陈宝生率团访问圣彼得堡国立大学。陈宝生部长此次访问受到了圣彼得堡国立大学校长尼古拉·米哈伊洛维奇·克拉巴切夫的热情接待。陈宝生高度赞扬了圣彼得堡国立大学的汉学教育和科研水平。他指出，汉语教育在增进中俄两国友谊方面起到巨大作用，他鼓励大学东方系和圣彼得堡国立大学孔子学院继续发扬优良的汉语教学传统，成为培养中俄两国友好交往人才的摇篮。东方系常务副系主任罗季奥诺夫介绍了圣彼得堡国立大学和孔子学院近年来在汉语教育、文化活动方面取得的丰硕成果。双方交流了合作的成果，规划了下一步合作的方向，并希望进一步密切教育领域合作，推动中俄教育交流再上新台阶。中华人民共和国驻圣彼得堡总领事馆总领事郭敏女士出席了上述活动。6月30日，代表团一行访问了圣彼得堡市教委。双方就中俄教育体系、职业教育相互借鉴进行了交流。陈宝生部长表示，大力支持中俄开展各种形式的职业教育合作与交流。

【**教育部副部长田学军率团访问美国纽约市**】 2017年7月20—21日，教育部副部长田学军率团访问纽约，中国驻纽约总领事馆总领事章启月、教育参赞徐永吉陪同访问有关高校和机构。7月20日，代表团访问了IBM沃森研究中心，听取了该机构全球科技研发副总监陈自强、大中华区董事长陈黎明等关于IBM公司与中国教育合作以及认知计算、量子计算、沃森健康等项目介绍，参观了超级计算机"沃森"和量子计算实验室。随后，代表团访问了黑石集团总部，与董事长兼首席执行官苏世民、执行董事艾米·斯滕伯格（Amy Stursbery）等就清华大学"苏世民学者项目"实施和推进中美人文交流等议题进行了深入交流。7月21日上午，代表团访问了哥伦比亚大学，与常务副校长杰拉德·罗斯伯格（Gerald Rosberg）、校办主任苏珊·葛兰西（Susan Glancy）等就进一步增强哥伦比亚大学与中国高校校际合作等进行了深入研讨。7月21日下午，代表团访问了茱莉亚学院，院长约瑟夫·波利希（Joseph Polisi）介绍了天津茱莉亚学院建设进展情况后，大家就大学办学理念、中小学艺术教育及与中国相关艺术院校开展校际合作等话题进行了交流。教育部国际合作与交流司副司长方军等代表团成员和中国驻纽约总领馆教育组、科技组相关领事陪同参加了上述活动。

【**教育部部长陈宝生访问埃及开罗大学**】 2017年11月4日，习近平主席特使、教育部部长陈宝生访问埃及开罗大学。在与开罗大学副校长赛义德·叶海亚·达乌会见时，陈宝生对开罗大学重视对华教育交流表示赞赏，特别对该校与北京大学成功合作办孔子学院给予高度评价。达乌表示，推动两国青年的交流至关重要，随着中国影响力的提升，汉语也逐渐成为世界的语言。开罗大学近几年对汉语教学十分重视，希望双方进一步推动留学生互派、学历学位互认等项目上的合作。随后，陈宝生赴开罗大学孔子学院实地考察，慰问在孔子学院工作的公派汉语教师和志愿者，了解师生们的工作学习情况，并观看当地学生用中文精心编排的节目。陈宝生勉励孔子学院师生努力把开罗大学孔子学院办成全球最好的孔子学院之一，践行文明互鉴，传承中埃传统友谊。

【**"澳大利亚、新西兰高等教育展团"访问墨尔本**】 2017年11月21日，中国教育国际交流协会沈雪松副秘

第三编 领域人文交流

书长担任团长的"澳大利亚、新西兰高等教育展团"访问墨尔本，教育组邀请皇家墨尔本理工大学副校长余星火教授、斯威本科技大学副校长韩清龙教授、蒙纳士大学助理副校长杨爽女士、迪肯大学助理副校长沈伟教授等与教育展团校长代表进行了交流座谈。此次"澳大利亚、新西兰高等教育展团"由中国教育国际交流协会组织，由71名来自全国各地30余所大学校领导及外事部门负责人等组成，旨在促进中国与澳大利亚、新西兰高等教育合作交流。座谈会上，国内9所大学的校领导分别介绍了大学的情况、发展思路及意愿合作方向，澳方代表分别从国际学生招生、科研合作、人才培养等方面做了介绍，双方还就校际间合作、人才引进等进行了交流讨论。

【国务院副总理刘延东访问爱丁堡大学和牛津大学】 2017年12月4—7日，国务院副总理刘延东主持中英高级别人文交流机制第五次会议，其间访问了爱丁堡大学和牛津大学。12月5日，刘延东副总理访问爱丁堡大学，并接受该校颁发的荣誉博士学位。爱丁堡大学校长奥谢（Sir Timothy O'Shea）向刘延东副总理颁发了学位，并在颂词中高度赞扬了刘延东副总理在汉语国际推广、中外文化交流和帮助世界深入了解中国，尤其是深化中苏（格兰）教育等领域合作方面所做的卓越贡献。12月6日，刘延东副总理访问牛津大学并在该校谢耳朵尼亚剧院（Sheldonian Theatre）发表题为《深化人文交流，助推"黄金时代"》的专场演讲。刘延东副总理在演讲中回顾了牛津大学与中国以及中英关系发展的历史，同时介绍了党的十八大以来取得的辉煌成就以及党的十九大勾画的宏伟蓝图。演讲结束后，刘延东副总理见证了牛津大学与中方合作伙伴之间数项研究协议的签订，并为中国在海外成立的首个医学研究所——中国医学科学院牛津研究所揭牌。

【中国教育国际交流协会会长刘利民访问法国】 2018年4月15—24日，中国教育国际交流协会会长刘利民一行5人到访西班牙、法国和比利时三国，考察相关教育机构。在法期间，刘利民会长于4月20日在马赛访问了Kedge高等商学院，该校常务副校长圭伊·马赫谢拉（Guy Marcillat）先生介绍了学院的发展情况、国际战略规划、汇报了学院与中方交流情况以及未来合作方向。会后，驻马赛总领馆副总领事夏荫在总领事官邸接待了代表团一行，就扩大南法地区与国内友好城市的教育合作进行了交流。4月24日，刘利民会长到访法国国民教育部欧洲与国际关系合作司，与国际司司长艾尔维·迪利（Hervé Tilly）先生就中法教育交流与合作、语言推广和教育改革动态交换了意见。会后，刘利民会长到驻法使馆教育处指导工作，与全体人员进行了座谈。当日，刘利民会长一行还参观了巴黎国际大学城，了解了"中国之家"项目进展情况。

【教育部副部长朱之文率团访问英国】 2018年7月14—17日，教育部副部长朱之文率代表团访问英国。期间，朱之文副部长一行分别会见了英国教育大臣达米安·海英茨和学校事务国务大臣尼克·吉布，双方就深化中英教育合作，特别是中小学数学教师交流等深入交换了意见。代表团一行还访问了伦敦奈特里小学和剑桥大学，并与在英学者学生代表座谈。教育部人事司司长张东刚、使馆教育公参王永利、基础教育司副司长俞伟跃等陪同出席上述活动。15日上午，朱之文副部长在使馆教育处与在英知名学者学生代表座谈。16日上午，朱之文副部长一行走访了位于伦敦卡姆敦地区的奈特里小学。16日下午，朱之文副部长在英国议会分别会见了教育大臣达米安·海英茨和学校事务主管国务大臣尼克·吉布。17日，朱之文副部长一行来到剑桥大学，访问了剑桥大学评估中心，会见了剑桥大学校长杜思齐，并参观了剑桥大学国王学院。朱之文副部长还拜会了刘晓明大使，召开在英驻外教育处（组）工作会议，并看望我驻英使（领）馆教育处（组）工作人员。

【全国政协教科卫体委员会主任袁贵仁访问英国】 2018年10月29日至11月1日，全国政协常委、教科卫体委员会主任、原教育部部长袁贵仁率团访问英国。代表团一行围绕如何取经英国高等教育，为中国大学"双一流"建设建言献策为主题同英国相关人员及机构进行了深入交流。期间，袁贵仁主任一行会见了英国议会教育委员会主席罗伯特·哈芬、英国国际发展部国务大臣贝茨勋爵，访问了剑桥大学和牛津大学，并着重就大学管理体制、资金支持、人才流动及学科建设等分别与剑桥大学国际事务副校长埃利斯·法伦、牛津大学常务副校长罗伯特·伊斯顿等展开了深入探讨。袁贵仁主任还走访了清华大学剑桥科技园及北京大学英国校区。

【"千名中西部大学校长海外研修计划"研修班启动实施】 2017年5月22日，"千名中西部大学校长海外研修计划"第10期研修班在国家教育行政学院举行开班仪式。本期研修班共有118名学员，在完成学院为期1周预培训之后，分为5个团组赴英国、美国、澳大利亚、加拿大、德国开展为期3周的学习研修。2017年11月5—10日，"千名中西部大学校长海外研修计划"第11期研修班圆满完成在国家教育行政学院进行的国内预培训任务。本期研修班共有109名学员，包括赴美国研修团、爱尔兰研修团、澳大利亚研修团和两个加拿大研修团。5个团组分赴美国、爱尔兰、澳大利亚和加拿大等四国参加为期3周的海外培训研修。2018年5月22日，"千名中西部大学校长海外研修计划"第12期研修班在国家教育行政学院举行开班仪式。本期研修班共有113名学员，包括5个团组，国家教育行政学院承办赴美国、加拿大和英国三个研修团，中国教育国际交流协会承办赴英国和澳大利亚两个研修团。在完成国内1周的预培训后，各团组分赴目的地进行为期3周的研修学习。2018年10月29日，"千名中西部大学校长海外研修计划"第13期研修班在国家教育行政学院举行开班式。本期研修计划分为5个团组，在国家教育行政学院进行为期1周的预培训后，分赴美国东部、美国西部、加拿大、澳大利亚和爱尔兰开展为期3周的研修学习。

（三）教育会议交流

【第二届中墨大学校长论坛举行】 2017年3月27—28日，第二届中墨大学校长论坛在北京举行。本届论坛以"建设创新型国家和现代大学的使命"为主题。论坛由中国教育部和墨西哥公共教育部主办，中国教育国际交流协会和全墨高等教育协会共同承办，来自中国和墨西哥的近百名校领导、高校代表和教育工作者参加了此次论坛。中国教育国际交流协会副秘书长沈雪松主持论坛开幕式，中国教育部国际合作与交流司副司长李海、中国教育国际交流协会秘书长生建学、全墨高等教育协会秘书长杰米·沃斯·爱普生达（Jaime Valls Esponda）和墨西哥驻华大使馆公使恩里克·艾斯格尔萨（Enrique Escorza）在开幕式上致辞。论坛专题研讨部分围绕中墨高等教育体系、大学自主创新科研体系建设与大学产教融合、STEM教育合作与联合科研、学生流动与教师交流、中墨语言文化交流与合作等议题进行深入交流，就促进两国开展高等教育合作进行了探讨。教育部语言应用与管理司司长姚喜双和科学技术司综合处处长李楠在论坛上发言，北京外国语大学、北京语言大学、上海外国语大学、兰州大学等中方高校领导及墨方校长在会上发言并同与会代表进行了交流讨论。

【"赴美国、加拿大参加职业教育国际会议及双边会议代表团"出访】 2017年4月23日至5月2日，经教育部批准，"赴美国、加拿大参加职业教育国际会议及双边会议代表团"一行29人出访美国、加拿大，来自全国13个省市的27名代表参加了在新奥尔良召开的美国社区学院协会第97届年会，以及在渥太华召开的加拿大应用技术与职业学院协会2017年年会。代表团访美期间还参加了中国教育国际交流协会与美国社区学院协会于4月24日共同举办的第五届中美高职院校/社区学院校长对话。此次校长对话也是第七轮中美人文交流高层磋商达成的教育领域成果之一，是中美职业教育领域高层次、机制化的交流与对话平台。代表团在加拿大期间，访问了位于蒙特利尔的凡尼尔学院，并参加了由中国教育国际交流协会与加拿大应用技术与职业学院协会于4月30日举行的中加职教院校项目对接会。此外，作为"世界职教院校联盟"亚洲事务副主席，副秘书长宗瓦在加拿大期间参加了该联盟的2017会员大会及董事会会议，参与审定了该联盟2016—2018年发展规划，并就加强会员联系、提升会员服务提出了建议方案，获得了联盟董事会的一致认可。

【中国高等教育展在意大利和西班牙举办】 为进一步落实《留学中国计划》，促进国外高校及学生对中国高等学校的了解，吸引更多外国学生来华留学，2017年5月13—22日，中国教育国际交流协会副秘书长周燕率北京大学等30所高校的54名代表赴意大利、西班牙举办中国高等教育展并组织了中外高校研讨会。交流协会与意大利教育中心在意大利摩德纳市共同举办了中意高等教育研讨会。中意高校代表围绕国际学生的招生与宣传、校企合作等议题进行了热烈交流。会后，代表团在摩德纳大学举办了中国高等教育展，吸引了众多当地学生、意大利高校代表以及其他教育组织代表前来了解与咨询。代表团在意期间还访问了罗马第二大学，与学校各院代表进行了交流。交流协会与西班牙亚洲之家在巴塞罗那共同举办了中西高等教育研讨会。研讨会以"促进中西两国间的师生交流"为主题,吸引了来自西班牙的近30所高校的代表到会。在巴塞罗那期间,中国高校代表团还访问了加泰罗尼亚理工大学,与学校代表进行了交流。代表团在西班牙马德里访问了西班牙教育部。西班牙教育部副部长马丁先生出席会议并致辞。代表团在马德里圣伊西德罗中学举办了留学中国高等教育展,吸引了众多西班牙大中学生、家长、学校代表以及其他教育组织代表前来了解与咨询。

【第五届金砖国家教育部长会议召开】 2017年7月5日,第五届金砖国家教育部长会议在北京钓鱼台国宾馆举行。教育部部长陈宝生、印度人力资源发展部部长雅瓦德卡尔、俄罗斯教育科学部副部长阿加洛德娃、巴西驻华大使马尚、南非高等教育与培训部高等教育司副总司长黛安·帕克等率团出席。会议以"金砖国家教育合作:促进卓越和公平"为主题,通过了《第五届金砖国家教育部长会议北京教育宣言》等成果文件,就金砖国家教育未来合作达成了一系列共识。

【中国国际教育年会举行】 2017年10月19—22日,第十八届中国国际教育年会在北京国家会议中心举行。本届年会以"国际教育助力全球可持续发展"为主题,由"中国国际教育论坛""中外院校合作项目洽谈"和"中国国际教育展"三部分构成。年会有30余个板块、50余场活动同期举办,吸引3000余人次参会,发言嘉宾达300余人。

2018年10月18—21日,第十九届中国国际教育年会在北京国家会议中心举行。年会由中国教育国际交流协会主办,旨在深入探讨新形势下如何推动教育现代化的发展,从而促进各国乃至全球现代化建设的进程,携手探索未来教育的发展与合作。本届年会的主宾国是俄罗斯。来自中外的2000多名嘉宾齐聚一堂,共商教育现代化发展之路,探索未来全球教育的发展与合作。年会以"教育现代化——实践与探索"为主题,包括"中国国际教育研讨会""中外院校项目合作洽谈会"和"中国国际教育展"三个部分。2018年10月20—28日,中国国际教育展在北京、成都、广州和上海举办巡展。

【第二次中日韩教育部长会议召开】
2018年3月21日,第二次中日韩教育部长会议在日本东京召开。中国教育部部长陈宝生、日本文部科学大臣林芳正、韩国副总理兼教育部长官金相坤出席了会议。会前,陈宝生分别会见了林芳正和金相坤,就进一步推进中日、中韩在高等教育、职业教育、青少年交流等领域务实合作深入交换了意见,并就《中日教育交流五年计划(2018—2022)》与日方达成一致。会上,三国教育部长认为,中日韩三国同为亚洲重要国家,面临着共同的机遇和挑战。会后,三国教育部长共同签署了《第二次中日韩教育部长会议联合公报》。自三国部长首次会议于2016年在韩国召开以来,中日韩三方共同努力,扎实推进落实机制下有关合作倡议,三国教育合作总体进展顺利,为促进三国人文交流、促进地区关系改善发挥了重要作用。

第三编 领域人文交流

【"中欧高等教育质量对标与学分互认"国际研讨会召开】 2018年10月19日,由教育部教育发展研究中心举办的"中欧高等教育质量对标与学分互认"国际研讨会在北京民族饭店召开,旨在进一步扩大教育对外开放,同世界一流教育资源开展高水平合作,促进我国高等教育内涵式发展,提升人才培养质量,探索我国与欧盟国家高等教育学分互认的方法与途径。来自瑞典、荷兰等国的高校学者和国内高校、教育科研部门、部分省市教育行政部门代表近200人,围绕"以学生为中心、能力为导向的教学改革""中欧高等教育对标项目进展情况""高等教育质量保障机制""中欧高等教育学分互认的途径探索"等议题展开研讨。"中欧高等教育对标联合研究项目"是教育部与欧盟委员会教育与文化总司共同资助、于2012年在"中欧高级别人文交流对话机制框架"下启动的合作研究项目,旨在促进中欧高等教育标准互通及学生学者交流。项目研究已进行了两期试点,共有比较教育、土木工程、工商管理、物流、护理、信息工程6个学科专业、50余所国内院校参与其中。

(四)教育联盟建设

【"中国—东盟职教合作联盟"启动】 2017年7月29日,"中国—东盟职教合作联盟启动仪式暨产教融合论坛"在贵阳隆重举行。中国教育国际交流协会会长刘利民、贵州省副省长陈鸣明、东南亚教育部长组织秘书长加多特、中国—东盟中心秘书长杨秀萍、教育部港澳台事务办公室常务副主任赵灵山等出席开幕式暨联盟启动仪式。中国教育国际交流协会生建学秘书长、宗瓦副秘书长一同出席了活动。中国和东盟国家与会代表在中国—东盟产教融合前景展望、合作案例分享、东盟项目需求发布会等环节踊跃发言,就促进联盟高效运转、扩大院校交流合作等提出了建设性的意见与建议。会议期间,与会的中外院校和职教机构代表签署通过并发布了《中国—东盟职教合作联盟贵阳共识》。

【丝绸之路"教师教育联盟"等成立】 2017年11月4日,丝绸之路"教师教育联盟""人文社会科学联盟""图书档案出版联盟"成立大会在陕西师范大学举行。丝绸之路"教师教育联盟""人文社会科学联盟""图书档案出版联盟"正式启动。联盟由陕西师范大学首倡提议,丝绸之路沿线国家和地区数十所高校和科研机构积极响应,旨在通过加盟单位之间的合作办学、学生交换、学分互认、教育实践基地建设、科研合作、研究平台共建、学者交流、图书资源共享、数据库建设、出版资源合作开发等方式搭建丝绸之路教育人文交流合作平台,共同推进沿线国家和地区的人文合作与建设,培养一批高素质、复合型、具有国际视野的杰出人才,共同提高沿线各国人文社会科学研究水平,为各国经济、文化与社会发展提供历史镜鉴和智力支持。大会发布了《丝绸之路教育人文交流与合作西安共识》。教育部"丝绸之路人文交流研究中心""陕西师范大学乌兹别克斯坦研究中心""陕西师范大学土耳其研究中心""陕西师范大学阿富汗研究中心"揭牌仪式同时举行。成立仪式发布了陕西师范大学

"一带一路"研究成果。仪式后举行了"一带一路"教育与人文交流国际高端论坛。

【"丝绸之路大学联盟"能源子联盟成立】 2018年1月17日,由西安交通大学能动学院发起的"丝绸之路大学联盟"能源子联盟(以下简称"子联盟")正式成立。来自20个国家的59所子联盟高校代表出席成立大会,西安交通大学主办联盟首届理事会会议,并当选常务理事会高校。会议由能动学院院长严俊杰主持,陶文铨院士参加会议。会议选举产生了哈利法大学(阿拉伯联合酋长国)、纳扎尔巴耶夫大学(哈萨克斯坦)、上海交通大学(中国)、清华大学(中国)、里斯本大学(葡萄牙)、比萨大学(意大利)、萨格勒布大学(克罗地亚)、斯特拉斯克莱德大学(英国)、西安交通大学(中国)、浙江大学(中国)等10所常务理事会高校,并一致通过了《"丝绸之路大学联盟"能源子联盟宣言》。会上,西安交通大学与58个子联盟成员逐一签署合作意向书,子联盟成员旨在为能源动力和环境领域世界级专业研究机构打造出合作教育平台,弘扬"和平合作、开放包容、互学互鉴、互利共赢"的丝绸之路精神,在科研合作、师生交流、学生联合培养、高层次人才培养等方面开展实质性合作,并共享优质资源,推动能源动力与环境领域发展。

【"一带一路"标准化教育与研究大学联盟成立】 2018年5月20日,全球首个"一带一路"标准化教育与研究大学联盟(以下简称"联盟")在浙江杭州中国计量大学成立。联盟由首届ISO标准化高等教育奖获得学校和国际标准化人才培训基地建设单位——中国计量大学,联合清华大学、浙江大学、南京大学、西安交通大学、上海交通大学、湖南大学、山东大学、青岛大学、广东开放大学等10所国内高校和韩国中央大学、荷兰伊拉姆斯大学、加拿大魁北克大学高等技术学院等3所获ISO标准化高等教育奖的国外学校共同发起筹建倡议。目前,来自30个不同国家和地区的105所高校加盟,其中境外高校37所,涉及"一带一路"沿线国家19个。在联盟成立大会上,105所高校的与会代表联合发布了《杭州宣言》,表示将秉承"团结互信、平等互利、包容互鉴、合作共赢"的理念,以"标准化教育与研究"为题,共商合作大计,共建合作平台,共享合作成果,通过标准化文化交流搭起"一带一路"民心相通之桥,齐心助力全球标准化教育、研究和人才队伍建设共同发展。当天,国际标准化人才培训基地正式揭牌。该基地由国家标准委指导,由中国计量大学负责具体建设工作。

(五)留学教育动态

【出国留学】 中国改革开放40年来,各类出国留学人员累计已达519.49万人。2017年,中国出国留学人数达60.84万人,同比增长11.74%,持续保持世界最大留学生生源国地位。同年留学人员回国人数较2016年增长11.19%,达到48.09万人,其中,获得硕博研究生学历及博士后出站人员达到22.74万人,同比增长14.90%。2017年度,中国留学生出国学习、回国服务规模双增长,与国家战略、行业需求契合度不断提升，发展态势持续向好。中国出国留学人员多数前往欧美发达国家和地区求学。2017年赴"一带一路"沿线国家留学人数为6.61万人，比2016年增长15.7%，超过整体出国留学人员增速。其中国家公派3679人，涉及37个"一带一路"沿线国家。2018年，中国出国留学人员总数为66.21万人。其中，国家公派3.02万人，单位公派3.56万人，自费留学59.63万人。2018年度各类留学回国人员总数为51.94万人。其中，国家公派2.53万人，单位公派2.65万人，自费留学46.76万人。与2017年度的统计数据相比较，2018年度出国留学人数增加5.37万人，增长8.83%；留学回国人数增加3.85万人，增长8.00%。

【来华留学工作扎实稳步有序推进】

随着中国改革开放进程的深入推进，来华留学生规模持续扩大，生源结构不断优化。2017年，中国成为亚洲最大留学目的国。共有来自204个国家和地区的48.92万名留学生来华留学。其中，学历生24.15万人，占来华留学生总人数的49.38%，同比增长15.04%；研究生共计约7.58万人，比2016年增长18.62%。"一带一路"沿线国家来华留学生共计31.72万人，占来华留学生总人数的64.85%，增幅达11.58%，高于各国平均增速。中国政府奖学金吸引力不断提升。2017年共有来自180个国家的5.86万名中国政府奖学金生在华学习，占总数的11.97%。其中，学历生5.16万人，占奖学金生总数的88.02%，硕博研究生合计4.08万人，占奖学金生总数的69.57%，比2016年增加了20.06%。来华留学生学科分布更加合理。学习文科类专业的学生数量仍排名首位，占总人数的48.45%；学习工科、管理、理科、艺术、农学的学生数量增长明显，同比增幅均超过20%。2018年，来华留学生规模趋于稳定，层次显著提升。共有来自196个国家和地区的49.22万名留学生来华留学。其中，学历生25.81万人，占来华留学生总人数的52.44%，同比增长6.86%；研究生共计约8.5万人，比2017年增长12.28%。"一带一路"沿线国家来华留学生共计26.06万人，占来华留学生总人数的52.95%。来华留学生学科分布趋于合理，专业结构不断优化。学习工科、管理、理科、艺术、农学的学生数量增长明显，同比增幅超过20%。2018年，共有来自182个国家的6.3万名中国政府奖学金生在华学习。

【亚洲校园项目高校交流会举行】

2017年11月14日，亚洲校园项目高校交流会在北京举行。来自北京大学、清华大学、复旦大学、上海交通大学等13所高校以及教育部高等教育评估中心、学位与研究生教育发展中心的项目负责人参加会议。教育部国际合作与交流司副司长王慧出席会议并讲话。王慧副司长对亚洲校园项目在中日韩高校间学分和资历互认、联合评估的方法和标准方面所做的探索和努力予以肯定，表示亚洲校园对探索东北亚跨境教育具有重要的示范作用。王慧副司长要求各项目院校准确把握项目宗旨，充分认识项目意义，利用好奖学金、专项经费等支持政策，不断提高项目的社会影响力。

各参会高校分别介绍了项目的运作情况，交流了成功经验，并对存在的问题提出了意见与建议。各高校表示，今后将在实践中不断完善项目执行方案，为中日韩有质量保证的学生流动积累经验，共同培养东亚杰出人才。

【亚信国家大学生艺术节举办】2017年12月9—11日，亚信国家大学生艺术节在西安举行。此次艺术节由西安外国语大学和西安交通大学承办。来自亚信成员的240多名在华留学生参加了艺术节的开闭幕式文艺演出，近2000多名在陕的亚信国家大学留学生作为现场观众参与艺术节各项活动。艺术节主要活动包括开幕式、各国美食节、文化参观、中外大学生交流座谈等主要内容。在为期三天的艺术节上，亚信成员大学生通过各种不同的艺术表演形式展示了各自国家辉煌灿烂的文化，宣传并提高了人们对亚信地区内的不同民族和不同文化的认识，鼓励宽容和理解。亚信全称为"亚洲相互协作与信任措施会议"（简称"亚信"）。中国于2014年接任亚信主席国，2016年将中国主席国任期延长到2018年。艺术节是中国担任主席国后承诺举办的重要活动之一。

【"质量第一：来华留学事业新征程研讨会"举办】 2018年10月18日，第十九届中国国际教育年会"质量第一：来华留学事业新征程"专题研讨会在国家会议中心举行。来自教育部国际司、国家质量监督部门、各高校及有关教育质量保障机构的近200位中外代表出席了会议。会议旗帜鲜明地突出了质量保障在新时代来华留学工作中的核心地位，特邀教育部教育督导局原副局长林仕梁、教育部国际司留学处处长安延、国家市场监管总局认证监管司服务认证处副处长安东、天津大学胡文平副校长、中国石油大学（华东）副校长姚军、美国新英格兰院校协会首席执行官/主席卡梅伦·斯泰普斯（Cameron Staples）、英国阿伯丁大学语言学教授芭芭拉·芬内尔－克拉克（Barbara Fennell-Clark）出席会议并作专题发言，共同聚焦跨境教育质量保障，共商共建来华留学质量保障体系建设。会上，中国教育国际交流协会秘书长赵灵山宣布"来华留学质量认证项目"正式启动。来华留学质量认证是交流协会获得国家认证认可监督管理委员会授予教育服务认证机构资质后正式实施的第一个认证项目，将服务新时代教育对外开放新需求，助力国家来华留学健康可持续发展，集中力量打造教育服务认证品牌项目。研讨会后，赵灵山秘书长为31所来华留学质量认证试点院校颁发了认证证书。

【第三届"留动中国"全国总决赛举行】 2018年11月7日，第三届"留动中国"全国总决赛暨2018年来华留学系列活动颁奖仪式在北京工业大学举办。教育部副部长田学军出席并致辞，来自世界各地的500余名优秀留学生代表参加活动。"留动中国"等系列活动旨在加强中外学生交流，加深留学生对中国文化和社会的了解，展现当代学生健康阳光的精神风貌。教育部自2013年起逐步打造系列化的留学生体验和实践活动，先后举办了"留动中国"在华留学生阳光运动文化之旅、"感知中国"社会实践和文化体验、来华留学生征文大赛等系列品牌活动。2018年活动参与面进一步扩大，覆盖全国31个省区市1300余名留学生；有100多个国家7000余名留学生参与；来华留学生征文大赛收到108个单位及个人投稿共800余件。

【第十四届"留学中国"教育展举办】 2017年11月26日，中国教育部留学服务中心率中国高校代表团在印尼雅加达成功举办了第十四届"留学中国"教育展，旨在为配合中印尼人文交流机制，推动中国与印度尼西亚之间的学生交流与校际合作。本届教育展有27所中国高校参加，中国国务院副总理刘延东与印度尼西亚人类发展与文化统筹部秘书长萨特亚、副部长阿古斯，印度尼西亚研究技术与高等教育部长特别顾问鲍丽娜等出席了此次活动。在本届教育展上，一些中国院校为印度尼西亚学生提供了奖学金名额。2018年11月15日，第十五届"留学中国"教育展在印尼雅加达举行。中国驻印尼特命全权大使肖千、中国教育部留学服务中心副主任杨凌、Ticket Station顾问江文仙、印尼科技与调研部高等教育处代表Purwanto、中国银行（香港）雅加达分行行长张朝阳、印尼教育界唐裕、饶兴生、蔡昌杰等嘉宾及印尼北京学院院长邝佩勤、培民学校督学潘月淑、吴丽娟带领STP Sahid Jakarta等学校的学生300多人出席，必利达三语学校小学和高中生应邀在开幕礼上表演了舞蹈及合唱。参加本次教育展的中国院校共有22所，开设的课程涵盖了财经、理工、农业、医学、师范等学科。印尼教育部邀请了数十所印尼的大学代表来到了教育展现场，与中方院校进行沟通交流，部分院校还带来了合作意向书。

【"相聚之歌——北京留学生之夜"举行】 2017年12月17日，北京师范大学大型品牌活动——第八届"相聚之歌——北京留学生之夜"在邱季端体育馆圆满落幕。本届留学生之夜以"拥抱新时代"为主题，用多种艺术形式表达了各国留学生对中国的热爱，展现了世界各国不同文明的绚烂多彩，充分体现了世界文明互鉴、互融的新时代特征。国家留学基金管理委员会秘书长生建学、中国教育国际交流协会秘书长赵灵山、北京市教育委员会副主任黄侃、国家汉办党委副书记于天琪等相关部门领导出席活动。来自马来西亚、泰国、尼日利亚、乌克兰等八个驻华使馆外交官应邀出席。来自6所高校、30个国家和地区的185名留学生及29名中国学生参与了本次演出。

2018年12月16日，第九届"花YOUNG年华"相聚之歌——北京留学生之夜文艺演出在学校邱季端体育馆举行。中国教育部教师工作司司长任友群、国家汉办/孔子学院总部副主任赵国成、国家留学基金管理委员会秘书长生建学、中国教育国际交流协会秘书长赵灵山、北京市教育委员会副主任黄侃等嘉宾及北京师范大学副校长周作宇出席了活动。整场晚会分"风华正茂""韶华如歌"和"芳华绽放"三个篇章。本次演出以北京师范大学各国留学生为演出主体，共有来自10所高校，36个国家和地区的169名留学生及24名中国学生参加，现场观众超过2000人。

（六）孔子学院动态

【扩大办学规模和数量】 截至2017年底，共有146个国家（地区）建立了525所孔子学院和1113个孔子课堂。2017年新增14所孔子学院和40个孔子课堂，在几内亚、萨摩亚、刚果（金）、冈比亚、加蓬等国家和地区首设孔子学院。国内承办孔子学院数量位于首位的高校是北京外国语大学，承办数量为22所。孔子学院各类面授学员达170万人，网络孔子学院注册用户62.1万人，中外专兼职教师4.62万人；110所中方院校招收5924名汉语国际教育硕士生，培养适应孔子学院发展需要的高素质专业化教师队伍；依据当地教学大纲和考试标准，开发本土教材2615册；全球孔子学院举办各类文化活动4.2万场，受众1272万人。截至2017年底，432所孔子学院课程纳入所在学校学分体系，占全球运营孔子学院总数的85%；学术、文化、商务、中医、科技、武术、职业培训等特色孔子学院达80余所，搭建集语言教学、文化交流、学术研究、职业培训为一体的综合服务平台。截至2018年底，共有154个国家（地区）建立了548所孔子学院和1193个孔子课堂。孔子学院现有中外专兼职教师4.7万人，各类面授学员186万人，网络孔子学院注册用户82.3万人，全年举办各类文化活动受众达1300万人。在孔子学院的影响下，60多个国家将汉语纳入国民教育体系，170多个国家开设了汉语课程或专业。中国100余所高校承办孔子学院，承办数量最多的是北京外国语大学，为23所。

【搭建高水平教育交流平台】 2017年，"孔子新汉学计划"招收35国86名中外合作培养及来华攻读学位博士生，组织127国16万名学生参加"汉语桥"中文比赛，1万余团组、20多万名各国师生来华交流，孔子学院奖学金资助9625名各国青年学生在华留学，全球100余万人同庆"孔子学院日"，24个中国高校学生艺术团分赴45个国家和地区开展文艺巡演。2018年，孔子学院持续为各国从事汉学和中国研究的学生学者、优秀青年构筑合作平台，拓展"孔子新汉学计划""孔子学院奖学金"项目，资助各国青年学者来华攻读博士或短期研修，帮助各国青年深入了解中国，繁荣汉学研究。2018年，112国468所孔子学院组织"三巡"（巡演、巡讲、巡展）项目，开展文艺演出2500多场，支持教育、文学、中医等各领域近500位专家赴海外开展巡讲活动；组织各类汉语图书展、文化主题巡展等，不断丰富中外人文交流的内涵。

【服务"一带一路"国家战略】 孔子学院重点支持"一带一路"国家汉语教学，面向"一带一路"国家汉语国际教育专业硕士留学生招聘本土教师，在中方院校储备派往"一带一路"国家的专职教师，举办"我的'一带一路'"全球中文演讲大赛，搭建中国与各国人民心灵相通的桥梁。2017年，孔子学院总部向"一带一路"国家派出教师1076人，设立汉语考试考点245个；培养培训南亚7国本土教师944人，培养知华、亲华、友华人士，为中外人文交流、"一带一路"建设提供支撑。积极号召孔子学院中方承办院校支持"一带一路"建设，其中北外已招收来自20个国家的 31 名博士生，其中 20 名来自"一带一路"沿线国家。2018 年，孔子学院继续支持"一带一路"国家汉语教学，推出"一带一路"在华优秀孔子学院奖学金项目；面向"一带一路"国家汉硕专业留学生招聘本土教师；在"一带一路"沿线国家推进汉语＋职业技能培训；推进南亚国家本土教师培养培训，在 2018 年培训了南亚 7 国的本土教师 1101 人。

【探索办学水平提升路径】 根据《2018 年孔子学院发展报告》，孔子学院总部组织制定《国际汉语教学通用课程大纲》《国际汉语教材编写指南》，建立汉语教学标准和教材评估体系，出版 54 个语种 6700 多册汉语教材、文化读物以及 80 个语种的《汉语图解词典》《汉语图解小辞典》及《汉语 800 字》；114 个国家的 457 所孔子学院（课堂）开发了适应当地教学大纲和考试标准的 3119 册本土教材；中外高校共同探索培养高层次汉语国际教育人才，在 7 所中国高校设立教育博士专业学位汉语国际教育方向，10 国 15 所海外大学建立汉语师范专业。

（七）中外合作办学

【中外合作办学专业委员会会员系列培训举办】 2017 年 4 月 13—14 日，中国教育国际交流协会中外合作办学专业委员会在西交利物浦大学举办了"2017 年中外合作办学专业委员会会员系列培训（一）"。本次培训邀请业内资深专家，就办学单位普遍关注的热点难点问题，通过专家讲座、讨论互动、经验分享沙龙和参观访问，开展集中培训。来自全国 57 所会员单位的百余名中外合作办学管理人员参加了培训活动。培训期间，参会代表实地参访了中国人民大学中法学院、西交利物浦大学。6 月 11—14 日，中国教育国际交流协会中外合作办学专业委员会在珠海举办了"2017 年中外合作办学专业委员会会员系列培训（二）"此次活动由中国教育国际交流协会中外合作办学专业委员会主办，北京师范大学珠海分校承办。来自全国 25 个省市自治区 68 所高校的 114 名中外合作办学管理人员参加了培训。北京师范大学珠海分校常务副校长傅爱兰出席培训会并讲话，广东省教育厅交流合作处领导出席活动。培训期间，参会代表实地参观访问了北京师范大学珠海分校中加和中德合作办学项目、北京师范大学—香港浸会大学联合国际学院（UIC）和中山大学中法核工程与技术学院。

【部分中外合作办学机构和项目依法终止】 2017 年 7 月，教育部在教育部中外合作办学监管工作信息平台上，对已停止办学活动的 252 个本科以下层次中外合作办学机构和项目，进行了停止办学信息公示，以进一步加强社会舆论监督，强化信息监管，促进中外合作办学的持续健康发展。2018 年 7 月，教育部印发《关于批准部分中外合作办学机构和项目终止的通知》，依法终止 234 个本科以上中外合作办学机构和项目，凸显了在中外合作办学领域坚决推进淘汰更新，优化升级的政策导向。截至 2018 年 6 月，中外合作办学机构和项目共有 2342 个，其中本科以上机构和项目共 1090 个。强化退出机制是深入贯彻落实中央关于做好新时期教育对外开放工作精神、加强中外合作办学事中事后监管力度的重要举措。

【中澳合作办学研讨会举行】 2018年4月2日，由中国教育国际交流协会中外合作办学专业委员会主办、上海大学悉尼工商学院承办的中澳合作办学研讨会在上海大学嘉定校区举行。共有来自全国30余所高校和机构的50余名代表参会。此次会议突出办学实践，通过组织院校参访、分组讨论、主题报告、座谈会等，为与会者提供一个集交流、研究和能力提升为一体的工作平台。会议总结经验、研讨问题，提出未来在制度创新、人才培养、师资队伍建设等方面的发展思路，并就不断提质增效，推动合作办学为高校管理体制机制改革多做贡献方面达成共识。会议专门组织对上海大学悉尼工商学院的参观访问以及机构和项目的分组讨论。在分组讨论中，与会代表围绕"教学管理与质量保障""师资发展和财务运营"和"溢出效应和未来发展"等开展深入研讨。在热点问题讨论环节，专家学者分别就中澳合作办学机构和项目的办学亮点特色、挑战和应对方案以及未来办学思路等问题展开专题研讨。

【第八届中外合作办学国际研讨会举行】 2018年10月18—19日，第八届中外合作办学国际研讨会暨第三届中外合作办学成果展成功举办。此次活动以"中外合作办学提质增效——新时代、新机遇、新挑战"为主题，汇集了400余名中外院校领导、专家、学者及驻华使馆和研究机构代表等中外合作办学相关方。本次活动围绕中外合作办学发展的关键议题，组织了3场主旨发言、3场专题讨论、9个平行论坛和1个中外合作办学成果展，发布了两个中外合作办学研究报告。其中，专题讨论包括："中外合作办学的卓越创新之路""中外合作办学推动双一流建设"和"教育教学改革"。平行论坛包括中澳、中英、中法、中俄、中德等5个分国别研讨，师资队伍建设、示范性合作办学建设、"一带一路"新使命和来华留学新路径等4个主题研讨。18日下午，由中国教育国际交流协会与澳大利亚驻华大使馆联合研究的《中澳高等教育合作办学》进行了报告发布。19日下午，中国教育国际交流协会学术交流与研究部副主任唐振福解读了中外合作办学年度报告。在同期举办的第三届中外合作办学成果展上，来自33所院校的中外合作办学机构和项目展示了其办学理念、人才培养模式、办学内容、师资建设、教学方式、学生国际能力培养等，为中外参会者提供合作对接、交流经验的平台。

【中法合作办学机构院长联席会召开】 2018年12月20—21日，中法合作办学机构院长联席会在北京举行。本次会议由中国教育国际交流协会主办、北京航空航天大学中法工程师学院承办，共有全国10家中法合作办学机构的代表出席了会议。与会代表就中法合作办学的现状、面临的问题和挑战以及未来发展战略和方向等展开了讨论，在成立中法合作办学发展联盟、加强中法合作办学质量保障、开展中法合作办学课题研究等三方面达成了共识。会议还就开展中法合作办学研究、合作办学服务"双一流"建设、合作办学自主发展和

第三编　领域人文交流

创新等议题进行了深入研讨。来自中国人民大学中法学院、北京化工大学巴黎居里工程师学院、中国民航大学中欧航空工程师学院、天津大学国际工程师学院、上海交通大学巴黎高科工程师学院、同济大学中法工程和管理学院、南京理工大学中法工程师学院、华中科技大学中欧清洁与可再生能源学院、中山大学中法核工程与技术学院和北京航空航天大学中法工程师学院的代表参加了此次会议。

（撰稿人：李明、龚婧）

文化人文交流

一 文化人文交流综述

2017年，党的十九大报告将"坚持推动构建人类命运共同体"列入新时代坚持和发展中国特色社会主义的基本方略。文化艺术界以习近平新时代中国特色社会主义思想为指引，全面深化与"一带一路"沿线国家的文化交流合作，着力推进政府间文化交流、社会和民间文化交流以及文化贸易，加强品牌建设，打造了一批具有世界影响力的文化交流项目。

2017年，我国文化外交影响力进一步扩大。截至2017年底，我国已与157个国家签署了文化合作协定，累计签署文化交流执行计划近800个，初步形成了覆盖世界主要国家和地区的政府间文化交流与合作网络。在此框架下，为推动政府间文化交流与合作行稳致远，2017年，在希腊、墨西哥等国举办了中国文化年（节），以及中美文化论坛、第十五届亚洲艺术节、"东亚文化之都"与"欧洲文化之都"合作论坛、首届金砖国家文化节、第三届中国—中东欧国家文化合作部长论坛、"意会中国"和"中非文化聚焦"等活动。

2017年，"欢乐春节"在全球140多个国家和地区的500余座城市举办了2000多项文化活动，海外受众总人数突破2.8亿，全球参与城市和人数再创新高。其中市场化运作项目达500余项，占项目总数的1/4，海内外合作企业近230家，"欢乐春节"品牌效应逐步形成。"欢乐春节"巧用非遗和民乐作为文化语汇，在"一带一路"沿线国家和地区打造"欢乐春节"等重点交流品牌。多条演出路线覆盖非洲地区，并推动更多演出展览项目进入北美高端文化市场，在民众性格较奔放的大洋洲和拉丁美洲，则推出互动性强的春节庙会、广场巡游，还力促戏曲、话剧、杂技等多门类展演精品走进欧洲。"欢乐春节年货车"驶入南非开普敦最繁华的商业区；"造物记——来自中国的创意礼物"走俏俄罗斯；马耳他"欢乐春节"演出门票开演前5天即售罄；美国洛杉矶艺博会中国国家展交易成效显著。

2017年，文化艺术界在丝路沿线国家文化艺术机构之间的交流与合作方面，推进建立丝绸之路国际剧院、博物馆、艺术节联盟的完善与图书馆、美术馆联盟，建立"一带一路"城际文化交流机制，夯实互联互通基础。举办第四届"丝绸之路国际艺术节"、第三届

"海上丝绸之路国际艺术节"和第二届丝绸之路（敦煌）国际文化博览会，参展参演国家和地区总数、演出场次、参展艺术品数量、成交额等逐年扩增。开展了2018年"一带一路"文化贸易重点项目征集，培育一批重点文化企业，推进与"一带一路"沿线国家的文化贸易发展。

2017年，中国在以色列、保加利亚、缅甸、越南4个沿线国家设立了中国文化中心，海外中国文化中心总数增加到35个。"一带一路"国际合作高峰论坛在北京举办期间，中国与土耳其、阿根廷、突尼斯三国签署了互设文化中心的协议。分布在五大洲的各中国文化中心在已有经验的基础上，不断探索新的合作与发展模式。传统文化与当代艺术携手走上文化中心舞台，不断丰富和拓展对外文化交流的外延与内涵。各海外中国文化中心积极策划、实施丝路主题活动，推动民心相通。举办"一带一路"主题展演和思想对话活动，让中国与沿线国家的学者和民众之间碰撞出更多火花。

随着海外中国文化中心建设发展的不断推进，品牌活动实现统一策划、全球联动。以"传承·创新"为主题的"中国非遗文化周"在29个海外中国文化中心同期举办，让中国非遗走向世界，让世界了解中国。"中国故事2017"图片展、"天涯共此时"中秋系列庆祝活动也在各海外中国文化中心集中推出。

为推动中外思想文化交流向深层次发展，2017年，文化部举办了"汉学与当代中国"座谈会、青年汉学家研修计划、中外影视译制合作高级研修班和中外文学出版翻译研修班等多项活动。"新丝路"海外汉学论坛、中华文化讲堂、"发现中国"讲座等活动也深入各国主流社会，传播中华文化和价值理念，引起各国学界、文化界的热烈反响。2017"汉学与当代中国"座谈会邀请来自美国、法国、德国、印度、哈萨克斯坦等22个国家的26位汉学家、中国问题研究专家和智库学者，围绕"传统文化与当代中国""中国方案与全球治理""共同发展与共同价值"三大议题，共议全球视野下的"一带一路"。与往年相比，参加2017年青年汉学家研修计划的学员研究领域更加丰富、背景更加多元，活动设置的学术性、体验性更强，共有来自58个国家的113位学员参加。

2018年，习近平主席多次出席对外文化交流活动。习近平主席见证了中国与奥地利、玻利维亚、阿拉伯联合酋长国、科特迪瓦、委内瑞拉、多米尼加、西班牙、巴拿马、葡萄牙等9个国家及上合组织文化和旅游合作文件的签署，宣布第四届阿拉伯艺术节正式启动并为闭幕式致贺信。作为习近平主席特使，文化和旅游部部长雒树刚出席了土耳其总统、马尔代夫总统的就职典礼。中国文艺工作者代表团赴朝鲜演出，举办了中朝经济文化合作协定签署65周年纪念晚会。

2018年4月，文化和旅游部正式挂牌，中国对外文化旅游合作机制建设稳步推进。中国与荷兰签署文化合作谅解备忘录、与几内亚签署文化合作协定年度执行计划等，文化和旅游部部长雒树刚会见南非旅游部部长德里克·哈内科姆、比利时弗拉芒语区文化、媒体、青年及布鲁塞尔事务大臣斯文·盖茨、芬兰教育文化艺术界部长桑普·特尔霍、土耳其文化旅游部部长努曼、葡萄牙文化艺术界部长路易斯·门德斯、吉尔吉斯斯坦副总理奥穆尔别科娃等，会见中，中外双方深度交换文化旅游领域交流合作意见，达成众多共识，签署一系列国际交流相关合作协议，不断扩大合作范围。中越文化艺术界长年度会晤、"中印文明对话"活动、中国与加拿大举办文化联委会首次会议、中国政府文化和旅游代表团访问法国，推动双边合作机制日益稳固。

中国深度参与多边文化事务，主动引领、参与多边机制建设。上海合作组织文化艺术界长第十五次会晤和旅游部长首次会议举办，其间还举行了上海合作组织成员国艺术节。第二届"中国—中东欧国家艺术合作论坛"、第13届中国—东盟文化论坛、第三届金砖国家文化艺术界长会议、第十次中日韩文化艺术界长会议等重要会议进一步推动了多边文化关系和文化旅游合作机制稳固发展。文化和旅游部部长雒树刚会见了联合国世界旅游组织秘书长等国际组织领导人，积极宣介中国文化旅游政策，提出有关建议。

2018年，中国高票当选联合国教科文组织保护非物质文化遗产政府间委员会委员国。中国申报的"藏医药浴法——中国藏族有关生命健康和疾病防治的知识与实践"列入联合国教科文组织人类非物质文化遗产代表作名录，成为第32个列入名录的项目。综合运用外交、商业、舆论等多种方式，促成圆明园文物青铜虎鎣入藏中国国家博物馆。

2018年，中国驻外文化机构建设有序推进。缅甸仰光中国文化中心正式启用、拉巴特中国文化中心揭牌。建成拉脱维亚、摩洛哥海外中国文化中心，葡萄牙、卢森堡、马来西亚、罗马尼亚、塞尔维亚等国文化中心筹建设立工作有序推进。截至2018年底，中国已在国外设立了37个海外中国文化中心，20个旅游办事处。2018年，海外中国文化中心共举办活动1610项、3566场，培训学员近6.8万人次，直接受众829万余人次。各中心统一举办的"中国文创产品展示周"和"天涯共此时"中秋品牌活动发挥了联动效应。

2018年是习近平主席提出共建"一带一路"倡议5周年。文化和旅游部积极开展"一带一路"国际合作。对外文化旅游交流与合作助力"一带一路"倡议行动有力、效果明显，《"一带一路"文化发展行动计划（2016—2020）》进一步落实，第四届海丝（福州）国际旅游节、第五届丝绸之路国际艺术节、第二届丝绸之路国际剧院联盟年会、第三届丝绸之路（敦煌）国际文化博览会、"丝绸之路文化之旅"等以"一带一路"为主题的综合性文化节会、品牌活动成为集中彰显"一带一路"倡议感召力，不断扩大影响力的重要平台。与此同时，对柬埔寨、尼泊尔、缅甸等国的文物援外项目进展顺利，社会效益显著。

丝绸之路国际美术馆联盟和丝绸之路国际图书馆联盟在2018年成立。至此，"五大联盟"全部成立，标志着"一带一路"文化交流合作机制框架基

第三编 领域人文交流

本确立。截至 2018 年底，丝绸之路国际剧院联盟成员达到 104 家，其中境外成员 68 家；博物馆联盟成员达到 158 家，其中境外成员 47 家；艺术节联盟成员达到 157 家，其中境外成员 26 家；美术馆联盟成员达到 21 家，其中境外成员 20 家。联盟为推动沿线国家互联互通和跨区域合作开辟了新渠道，为"一带一路"民心相通打下了坚实的社会基础。

文化和旅游部大力推进"一带一路"国际美术工程和文化睦邻工程，鼓励广西、云南、内蒙古和黑龙江建设跨境旅游合作区，支持相关地区开展跨境合作。围绕"一带一路"沿线地区需求，组织实施"一带一路"主题舞台艺术作品创作推广、西部及少数民族地区艺术创作提升计划以及结对帮扶项目，共同打磨"一带一路"题材原创剧目和优秀作品，不断提升文化艺术人才业务水平和综合艺术实力。

坚持市场运作、产业先行，国家对外文化贸易基地在上海、北京、深圳相继建立，民营资本开始成为我国文化产品和服务出口的重要力量。"一带一路"文化贸易与投资首批 40 个重点项目陆续在 10 个国家实施，组织了 200 余家文化企业参加重要国际展会。《动漫游戏产业"一带一路"国际合作行动计划》《2018 年"一带一路"文化贸易重点项目名录》相继印发，为文化企业开展"一带一路"国际合作营造更宽松的政策环境。丝绸之路文化产业带建设大力推进，区域特色文化产业实现优势互补和共同发展。数字文化标准国际化顺利实施，我国自主原创的手机动漫标准成为国际标准，在国际电信联盟和国际"互联网＋文化"领域发出中国声音。

2018 年，文化旅游品牌活动精彩纷呈。2018 年"欢乐春节"涵盖专场演出、春节庙会、广场庆典、美食品鉴等 20 多个类别的一大批高水准"欢乐春节"项目，在全球超过 130 个国家和地区的 400 多座城市陆续举办，其中包括 53 个"一带一路"沿线国家和地区。2018"中国—欧盟旅游年"举办 100 余场活动，其中"中国红"和"欧盟蓝"点亮活动等重点活动增加了中国和欧盟国家在民众中的影响力和好感。第二十届中国上海国际艺术节、第十八届"相约北京"艺术节、2018"东亚文化之都"活动等成为各国文化艺术团体和艺术家的盛会和各国人民的文化旅游节日。第二届瑞士中国文化旅游节、第四届中国西藏旅游文化国际博览会、中老文化旅游交流系列活动等的举办则增进了双边、多边旅游文化的交流互鉴。第五届中国国际马戏节、2018"中国文创产品展示周"、国际儿童青少年戏剧协会艺术大会、第 14 届中国国际合唱节等活动的举办，增进了中国与世界各国在文化、艺术专业领域的交流合作，为专家、民众等各个层次的人士提供了享有多彩文化、创造合作机会的平台。2018"汉学与当代中国"座谈会、2018 青年汉学家研修计划等持续实施，搭建起了支持海外汉学家开展中国研究的全球性平台，为各国"中国学"领域的人才创造了与中国本土优秀学术、文化、教育机构、团体、企业和学者开展交流、合作的机会，为增进世界各国对中国文化的了解和理解培养了大批使者，促进了多元文明之间的对话、交流、互鉴。

二 文化人文交流条目

【雒树刚会见乌拉圭众议长阿马里利亚】 2017年1月10日，文化艺术界部长雒树刚在京会见了来华访问的乌拉圭众议长赫拉尔多·阿马里利亚一行。雒树刚指出，2016年10月，乌拉圭总统巴斯克斯成功对中国进行国事访问，两国建立战略伙伴关系，双边关系进入新的历史阶段。近年来，双方文化领域交流与合作不断密切，在2016"中拉文化交流年"框架下举办了一系列丰富多彩的交流活动，推动两国人民间的相互了解与友好情谊日益加深，乌议会对两国文化领域的交流有着重要作用和影响。

【雒树刚会见加拿大遗产部长乔利】 2017年1月10日，文化艺术界部长雒树刚在京会见了加拿大遗产部长麦勒尼·乔利。双方高度评价中加文化交流与合作进展情况，并就未来的文化交流与合作深入交换了意见。雒树刚高度评价近年来中加两国文化关系的发展。雒树刚建议两国互设文化中心，探讨建立中加文化联委会，搭建文化机构间合作平台，加强双方在文化产业方面的交流与合作，借助加拿大建国150周年纪念契机，共同做好文化庆祝活动，特别是"欢乐春节"庆祝活动，推动中加文化交流再上新台阶。文化艺术界副部长丁伟陪同出席会见。

【"卢浮宫与馆藏珍品见证法国历史八百年"展览开幕】 2017年1月12日，"卢浮宫的创想——卢浮宫与馆藏珍品见证法国历史八百年"展览在国家博物馆开幕。文化艺术界部长雒树刚、法国驻华大使顾山、国家博物馆馆长吕章申、卢浮宫博物馆馆长马丁内兹等出席开幕式并致辞。本次展览是卢浮宫博物馆在国家博物馆举办的第二次展览，展出126件卢浮宫博物馆精选藏品，从独特的视角全面展示卢浮宫博物馆的发展历程，带领中国观众进行一次跨越八百年时光的法国艺术、历史之旅。

【2016中埃文化年在广州闭幕】 2017年1月19日，文化艺术界部长雒树刚在广州会见了埃及文化艺术界部长赫尔米·纳木纳，广东省代省长马兴瑞参加了会见。会见后，雒树刚、赫尔米·纳木纳和马兴瑞共同出席了在广州大剧院举行的2016中埃文化年闭幕式，观看了中埃两国400余位演职人员的联袂演出。在两国元首的共同关心下，一年来，文化年活动达100项，形式多样、内容丰富多彩、参与人数众多，覆盖两国25个省市。文化年成为增进两国传统友谊、深化中埃全面战略伙伴关系的推动器，成为世界各国加强文明交流互鉴的创新典范。

【雒树刚会见巴基斯坦驻华大使马苏德·哈立德】 2017年3月14日，文化艺术界部长雒树刚在京会见了巴基斯坦驻华大使马苏德·哈立德一行。雒树刚表示，中方高度重视与友好邻邦巴基斯坦的文化交流与合作。雒树刚建议，进一步加强两国文化高层交往，适时签署中巴文化交流2017年至2021年执行计划。加强两国双方艺术机构、艺术家之间开展交流，深化在多边框架下的文化合作。文化艺术界副部长丁伟一同出席上述活动。

【雒树刚率中国政府文化代表团访问旧金山、洛杉矶】 2017年3月28—29日，应旧金山市市长李孟贤邀请，文化艺术界部长雒树刚率中国政府文化代表团一行6人访问旧金山。雒树刚代表中国政府感谢李孟贤和旧金山文化机构为深化中美文化交流所做出的积极努力，呼吁旧金山文化界人士进一步巩固持续开展中美人文交流高层磋商机制的民意基础。3月29日，雒树刚一行在旧金山亚洲艺术博物馆馆长许杰陪同下参观该馆"王陵瑰宝：中国汉代考古新发现"展。2017年3月29—31日，文化艺术界部长雒树刚率中国政府文化代表团赴洛杉矶，分别访问盖蒂中心、亨廷顿图书馆、迪士尼公司和NBC环球集团。

【"2017东亚文化之都·中国长沙活动年"开幕】 2017年4月19日，"2017东亚文化之都·中国长沙活动年"开幕式在湖南长沙人民会堂举行。文化艺术界副部长项兆伦，湖南省委常委、长沙市委书记易炼红，湖南省副省长向力力等出席活动。"2017东亚文化之都·中国长沙活动年"以"东亚文都，快乐长沙"为主题，长沙2017年以"东亚文化之都"名义开展了形式多样的文化活动，重点通过文化交流、文化产业合作、非遗保护与传承、公共文化服务体系建设经验交流与共享，带动城市和市民更积极地参与东亚区域文化合作。

【第十七届"相约北京"艺术节举办】 2017年4月27日，2017年"相约北京"艺术节开幕。开幕演出匈牙利舞剧《茜茜公主》、闭幕演出白俄罗斯国家模范大剧院芭蕾舞团的芭蕾舞剧《天鹅湖》，均为来自"一带一路"沿线国家的经典舞台作品。艺术节设立音乐、戏剧、舞蹈、展览、户外音乐节等艺术板块，共邀请21个国家和地区的23个优秀表演艺术团体、400余名中外艺术家，为观众奉献近百场演出和展览。

【中国与希腊文化交流和文化产业合作年启动】 2017年4月27日，中国—希腊文化交流与文化产业合作年启动仪式在希腊雅典拜占庭博物馆举行。中共中央政治局委员、中央书记处书记、中宣部部长刘奇葆和希腊政府副总理亚尼斯·兹拉嘉萨基斯在启动仪式上共同见证了《中华人民共和国国家新闻出版广电总局与希腊共和国文化体育部关于电影合作拍摄的协议》和《中华人民共和国国家新闻出版广电总局与希腊共和国文化体育部关于"中希经典和现代图书互译出版项目"的合作备忘录》的签署。在中国与希腊文化交流和文化产业合作年框架下，舞台表演艺术、视觉艺术、文化遗产等多个领域的交流合作项目在两国陆续展开。

【2017"中国—中东欧国家文化季"举行】 2017年4—12月，由文化艺术界主办的2017"中国—中东欧国家文化季"在全国多地展开。文化季涵括音乐、舞蹈、戏剧、展览等领域，推出60台剧目，展演场次达300余场。此次文化季的剧目中，包括来自匈牙利、立陶宛、捷克、塞尔维亚、斯洛文尼亚的

剧目。

【雒树刚会见出席"一带一路"国际合作高峰论坛外国文化艺术界长】 2017年5月13日，雒树刚在中国国家博物馆分别会见了应邀前来北京参加"一带一路"国际合作高峰论坛的蒙古国教育文化科学与体育部部长扎·巴特苏立、叙利亚文化艺术界部长穆罕默德·艾哈迈德、塞浦路斯教育文化艺术界部长科斯塔斯·卡迪斯、巴林文化与文物局局长梅·阿勒哈里法，以及突尼斯文化艺术界部长代表、驻华大使迪亚·哈立德，并与哈立德共同签署了《中华人民共和国政府和突尼斯共和国政府关于互设文化中心的协定》。

【雒树刚会见日本松山芭蕾舞团代表团】 2017年5月17日，文化艺术界部长雒树刚在京会见应邀来访的日本松山芭蕾舞团总代表清水哲太郎、团长森下洋子，以及主要演员一行，双方就中日友好关系发展以及中日文化交流做了亲切交谈。雒树刚表示，松山芭蕾舞团数十年来创造了艺术经典，也培养出了杰出艺术家，今年是中日邦交正常化45周年，明年是《中日和平友好条约》缔结40周年，希望日本松山芭蕾舞团的访华演出为进一步改善和增进中日友好做出积极贡献。

【雒树刚会见法国前总理拉法兰】 2017年5月17日，文化艺术界部长雒树刚会见来华访问的法国前总理、法国展望与创新基金会主席拉法兰一行。双方回顾了近年来中法文化交流与合作的情况，积极评价了"中法文化论坛"活动，并就法国展望与创新基金会与中国开展文化艺术领域的交流与合作交换了意见。

【雒树刚会见新加坡文化、社区及青年部部长傅海燕】 2017年6月16日，文化艺术界部长雒树刚在京会见了来访的新加坡文化、社区及青年部部长傅海燕一行。对于未来进一步提升中新文化关系，雒树刚提出五点建议，一是双方就新一轮文化交流执行计划做好规划；二是进一步发挥好新加坡中国文化中心的作用；三是加强两国智库、学者之间的交流互动；四是加强两国在"一带一路"框架内的文化交流与合作；五是充分发挥新加坡中国—东盟关系协调国作用，带动区域文化交流合作迈上新台阶。

【第10届中日韩文化产业论坛举办】 2017年6月27日至7月2日，文化艺术界副部长项兆伦率中国政府文化代表团访问日本并出席第10届中日韩文化产业论坛等相关活动。论坛期间，项兆伦副部长与日本经产省政务官大串正树、韩国文化体育观光部第一次官罗棕珉共同出席中日韩文化产业论坛政府间会议，并签署《第10届中日韩文化产业论坛共同宣言》。三国代表团共同参观本届论坛配套活动"2017东京内容产业展会"，并视察中日韩三国企业联合展区。

【2017葡萄牙里斯本国际手工艺博览会中国主宾国活动举办】 2017年6月底，由文化艺术界主办的2017葡萄牙里斯本国际手工艺博览会中国主宾国活动在里斯本国际会展中心举办。此次主宾国活动以"手艺之美、传承之道——中国传统工艺的传承与创新"为主题，集中展示推介我国传统工艺振兴发展的

最新成果，推动传统工艺创新产品走进国际市场。国家对外文化贸易基地（北京）具体承办此次中国主宾国展区。

【国家京剧院接收新加坡平社所藏京剧艺术家墨宝捐赠仪式举行】 2017年7月2日，文化艺术界部长雒树刚出席国家京剧院接收新加坡平社所藏京剧艺术家墨宝捐赠仪式并为捐赠者颁发《捐赠证书》。雒树刚在会见捐赠机构代表新加坡平社名誉社长陈木辉和社长杨惠成时，简要介绍了中国和新加坡文化交流以及中国京剧发展的最新情况，高度评价新加坡平社的捐赠义举，并勉励其继续为推广中华优秀传统文化，增进中新两国人民的友谊做出新的贡献。

【第十三届中国国际动漫游戏博览会举办】 2017年7月6—10日，由文化艺术界与上海市政府主办的第十三届中国国际动漫游戏博览会在上海举办。本届博览会展览面积5.3万平方米，举办210余场公众板块活动、20余场专业板块活动，迪士尼、腾讯、网易等350家海内外展商参展，吸引观众20.75万，其中普通观众18.3万，专业观众2.45万，专业板块现场意向交易额14.4亿元，公众板块活动现场交易额2.5亿元。

【第五届中国新疆国际民族舞蹈节开幕】 2017年7月21日，第五届中国新疆国际民族舞蹈节在新疆人民会堂开幕。本届中国新疆国际民族舞蹈节以"中国梦想 多彩丝路"为主题，来自俄罗斯、巴基斯坦、波兰、乌克兰、塔吉克斯坦、乌兹别克斯坦等10个国家的演出团体齐聚新疆，奉献近60场精彩演出。

【2017"汉学与当代中国"座谈会召开】 2017年7月24日，由文化艺术界和中国社会科学院共同主办的2017"汉学与当代中国"座谈会召开。座谈会邀请来自美国、法国、德国、印度、哈萨克斯坦等22个国家的26位汉学家、中国问题研究专家和智库学者，围绕"传统文化与当代中国""中国方案与全球治理""共同发展与共同价值"三大议题，共议全球视野下的"一带一路"。

【哈尔滨市当选2018年"东亚文化之都"】 2017年8月7日，2018年"东亚文化之都"终审活动在北京举行。文化艺术界部长雒树刚、部长助理于群，"东亚文化之都"评审委员会全体专家以及2018年"东亚文化之都"三个候选城市——哈尔滨市、三亚市、西安市代表团等出席了当天活动。经过来自对外文化交流、公共文化建设、非物质文化遗产保护、文物保护利用与城市规划等领域专家的评审，哈尔滨市当选2018年"东亚文化之都"。

【雒树刚会见赞比亚旅游和艺术部部长班达】 2017年8月9日，文化艺术界部长雒树刚在京会见赞比亚旅游和艺术部部长查尔斯·班达，就进一步促进中赞文化关系发展进行了探讨和交流。雒树刚与班达共同签署了《中华人民共和国政府和赞比亚共和国政府文化合作协定2018年至2021年执行计划》。文化艺术界党组成员、部长助理于群，赞比亚驻华大使温尼·齐贝萨孔达参加会见和签字仪式。

【雒树刚会见伊朗伊斯兰文化联络组织主席伊布拉希米】 2017年8月22日，文化艺术界部长雒树刚在京会见了来华参加第24届北京国际图书博览会伊朗主宾国活动的伊朗伊斯兰文化联络组织主席阿布扎里·伊布拉希米一行。双方就推动两国文明对话、文化经典互译、文化联委会建设等议题充分交换了意见。雒树刚表示，此次北京国际图书博览会伊朗主宾国活动以"丝绸之路上的五彩梦"为主题参展，正是切合了中国国家主席习近平提出的"一带一路"合作倡议，这对中伊两国未来的文化合作具有指导意义。

【第四届丝绸之路国际艺术节开幕】
2017年9月7日，第四届丝绸之路国际艺术节在陕西西安开幕。本届艺术节在文艺演出、美术展览、文化论坛、惠民巡演的基础上，还举办国际现代艺术周、国际创意动漫周、国际儿童戏剧周以及国际青年汉学家研修班。作为国家级综合性艺术盛会，丝绸之路国际艺术节参与国家和地区从第一届的30个、第二届的62个，增长到第三届的80个，国际影响力与日俱增。

【雒树刚会见土耳其文化旅游部部长努曼】 2017年9月11日，文化艺术界部长雒树刚在京会见土耳其文化旅游部部长努曼·库图姆斯一行，双方就2018年在中国举办"土耳其旅游年"、两国互设文化中心等内容充分交换了意见。雒树刚回顾了中土两国互办文化年的盛况，并高度评价了两国长期保持的良好文化关系，希望借努曼此访进一步落实两国元首推动"一带一路"合作、增进两国"民心相通"的共识。

【2017青年汉学家研修计划在北京开班】 2017年9月11日，由文化艺术界、中国社会科学院联合主办，中外文化交流中心承办的2017青年汉学家研修计划开班仪式在国家图书馆举行。来自美国、澳大利亚、英国、加拿大、智利、阿尔巴尼亚、埃及、埃塞俄比亚、印度和意大利等26个国家的27位优秀青年汉学家应邀来华参加本期研修。

【首届金砖国家文化节举行】
2017年9月15—22日，以"文明相融、民心相通"为主题的首届金砖国家文化节邀请来自金砖五国的210多位艺术家，举办了剧场演出、户外演出、艺术大师课、主题展览和金砖国家电影展映等30余场相关活动。中国中央芭蕾舞团、巴西黑天鹅民族舞蹈团、俄罗斯马林斯基剧院、印度阿底提舞蹈学院、南非约翰内斯堡芭蕾舞团等五国具有代表性的艺术院团齐聚厦门，演出、展览均由五国艺术家联合呈现。

【第二届丝绸之路（敦煌）国际文化博览会举办】 2017年9月20日，第二届丝绸之路（敦煌）国际文化博览会在甘肃敦煌开幕。文化年展分为意会丝路、印象丝路、创意丝路和游历丝路四个板块，设置20个专题展区，全方位展示3500多件文化艺术精品；文艺演出邀请400余名国内外知名演员加盟，演出剧目13场；文化创意展采取静态展品展示与动态互动体验相结合的方式，集中展示丝路沿线文创产品；国内外专家学者相聚文博会高级别论坛等活动，开展深入交流；文博会国际文化产业展览交易会汇聚了俄罗斯、韩国等近20个国家及国内20个省区市的500家企业。

【"太和·世界古代文明保护论坛"召开】 2017年9月20日，"太和·世界古代文明保护论坛"在故宫博物院拉开帷幕。来自阿富汗、玻利维亚、柬埔寨、中国、埃及、埃塞俄比亚、希腊、印度、伊朗、伊拉克、以色列、意大利、黎巴嫩、墨西哥、巴基斯坦、秘鲁、斯里兰卡、苏丹、叙利亚、突尼斯、土耳其共21个国家的与会者就"古代文明遗产的传承""古代文明遗产的当代价值""古代文明的考古学观察与丝路考古"等议题展开讨论。

【第三届中国—中东欧国家文化合作部长论坛举行】 2017年9月22日，第三届中国—中东欧国家文化合作部长论坛在浙江杭州举行。中国与阿尔巴尼亚、波黑、保加利亚等17国的政府文化代表团出席论坛。与会各国代表一致通过《中国—中东欧国家文化合作杭州宣言》《中国—中东欧国家2018—2019年文化合作计划》。

【第十五届亚洲艺术节举行】 2017年9月23日至10月23日，第十五届亚洲艺术节在宁波举办。艺术节包括开幕演出、文化论坛、表演艺术、视觉艺术四个板块的数十项活动，其间举办了澜沧江—湄公河文化论坛，中国与柬埔寨、老挝、缅甸、泰国、越南等国的政府文化代表团共同签署了《澜沧江—湄公河文化合作宁波倡议》。作为重要项目之一的"澜沧江—湄公河文化行"，途经浙江、福建、广东、广西、云南五省（区）和老挝、泰国、柬埔寨首都等海上丝绸之路重要节点城市，沿途举办了丰富多彩的文化推介活动。

【刘延东出席中美文化论坛】 2017年9月26日，中国国务院副总理刘延东在纽约大都会艺术博物馆出席中美文化论坛并致辞。刘延东表示，文化领域向来是中美人文交流的重点和亮点。现在"共享经济"成为广受关注的热词，而文化的价值就在于共享，让不同地域和国度的人们分享各自文化的美好、体验多元文化的魅力。中国高度重视文化建设，美国文化创意产业发达，两国加强文化交流互鉴和文化产业合作基础好，潜力大。希望双方通过联合举办文化论坛等多种形式，促进两国文化机构及文化界人士的对话与互动，开辟更多文化交流渠道，搭建更多跨越太平洋的心灵沟通之桥，为促进中美关系发展和两国人民友谊做出积极贡献。

【第十六届中国吴桥国际杂技艺术节开幕】 2017年9月29日，由文化艺术界和河北省政府共同主办的第十六届中国吴桥国际杂技艺术节在石家庄开幕，18个国家和地区的31个节目共逐"金狮"。31个节目中有境外节目25个。9月30日至10月4日，举办国际马戏嘉年华、公益专场演出、社区公益演出、国际马戏论坛和杂技商业洽谈会等系列活动，获奖节目于10月8—11日在沧州体育馆公演4场，10月12日在沧州体育馆举办闭幕式及颁奖演出。

【第二届"意会中国——阿拉伯知名艺术节负责人访华交流活动"举办】 2017年10月19—26日，来自阿尔及利亚、阿曼、埃及、科威特、黎巴嫩、摩洛哥、突尼斯和约旦等8个阿拉伯国家的15位知名艺术节负责人访华，赴上海、浙江乌镇和杭州参加第二届"意会中国——阿拉伯知名艺术节负责人访华交流活动"。在沪期间，相关代表与来自"一带一路"沿线32个国家和地区的124个艺术节和机构参加了"丝绸之路国际艺术节联盟"成立仪式,正式加入该联盟。

【第十九届中国上海国际艺术节开幕】 2017年10月20日至11月,由文化艺术界主办、上海市人民政府承办的第十九届中国上海国际艺术节开幕。本届上海国际艺术节共展演45台剧(节)目,其中境外25台、境内20台;举办10项展(博)览活动;"艺术天空"推出46台94场演出;艺术教育活动包括55项110场;扶持青年艺术家计划暨青年艺术创想周共委约9部作品,开展31项邀约展演活动;邀请450多家国内外机构参加演出交易会,并举行10场论坛活动;设置无锡、宁波、合肥3个分会场,举办喜剧节、魔术节、水乡音乐节、互动戏剧节等7个"节中节"。

【中柬合作项目"吴哥王朝"落成】 2017年10月25日,"一带一路"重点文化交流项目"吴哥王朝"在柬埔寨暹粒举办落成发布会。该项目是中柬两国文化艺术界门鼎力合作的大型文化旅游综合体,位于柬埔寨暹粒市区,距吴哥窟5公里,总投资2.2亿元,规划设计及施工建设近两年。项目以大型情景舞台演艺秀《吴哥王朝》为核心,融剧场、商业、娱乐、餐饮等多种业态为一体,包括大剧院、水上世界、中柬文化体验街等。

【津巴布韦"梦想秀"艺术团演出】 2017年11月8日,应文化艺术界邀请,津巴布韦"梦想秀"艺术团与中国歌剧舞剧院在北京天桥艺术中心举办联袂演出。文化艺术界部长助理于群指出,习近平主席2015年12月对津国事访问期间,高度评价"梦想秀"活动,称之为"中津人文交流合作一个很好的缩影"。津巴布韦"梦想秀"是在中国驻津使馆大力支持下,由津侨界举办的年度大型公益性才艺选秀活动,津巴布韦"梦想秀"艺术团由33名优胜者组成。

【习近平为河内中国文化中心揭牌】 2017年11月12日,中国国家主席习近平在河内出席越中友谊宫落成移交仪式暨河内中国文化中心揭牌仪式,与越南国会主席阮氏金银共同为中心揭牌。河内中国文化中心越中友谊宫总建筑面积约1.38万平方米,是中国对越南援助的标志性工程。

【中国当选联合国教科文组织世界遗产委员会委员国】 2017年11月14日,在联合国教科文组织巴黎总部举行的《保护世界文化和自然遗产公约》缔约国大会第21次会议上,中国以128票高票当选联合国教科文组织世界遗产委员会委员国,任期为2017—2021年。

【"东亚文化之都"与"欧洲文化之都"合作论坛举行】 2017年11月14日,由中国文化艺术界和欧盟委员会教育与文化总司共同主办的"东亚文化之都"与"欧洲文化之都"合作论坛在上海举行。来自中国泉州、青岛、宁波、长沙、哈尔滨等5个历届"东亚文化之都"当选城市和创建扶持城市西安、三亚与来自英国利物浦、希腊雅典、瑞典于默奥、罗马尼亚蒂米什瓦拉等15个"欧洲文化之都"城市的市长和专家参加论坛。日本和韩国派团作为观察员参加了论坛。

【雒树刚会见泰国文化艺术界部长威拉】 2017年11月16日,文化艺术界部长雒树刚会见了来华访问的泰国文化艺术界部长威拉一行，双方就深化中泰文化交流与合作深入交换意见。就新时代中泰文化关系发展，雒树刚提出五点建议，一是加强战略对接，欢迎泰方积极参与"一带一路"文化建设，促进民心相通；二是积极商签新一轮文化交流执行计划，推动双边文化关系机制化发展；三是以"欢乐春节"等品牌项目带动多领域文化合作，丰富中泰文化关系内涵；四是以曼谷中国文化中心为平台，促进中泰人文交流与合作；五是加强在澜沧江—湄公河等多边合作框架内的协作与配合，共同夯实地区繁荣稳定根基。

【仰光中国文化中心揭牌】 2017年11月19日，仰光中国文化中心揭牌。仰光中国文化中心的揭牌意味着中南半岛澜湄五国实现了中国文化中心全覆盖，也是在东盟国家设立的第6家同类机构。

【保加利亚索非亚中国文化中心】 2017年11月23日，保加利亚索非亚中国文化中心揭牌。这是在中东欧国家揭牌运营的第一家中国文化中心，成为中保两国文化交流与合作的重要平台。

【以色列特拉维夫中国文化中心揭牌】 2017年11月26日，以色列特拉维夫中国文化中心举行揭牌仪式。特拉维夫中国文化中心是中国在海外开设的第35个文化中心，也是西亚北非地区继开罗之后的第二家中国文化中心。

【2017墨西哥"中国文化年"落幕】 2017年11月28日，2017墨西哥"中国文化年"在墨西哥国家大剧院圆满落幕。2017墨西哥"中国文化年"框架下，共举办了文化活动20项，演出近200场，覆盖了墨西哥的22个州市，逾700名中国艺术家、文化学者访墨，60家当地文化艺术机构、超过100万名墨西哥民众直接参与，观看转播、参与互动的民众逾千万人。在中墨建交45周年之际，2017墨西哥"中国文化年"向当地民众呈现了真实、立体、多元的当代中国形象。

【刘延东出席中英艺术创意产业论坛】 2017年12月5日，中英高级别人文交流机制第五次会议召开之际，中国文化艺术界与英国文化教育协会合作，在爱丁堡苏格兰国家美术馆举办"中英艺术创意产业论坛"。中国国务院副总理刘延东和苏格兰文化旅游外交大臣菲奥娜·希斯洛普出席活动并讲话。论坛以"文化遗产与传承创新""艺术创意与城市发展""艺术节的社会性价值"为议题进行了三场对谈。

【第三届海上丝绸之路国际艺术节开幕】 2017年12月10日，由文化艺术界和福建省人民政府共同主办的第三届海上丝绸之路国际艺术节在福建省泉州市开幕。第三届海上丝绸之路国际艺术节以"展示、交流、合作、提升"为宗旨，以"海丝建设"为主题，邀请来自30余个国家的350余名艺术家参加中国—中东欧国家文化季泉州分场、南音大会唱、海丝非遗展、海丝艺术发展论坛等活动。

【纪念中国首批世界文化遗产列入《世界遗产名录》三十年座谈会召开】 2017年12月22日，纪念中国首批世界文化遗产列入《世界遗产名录》30年座谈会在故宫博物院召开。文化艺术界部长雒树刚、故宫博物院院长单霁翔、国家文物局局长刘玉珠等出席座谈会。雒树刚提出要求：扎实推进世界文化遗产申报，继续巩固我国世界文化遗产大国地位；进一步助力遗产地社会经济发展，实现广大人民群众共享保护成果；坚持创造性转化和创新性发展，加强遗产展示利用，提高文化服务能力；继续支持主动作为，逐步建立、完善文物保护国际合作工作机制。

【2018东亚文化之都·中国哈尔滨活动年举行】 2018年1月5日，2018东亚文化之都·中国哈尔滨活动年在哈尔滨松北香格里拉开幕。活动年举行历时300余天，以"冰雪之约，夏都之旅，音乐之城，文化交融"为主题，举办了哈尔滨国际冰雪节、哈尔滨之夏音乐会等在内的千余项活动。"东亚文化之都"为中日韩三国城市之间搭建了文化交流与务实合作的平台。三国共同签署了《中日韩文化艺术界长会议——哈尔滨行动计划》，确定了未来3年重要合作领域与重点项目。中国黑龙江省哈尔滨市、日本金泽、韩国釜山是2018年"东亚文化之都"当选城市，三市签署了《2018"东亚文化之都"城市文化工作会议哈尔滨合作纲要》。

【中越文化艺术界长年度会晤举行】
2018年1月7日，中国文化艺术界部长雒树刚和越南文化体育旅游部部长阮玉善在北京市举行中越文化艺术界长年度会晤，围绕中越文化关系发展和文物、艺术教育、文化产业和非物质文化遗产等领域务实合作进行了深入探讨。会晤回顾了近年来中越文化关系取得的积极进展，明确了双方现阶段的重点合作领域，决定以政府间文化协定年度文化交流执行计划为统筹，以河内中国文化中心为平台，以文化产业等领域的具体合作文件为支撑，广泛调动各界力量，开展各业态交流，推动文化机构、企业合作，加强区域文化交流合作，将本次会晤共识和成果作为新一轮执行计划的重要内容全面推动落实。

【2018"中国—欧盟旅游年"举办】
2018年1月19日，2018"中国—欧盟旅游年"在意大利威尼斯市开幕，2018年11月19日在陕西省西安市落下帷幕。其间，中欧双方在旅游年框架下共举办100余场活动，其中包括中国主题焰火节、中国灯展、"中国红"和"欧洲蓝"点亮活动等重点活动。2018年3月，欧盟在中国元宵节前后，在比利时、法国、西班牙、意大利等18个成员国超过60处标志性建筑、主要景区举办了"中国红"点亮活动。2018年5月9日，欧盟"欧洲日"前后，在北京、天津、上海、南京等18座城市的33个景区举办了"欧洲蓝"灯桥点亮活动。2018"中国—欧盟旅游年"是双方领导人从中欧关系战略高度和长远角度做出的重要安排，不仅为中欧双方搭建起了交流合作、互动双赢、务实高效的平台，也提高了中欧文化互通与旅游地互联。

【雒树刚率中国政府文化代表团访问西班牙】 2018年1月28—31日，中国文化艺术界部长雒树刚率中国政府文化代表团访问西班牙。1月29日，2018年全球"欢乐春节"活动启动仪式暨"湖湘风华·湖南文化创意展"开幕式在马德里中国文化中心举行。当天，雒树刚与西班牙教育、文化和体育大臣伊尼戈·门德斯·德·维戈举行双边会谈，共同签署了《中华人民共和国政府和西班牙王国政府2018至2021年文化、青年和体育合作执行计划》。2018年春节期间，包括艺术展览、专场演出、春节庙会、广场庆典、非遗互动、校园联欢、文贸推介、美食品鉴等20多个类别在内的一大批高水准"欢乐春节"项目在130个国家和地区的400多座城市陆续展开，其中包括53个"一带一路"沿线国家和地区。

【中国与加拿大举办文化联委会首次会议】 2018年2月1—2日，应加拿大遗产部部长麦勒尼·乔利邀请，中国文化艺术界部长雒树刚率中国政府文化代表团以及国内主要文化机构和企业代表访问加拿大，出席在渥太华市举办的中加文化联委会首次会议及中加文化产业首次对话会。加拿大总理特鲁多专门发来祝贺视频，热烈欢迎雒树刚率团访加，并高度肯定了召开此次会议的重要意义。代表团在渥期间，双方先后举办了两国文化艺术界长正式会谈、中加18家文化机构交流会、34家文化企业对话会、文化创意产业午宴、6项合作协议签约仪式和闭幕晚宴等6场大型活动。会后，两国文化艺术界共同发布了《中加文化联委会首次会议纪要》。

【雒树刚会见芬兰教育文化艺术界部长桑普·特尔霍】 2018年3月27日，中国文化和旅游部部长雒树刚在北京市会见了来访的芬兰教育文化艺术界部长桑普·特尔霍一行。双方就未来建立更加积极务实的中芬文化关系交换了意见。雒树刚表示，近年来，在政府间文化合作文件的指引下，两国文化交流与合作日益活跃，深度和广度不断拓展，尤其在文化遗产、表演艺术和文化产业等领域的成果极为显著。中方愿与芬方进一步密切政府间对话，建立更加务实的机制化合作，做实中芬文化及旅游交流与合作。特尔霍赞赏中国文化和旅游部为推动两国文化关系发展发挥的重要作用，并对建立中芬文化主管部门间更加富有实效的合作提出设想和建议。双方还就更新两国文化合作备忘录、纳入旅游合作内容以及在芬兰设立中国文化中心等议题进行了商谈。

【2018年"土耳其旅游年"活动举办】 2018年4月17日，中国文化和旅游部部长雒树刚在北京市会见了来访的土耳其文化旅游部部长努曼·库尔图尔穆什一行。双方就2018年土耳其在华举办"土耳其旅游年"、深化两国文化和旅游合作、互设文化中心等议题深入地交换了意见。当晚，雒树刚还出席了在北京天桥艺术中心举办的"土耳其旅游年"开幕式并致辞，与近千名中土观众一同观看了土耳其大型舞蹈史诗《特洛伊》。"土耳其旅游年"期间，土耳其在中国举办了包括音乐表演、绘画展览、摄影和传统土耳其手工艺品、文学、电影、美食和旅游在内的60场活动。

【第十八届"相约北京"艺术节举办】 2018年4月27日至5月31日，由文化和旅游部、国家广播电视总局、北京市人民政府联合主办，中国对外文化集团公司、北京市文化局承办的第十八届"相约北京"艺术节举办，来自19个国家和地区的44个优秀表演艺术团体、近800位中外艺术家，为民众带来了130场演出、3个艺术展览和多项公益艺术教育活动。本届"相约北京"主宾国是意大利。除开幕式音乐会外，多项具有意大利文化艺术特色的展演活动在艺术节期间与公众见面。艺术节以一系列活动展现了"一带一路"沿线及相关国家文化发展现状和民俗风情。

【上海合作组织成员国首届旅游部长会议举办】 2018年5月9日，上海合作组织成员国首届旅游部长会议在湖北省武汉市开幕。会议期间，各代表团团长高度评价了近年来在上海合作组织框架下旅游领域合作交流取得的新进展，介绍了本国旅游业发展，就进一步挖掘合作潜力、拓宽合作领域、深化务实合作交换了意见；各代表团团长审议并通过了《2019—2020年落实〈上海合作组织成员国旅游合作发展纲要〉联合行动计划》草案，并决定按照规定程序将该成果文件提交上海合作组织青岛峰会期间签署；鉴于进一步落实《上合组织成员国旅游合作发展纲要》（2016年6月24日，塔什干）的重要性，各代表团团长建议上海合作组织秘书处按照规定程序研究与联合国世界旅游组织建立正式关系。

【2018"中国文创产品展示周"举办】 2018年5月10日至6月30日，2018"中国文创产品展示周"在35个海外中国文化中心举行。活动以展览展示为主，结合讲座、研讨、产品发布、互动体验等各种形式，全面推介中国文创产品和文创机构、企业。包括"故宫文化创意产品国际综合展""丝路记忆——NICE Choice文创海外推广展""方寸中国——中国集邮文化及文创产品海外推广展""中国设计·文化·生活体验展"等重点项目在内的86项活动，涵盖了文博、非遗、设计、动漫、数字科技等领域。

【中老文化旅游交流系列活动举办】 2018年5月15日，中老文化旅游交流系列活动在老挝万象市举办。中国文化和旅游部与老挝新闻文化旅游部共同举办了2018中国—老挝旅游合作论坛，来自中老两国政府、旅游企业、院校和新闻媒体等各界代表共300余人出席了活动。中国旅游代表团在万象湄公河地标酒店举办了以"超乎想象的中国"为主题的中国旅游推介会。老挝新闻文化旅游部在推介会现场安排了民族舞蹈表演和传统文化展示，与中方代表团进行了互动交流。

【上海合作组织成员国文化艺术界长第十五次会晤举行】 2018年5月16—17日，上海合作组织成员国文化艺术界长第十五次会晤在中国海南省三亚市举行，就如何加强和深化上合组织文化合作等问题展开了探讨交流，签署了《上海合作组织成员国文化艺术界长第十五次会晤纪要》，通过了《上海合作组织成员国政府间文化合作协定2018—2020年执行计划》和《上海合作组织成员国文化艺术界长第十五次会晤新闻声明》。中国文化和旅游部部长雒树刚作会晤主旨发言，印度、哈萨克斯坦、吉尔吉斯斯坦、巴基斯坦、俄罗斯、塔吉克斯坦、乌兹别克斯坦等7个上合组织成员国的政府文化代表团及上合组织秘书处代表出席会晤并发言。

【2018青年汉学家研修计划举办】

第三编 领域人文交流

"2018青年汉学家研修计划"设春季、夏季和秋季班，分别于5月、7月和9月在重庆、广州、北京、上海、西安和杭州6个城市举办7期研修班，年度研修人数超过200人。其中，重庆班采取专题讲座故事化、主题考察体验式、对口研修导师制的研修模式。广州班设"中国岭南文化""海上丝绸之路""粤港澳大湾区发展"三大主题。西安班以"一带一路"为主题，贾平凹、王双怀等专家学者举办专题讲座。北京班学员在中国社会科学院、北京大学等学术机构和高校开展对口研修。上海班学员参加学术讲座并与专家学者开展了专题交流和研讨。杭州班以"中国发展：理念与实践"为研修主题，向青年汉学家介绍了中国发展进程中地方实践的浙江经验。

【丝绸之路国际图书馆联盟成立】
2018年5月28日，由中国国家图书馆、中国图书馆学会、四川省委宣传部主办的丝绸之路国际图书馆联盟成立暨"阅读·城市·文化"学术研讨会在四川省图书馆举办。来自中国、哈萨克斯坦等国家的20余名联盟成员馆馆长、文化官员、专家出席了活动。大会通过了《丝绸之路国际图书馆联盟成都倡议》，发布了图书馆、书店融合发展联盟宣言，并签署了图书馆、书店融合协议。包括中国、泰国、缅甸、文莱等在内的24个联盟成员国将携手在文献资源共建共享、典籍保存保护、数字馆建设、人才培养等方面开展合作，促进丝绸之路沿线国家图书馆事业发展。

【上海合作组织成员国艺术节举办】
2018年5月29日至6月1日，由中国文化和旅游部主办、中国对外文化集团公司承办的上海合作组织成员国艺术节在北京市举行，举办了演出、展览、交流大师班等活动。5月30日，中国文化和旅游部部长雒树刚出席艺术节开幕式并致辞。上合组织成员国艺术节是上合组织多边文化交流的传统项目，旨在通过各成员国在文化艺术领域的深度交流与合作，增进互学互鉴，推动保护上合组织文化多样性，夯实各国友好的民意基础，同时也为2018上合组织青岛峰会的举办营造良好氛围。

【中国当选联合国教科文组织保护非物质文化遗产政府间委员会委员国】
2018年6月6日，在法国巴黎联合国教科文组织总部举行的《保护非物质文化遗产公约》（以下简称《公约》）缔约国大会第7届会议上，中国以123票高票当选保护非物质文化遗产政府间委员会委员国。本届会议改选了半数委员国，与中国同时当选委员国的还有荷兰、阿塞拜疆、波兰、牙买加、日本、哈萨克斯坦、斯里兰卡、喀麦隆、吉布提、多哥和科威特。本届新当选委员国的任期从2018年到2022年。

【第二届中国—中东欧国家艺术合作论坛举行】
2018年6月11—15日，由中国文化和旅游部、四川省人民政府主办，成都市人民政府、四川省文化厅共同承办的第二届中国—中东欧国家艺术合作论坛在四川省成都市举办。论坛以"当代艺术的实践与探寻——传统的当代价值"为主题。作为本届论坛的重要主体活动，中国及中东欧16国（简称"16+1"）专家分别围绕音乐、美术、舞蹈、戏剧、儿童剧5个领域进行分论坛，议题包括"各国当代艺术创作的现状、困惑、挑战及其应对手段""当代艺术创作中典型案例分析""'16+1'框架下全新的跨文化合作方式""未来交流合作的具体项目"等。

【丝绸之路国际美术馆联盟成立】
2018年6月19日，丝绸之路国际美术馆联盟在中国美术馆成立。中国美术馆、韩国首尔艺术殿堂、希腊雅典国家当代美术馆、俄罗斯国家艺术科学院、白俄罗斯国家美术馆、哈萨克斯坦国家美术馆、乌克兰国家艺术科学院、斯里兰卡国家艺术馆、匈牙利国家美术馆、越南美术博物馆、亚美尼亚国家美术馆等来自"一带一路"沿线18个国家和地区的美术馆和美术机构负责人共同签署了丝绸之路国际美术馆联盟成立宣言。丝绸之路国际美术馆联盟是美术馆领域共建"一带一路"倡议的阶段性成果，亦是推动构建人类命运共同体的重要举措。中国美术馆还同期举办了"包容与共进——丝绸之路国际美术馆联盟艺术展"，展出来自14个沿线国家的17件艺术精品。

【第二届瑞士中国文化旅游节举办】
2018年6月20—25日，由中国驻苏黎世旅游办事处和瑞士中华文化促进会联合主办的第二届瑞士中国文化旅游节在瑞士日内瓦市举办。本届文化旅游节以"诗画浙江"为主题，通过文艺会演、民俗工艺展示、餐饮文化体验等各种活动，全面展示了中国文化旅游资源。

【国家图书馆接受日本永青文库捐赠汉籍】
2018年6月26日，作为中日和平友好条约缔结40周年的重要纪念活动，日本永青文库向国家图书馆捐赠汉籍仪式在国家图书馆典籍博物馆举行，日本前首相、永青文库理事长细川护熙、中国文化和旅游部部长雒树刚、时任相关负责人，驻日本大使程永华，日本驻华大使横井裕等出席了仪式。捐赠仪式上，国家图书馆馆长韩永进代表国家图书馆向细川护熙颁发捐赠证书。国家图书馆举办"书卷为媒 友谊长青——日本永青文库捐赠汉籍入藏中国国家图书馆展"，面向公众展出1个月。

【雒树刚会见南非旅游部部长德里克·哈内科姆】
2018年6月26日，中国文化和旅游部部长雒树刚在北京市会见了南非旅游部部长德里克·哈内科姆一行。双方就深化两国旅游合作等议题交换了意见。雒树刚表示，中方愿意继续深化中南文化和旅游交流合作，带动两国相关产业发展，增进中南两国人民的理解和互信，夯实两国友好关系的社会基础；希望南方加大在华宣传推广力度，加强市场研究，开发适合中国游客特点的旅游线路和产品，加强旅游安全保障，维护游客权益。哈内科姆说，南非高度重视中国旅游市场，珍视中南旅游部门间的交流与合作。南方将进一步落实便利化措施，继续开展旅游培训合作，提供更多符合中国游客特点的旅游产品和服务。

【雒树刚会见葡萄牙文化艺术界部长路易斯·门德斯】
2018年7月5日，中国文化和旅游部部长雒树刚会见了来访的葡萄牙文化艺术界部长路易斯·门德斯，双方就深化双边文化关系深入交换意见并达成共识。雒树刚表示，葡萄牙有悠久的历史和丰富的文化资源，中方高度重视发展对葡文化关系，愿以2019年两国建交40周年为契机，通过互办"文化节"推动两国文化交流与合作迈上新台阶。门德斯高度赞同雒树刚关于深化中葡文化关系的建议，并表示葡萄牙视中国为重要的合作伙伴，愿与中方共同努力，推动两国文化交流迈上新台阶，不断夯实两国全面战略伙伴关系的人文基础。

【缅甸仰光中国文化中心启用】
2018年7月7日，缅甸仰光中国文化中心正式启用，中缅双方代表数百人见证启用仪式。中国文化和旅游部副部长李金早在启用仪式上表示，仰光中国文化中心的设立是中缅友好关系发展的重要成果，也是中缅友谊的重要见证。中心将秉承"优质、普及、友好、合作"的宗旨，与缅方文化艺术和旅游机构等深化合作，在向缅甸民众和游客介绍中国和中国优秀文化的同时，积极向中国民众和游客介绍缅甸和缅甸文化，为增进两国人民的互相了解和友谊发挥积极作用，把中心建设成中缅合作共享的平台。

【第四届阿拉伯艺术节举办】
2018年7月10日，国家主席习近平在中国—阿拉伯国家合作论坛第八届部长级会议开幕式上宣布，中阿共同在华举办的第四届阿拉伯艺术节正式启动。第四届阿拉伯艺术节以"丝路相连，民心相通"为主题，举办了20余项文化交流活动，包括中阿文化艺术界长论坛、中阿城市文化和旅游论坛、"意会中国——阿拉伯知名艺术家访华采风10周年大展""丝路花开——阿拉伯文艺精品会演"等，涉及图书、音乐、舞蹈、书法、绘画、雕塑、诗歌、美食、服饰、摄影和汉学等领域，通过集中展示中阿在"一带一路"文化合作框架下的最新交流合作成果，进一步推动中阿文化关系发展。10月25日，艺术节在四川省成都市闭幕。

【第十四届中国国际合唱节举办】
2018年7月19日，由文化和旅游部国际局、国际合唱联盟、中国对外文化集团公司、北京市教育委员会、北京市西城区人民政府、中国合唱协会共同主办的"第十四届中国国际合唱节暨国际合唱联盟合唱教育大会"在北京五棵松体育馆举办。合唱节举办期间，来自全球59个国家和地区的308支合唱团共约15000名合唱爱好者，举行了15个大项总计263场活动，包括开闭幕式、合唱教育大会、评测展演、大师班工作坊、合唱新作品音乐会、公益专场音乐会等。

【2018"汉学与当代中国"座谈会举办】
2018年7月23—24日，由文化和旅游部、中国社会科学院共同主办，中外文化交流中心承办的2018"汉学与当代中国"座谈会在北京市举办。座谈会以"改革开放40年——中国与世界"为主题，来自24个国家的28位汉学家、中国问题研究专家和智库学者以及11位中方学者参与，围绕"中国发展新理念与国际合作新前景""'一带一路'与共同发展""中国文化与人类命运共同体"3个分议题进行了交流与对话。座谈会邀请"青年汉学家研修计划"北京班和上海班的学员参与交流学习。

【雒树刚会见吉尔吉斯斯坦副总理

奥穆尔别科娃】 2018年8月18日，文化和旅游部部长雒树刚在北京市会见了吉尔吉斯斯坦副总理奥穆尔别科娃·阿尔滕娜依。雒树刚表示，中吉关系近年来快速健康稳定发展，双方政治互信不断加深，"一带一路"建设取得早期收获，为两国人民带来了实实在在的利益。中方愿与吉方共同努力，认真落实两国元首就发展中吉全面战略伙伴关系达成的重要共识，推动中吉务实合作取得更多新成果。奥穆尔别科娃强调，中国一直是吉尔吉斯斯坦的好邻居、好伙伴，吉方愿与中方深入开展人文领域交流与合作，共同推动吉中全面战略伙伴关系不断向前发展。

【国际儿童青少年戏剧协会艺术大会举办】 2018年8月18日，国际儿童青少年戏剧协会艺术大会在中国儿童剧院开幕。大会以"构想未来"为主题，从56个国家的426部申请作品中，选出来自五大洲11个国家16个演出团的18台剧目，在1周内集中展演53场。一系列艺术活动同期开展，包括3场国际儿童青少年戏剧协会艺术交流大会、21个中外儿童戏剧工作坊、2场东西方多元文化对话、培训项目、专题研讨会、儿童戏剧主题夏令营、"中国日"主题活动等。

【第十次中日韩文化艺术界长会议召开】 2018年8月30日，第十次中日韩文化艺术界长会议在哈尔滨市召开，中国文化和旅游部部长雒树刚、韩国文化体育观光部长官都钟焕、日本文部科学大臣林芳正共同出席会议并发表讲话。三国文化艺术界长共同梳理了近年来中日韩文化交流的发展与成果，并就未来进一步深化务实合作交换了意见。会后发表的《中日韩文化艺术界长会议——哈尔滨行动计划（2018年至2020年）》是中日韩合作第三份《行动计划》，规划了未来3年三国重要合作领域与重点项目。雒树刚、都钟焕和林芳正还分别向中国西安市、韩国仁川市和日本东京都丰岛区授予了2019"东亚文化之都"纪念牌。会议期间，举行了中韩、中日、日韩双边会谈，并配套举办了中日韩联合音乐会演出等文化活动。

【第四届中国西藏旅游文化国际博览会举办】 2018年9月7—11日，第四届中国西藏旅游文化国际博览会在西藏拉萨市举行。全国人大常委会副委员长武维华、西藏自治区党委书记吴英杰，西藏自治区党委副书记、自治区主席齐扎拉，文化和旅游部副部长张旭、尼泊尔众议院议长马哈拉等中外嘉宾及观众约8000人出席开幕式。第四届中国西藏旅游文化国际博览会由文化和旅游部与西藏自治区人民政府共同主办，以"畅游新西藏·守护第三极"为主题，除拉萨外，还在林芝设立了分会场，系列活动展示了"地球第三极"独具魅力的自然景观和西藏优秀的民族传统文化，展示了改革开放40年来西藏自治区坚决贯彻中央治藏方略的成功实践和取得的成就。

【第五届丝绸之路国际艺术节举办】 2018年9月7—21日，第五届丝绸之路国际艺术节在陕西省举办。艺术节吸引了来自118个国家和地区的艺术家、艺术团体参与。本届艺术节开幕演出京剧《丝路长歌》是中国第一部以京剧艺术为基础、融入了现代歌剧等元素、集中反映古丝绸之路历史、表现"丝路精神"的大型创新实验剧目。本届艺术节在文艺演出、美术展览、文化论坛、惠民巡演四大板块的基础上，举办了"2018国际青年汉学家研修班（西安班）""2018国际现代艺术周""2018国际儿童戏剧周""2018国际创意动漫周"及"2018丝路长安大学生艺术节"5项专题活动。

【第13届中国—东盟文化论坛举办】 2018年9月11日，第13届中国—东盟文化论坛在广西壮族自治区南宁市举行。论坛聚焦中国—东盟文化创意产业的交流与合作，围绕文化旅游产业提档升级、文化创意与科技创新深度融合、文化创意产业对传统文化的传承与创新、创新型中小微文化企业的发展方向与路径等多个分议题展开对话。论坛期间，还举办了"民族瑰宝 八桂神韵"广西非物质文化遗产展演、"创意点亮生活"文创产品展示活动等系列文化活动。

【雒树刚会见联合国世界旅游组织秘书长】 2018年9月12日，文化和旅游部部长雒树刚会见了到访的联合国世界旅游组织秘书长祖拉布·波洛卡什维利，双方就深化交流与合作交换了意见，达成多项共识。雒树刚表示，中国自1983年加入联合国世界旅游组织以来，积极参与组织事务、认真履行成员义务。双方合作领域不断拓展，合作程度不断加深；希望联合国世界旅游组织今后继续关注支持中国旅游业发展，中国也将一如既往地支持该组织各项工作。波洛卡什维利表示，中国是世界上最重要的客源地和最受欢迎的旅游目的之一；联合国世界旅游组织高度重视发展和中国业已存在的良好合作关系，将大力支持中国文化事业、文化产业和旅游业融合发展，鼓励成员国学习中国发展成功经验。

【第三届丝绸之路（敦煌）国际文化博览会举办】 2018年9月27—28日，第三届丝绸之路（敦煌）国际文化博览会在敦煌国际会展中心举行。中共中央政治局委员、国务院副总理孙春兰出席开幕式并致辞。文化和旅游部党组书记、部长雒树刚，甘肃省委书记林铎，国家广播电视总局党组书记、局长聂辰席，中宣部副部长孙志军，中国国际贸易促进委员会党组书记、会长高燕等出席了开幕式。甘肃省委副书记、省长唐仁健主持开幕式。本届文博会展会以"传承丝路精神、推动交流互鉴"为主题，共引进32个展览项目，吸引国内外58家单位及企业参展，展品约7000件，涵盖文物、艺术、设计、文创产品、数字成果等17个种类，全方位展示了丝绸之路文化的魅力。近百个国家和地区及国际组织的代表、1000名左右嘉宾出席了活动。

【第二十届中国上海国际艺术节举办】 2018年10月19日至11月22日，第二十届中国上海国际艺术节在上海市举行，文化和旅游部部长雒树刚致辞并宣布开幕，文化和旅游部副部长李群、上海市委书记李强等出席了开幕式，上海市市长应勇致辞。本届艺术节吸引了超过60个国家和地区的艺术家、艺术机构与制作人参与，呈现了45台中外剧（节）目、6台委约新作，举办了

1项文化周活动、132场演出、12项展览，覆盖约400万人次观众。其中，"艺术天空"系列演出覆盖上海全部16个区，艺术教育板块走进大中小幼校园，举办50多项100多场活动，交易会论坛参会机构达460家。

【中阿合作论坛第四届文化艺术界长会议召开】 2018年10月25日，中阿合作论坛第四届文化艺术界长会议在四川省成都市召开。21个阿拉伯国家的文化艺术界长、副部长或代表、驻华使节等齐聚成都，探讨"一带一路"倡议国际合作框架下的文化交流与合作。本届会议审议通过了《中国—阿拉伯国家合作论坛第四届文化艺术界长会议成都宣言》。宣言明确，中阿双方将共同落实《中国—阿拉伯国家合作论坛第八届部长级会议北京宣言》《中国—阿拉伯国家合作论坛2018年至2020年行动执行计划》和《中国和阿拉伯国家合作共建"一带一路"行动宣言》3份成果文件的相关内容，进一步加强中阿文化和旅游交流合作。

【中朝文艺工作者联合演出举行】
2018年11月5日，中朝文艺工作者联合演出在朝鲜平壤市举行。演出前，中国文艺工作者代表团团长、文化和旅游部部长雒树刚会见了观看演出的朝鲜劳动党中央政治局候补委员崔辉。中国文艺工作者代表团于11月2—5日访问朝鲜，其间，进行2场联合演出，观看了朝鲜版歌剧《白毛女》和大型团体操表演《辉煌的祖国》，参谒中朝友谊塔、锦绣山太阳宫，参观万景台故居，赴金元均音乐综合大学开展友好交流活动。

【第五届中国国际马戏节举办】
2018年11月16—23日，第五届中国国际马戏节在广东省珠海市举办。本届马戏节由文化和旅游部、广东省人民政府主办，珠海市人民政府、广东长隆集团有限公司承办，聚集了世界五大洲、来自全球近20个国家共25支世界顶尖马戏队伍，节目类型涵盖极限运动、空中杂技、滑稽小丑、大型魔术等。第五届中国国际马戏节闭幕后，11月24日至12月1日，马戏节优秀节目巡演开启，提供更多开放的交流时间和空间，全方位呈现了国内外高质量的马戏艺术作品。

【雒树刚会见马尔代夫总统萨利赫】
2018年11月18日，习近平主席特使、文化和旅游部部长雒树刚在马尔代夫总统府会见了马新任总统萨利赫。雒树刚向萨利赫转达了习近平主席的亲切问候和良好祝愿，祝贺萨利赫就任马尔代夫总统，祝愿马尔代夫在萨利赫领导下实现新发展。萨利赫感谢习近平主席派特使出席其就职典礼，赞赏中方长期以来对马尔代夫发展提供的支持和帮助。应马尔代夫政府邀请，习近平主席特使、文化和旅游部部长雒树刚于11月17日在马尔代夫首都马累出席了萨利赫总统的就职典礼。

【雒树刚会见比利时弗拉芒语区文化、媒体、青年及布鲁塞尔事务大臣斯文·盖茨】 2018年11月28日，中国文化和旅游部部长雒树刚在北京市会见了来访的比利时弗拉芒语区文化、媒体、青年及布鲁塞尔事务大臣斯文·盖茨一行，并与盖茨共同签署《中华人民共和国和比利时王国（弗拉芒语区）政府2019—2022年文化、青年、体育与媒体交流执行计划》。雒树刚指出，中比文化交流与合作是中比全方位友好合作伙伴关系中的重要组成部分，中方愿以新的交流执行计划为引领，通过加强官方政策对话，推进在"一带一路"框架下的文化交流，持续深化文化机构间和文化产业领域的务实合作，推动中比文化关系不断迈上新的台阶。盖茨表示，比利时文化艺术和产业界希望保持、加强与中方的合作，愿与中方共同努力，继续深化文化领域的交流与合作。

【藏医药浴法列入人类非物质文化遗产代表作名录】 2018年11月28日，在联合国教科文组织保护非物质文化遗产政府间委员会上，我国的藏医药浴法被正式列入人类非物质文化遗产代表作名录。至此，我国入选联合国非物质文化遗产的项目已经达到40个。藏医药浴法是藏医学"索瓦日巴"的重要组成部分，藏语称"泷沐"，是藏族人民以土、水、火、风、空"五源"生命观和隆、赤巴、培根"三因"健康观及疾病观为指导，通过沐浴天然温泉或药物煮熬的水汁或蒸汽，调节身心平衡，实现生命健康和疾病防治的传统知识和实践。

【第二届丝绸之路国际剧院联盟年会举办】 2018年11月29日至12月2日，由中国对外文化集团公司主办的第二届丝绸之路国际剧院联盟年会在广东省广州市举办。文化和旅游部以及"一带一路"沿线国家驻华使节，27个国家和地区的40家海外企业、机构以及中方成员单位代表出席联盟年会入盟及签约仪式。丝绸之路国际剧院联盟于2016年10月成立和运营，截至第二届年会举办时，已吸引来自38个国家和地区的104家成员单位加盟。

【第四届"海上丝绸之路"国际旅游节举办】 2018年11月30日至12月31日，第四届"海上丝绸之路"国际旅游节在福建省福州市举办。旅游节由文化和旅游部、福建省人民政府联合主办，福州市人民政府和福建省文化和旅游厅承办，以"拓展海丝合作，共享美好生活"为主题。来自近30个国家的约1000名嘉宾参加了2018中国旅游产业传播创新论坛、"海丝连世界·欢乐游福州"花车巡游、"海丝友城日"系列活动、第九届福州温泉国际旅游节、首届海丝旅游美食专享周等活动。

【几内亚与中国签署文化合作协定年度执行计划】 2018年12月7日，中国文化和旅游部相关负责人在北京市会见了来访的几内亚体育、文化和历史遗产部长塞努西·邦塔马·索乌率领的几政府文化代表团一行。双方就进一步促进中几文化交流与合作进行了探讨和交流，达成多项共识，并签署《中华人民共和国政府和几内亚共和国政府文化合作协定2018年至2021年执行计划》。中国文化和旅游部相关负责人表示，中方愿同几方一道，落实《中华人民共和国政府和几内亚共和国政府文化合作协定2018年至2021年执行计划》，切实推动两国文化交流与合作的全面、深入发展，为推动中几关系发展做出新的贡献。索乌表示，几方愿与中方一道，积极推动几中文化交流与合作，促进两国人民的相互理解与友谊。

【圆明园文物青铜虎鎣入藏中国国家博物馆】 2018年12月11日，圆明园文物青铜虎鎣回归中国并正式入藏中国国家博物馆。青铜虎鎣原为清宫皇室旧藏，1860年被英国军官哈利·埃文斯从圆明园劫掠获得，此后一直由其家族收藏。2018年3月，英国坎特伯雷拍卖行将其挂拍。得知消息后，中国国家文物局立即开展信息收集、协商谈判、协调联动等工作。4月底，青铜虎鎣境外买家表示愿将文物捐赠给国家文物局。11月23日，青铜虎鎣安全抵达北京。

【中国政府文化和旅游代表团访问法国】 2018年12月13—16日，中国文化和旅游部副部长李金早率中国政府文化和旅游代表团访问法国奥弗涅—罗讷—阿尔卑斯大区。12月14日，李金早会见法国萨瓦省议会主席艾尔维·盖马尔。李金早在会谈中表示，中法两国均为文化和旅游大国，近年来，中法在文化和旅游领域的交流与合作不断深化，成为两国全面战略伙伴关系中积极活跃的组成部分。当前，中国冰雪旅游快速发展，奥罗阿大区曾举办过3届冬季奥运会，中国已成功申办2022年冬季奥运会，双方可以此为契机推动冰雪旅游合作。2017年成立的世界旅游联盟对促进旅游企业之间以及旅游企业与各级政府之间合作发挥了积极作用，欢迎奥罗阿大区和萨瓦省的旅游机构加入世界旅游联盟，共同推动全球旅游业的发展。

【拉巴特中国文化中心揭牌】 2018年12月18日，中国文化和旅游部与成都市政府在摩洛哥首都拉巴特市共建的拉巴特中国文化中心正式揭牌。拉巴特中国文化中心是在阿拉伯国家成立的第二个海外中国文化中心，也是成都首次在海外设立的国家级对外文化交流平台。拉巴特中国文化中心位于拉巴特市阿格达尔区，是拉巴特市文化教育的中心地带，人口密集，交通便利。拉巴特中国文化中心建筑面积达2500平方米，设有展览厅、多功能厅、培训教室和图书馆等，将履行中国国情宣介、文化活动、人文对话、产业推广、旅游推介、教学培训以及信息服务等七大职能。

【"中印文明对话"活动举办】 2018年12月22日，作为中印高级别人文交流机制首次会议的配套活动之一，"中印文明对话"活动在印度举办。中印两国大学、研究机构及各界代表约150人与会。中印学者围绕两大古老文明交流的历史、现状及未来，以"东方文化比较""语言与文化""敦煌与世界""敦煌反映的中印文化交流""印中佛陀涅槃像比较""文明传统与友好交往"等为题交流了研究体会。国务委员兼外长王毅出席闭幕活动，见证了安倍德卡尔大学与深圳大学、敦煌研究院合作意向书签署仪式。

（撰稿人：叶飞、宋佳烜）

体育人文交流

一 体育人文交流综述

2017—2018年，中国体育领域对外人文交流具有如下特点：第一，体育交流仍承担一部分外交任务。例如举办金砖国家运动会、中国—东盟乒乓球赛，再如中国体育代表团应朝鲜体育省邀请进行访问等。第二，体育交流与国家政策紧密联系。这集中表现在"一带一路"成为2017年和2018年体育对外交流和主要议题，与"一带一路"沿线国家间展开官方互访，民间交流中邀请沿线国家参与友谊赛，发起论坛讨论"一带一路"体育旅游等。除了"一带一路"外，体育小镇作为特色小镇政策的一部分，也进入了对外交流的范畴。为有利于筹备2022年冬奥会，2018年大型国际体育赛事安保经验交流会在北京市召开。第三，体育交流中企业扮演着很重要的角色。在论坛峰会中，企业常常作为协办方或承办方。在教育交流和赛事交流中，往往由公司参与创办教育机构，例如，中国公司鼎信体育和拳击明星帕奎奥合作成立帕奎奥国际拳击学院。第四，体育行业的融资、体育产业发展成为热点之一。例如，2018年体育经济与国际区域合作论坛举办，国家体育总局与6家金融机构签署支持体育产业发展合作协议。第五，对外交流的运动种类多种多样，特别是足球、篮球、拳击和冰雪运动更为丰富多彩。国际体育界相对主流且市场化程度高、资本市场相对青睐的项目成为主要交流内容。

综合所述，中国体育对外交流坚持官方、民间"两条腿"走路，产业化日趋明显，成果导向性增强。

【论坛峰会】 以"一带一路"和体育产业、体育融资为主题的论坛峰会类活动较多。中国体育界一方面依托"一带一路"，与沿线国家加强协作和沟通；另一方面，也在探索通过体育助力我国"一带一路"倡议的更好推进。有关"一带一路"的论坛峰会主要是多个国家在体育项目或体育赛事举办上的经验交流，同时也关注体育在外交中发挥的作用。在体育产业和融资方面，论坛主要关注体育小镇的发展路径分析和融资方式问题。论坛涵盖的体育种类方面，绝大多数并未针对特定的体育项目，而是笼统地讨论体育的发展。少数直接指明项目的如足球和冰雪运动，后者则基于中国于2022年承办冬奥会。论坛峰会方面另一个突出的特点是多主体参与，绝大多数的论坛峰会由公司、高校和政府部门共同参与，凸显出当前中国体育领域发展中产学研沟通合作不断加深的趋势。

【官方访问】 官方访问首先表现出明确的项目指向，且访问对象基本为该项目的强国，如与美国进行篮球的访问、与芬兰进行冰雪运动的访问、与法国进行足球的访问。其次，访问项目上一方面表现出与中国体育发展需求一致的倾向，如足球、篮球和冰雪运动均是中国存在一定提升空间的项目；另一方面，也与节点性事件相关。例如，2018年是俄罗斯世界杯举办的年份，因而足球方面的访问相对较多；2022是中国举办冬奥会的年份，中国在冰雪项目上投入了更多关注和力量，因而在冰雪项目方面安排了访问。再次，体育领域的官方访问也和中国内政外交政策相关，如习近平总书记在2017年对国际奥林匹克博物馆进行访问，中国体育代表团应朝鲜体育省邀请进行访问等。

【民间交流】 民间交流包括以下几个特点：一是体育交流与文化活动结合，加深双方对彼此文化的理解，如中韩青少年体育交流大会，除了两国在篮球、羽毛球等项目上进行联合训练和比赛，双方共同体验了韩国特色手工瓷器制作，参观了蔡伦纪念馆；二是所谓民间交流，指的是体育业余爱好者间的交流，"草根"群体的交流；三是民间体育交流也与国家外交政策息息相关，如在国家对外政策框架下举办"一带一路"网球邀请赛。

【教育交流】 教育交流着眼于人才培养、教育经验分享交流、合作成立教育中心和学校等几个方面。在人才培养上，走的是"引进来+走出去"两条路，即一方面引进外国专家授课，另一方面派遣中国教师或运动员出国取经；在成立中心或学校上，存在"政府+高校模式"和"公司+学校或明星"的两种模式，前者是政府部门如国家体育总局牵头与高校合作创立，后者则是由体育产业中的公司加入，与体育明星或外方学校合作办学；在教育经验分享上，主要是高校间的访问。从项目上来看，教育交流主要集中在跆拳道和足球上。此外，整个教育交流中都明显地体现出政府、公司和体育界人士合作，说明在体育教育领域我国的产业化尝试已经有了一定经验。

【赛事交流】 赛事交流主要包括两个路径，一是高校与公司合作，进行大学间的赛事交流，例如，世界名校足球赛由清华大学主办、信中利集团等承办；第二个路径是与中国外交政策息息相关的，例如金砖国家运动会、中国—东盟乒乓球赛和中国东盟拉力赛。

【训练合作】 训练合作集中在足球和篮球项目上，合作方主要是英国、巴西等足球大国或美国等篮球大国，合作内容主要是青少年训练。训练合作成果导向明显，集中在中国相对有发展空间的项目上，且集中在对青少年的培养，意在提升未来的项目能力，如中·美"筑梦精英"篮球训练营活动开展、中超未来之星青少年海外足球训练营启动。

二 体育人文交流条目

(一) 官方访问

【国家主席习近平会见国际奥委会主席巴赫】 2017年1月18日,国家主席习近平在洛桑国际奥林匹克博物馆会见了国际奥林匹克委员会主席巴赫。在会面中,习近平赞赏了国际奥委会和巴赫主席、罗格名誉主席为国际奥林匹克运动健康发展做出的贡献,以及为中国体育事业提供的帮助。习近平指出,中国将坚持绿色、共享、开放、廉洁的冬奥会举办方针,把竞技体育搞得更好、更快、更高、更强,同时大力发展群众体育,通过全民健身实现全民健康,进而实现全面小康目标。成功举办北京冬奥会,也将有助于推动中国和"一带一路"沿线经济增长,有利于地区和平与稳定。巴赫表示,国际奥委会愿继续同北京冬奥会组委会共同努力,扎实筹备,确保举办一届精彩的北京冬奥会。

【法国体育部长访华 揭幕法国足球中国办公室】 2017年2月14—17日,法国城市、青年和体育部长帕特里克·卡内尔(Patrick Kanner)到访中国,希望加强中法两国在体育领域的合作。访问期间,卡内尔就冬季运动领域的合作事宜与中国国家体育总局局长苟仲文举行了会谈,并与北京冬奥会组委会进行了会面。除了冬奥会事宜,中法双方还在山地运动、高水平运动和马术等多个领域缔结了伙伴关系。而卡内尔访问期间的另一个重头戏则是为法国足球驻中国办公室揭幕。2月16日,法国足协及法国足球职业联盟在北京侨福芳草地怡亨酒店召开新闻发布会,宣布联合成立法国足球中国办公室。该机构拥有六大使命:输出法国足球培训体系;提升法国竞赛和法国国家队在中国人心中的形象;加强与中国的互动合作;支持法国俱乐部在中国的发展和战略布局;寻找转播合作商,普及法国足球赛事;寻找中国赞助商企业。

【冬季运动推动中芬外交】 2017年4月5日,国家主席习近平和芬兰总统尼尼斯托在赫尔辛基共同会见了刚刚参加完2017年世界花样滑冰锦标赛的中芬两国冰雪运动员代表。习近平赞赏了芬兰作为冰雪运动强国在冬季运动方面具备的出色经验,表达了双方以2022年北京举办冬季奥运会为契机,加强冬季运动领域交流合作的愿景。尼尼斯托表示,芬方愿同中方分享经验,深化冬季运动领域合作,全面支持中国举办2022年北京冬奥会。当天,在两国政府代表团的见证下,北京昆仑鸿星冰球俱乐部与芬兰小丑冰球俱乐部在赫尔辛基签署战略合作协议,将展开包括职业球员培训、教练和球队管理培训、冰球场馆设施及装备合作、青少年冰球运动员培训、商业和市场营销合作、比赛组织等一系列合作内容。

【美国业余体育联盟代表团到访中国】 2017年6月6日,美国业余体育联盟(AAU)主席罗杰率代表团来到西安培华学院交流访问。双方就体育教育、体育赛事、体育教学互访等方面的交流合作事宜进行了会谈。座谈结束后，AAU代表团一行进行了主题演讲，对美国业余体育联盟作了简要介绍，并号召学生们和朋友、家人一起参与运动。随后，大西安（咸阳）文化体育功能区管委会与代表团一行就双方合作共建体育运动公园进行交流洽谈。西安将在咸阳奥体中心周边打造一个体育产业园，建设"全民健身"主题公园及体育中心，AAU则会提供大型国际赛事资源和运营。陕西省体育局随后也加入会谈，围绕体育竞技、体育教育、推广与交流、市场开发和优秀运动员和教练的交流学习等方面和AAU代表团进行了深入交流。

【国家主席习近平会见国际足联主席因凡蒂诺】 2017年6月14日，国家主席习近平在人民大会堂会见国际足联主席因凡蒂诺。习近平主席表达了自己对足球运动的独到见解，认为其真谛不仅在于竞技，更在于增强人民体质，培养人们的爱国主义、集体主义、顽强拼搏的精神。与此同时，他向因凡蒂诺介绍了近年来中国在发展足球事业方面做出的努力，包括足球管理体制的改革、足球文化的培养、青少年足球的推广、基础设施的完善、国际交流借鉴的促进等。因凡蒂诺及国际足联高度评价了中国政府对足球事业的重视和做出的改革，并表示愿意密切同中方合作，推动中国足球和世界足球事业发展。

【中国体育代表团访问朝鲜】 2017年10月8日，应朝鲜体育省邀请，国家体育总局局长苟仲文率中国体育代表团赴朝鲜访问。中国代表团由男、女篮球国家队组成，身兼官员、领队和中国篮球协会主席三职的姚明随队出访。访问期间，代表团参观了训练基地，观赏了文艺表演，并赴基层同朝鲜男女篮共同训练，友好交流。10月9日，中国代表团女篮选手和朝鲜女篮选手在柳京郑周永体育馆举行了一场混合赛，分为"友好队"和"团结队"两队进行比赛。最终，"团结队"取得了比赛胜利。

（二）民间交流

【中日"草根情"乒乓球友谊赛举行】 2017年4月2日，为纪念中日邦交正常化45周年，第四届"草根情"中日乒乓球友谊赛在日本东京多摩市体育馆举行。该赛事由中日乒乓球友谊赛组织会主办，驻日本大使馆、日中友好协会、日本乒乓球协会等支持。中国驻日本大使馆武官徐新华大校、日本乒乓球协会名誉顾问森武、前东京乒乓球协会副会长长谷川治雄等出席。华裔"乒乓神童"张智和为比赛开球，奥运冠军韦晴光现场为中日乒乓球爱好者们示范指导。400多名5岁到80岁不等的中日乒乓球爱好者参赛，其中青少年选手较往届明显增多，占比超过三分之一。

【第十届中韩青少年体育交流活动举行】 2017年7月、11月，第十届中韩青少年体育交流活动分别在韩国蔚山市、中国衡阳市举办。该活动由两国体育部门联合主办，旨在加强两国青少年体育文化交流、增进友谊、促进青少年体育运动发展的一项重要国际性体育交流活动。交流期间，两国青少年运动员开展了篮球、羽毛球、乒乓球3个项目的联合训练和正式比赛。除了体育交流，两国运动员还在韩国蔚山市外高山瓷器村体验手工制作瓷器，深入交流韩国文化；在中国衡阳市探访了石鼓书院、耒阳蔡伦纪念馆、衡阳工业博物馆等，在南岳衡山共同种植"中韩青少年友谊林"。11月7日，衡阳市设宴欢送韩国青少年体育交流代表团。双方在晚宴上互赠纪念品，共同献上艺术表演，宣告第十届中韩青少年体育交流活动圆满结束。

【第五届中俄民间体育交流大会召开】 2018年7月15日至8月15日，第五届中俄民间体育交流大会在黑龙江省绥芬河市召开。本次大会包括风筝节、"红狼杯"垂钓友谊邀请赛、"天姿杯"中俄体育舞蹈邀请赛、气排球精英赛、国际射箭邀请赛、"九龄童"四国乒乓球邀请赛、中国绥芬河同砚四驱中俄越野车王争霸赛暨汽车房车露营大会、中俄边境露营大会8个项目，旨在进一步扩大中俄体育人文交流规模。有来自全国各地和俄罗斯的参赛队伍，包括符拉迪沃斯托克摔跤协会、柔道协会、体操运动协会等10余支俄罗斯代表队，来自天津市、辽宁省、黑龙江省、山东省等省市的气排球队，以及绥芬河市武术协会、绥芬河市博越射箭体育运动俱乐部、绥芬河市乐活户外俱乐部等40余支队伍参加了本届中俄民间体育交流大会系列比赛活动。

【"一带一路"网球邀请赛举行】 2017年11月5日，首届"一带一路"网球邀请赛在北京市网球运动管理中心举行。本次活动由北京市网球协会和丝绸之路城市联盟主办，吸引了来自中国、菲律宾、巴基斯坦、意大利、日本、澳大利亚、美国等9个国家的80余名参赛球员。经过多轮角逐，海上丝绸之路队最终获得了本次邀请赛的冠军，丰台网协队与丝绸之路城市联盟队分别夺得了亚军和季军。赛后，主办方举行了晚宴，分别授予12支队伍"丝路网球之星"荣誉称号，前中国驻中非和尼日尔大使石虎为各队颁发奖状。

（三）论坛会议

【中美体育管理发展与人才培养论坛举办】 2017年3月28日，由北京大学与美国哥伦比亚大学共同举办的中美体育管理发展与人才培养论坛在北大光华管理学院顺利开展。中美体育管理学者名家齐聚北京市，为中国体育产业的管理发展出谋划策。会上，国家体育总局体育科学研究所体育社会科学研究中心主任鲍明晓深刻分析了中国体育产业的人才短板。哥伦比亚大学体育管理项目主任纪文森（Vince Gennaro）同样指出，由于现代科技的飞速发展，愈发复杂的体育业务对人才数量和人才技能多样性的要求越来越高，而美国体育的成功之处就在于能够迅速适应这一需求。针对此问题，来自哥伦比亚大学的中国留学生宋文昊推出了思博锐体育管理学习平台。该平台致力于为国内广大体育从业人员提供顶尖的教育资源和本土化的内容，帮助从业者学习从最基本到最先进的体育行业管理技能，从而从根源上解决人才匮乏的问题。除此之外，双方还就中西体育场馆运营的经验、中美体育人才培养之路，以及体育媒体数字化变革等话题展开了讨论。

【第12届斯迈夫全球体育产业大会召开】 2017年4月6日，2017斯迈夫全球体育产业大会暨国际体育消费展在北京国家会议中心召开。本届大会主题为"世界级、现象级"，深度聚焦体育产业全球化发展的话题。2200多家体育公司、300家主流投资机构、300多位省市政府领导、体育局局长，以及200多位驻华大使和国际体育组织代表参与本届大会。现场观展人数超过了6万人次，线上论坛在线人次达80余万。本届大会举办了包括中国体育小镇峰会、中国体育旅游峰会、瑞士体育产业峰会、东欧体育产业峰会等在内的41场垂直细分市场峰会，为世界各国的体育企业、组织和机构提供了高效紧密的服务和充足的国际合作机会。大会还提出了未来的发展规划，即继续打造常态化的体育产业资源平台，在此基础上进一步设立斯迈夫永久会址和产业基金。

【首届中德足球峰会举行】 2017年6月7—8日，首届中德足球峰会在德国法兰克福市举行。来自中德两国足球协会、中国足球超级联赛俱乐部以及德国足球甲级联赛俱乐部的代表共约200位嘉宾出席了峰会。峰会首日介绍了中德俱乐部合作的主要项目，包括科隆俱乐部与辽宁地区、汉堡俱乐部与上海上港、勒沃库森俱乐部与内蒙古地区、法兰克福俱乐部与北京北控俱乐部以及沙尔克04俱乐部与昆山地区等的合作项目。峰会次日推介了德国足球协会在中国培养教练和人才的相关活动，以及在法兰克福市建立德国足球协会青训学院的计划。此外，德甲联赛组织俱乐部还以训练设备为例，展示了德国足球主要运营模式的成功之处。

【"谁来领跑中国体育产业"论坛举办】 2017年6月26日，由北京大学国家发展研究院体育商学院、冠军小镇联合发起的"谁来领跑中国体育产业"论坛在大连市举办。论坛围绕世界新经济时代的新引擎、第四次工业革命下中国体育的创新和机遇、中国体育市场的新跑道、国际舞台上的中国资本等话题展开。北京大学国家发展研究院体育商学院院长易剑东，乐视体育副董事长、CBA公司董事会顾问马国力，万国体育CEO、东证和同股权投资基金董事张涛等国内体育领域专家、学者、企业家、创业精英进行了互动交流。易剑东就当下炙手可热的体育小镇话题作了专题解读。这是国家体育总局2017年4月提出要在全国建设100个运动休闲特色小镇后，国内专家首次就体育小镇的规划建设运营等在理论上做出的系统梳理，这将给众多体育小镇投资建设者带来有益的借鉴和思考。

【《"一带一路"体育旅游发展行动方案》发布】 2017年7月6日，2017年全国体育旅游产业发展大会在江苏省无锡市召开，国家体育总局、国家旅游局在会上联合发布《"一带一路"体育旅游发展行动方案》。该方案致力于在3年内培育品牌化、规模化的体育旅游市场，在"一带一路"相关区域形成一批精品体育旅游赛事、特色运动休闲项目、有竞争力的体育旅游企业和知名体育旅游目的地，预期实现2020年体育旅游人数占该地区旅游总人数比重超过15%的目标。为此，体育总局制订了8项具体行动计划：加大体育旅游宣传力度；培育体育旅游重点项目；加强体育旅游设施建设；促进体育旅游装备制造；推动体育旅游典型示范；发展体育旅游目的地；打造体育旅游合作平台；强化体育旅游智力支撑。

第三编　领域人文交流

【2017国际冬季运动博览会联合瑞士带动冰雪产业发展】 2017年9月7—10日，由北京奥运城市发展促进会和国际数据集团主办的2017国际冬季运动博览会（以下简称"冬博会"）在北京国家会议中心举办。此次冬博会邀请瑞士作为首个主宾国展开冬季运动产业合作，同时参加的还有瑞典、芬兰、日本、加拿大等冬季运动强国的代表团以及多贝玛亚、天冰等众多冬季运动产品国际品牌。主办方设置了政府系统合作、冰雪进校园、赛事IP推广等八大论坛议程以及冬季服装装备、奥运主题展区、冬季旅游目的地等七大展区板块，重点工作是结合瑞士冰雪运动的产业经验和数据，就冬季运动产业链的运营管理和创新发展进行了讨论。

【"一带一路"国际体育节国际合作论坛举办】 2017年9月30日，"一带一路"国际体育节国际合作论坛暨中菲体育合作论坛在北京市举行。论坛由"一带一路"国际体育节组委会、世界体育总会亚太区总部主办，北京鼎信体育产业股份有限公司承办，北大光华体育产业协会支持。在演讲中，世界拳王、菲律宾议员曼尼·帕奎奥宣布与北京鼎信体育合作，在中国推广拳击运动。在圆桌会议中，与会成员讨论了中菲体育合作路径，指出了中国拳击运动推广不足的窘境，分析了国际体育节的创新发展模式和体育产业迫切需要教育管理型人才的发展现状。

【第三届中俄区域间体育交流合作会议召开】 2017年11月28日，由黑龙江省体育局主办的2017第三届中俄区域间体育交流合作会议在哈尔滨华旗国际会议中心举行。中方黑龙江省副省长孙长生，黑龙江省体育局局长杨涛、体育局各单位负责人，部分企业和体育协会代表，俄方哈巴罗夫斯克边疆区、伊尔库茨克州、萨哈共和国（雅库特）、滨海边疆区、阿穆尔州、布里亚特共和国6个州区代表团参与了此次会议。会议涵盖领域从竞技体育扩展到社会体育、体育教育、人才储备、体育医疗以及体育科研等方面。经过协商探讨，中俄双方在田径、游泳等11个夏季项目，冰球、冰壶等4个冬季项目，以及人才训练、体育医疗、科研等方面签署了25份合作协议和1个备忘录。此次会议还确定了两年一届、合作成员轮流主办的定期会议机制，中俄各省州设置体育合作联络员的会议制度，以及2019年在萨哈共和国（雅库特）举办的计划。

【中、匈签署马拉松交流合作签约仪式举办】 2018年1月4日，第二届中国马拉松博览会开幕，厦门马拉松和布达佩斯马拉松赛事在厦门国际会展中心举行了交流合作签约仪式，双方将在赛事文化、赛事运营、赛事宣传以及运动员交流访问等方面进行深度交流合作。签约仪式上，中欧"一带一路"文化旅游发展委员会主席、欧洲议会议员伊什特万·乌伊海伊表示，2018年是"中国—欧盟旅游年"，非常高兴在新年伊始就能够看到厦门与布达佩斯开展交流合作。厦门马拉松和布达佩斯马拉松的正式签约标志着厦门与布达佩斯在城市文化交流与互动方面迈出了重要一步。本次签约不仅是两场马拉松赛事间的合作，更是两座美丽城市之间的交流，将促进中匈两国民间体育文化的广泛交流与互动。

【首届中国厦门体育产业博览会举办】 2018年1月12—14日，首届中国厦门体育产业博览会暨中国厦门移动电子竞技产业博览会在厦门国际会展中心举行。博览会由厦门动天下展览有限公司主办，共设980多个展位，吸引了300多家中外参展企业，展会面积近2万平方米。展会内容涵盖体育用品制造业和以竞技赛事、体育科技、体育文创、体育旅游为核心的体育服务业。除了传统体育相关产品的展示，展会还安排了电竞联赛、二次元文化展示、亲子体育等现场互动活动。其间，主办方还举办了首届鹭岛国际体育产业峰会，主题为"中国品牌如何通过体育营销走向世界"，包括地方政府推介活动、国际高端论坛和体育企业及赛事机构发布会三大板块内容。

【全国体育产业发展大会召开】 2018年1月13日，全国体育产业发展大会在福建厦门国际会议中心酒店召开。国家体育总局副局长赵勇出席会议，并代表国家体育总局与6家金融机构签署支持体育产业发展的合作协议。会上，国家体育总局与中国工商银行、中国农业银行、中国银行、中国建设银行以及中保投资有限责任公司、中国旅游产业基金管理有限公司就金融支持体育产业发展分别签订了合作协议。各金融机构将重点对发展运动项目产业，建设健身休闲设施，打造体育产业园区、运动休闲特色小镇、体育服务综合体，打造体育赛事和活动，培育体育产业市场主体等方面提供金融支持。此外，体育总局联合有关方面，推动成立了中国体育产业联盟，希望借助社会组织的优势，搭建体育政产学研多方交流互动平台，全面提升体育产业发展水平。赵勇将担任中国体育产业联盟理事会主席。

【2018年"一带一路"成都国际乒乓球公开赛举行】 2018年6月5日，由中国乒乓球协会、成都市人民政府、四川省体育局、四川博览事务局、四川省社会科学院、成都体育学院主办，成都市体育局、成都市青白江区人民政府承办的2018年"一带一路"成都国际乒乓球公开赛暨体育经济与国际区域合作论坛在成都市青白江区举行。四川省人民政府副省长彭宇行出席了活动开幕式。80多位来自美国、俄罗斯、德国、英国、印度、墨西哥、韩国、古巴、中国等国家的专家学者、行业协会负责人、知名企业家代表，以及120余名来自高校、科研机构的中青年学者代表，齐聚体育经济与国际区域合作论坛。本届论坛发布了《2018年"一带一路"成都国际乒乓球公开赛暨体育经济与国际区域合作论坛成都倡议》。

【李克强总理出席第七次中国—中东欧国家领导人会晤】 2018年7月7日，国务院总理李克强在索非亚文化宫出席第七次中国—中东欧国家领导人会晤。会后，中国同中东欧16国共同发表《中国—中东欧国家合作索非亚纲要》（以下简称《纲要》）。《纲要》中涉及体育领域的内容为"鼓励并支持在'16+1合作'框架下加强体育交流与合作，鼓励各类体育组织建立直接联系，开展球类及冰雪训练、比赛等，并在共同关心的国际体育事务中加强合作，为推动各国体育事业的发展做出贡献"。

第三编 领域人文交流

【2018中美体育论坛举办】 2018年8月10日，由中国国家体育总局主办、北京思博锐体育文化交流有限公司承办的第五届中美体育论坛在北京国际饭店召开，论坛为期两天，共设立5个大型议题、若干主题演讲、圆桌讨论。此次论坛以"预见未来"为主题，旨在为中美两国体育产业发展搭建高端对话平台。主论坛探讨体育联盟发展之道及世界杯申办之路，分论坛探讨体育产业投融资问题。国际棒球联合会前主席、美国奥委会前主席（Dr. Harvey Schiller）、美国足协前主席（Sunil Gulati）、企鹅体育总裁、央视著名主持人刘建宏等中美两国体育界人士出席论坛。8月11日，双方嘉宾还围绕"体育人才的多样化""版权及IP""儿童体育教育与健康发展""电竞产业的发展"等议题进行了探讨与交流。

【大型国际体育赛事安保经验交流会将在京召开】 2018年10月25—26日，"加强国际警务合作、共保北京冬奥安全"大型国际体育赛事安保经验交流会在北京召开。会议以冬季奥运会安保为主题，为与会的各国警务人员搭建了经验交流平台，从而为2022北京冬奥会的顺利举办打下了基础。法国、加拿大、韩国等"9·11"事件后举办过冬季奥林匹克运动会、世界杯等大型体育赛事的国家代表出席本次会议。会议开设了反恐处突及外国人管理服务、城市安全运行、冬奥场馆安保、科技保障和警务合作4个分组论坛，更贴近警务实战，也为各国警方的不同业务部门进行充分的面对面交流心得和经验提供了机会。

【第四届亚洲及大洋洲地区大众体育合作发展论坛举行】 2018年12月18日，第四届亚洲及大洋洲地区大众体育合作发展论坛暨中国—东盟大众体育合作发展论坛在广西南宁市举行。本次论坛由广西壮族自治区体育局主办，北京铭泰体育产业投资有限公司承办，成都体育保科技有限公司、北京体育赛事管理与营销研究基地协办，来自亚洲及大洋洲地区的相关官员、专家学者、企业代表出席了论坛。本届论坛以"探索大众体育发展方式，服务'一带一路'发展"为主题，旨在搭建亚洲及大洋洲地区大众体育交流与合作平台，整合国内外大众体育发展模式，发掘体育市场潜力，推动大众体育科学发展，促进体育合作与交流。论坛在主论坛的框架下，设立了不同议题的分论坛，同时举行体育赛事投洽会和体育产品展会。论坛以体育为切入点，带动体育与旅游、体育与教育、体育与文化，以及体育康养、保险，海洋运动与海洋经济等相关产业的融合发展，进一步扩大了中国与东盟的交流协作，服务"一带一路"建设。

【中法大学生体育文艺周在上海市举行】 2018年12月20日，第四届中法大学生体育文艺周在东华大学松江校区开幕。法国图卢兹大学、东华大学、上海体育学院、江苏师范大学的4支女足队伍参加了交流比赛。教育部学生体育协会联合秘书处秘书长、中国大学生体育协会主席薛彦青，法国大学生体育联合会主席让-佛朗索瓦·索托等嘉宾出席了开幕仪式。开幕式之前，中国大学生体育协会与法国大学生体育联合会签署了《关于2019年举办第五届中法大学生体育文艺周的合作备忘录》，共同打造中法高级别人文交流机制框架下的品牌项目，为2019年中法建交55周年献礼。文艺周期间，中法大学生进行了女足对抗赛、文化联欢、校园足球座谈会等多项活动。此次中法大学生体育文艺周的举办，将增进两国高校在体育文化领域的交流，凝聚双方智慧，取得更多成果。

【"改革开放40年中国体育外交改革与发展"高层论坛举行】 2018年12月22日，由中国体育科学学会国际交往工作委员会与首都体育学院共同举办的"改革开放40年中国体育外交改革与发展"高层论坛在首都体育学院召开，参会嘉宾围绕"人类命运共同体构建与体育对外交往""'一带一路'倡议与体育人文交流""体育强国建设与国际体育话语权"3个主题，共同总结、研究和展望中国体育外交的改革发展之路。在圆桌分论坛上，嘉宾们纷纷指出，新时代中国体育外交需要有效整合和利用体育资源：在价值认识上，从体育外事到体育外交；在战略谋划上，从部门战略到国家战略；在交流主体上，从单一平面到立体格局；在话语争夺上，从被动参与到主动塑造，维护中国体育利益，维护世界体育公平正义，为构建人类命运共同体贡献中国体育的智慧。

（四）教育交流

【奥林匹克引智中心成立】 2017年9月30日，国家体育总局与国家外国专家局引进外国人才智力促进体育事业发展合作框架协议签约暨中国奥林匹克引智中心揭牌仪式在北京体育大学国家训练基地举行。国家体育总局局长、党组书记苟仲文，人力资源和社会保障部副部长、国家外国专家局局长张建国出席了仪式。仪式由北京体育大学党委书记曹卫东主持。双方通过"请进来，走出去"相结合的方式，聘请高层次的外国专家，积极选派中国优秀教练员、运动员以及专家学者出国培训。会上，苟仲文与张建国共同签订了合作框架协议。随后，合作双方为中国奥林匹克引智中心揭牌。国家体育总局将在北京体育大学成立中国奥林匹克引智中心，该中心承担体育引智项目的具体工作。

【帕奎奥国际拳击学院成立仪式举办】 2017年12月2日，鼎信体育与曼尼·帕奎奥全面合作签约仪式暨帕奎奥国际拳击学院成立仪式在北京市举办。菲律宾参议员、世界拳王曼尼·帕奎奥，中国国务院新闻办公室原秘书长冯希望等国内外政府、企事业单位、金融机构、主要社会组织的领导及嘉宾约百人出席了签约仪式。

【凯文曼城足球学校成立】 2017年12月18日，凯文教育集团与曼城足球俱乐部正式签订10年合作协议。曼彻斯特城市足球集团首席运营官奥马尔·贝拉达、凯文教育集团董事长徐广宇、凯文体育总经理赵扬出席了签约仪式。此次签约后，凯文教育集团将引入曼城青训体系、曼城青训教练以及海外训练营。双方共同打造的凯文曼城足球学校，计划于2018年9月正式开学。此次签约翻开了中国体育教育的新篇章，是青训体系走进校园、扎根校园的开始，也是凯文学校对国际化合作交流的深入探索。

【中体联—法国ICD国际商学院工商管理硕士体育管理项目启动】 2018年5月30日，法国ICD国际商学院与上海赢之动体育科技有限公司旗下品牌中体联共同举办的中法体育合作项目"中体联—法国ICD国际商学院工商管理硕士(以下简称EMBA)体育管理项目"正式启动。此次达成的体育管理方向EMBA项目,是国内首个EMBA体育商业化管理项目。

【世界跆拳道(无锡)中心成立】
2018年7月26日,世界跆拳道(无锡)中心在江苏省无锡市太湖新城揭幕,世界跆拳道联盟主席赵正源、国家体育总局副局长蔡振华、中共无锡市委书记李小敏等嘉宾出席了揭幕式。这是世界跆拳道联盟除首尔总部和洛桑联络处之外,设立的第一个官方分支机构,也是国际奥委会旗下的国际体育单项组织首次在中国设立的全球业务运营中心。无锡中心正式投入运营后,将引入世跆联区域行政总部、世跆联运营总部和世界跆拳道大学等项目,以培训、教育、发展和市场4个业务板块作为重心开展工作,致力于推动跆拳道运动在全世界范围内的推广。赵正源表示,无锡中心的设立对于世界跆拳道的发展具有非凡的意义。未来,无锡将成为世界跆拳道联盟的教育培训中心、研发中心、媒体中心以及创新中心。

【第四届中美大学体育教育峰会举行】 2018年11月9日,第四届中美大学体育教育峰会在江苏省苏州市举行。本次峰会以"分享、激发、创新"为主题,由中国大学生体育协会以及美国帕克十二联盟主办,中国教育部支持,阿里体育、苏州高新文旅集团有限公司承办。与会嘉宾着重探讨了精英教育与一流校园体育在大学校园中的和谐共存、大学体育对于个人未来发展的重要作用以及如何更好地激励学生运动员等议题。中国篮球协会主席姚明、运动员代表、美国加州大学伯克利分校篮球队球员谌玥等人参与峰会并致辞。本次峰会是第七届中美大学生体育文艺周活动之一,除了体育界的明星、领导、从业人员,中美教育界诸多重要人物也表达了校园体育发展需要由教育、体育两大系统紧密联合的观点。

(五)赛事交流

【首届金砖国家运动会举办】
2017年6月17—21日,首届金砖国家运动会在广东省广州市举行。本届金砖国家运动会由国家体育总局主办,广东省体育局和广州市政府承办,共设篮球、排球和武术3个大项、10个小项。来自巴西、俄罗斯、印度、南非和中国的近300名运动员参加了比赛。经过5天的激烈角逐,8个武术项目中,中国夺得5枚金牌,位列榜首,印度和俄罗斯分别摘得2金和1金。男子篮球和女子排球的金牌被俄罗斯队收入囊中,中国队斩获这两个项目的银牌。

【世界名校足球赛举行】 2017年6月24日至7月2日,由全国青少年校园足球工作领导小组办公室和清华大学共同主办的2017世界名校足球赛在清华大学举行。此次比赛由信中利集团和启迪控股协办,奥世群星(北京)文化传播有限公司、清华大学体育部中国足球发展研究中心、清华大学国际合作与交流处承办。12支参赛球队分别来自北京大学、中国人民大学、华中科技大学、香港科技大学、剑桥大学、牛津大学、墨尔本大学、南加州大学、德国蒂宾根大学、加拿大不列颠哥伦比亚大学和荷兰莱顿大学。经过9天20场比赛角逐，最终德国蒂宾根大学队荣获冠军，加拿大不列颠哥伦比亚大学队和牛津大学队分获亚、季军。比赛期间，主办方还举办了世界大学生足球论坛及世界名校足球发展研讨会。参会名校、各方代表分享交流校园足球运动管理发展的经验，并宣布成立了世界名校足球联盟。

【2017"丝路杯"中国—东盟乒乓球赛举行】 2017年12月11—14日，2017"丝路杯"中国—东盟乒乓球赛在广西壮族自治区百色靖西市举行。此项赛事由中国乒乓球协会、广西壮族自治区体育局和百色市人民政府主办。中国国家队、中国上海悦隆队以及菲律宾、新加坡、越南等东盟十国共12支代表队伍144名运动员参加比赛。赛事采取男女混合团体赛制，分为小组循环赛和淘汰赛两个阶段。经过3天激烈角逐，中国上海悦隆队夺得本次赛事混合团体赛冠军，中国国家队和新加坡队分获亚、季军。赛事期间，中国乒乓球协会和上海红双喜股份有限公司共同出资为百色成立了精准扶贫基金。中国乒乓球队也来到百色举行慈善公益活动，向百色地区的多所学校捐赠乒乓球器材和其他运动器材。

【第十一届中国—东盟国际汽车拉力赛举行】 2017年12月27日，由国家体育总局、广西壮族自治区人民政府、东盟秘书处主办的第十一届中国—东盟国际汽车拉力赛暨中国—东盟媒体汽车拉力赛在印度尼西亚首都雅加达市落下帷幕。自12月11日从广西合浦发车后，参赛车队依次走进越南、老挝、泰国等全部10个东盟国家，历时17天，跨越了约1万公里。与往届不同，本届拉力赛首次覆盖整个东盟，并且采用各国当地车辆，共计150多辆。除了40名国内外专业车手，17家国内外媒体的车手也参与了比赛。竞赛分为车手组和媒体组，包括3场集结赛、3场定向赛、2场场地趣味赛、2场卡丁车场地赛，共计10场比赛。

（六）训练合作

【重庆市将与威尔士开展青少年足球培训项目】 2017年2月20日，英国威尔士经济和基础设施部部长肯·斯凯特访问重庆，与重庆市商委、文化委和体育局等部门会晤，着手合作项目。其中，英国威尔士政府将与重庆市体育局进行青少年足球培训项目。斯凯特此次赴渝，与重庆市体育局举行讨论会，确定即将开展重庆市与威尔士青少年足球培训项目。该项目旨在为重庆地区职业和业余青年足球运动员提供威尔士丰富的足球资源，并通过两地的足球运动员互访，进行学习交流和培训。

【中·美"筑梦精英"篮球训练营活动开展】 2017年6月29日，中·美"筑梦精英"篮球训练营活动在广东省深圳市正式启动，面向全球招募热爱篮球运动的青少年，与美国23位顶级教练（助教）在深圳市开展为期7天的训练。此项公益训练活动由美国加州圣约瑟高中校篮球队主教练、美国年度最佳教练、美国大学联盟篮球赛精英教练汤姆茅特（TOM Mott）和深圳市得悻体育运动推广中心共同主办。活动分为体育教师班和青少年班两个批次，时间各1周，共招募体育老师600名，青少年

300—400名。其中，训练营秉承公益性，为深圳地区困难家庭农民工子弟、深圳育新学校提供20个免费名额，同时为河源市、汕尾、湖北贫困山区提供40个体育教师免费培训名额，全程参加训练营活动。

【2017中超未来之星青少年海外足球训练营启动】 2017年8月11日，长安福特2017中超未来之星青少年海外足球训练营在上海市正式启动，共有17位U12的小队员参加了训练营，他们分别来自上海绿地申花、北京中赫国安、山东鲁能、杭州绿城、长春亚泰、广州富力和重庆当代力帆等7家俱乐部，通过了由长安福特举办的"中超联赛未来之星杯"的层层选拔。本次训练营的目的地法国克莱枫丹训练基地是法国国家队的官方训练基地。教练根据10米跑、30米跑、变相加速以及传接球射门等多个训练项目来记录每一位球员的数据，建立个人档案，从而能够更有针对性地安排训练课程，进行分组对抗。此外，法方的教练还会安排一些诸如篮球、橄榄球和瑜伽等其他运动项目的训练培养小球员们的身体协调性。

【山东鲁能泰山足球学校队员赴巴西培训】 2018年4月3日，山东鲁能泰山足球学校（以下简称"鲁能足校"）U17A队和U16队41名队员启程前往巴西，进行为期9个月的长期培训。其中，2001年龄段队员20人，2002年龄段队员21人。在这份41人的名单中，6名队员入选2017年U16国少队，8名队员入选2017年U15国少队。2001年龄段队伍是2024年奥运适龄球队。鲁能足校此次派队伍赴巴西长期培训，是践行国家足球发展战略、推动青少年足球技术提高、助力2024奥运战略的重要举措。2017年，鲁能足校在总结经验的基础上，遵循青少年球员成长规律，提出了更加适合鲁能青训球员成长的"三结合一突出""四段式"培养的新型鲁能青训国际化培养模式。"三结合一突出"即坚持海外长期培养与短期拉练相结合，整队培训与个体融入式培养相结合，"走出去"与"请进来"相结合，突出尖子队员培养。目前，鲁能足校共有7名队员在西班牙、葡萄牙和巴西等国俱乐部进行个体融入式培养。

【"国家篮球雏鹰计划"启动】 2018年6月29日，北京体育大学与北京首钢篮球俱乐部在首钢体育大厦正式签约启动"国家篮球雏鹰计划"。该项目基于2017年首钢发布的"雏鹰计划"，借助北京体育大学中国篮球学院、美国篮球学院和海内外其他大学的资源，全面升级为国家奥运战略工程和青少年人才拔尖计划。项目开启报名后，经过3个月的线上线下海选，专家组初步挑选出200名学员参加北京体育大学雏鹰训练营的选拔。8月11—18日，训练营通过身体和心理素质、篮球专项能力、语言能力等一系列测试，最终挑选出50名雏鹰学员赴美接受美国篮球学院的高水平教育和篮球专业训练。首批35名学员于10月30日出发，第二批15名学员则在接受了首钢俱乐部两个月的强化训练后于12月20日启程。

【中超与英超在上海签署合作意向函】 2018年11月7日，中超联赛有限责任公司（CSL）与英超联赛有限公司（PL）在上海签署合作意向函。双方未来将重点针对青训发展、裁判员发展、教练员发展、竞赛发展及品牌联合推广等联赛建设工作展开深度合作。11月，英超方面派出3位核心青训专家来华调研，计划走访8家中国职业足球俱乐部，对中国青少年足球培训现状进行专项考察及全方位分析，并根据考察结果提出切实有效的建议与方案，来帮助中国职业足球俱乐部完善梯队建制、提升青训水平，为双方后续的青训合作打下了坚实基础。与此同时，青超联赛U19教练员代表也将启程赴英，进行为期两周的教学培训，并观摩英超俱乐部U18梯队训练，切身领略英超先进的青训理念及方法。

【天津足球和西班牙足球运动学院签青训协议】 2018年11月9日，天津足协和西班牙足球运动学院在上海进博会上签订了足球青训协议，双方将西班牙的足球教学体系引入天津市。根据协议，西班牙足球学院将在天津市推广足球青训项目，派遣欧足联专业A级教练和讲师助力天津足球青训工作，为天津希望之星球员开展培训，为天津足球学校、足球俱乐部、足球训练基地等指导培训少儿球员，参训总人数将达到近千人。此外，天津市还将与西班牙瓦伦西亚开展友城足球交流，瓦伦西亚足协和瓦伦西亚俱乐部、莱万特俱乐部及比利亚雷亚尔俱乐部教练团队将来天津市开展足球交流合作。

【卡塔尔足协与中国足协签署5年合作协议】 2018年11月26日，卡塔尔足协与中国足协在卡塔尔足协总部阿尔比达塔签署了1项为期5年的合作协议。在签约仪式上，国家体育总局副局长、中国足协党委书记杜兆才，中国足协专职副主席张剑等会见了卡塔尔足协主席艾哈迈德·阿尔萨尼等卡塔尔足协领导。未来，卡塔尔和中国将开展不同年龄段的青少年足球交流项目，卡塔尔方面也将依托埃斯皮尔青训学院和埃斯皮塔体育医疗中心的帮助，同中国足协加强各个项目的交流。此次签约是卡塔尔足协在亚洲及其他地区足球领域战略性发展的又一例证。这项新签署的合作协议将推动卡塔尔足协同中国足协在足球运动上寻求更紧密的合作，共同探寻合作的方法和途径。

【西甲联盟与中国足协成立永久性青训中心】 2018年11月30日，西班牙足球甲级联赛联盟（以下简称"西甲联盟"）、中国足球协会两家机构、马德里足球协会在马德里市圣多明戈区成立永久性青训中心，为中国青年球员和教练提供足球培训项目。作为首批项目参加者，中国U15男子代表队将与马德里足协旗下的会员俱乐部共同参加联赛，并进行为期10个月的训练。中国U15女子代表队和U17男子代表队也在该中心进行了训练。签约完成后，中国U15男子代表队与巴列卡诺足球俱乐部U15梯队进行了45分钟的友谊赛，并最终以1比0战胜了对手。12月24日，中国足协挑选的20名女足教练团队也前往马德里进行为期10天的培训，学习了西甲联盟及其俱乐部的训练方法，了解了应用于足球训练和球员数据监测的最新技术。

（撰稿人：王士宇、齐小美、兰世伟）

广电人文交流

一 广电人文交流综述

经过多年发展，人文交流机制已成为中国特色大国外交的有力支撑，是文化、教育、广播电视、卫生等各领域交流合作的重要平台。国家广播电视总局（以下简称"总局"）是9个人文交流机制的成员单位，并担任中俄媒体合作委员会的协调工作。总局积极参与中外人文交流，并借力人文交流平台，统筹协调广电系统资源力量，引导和鼓励广播影视机构开展广播影视公共外交活动和交流合作，推动了中外广播电视交流合作的机制化、长效化和规模化，不断提高中国影视国际影响力、传播力。

【签署合作协议，夯实合作基础】 建立稳定的交流合作机制是广播影视实现常态化、规模化交流合作的基础。总局积极推动与相关国家签署政府间合作协议，推动中外影视机构签署各种项目合作协议，为长期合作夯实基础。在中俄人文合作委员会框架下，总局与俄罗斯数字发展与通讯传媒部签署了多项合作成果文件。在中欧高级别人文交流对话机制框架下，总局与外方签署了《中西电影合拍协议》等多项合作协议。在中国—南非高级别人文交流机制框架下，2017年4月，总局与南非新闻部签署了《中华人民共和国国家新闻出版广电总局与南非共和国新闻通讯部广播电视合作协议》。在中英高级别人文交流机制框架下，总局与英方共同签署了《中英电影合拍协议》《中英电视合拍协议》等政府间协议。此外，总局还推动中英双方签署30多项创意产业合作协议。在中印尼人文交流机制框架下，2017年11月，双方签署了《中华人民共和国国家新闻出版广电总局与印度尼西亚共和国创意经济产业局电影合作谅解备忘录》。这些合作协议为中外进一步开展影视合作提供了有力保障。如在中英电视合拍协议框架下，中英联合制作了大量优秀纪录片，实现了广泛的国际传播。

【建立定期会议机制，推进影视交流合作】 定期举办会议是开展中外影视交流合作的重要机制。总局与相关国家媒体主管机构建立了多个定期会议机制。2002年以来，中俄媒体合作机制共举办了7届媒体合作工作小组会议和11次媒体合作分委会会议，推进两国媒体在政策交流、人员互访、技术交流、广播电视节目相互落地和合作制作等方面实施了数百个合作项目。其中，第11次分委会会议于2018年8月29日在俄罗斯举办，中俄相关中央和地方媒体、影视制作机构和新媒体代表参加，双方主席签署了会议纪要及下一年度工作计划，包含60余个合作项目，创历史新高。双方还将策划"2019—2020中俄新媒体合作计划"，组织实施新媒体政策交流、联合报道、节目互播、技术研发、人才培养、产业发展等领域交流合作项目。

【举办多种形式公共外交活动，营造良好合作氛围】 一是举办系列仪式性活动。举办各种影视作品首映式、开机仪式、发布仪式等活动，邀请国家领导人出席，是公共外交的重要形态，有效提高影视交流活动在对象国的影响力。多年来，总局积极利用人文交流机制平台，举办了各种形式的公共外交活动，成为人文交流的靓丽名片。在中法高级别人文交流机制历次机制会议期间，总局统筹广电机构先后举办了央视法语大赛启动仪式、颁奖仪式、法国中国电影节、中法大学影像志开机仪式等配套活动，时任国务院副总理刘延东出席。2017年12月，中英在伦敦联合举办2017"中英电影节"，作为中英高级别人文交流机制的活动之一，"开启面向现代化、面向世界、面向未来的中英电影交流新时代"。2017年12月，在中印尼第三次人文机制会议期间，总局举办了中印尼首部合拍影片《大海啸》签约启动仪式。2018年举办中俄电视艺术合作联盟成立暨中俄影视作品互播启动仪式，国务院副总理孙春兰出席活动。为配合金砖国家领导人会晤，总局2018年在南非举办了"中国南非影视合作项目启动仪式"。这些公共外交活动，营造了良好的交流合作氛围，提高了中国影视的国际影响力、传播力。

二是举办系列论坛活动。论坛是开展交流对话、加强沟通合作的重要平台。总局积极举办论坛，开展对话交流沟通。在中英高级别人文交流机制框架下，总局先后主办、指导相关单位举办了中英文化创意产业成果展、中英创意产业论坛、中英创意产业CEO论坛，促进了中英影视界的交流对话。

三是举办影视推广活动。利用人文交流平台，总局推动影视机构开展影视推广活动。2018年9月，总局与欧广联合作举办"聚焦中国"活动，集中推介中国优秀原创节目模式。在中英人文机制框架下，总局在英国举办中国优秀影视剧英国展播季活动，集中推广中国优秀影视节目活动。

【联合制作播出节目，促进文明交流互鉴】 联合制作播出节目是广播影视深度交流合作的形式。

一是联合制作各种题材类型影视节目。联合制作播出节目受到各方高度重视，有的已经实现在多国播出，获得较好的国际传播效果。联合制作的节目形态包括专题片、纪录片、动画片、电影等各种类型。例如，在中英人文交流机制引领下，中英影视机构联合制作了《孔子》《地球：神奇的一天》《你所不知道的中国》等纪录片，实现在中国、英国主流电视媒体播出。在中法人文交流机制引领下，双方电视机构合拍了专题片《乘火车看中国》、纪录片《治愈我们的另一种方式》，联合生产制作了电影《狼图腾》，获得良好的播出效果。

第三编　领域人文交流

在中德人文交流机制引领下,双方合作拍摄了"马克思诞辰200周年"相关节目以及《中国足球与中德合作》等专题节目。总局还计划与欧广联开展"中欧电视合拍计划",推动双方广播电视机构以"中欧文明对话"为主线,共同拍摄反映中欧人文历史、经济发展和社会生活变迁的纪录片、专题片。

二是联合播出节目。2015年,中印尼高级别人文交流机制成立,在机制会议框架下,中印尼双方在频道落地、节目交流、举办影展、产业合作等方面取得多项积极成果。2015年5月,中印尼合办电视频道"Hi—Indo！"(你好,印尼!)开播,每天播出新节目6小时,全天24小时播出,节目均配有印尼语字幕或印尼语配音,成为印尼观众了解中国的生动窗口。中印高级别人文交流机制于2018年12月召开机制首次会议,在该机制框架下,总局协调上海广播电视台与印度NEWSX电视台合作举办了"中印电视周",相互播出对方节目,促进了中印两国人民互相了解。

二　广电人文交流条目

(一)广电合作文件

【中印尼《关于电影合作的谅解备忘录》签署】　2017年12月,中国国务院副总理刘延东与印尼人力发展和文化统筹部部长布安共同主持召开中印尼副总理级人文交流机制第三次会议。会议期间,总局与印尼创意经济局签署了《关于电影合作的谅解备忘录》,进一步加强两国电影领域的交流合作,促进电影业共同繁荣发展。

【上海合作组织首届媒体峰会召开】　2018年6月1日,上海合作组织首届媒体峰会在北京市召开,上海合作组织成员国、观察员国、对话伙伴等16个国家的110多家媒体出席会议,就共同加强上合组织框架内新闻媒体交流与合作充分交换了意见,形成了广泛共识,联合发布了《上海合作组织首届媒体峰会关于加强媒体交流合作的倡议》(以下简称《倡议》)。《倡议》呼吁,积极支持上合组织人文交流与合作,发挥不同媒体的优势和特点,讲好各国民间友好交往故事,支持文明对话与交流互鉴,为上海合作组织未来发展厚植民意基础;共同构建跨国传播网络,加强国际新闻报道合作,推动建设更加公正、合理的国际传播秩序;深入开展各国媒体专业领域合作,加大新闻信息产品互换,深化媒体合作项目对接,举办新闻从业人员培训,加强新媒体技术交流,共同提升媒体报道能力和水平。

【第四届中非媒体合作论坛举办】　2018年6月26日,中华人民共和国国家广播电视总局举办了第四届中非媒体合作论坛。在论坛上,总局与马达加斯加新闻和机构关系部共同签署了《中华人民共和国国家广播电视总局与马达加斯加新闻部广播电视合作协议》。双方将携手并进,进一步推动新闻报道、节目交换、人才培训、技术产业发展和新媒体等领域的务实合作,不断夯实双边友好的民意基础和社会基础,为中非全面战略伙伴关系做出更大贡献。

【《中菲广播电视合作谅解备忘录》签署】 2018年11月20日,中华人民共和国国家广播电视总局局长聂辰席在马尼拉会见了菲律宾总统府新闻部部长马丁·安达纳尔,双方就共同推动两国广播电视领域交流合作达成共识,并签署了《中菲广播电视合作谅解备忘录》。中菲广播电视合作包括新闻合作、采访拍摄、互邀参与节展,优秀纪录片、电视剧、动画片等电视作品交流,高层互访、广播电视发展与管理经验互鉴、技术领域交流合作、人员交流和培训等多项内容。

(二)广电会议与论坛

【2017亚洲媒体峰会举行】 2017年6月5日,由亚太广播发展机构主办、中国国家新闻出版广电总局与青岛市人民政府联合承办的2017亚洲媒体峰会在山东省青岛市举行,有48个国家和7个国际组织的450多名代表参加。峰会以"媒体新时代、全球共发展"为主题,与会代表共同探讨了当今时代媒体如何应对挑战,更好地服务于全球发展目标,促进不同文明交流互鉴,弘扬"和平合作、开放包容、互学互鉴、互利共赢"的丝路精神,进一步加强中国与亚洲地区各国、丝路沿线国家政府部门和媒体机构间的战略对话。峰会就媒体与可持续发展等议题审议通过并发表了《媒体与世界可持续发展青岛宣言》。峰会期间还举办了2017亚洲媒体峰会媒体展,推动了中外媒体机构在影视节目制作、技术设备生产等方面的广泛交流与合作。

【第54届亚洲—太平洋广播联盟大会及其附属会议】 2017年11月3日,第54届亚洲—太平洋广播联盟大会(ABU)暨2017(第十四届)四川电视节在成都市开幕。大会主题为"处在变革时代的媒体",相关国际组织负责人、亚太各国广播电视台台长及中国广播电视业界代表约600人参加了会议。会议期间,举办了亚广联全体大会、理事会以及节目、体育版权、技术、战略规划小组等附属会议,并举办了亚广联广播电视节目奖颁奖晚会、亚广联电视歌会等活动,举办了"弘扬丝路精神 深化媒体合作"专题论坛。ABU特别设立了"丝路国际传播奖"(ABU SILK ROAD AWARDS),推选出10部以"一带一路"为主题的优秀纪录片或专题节目。国务院副总理刘延东宣布开幕并致辞,强调各国媒体要勇担社会责任,加强民心沟通理解,系牢新型国家关系和人民友谊的纽带,为构建人类命运共同体、推动全球共同治理和世界和平繁荣发展做出新贡献。

【中英创意产业CEO论坛】 2017年12月5日,由中国国家新闻出版广电总局和英国国际贸易部主办的中英创意产业CEO论坛在英国大英图书馆举办。论坛是中英高级别人文交流机制的文化活动之一,中国中央电视台、上海文广集团、江苏广电集团、英国广播公司、独立电视台等中英影视创意产业机构的总裁、CEO等高层人士,共同就中英媒体和创意产业领域的内容、技术、人员等合作开展对话和探讨,促进两国人文交流和务实合作。

【第七届中德媒体对话举办】 2018年5月7日,由中国国务院新闻办公室和德国外交部共同主办的第七届中德媒体对话在德国柏林市举办。两国与会代表就进一步加强中德媒体交流合作及"社交媒体时代的国际新闻报道""经济全球化与媒体作用"等议题进行了坦诚深入的交流。中德两国的媒体代表和专家学者40余人参加了对话。双方与会代表积极评价了本届中德媒体对话，认为会议务实高效，有助于深化中德媒体交流合作，增进双方互信和友谊。

（三）中国联合展台

【中国联合展台亮相法国阳光纪录片节】 2018年6月19—22日，第29届法国阳光纪录片节在法国拉罗谢尔市举办。由国务院新闻办公室、国家广播电视总局主办，五洲传播中心承办的中国联合展台携66部中国纪录片精彩亮相。中国联合展台举行了开幕仪式、推介会，发布了《鸟瞰中国Ⅱ》《瓷之远行》等合拍项目及《中国纪录片发展研究报告（2018）》，受到同行业及各界广泛关注。

【中国在戛纳电视节举办"中国主宾国"活动】 2018年10月15日，戛纳电视节"中国主宾国"活动在法国南部地中海之滨正式拉开帷幕，这是中国在10年之后再次成为戛纳电视节主宾国，也是中国连续第15年在戛纳电视节设立"中国联合展台"，约有400名中方代表参与，50余家中国影视机构参展，设有中国馆、浙江馆和江苏馆，总面积超过500平方米。"中国主宾国"活动以"精彩故事，源自中国"为主题，旨在向世界推介中国优质的影视节目内容，交流分享中国影视行业最新的发展成果。中国国务院新闻办公室、国家广播电视总局共同举办中国优秀动漫推介会、中国新作品推介会、中国主宾国开幕酒会、国际影视合拍高峰论坛、大数据时代下的中国内容市场、中外影视合作签约仪式等6场主要推介活动；中国影视机构举办《国家宝藏》创造新传奇、中国动漫国际交流酒会、3D全景声京剧电影《曹操与杨修》海外首映、华为全球视频战略及内容生态建设等4场专场推介活动，并参与戛纳电视节开幕式暨主宾国交接仪式、行业大咖主题演讲等组委会活动。

（四）广电走出去工程项目

【中非影视合作创新提升工程启动】 2012年，国家广播电视总局开始实施"中非影视合作工程"，推动中国优秀影视节目在非洲播出。2018年，总局对该工程进行提质升级，启动实施了中非影视合作创新提升工程，强化了中非合拍、扩大影视节目的播出。目前，该工程已完成英语、法语、斯瓦西里语、豪萨语等多个语言近200多部中国影视优秀作品的配译工作，在非洲40多个国家播出。中非影视合作创新提升工程在"精品内容译制计划"的基础上，增加了"合作合拍扶持计划"和"非洲播映推广计划"，有效巩固了前期项目的成果，并实现了从电视播出到户外播映、从城市电视观众延伸到农村和偏远地区观众、从单向授权播出到合作合拍双向交流的升级。

【中国当代作品翻译工程（影视）启动】 2013年，国家广播电视总局开始实施中国当代作品翻译工程（影视），精选反映中国当代社会主流价值观、代表中国影视制作水平的高品质影视剧，通过高质量翻译配音，突破语言障碍，进入对象国家主流电视台播出。截至2018年，该工程共支持《温州一家人》《鸡毛飞上天》《欢乐颂》《小别离》《我在故宫修文物》《海上丝绸之路》《滚蛋吧！肿瘤君》《美猴王》等85部电视剧、电影、纪录片、动画片译制成英语、法语、西班牙语、俄语、阿拉伯语等17种语言，在世界多个国家和地区播出。一些作品凭借其优秀的制作、良好的口碑，实现了良好的国际传播效果，向世界展示了新时代中国的新风貌，有效提升了国家文化软实力。

【丝绸之路影视桥工程顺利实施】2013年，为贯彻落实"一带一路"倡议，总局策划推出丝绸之路影视桥工程，统筹协调全国广播电视系统广泛参与，形成统分结合、资源共享、优势互补的工作格局。截至2018年，工程已顺利实施5期，共申报项目873个，其中推进实施项目400多个，包括大型合作采访、精品节目制作、合作合拍、节目译制播出、境外播出平台搭建、技术交流等。该工程已成为中国广播电视走进"一带一路"沿线国家的基础支撑。一批项目实现了品牌化发展，持续推动了中国影视节目在沿线国家播出，有力提高了中国节目在对象国的传播力和影响力，促进了中国与"一带一路"沿线国家人民的相互了解。

【喀尔喀蒙古语译配项目顺利实施】2014年8月访问蒙古国期间，国家主席习近平宣布，中方5年内将向蒙方免费提供25部中国优秀影视剧译作。截至2018年，该项目已经实施5期，成功将27部1236集中国优秀电视剧本土化译制成喀尔喀蒙古语，总时长约55620分钟、927小时。在蒙古国、俄罗斯布里亚特共和国19家电视台共播出（包括首播与重播）78部3604集中国电视剧，总时长达162180分钟、2703小时，使中国电视剧在蒙古国的市场份额从2014年不到7%迅速提升到当前的20%。截至2018年底，中国影视机构已与蒙古国18家主流电视台签订合作协议，每天至少有5家主流电视台播出中国电视剧。持续多年实施喀尔喀蒙语译配工程及《电视中国剧场》等项目，为促进中蒙、中俄两国友好交流做出了积极贡献。

【"影像中国"播映活动实施】2018年，为推动中国优秀节目内容在对象国落地播出，扩大中国影视节目国际影响力和传播力，国家广播电视总局策划实施了"影像中国"播映活动。2018年9月，在葡萄牙里斯本市举办了"影像中国"播映活动启动仪式，在当地各界产生了积极影响，有效推动了中国影视剧进入葡萄牙主流社会。2018年10月，为配合国家主席习近平出访，在菲律宾策划举办了"影像中国"公共外交活动，向菲律宾业界推介了一批中国优秀电视剧。2018年11月，在巴拿马举办中国影视节目开播仪式。通过"影像中国"活动，一批优秀中国电视节目在当地主流电视媒体播出。

(五) 影视节展

【第十届海峡影视季】2018年6月5日，第十届海峡论坛期间，举办了以"弘扬中华优秀文化，促进两岸影视繁荣"为主题的第十届海峡影视季，开展了7天跨福州、平潭、泉州、漳州四地的首届闽台电影周活动，展映了70余场19部闽台优秀电影。影视季还举办了"两岸影视业合作交流研讨会""光影荟·闽台优秀电影展映"等系列活动，旨在汇聚两岸电影资源，打造两岸电影品牌，通过光影艺术不断深化闽台文化交流合作，持续传递两岸一家亲的血脉亲情。

【北京优秀影视剧海外展播季举办】
2017年6月8日，2017年北京优秀影视剧海外展播季·英国开播仪式在英国爱丁堡和伦敦两地举行。由北京市新闻出版广电局精选的电影《咱们结婚吧》《盛先生的花儿》《大鱼海棠》等22部作品在英国普罗派乐卫视展播。伦敦站活动期间，举办了中英影视企业圆桌会议，中英影视机构围绕影视合拍、版权保护、人才交流开展了专题讨论和深入交流。2018年5月9日，北京优秀影视剧海外展播季希腊段活动在雅典市拉开帷幕，26部具有北京特色、能代表和展示北京影视制作整体实力的、弘扬中华优秀传统文化的影视精品，如纪录片《我在故宫修文物》《北京味道》《了不起的匠人2》《情满四合院》《前任3：再见前任》《京剧猫》等影视剧将逐步与希腊观众见面。

【2017中国成都·金砖国家电影节举行】
2017年6月23—27日，2017中国成都·金砖国家电影节在四川省成都市举行，首次为每一个国家特设了电影日，旨在向广大观众全面展示本国的优秀电影及各具特色的民族文化。33部来自金砖五国的参赛影片、新片和经典老片在成都多家影院放映超过200场，引发观众观影热潮。电影节期间，达成了《金砖国家电影合作成都共识》，推出了《金砖国家电影合作拍摄2017—2021年计划》和《金砖国家电影人才交流培养的计划》，发布了《金砖国家电影优秀传统文化传承与青年人才创新发展共同宣言》，为加强金砖国家人文交流合作、进一步夯实民意基础做出了积极贡献。

（六）联合制作

【中外合拍"熊猫+"系列动画片】
2017年4月26日，在第十三届中国国际动漫节上，中捷合拍动画片《熊猫和小鼹鼠》获得"金猴奖"综合奖·动画系列片金奖；荣获第十四届精神文明建设"五个一工程"电视动画片优秀作品奖，也是本届"五个一工程"奖项中唯一一部电视动画片。2017年7月4日，在第三届中俄媒体论坛期间，央视动画有限公司与俄罗斯瑞奇集团签署了《熊猫和开心球》的联合制作框架协议，并交换了中俄合拍动画片《熊猫和开心球》的联合拍摄备忘录。《熊猫和开心球》项目被纳入国家主席习近平访问俄罗斯联邦期间达成的重要成果之一。《熊猫和开心球》项目是继中捷合拍动画片《熊猫和小鼹鼠》之后央视动画"熊猫+"品牌战略的又一力作，将"熊猫+"国际品牌的发展推向新高度。

【中英联合拍摄《你所不知道的中国》（第三季）拍摄】
2017年6月3日，《你所不知道的中国》（第三季）在江苏卫视和英国广播公司（BBC）同步推出，受到海内外观众的欢迎。《你所不知道的中国》（第三季）由BBC和江苏卫视联合制作，历时1年多，足迹踏遍中国近20个省及直辖市，旨在通过全新的视角、呈现、手法等，让更多西方观众了解一个现代中国，一个发展中的真实中国。《你所不知道的中国》（第三季）定位于面向西方主流人群，着力以国际的视野、客观的态度向全球观众讲述新的中国传奇。《你所不知道的中国》系列纪录片自2014年起推出，目前已拍摄三季。该系列纪录片由表及里、层层深入，以高度的文化自信为源远流长的中华文明作注解，并成为世界了解中国的一扇窗户。

【中英联合制作《地球：神奇的一天》】 2017年8月11日，上海广播电视台旗下上海尚世影业与英国广播公司（BBC）地球电影影业公司联合制作的纪录电影《地球：神奇的一天》在中国大陆上映。该片是BBC经典纪录电影《行星地球》的续集，是2014年中英电影合拍片协议签订后的首部作品。该片用一天中太阳的轨迹作为主线，探索地球上38个野生物种平凡而又灿烂的一天，见证了动物王国中那些日常的、温情的、惊心动魄的瞬间，其中大熊猫、白头叶猴等中国独有的珍稀动物尤为亮眼。

【五洲传播中心和美国探索频道等机构联合制作纪录片《习近平治国方略：中国这五年》】 2017年10月14日，由美国探索频道（Discovery）出品、英国子午线制作公司（Meridian Line Film）承制的3集纪录片《习近平治国方略：中国这五年》在探索频道亚太电视网首播，覆盖日本、韩国、澳大利亚等37个国家和地区逾2亿收视户。这是国际主流媒体首次播出全面、系统解读习近平治国理政思想的节目。该系列纪录片由美国知名电视主持人、设计师丹尼·福斯特，澳大利亚医药学工程师乔丹·阮以及英国人类学家玛丽安·奥赫塔共同主持，他们从各自的专业领域出发，探索在这个人类发展的关键时刻，中国在各方面取得的成就以及对未来的展望。

【国际台与以色列电视台合拍《中国制造》】 2017年11月，为庆祝中以建交25周年，在中国驻以色列大使馆支持下，由以色列电视二台和中国国际广播电台合作拍摄的5集系列纪录片《中国制造》在以色列电视台热播。这是以色列主流媒体第一次向受众全面介绍当代中国，每集的收视率均达到21%以上，创造了以色列电视台纪录片收视率最高纪录。

【江苏台与美国A+E电视网联合制作纪录片《南京之殇》】 2017年12月13日，南京大屠杀发生80周年国家公祭日当天，由江苏省广播电视总台投资出品，江苏广电纪录片创作中心、美国A+E电视网项目团队联合制作，江苏广电国际传播有限公司鼎力支持的纪录片《南京之殇》在美国历史频道播出。这是南京大屠杀题材的纪录片首次在西方主流媒体播出，获得大量关注。2017年4月27日，《南京之殇》获美国日间"艾美奖"最佳摄影奖，标志着《南京之殇》得到西方主流电视界的高度肯定。《南京之殇》已发行至亚洲、美洲、非洲、欧洲等120余个国家和地区。[1]

---

[1] 江苏省广播电视总台。

第三编 领域人文交流

【广西电视台和老挝国家电视台等联合摄制播出纪录片《光阴的故事》】

2018年4月25日，中老建交55周年，在老挝国家电视台与中央电视台同步播出广西电视台和老挝国家电视台等联合摄制播出纪录片《光阴的故事》，引发了热烈反响。节目以朴实情感为基调，以"六七"学校等为切入点，探寻中国与老挝这两个一衣带水的邻邦55年的交往历程，讲述了中老农业合作、教育合作、商贸合作、资源合作开发、铁路合作、卫星合作、中老联姻家庭等故事，向中外观众展现了中国与老挝从政府到民间的真挚情感和传统友谊。该片还通过腾讯、爱奇艺、优酷等新媒体播放，上线仅两天点击量就超过200万次。在微博上，相关话题阅读量超过5万次。①

（七）广电特色交流

【首届CGTN法语大赛举办】
2017年3月20日，由CGTN法语频道举办的2017首届CGTN法语大赛在北京市正式启动，是中法高级别人文交流机制配套活动之一。法语联盟驻中国总代表罗迪塞、北京大学法语系主任董强、毛里求斯驻华大使李淼光等参加了启动仪式，共同讨论本届法语大赛的创新和亮点，以及中国法语教育、法语频道与法语世界的关系等议题。启动仪式通过法语频道新浪微博及6家商业网站全程直播，网络观众总人数超过217万。大赛前后历时半年，分别于北京、巴黎、蒙特利尔举行复赛，于9月在北京市举办半决赛和决赛，于9月26日圆满落下帷幕。中南财经政法大学青年教师张碧思，法国科西嘉省创业者谭雅麒和上海复旦大学哲学系大二学生陆观宇分获冠、亚、季军。2017年11月24日，大赛颁奖仪式在北京钓鱼台国宾馆举行。

【《这里是中国》举行首播仪式】
2017年4月5日，中俄合拍大型系列纪录片《这里是中国》首播仪式在中国驻俄罗斯大使馆举行，中国和俄罗斯代表约150人出席了活动。《这里是中国》大型系列纪录片是中俄媒体交流年框架内的重要项目，也是两国媒体深化合作的重要体现。《这里是中国》是中共中央宣传部、国务院新闻办公室"记录中国"传播工程的重点项目，由北京中视雅韵文化传播中心、中国国际广播电台、俄罗斯RT电视台联合制作而成。摄制组历时两个月，连续走访了北京、天津、湖北、江苏、浙江、安徽、广东、四川等10多个省市。该纪录片将在中国国际电视台、俄罗斯RT电视台等中俄主流媒体播出，向俄罗斯民众多角度地展示中国的文化、艺术、传统、美学与创新。

【《一带一路》纪录片首播仪式在地拉那举行】 2017年5月8日，由中国国际广播电台与阿尔巴尼亚国家电视台合作拍摄制作的《一带一路》纪录片首播仪式在地拉那举行。中国驻阿尔巴尼亚大使馆外交官，阿尔巴尼亚国家广电总局局长格尔齐、副局长莱卡，阿尔巴尼亚中文化协会会长斯巴休、纪录片摄制组等出席。中国驻阿尔巴尼亚大使姜瑜参加仪式并发表讲话。阿尔巴尼亚通

---

① 五洲传播。

讯社、《阿尔巴尼亚日报》、24 小时新闻电视台、VizionPlus 电视台等阿尔巴尼亚主流媒体对首播仪式进行了报道。阿尔巴尼亚国家电视台 3 个主要频道于 5 月 9 日起在黄金时间 4 次播出这部纪录片。

【《丝路新纽带：中欧班列》发布会举行】 2017 年 11 月 14 日，作为中欧高级别人文交流对话机制第四次会议的配套活动，由中国国际电视台法语频道（CGTN Français）与瑞士法语国家电视台（RTS）共同策划、制作的纪录片《丝路新纽带：中欧班列》在上海市举行发布会。中国国务院副总理刘延东和欧盟委员会教育、文化、青年和体育委员蒂博尔·瑙夫劳契奇作为机制双方主席出席发布会并致辞。教育部、外交部、财政部、中国铁路总公司、上海市领导，欧盟成员国驻华使节，部分中欧班列沿线国家驻华使节及部分片中人物共同出席见证了发布会。

【中塞合拍纪录片《70 号》在塞尔维亚首映】 2018 年 5 月 13 日，由中国国际广播电台与塞尔维亚国家广播电视台联合拍摄的纪录片《70 号》在塞尔维亚首都贝尔格莱德文化中心首映。这部讲述旅塞华人工作与生活的纪录片获得现场观众的高度好评。该片由中塞两个国家级媒体组成的摄制团队合作、中国导演王智执导。该片在摄制初期就受到塞尔维亚媒体的广泛关注，并成为中国首部受邀参加塞尔维亚贝尔道克斯国际纪录片电影节的影片。中国驻塞尔维亚大使馆政务参赞田一澍、文化参赞徐鸿及部分使馆馆员出席首映现场。塞尔维亚观众通过观看纪录片《70 号》，不仅了解到华商的真实生活，也了解到华人华侨对塞尔维亚公益事业做出的贡献。

【中菲举办"电视中国剧场"开播仪式】 2018 年 6 月 13 日，由中国国家广电总局、中央广播电视总台与菲律宾国家电视台共同推出的"电视中国剧场"开播仪式在菲律宾马尼拉市举行，中国驻菲律宾大使赵鉴华出席仪式并致辞。菲律宾总统府新闻部部长安达纳尔、菲律宾国家电视台台长阿波罗尼奥、中国国家广电总局国际合作司司长马黎、中菲文化影视界代表、两国媒体等共 100 余人出席。菲律宾国家电视台开播的"电视中国剧场"把菲律宾语配音的中国优秀影视剧呈现给广大菲律宾民众，将进一步深化两国人民相互了解与民心相通，筑牢两国关系的人文交流支柱。影视剧讲述的"中国故事"将让菲律宾民众更深切感受到中国改革开放 40 年给中国带来的巨大变化，并引发"中国梦"与"菲律宾梦"的巨大共鸣，推动两国在国家发展与合作共赢道路上继续携手前行。《鸡毛飞上天》《北京爱情故事》《马可·波罗》《大侠山猫和吉咪》等影视节目将在菲律宾国家电视台黄金时段首映，这是中国影视节目首次译制成菲律宾语并通过菲律宾国家电视台播放。

【"中国电影非洲行"电影展映活动仪式举行】 2018 年 7 月 18 日，由国务院新闻办公室指导、中央广播电视总台主办、环球广域传媒集团承办的"中国电影非洲行"电影展映活动仪式在南非开普敦市举行。来自南非政府机构、非洲各国电影人士、媒体代表以及各界嘉宾100余人出席了启动仪式。启动仪式上，央视动画与南非TPW广播影视制作公司签署了《熊猫和小跳羚》联合制作备忘录。

【中蒙影视交流会举行】 2018年9月25日，由中国国务院新闻办公室、中国国家广播电视总局指导，蒙古国UBS电视台承办的中蒙影视交流会在内蒙古乌兰巴托市举行。中国驻蒙古国大使馆文化参赞李薇、蒙古国教海文化科学体育部文化艺术司司长额尔敦巴图、蒙古国度影戏艺术协会主席朝克特巴雅尔、蒙古国功绩演员奥登其木格、UBS电视台台长门德巴雅尔、TV2电视台台长恩和图雅、蒙古国HUVISAL影视公司总经理乌仁其木格、蒙古海内蒙古总商会会长吴海明等以及中蒙两国文化、影视、媒体界人士50余人与会。

（八）广电联盟组织

【影视文化进出口企业协作体成立】 2017年11月24日，由中国国际电视总公司发起的"影视文化进出口企业协作体"（以下简称"协作体"）在北京市成立。43家在进出口领域有所成就并有长远布局的影视机构成为首批理事单位，百余位嘉宾出席了成立仪式。目前，协作体成员达到58家，成员单位作品在海外播出467部9625集，其中78%在国内首播后1年内实现了海外播出，2018年出口额同比增长10%—47%。

【中国电视剧（网络剧）出口联盟成立】 2017年12月，中国电视剧（网络剧）出口联盟成立，积极推进海外拓展，促进联盟成员抱团出海。出口联盟组织成员单位参与了多次大型国内外推介，包括深圳电视节目交易会、中美影视企业峰会、伦敦中英文化论坛、香港影视节、北京春季电视交易会、戛纳电视节、釜山电视节、上海电视节、马来西亚Enjoy TV、菲律宾中国影视展等海内外大型活动；积极向"一带一路"沿线国家，如北非的摩洛哥、墨西哥坎昆、中东等市场宣发，取得了进展；向全国重点影视企业征集出口剧目，开展海外视频网站付费点播业务。目前，出口联盟成员机构超过170多家，建设了16000多小时剧目的出口片库，2018年实现2亿元人民币的出口规模。

（撰稿人：朱新梅）

妇女人文交流

一 妇女人文交流综述

党的十八大以来，中外人文交流成为新时代中国对外关系的三大支柱之一。妇女交流是中外人文交流的重要组成部分。

【男女平等是中国的基本国策】 新中国成立前夕，《中国人民政治协商会议共同纲领》就确认了男女平等原则。1995年9月，中国向全世界庄严宣布，男女平等是中国的基本国策。中国政府高度重视妇女全面发展，把依法维护妇女权益放在全面依法治国方略中统筹推进。习近平主席就维护妇女权益、促进妇女全面发展作出一系列重要论述，为做好新形势下做好妇女工作提供了遵循，指明了方向。

【妇女交流是中外人文交流的亮点】 妇女是中外交流合作的践行者，是中国民间外交的参与者、推动者和受益者。新中国成立伊始，北京就召开了一次具有历史意义的国际盛会——亚洲妇女代表会议。作为1995年召开的联合国第四次世界妇女大会的承办国，中国为制定全球性别平等蓝图《北京宣言》和《行动纲领》做出重要贡献。在中外人文交流机制逐步推进的过程中，妇女交流成为中外人文交流的重要领域。

近年来，中国围绕推进"一带一路"建设、推动构建人类命运共同体等倡议和主张，开展多领域、多渠道、多层次的妇女对外交流，加强与联合国有关机构合作，成功举办亚太经合组织妇女与经济论坛、二十国集团妇女会议、中国—阿拉伯国家妇女论坛、首届上海合作组织妇女论坛等妇女主场交流活动。在中国特色大国外交中，中国大力支持和帮助发展中国家的妇女能力建设，增进各国妇女之间友谊，促进民心相通，贡献女性智慧、展现女性魅力。

妇女交流在"一带一路"建设中发挥了重要作用。例如，2015年6月，在昆明市召开第十届中国—南亚女企业家圆桌会议；2016年7月，在深圳市举办首届"一带一路"亚太女性高峰论坛；2016年9月，在第五届中国—亚欧博览会框架下召开首届丝绸之路沿线国家妇女论坛；2017年3月，博鳌亚洲论坛秘书处、中国公共外交协会与中联部"一带一路"智库合作联盟共同主办的"一带一路"女性圆桌会议。

【全国妇联在妇女交流中发挥主要作用】 在中国妇女参与对外交流合作过程中，全国妇联发挥了主要作用。全国妇联作为主要的中方单位，在中国与美国、俄罗斯、法国、英国、欧盟、南非、东盟等国家和区域建立的人文交流机制框架下，注入并逐步强化了妇女人文交流的内容。例如，2017年4月24日，中国—南非高级别人文交流机制首次会议在比勒陀利亚召开；4月26日，刘延东在德班出席全国妇联向非国大妇联捐赠缝纫机仪式。在2017—2018年人文交流活动中，全国妇联主席沈跃跃和全国妇联副主席、书记处第一书记宋秀岩带领中国妇联成员多次参加与妇女发展相关的国际大会，同时会见来访的各国妇女代表团。全国妇联和地方妇联成为妇女交流的主要力量。

近年来，全国妇联及各地方妇联注重对标国际先进经验，充分发挥性别议题的优势，多领域、多渠道、多层次开展妇女人文交流活动，宣传中国妇女的发展成就，讲述中国实现性别平等和促进妇女发展的成功经验，展示中国文明进步的国家形象，成为世界文明交流、互鉴的使者。新时代中国妇女对外交流合作得到了长足发展。

二　妇女人文交流条目

【沈跃跃会见莫桑比克议长】 2017年2月15日，全国人大常委会副委员长、全国妇联主席沈跃跃在北京市会见了莫桑比克议长韦罗尼卡·马卡莫一行。沈跃跃高度评价了中莫友好关系和两国妇女交往。她指出，中莫友好源远流长，中方愿与莫方共同努力，落实好两国元首达成的共识，不断深化和拓展妇女领域的交流与合作，为促进中莫两国人民世代友好、推动中非关系持续发展、共同实现《2030年可持续发展议程》目标做出新贡献。她还简要介绍了中国妇女事业的发展成就和妇女工作情况。马卡莫高度赞赏莫中两国及两国妇女的传统友谊。她介绍了莫桑比克的妇女发展状况，表示将以此访为契机，进一步深化两国妇女间的交流与合作，推动两国关系健康稳定发展、实现新飞跃。

【联合国CGF项目面向中国开始第8期项目招标】 2017年2月16日，联合国CGF（中国性别研究和倡导基金）项目面向全国开始第8期项目招标，这次招标主要侧重以下3个主题。第一，慈善援助/企业社会责任和社会性别，该主题包括基金会怎样在慈善援助工作中加入性别平等的理念，以及企业的内部和外部实现性别平等的社会责任问题，如职场、供应链中的性别平等；第二，教育和社会性别，该主题关注教育系统里的性别平等问题，包括正规的学校教育，也包括各个公益机构提供的培训教育等；第三，"二孩政策"和性别，该主题指任何受"二孩政策"影响的性别问题，如女性就业及生育权利等问题。该基金欢迎地处中国的政府机构、研究机构以及非政府组织申请。项目所涉及的活动都将在中国境内开展。

【宋秀岩会见联合国开发计划署驻华代表罗世礼】 2017年2月22日，全国妇联副主席、书记处第一书记宋秀岩会见了联合国驻华系统协调员兼联合国开发计划署驻华代表罗世礼。宋秀岩高度评价了联合国在维护世界总体和平和可持续发展、推动性别平等和妇女赋权方面做出的贡献。全国妇联高度重视与联合国及其驻华系统的交流合作，并愿为推动中国与联合国关系的进一步发展、推动全球性别平等事业做出更加积极的贡献。罗世礼高度赞赏中国在促进妇女发展方面取得的成就，表示期待就双方共同关注的议题和领域进一步深化合作，共同推动性别平等和妇女发展。

【沈跃跃会见新加坡人民行动党妇女团主席傅海燕】 2017年2月28日，全国妇联主席沈跃跃在北京市会见了新加坡文化、社区及青年部部长，人民行动党妇女团主席傅海燕一行。沈跃跃积极评价了中新两国妇女交往，指出，2016年中国国家主席习近平在会见新加坡总理李显龙时强调，在新的历史起点上，双方要做好顶层设计，规划好两国关系发展，保持高层交往，加强沟通。她希望两国妇女今后进一步加强交流与合作，为推动中新与时俱进的全方位合作伙伴关系发挥积极作用，为促进中新人民的友好和地区的和平稳定贡献力量。她还简要介绍了中国妇女事业发展成就和妇女工作情况。傅海燕感谢沈跃跃拨冗会见，表示将继续致力于发展新中友好关系，进一步深化两国妇女间的友好往来。

【"三八"国际妇女节中外妇女招待会举行】 2017年3月7日，纪念"三八"国际妇女节中外妇女招待会在北京市举行。刘延东、孙春兰、李源潮、严隽琪、杨洁篪、李海峰和彭珮云、何鲁丽、顾秀莲、陈至立、张梅颖、王志珍出席了招待会。全国妇联副主席、书记处第一书记宋秀岩主持了招待会。中央国家机关女领导、两院女院士，港澳地区人大女代表、政协女委员、在京女将军、全国三八红旗手等中国各界妇女代表以及外国驻华大使、使节夫人、女外交官，联合国系统驻华机构代表，在华工作的外国女专家及专家夫人等1000多人出席了招待会。全国人大常委会副委员长、全国妇联主席沈跃跃在招待会上向各国姐妹致以节日的祝贺。她指出，中国愿与各国姐妹携手同心，为构建人类命运共同体而努力奋斗。

【博鳌亚洲论坛2017年年会女性圆桌会议召开】 2017年3月25日，博鳌亚洲论坛秘书长周文重夫人谢淑敏参加博鳌亚洲论坛2017年年会女性圆桌会议，并代表秘书长致辞。她在致辞中指出，博鳌亚洲论坛作为亚洲国家和新经济体的高端对话平台，始终高度关注女性发展的话题。女性圆桌会议不仅为促进亚洲各国女性发展事业搭建了交流与合作的桥梁和平台，同时也为积极推动女性参与经济社会发展做出积极的贡献。

【就美法院关于象征"慰安妇"问题少女像的判决：外交部表示赞赏】 2017年3月29日，外交部发言人陆慷在例行记者会上表示，中方赞赏美国联邦最高法院日前关于象征"慰安妇"问题少女像的有关判决。关于美国洛杉矶日裔居民等要求当地政府撤去象征"慰安妇"问题少女像的诉讼案，美国联邦最高法院27日驳回原告上诉，日裔居民败诉。此前，日本政府亦提交了法律意见书,但未经审理直接被驳回。陆慷说,中方注意到有关报道,对有关判决表示赞赏。强征"慰安妇"是日本军国主义在第二次世界大战期间对亚洲受害国人民犯下的严重反人道罪行,铁证如山,不容抵赖。

【沈跃跃会见罗马尼亚社民党妇女组织主席】 2017年4月5日,全国人大常委会副委员长、全国妇联主席沈跃跃在人民大会堂亲切会见了以罗马尼亚社民党妇女组织主席、欧洲议会农业委员会副主席登奇勒为团长的罗马尼亚妇女代表团。沈跃跃高度评价了中罗两国关系及两国妇女交往,充分肯定了两国妇女及妇女组织为促进中罗两党两国友好关系所做出的积极贡献,希望中罗两国妇女在"一带一路"框架下继续加强友好交流,拓展务实合作,弘扬传统友谊,推动中罗和中欧关系不断向前发展。登奇勒高度赞赏了罗中两国及两国妇女的传统友谊。他表示,罗马尼亚高度重视发展新形势下罗中两国及两国妇女的友好合作关系,愿与中国全国妇联进一步加强交流与合作,为不断深化罗中、欧中妇女之间的友谊与合作发挥更大的作用。

【"WOW 世界女性艺术节"启动】 2017年4月15日,中英艺术家联手打造的"WOW 世界女性艺术节"在北京天桥艺术中心启动,其中包括以女性为主题的展览展演约30场。艺术节创始人英国南岸艺术中心总监朱迪·凯莉、英国大使馆文化教育公使艾琳、北京天桥艺术中心总经理张利出席了启动仪式。朱迪·凯莉于2011年发起首届"WOW 世界女性艺术节",近两万人参与,成为全球最有影响力的女性文化盛事之一。"WOW 世界女性艺术节"旨在关注现代女性遇到的社会问题,充分发挥女性的潜力,已在伦敦、纽约、悉尼等20个城市举行,2017年首次来到中国,落户北京天桥艺术中心。未来3年内,天桥艺术中心将与英国南岸中心就艺术节策划、观众培养、商业策略、人才培训等方面推进合作。

【沈跃跃会见阿富汗妇女代表团】 2017年4月18日,全国妇联主席沈跃跃在北京市会见了阿富汗妇女事务部部长娜扎里一行。沈跃跃积极评价了中阿关系和两国妇女交往,简要介绍了党的十八大以来以习近平同志为核心的党中央对妇女工作的重视以及中国妇女事业发展成就。娜扎里表示将继续致力于发展阿中友好,加强两国妇女间友好往来。

【沈跃跃率中国妇女代表团访问老挝柬埔寨】 2017年5月3—9日,应老挝全国妇联和柬埔寨妇女事务部邀请,全国人大常委会副委员长、全国妇联主席沈跃跃率中国妇女代表团访问两国。在老挝,沈跃跃与老挝党政治局委员、国会主席巴妮·雅陶都亲切会见,与老挝妇联主席因拉万·乔本潘举行工作会谈,视察了"一带一路"优先推进项目"赛色塔综合开发"。在柬埔寨,沈跃跃分别会见柬埔寨国会主席韩桑林、副首相梅森安,与柬埔寨妇女事务部部长英·甘塔帕薇进行工作座谈,为"中柬妇女培训中心"揭牌,并参观了柬埔寨王家研究院孔子学院和妇女创业中心。其间,沈跃跃与两国妇女组织和机构领导人就加强妇女交流、深化务实合作、进一步推动国家关系和人民间友谊发展达成共识。

【宋秀岩会见比利时联邦参议长】
2017年5月9日，全国妇联副主席、书记处第一书记宋秀岩在全国妇联亲切会见了应全国政协邀请来华访问的比利时联邦参议长克里斯蒂娜·德弗莱涅一行。宋秀岩高度评价了中比友好关系及两国妇女交流，全面介绍了中国妇女事业发展状况和全国妇联的主要工作，并就比方关心的维护妇女权益等问题进行了坦诚交流。她指出，中比两国在促进妇女发展、实现性别平等方面有着共同的追求，也面临着相似的挑战，希望双方不断加强交流与合作，分享彼此的经验，共同促进性别平等事业不断向前发展。德弗莱涅感谢全国妇联的热情接待，表示今后愿与中方携手努力，为推动中比两国友好关系及两国妇女事业发展做出贡献。

【中国代表呼吁加大对冲突中妇女的保护】
2017年5月15日，中国常驻联合国副代表吴海涛在打击武装冲突中性暴力问题安理会公开会上说，应通过和平手段预防和化解武装冲突，从根源上消除冲突中的性暴力行为。国际社会应坚持政治解决热点问题的大方向，通过谈判、斡旋和调解等手段和平解决争端。在推进和平进程的各个阶段，确保妇女享有充分的参与权和决策权，重视发挥其独特优势，切实解决其安全关切，推动妇女成为缔结和平的主要力量。国际社会应加大对冲突中性暴力问题的重视，采取切实举措，全面提升对冲突中妇女等弱势群体的保护。他表示，中方愿继续同国际社会一道，共同营造和平、安全、稳定的国际环境，为早日消除冲突中性暴力行为、推进全球妇女事业的不断发展做出更大贡献。

【中国妇女代表团出席首届亚欧妇女经济赋权会议】
2017年5月24—26日，以"在工作世界创造平等机会"为主题的首届亚欧妇女经济赋权会议在立陶宛维尔纽斯市召开，来自亚欧会议30多个成员的高级别代表团及联合国妇女署、经合组织等国际机构代表约120人出席了会议。全国妇联副主席、书记处书记谭琳率中国妇女代表团与会，并先后在开幕式上致辞、在第一次全体会议上发言。在开幕式上，谭琳指出，亚欧会议是亚洲和欧洲跨区域平等对话、全面合作的重要机制。实现亚欧妇女发展对亚欧经济社会进步和全球妇女事业发展具有重要意义。妇女是"一带一路"建设的重要力量，期待与亚欧各国姐妹加强协商、携手合作，共同参与"一带一路"建设，共同推动亚欧妇女发展，为亚欧大陆和世界发展与繁荣努力奋斗。

【2017女性公益可持续发展国际论坛举行】
2017年6月19日，2017女性公益可持续发展国际论坛在纽约联合国总部举行。论坛由中国妇女发展基金会和美中友好协会主办，联合国经济和社会事务部协办。论坛的专题包括赋权女性与可持续发展、创新合作以及女性在艺术和时尚领域中的贡献等。与会者就女性公益可持续发展相关话题展开了讨论。美国新干线快递公司总裁著名华裔女企业家叶健英在论坛上提出帮助"一带一路"沿线欠发达国家妇女摆脱贫困的行动计划。她表示，希望凭借该

公司在物流以及电子商务方面积攒的各种资源,通过建立妇女电商联盟、妇女自救会等形式,将"一带一路"沿线更多国家的妇女从低效的生产劳动中解放出来,实现经济自由和独立,进而为"一带一路"建设提供最现实的支持。

【反家暴多部门合作经验交流研讨会】 2017年6月27—28日,全国妇联和联合国妇女署、联合国人口基金在北京市联合举办反家庭暴力多部门合作经验交流研讨会。全国妇联副主席、书记处书记谭琳出席开幕式并致辞。谭琳指出,中国高度重视家庭暴力问题,并为此进行了不懈的探索和努力。来自最高人民法院、公安部、民政部、司法部、卫生与计划生育委员会、国务院妇女儿童工作委员会办公室,北京、天津、河北、湖南、四川、甘肃省妇联和有关部门,联合国妇女署、人口基金等驻华机构代表120多人参会。有关项目实施单位的代表介绍了试点工作取得的经验。会上还介绍了联合国《针对受暴妇女和女童的基本服务包》,与会人员就如何在工作实践中加以借鉴进行了探讨。

【第五届中法家庭发展政策研讨会召开】 2017年7月6—7日,由国家卫生计生委联合法国社会团结与卫生部、法国国家家庭补助局举办的第五届中法家庭发展政策研讨会在山西省太原市召开。国家卫生计生委副主任王培安、山西省常务副省长高建民出席开幕式并致辞。法国欧洲与国际事务委员会副部长娜塔莉·尼基丹科率法国代表团参加会议。王培安积极评价了中法两国关系和家庭发展领域的合作成果。他指出,中法两国虽有不同的文明背景,但互相尊重、开放包容,不断拓展各领域的交流与合作。中法家庭发展政策研讨会已成为促进两国交流家庭发展先进理念和成功经验的平台,不仅有利于两国社会经济繁荣发展,更关乎两国人民的福祉,对推动中法关系持续健康发展具有重要意义。

【沈跃跃会见联合国助理秘书长、妇女署副执行主任普里】 2017年7月12日,全国妇联主席沈跃跃在北京市礼节性会见了联合国助理秘书长、妇女署副执行主任普里。全国妇联副主席、书记处书记夏杰陪同会见。沈跃跃回顾并赞赏双方友好合作关系,感谢妇女署长期以来大力支持妇联组织开展妇女发展、维护妇女权益等项目,希望双方合作不断拓展,在国际多边活动及南南合作中更好地协调配合,为全球妇女事业与发展做出更多贡献。她还简要介绍了党的十八大以来以习近平同志为核心的党中央对妇女工作的高度重视、中国妇女事业发展的巨大成就,以及中国积极落实习近平主席在全球妇女峰会上提出的"四点主张"的有关情况。普里赞赏中国对全球妇女事业的重视及对妇女署的支持,期待进一步深化与中国政府和全国妇联的合作与交流。

【沈跃跃会见乌干达议长】 2017年8月25日,全国人大常委会副委员长、全国妇联主席沈跃跃在北京市会见了乌干达议长丽贝卡·卡达加一行。沈跃跃高度评价了中乌友好关系和两国妇女交往。她指出,2015年,习近平主席在与穆塞韦尼总统会谈时强调,中乌双方要密切各领域交流,全面深化互利合作，为中乌关系发展注入新动力。两国妇女应认真贯彻两国领导人达成的共识，不断加强中乌两国妇女的交流与合作，为中乌友好世代相传、中非合作历久弥新，为推动实现《2030年可持续发展议程》目标做出新的贡献。卡达加高度赞赏了乌中两国及两国妇女的传统友谊。她介绍了乌干达妇女发展状况，表示将以此访为契机，进一步深化两国妇女间的交流与合作，推动两国关系健康稳定发展。

【欧洲东部部分国家妇女干部研修班启动】 2017年8月27日至9月8日，应中联部和全国妇联邀请，来自阿尔巴尼亚、白俄罗斯、黑山、罗马尼亚、塞尔维亚、乌克兰6个国家的执政党和妇女机构、妇女组织代表19人来华参加主题为"凝聚女性力量，共建'一带一路'"的欧洲东部部分国家妇女干部研修班。2017年8月28日，全国妇联副主席、书记处书记谭琳出席开班仪式并致辞。她指出，中国与欧洲东部国家传统友谊深厚，合作历史悠久。进入21世纪以来，双方关系不断取得新的发展，高层互访日益频繁、政治互信不断巩固、各领域合作扎实推进，成为推动世界和平与发展的积极力量。访华期间，研修班将深入了解中国改革开放所取得的成就及妇女事业的发展，将实地考察妇女工作和妇女发展项目。

【2017年缅甸妇女组织骨干交流研修班开班】 2017年9月1—12日，2017年缅甸妇女组织骨干交流研修班在云南省昆明市举办，来自缅甸全国妇联、缅甸妇女儿童保健协会、社会福利局、妇女儿童生活改善协会、妇女企业家协会、妇女网络、男女平等网络组等机构的21名缅甸妇女参加了交流研修。交流研修班由云南省人民政府主办，云南省商务厅管理，云南省妇联、云南妇女儿童发展中心承办。云南省妇联主席和红梅表示，通过系列活动的开展，贯彻落实国家和云南省的对外开放战略，切实发挥妇联组织在国家和云南省的对外开放战略中开展妇女民间交流的作用，增进中缅妇女组织相互了解、互通有无、相互促进，加强交流与合作，厚植中缅妇女民间交流交往的沃土，为"一带一路"建设、澜湄合作的民心相通积极努力。

【东欧六国女干部研修班赴浙江省交流】 2017年9月2—6日，来自阿尔巴尼亚、白俄罗斯、黑山、罗马尼亚、塞尔维亚、乌克兰等东欧六国女干部研修班一行22人来浙江省进行友好交流。研修班成员来自东欧部分国家的政府女官员、女议员、执政党妇女机构和全国性妇女组织负责人。考察交流期间，研修班成员参观考察了知名互联网企业"阿里巴巴"、丝绸企业"万事利集团"、杭州市妇联女性创业创新孵化基地"伊创荟"、杭州市上城区社区等，了解浙江互联网产业发展、女性创业情况和妇女工作。浙江经济的快速发展、社会的和谐稳定、蓬勃向上的妇女儿童事业给欧洲东部六国女干部们留下了深刻印象。

【第三届商业女性高峰论坛举行】 2017年9月6日，"至慧·智美"SAP第三届商业女性高峰论坛在北京市举行。论坛上，SAP携手联合国妇女署，共同推出为期3年的"SHE CAN女企业家数字化赋能项目"。联合国妇女署中国国别主任汤竹丽表示："SHE CAN 女企业家数字化赋能项目将帮助女性企业家掌握数字化和创新的技能，从而使她们能够平等地享受经济权利。这将为推动两性平等和女性赋权、提高女性地位提供积极有力的帮助。"本届论坛汇集了来自不同领域的意见领袖与商界高管，透过数字化视角探讨女性领导力，分享数字化创新趋势，共叙商业女性的"至慧·智美"。

【宋秀岩会见德国妇女代表团】2017年9月11日，全国妇联副主席、书记处第一书记宋秀岩会见了以德国汉斯·赛德尔基金会主席、巴伐利亚州议会议员乌苏拉·曼勒为团长的德国妇女代表团一行。她对全国妇联与德国汉斯·赛德尔基金会的友好交流合作表示赞赏，希望双方继续开展多种形式的交流与合作，为增进中德两国妇女和妇女组织的相互了解与友谊、消除妇女贫困和促进妇女发展、推进两国性别平等事业发挥更加积极的作用。曼勒感谢全国妇联的热情邀请和接待，她高度评价了全国妇联为促进妇女发展所做的工作，表示愿继续加强与全国妇联的合作，积极致力于德中友好，推动两国人民特别是两国妇女的友谊与合作不断向前发展。

【第72届联大妇女边会中的性别议题】2017年9月12—25日，第72届联合国大会在美国纽约市举行。联合国妇女署把妇女的声音和优先事项摆在前列，呼吁采取切实行动实现两性平等。可持续发展目标将两性平等和赋权妇女放在2030议程的核心。在本次联合国大会妇女边会上，妇女经济赋权、生殖健康和权利、同工同酬、创新、技术和创业、消除对妇女和女童的暴力行为、促使男人和男孩参与性别平等运动、性别与气候变化等成为讨论的话题。联合国妇女署表示，将继续强调妇女作为可持续发展的关键因素。第72届联合国大会包括高级别会议和一般性辩论。联合国妇女署积极参与了这次大会，合作主持了一系列边会与相关活动。

【宋秀岩会见黎巴嫩代表团】2017年9月19日，国务院妇女儿童工作委员会副主任、全国妇联副主席、书记处第一书记宋秀岩会见了来华出席第二届中国—阿拉伯国家妇女论坛的黎巴嫩总统顾问、全国妇女委员会主席克劳汀·奥恩和黎巴嫩妇女事务部国务部长让·伍贾西比一行。宋秀岩高度评价了中黎关系和两国妇女交往。她强调，两国妇女是推动中黎友好的重要力量，应不断巩固传统友谊，深化务实合作，为中国和阿拉伯战略伙伴关系深入发展、为推动"一带一路"建设、共同构建人类命运共同体做出更加积极的贡献。黎方高度赞赏全国妇联成功举办的第二届中阿国家妇女论坛，表示愿进一步深化两国妇女交流合作，推动中黎及中阿友好关系不断深入发展，为共建"一带一路"发挥应有作用。

【第二届中国—阿拉伯国家妇女论坛举办】2017年9月19—20日，第二届中国—阿拉伯国家妇女论坛在北京举办，来自中国和阿拉伯国家的妇女机构和妇女组织领导人、阿盟妇女事务负责人、学术界和企业界代表、阿拉伯国家驻华使馆及阿盟驻华机构代表等围绕

"凝聚女性力量 共建丝绸之路"主题，就妇女赋权与政策支持、"一带一路"建设中的女性贡献、妇女与文化传承3个分议题开展了交流和研讨。代表们还走进华为北京会展中心、依文中国手工坊，与中国高新技术和传统文化近距离接触。中阿妇女将进一步整合资源和优势，通过形式多样的平台和网络，挖掘合作契机和空间，为国家和社会可持续发展，为构建和平、发展、合作、共赢的人类命运共同体贡献更多力量。

【2017欧亚经济论坛·第二届"一带一路"女性论坛举办】 2017年9月22日，2017欧亚经济论坛·第二届"一带一路"女性论坛在西安曲江会议中心金色大厅举办。此次论坛以"全球化背景下女性贡献与发展"为主题，为丝路沿线国家妇女间架起沟通与交流的桥梁，促进丝路沿线国家的民心相通。在主题论坛中，嘉宾们围绕"女性对家庭、家教、家风的独特作用"开展了主题讨论，特别就中国传统文化精神在家风中的体现、在新时代下如何更好推广传统家风内涵并为"一带一路"建设做贡献展开了深入探讨。

【亚太经合组织妇女与经济论坛举办】 2017年9月26—29日，以"在变化的世界中促进妇女参与和经济赋权"为主题的亚太经合组织妇女与经济论坛在越南顺化市召开，来自亚太经合组织（APEC）19个经济体、APEC秘书处、APEC工商咨询理事会的700多名代表出席了会议。越南国家副主席邓氏玉盛出席论坛并致辞。本届论坛由公共与私营部门对话会、政策伙伴机制会议和高级别政策对话会组成，围绕促进性别平等以实现可持续、创新及包容性发展，提高女性拥有的中小微企业的竞争力和创新力、缩小人力资源发展中的性别差距等议题进行了深入讨论，提出了政策和行动建议，通过了《妇女与经济论坛声明》，并将提交给APEC领导人非正式会议。

【第二届中欧性别平等专题研讨会举行】 2017年11月14日，由全国妇联和欧洲妇女院外集团主办、上海市妇联承办的第二届中欧性别平等专题研讨会在上海市举行。国务院副总理、国务院妇女儿童工作委员会主任刘延东和欧盟委员会教育、文化、青年和体育委员瑙夫劳契奇出席并致辞。全国妇联副主席、书记处书记夏杰在主旨发言中全面阐述了中国政府促进性别平等和妇女发展、推动妇女创业就业的政策措施，介绍了妇联组织落实国家"大众创业 万众创新"战略、开展"创业创新 巾帼行动"、促进妇女就业创业的工作和经验。她表示，中国和欧盟有约9亿妇女人口，占世界妇女人口比例近四分之一，中欧妇女应携手努力，共同推动中欧性别平等和妇女事业蓬勃发展，建设更加包容、更具活力的美好未来。

【斐济妇女代表团到浙江省访问】 2017年12月2—5日，应全国妇联邀请，以斐济妇女、儿童和减贫部部长梅雷塞伊妮·武尼万加为团长的斐济妇女代表团来到浙江省进行访问。2017年12月4日，浙江省人大常委会副主任厉志海会见斐济妇女代表团一行，并介绍了浙江经济社会发展情况和妇女事业发展状况，希望双方以此次访问为契机，进一步增进相互了解，加强友好合作，共同推动妇女儿童事业的发展。梅雷塞伊妮·武尼万加表示，两国的妇女组织有共同的发展目标，将会把在浙江省学到的关于妇女儿童发展的经验带回斐济，帮助斐济妇女儿童更好的发展。

【沈跃跃、宋秀岩会见斐济妇女代表团并举行会谈】 2017年12月5日，全国妇联主席沈跃跃在北京市会见了斐济妇女、儿童与减贫部部长武尼万加率领的斐济妇女代表团。沈跃跃积极评价了中斐关系和两国妇女交往，表示中方愿同斐方一道，认真落实两国领导人达成的重要共识，深入推进双方各领域交流合作，推动中斐战略伙伴关系迈上新台阶。她还介绍了党的十八大以来，在以习近平同志为核心的党中央坚强领导下，中国妇女事业发展取得的成就，希望中斐两国妇女加强交流，为两国人民的友谊、性别平等事业新发展、构建人类命运共同体继续共同努力。武尼万加感谢沈跃跃拨冗会见，祝贺中共十九大取得的重要成果，表示愿继续致力于发展中斐友好，加强两国妇女间交流合作。

【首届中英性别平等专题研讨会举行】 2017年12月7日，由全国妇联和英国政府平等办公室合作举办的首届中英性别平等专题研讨会在英国伦敦市举行。全国妇联副主席、书记处书记夏杰和英国外交部性别平等特使乔安娜·罗珀出席并致辞。夏杰在致辞中表示，中国发展进入新时代，中英关系发展迈入"黄金时代"，中英两国妇女应携手努力，为促进性别平等和妇女全面发展，为共建共享一个对所有妇女、对所有人更加美好的世界做出应有的贡献。乔安娜·罗珀介绍了英国在促进性别平等和妇女经济赋权方面所作的工作，表示希望进一步加强两国妇女交流与合作，共同推动2030年可持续发展目标的实现。此次研讨会与会代表围绕"就业中的性别平等"和"平衡工作与家庭"两个议题开展了交流研讨。

【沈跃跃会见越南妇女代表团】 2017年12月21日，全国妇联主席沈跃跃在北京市会见越南共产党中央委员、越南妇联主席阮氏秋荷率领的越南妇女代表团。沈跃跃积极评价了中越关系和两国妇女交往。她指出，中越两国是有着悠久友好传统的邻国，都是共产党领导的社会主义国家，愿同越方一道，落实好两党两国最高领导人重要共识，推动新时期中越全面战略合作伙伴关系不断深化，造福两国人民。她希望中越妇女继续做常来常往的好邻居、好朋友、好同志、好伙伴，加强友好交流合作，共同推进"一带一路"建设，为两国和两国人民友好做出新贡献。阮氏秋荷感谢沈跃跃会见，赞扬中共十九大取得重要成果，赞赏中越关系持续向前发展，表示愿进一步加强与全国妇联交流，为两国和两国人民友好继续努力。

【沈跃跃会见塞拉利昂总统夫人】 2018年1月5日，全国妇联主席沈跃跃在北京市会见了塞拉利昂总统夫人西娅·恩亚玛·科罗马。沈跃跃积极评价了中塞关系和两国妇女交往。她指出，中塞建交47年来，两国始终是真诚友好、相互支持的好朋友、好兄弟。习近平主席指出双方要加强人文交流，增进彼此友谊。中方愿同塞方共同落实两国元首达成的共识，加强文化、教育、卫生、青年、妇女等领域交流合作。她希望中塞两国妇女继续携手，共同为拓展和深化中塞及中非友好合作关系、促进性别平等事业作出不懈努力。科罗马总统夫人高度赞扬了中共十九大取得重要成果，表示愿以此访为契机，学习借鉴中国发展经验，继续巩固两国妇女友好往来，不断深化塞中友谊与合作。

【宋秀岩会见加蓬参议长】 2018年1月15日，全国妇联副主席、书记处第一书记宋秀岩在北京市会见了加蓬参议长米勒布。宋秀岩积极评价了中加两国关系和两国妇女交往，她指出，2016年12月，习近平主席与邦戈总统共同决定将中加关系提升为全面合作伙伴关系。中方愿与加方共同努力，落实好两国元首达成的重要共识，不断深化包括妇女领域在内的两国各领域友好互利合作，推动共同发展，更好造福两国人民。宋秀岩还向米勒布介绍了中国共产党第十九次全国代表大会的重大成果以及中国妇女事业发展状况。米勒布高度赞扬了加中友好关系和中国妇女发展取得的成就，表示愿以此访为契机，进一步加强两国妇女的对话交流和经验共享，深化传统友谊与互利合作。

【联合国妇女地位委员会第62届会议】 2018年3月12日，联合国妇女地位委员会第62届会议在纽约联合国总部顺利开幕。会议以"在落实性别平等以及农村妇女和女童赋权上的机遇与挑战"为主题，400场边会同期进行。中国妇女发展基金会2015年获得联合国经济及社会理事会咨商地位，并连续两年派代表团参加会议，履行咨商地位职责。2018年妇基会派出的与会代表将参加多场相关平行会议，参与国际交流，发出中国声音。

【沈跃跃会见韩国统一教育委员中央协议会议长李培镕任团长及妇女代表团】 2018年4月3日，全国妇联主席沈跃跃在北京市会见了由"21世纪韩中交流协会"会长金汉圭任顾问、韩国统一教育委员中央协议会议长李培镕任团长的韩国妇女知名人士代表团一行。沈跃跃积极评价了中韩关系和两国妇女交往。她指出，中方愿同韩方一道，积极推动落实两国元首共识，牢记两国建交的初心，以两国人民福祉为念，推动中韩战略合作伙伴关系始终健康稳定地走在正确发展轨道上。她希望两国妇女今后进一步加强交流与合作，为推动中韩关系长远平稳发展发挥积极作用，为促进中韩人民的友好和地区的和平稳定贡献力量。她还简要介绍了在以习近平同志为核心的党中央坚强领导下，中国妇女事业发展取得的辉煌成就和妇女工作情况。

【宋秀岩会见津巴布韦总统夫人】 2018年4月3日，全国妇联副主席、书记处第一书记宋秀岩在全国妇联会见了随津巴布韦总统埃默森·姆南加古瓦访华的总统夫人奥克西利娅·姆南加古瓦。宋秀岩高度评价了中津友好关系，她指出，中方珍视同津方的传统友谊，愿同津方一道努力，推动中津关系及各领域合作继续向前发展，更好造福两国和两国人民。她强调，中津两国妇女是促进两国友好的重要力量，愿进一步增进往来与合作，共同为中津关系发展、促进性别平等事业进步做出不懈努力。宋秀岩还介绍了党的十九大及两会情况，以及中国妇女发展成就。奥克西利娅高度赞扬了津中友好关系和中国妇女事业发展成就，表示愿以此访为契机，巩固并加强两国妇女友好往来，深化传统友谊与互利合作。

【澜湄国家妇女干部研修班开班】 2018年4月18—27日，全国妇联在云南省昆明市举办"消除贫困与妇女经济赋权"澜湄国家妇女干部研修班，柬埔寨、老挝、缅甸、泰国和越南5国妇女机构/组织的妇女干部一行30人应邀参加。4月19日，全国妇联副主席、书记处书记夏杰，云南省副省长李玛琳等出席开班式并致辞。夏杰对5国妇女干部表示热烈欢迎，高度评价了澜湄合作机制自2016年启动以来取得的积极成果。她指出，习近平总书记高度重视妇女工作，就促进男女平等和妇女发展提出了一系列新思想、新论断和新要求，为中国妇女事业的发展指明了方向。中方愿与澜湄国家妇女加强交流，深化合作，为澜湄合作健康持续发展、服务"一带一路"国际合作、构建人类命运共同体做出新的贡献。

【指尖上的丝绸之路——国际女性手工艺发展论坛开幕】 2018年5月11日，由全国妇联和陕西省人民政府主办的指尖上的丝绸之路——国际女性手工艺发展论坛在古丝绸之路起点陕西省西安市举行。全国妇联党组书记、副主席、书记处第一书记宋秀岩在致辞中说，本次论坛旨在进一步落实习近平主席倡导的"共商、共建、共享"原则，增进丝路沿线各国妇女领域的人文交流与文明互鉴，更好地发挥妇女在促进民心相通、推动"一带一路"建设中的独特作用。本次论坛以"新时代、新丝路、新女性、新发展"为主题，来自丝路沿线国家和地区的160余名嘉宾和手工艺者代表参加。论坛围绕"妇女手工与文化传承""妇女手工与国际交流""妇女手工与创业就业"3个专题进行了深入交流。

【沈跃跃分别会见乌兹别克斯坦副总理纳尔巴耶娃、柬埔寨妇女事务部部长甘塔帕薇】 2018年5月16日，全国人大常委会副委员长、全国妇联主席沈跃跃在北京市分别会见了乌兹别克斯坦副总理纳尔巴耶娃、柬埔寨妇女事务部部长甘塔帕薇一行。在会见乌兹别克斯坦副总理纳尔巴耶娃一行时，沈跃跃感谢纳尔巴耶娃副总理率高级别代表团出席首届上海合作组织妇女论坛，感谢乌政府、议会以及她本人对两国关系及上合组织框架下妇女交流的高度重视。在会见柬埔寨妇女事务部部长甘塔帕薇一行时，沈跃跃感谢柬议会和政府领导人对两国关系的重视及对她访柬给予的热情款待，积极评价了中柬关系和两国妇女交往。会见时，沈跃跃还分别向客人介绍了在以习近平同志为核心的党中央坚强领导下，中国妇女事业发展所取得的辉煌成就和妇女工作的创新发展。

【首届上海合作组织妇女论坛举办】 2018年5月16—17日，首届上海合作组织妇女论坛在北京市召开。各国嘉宾围绕"凝聚女性力量，促进共同发展"的主题建睿智之言、献务实之策、谋创新之举、尽巾帼之力。

【女性领导力与可持续发展论坛举办】 2018年5月27日，由中国妇女发展基金会主办，北京悦英新女性成长促进中心承办,平安普惠公益基金支持的"助力女性腾飞——女性领导力与可持续发展论坛"在北京市举办。九三学社中央副主席兼秘书长、全国妇联副主席印红,中国妇女发展基金会理事长孟晓驷,联合国开发计划署驻华代表处副国别主任戴文德,平安普惠副总裁兼首席产品官倪荣庆等在论坛上致辞,从不同角度对提升女性领导力建言献策。本次论坛是中国妇女发展基金会"蒲公英女性领导力共建公益计划"项目阶段性实施成果的一次集中交流与展示。在论坛沙龙环节,各界女性代表就女性自我突破与可持续发展、女性社会责任担当等话题展开了广泛与热烈的讨论。

【"一带一路"生殖健康妇幼保健研讨会暨第二届中欧健康论坛举办】
2018年5月31日,"一带一路"生殖健康妇幼保健研讨会暨第二届中欧健康论坛在北京市举办。中国计生协副会长勾清明、坦桑尼亚驻华大使姆贝尔瓦·凯鲁基、阿伽汗大学副校长卡尔·艾美恩、国家卫生健康委员会、北京市人民政府侨务办公室等机构代表出席会议。为更好推动生殖健康和妇幼健康领域的南南合作、南北合作,勾清明提出三点倡议:一是建立常态化交流合作机制,通过技术交流、项目实施、经验共享、能力建设等多种形式开展合作;二是整合资源,聚焦威胁百姓健康和生命最突出的问题;三是突出非政府组织合作优势,贴近民生需求,深入基层社区,打造民心相通的合作品牌。

【中国专家在联合国介绍新疆妇儿教育权益保障情况】 2018年6月25日,中国人权研究会理事、新疆大学政治与公共管理学院副院长祖力亚提·司马义表示,中国新疆在妇女儿童权益保障方面做了大量工作,新疆妇女儿童受教育权益得到充分保障是中国人权事业发展的缩影。祖力亚提·司马义在联合国人权理事会第38次会议一般性辩论环节代表中国人权研究会发言。她在发言中说,新疆不断加大对教育的投入力度,过去8年教育经费增长1.2倍。新疆实现了12年免费教育,南疆四地州实现了15年免费教育。3岁至6岁儿童入园率从2000年的16.2%上升到2017年的95.9%,小学净入学率和初中升学率均超过99.9%。新疆基本实现村村有小学,村村有幼儿园。

【沈跃跃会见科特迪瓦总统夫人】
2018年8月31日,全国人大常委会副委员长、全国妇联主席沈跃跃在北京市会见科特迪瓦总统夫人多米尼克·瓦塔拉。沈跃跃积极评价了中科关系和两国妇女交往,指出建交35年来,中科始终相互尊重、平等相待,两国各领域合作不断扩大,取得了明显成效。沈跃跃希望两国妇女不断加强交流与合作,为推动中科关系迈向更高水平、促进全球性别平等事业发展作出不懈努力。沈跃跃还向多米尼克介绍了在以习近平同志为核心的党中央坚强领导下,中国在推动妇女全面发展、实现男女平等方面所作的努力及积极成果。多米尼克高度赞扬了中国经济社会的发展成就,表示愿以此访为契机,学习借鉴中国经验,继续为巩固两国妇女友好往来、增进科中人民友谊做贡献。

【沈跃跃会见老挝妇女代表团】
2018年9月4日,全国妇联主席沈跃跃

在北京市会见了老挝人民革命党中央委员、妇联主席因拉万率领的老挝妇联代表团。沈跃跃积极评价了中老关系和两国妇女交往，指出中老是社会主义的友好邻邦。她希望两国妇女不断增进友好合作，为促进中老友好、推进"一带一路"建设贡献力量。沈跃跃介绍了在以习近平同志为核心的党中央坚强领导下，中国在推动妇女全面发展、实现男女平等方面所作的努力及积极成果。因拉万高度赞扬了中国经济社会的发展成就，表示将继续致力于发展老中友好关系，进一步深化两国妇女间的友好往来。全国妇联党组书记黄晓薇与代表团进行了工作座谈，双方深入交流了两国妇女组织为促进性别平等和妇女发展开展的工作情况，并就加强双边交流合作等交换了意见。

【沈跃跃会见乍得总统夫人】 2018年9月5日，全国人大常委会副委员长、全国妇联主席沈跃跃在北京市会见乍得总统夫人茵达·代比·伊特诺。沈跃跃指出，乍得是中国在非洲的重要合作伙伴，中方高度重视中乍关系，愿同乍方一道，落实好习近平主席和代比总统达成的重要共识，扩大友好交往，拓展互利合作，推动中乍关系迈上新台阶。沈跃跃希望两国妇女深化交流合作，为中乍中非友好、推进"一带一路"建设贡献力量。她还介绍了在以习近平同志为核心的党中央坚强领导下，中国在推动妇女全面发展、实现男女平等方面的积极努力和成就。茵达高度赞扬了2018年中非合作论坛北京峰会，表示愿以此访为契机，进一步加强两国妇女友好往来，为促进乍中传统友谊与互利合作做贡献。

【第四届"一带一路"女性论坛举办】 2018年9月6日，第四届"一带一路"女性论坛于世界公益慈善论坛期间在中国上海市举办。本次论坛以女性发展与领导力、女性全面可持续发展、"一带一路"女性民心相通、推进文明互鉴为主题。世界公益慈善论坛由中国人民对外友好协会、清华大学、香港大学、香港中文大学、中国福利会共同主办。"一带一路"女性论坛旨在让中国女性积极参与女性发展，着力并创造有利于女性发展的国际环境，在此过程中积累丰富的经验，深化和拓展与"一带一路"沿线国家的交流与合作，创造一个更利于女性发展的国际环境。

【2018年发展中国家女官员领导力建设研修班开班】 2018年9月15日，2018年发展中国家女官员领导力建设研修班在湖北省武汉市开班。活动由商务部主办，中华女子学院承办，实践教学部分由湖北省妇女干部学校和武汉市妇联共同协办。来自阿曼、埃塞俄比亚、黎巴嫩、南非、索马里等13个国家的41位女性官员在湖北省进行了为期5天的考察学习，陆续考察了武汉巾帼园、武汉市女性社会组织服务中心、常青花园社区、武汉爱帝时尚产业园等现场教学点，学习湖北妇女在创新创业、新农村建设、社会治理等方面的经验。本次面向发展中国家、面向女性政府官员的高规格研修班是商务部援外培训项目的重要内容。

【沈跃跃率团访问罗马尼亚俄罗斯并出席第二届欧亚妇女论坛】 2018年9月16—23日，应罗马尼亚社会民主党妇女组织主席普伦布和俄罗斯联邦委员会主席马特维延科邀请，全国人大常委会副委员长、全国妇联主席沈跃跃率中国妇女代表团对上述两国进行了友好访问并出席了在圣彼得堡举行的第二届欧亚妇女论坛。在罗马尼亚期间，沈跃跃分别会见了罗马尼亚众议长德拉格内亚和总理登奇勒，与罗马尼亚社民党妇女组织主席普伦布进行了工作会谈。沈跃跃表示中方愿同罗方一道，认真落实两国元首达成的共识，在"一带一路"框架下加强发展战略对接，进一步推动议会间治国理政、立法监督等交流互鉴，进一步深化妇女交流交往和妇女组织合作，为推进中罗全面友好合作伙伴关系、构建人类命运共同体发挥积极作用。

【沈跃跃率团出席第二届欧亚妇女论坛】 2018年9月23日，沈跃跃出席了在俄罗斯圣彼得堡市举行的第二届欧亚妇女论坛并在开幕式上发言。本届论坛主题为"妇女支持全球安全与可持续发展"。俄罗斯总统普京出席开幕式并致辞，俄联邦委员会主席马特维延科主持会议并讲话。来自110个国家约2000名政治家、社会活动家、学者和企业家代表与会，围绕妇女在保障全球安全、推动创新合作、发展数字经济、促进慈善和人道主义项目实施等领域的作用进行了广泛探讨。沈跃跃在发言中表示，广大妇女是实现全球安全和可持续发展的重要力量。中国一直为全球安全和可持续发展不懈努力，中国妇女愿与欧亚各国妇女共同携手维护世界和平、促进地区发展、为构建人类命运共同体贡献力量。

【第二届尼山世界女性论坛】
2018年9月26日，第五届尼山世界文明论坛在孔子故里——山东省曲阜市开幕，主题为"同命同运 相融相通：文明的相融与人类命运共同体"。作为本届论坛组成部分的第二届尼山世界女性论坛，首次结合了联合国《2030年可持续发展议程》中的"消除贫困与女性赋权"的性别平等目标，将主题设置为"女性赋权与建设人类命运共同体"。全国人大常委会原副委员长、全国妇联原主席陈至立出席女性论坛，并发表题为《中国妇女政策与人类文明进步中的女性力量》的演讲。来自国内外的80余名专家学者针对本届尼山世界女性论坛主题，就女性命运和人类命运的关系问题展开了研讨。

【女性发展与文化传播论坛举行】
2018年10月8日，联合国教科文组织"媒介与女性"联合教席揭牌仪式暨"女性发展与文化传播"论坛在中华女子学院举行。联合国教科文组织、全国妇联、教育部、国家广播电视总局等机构、部委以及联合教席合作单位中国传媒大学、中华女子学院两所高校的相关领导出席会议。来自性别研究和媒体领域的10余位专家和学者，两所高校160余名师生参加了活动。全国妇联联络部部长牟虹出席论坛并讲话。揭牌仪式上，欧敏行、陈文申、牟虹、李明舜共同为联合国教科文组织"媒介与女性"联合教席揭牌。

【彭丽媛向联合国教科文组织第三届女童和妇女教育奖颁奖仪式致贺词】
2018年10月11日，联合国教科文组织第三届女童和妇女教育奖颁奖仪式在法国巴黎市举行。国家主席习近平夫人、联合国教科文组织促进女童和妇女教育特使彭丽媛向颁奖仪式致贺词。彭丽媛表示，女童和妇女教育是一项崇高的事业。发展女童和妇女教育，让女性享有与男性同等释放自身发展潜力的机会，是实现全球2030年可持续发展目标的重要内容和重要举措。联合国教科文组织女童和妇女教育奖为鼓励更多人投身这项伟大事业发挥了独特而重要的作用。获奖者们致力于推动教育公平、帮助女童和妇女实现人生梦想，他们真诚奉献、不懈努力的精神令人敬佩。联合国教科文组织女童和妇女教育奖由中国政府提议并资助设立，是联合国教科文组织在该领域设立的首个奖项。

【彭丽媛会见美国盖茨基金会联席主席比尔·盖茨】 2018年11月5日，国家主席习近平夫人、世界卫生组织结核病和艾滋病防治亲善大使彭丽媛在中国上海市会见美国盖茨基金会联席主席比尔·盖茨。彭丽媛表示，长期以来，盖茨基金会大力投入发展减贫、医疗卫生等事业，并同中国有关部门保持良好关系，在艾滋病防控、健康扶贫、全球卫生能力建设等领域开展了富有成效的合作。盖茨祝贺首届中国国际进口博览会成功开幕。盖茨表示，在当今复杂国际环境下，中国秉持开放包容和互利共赢精神同各国加强合作尤显难能可贵。盖茨高度赞扬了中国在发展减贫领域取得的巨大成就以及为促进世界卫生健康事业做出的杰出贡献。

【2018老挝妇女骨干交流研修班举办】 2018年11月5—14日，2018年老挝妇女骨干交流研修班在云南省昆明市举办，老挝中联部、外交部、中央妇联、科技部、卫生部、劳动和社会福利部、教育和体育部等7部委妇联主席（副主席）、妇联成员，18个省市妇联主席（副主席）等30人参加了交流研修。为期10天的研修班以妇女参与经济建设、科技创新为主题，邀请老挝妇女骨干通过座谈交流（5场次）、参观考察（10场次）等形式了解云南省妇联工作、科技发展、滇老合作等工作情况，通过亲身感受和体验，传递友好情谊，促进中老妇女共同发展与进步。

【沈跃跃会见联合国副秘书长、妇女署执行主任努卡】 2018年12月12日，全国妇联主席沈跃跃在北京市会见联合国副秘书长、妇女署执行主任姆兰博-努卡。沈跃跃高度评价了联合国及妇女署的作用。她指出，2015年中国与妇女署共同举办全球妇女峰会，习近平主席发表重要讲话，提出促进妇女全面发展的四点主张，在全球产生了积极而深远的影响。她高度赞扬习近平主席和中国政府对全球妇女发展的重视和支持，称赞习近平主席在全球妇女峰会上提出的促进妇女全面发展四点主张具有世界意义，是对世界妇女发展的重要贡献。她高度评价了中国妇女发展成就，认为中国在国际妇女发展中具有引领力量，中国妇女发展经验值得国际社会和各国学习，表示联合国妇女署愿与中方加强合作，共同推进世界妇女共同发展、全面发展。

（撰稿人：李英桃、杨倩）

智库学术人文交流

一 智库学术人文交流综述

随着中外人文交流事业的不断发展深入,智库、学术交流发挥的作用日益凸显。习近平主席多次在双边、多边和国际组织等重大国事活动中,强调加强智库国际交流活动,密切智库间的合作。把智库交往与政府、政党、议会等的交往并列,作为中外人文交流合作的重要组成部分和新渠道;强调发挥智库在夯实国家关系的友好民意和社会基础中的重要作用,倡议智库广泛参与到国际合作网络之中,深化民众相互认知,打造智库国际交流合作网络等。

近年来,中国智库学术力量已走在中外人文交流的前沿阵地,从建设中国特色新型智库的角度看,具有3个方面显著特点:

一是政府为主导,推动创设智库学术人文交流新平台、新机制。《推动共建丝绸之路经济带和21世纪海上丝绸之路的愿景与行动》(2015年3月)、《推进共建"一带一路"教育行动》(2016年7月)、《文化部"一带一路"文化发展行动计划(2016—2020年)》(2016年12月)、《关于加强和改进中外人文交流工作的若干意见》(2017年12月)等一系列政策文件出台,为相关智库建设和发展提供了政策引领

二是高校为主力,丰富智库学术人文交流新形式、新内容。按照教育部《中国特色新型高校智库建设推进计划》(2014年2月),实施高校哲学社会科学"走出去",完善结构布局,创新组织形式,重点建设了一批全球和区域问题研究基地。推动高校智库与国外一流智库建立实质性合作关系,建立海外中国学术中心,支持高端智库参与和设立国际学术组织、举办创办高端国际学术会议。经过几年的建设,高校智库已成为中外人文交流活动的中坚力量。根据南京大学中国智库研究与评价中心与光明日报智库研究与发展中心联合推出的中国智库索引(CTTI)2018年度高校智库排行榜,进入前25强的A+等级智库机构,均在中外人文交流中发挥着重要作用。

三是"一带一路"倡议为主线,开拓智库学术人文交流新领域、新空间。"一带一路"串接着沿线各国、中国中东欧"16+1"、东盟"10+3"等区域、上海合作组织、金砖国家等国际组织与中国的"命运共同体"。智库学术研讨的议题注重从学理上探讨"一带一路"

的性质、影响、内涵、合作方式、现实挑战以及实现发展战略对接的可行性；从中外政治关系和历史交往、区域局势、教育合作、经贸合作等，逐渐拓展至双方在产能合作（突出"一带一路"因素）、媒体、医疗、卫生、旅游、环境、科技、农业、食品、去极端化等方面的合作。从各国实际国情出发，因国施策、合理布局，以双边人文交流推动多边人文交流，以多边人文交流的辐射效应带动双边人文交流。

智库、学术力量参与中外人文交流的实践，主要体现在以下方面：

（一）培养和组建智库国家队、高端综合智库和权威专业智库的工作框架不断完善。在政府智库、高校智库、地方智库和民间智库中，都产生了具有高水平、代表性的实体机构，积聚了较好的品牌度和影响力。各方也能够形成机制性、有体系的互动联动。智库学术活动能够以世界水准的高度选题开题，以全球眼光和视角观察世界，以学术实力和学术成果说话，在人类学术舞台上发出中国声音，展示中国智慧。

（二）各国际组织、区域和国别智库学术交流机构纷纷成立，系统性常态化运作，成果不断涌现。各国际组织、区域、国别、行业乃至学科领域，都有相应的智库（学术联盟）支撑，开展活动涉及各个领域。更多关注欧美发达国家、对发展中国家研究不足的状况得以改变。通过与国内外各研究机构专家紧密互动，解读政策、咨政建言、推动交流，搭建信息共享、资源共享、成果共享的交流平台，智库联盟国际化进程加快推进，智库合作联盟的朋友圈持续扩大。

（三）智库人文交流合作开放性加大，国际化趋势明显，"走出去"研究工作不断深入。注重开放搞研究，建立常态化智库对话，加强与世界先进智库交流合作，借鉴他们的管理经验和运行模式，推进与国际高端智库的"互联互通""信息共享"和"成果共享"。积极建立和参与"国际智库联盟"和"国际智库协会"等，积极组织和参加国际智库交流会议，多渠道、多方式地推进国际交流和合作研究。加强国际对接，提高中国智库的国际参与度与国际治理能力。在"请进来"的同时，"走出去"办会、开论坛。建立海外研究中心和人文交流站点，如中方在海外建设的中国—中东欧研究院。

（四）智库学术交流活动中的办会主体逐渐扩大，会议模式发生转变，组织模式不断丰富。近年来，中国高校、科研机构、智库、媒体和驻外使馆等中方办会主体积极同国外政府机构、智库、企业、高校、学术组织和地区组织合作举办研讨会，出现了"使馆+智库""使馆+企业""使馆+学术组织""高校+地区组织/学术组织"等多种办会模式。这些变化从侧面反映了中外人文交流的形式丰富与内容深化。

（五）人才培养和储备的力度不断加大。与开展中外人文交流的实际需求相比，中国智库专业人才队伍相对分散弱小。需要紧扣"民心相通"，举办各类国际研修班、培养和吸纳国内外智库人才。中国社科院开设的"'一带一路'人文交流与文化产业合作"国际研修班、中东欧国家学者研讨班，北京外国语大学开设的东盟10+3培训班、"国际中国学"硕士班,"新汉学计划"、"感知中国"项目等,都有利于为智库建设储备力量。

同时,有必要继续推进质量提升,扭转智库研究成果转化率不高的问题。《关于加强和改进中外人文交流工作的若干意见》强调,要"形成一批具有中国特色、国际影响的人文交流品牌"。近年来,中外人文交流的规模较以往有大幅提升,正朝着机制化的方向发展,但总体上仍未形成品牌化的发展趋势,需要加强中外人文交流的品牌塑造能力,加强新媒体、融媒体的应用。从生产思想到生产传播并重,向深入化、学理化、实操化发展。

最后,继续推进开放型智库网络建设,打造国际平台,扭转国内智库在研究视野上主要集中关注国内,对全球性和国际性问题的关注相对不够,导致中国智库在国际上的知名度不高、话语权缺失的问题。要敢于"借外脑",聘用国际智库的专家进行合作研究,也要敢于与国际同行共同构建思想交流的平台、学术对话的平台和传播的平台,通过思想和学术交流来影响对方,通过在平台上传播思想来争取话语权。

二 智库学术人文交流条目

(一) 智库、学术机构创设

【中国—中东欧研究院揭牌成立】
2017年4月24日,由中国社会科学院和16+1智库交流与合作网络主办的中国—中东欧研究院成立暨揭牌仪式在匈牙利科学院举行,来自中国和中东欧16国的智库代表、政府官员、企业和媒体代表等参加了揭牌仪式。作为中国首家在欧洲独立注册的智库,中国—中东欧研究院的成立是中国—中东欧国家合作、智库交流进程中的一个重要标志,将积极推进中国与中东欧国家间的人文交流、学术交往和政策沟通。

【英国首个"一带一路"研究智库成立】 2017年9月29日,英国剑桥大学成立"一带一路"国际研究中心,这是英国首个专门从事"一带一路"学术研究的国际智库。中心充分发挥剑桥大学拥有卓越优势的学术专业性、权威性和国际性,专门从事对"一带一路"单一课题深入、细致的学术研究。来自包括中国在内的10多个国家学术、金融及企业界的30多名专家学者参加了在剑桥大学举行的讨论会,就英国"脱欧"影响、中国和西方参与"一带一路"的挑战、跨文化谈判、管理框架等问题进行了讨论。

【世界大学智库联盟成立】 2018年3月24日,世界大学智库联盟会议在北京市举行,世界大学智库联盟宣布成立。该联盟由中国人民大学倡议并推动,全球26家高校及其研究机构和所属智库参加会议。联盟围绕中国"一带一路"绿色发展主题,对全球特别是"一带一路"倡议地区各国共同面临的法律与标准差异、气候变化、绿色金融发展、能源安全、公共卫生、文化认知、高等教育、公共外交等建设人类命运共同体过程中需要获得共识的领域进行了深入交流与探讨。

【中国社会科学院"一带一路"国际智库启动】 2018年5月12日，中国社会科学院"一带一路"国际智库在北京市启动。该智库旨在深化对"一带一路"国际合作的研究、深化对共商共建共享理念的理论和实践总结。该智库将集中国内外优势力量和资源，努力打造服务"一带一路"建设重要的研究基地、交流平台、资讯窗口、人才高地。来自知名智库和研究机构、大型企业和重要商会、政府部门及相关机构的约200名代表与会。中外代表围绕"一带一路"倡议的重要成果和意义进行了研讨。

【"一带一路"智库联盟发布平台启动】 2018年6月28日，"一带一路"智库联盟发布平台在京正式启动。平台由中国互联网新闻中心和中联部当代世界研究中心、"一带一路"国际智库合作联盟、中国科学院院刊、北京师范大学"一带一路"研究院、江苏师范大学"一带一路"研究院、中国人民大学重阳金融研究院、全球化智库、中国财政经济出版社联合发起，依托"中国智库"与"中国号"，旨在打造成"一带一路"思想金库，形成"一带一路"思想的集散地。

【"丝绸之路：从历史走向未来"学术研讨会暨中国研究中心揭牌仪式举行】 2018年12月4—5日，"丝绸之路：从历史走向未来"学术研讨会暨中国研究中心揭牌仪式在葡萄牙科英布拉大学举办。在中国国家主席习近平和葡萄牙总理科斯塔的见证下，中国社会科学院与葡萄牙科英布拉大学签署关于设立中国研究中心的协议。按照协议内容，中国社会科学院将选派优秀学者赴中心开展学术交流、举办讲座等，并向中心赠送有关中国研究的学术出版物；双方还将重点围绕中葡中欧历史文化交流、共建"一带一路"、中国与葡语国家合作等议题举办学术研讨会、开展联合研究及学术出版等。

（二）"一带一路"研究

【"一带一路"国际合作高峰论坛"智库交流"平行主题会议举行】 2017年5月14—15日，"一带一路"国际合作高峰论坛在北京市举行，国家主席习近平出席论坛开幕式，并发表题为《携手推进"一带一路"建设》的主旨演讲。5月14日，按中央要求，峰会高级别会议环节在按"五通"分设平行主题会议的同时，专门加设了智库交流平行主题会议板块。会议由中共中央宣传部主办，中国国际经济交流中心承办。包括美国、日本、澳大利亚以及巴基斯坦、捷克等国前政要在内的40余国200多位中外智库嘉宾参加。会议围绕"一带一路"促进全球经济强劲、平衡、包容、可持续发展，开放包容互学互鉴的丝绸之路，"一带一路"创新发展国际合作蓝图3个议题展开了讨论交流。

【"新丝路：进展与挑战"国际学术研讨会举行】 2017年7月12—13日，由中国社会科学院16+1智库网络、欧洲研究所，塞尔维亚国际政治与经济研究所主办的"新丝路：进展与挑战"国际学术研讨会在塞尔维亚贝尔格莱德市召开。来自巴尔干国家、俄罗斯等国的60多位代表与中方代表共商"一带一路"建设，为中国同塞尔维亚以及中东欧地区国家合作献计献策。该学术研讨会是巴尔干地区规模较大的国际论坛，每年举办一次。

【"一带一路"建设与全球治理国际研讨会举行】 2017年9月30日，"一带一路"建设与全球治理国际研讨会在北京市举办，20多个国家的300多位政要、学者汇聚于此，共同探讨最富创新性和价值的"一带一路"建设与全球治理理念，为中国的可持续发展出谋划策。会上发布了《风云激荡的世界——从全球化发展看中国的机遇与挑战》《再全球化：共商·共建·共享理念下的全球治理——中国与全球治理年度报告（2017）》《共建"一带一路"：理念、实践与中国的贡献》等系列成果。会上，中国人民大学重阳金融研究院宣布启动全球精英培养项目，在未来的三到五年内培养800位到1000位了解"一带一路"和中国发展的全球各国精英。

【"一带一路"巴黎论坛首届会议举行】 2017年11月29日，由中国驻法国大使馆和法国国际关系与战略研究院共同举办的"一带一路"巴黎论坛首届会议在巴黎互助之家揭开帷幕。来自中欧政界、经济、智库和人文领域的代表进行了为期一天4场的圆桌讨论。"一带一路"巴黎论坛是中国驻外使领馆首次携手欧美主流智库在"一带一路"倡议框架下建立的机制化交流平台，计划每年围绕中法、中欧合作特定议题进行交流，为中欧"一带一路"合作贡献智慧。

【第二届中国与中亚人文交流与合作国际论坛举行】 2018年9月7—10日，在"一带一路"倡议提出5周年之际，第二届中国与中亚人文交流与合作国际论坛在古丝绸之路重镇甘肃省敦煌市举办。来自中国、吉尔吉斯斯坦、哈萨克斯坦、俄罗斯、希腊等"一带一路"沿线国家50多所高校和科研单位的120余名专家学者参加了论坛。与会专家围绕丝绸之路历史文化、当代中国与中亚人文交流、东干语言文化等主题进行了分组研讨，提出了许多具有启发性的见解和观点，达成了诸多共识。

【"'一带一路'五周年：评估与展望"国际智库研讨会举行】 2018年9月17日，由"一带一路"智库合作联盟秘书处主办，中国人民大学重阳金融研究院与中联部当代世界研究中心联合承办的"'一带一路'五周年：评估与展望"国际智库研讨会暨系列研究成果发布会在北京市举行。来自亚非欧美洲15个国家的数位外方代表，与中方官员和学者共商合作，共话未来。会上发布了《构建"一带一路"学》《"一带一路"五周年：政策视角下的回顾与展望》和《去欧洲，向北走：中俄共建"冰上丝绸之路"支点港口研究》研究报告，分别从"一带一路"的理论溯源、回顾与展望、未来拓展方向切入进行了系统而全面的梳理，认为"一带一路"是中国顺应时代发展潮流、把握人类进步大势、为优化和完善全球治理体系而提出的中国方案、中国智慧。

【"'一带一路'人文交流与文化产业合作"国际研修班开班】 2018年10月29日，由中国社会科学院丝绸之路研究院、中国社会科学院国际合作局主办,中国社会科学院俄罗斯东欧中亚研究所、中国社会科学院"一带一路"研究中心承办的中国社会科学院"'一带一路'人文交流与文化产业合作"国际研修班开班仪式在河北省廊坊市举行。研修班学员来自俄罗斯与中亚11国高端智库、科研及文化机构。来自中国社会科学院、新奥集团及在京相关研究机构和大学代表和研修班学员共计60余人出席了仪式。

【"丝路国际智库网络"2018年会举行】 2018年12月7日,由国务院发展研究中心与国际关系和可持续发展中心联合数十家全球知名智库共同发起的"丝路国际智库网络"2018年会在法国巴黎市召开。来自24家智库、6家国际组织和4家跨国企业的代表参加了会议。会议讨论并审议了《关于推进丝路国际智库网络发展的三年工作计划(2019—2021)》。丝路国际智库网络由中国国务院发展研究中心联合有关国际智库于2014年共同发起,并于2015年10月28日在西班牙马德里"丝路国际论坛"上正式成立,为推动共商共建"一带一路"提供智力支持。

(三)国际组织研究

【2017年金砖国家智库论坛举行】 2017年6月8日,由中国社会科学院国家全球战略智库、光明智库、国际关系学院联合主办的2017年金砖国家智库论坛在北京市开幕。来自金砖国家的20位政府官员和专家学者,围绕"金砖国家发展战略对接:迈向共同繁荣的路径"这一主题,就金砖国家发展与合作的背景与条件、金砖国家发展战略对接的内容与路径、经验与做法展开了讨论,并就新形势下如何促进金砖国家间发展战略对接提出了对策建议。对于金砖国家的合作前景和角色作用,与会专家进行了研判与展望,为将于9月在厦门举行的金砖国家领导人第九次会晤进行预热。

【金砖国家政党、智库和民间社会组织论坛举行】 2017年6月10—11日,以"共谋合作发展,共创美好未来"为主题的金砖国家政党、智库和民间社会组织论坛在福建省福州市举行,来自金砖国家的政党领导人、知名智库学者、民间社会组织负责人,还有部分发展中国家相关代表共400余人与会。金砖国家政党、智库和民间社会组织"三合一"会议是金砖国家合作机制成立以来首次举行,旨在通过加强沟通交流,凝聚各方共识、汲取各界智慧,推动深化金砖国家合作,为金砖国家领导人厦门会晤建言献策和营造良好氛围。

【2017年金砖国家领导人会晤国家高端智库联席会议举行】 2017年8月28日,由商务部国际贸易经济合作研究院主办的2017年金砖国家领导人会晤国家高端智库联席会议在北京市举行。与会各方专家围绕"深化金砖伙伴关系开辟更加光明的未来"这一主题,就"深化金砖合作,对接发展战略""加强全球治理,共同应对挑战"进行了探讨。专家们认为,金砖国家经贸合作在2017年迎来承上启下、继往开来的重要时刻,金砖国家应当不断扩大"朋友圈",在全球经济治理中发挥更大的作用。

【"新时代上海合作组织新发展"国际智库论坛举行】 2018年3月26日,由中国社会科学院主办的"新时代上海合作组织新发展"国际智库论坛在北京市举行。来自上海合作组织成员国、观察员国、对话伙伴国的智库机构、国际组织等相关部门的近百名代表和专家围绕"新时代""新发展"两大主题，就经济发展、开放共赢、地区稳定、综合安全、上海精神、人类命运共同体等热点话题展开了研讨交流。论坛紧扣中国作为轮值主席国承办2018年上海合作组织第18次元首会议所确定的主题，也是在上海合作组织首次扩员，以及中国提出的"共建人类命运共同体"倡议写进联合国决议后的重要国际论坛。

【上海合作组织经济智库联盟成立】 2018年5月25日，上海合作组织经济智库联盟成立大会暨上海合作组织经济论坛在北京市举行，与会中外代表呼吁各方通过经济智库联盟平台增进交流，为深化上合组织区域经济合作提供智力支持。论坛旨在为上合组织经济智库建立稳定的交流与合作机制，为区域经济合作的持续健康发展搭建智库联盟平台。上海合作组织成员国、观察员国和对话伙伴国智库代表就推进上海合作组织区域贸易便利化与自由化制度安排、深化上海合作组织区域经济合作新方向等议题展开了讨论，并签署了《上海合作组织经济智库联盟合作框架》《上海合作组织经济智库联盟北京共识》。

【2018金砖国家治国理政研讨会举行】 2018年7月4日，金砖国家治国理政研讨会在南非约翰内斯堡市举行。来自金砖国家、南部非洲国家的120多位代表围绕"参与全球治理：维护人民利益，贡献金砖智慧"这一主题，深入交流了治国理政经验。在平行会议中，与会代表围绕"秉持多边主义原则，推动全球治理创新""顺应工业革命浪潮，实现经济包容增长""夯实交流互鉴机制，共享治国理政经验"3个分议题，展开了充分讨论。此次研讨会是金砖国家领导人约翰内斯堡会晤的重要配套活动之一，由中共中央宣传部、中国外文局与南非国家政府学院、南非人文科学研究理事会共同主办。

【中国—东盟大学（国别与区域研究）智库联盟论坛举行】 2018年9月11—12日，中国—东盟大学（国别与区域研究）智库联盟论坛暨中国—东盟大学智库联盟理事会议在广西南宁市举行。本次论坛被纳入了第十五届中国—东盟博览会高层论坛。在为期2天的论坛中，与会专家学者围绕"中国—东盟创新战略伙伴关系：合力、担当与共赢"这一主题，就"共赢与发展：中国—东盟战略伙伴关系15周年回顾与愿景展望""创新与建设：中国—东盟创新共同体构建""合作与责任：各国推动区域发展角色"以及"共识与行动：中国—东盟合作前景与策略"4个分议题展开了深入交流与研讨。

（四）区域研究

【"投资软实力：中非智库合作"研讨会举行】 2017年3月10日，由中国社会科学院与肯尼亚非洲政策研究所联合主办的"投资软实力：中非智库合作"研讨会在肯尼亚首都内罗毕市开幕。非洲政策研究所所长彼得·卡戈万加（Peter Kagwanja）致欢迎词。来自中国社会科学院西亚非洲研究所、非洲政策研究所，以及其他非洲国家智库和高

第三编 领域人文交流

校的学者围绕经济与对策、安全与对策、治理与对策以及智库建设与合作等4个议题进行了探讨。

【亚欧数字互联互通高级别论坛举行】 2017年6月19—20日，亚欧数字互联互通高级别论坛在山东省青岛市举行。论坛以"释放创新增长潜力"为主题，是落实第十一届亚欧首脑会议成果的一项后续活动，也是中国作为亚欧会议成员推进亚欧务实合作的体现。论坛由中国外交部、工业和信息化部、商务部、贸促会共同主办，青岛市人民政府承办。来自49个亚欧会议成员政府、企业、商协会和研究机构以及有关国际组织的近600名代表参加了论坛，对亚欧会议成员的覆盖率仅次于亚欧首脑会议，充分体现了亚欧会议成员对数字经济及"互联网+"的重视。论坛形成成果文件《青岛倡议》，集中体现了亚欧会议成员深化数字互联互通合作的愿望和建议。

【2017年中东欧国家学者研讨班开班】 2017年6月26日，由中国社会科学院欧洲研究所和中国社会科学院16+1智库网络主办，中华文化交流与合作促进会、河北经贸大学、中国社会科学出版社协办的2017年中东欧国家学者研讨班在京开班。来自中国和中东欧国家的专家学者、政府官员和企业代表等共80余人参加了本次会议。当天下午，还举办了"'16+1合作'助力'一带一路'倡议"新书发布会，发布了《中国—中东欧国家智库交流与合作进展与评价报告（2015—2016）》《欧洲与"一带一路"倡议：回应与风险（2017）》等两本智库报告。在为期5天的研讨中，与会嘉宾深入交流，助力中国与中东欧国家"16+1合作"向前发展。

【《对非投资智库联盟合作谅解备忘录》签署】 2017年9月25—26日，第三届对非投资论坛在塞内加尔首都达喀尔市举行。中国国家开发银行与中国财政部、世界银行、联合国非洲经济委员会在论坛上共同签署《对非投资智库联盟合作谅解备忘录》。世界银行和中国国家开发银行发布联合研究报告《创新推动跨越式发展》，报告探讨了在非洲各经济部门扩大创新规模的契机。对非投资论坛是2015年中非合作论坛约翰内斯堡峰会的重要成果，每年一届，目的是促进中国对非投资及多边合作，在中国和非洲国家轮流举办。此前分别在埃塞俄比亚首都亚的斯亚贝巴市、广州市、塞内加尔首都达喀尔市成功举办三届。第四届对非投资论坛于2018年9月6—8日在长沙举行。

【中拉智库论坛首次在拉美举行】 2017年10月17日，第一届拉美和加勒比国家共同体（拉共体）—中国高级别学术论坛暨第四届中国—拉共体智库论坛在圣地亚哥举行，论坛为期两天。来自中国和拉美的数十位专家学者为推进中拉各领域合作建言献策。10月17日，与会专家讨论了中国经济改革对拉美的影响，中拉双边贸易、金融与投资关系，中拉基础设施建设合作、互联互通和"一带一路"建设，创新驱动战略与中拉科技合作前景，以及中拉产能合作等议题。10月18日，与会者讨论了中拉未来关系，同时为中拉论坛第二届部长级会议贡献智力支持。中拉智库论

476

坛是中拉论坛框架下的分论坛之一。前三届中拉智库论坛均在北京市举行。

【"'16+1合作'五年成就"国际学术研讨会举行】 2017年11月20日,由中国社会科学院和匈牙利外交与对外经济部联合主办的中国—中东欧国家智库网络会议——"'16+1合作'五年成就"国际学术研讨会在匈牙利首都布达佩斯市举行,来自中国和中东欧国家的智库、媒体、官方代表近百人,就中国和中东欧国家的投资合作、地方合作、基础设施建设合作、文化交流等问题进行了探讨。首届中国—中东欧国家经贸论坛于2011年6月在布达佩斯市举行,成为"16+1合作"的雏形。2012年在波兰华沙市举行首次中国—中东欧国家领导人会晤。"16+1合作"历时5年,在政治、经济、人文等各领域取得了丰硕成果。

【中国与葡语国家智库高峰会举行】 2017年11月27日,由中国澳门中华总商会策略研究委员会主办的中国与葡语国家智库高峰会在澳门市举行。高峰会以"发挥智库作用,建设好智库联盟和合作网络"为主题,邀请巴西、葡萄牙、安哥拉、莫桑比克等葡语国家的智库、中国内地及澳门相关智库著名专家参与。高峰会分为"一带一路"与中葡平台及创新与全球化两个方向。与会者围绕会议主题进行研讨,从"一带一路"的框架内出发,着重探讨"一带一路"与中葡平台的发展前景以及创新与全球化的议题。会上还宣读了体现参与各方共识的"澳门倡议书"。

【第八届亚洲研究论坛举办】 2018年3月9日,由中国社会科学院亚洲研究中心主办、中国社会科学院世界经济与政治研究所承办的第八届亚洲研究论坛在北京市举办。论坛的主题为"澜沧江—湄公河合作与区域纺织业价值链发展"。会议配合3月19—25日进行的"澜湄周"活动,共设4个议题,分别为"澜沧江—湄公河合作机制、影响及展望""澜沧江—湄公河区域产能合作:机遇与挑战""澜沧江—湄公河区域纺织业合作:国别介绍和价值链发展的路径分析"和"澜沧江—湄公河纺织产业发展:合作研究"。与会嘉宾在会议期间互动交流,共同分享澜湄六国经济发展与合作的经验,总结两年来"澜湄合作机制"建设的巨大进展,分析相关挑战,并就如何应对挑战提出建议。

【首届全球湄公河研究中心智库论坛举办】 2018年3月20日,首届全球湄公河研究中心智库论坛在北京市举办。来自柬埔寨、老挝、缅甸、泰国、越南等东盟国家代表及湄公河委员会、大湄公河次区域合作等组织代表与会。论坛以"进入成长期的澜湄合作"为主题,就澜湄合作过去两年所取得的成果、经验及未来合作走向展开了深入研讨。与会学者还就澜湄合作机遇与挑战、机制建设、优先领域及与其他机制的关系等展开了讨论。全球湄公河研究中心是澜湄合作智库交流的重要平台,是澜湄合作第二次外长会上中方所提的13项倡议之一。该中心于2017年9月在柬埔寨金边市成立。本次智库论坛是全球湄公河研究中心设立以来举行的第一次大型国际研讨会,也是"澜湄周"的重要活动之一。

第三编　领域人文交流

【中非智库论坛第七届会议举行】
2018年7月4—5日，作为2018年中非合作论坛北京峰会的重要配套活动，为期两天的中非智库论坛第七届会议在北京市举行。会议围绕"改革开放与中非关系"这一重要议题展开了交流研讨。来自非洲45个国家的驻华使节，52个非洲国家的政府官员、智库学者、媒体代表，中国外交部、国务院参事室、中非产能合作基金等相关单位领导，全国知名智库机构、高等院校的中方学者以及媒体人士共计380余人参加了会议。

【第五次中国—中东欧国家高级别智库会议召开】　2018年10月30—31日，第五次中国—中东欧国家高级别智库会议在马其顿首都斯科普里市召开。作为"16+1合作"框架下每年一度的重要人文交流活动之一，会议围绕"如何深化中国—中东欧国家合作"展开，从加强中国和中东欧国家间政策沟通和战略对接，扩大中国和中东欧国家间的贸易、投资、金融、农业和基础设施合作，在"16+1合作"框架下加强中欧合作、深化中国和中东欧国家的次区域合作等议题展开了讨论交流。

（五）国别研究智库交流

【2017年中国经济论坛举办】
2017年1月5日，2017年中国经济论坛在纽约证券交易所举办。中美智库专家围绕2017年中国与世界的经济形势及特朗普总统上台后的美中关系问题，与出席该论坛的300多名当地经济学界、商界和新闻界人士就两国国内经济政策与中美关系前景和挑战进行了讨论、互动和交流。"中美经济对话"活动始于2010年1月，每年举办两次，在纽约与北京交替进行，旨在帮助两国学界、商界消化两国政府间对话的积极成果，增加两国民间的互相理解和信任。

【中国波兰智库2017华沙对话举行】　2017年9月18日，由东中西部区域发展和改革研究院与波兰经济大会基金会共同主办的中国波兰智库2017华沙对话在波兰华沙市举行。本次对话以"开创中波关系的黄金时代"为主题，围绕"深化中波关系""一带一路相关项目""构建新型智库平台"等3个议题展开。双方就落实2015年、2016年中波智库对话签署的合作协议内容、重点推进中波智库产业集群园区合作等事宜展开了深入交流。与会各方还一致通过了《华沙共识》。

【中国阿塞拜疆经济合作学术论坛举办】　2017年9月21日，由中国社会科学院与阿塞拜疆科学院共同举办的中国阿塞拜疆经济合作学术论坛在阿塞拜疆首都巴库市举办，来自中国社会科学院、阿塞拜疆科学院、阿塞拜疆政府、企业界和媒体代表共200余人出席了论坛。中阿双方学者从不同视角分析了两国参与"一带一路"建设的机遇和挑战，并就如何发挥各自优势、探寻最大合作公约数、实现互利共赢建言献策，为进一步交流合作打下了良好基础。

【中美大学校长和智库论坛举办】
2017年9月26日，由中国人民大学和哥伦比亚大学共同主办、中国人民大学重阳金融研究院和亚洲协会政策研究院共同承办的中美大学校长和智库论坛在纽约哥伦比亚大学举办。来自各个高校数十名专家学者围绕"中美关系回顾：经济、政治、文化的交流""下一个50年：塑造中美互信互利之策""深化中美人文交流机制的探索"和"'一带一路'倡议：中美两方的视角"等4个议题展开了交流讨论。

【中罗智库北京对话举行】 2017年10月19日，东中西部区域发展和改革研究院与罗马尼亚科学院世界经济研究所主办的中罗智库北京对话在京举行。本次对话是双方智库间非正式对话，目的是推动两国智库间交流与合作。双方专家学者都表示，加强智库间交流与合作，围绕"一带一路"建设以及中国和中东欧国家经济领域的热点问题进行了深入交流与合作研究，对于推动中国与罗马尼亚、中东欧以及欧洲的关系，都发挥了积极的作用，并将进一步发挥重要作用。

【首届中俄智库高端论坛举办】 2018年5月29—30日，首届中俄智库高端论坛在京举办。论坛以"中国与俄罗斯：新时代的合作"为主题，双方智库、媒体、学界，中方有关部委、实业界、文化界及驻华外交机构代表共350余人出席了会议。与会代表围绕中俄国际协作、地方合作、经济关系和人文合作等议题展开了深入研讨，并建言献策。会议期间，中国社会科学院与俄罗斯国际事务委员会联合发布智库报告，复旦大学国际问题研究院、俄罗斯国际事务委员会与俄罗斯科学院远东研究所联合发布了研究报告。中俄智库高端论坛由中国社会科学院和俄罗斯国际事务委员会联合主办，今后将轮流在两国举办。

（六）其他

【2017创新政策国际研讨会召开】 2017年7月13—14日，由全球贸易与创新政策联盟主办、上海科学技术政策研究所等联合承办的2017创新政策国际研讨会在上海市召开。会议聚焦全球贸易与创新政策思想交流与行动合作的发展主题，来自中国、美国、意大利、瑞典等7国联盟智库成员与会并研讨。作为国际智库网络载体平台，联盟旨在通过协调合作，为政策制定者提供解决方案，推动以鼓励更大的市场、基于规则的全球竞争和贸易自由化为基础的全球议程，同时支持政府在激励创新和促进增长过程中发挥重要的建设性作用。目前，联盟共有17家智库机构成员。

【"中共十九大：中国发展和世界意义"国际智库研讨会召开】 2017年11月16日，由中国社会科学院、中国国际经济交流中心主办的"中共十九大：中国发展和世界意义"国际智库研讨会在北京市召开。中方有关部门负责人和知名学者以及来自31个国家和地区的智库专家、前政要共240余人，围绕"中共十九大的主要成果和世界意义""发展开放的中国与全球经济新机遇""中国对外政策与世界和平发展"进行了研讨。

【《梵蒂冈图书馆藏明清中西文化交流史文献丛刊》推介会举行】 2018年4月9日，由意大利驻华使馆文化处、北京外国语大学比较文明与人文交流高等研究院联合举办的《梵蒂冈图书馆藏明清中西文化交流史文献丛刊》（以下简称《丛刊》）推介会在意大利驻华使馆文化中心举行。《丛刊》的出版是中国学术界近百年来对欧洲所藏中国文献的复制整理出版的最重要成果之一，是继敦煌文献回到中国以来在中国出版的最大一批欧洲所藏的中文历史文献。《丛刊》目前已出版第一辑，共收录170部文献。

【第二届世界马克思主义大会召开】
2018年5月5—6日，第二届世界马克思主义大会在北京市召开。此次大会是世界马克思主义者与马克思主义研究者的全球性学术盛会，适逢马克思诞辰200周年、《共产党宣言》发表170周年，来自全球30多个国家的120多位国际学者以及中国国内700余位学者参会，会议主题为"马克思主义与人类命运共同体"。与会学者围绕"纪念马克思诞辰200周年""马克思主义理论与文本研究""《马藏》编纂与研究""马克思主义与人类文明进步""马克思主义与当代全球合作和治理""中国改革开放40年与中国道路、中国理论、中国制度和中国文化""习近平新时代中国特色社会主义思想与当代马克思主义"等议题展开了深入、广泛的研讨。

【"万寿论坛"首次在海外举行】
2018年6月2日，第20届"万寿论坛"在肯尼亚首都内罗毕市举行，这是"万寿论坛"首次在海外举行。本届论坛主题为"新时代南南合作框架下的中非合作"，论坛聚焦"'一带一路'国际合作与中非命运共同体""中非合作与发展能力建设"等议题进行了交流研讨。"万寿论坛"是中联部于2016年发起主办的国际交流与对话平台，旨在邀请中外政党政要、智库学者、民间社会组织代表围绕构建人类命运共同体和建设美好世界、新型南南合作、国际地区热点问题等主题进行坦诚对话和观点碰撞，促进各方思想交流和战略沟通，以便更好地推动中国与世界的相互了解和互学互鉴。

【2018中国全球智库创新年会举行】
2018年6月17日，2018中国全球智库创新年会在北京市举办。本届年会由"一带一路"智库合作联盟作为指导单位，全球化智库、美国宾夕法尼亚大学智库项目主办，上海社会科学院智库研究中心、南京大学智库研究与评价中心协办。年会以"分化、加速的全球化时代与智库创新"为主题，国家部委领导、国际顶尖智库负责人、外国驻中国大使等近50位研讨嘉宾发言，来自10多个国家和国际组织、100余家智库的200余位智库代表出席。中国全球智库创新年会由全球化智库发起，旨在关注全球智库行业发展创新的新趋势，促进全球智库与中国特色新型智库间的交流合作，更好承担当代智库历史使命，至2018年已连续举办三届。

【第七届世界和平论坛举行】
2018年7月14日，由清华大学主办、中国人民外交学会协办的第七届世界和平论坛在北京市开幕。论坛主题为"构建安全共同体：平等、公平、正义"。论坛共设两场大会、两场大会讨论、两场午餐演讲和26场小组讨论，涵盖全球性、地区性和专题性3类安全问题，发言嘉宾人数和小组讨论场次再创历史新高。来自多个国家的前政要及智库领袖在为期两天的论坛上，针对当今世界持续面临的安全挑战进行讨论，提出了建设性应对方案，推动国际社会安全合作。世界和平论坛是中国举办的第一个高级别非官方国际安全论坛,由清华大学主办,中国人民外交学会协办。论坛创建于2012年,为世界各国战略家和智库学者提供了讨论国际和平与安全问题的平台。

【世界哲学大会召开】 2018年8月13日,由国际哲学团体联合会及北京大学主办的第24届世界哲学大会在北京市开幕。这是世界哲学大会第二次在亚洲、第一次在中国举办。来自全球121个国家和地区的6000余名哲学家代表和哲学爱好者受邀参会,带来全球不同地域文化和思想传统的哲学思考。大会首次以中国哲学思想文化传统作为基础学术架构、以"学以成人"为主题展开哲学研讨,为中国提供了一个向世界集中展示传统中国哲学思想及当代中国哲学及人文学术研究成果的舞台。世界哲学大会始创于1900年,每5年召开一次,首届大会在法国巴黎市举行,是目前世界上规模最大的哲学学术会议。

【第五届中国道路欧洲论坛举行】 2018年10月14日,由中国社会科学院和意大利二十一世纪马克思政治文化协会等机构主办的中国道路欧洲论坛(意大利会场)在博洛尼亚举行。本届论坛的主题为"新时代的中国方案与欧洲发展"。来自中意两国高校和研究机构的百名学者就中共十九大精神、中国政治发展走势、"一带一路"框架下的中欧经贸合作、中欧文化交流新主题等议题展开了深入探讨。中国道路欧洲论坛创办于2014年,旨在加强中欧学术交流,增进欧洲社会对中国的了解,促进双方的友谊与合作。

【2018上海全球智库论坛举行】 2018年10月25—26日,由上海社会科学院、复旦发展研究院、万里智库联合主办的2018上海全球智库论坛在上海市举行。在为期两天的论坛里,来自中国、美国、加拿大、英国、法国、俄罗斯、日本、乌兹别克斯坦、克罗地亚、塞尔维亚、阿尔巴尼亚等10余家国外著名智库和60余家国内重要智库近200位代表聚焦"国际秩序变化与智库高质量发展"的论坛主题,就构建开放合作的新格局、智库的高质量与多元化发展、智库评价如何促进智库建设、中国实体经济高质量发展,以及"一带一路"推进中的第三方合作与海外利益保护等议题进行了充分的探讨与交流。

【第六届世界汉学大会召开】 2018年11月2—4日,由孔子学院总部/国家汉办和中国人民大学共同主办的第六届世界汉学大会在中国人民大学召开。来自20多个国家30多所高校及研究机构的近百名中外学者共聚一堂,研讨当今世界汉学的发展与中西文化交流。大会以"理解中国:包容的汉学与多元的文明"为主题,除主旨发言外,还设有"汉学的传统与现代转型""汉学与跨学科研究""汉学发展与人才培养""海外汉学与本土学术"等专题会议。包括普林斯顿大学、耶鲁大学、牛津大学在内的美、英、德、法、俄、日等国高校及研究机构的专家学者参加了大会。

【第三届"读懂中国"国际会议召开】 2018年12月16日,第三届"读懂中国"国际会议在北京市召开。国家主席习近平致信祝贺,向出席会议的各

第三编 领域人文交流

国政界、战略界、企业界、学术界等各界人士表示欢迎。"读懂中国"国际会议由国家创新与发展战略研究会、外交学会和21世纪理事会共同发起,于2013年11月和2015年11月在北京市举办两届。此次会议以"中国发展新动能,全球合作新机遇"为主题,近40位全球著名政治家、战略家近600位企业家与会交流。

(撰稿人:薛维华)

附　录

一　国家领导人讲话、署名文章

2018年11月30日习近平在巴拿马媒体发表署名文章《携手前进共创未来》

2018年9月3日习近平在2018年中非合作论坛北京峰会开幕式上的主旨讲话

2018年6月10日习近平同上海合作组织成员国领导人共同会见记者时的讲话

2018年6月9日习近平在上海合作组织青岛峰会欢迎宴会上的祝酒词

2018年4月10日习近平《开放共创繁荣创新引领未来》——在博鳌亚洲论坛2018年年会开幕式上的主旨演讲

2017年11月9日习近平在越南《人民报》发表署名文章《开创中越友好新局面》

2017年5月15日习近平在"一带一路"国际合作高峰论坛圆桌峰会上的开幕词《开辟合作新起点谋求发展新动力》

2017年5月15日习近平在"一带一路"国际合作高峰论坛圆桌峰会上的闭幕词

2017年4月3日习近平在芬兰媒体发表署名文章《穿越历史的友谊》

2017年1月13日习近平在瑞士媒体发表署名文章《深化务实合作共谋和平发展》

2018年11月12日李克强在新加坡《联合早报》发表署名文章《开放合作，创新发展，明天会更好》

2018年10月15日李克强在《欧洲时报》发表署名文章《故友新知共创未来》

2018年10月11日李克强在塔吉克斯坦《人民报》发表署名文章《携手开辟中塔合作新局面》

2018年7月4日李克强在保加利亚《24小时报》《标准报》同时发表署名文章《新起点新愿景新征程》

2018年5月8日李克强在日本《朝日新闻》发表署名文章《让中日和平友好合作事业再起航》

2018年5月6日李克强在印尼《罗盘报》和英文报纸《雅加达邮报》发表署名文章《开启中印尼友好合作的新航程》

2018年1月9日李克强在柬埔寨主流媒体发表署名文章《为澜湄合作与中柬友好架桥铺路》

2017年6月2日李克强在"中德论

附 录

坛 共塑创新"上的演讲

2017年3月27日李克强在新西兰《新西兰先驱报》发表署名文章《勇攀中新友好合作新高峰》

2017年3月24日李克强在澳大利亚总理特恩布尔欢迎宴会上的致辞

二 中外高级别人文交流机制活动

中俄：

2018年10月30日，中国国务院副总理、中俄人文合作委员会中方主席孙春兰俄罗斯副总理、委员会俄方主席戈利科娃共同主持中俄人文合作委员会第十九次会议。

2017年9月13日，中国国务院副总理、中俄人文合作委员会中方主席刘延东与俄罗斯副总理、委员会俄方主席戈洛杰茨共同主持召开中俄人文合作委员会第十八次会议。

中美：

2017年9月28日，中国国务院副总理刘延东和美国国务卿雷克斯·蒂勒森在华盛顿市共同主持了首轮中美社会和人文对话。

中英：

2017年12月7日，中国国务院副总理刘延东与英国卫生大臣杰里米·亨特在英国伦敦共同主持中英高级别人文交流机制第五次会议。

中欧盟：

2017年11月14日，中国国务院副总理刘延东与欧盟委员会教育、文化、青年和体育委员瑙夫劳契奇共同主持中欧高级别人文交流对话机制第四次会议。

中法：

2017年11月24日，中国国务院副总理刘延东与法国外长勒德里昂在中国北京共同主持中法高级别人文交流机制第四次会议。

中印尼：

2017年11月28日，中国国务院副总理刘延东和印尼人类发展与文化统筹部长布安·马哈拉尼在梭罗共同主持中印尼副总理级人文交流机制第三次会议。

中南非：

2018年12月3日，中国国务院副总理、中南高级别人文交流机制中方主席孙春兰与南非艺术与文化部部长、机制南方主席姆特特瓦共同主持中南高级别人文交流机制第二次会议。

2017年4月25日，中国国务院副总理、中南高级别人文交流机制中方主席刘延东与南非艺术与文化部部长、机制南方主席姆特特瓦共同主持中南高级别人文交流机制首次会议。

中德：

2017年5月24日，中国国务院副总理刘延东与德国副总理兼外交部长西格马·加布里尔共同主持中德高级别人文交流对话机制首次会议。

中印：

2018年12月21日，国务委员兼外长王毅与印度外长斯瓦拉杰共同主持中印高级别人文交流机制首次会议。

三 驻外使节讲话、致辞

亚洲

2018年7月16日驻阿联酋大使倪坚在"中国电影周"开幕式上的致辞

2018年4月29日驻阿联酋大使倪坚在第十七届"汉语桥"世界大学生中文比赛上的致辞

2017年4月27日驻阿联酋大使倪坚在第27届阿布扎比国际书展中国主宾国开幕式上的致辞

2018年10月16日驻阿富汗伊斯兰共和国大使刘劲松发表署名文章《邮票折射中阿共性与友情》

2018年5月14日驻阿塞拜疆大使在第十七届世界大学生"汉语桥"比赛预赛阿塞拜疆赛区决赛上的致辞

2018年5月26日驻阿塞拜疆大使魏敬华出席阿塞拜疆语言大学孔子学院与阿塞拜疆国立文化艺术大学签约仪式并致辞

2018年10月23日驻巴林王国大使安瓦尔在巴林大学孔子学院首届中华文化知识竞赛上的致辞

2018年11月20日驻巴基斯坦大使姚敬在2018年使馆开放日暨"深耕友谊会"年会上的讲话

2018年2月11日驻菲律宾使馆临时代办檀勍生在2018年春节招待会上的致辞

2018年6月11日驻菲律宾大使赵鉴华在庆祝菲律宾独立日和中菲友谊日晚会上的讲话

2018年3月9日驻哈萨克斯坦共和国大使张汉晖在庆祝国际"三八"妇女节招待会上的讲话

2018年5月9日驻吉尔吉斯共和国大使肖清华在"新时期中吉关系"智库专家论坛开幕式上的致辞

2018年7月19日驻柬埔寨大使熊波赴柬埔寨大学做"一带一路"主题演讲

2017年8月28日驻柬埔寨大使熊波在2017—2018年度中国援柬华文教师欢迎晚宴上的讲话

2017年4月4日驻柬埔寨大使熊波在援柬国家体育场开工仪式上的讲话

2017年2月17日驻黎巴嫩大使王克俭在"走近中国"—2017年媒体及智库友人新春招待会上的讲话

2017年2月16日驻黎巴嫩大使王克俭在江苏女子民族乐团黎巴嫩新春音乐会上的致辞

2018年2月14日驻黎巴嫩大使王克俭在欢乐春节"文艺晚会上的讲话

2018年1月10日驻黎巴嫩大使王克俭在援黎国家高等音乐学院项目立项换文签字仪式上的讲话

2018年7月2日驻蒙古国大使邢海明在雍和宫援建大佛开光仪式上的讲话——收获中蒙佛教合作的金色果实

2018年3月27日驻蒙古国大使邢海明在蒙古民族大学的演讲—新时代，新机遇，共同开创中蒙关系更加美好的未来

2017年8月15日驻蒙古国大使邢海明在藏文化交流座谈会上的致辞

2017年7月8日驻蒙古国大使邢海

485

附　　录

明在中国国际广播电台与蒙古国家公共广播电视台"中国剧场"合作在协议签订暨蒙古语版中国电视连续剧《生活启示录》开播仪式上的致辞

2018年12月17日驻缅甸联邦共和国大使洪亮在援助纳茂镇医院改扩建工程奠基仪式上的讲话

2018年6月9日驻缅甸联邦共和国大使洪亮在第三届"中缅胞波友谊日"上的讲话

2018年12月4日驻尼泊尔联邦民主共和国大使于红出席"中华川菜·世界品味"尼泊尔行活动并致辞

2018年11月29日驻尼泊尔联邦民主共和国大使于红出席第三期尼泊尔旅游人才汉语培训班结业典礼并致辞

2018年4月2日驻日本大使程永华在镰仓发表演讲

2017年11月30日驻日本大使程永华在早稻田大学孔子学院设立10周年庆典上的演讲

2017年7月26日驻日本大使程永华在九州中日友好交流大会上的讲话

2017年2月23日驻日本大使程永华在西日本地区中日友好交流大会上的演讲

2017年5月22日驻沙特阿拉伯大使李成文应邀参加纳伊夫阿拉伯安全科学大学毕业典礼并致辞

2018年9月5日驻斯里兰卡大使程学源在"春华秋实四十年——中国上海改革开放成就图片展"开幕式上的致辞

2018年2月4日驻塔吉克斯坦大使岳斌在2018年华侨华人新春招待会上的致辞

2018年12月13日驻泰国大使吕健在盘谷银行第九届世界知识论坛上的主旨演讲

2018年11月21日驻新加坡大使洪小勇出席新加坡江苏会"科创论坛"并致辞

2018年1月25日驻新加坡大使临时代办房新文在媒体新春联谊会上的致辞

2017年6月3日驻印度尼西亚大使谢锋在出席使馆同印尼伊联联合举办的共同开斋和爱心捐赠活动上的讲话

2017年4月21日驻印度尼西亚大使谢锋在印尼穆罕默迪亚大学国际研讨会上发表演讲

2018年12月26日驻印度大使罗照辉在中印博物馆管理经验交流会"上的致辞

2018年11月16日驻印度大使罗照辉在中印青年对话上的讲话

2018年10月13日驻印度大使罗照辉在首次神山圣湖朝圣者交流活动上的讲话

2018年4月21日驻印度大使罗照辉在中国政府向亚非法协捐赠办公物资仪式上的致辞

2018年4月17日驻印度大使罗照辉在"汉语桥"中文比赛印度大区赛颁奖仪式上的讲话

2018年3月11日驻印度大使罗照辉在纪念徐梵澄国际研讨会上的致辞

2018年2月10日驻印度大使罗照辉在"欢乐春节"演出上的致辞

2018年2月2日驻印度大使罗照辉在广州芭蕾舞专场演出上的致辞

2017年11月17日驻印度大使罗照辉在中印青年联欢晚会上的致辞

486

2017年10月30日驻印度大使罗照辉在中国射击代表团庆功会上的讲话

2017年10月1日驻印度大使罗照辉在印中友协举办的中国国庆招待会上的致辞

2017年8月24日驻印度大使罗照辉在印度友人新书发布仪式上的致辞

2017年3月17日驻印度大使罗照辉出席《功夫瑜伽》电影放映活动并致辞

2017年3月10日驻印度大使罗照辉在洒红节媒体招待会上的讲话

2017年1月23日驻印度大使罗照辉在"欢乐春节"演出上的讲话

欧洲

2018年12月6日驻爱沙尼亚大使李超出席爱沙尼亚咏春拳锦标赛开幕式并致辞

2018年5月23日驻冰岛大使金智健出席塞尔提亚内斯社区扶轮社午餐会并发表演讲

2018年2月22日驻冰岛大使金智健在到任暨2018年春节招待会上的讲话

2017年1月30日驻冰岛大使张卫东在冰岛华人华侨协会新春联谊会上的致辞

2018年11月28日驻波兰大使刘光源在雅盖隆大学发表演讲

2018年6月19日驻波兰大使刘光源出席第24届波兰国际武术锦标赛开幕式并致辞

2018年2月13日驻德国大使史明德2018年驻德国使馆春节招待会上的讲话

2018年1月22日驻德国大使史明德在亚琛工业大学发表演讲

2018年10月25日驻俄罗斯大使李辉在俄罗斯科学院远东所第二十三届《中国、中国文明与世界：历史、现代与未来》国际学术会议上的致辞

2018年11月16日驻法国大使翟隽在巴黎一战百年华工追思活动上的讲话

2018年9月25日驻法国大使翟隽在一战华工纪念铜像落成仪式上的讲话

2018年9月27日驻芬兰大使陈立在第十届欧洲华人专业协会联合会（FC-PAE）欧洲论坛暨第四届亚欧科技创新合作论坛开幕式上的致辞

2017年12月1日驻芬兰大使陈立在芬兰旅游领保视频发布会上的致辞

2018年11月30日驻捷克共和国大使张建敏在"成功的关键因素"论坛上的讲话

2017年4月28日驻捷克共和国大使马克卿在"一带一路"与中捷文明交流互鉴论坛上的讲话

2018年11月1日驻克罗地亚大使胡兆明出席"中国——克罗地亚高等教育论坛"并发表讲话

2018年5月8日驻克罗地亚大使胡兆明在2018年"汉语桥"中文比赛克罗地亚赛区预选赛上的致辞

2018年4月4日驻克罗地亚大使胡兆明在欢迎中国冰球队来克比赛活动上的致辞

2018年2月13日驻克罗地亚大使胡兆明在2018年迎春晚会上的致辞

2017年6月9日驻克罗地亚大使胡兆明在第四届中欧国际法律合作论坛开幕式上的致辞

2017年1月26日驻克罗地亚大使

附　录

邓英在"欢乐春节"开幕式上的致辞

2018年9月20日驻立陶宛大使申知非在米科拉斯·罗梅瑞斯大学发表演讲

2017年9月19日驻立陶宛大使申知非在"上海之帆"经贸人文巡展开幕式上的致辞：扬帆起航，合作共赢

2017年10月24日驻罗马尼亚大使徐飞洪出席布加勒斯特大学首届"中国文化周"开幕式并发表演讲

2018年11月17日驻马耳他大使姜江在文化界人士招待会上的致辞

2018年10月12日驻马耳他大使姜江在中国传统医学马耳他展开幕式上的致辞

2018年9月23日驻马耳他大使姜江在"天涯共此时——闽韵流芳，清新福建"暨庆祝文化中心成立15周年晚会上的致辞

2018年7月9日驻马耳他大使姜江在"艺术与和平—中国当代美术作品展"上致辞

2018年5月11日驻马耳他大使姜江在"风筝节"上的致辞

2018年4月28日驻马耳他大使姜江在"2018年马耳他世界太极日"上的致辞

2017年9月30日驻马耳他大使姜江在烈士纪念日扫墓仪式上的讲话

2018年4月29日驻葡萄牙大使蔡润在"一带一路"倡议图片展开幕式上的致辞

2017年5月24日驻葡萄牙大使蔡润出席第六届"中欧生物材料大会"并致辞

2017年4月28日驻葡萄牙大使蔡润出席"中国旅游研讨会"并致辞

2017年2月7日驻葡萄牙大使蔡润在中国侨联"亲情中华"艺术团慰问演出上的致辞

2018年10月18日驻瑞士大使耿文兵在苏黎世大学发表公开演讲

2018年5月28日驻瑞典大使桂从友在2018年瑞典华人风筝节上的致辞

2018年5月21日驻瑞典大使桂从友在2018年"文化中国·水立方杯"海外华人中文歌曲大赛瑞典赛区选拔赛上的致辞

2018年1月21日驻瑞典大使桂从友在行知学堂新校区启用暨2018年春季学期开学典礼上的致辞

2017年12月5日驻瑞典大使桂从友在瑞京中文学校40周年校庆上的致辞

2017年11月25日驻瑞典大使桂从友在中瑞2017"一带一路"针灸中医药高峰论坛上的致辞

2017年11月21日驻瑞典大使桂从友在面向东方——"60年代"中国当代艺术展、瑞典艺术家邀请展及"江南墨韵"书画展开幕式上的致辞

2017年10月31日驻瑞典大使桂从友在"中瑞高校科技创新与技术转移研讨会"开幕式上的致辞

2017年10月16日驻瑞典大使桂从友在苏州丝绸文化周开幕式上的致辞

2017年9月5日驻瑞典大使桂从友在中瑞文学研讨会上的致辞

2018年6月2日驻斯洛伐克大使林琳在中斯两国智库座谈会上的发言

2018年9月2日驻乌克兰大使杜伟在基辅理工大学新生开学典礼上的致辞

2018年9月2日驻乌克兰大使杜伟

附 录

在基辅理工大学孔子雕像揭幕仪式上的致辞

2018年5月20日驻乌克兰大使杜伟出席乌克兰"科学日"颁奖典礼并发表获奖感言

2018年1月31日驻乌克兰大使杜伟在2018年华侨华人新春招待会上的致辞

2017年9月28日驻乌克兰大使杜伟在国庆68周年招待会暨"和平与友好"中乌艺术家绘画作品展上的致辞

2017年5月3日驻乌克兰大使杜伟在首届中乌"一带一路"融汇长江与第聂伯青年论坛上的致辞

2017年4月25日驻乌克兰大使杜伟在"一带一路"中乌文化交流周开幕式上的致辞

2017年1月8日驻乌克兰大使杜伟在庆祝中乌建交25周年暨2017年"欢乐春节"音乐会开幕式上的致辞

2018年9月18日驻希腊大使章启月在"重文德之光华——重华宫原状文物展"开幕式上的致辞

2018年1月24日驻希腊大使邹肖力在《遇见大运河》舞剧演出前的讲话

2017年9月22日驻希腊大使邹肖力在"中国古代科学技术展"上的致辞

2017年9月9日驻希腊大使邹肖力在中希关系系列纪念邮票和《礼记》希文版介绍活动上的讲话

2017年8月11日驻希腊大使邹肖力在中国戏曲文化展开幕式上的讲话

2017年6月13日驻希腊大使邹肖力在庆祝中希建交45周年"海上生民乐"专场文艺演出上的致辞

2017年2月14日驻希腊大使邹肖力在萨洛尼卡国际博览会庆祝中国元宵节活动上的讲话

2018年6月25日驻匈牙利大使段洁龙在致敬邬达克·一带一路畅想"活动上的讲话

2018年9月30日驻英国大使刘晓明在庆祝中国国庆69周年、英国筷子俱乐部成立25周年音乐会上的致辞：《齐唱合作之音，共筑友谊之梦》

2018年7月10日驻英国大使刘晓明在英国哈德斯菲尔德大学毕业典礼上的演讲：《激扬青春梦想，共促中英合作》

2017年9月27日驻英国大使刘晓明在谢菲尔德大学孔子学院成立十周年暨示范孔子学院揭牌仪式上的主旨演讲：《知之者，好之者，乐之者》

2017年9月19日驻英国大使刘晓明在苏格兰中小学孔子学院成立5周年庆典上的讲话：《传承合作与友谊，深化交流与互鉴》

2017年9月11日驻英国大使刘晓明在"中国手工艺文化时装秀"上的致辞：《编织梦想，共创中英互利合作美好明天》

2017年8月14日驻英国大使刘晓明在"艺术与和平—中国当代美术作品展"国际巡展开幕式上的致辞：《让各国和谐相处，让和平永驻人间》

2017年7月20日驻英国大使刘晓明在"感知中国——中国西部文化英国行"开幕式上的演讲：《促进东西方交流互鉴，推进中英关系"黄金时代"》

2017年6月6日驻英国大使刘晓明在"北京优秀影视剧海外展播季·英国"开播仪式上的讲话：《影视礼赞

489

附录

"黄金成果",创意助力"黄金时代"》

2018年11月17日驻意大利大使李瑞宇应邀出席在罗马召开的第十五届世界中医药大会开幕式并致辞

2018年10月19日驻意大利大使李瑞宇在圣心天主教大学罗马文化外交研究生班毕业典礼上的致辞

2017年6月6日驻意大利大使李瑞宇出席中国《食品安全法》意大利文版发布会的讲话

北美洲

2018年10月13日驻巴哈马大使黄亲国在THE POINTE新地标项目公寓楼封顶和娱乐中心开业仪式上的讲话

2018年9月19日驻巴哈马大使黄亲国在巴哈马大学的演讲

2018年4月9日驻巴哈马大使黄亲国在援外培训学员招待会上的讲话

2017年11月14日驻巴哈马大使黄亲国在2017年巴哈马"中国电影节"上的致辞

2017年8月25日驻巴哈马大使黄亲国在巴哈马赴华留学生欢送会上的致辞

2017年3月15日驻巴哈马大使黄亲国在纪念中巴建交20周年文艺演出会上的致辞

2018年5月24日驻巴拿马大使魏强出席第34届国际航运协会大会并发表演讲

2017年8月25日驻多米尼克使馆临时代办魏文修出席援多西部公路灾后修复项目开工仪式并致辞

2018年5月8日驻加拿大大使卢沙野在卡尔加里动物园熊猫馆开馆仪式上的致辞

2017年9月27日驻加拿大大使卢沙野在2017年国庆招待会上的致辞

2018年11月1日驻美国大使崔天凯在中美对话暨《善良的天使》观影活动上的致辞

2018年8月15日驻美国大使崔天凯在肯塔基州州长贝文举行的欢迎晚宴上的致辞

2017年12月4日驻美国大使崔天凯在落基山芭蕾舞团与中国驻美国大使馆联欢活动上的致辞

2017年4月21日驻美国大使崔天凯在电影《我们诞生在中国》放映招待会上的致辞

2017年2月2日驻美国大使崔天凯在"欢乐春节—中国文化之夜"春节招待会上的讲话

2018年2月4日驻牙买加大使牛清报在牙买加北加勒比大学发表演讲

2017年12月15日驻牙买加大使牛清报在牙买加俱乐部协会发表演讲

2017年11月7日驻牙买加大使牛清报应邀出席牙糖业技术协会年会并致辞

南美洲

2018年2月24日驻智利大使徐步在欢迎中国第34次南极科学考察长城站队员招待会上的讲话

2017年6月7日驻厄瓜多尔大使王玉林在厄瓜多尔中华慈善会成立五十周年庆祝活动上的讲话

非洲

2017年7月9日驻埃及大使宋爱国在"感知中国"开幕式上的讲话

2017年5月3日驻安哥拉大使崔爱民在安卢济塔尼亚大学演讲

2018年8月23日驻肯尼亚大使孙保红在2018年中国政府奖学金肯尼亚留学生送行招待会上的致辞

2017年9月29日驻苏丹大使李连和在国庆68周年招待会上的讲话

2017年1月20日驻苏丹大使李连和在2017年华侨华人新春招待会上的讲话

2018年8月22日驻赞比亚大使李杰在赞中国政府奖学金留学生欢送暨归国奖学金留学生招待会上的讲话

2018年3月22日驻赞比亚大使杨优明在凯夫药厂开工仪式上的讲话

2018年2月14日驻赞比亚大使杨优明在2018春节庙会上的致辞

2018年2月9日驻赞比亚大使杨优明在与赞比亚智库座谈会上的讲话

2017年12月14日驻赞比亚大使杨优明在首届中赞友好媒体表彰会上的讲话

2017年11月3日驻赞比亚大使杨优明在云南艺术团庆祝中赞建交53周年文艺演出上的讲话

2017年10月19日驻赞比亚大使杨优明在卢萨卡专科医院开工仪式上的讲话

2017年8月28日驻赞比亚大使杨优明在2017/2018年中国政府奖学金留学生欢送暨归国奖学金生汇报演出招待会上的讲话

2017年8月1日驻赞比亚大使杨优明在"2017北京影视剧非洲展播季"启动仪式上的致辞

2017年5月19日驻赞比亚大使杨优明在2017年非洲孔子学院联席会议上的讲话

2017年3月2日驻赞比亚大使杨优明在捐赠赞比亚国家图书馆书籍交接仪式上的讲话

大洋洲

2018年4月7日驻斐济大使钱波在向斐济捐赠"乔西"飓风救灾设备交接仪式上的讲话

四 学术论文

张骥、邢丽菊:《深化中外人文交流基础研究》,《世界知识》2018年第23期

沈陈:《金砖国家人文交流:进展、功能与挑战》,《世界知识》2018年第16期

王娟、龙俊:《人文交流视角下中国文化"走出去"路径建构》,《新闻研究导刊》2018年第14期

林迎娟:《中美人文交流体系:演进、运行及趋势》,《前沿》2018年第5期

刘宝存、傅淳华:《"一带一路"倡议下的中外人文交流机制——现状、问题与出路》,《大学教育科学》2018年第5期

于芳:《中德人文交流的发展历程及启示》,《学术探索》2018年第4期

宁琦、李明滨:《典籍互译对中俄人文交流的影响研究》,《新丝路学刊》2018年第3期

潘亚玲:《中美人文交流四十年:

回顾与展望》,《美国问题研究》2018年第2期

李一平:《21世纪海上丝绸之路与中马文教合作》,《中国周边外交学刊》2018年第1期

邢丽菊:《"一带一路"建设中的人文交流:挑战与对策》,《中国周边外交学刊》2018年第1期

阎凤桥:《人文交流与和谐文明》,《中国高等教育评论》2018年第1期

党云峰:《中外人文交流的涉渡之舟》,《中国文化报》2018年12月7日第3版

北京市习近平新时代中国特色社会主义思想研究中心:《人文交流让开放发展行稳致远》,《人民日报》2018年10月30日第7版

黄发红、朱玥颖、李欣怡:《文化结缘 民心相通》,《人民日报》2018年10月29日9版

赵秋丽、李志臣:《锻造文明交流互鉴的中国名片》,《光明日报》2018年9月26日第1版

马斌:《人文交流丰富中俄关系内涵》,《光明日报》2018年9月14日第11版

王珩:《奏响中非人文交流新乐章》,《光明日报》2018年9月4日第7版

王斯敏、张胜:《新型智库为中国特色大国外交贡献力量》,《光明日报》2018年8月2日第15版

苏小坡:《中阿人文交流硕果累累》,《光明日报》2018年7月19日第12版

徐崇温:《让文明的光芒在交流互鉴中熠熠生辉》,《人民日报》2018年7月12日第7版

方松华:《怎样应对古今中外文化冲击》,《解放日报》2018年6月26日第14版

曾祥明:《新时代对外人文交流的新理念》,《中国文化报》2018年2月7日第3版

于洪君:《深化对外文化交流 促进文明互鉴互通》,《人民政协报》2018年1月18日第3版

涂端午:《新时代教育对外开放和中外人文交流的中国担当》,《中国教育报》2018年1月11日第6版

柴如瑾:《中外人文交流的新方向》,《光明日报》2018年第73期

邢丽菊:《何以人文:中外人文交流的意义》,《世界知识》2017年第23期

张骥:《何以交流:中外人文交流的三大源流》,《世界知识》2017年第23期

高艺:《"一带一路"背景下中俄人文交流转型发展的挑战与思考》,《对外传播》2017年第7期

刘娜、刘山山:《努力推进"一带一路"建设下中外文化交流》,《求是》2017年第7期

杜娟:《"一带一路"下中国与中东欧人文交流的机遇与挑战》,《学术交流》2017年第5期

韩方明:《加强中外人文交流意在推动全面开放》,《公共外交季刊》2017年第4期冬季号

牛林杰:《中韩建交以来人文交流的主要成果与影响因素》,《黄海学术论

坛》2017 年第 2 期

闵捷：《"一带一路"与中国巴基斯坦人文交流》，《新丝路学刊》2017 年第 1 期

杨雪：《人文交流是"一带一路"的基础》，《吉林日报》2017 年 12 月 1 日第 10 版

王斯敏、底亚星：《以交流增进了解 以"和声"引发共鸣》，《光明日报》2017 年 11 月 23 日第 15 版

张剑：《从文明隔阂到文明交流互鉴》，《光明日报》2017 年 11 月 15 日第 13 版

汤先营：《筑牢中美关系的"地基"》，《光明日报》2017 年 11 月 2 日第 10 版

吴元迈：《文化在多样性基础上交流互鉴》，《人民日报》2017 年 10 月 13 日第 9 版

熊澄宇：《加强文化交流与文明互鉴》，《甘肃日报》2017 年 9 月 29 日第 12 版

宋喜群、蔺紫鸥：《文化是贯通"一带一路"的血脉和经络》，《光明日报》2017 年 9 月 22 日第 7 版

庞革平、王云娜：《人文交流多点开花》，《人民日报》2017 年 9 月 11 日 23 版

贾宇、张胜：《"一带一路"上的文物：从人文交流的历史深处走来》，《光明日报》2017 年 6 月 22 日第 11 版

谢文：《"一带一路"上的文明记忆》，《光明日报》2017 年 5 月 14 日第 8 版

马建堂：《"一带一路"建设推进文明交流互鉴》，《人民日报》2017 年 5 月 12 日第 9 版

五　相关著作

张西平：《20 世纪中国古代文化经典在域外的传播与影响研究导论》，大象出版社 2018 年版

张骥、邢丽菊：《人文化成：中国与周边国家人文交流》，世界知识出版社 2018 年版

张耀一、李晨：《"一带一路"国际文化交流与经济发展》，中国纺织出版社 2018 年版

洪军：《中国与周边国家的人文交流与互鉴》，世界知识出版社 2018 年版

侯富儒：《"一带一路"世界文化遗产与文明交流互鉴》，浙江工商大学出版社 2018 年版

林梅村：《观沧海：大航海时代诸文明的冲突与交流》，上海古籍出版社 2018 年版

郭业洲：《"一带一路"民心相通报告》，人民出版社 2018 年版

朱雷：《"一带一路"跨文化沟通障碍应对体系研究》，海洋出版社 2018 年版

王宪明：《本来·外来·未来：中外文化交流与中国思想文化的现代转化》，人民出版社 2018 年版

董少新：《感同身受：中西文化交流背景下的感官与感觉（复旦中华文明国际研究专刊）》，复旦大学出版社 2018

附 录

年版

王辉:《中阿文化交流发展报告(2017)》,社会科学文献出版社 2017 年版

单波、刘欣雅:《国家形象与跨文化传播》,社会科学文献出版社 2017 年版

韩冬临:《中外人文交流与国家形象构建》,中国社会科学出版社 2017 年版

黄平、刘作奎:《中国和中东欧国家人文交流:过去、现状和前景》,中国社会科学出版社 2017 年版

郑通涛:《"一带一路"视角下的文化交流与传播》,世界图书出版公司 2017 年版

(撰稿人:管永前、耿瑞敏)